中国农垦农场志丛

黑龙江

建设农场志

中国农垦农场志丛编纂委员会 组编

黑龙江建设农场志编纂委员会 主编

中国农业出版社

北 京

图书在版编目（CIP）数据

黑龙江建设农场志／中国农垦农场志丛编纂委员会
组编；黑龙江建设农场志编纂委员会主编．—北京：
中国农业出版社，2022.12
　（中国农垦农场志丛）
　ISBN 978-7-109-30634-9

　Ⅰ.①黑…　Ⅱ.①中…　②黑…　Ⅲ.①国营农场－概
况－北安　Ⅳ.①F324.1

中国国家版本馆CIP数据核字（2023）第070539号

出 版 人：刘天金
出版策划：苑　荣　刘爱芳
丛书统筹：王庆宁　赵世元
审 稿 组：柯文武　干锦春　薛　波
编 辑 组：杨金妹　王庆宁　周　珊　刘昊阳　黄　曦　李　梅　吕　睿　赵世元　黎　岳
　　　　　刘佳玫　王玉水　李兴旺　蔡雪青　刘金华　陈思羽　张潇逸　喻瀚章　赵星华
工 艺 组：毛志强　王　宏　吴丽婷
设 计 组：姜　欣　关晓迪　王　晨　杨　婧
发行宣传：王贺春　蔡　鸣　李　晶　雷云钊　曹建丽
技术支持：王芳芳　赵晓红　张　瑶

黑龙江建设农场志

Heilongjiang Jianshe Nongchangzhi

中国农业出版社出版

地址：北京市朝阳区麦子店街18号楼
邮编：100125
责任编辑：王庆宁　　文字编辑：王玉水
版式设计：王　晨　责任校对：吴丽婷
印刷：北京通州皇家印刷厂
版次：2022年12月第1版
印次：2022年12月北京第1次印刷
发行：新华书店北京发行所
开本：889mm×1194mm　1/16
印张：46.75　插页：46
字数：1015千字
定价：298.00元

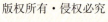

1956 年，开荒战士们吃住在开荒现场

1957 年秋，在地头用脱谷机脱小麦的农场职工

1957 年，在荒地里就餐的垦荒战士 ◪

1960 年以后农场开始建砖房 ◪

1964 年 3 月 25 日，赵光农垦局所属建设农场机务战线的男女职工在机车前留影 ▮

1965 年 6 月，赵光农垦局康拜因（收获机）手训练班双丰农场（建设农场前身）的 ▮
学员与教师合影

建场时期用拖拉机拖拽的拉水车 ■

1969年，六十八团十八连宣传队演出《智取威虎山》剧照 ■

1970 年，二十一连联合收获机抢收黄豆 ■

1973 年建成的能容纳 500 人的俱乐部 ■

兵团时期成立的汽车连 ■

1992 年，农场投资 300 万元购进 22 台 802 型拖拉机 ■

程雪儒：1956—1958 年建场时期任建场
主任、场长，1965—1968 年任涌泉农场
党总支书记

郭向阳：1958—1969 年任建设农
场党总支书记、场长

王兆义：六十八团团长

王庆忠：六十八团政委

李万隆：1977—1982年任建设农场
党委书记、场长

那延吉：1983—1984年任建设农场
党委书记

杨玉山：1979—1987年任建设农场场长

马景发：1985—1992年任建设农场场长

王法亮：1988—1993 年任建设农场
党委书记

付宗深：1992—2000 年任建设农场场长

刘金烁：1994—1998 年任建设农场
党委书记

王克坚：1998—2000 年任建设农场党委书记，
2000 年 11 月—2008 年 8 月任场长

王林：2000—2008 年任建设农场党委书记，　　　　吴凤霖：2008—2011 年任建设农场党委书记
2009—2010 任场长

万太文：2010—2020 年任建设农场场长，　　　　曾祥成：2011—2019 任建设农场党委书记，
有限公司党委书记、董事长、场长　　　　　　　有限公司党委副书记、总经理

刘晓东：2020 年 10 月任建设农场党委
副书记、总经理

2013 年 6 月 27 日，农场召开第八次党代会产生的新一届党委班子全体成员（从左至右白文军、王忠孝、苗兴民、曾祥成、万太文、李友民、殷培池、吴宝忠、王传江）

2018 年 3 月 17 日，场领导班子在农场十三届一次职代会上合影留念（从左至右：唐道光、闫红彬、曾祥成、万太文、张文忠、朱坤芝）

1990 年 7 月，建设农场召开第四次团代会

2003 年 1 月 8 日，农场电视台对职代会进行现场直播

2006 年 1 月 15 日，建设农场九届一次职工代表大会八名劳动模范获奖 ■

2007 年 8 月 28 日，建设农场第七次党代会选举产生了新一届党委成员 ■

2007 年 7 月 1 日，农场开展践行"北大荒核心价值观"演讲竞赛活动

2008 年 4 月 28 日，共青团建设农场第七次代表大会，选举了新的委员

2009 年，农场召开干部大会

2013 年 6 月 27 日，农场第八次党代会召开

黑龙江省建设农场第十三届一次职工(从业劳动者)代表合影留念

2018年3月17日

2018 年 3 月 17 日，农场职代会全体代表合影 ■

黑龙江省建设农场2018年党委工作会议合影留念

2018年4月9日

2018 年 4 月 9 日，农场党委工作会议召开 ■

建设农场有限公司（农场）第十三次场长对话会

发展农业
机械化

实现农业
现代化

2020 年 9 月 22 日，建设农场有限公司（农场）第十三次场长对话会会场 ■

四、农场活动

1996年9月5日，农场场门建成剪彩

从1985农场征兵工作开始到2020年，农场为部队输送优质兵员265人，
1997年为部队选送6名优秀青年

1999年，农场组建了林场扑火队 ◼

2000年，场长王克坚带领机关干部义务植树 ◼

2001 年，农场法庭开展法律进大集活动

2002—2019 年，农场小学举办了十八届校园艺术节活动

2007年6月28日，公安分局开展全民远离毒品万人签字活动

2007年，农场投资140万元建成一座占地面积835平方米的文化活动中心

2009 年，公安分局利用大集开展法律宣传 ■

2012 年 4 月 3 日，农场团委开展建团 90 周年"绿满垦区、建我家园"义务植树活动 ■

2013 年 8 月 23 日，农场场长万太文（前排中）、副场长吴宝忠（前中左一）、武装部长王传江（前右一）在参加红色边疆农场抗洪战役中和民兵突击队员的合影

建设农场青年志愿者协会成立于 2014 年 10 月，截至 2020 年共开展大小活动 260 余次，参与人数达 4200 余人

2016 年 10 月 19 日，建设农场举办纪念长征胜利 80 周年活动 ■

2016 年，在农场建场 60 周年庆祝大会上部分建场元老合影 ■

2019 年 5 月 30 日，农场有限公司党委书记、董事长万太文（右），
公司党委副书记张文忠为农场新建福园公园揭牌

建设农场青年志愿者协会成立以来，经常开展到独居老人和有困难的
职工家做好事、到敬老院自编自演小节目等公益活动

2020 年 6 月 18 日，北安分公司在建设农场有限公司举行人员疏散及
灭火综合应急演练活动

五、知青回访

2004年，农场原党委副书记、哈尔滨市下乡知青李书恒（前左三）等6名青年看望十八连老战友

2011年6月7日，回访知青向农场赠送纪念品，农场场长万太文（左）代表农场接受赠品

2011 年 6 月 7 日，农场原一分场知青回访人员与农场领导班子部分成员合影 ▮

2012 年 8 月 31 日，农场原一分场知青回访与当年的老战友们合影 ▮

2013 年 8 月 23 日，农业部原副部长高鸿宾
（左一）在农场留言簿上签名

2015 年 7 月 13 日，回访第二故乡的知青们在知青馆的火炕上合影留念

2015年7月，农场场长万太文（左一）向回访知青介绍农业发展情况 ■

2018年8月5日，农场场长万太文等场领导班子与北京、天津、上海、哈尔滨等地的200多名回访知识青年 ■
合影留念

2018 年 6 月 18 日，农场为回访的 100 多名北京、天津、上海、哈尔滨等地的知青举办了纪念
知识青年上山下乡 50 周年文艺演出

2018 年 6 月 18 日，回访知青参观知青馆，听取农场基层领导纪玉宝（右一）讲解回忆
当年的历史

2018 年 6 月 18 日，回访知青代表向农场赠送锦旗

2018 年 8 月 4 日，在知识青年上山下乡 50 周年之际，农场迎来了上海、天津、北京等
青年回访

2018 年 9 月 28 日，农场场长万太文（左二）与回访知青李树恒（左一）等人员亲切交谈

2018 年 9 月 28 日，农场场长万太文、农场党委副书记张文忠、赵光农场党委书记刘增元与李树恒等回访知青在农场
知青馆门前合影留念

1996年7月27日，黑龙江省农场总局党委书记王玉林（右四）、北安管理局党委书记陶绍毓（左四）在农场场长付宗深（左三）、党委书记刘金烁（右二）、工会主席李英年（右一）、副场长赵序国（左一）陪同下检查农业生产

2008年，时任农业部副部长高鸿宾第二次回到建设农场看望老队长舒占林

2004年，黑龙江省人民政府副省长申立国（左一）来农场检查老干部工作

2010年8月19日，黑龙江省委书记吉炳轩（前中）到农场检查指导工作，农场场长
万太文（右一）、党委书记吴凤霖（左一）陪同

2010 年 8 月 19 日，黑龙江省委书记吉炳轩（左五）与农场班子成员合影，从左至右：李友民、
王忠孝、殷培池、万太文、吉炳轩、吴凤霖、苗兴民、白文军、王传江、唐志学

2011 年 9 月 27 日，黑龙江省秋整地现场会在建设农场召开，黑龙江省副省长吕维峰（前排
左一）出席会议，农场场长万太文（前排右二）、党委书记曾祥成（前排右三）陪同

2013 年 8 月 23 日，农业部原副部长高鸿宾（左三）到农场考察，农场党委书记
曾祥成（左一）陪同

2016 年 7 月 14 日，黑龙江省农垦总局党委书记王兆力（左三）到建设农场检查樟子松嫁接红松情况

1988年，农场男子蓝球队连续四年获得北安管理局篮球赛冠军，农场党委书记王法亮（前左三）、场长马景发（前左四）、副书记周占彪（前左二）、副场长李可燃（前右三）与队员合影

2003年，农场党委开展送文艺下基层活动

2000 年，迎国庆、庆丰收，农场举办篮球赛，场长王克坚开球

机关合唱团在建党 84 周年庆祝会上演唱《团结就是力量》

2006年，在建场50周年庆祝会上，一首《建设明天会更好》诗朗诵赢得了阵阵掌声 ◼

2006年，号称"北安垦区小白杨"的林存涛，一首《北大荒之歌》，唱出了北大荒人的精神 ◼

2011 年 6 月 23 日，机关干部帮助稻农修渠 ■

2010 年 6 月 4 日，飞机航化作业 ■

2011 年 8 月 15 日，农场开发的 5 万亩水田一瞥 ▮

2011 年 8 月 22 日，丰收的稻田 ▮

2011 年，小麦收获现场 ◼

2012 年 4 月，大田播种现场 ◼

2012 年 10 月 10 日，建设农场玉米喜获丰收，最高亩产达 950 多千克 ■

2013 年 8 月 14 日，即将跨区作业的收获机械 ■

2015 年 8 月 12 日，科技人员在高粱地测定产量 ◢

2015 年 8 月，大豆、玉米间作实验田 ◢

2015 年 9 月 10 日，凯斯 485 型联合整地作业现场 ■

2016 年 10 月 10 日，玉米收获作业现场 ■

2016 年 6 月，无人机植保作业

2016 年，中国农业科学院在建设农场实施了"大豆绿色增产增效技术集成模式与示范"项目
8000 亩，9 月 12 日该项目负责人韩天富率领有关部门 100 余人在建设农场召开全国大豆绿色
高效技术集成示范现场会

2017 年，农场推行大垄三行种植，效果显著，每年在 6 月中旬开始增温放寒，改善土壤物理性质，促进大豆营养物质的吸收并消灭杂草 ■

2019 年 4 月 28 日，春播生产定标会现场 ■

2019 年 5 月 30 日，深松放寒作业　■

2019 年 9 月 29 日，党员机车收获组向国庆献礼　■

2019 年 10 月 6 日，高标准大垄高台秋起垄　■

2020 年 4 月 29 日，建设农场职工驾驶着大型卷幕式喷药机进行封闭灭草作业 ■

2020 年，农场投资 88 万元，购进一台世界最先进豪狮牌播种机 ■

中国共产党借鉴历代屯田经验，发动群众垦荒造田。1933 年 2 月，中华苏维埃共和国临时中央政府颁布《开垦荒地荒田办法》，规定"县区土地部、乡政府要马上调查统计本地所有荒田荒地，切实计划、发动群众去开荒"。到抗日战争时期，中国共产党大规模地发动军人进行农垦实践，肩负起支援抗战的特殊使命，农垦事业正式登上了历史舞台。

20 世纪 30 年代末至 40 年代初，抗日战争进入相持阶段，在日军扫荡和国民党军事包围、经济封锁等多重压力下，陕甘宁边区生活日益困难。"我们曾经弄到几乎没有衣穿，没有油吃，没有纸、没有菜，战士没有鞋袜，工作人员在冬天没有被盖。"毛泽东同志曾这样讲道。

面对艰难处境，中共中央决定开展"自己动手，丰衣足食"的生产自救。1939 年 2 月 2 日，毛泽东同志在延安生产动员大会上发出"自己动手"的号召。1940 年 2 月 10 日，中共中央、中央军委发出《关于开展生产运动的指示》，要求各部队"一面战斗、一面生产、一面学习"。于是，陕甘宁边区掀起了一场轰轰烈烈的大生产运动。

这个时期，抗日根据地的第一个农场——光华农场诞生了。1939 年冬，根据中共中央的决定，光华农场在延安筹办，生产牛奶、蔬菜等食物。同时，进行农业科学实验、技术推广，示范带动周边群众。这不同于古代屯田，开创了农垦示范带动的历史先河。

在大生产运动中，还有一面"旗帜"高高飘扬，让人肃然起敬，它就是举世闻名的南泥湾大生产运动。

1940 年 6—7 月，为了解陕甘宁边区自然状况、促进边区建设事业发展，在中共中央财政经济部的支持下，边区政府建设厅的农林科学家乐天宇等一行 6 人，历时 47 天，全面考察了边区的森林自然状况，并完成了《陕甘宁边区森林考察团报告书》，报告建议垦殖南泥洼（即南泥湾）。之后，朱德总司令亲自前往南泥洼考察，谋划南泥洼的开发建设。

1941 年春天，受中共中央的委托，王震将军率领三五九旅进驻南泥湾。那时，南泥湾俗称"烂泥湾","方圆百里山连山",战士们"只见梢林不见天",身边做伴的是满山窜的狼豹黄羊。在这种艰苦处境中,战士们攻坚克难,一手拿枪、一手拿镐,练兵开荒两不误,把"烂泥湾"变成了陕北的"好江南"。从1941年到1944年,仅仅几年时间,三五九旅的粮食产量由0.12万石猛增到3.7万石,上缴公粮1万石,达到了耕一余一。与此同时,工业、商业、运输业、畜牧业和建筑业也得到了迅速发展。

南泥湾大生产运动,作为中国共产党第一次大规模的军垦,被视为农垦事业的开端,南泥湾也成为农垦事业和农垦精神的发祥地。

进入解放战争时期,建立巩固的东北根据地成为中共中央全方位战略的重要组成部分。毛泽东同志在1945年12月28日为中共中央起草的《建立巩固的东北根据地》中,明确指出"我党现时在东北的任务,是建立根据地,是在东满、北满、西满建立巩固的军事政治的根据地",要求"除集中行动负有重大作战任务的野战兵团外,一切部队和机关,必须在战斗和工作之暇从事生产"。

紧接着,1947年,公营农场兴起的大幕拉开了。

这一年春天,中共中央东北局财经委员会召开会议,主持财经工作的陈云、李富春同志在分析时势后指出:东北行政委员会和各省都要"试办公营农场,进行机械化农业实验,以迎接解放后的农村建设"。

这一年夏天,在松江省政府的指导下,松江省省营第一农场(今宁安农场)创建。省政府主任秘书李在人为场长,他带领着一支18人的队伍,在今尚志市一面坡太平沟开犁生产,一身泥、一身汗地拉开了"北大荒第一犁"。

这一年冬天,原辽北军区司令部作训科科长周亚光带领人马,冒着严寒风雪,到通北县赵光区实地踏查,以日伪开拓团训练学校旧址为基础,建成了我国第一个公营机械化农场——通北机械农场。

之后,花园、永安、平阳等一批公营农场纷纷在战火的硝烟中诞生。与此同时,一部分身残志坚的荣誉军人和被解放的国民党军人,向东北荒原宣战,艰苦拓荒、艰辛创业,创建了一批荣军农场和解放团农场。

再将视线转向华北。这一时期，在河北省衡水湖的前身"千顷洼"所在地，华北人民政府农业部利用一批来自联合国善后救济总署的农业机械，建成了华北解放区第一个机械化公营农场——冀衡农场。

除了机械化农场，在那个主要靠人力耕种的年代，一些拖拉机站和机务人员培训班诞生在东北、华北大地上，推广农业机械化技术，成为新中国农机事业人才培养的"摇篮"。新中国的第一位女拖拉机手梁军正是优秀代表之一。

（二）

中华人民共和国成立后农垦事业步入了发展的"快车道"。

1949 年 10 月 1 日，新中国成立了，百废待兴。新的历史阶段提出了新课题、新任务：恢复和发展生产，医治战争创伤，安置转业官兵，巩固国防，稳定新生的人民政权。

这没有硝烟的"新战场"，更需要垦荒生产的支持。

1949 年 12 月 5 日，中央人民政府人民革命军事委员会发布《关于一九五〇年军队参加生产建设工作的指示》，号召全军"除继续作战和服勤务者而外，应当负担一部分生产任务，使我人民解放军不仅是一支国防军，而且是一支生产军"。

1952 年 2 月 1 日，毛泽东主席发布《人民革命军事委员会命令》："你们现在可以把战斗的武器保存起来，拿起生产建设的武器。"批准中国人民解放军 31 个师转为建设师，其中有 15 个师参加农业生产建设。

垦荒战鼓已擂响，刚跨进和平年代的解放军官兵们，又背起行囊，扑向荒原，将"作战地图变成生产地图"，把"炮兵的瞄准仪变成建设者的水平仪"，让"战马变成耕马"，在戈壁荒漠、三江平原、南国边疆安营扎寨，攻坚克难，辛苦耕耘，创造了农垦事业的一个又一个奇迹。

1. 将戈壁荒漠变成绿洲

1950 年 1 月，王震将军向驻疆部队发布开展大生产运动的命令，动员 11 万余名官兵就地屯垦，创建军垦农场。

垦荒之战有多难，这些有着南泥湾精神的农垦战士就有多拼。

没有房子住，就搭草棚子、住地窝子；粮食不够吃，就用盐水煮麦粒；没有拖拉机和畜力，就多人拉犁开荒种地……

然而，戈壁滩缺水，缺"农业的命根子"，这是痛中之痛！

没有水，战士们就自己修渠，自伐木料，自制筐担，自搓绳索，自开块石。修渠中涌现了很多动人故事，据原新疆兵团农二师师长王德昌回忆，1951年冬天，一名来自湖南的女战士，面对磨断的绳子，情急之下，割下心爱的辫子，接上绳子背起了石头。

在战士们全力以赴的努力下，十八团渠、红星渠、和平渠、八一胜利渠等一条条大地的"新动脉"，奔涌在戈壁滩上。

1954年10月，经中共中央批准，新疆生产建设兵团成立，陶峙岳被任命为司令员，新疆维吾尔自治区党委书记王恩茂兼任第一政委，张仲瀚任第二政委。努力开荒生产的驻疆屯垦官兵终于有了正式的新身份，工作中心由武装斗争转为经济建设，新疆地区的屯垦进入了新的阶段。

之后，新疆生产建设兵团重点开发了北疆的准噶尔盆地、南疆的塔里木河流域及伊犁、博乐、塔城等边远地区。战士们鼓足干劲，兴修水利、垦荒造田、种粮种棉、修路架桥，一座座城市拔地而起，荒漠变绿洲。

2. 将荒原沼泽变成粮仓

在新疆屯垦热火朝天之时，北大荒也进入了波澜壮阔的开发阶段，三江平原成为"主战场"。

1954年8月，中共中央农村工作部同意并批转了农业部党组《关于开发东北荒地的农建二师移垦东北问题的报告》，同时上报中央军委批准。9月，第一批集体转业的"移民大军"——农建二师由山东开赴北大荒。这支8000多人的齐鲁官兵队伍以荒原为家，创建了二九〇、二九一和十一农场。

同年，王震将军视察黑龙江汤原后，萌发了开发北大荒的设想。领命的是第五师副师长余友清，他打头阵，率一支先遣队到密山、虎林一带踏查荒原，于 1955 年元旦，在虎林县（今虎林市）西岗创建了铁道兵第一个农场，以部队番号命名为"八五〇部农场"。

1955 年，经中共中央同意，铁道兵 9 个师近两万人挺进北大荒，在密山、虎林、饶河一带开荒建场，拉开了向三江平原发起总攻的序幕，在八五〇部农场周围建起了一批八字头的农场。

1958 年 1 月，中央军委发出《关于动员十万干部转业复员参加生产建设的指示》，要求全军复员转业官兵去开发北大荒。命令一下，十万转业官兵及家属，浩浩荡荡进军三江平原，支边青年、知识青年也前赴后继地进攻这片古老的荒原。

垦荒大军不惧苦、不畏难，鏖战多年，荒原变良田。1964 年盛夏，国家副主席董必武来到北大荒视察，面对麦香千里即兴赋诗："斩棘披荆忆老兵，大荒已变大粮屯。"

3. 将荒郊野岭变成胶园

如果说农垦大军在戈壁滩、北大荒打赢了漂亮的要粮要棉战役，那么，在南国边疆，则打赢了一场在世界看来不可能胜利的翻身仗。

1950 年，朝鲜战争爆发后，帝国主义对我国实行经济封锁，重要战略物资天然橡胶被禁运，我国国防和经济建设面临严重威胁。

当时世界公认天然橡胶的种植地域不能超过北纬 17°，我国被国际上许多专家划为"植胶禁区"。

但命运应该掌握在自己手中，中共中央作出"一定要建立自己的橡胶基地"的战略决策。1951 年 8 月，政务院通过《关于扩大培植橡胶树的决定》，由副总理兼财政经济委员会主任陈云亲自主持这项工作。同年 11 月，华南垦殖局成立，中共中央华南分局第一书记叶剑英兼任局长，开始探索橡胶种植。

1952 年 3 月，两万名中国人民解放军临危受命，组建成林业工程第一师、第二师和一个独立团，开赴海南、湛江、合浦等地，住茅棚、战台风、斗猛兽，白手起家垦殖橡胶。

大规模垦殖橡胶，急需胶籽。"一粒胶籽，一两黄金"成为战斗口号，战士们不惜一切代价收集胶籽。有一位叫陈金照的小战士，运送胶籽时遇到山洪，被战友们找到时已没有了呼吸，而背上箩筐里的胶籽却一粒没丢……

正是有了千千万万个把橡胶看得重于生命的陈金照们，1957年春天，华南垦殖局种植的第一批橡胶树，流出了第一滴胶乳。

1960年以后，大批转业官兵加入海南岛植胶队伍，建成第一个橡胶生产基地，还大面积种植了剑麻、香茅、咖啡等多种热带作物。同时，又有数万名转业官兵和湖南移民汇聚云南边疆，用血汗浇灌出了我国第二个橡胶生产基地。

在新疆、东北和华南三大军垦战役打响之时，其他省份也开始试办农场。1952年，在政务院关于"各县在可能范围内尽量地办起和办好一两个国营农场"的要求下，全国各地农场如雨后春笋般发展起来。1956年，农垦部成立，王震将军被任命为部长，统一管理全国的军垦农场和地方农场。

随着农垦管理走向规范化，农垦事业也蓬勃发展起来。江西建成多个综合垦殖场，发展茶、果、桑、林等多种生产；北京市郊、天津市郊、上海崇明岛等地建起了主要为城市提供副食品的国营农场；陕西、安徽、河南、西藏等省份建立发展了农牧场群……

到1966年，全国建成国营农场1958个，拥有职工292.77万人，拥有耕地面积345457公顷，农垦成为我国农业战线一支引人瞩目的生力军。

（三）

前进的道路并不总是平坦的。"文化大革命"持续十年，使党、国家和各族人民遭到新中国成立以来时间最长、范围最广、损失最大的挫折，农垦系统也不能幸免。农场平均主义盛行，从1967年至1978年，农垦系统连续亏损12年。

"没有一个冬天不可逾越，没有一个春天不会来临。"1978年，党的十一届三中全会召开，如同一声春雷，唤醒了沉睡的中华大地。手握改革开放这一法宝，全党全社会朝着社会主义现代化建设方向大步前进。

在这种大形势下，农垦人深知，国营农场作为社会主义全民所有制企业，应当而且有条件走在农业现代化的前列，继续发挥带头和示范作用。

于是，农垦人自觉承担起推进实现农业现代化的重大使命，乘着改革开放的春风，开始进行一系列的上下求索。

1978 年 9 月，国务院召开了人民公社、国营农场试办农工商联合企业座谈会，决定在我国试办农工商联合企业，农垦系统积极响应。作为现代化大农业的尝试，机械化水平较高且具有一定工商业经验的农垦企业，在农工商综合经营改革中如鱼得水，打破了单一种粮的局面，开启了农垦一二三产业全面发展的大门。

农工商综合经营只是农垦改革的一部分，农垦改革的关键在于打破平均主义，调动生产积极性。

为调动企业积极性，1979 年 2 月，国务院批转了财政部、国家农垦总局《关于农垦企业实行财务包干的暂行规定》。自此，农垦开始实行财务大包干，突破了"千家花钱，一家（中央）平衡"的统收统支方式，解决了农垦企业吃国家"大锅饭"的问题。

为调动企业职工的积极性，从 1979 年根据财务包干的要求恢复"包、定、奖"生产责任制，到 1980 年后一些农场实行以"大包干"到户为主要形式的家庭联产承包责任制，再到 1983 年借鉴农村改革经验，全面兴办家庭农场，逐渐建立大农场套小农场的双层经营体制，形成"家家有场长，户户搞核算"的蓬勃发展气象。

为调动企业经营者的积极性，1984 年下半年，农垦系统在全国选择 100 多个企业试点推行场（厂）长、经理负责制，1988 年全国农垦有 60% 以上的企业实行了这项改革，继而又借鉴城市国有企业改革经验，全面推行多种形式承包经营责任制，进一步明确主管部门与企业的权责利关系。

以上这些改革主要是在企业层面，以单项改革为主，虽然触及了国家、企业和职工的最直接、最根本的利益关系，但还没有完全解决传统体制下影响农垦经济发展的深层次矛盾和困难。

"历史总是在不断解决问题中前进的。"1992年，继邓小平南方谈话之后，党的十四大明确提出，要建立社会主义市场经济体制。市场经济为农垦改革进一步指明了方向，但农垦如何改革才能步入这个轨道，真正成为现代化农业的引领者？

关于国营大中型企业如何走向市场，早在1991年9月中共中央就召开工作会议，强调要转换企业经营机制。1992年7月，国务院发布《全民所有制工业企业转换经营机制条例》，明确提出企业转换经营机制的目标是："使企业适应市场的要求，成为依法自主经营、自负盈亏、自我发展、自我约束的商品生产和经营单位，成为独立享有民事权利和承担民事义务的企业法人。"

为转换农垦企业的经营机制，针对在干部制度上的"铁交椅"、用工制度上的"铁饭碗"和分配制度上的"大锅饭"问题，农垦实施了干部聘任制、全员劳动合同制以及劳动报酬与工效挂钩的三项制度改革，为农垦企业建立在用人、用工和收入分配上的竞争机制起到了重要促进作用。

1993年，十四届三中全会再次擂响战鼓，指出要进一步转换国有企业经营机制，建立适应市场经济要求，产权清晰、权责明确、政企分开、管理科学的现代企业制度。

农业部积极响应，1994年决定实施"三百工程"，即在全国农垦选择百家国有农场进行现代企业制度试点、组建发展百家企业集团、建设和做强百家良种企业，标志着农垦企业的改革开始深入到企业制度本身。

同年，针对有些农场仍为职工家庭农场，承包户垫付生产、生活费用这一问题，根据当年1月召开的全国农业工作会议要求，全国农垦系统开始实行"四到户"和"两自理"，即土地、核算、盈亏、风险到户，生产费、生活费由职工自理。这一举措彻底打破了"大锅饭"，开启了国有农场农业双层经营体制改革的新发展阶段。

然而，在推进市场经济进程中，以行政管理手段为主的垦区传统管理体制，逐渐成为束缚企业改革的桎梏。

垦区管理体制改革迫在眉睫。1995年，农业部在湖北省武汉市召开全国农垦经济体制改革工作会议，在总结各垦区实践的基础上，确立了农垦管理体制的改革思路：逐步弱化行政职能，加快实体化进程，积极向集团化、公司化过渡。以此会议为标志，垦区管理体制改革全面启动。北京、天津、黑龙江等 17 个垦区按照集团化方向推进。此时，出于实际需要，大部分垦区在推进集团化改革中仍保留了农垦管理部门牌子和部分行政管理职能。

"前途是光明的，道路是曲折的。"由于农垦自身存在的政企不分、产权不清、社会负担过重等深层次矛盾逐渐暴露，加之农产品价格低迷、激烈的市场竞争等外部因素叠加，从 1997 年开始，农垦企业开始步入长达 5 年的亏损徘徊期。

然而，农垦人不放弃、不妥协，终于在 2002 年"守得云开见月明"。这一年，党的十六大召开，农垦也在不断调整和改革中，告别"五连亏"，盈利 13 亿元。

2002 年后，集团化垦区按照"产业化、集团化、股份化"的要求，加快了对集团母公司、产业化专业公司的公司制改造和资源整合，逐步将国有优质资产集中到主导产业，进一步建立健全现代企业制度，形成了一批大公司、大集团，提升了农垦企业的核心竞争力。

与此同时，国有农场也在企业化、公司化改造方面进行了积极探索，综合考虑是否具备企业经营条件、能否剥离办社会职能等因素，因地制宜、分类指导。一是办社会职能可以移交的农场，按公司制等企业组织形式进行改革；办社会职能剥离需要过渡期的农场，逐步向公司制企业过渡。如广东、云南、上海、宁夏等集团化垦区，结合农场体制改革，打破传统农场界限，组建产业化专业公司，并以此为纽带，进一步将垦区内产业关联农场由子公司改为产业公司的生产基地（或基地分公司），建立了集团与加工企业、农场生产基地间新的运行体制。二是不具备企业经营条件的农场，改为乡、镇或行政区，向政权组织过渡。如 2003 年前后，一些垦区的部分农场连年严重亏损，有的甚至濒临破产。湖南、湖北、河北等垦区经省委、省政府批准，对农场管理体制进行革新，把农场管理权下放到市县，实行属地管理，一些农场建立农场管理区，赋予必要的政府职能，给予财税优惠政策。

这些改革离不开农垦职工的默默支持，农垦的改革也不会忽视职工的生活保障。1986 年，根据《中共中央、国务院批转农牧渔业部〈关于农垦经济体制改革问题的报告〉的通知》要求，农垦系统突破职工住房由国家分配的制度，实行住房商品化，调动职工自己动手、改善住房的积极性。1992 年，农垦系统根据国务院关于企业职工养老保险制度改革的精神，开始改变职工养老保险金由企业独自承担的局面，此后逐步建立并完善国家、企业、职工三方共同承担的社会保障制度，减轻农场养老负担的同时，也减少了农场职工的后顾之忧，保障了农场改革的顺利推进。

从 1986 年至党的十八大前夕，从努力打破传统高度集中封闭管理的计划经济体制，到坚定社会主义市场经济体制方向；从在企业层面改革，以单项改革和放权让利为主，到深入管理体制，以制度建设为核心、多项改革综合配套协调推进为主：农垦企业一步一个脚印，走上符合自身实际的改革道路，管理体制更加适应市场经济，企业经营机制更加灵活高效。

这一阶段，农垦系统一手抓改革，一手抓开放，积极跳出"封闭"死胡同，走向开放的康庄大道。从利用外资在经营等领域涉足并深入合作，大力发展"三资"企业和"三来一补"项目，到注重"引进来"，引进资金、技术设备和管理理念等，再到积极实施"走出去"战略，与中东、东盟、日本等地区和国家进行经贸合作出口商品，甚至扎根境外建基地、办企业、搞加工、拓市场：农垦改革开放风生水起逐浪高，逐步形成"两个市场、两种资源"的对外开放格局。

（四）

党的十八大以来，以习近平同志为核心的党中央迎难而上，作出全面深化改革的决定，农垦改革也进入全面深化和进一步完善阶段。

2015 年 11 月，中共中央、国务院印发《关于进一步推进农垦改革发展的意见》（以下简称《意见》），吹响了新一轮农垦改革发展的号角。《意见》明确要求，新时期农垦改革发展要以推进垦区集团化、农场企业化改革为主线，努力把农垦建设成为保障国家粮食安全和重要农产品有效供给的国家队、中国特色新型农业现代化的示范区、农业对外合作的排头兵、安边固疆的稳定器。

2016 年 5 月 25 日，习近平总书记在黑龙江省考察时指出，要深化国有农垦体制改革，以垦区集团化、农场企业化为主线，推动资源资产整合、产业优化升级，建设现代农业大基地、大企业、大产业，努力形成农业领域的航母。

2018年9月25日，习近平总书记再次来到黑龙江省进行考察，他强调，要深化农垦体制改革，全面增强农垦内生动力、发展活力、整体实力，更好发挥农垦在现代农业建设中的骨干作用。

农垦从来没有像今天这样更接近中华民族伟大复兴的梦想！农垦人更加振奋了，以壮士断腕的勇气、背水一战的决心继续农垦改革发展攻坚战。

1. 取得了累累硕果

——坚持集团化改革主导方向，形成和壮大了一批具有较强竞争力的现代农业企业集团。黑龙江北大荒去行政化改革、江苏农垦农业板块上市、北京首农食品资源整合……农垦深化体制机制改革多点开花、逐步深入。以资本为纽带的母子公司管理体制不断完善，现代公司治理体系进一步健全。市县管理农场的省份区域集团化改革稳步推进，已组建区域集团和产业公司超过300家，一大批农场注册成为公司制企业，成为真正的市场主体。

——创新和完善农垦农业双层经营体制，强化大农场的统一经营服务能力，提高适度规模经营水平。截至2020年，据不完全统计，全国农垦规模化经营土地面积5500多万亩，约占农垦耕地面积的70.5％，现代农业之路越走越宽。

——改革国有农场办社会职能，让农垦企业政企分开、社企分开，彻底甩掉历史包袱。截至2020年，全国农垦有改革任务的1500多个农场完成办社会职能改革，松绑后的步伐更加矫健有力。

——推动农垦国有土地使用权确权登记发证，唤醒沉睡已久的农垦土地资源。截至2020年，土地确权登记发证率达到96.3％，使土地也能变成金子注入农垦企业，为推进农垦土地资源资产化、资本化打下坚实基础。

——积极推进对外开放，农垦农业对外合作先行者和排头兵的地位更加突出。合作领域从粮食、天然橡胶行业扩展到油料、糖业、果菜等多种产业，从单个环节向全产业链延伸，对外合作范围不断拓展。截至 2020 年，全国共有 15 个垦区在 45 个国家和地区投资设立了 84 家农业企业，累计投资超过 370 亿元。

2. 在发展中改革，在改革中发展

农垦企业不仅有改革的硕果，更以改革创新为动力，在扶贫开发、产业发展、打造农业领域航母方面交出了漂亮的成绩单。

——聚力农垦扶贫开发，打赢农垦脱贫攻坚战。从 20 世纪 90 年代起，农垦系统开始扶贫开发。"十三五"时期，农垦系统针对 304 个重点贫困农场，绘制扶贫作战图，逐个建立扶贫档案，坚持"一场一卡一评价"。坚持产业扶贫，组织开展技术培训、现场观摩、产销对接，增强贫困农场自我"造血"能力。甘肃农垦永昌农场建成高原夏菜示范园区，江西宜丰黄冈山垦殖场大力发展旅游产业，广东农垦新华农场打造绿色生态茶园……贫困农场产业发展蒸蒸日上，全部如期脱贫摘帽，相对落后农场、边境农场和生态脆弱区农场等农垦"三场"踏上全面振兴之路。

——推动产业高质量发展，现代农业产业体系、生产体系、经营体系不断完善。初步建成一批稳定可靠的大型生产基地，保障粮食、天然橡胶、牛奶、肉类等重要农产品的供给；推广一批环境友好型种养新技术、种养循环新模式，提升产品质量的同时促进节本增效；制定发布一系列生鲜乳、稻米等农产品的团体标准，守护"舌尖上的安全"；相继成立种业、乳业、节水农业等产业技术联盟，形成共商共建共享的合力；逐渐形成"以中国农垦公共品牌为核心、农垦系统品牌联合舰队为依托"的品牌矩阵，品牌美誉度、影响力进一步扩大。

——打造形成农业领域航母，向培育具有国际竞争力的现代农业企业集团迈出坚实步伐。黑龙江北大荒、北京首农、上海光明三个集团资产和营收双超千亿元，在发展中乘风破浪：黑龙江北大荒农垦集团实现机械化全覆盖，连续多年粮食产量稳定在 400 亿斤以上，推动产业高端化、智能化、绿色化，全力打造"北大荒绿色智慧厨房"；北京首农集团坚持科技和品牌双轮驱动，不断提升完善"从田间到餐桌"的全产业链条；上海光明食品集团坚持品牌化经营、国际化发展道路，加快农业"走出去"步伐，进行国际化供应链、产业链建设，海外营收占集团总营收20%左右，极大地增强了对全世界优质资源的获取能力和配置能力。

千淘万漉虽辛苦，吹尽狂沙始到金。迈入"十四五"，农垦改革目标基本完成，正式开启了高质量发展的新篇章，正在加快建设现代农业的大基地、大企业、大产业，全力打造农业领域航母。

（五）

八十多年来，从人畜拉犁到无人机械作业，从第一产业独大到一二三产融合，从单项经营到全产业链，从垦区"小社会"到农业"集团军"，农垦发生了翻天覆地的变化。然而，无论农垦怎样变，变中都有不变。

——不变的是一路始终听党话、跟党走的绝对忠诚。从抗战和解放战争时期垦荒供应军粮，到新中国成立初期发展生产、巩固国防，再到改革开放后逐步成为现代农业建设的"排头兵"，农垦始终坚持全面贯彻党的领导。而农垦从孕育诞生到发展壮大，更离不开党的坚强领导。毫不动摇地坚持贯彻党对农垦的领导，是农垦人奋力前行的坚强保障。

——不变的是服务国家核心利益的初心和使命。肩负历史赋予的保障供给、屯垦戍边、示范引领的使命，农垦系统始终站在讲政治的高度，把完成国家战略任务放在首位。在三年困难时期、"非典"肆虐、汶川大地震、新冠疫情突发等关键时刻，农垦系统都能"调得动、顶得上、应得急"，为国家大局稳定作出突出贡献。

——不变的是"艰苦奋斗、勇于开拓"的农垦精神。从抗日战争时一手拿枪、一手拿镐的南泥湾大生产，到新中国成立后新疆、东北和华南的三大军垦战役，再到改革开放后艰难但从未退缩的改革创新、坚定且铿锵有力的发展步伐，"艰苦奋斗、勇于开拓"始终是农垦人不变的本色，始终是农垦人攻坚克难的"传家宝"。

农垦精神和文化生于农垦沃土，在红色文化、军旅文化、知青文化等文化中孕育，也在一代代人的传承下，不断被注入新的时代内涵，成为农垦事业发展的不竭动力。

"大力弘扬'艰苦奋斗、勇于开拓'的农垦精神，推进农垦文化建设，汇聚起推动农垦改革发展的强大精神力量。"中央农垦改革发展文件这样要求。在新时代、新征程中，记录、传承农垦精神，弘扬农垦文化是农垦人的职责所在。

（六）

随着垦区集团化、农场企业化改革的深入，农垦的企业属性越来越突出，加之有些农场的历史资料、文献文物不同程度遗失和损坏，不少老一辈农垦人也已年近期颐，农垦历史、人文、社会、文化等方面的保护传承需求也越来越迫切。

传承农垦历史文化，志书是十分重要的载体。然而，目前只有少数农场编写出版过农场史志类书籍。因此，为弘扬农垦精神和文化，完整记录展示农场发展改革历程，保存农垦系统重要历史资料，在农业农村部党组的坚强领导下，农垦局主动作为，牵头组织开展中国农垦农场志丛编纂工作。

工欲善其事，必先利其器。2019年，借全国第二轮修志工作结束、第三轮修志工作启动的契机，农业农村部启动中国农垦农场志丛编纂工作，广泛收集地方志相关文献资料，实地走访调研、拜访专家、咨询座谈、征求意见等。在充足的前期准备工作基础上，制定了中国农垦农场志丛编纂工作方案，拟按照前期探索、总结经验、逐步推进的整体安排，统筹推进中国农垦农场志丛编纂工作，这一方案得到了农业农村部领导的高度认可和充分肯定。

编纂工作启动后，层层落实责任。农业农村部专门成立了中国农垦农场志丛编纂委员会，研究解决农场志编纂、出版工作中的重大事项；编纂委员会下设办公室，负责志书编纂的具体组织协调工作；各省级农垦管理部门成立农场志编纂工作机构，负责协调本区域农场志的组织编纂、质量审查等工作；参与编纂的农场成立了农场志编纂工作小组，明确专职人员，落实工作经费，建立配套机制，保证了编纂工作的顺利进行。

质量是志书的生命和价值所在。为保证志书质量，我们组织专家编写了《农场志编纂技术手册》，举办农场志编纂工作培训班，召开农场志编纂工作推进会和研讨会，到农场实地调研督导，尽全力把好志书编纂的史实关、政治关、体例关、文字关和出版关。我们本着"时间服从质量"的原则，将精品意识贯穿编纂工作始终。坚持分步实施、稳步推进，成熟一本出版一本，成熟一批出版一批。

中国农垦农场志丛是我国第一次较为系统地记录展示农场形成发展脉络、改革发展历程的志书。它是一扇窗口，让读者了解农场，理解农垦；它是一条纽带，让农垦人牢记历史，让农垦精神代代传承；它是一本教科书，为今后农垦继续深化改革开放、引领现代农业建设、服务乡村振兴战略指引道路。

修志为用。希望此志能够"尽其用"，对读者有所裨益。希望广大农垦人能够从此志汲取营养，不忘初心、牢记使命，一茬接着一茬干、一棒接着一棒跑，在新时代继续发挥农垦精神，续写农垦改革发展新辉煌，为实现中华民族伟大复兴的中国梦不懈努力！

中国农垦农场志丛编纂委员会

2021 年 10 月

黑龙江建设农场志

HEILONGJIANG JIANSHE NONGCHANGZHI

序言

《黑龙江建设农场志》是北大荒集团黑龙江省建设农场有限公司组织编撰的首部农场通志。这部书以习近平新时代中国特色社会主义思想为指导，全面贯彻落实党的十九大和十九届三中、四中全会精神，坚持实事求是的思想路线，运用辩证唯物主义和历史唯物主义的立场、观点、方法，突出时代特色、农垦特色和历史文化特色，全面、系统、真实、科学地记述了农场1956年建场至2020年64年来政治、经济、文化、自然、社会、人文各方面的历史与现状，充分反映了农场改革发展的伟大实践和在社会主义物质文明、政治文明、精神文明等方面所取得的突出成就。

《黑龙江建设农场志》记载了64年来建设人在农场历届党委的正确领导下，用辛勤的汗水和似火的激情，谱就的一部激昂奋进、感人肺腑的艰苦创业史、发展史；同时，也展示了64年来不屈不挠的建设人开垦荒原、建设美好家园的艰苦历程，诠释了建设人的自豪，印证了建设人的骄傲，记录了拓荒者的奇迹！

《黑龙江建设农场志》是一扇窗，让读者了解农场，支持农场；是一条纽带，让农场人牢记历史，让农垦精神代代传承；是一部教科书，为今后农场继续深化改革发展、

引领现代农业建设、服务农垦振兴，提供历史资料。

以史为鉴，可知兴替！为了铭记光辉的岁月，警示后人"不忘初心、牢记使命"，更好地弘扬北大荒精神，开创农垦事业的美好未来，农场已经先后组织编撰了三部《建设农场志》。第一部记述了1956年建场到1985年这一时期的历史沿革和政治、经济、社会的发展脉络，再现了老一辈垦荒人艰苦创业的往昔岁月，可歌可泣！第二部记述了1986—2000年14年农场深化改革、探索经济社会发展道路的历史，跌宕起伏、波澜壮阔。第三部记述了2001—2019年农场大力发展现代化大农业，促进经济发展，提升经营管理，强化文化产业，弘扬社会正能量的历史，特别是2018年农场面临实现垦区集团化和农场企业化改革，农场体制由"建设农场"更名为"建设农场有限公司"这一历史性变革的新形势，奋力拼搏、开拓进取。农场党委书记、董事长、场长、社会事务部主任万太文，深感修志工作的重要性、必要性和紧迫性，按照上级要求，提出将农场三部志书综合成一部通史的想法。在农场党委的指导下，从2021年4月开始，经过编纂委员会和场志编修人员的不懈努力，克服了年份跨度长、资料匮乏、时间紧等不利条件，历时14个月，终将这部志书完成。

《黑龙江建设农场志》以朴实的语言，全面、翔实的历史资料，科学系统地记述了1956—2020年经过历届领导班子的努力、职工群众的艰苦奋斗，农场从弱到强，由名不见经传的农业小场到垦区现代旱作农业排头兵，从无人问津的小村镇到楼房林立、街道整齐、绿树成荫、公园广场俱全、欢声笑语不断、欣欣向荣的现代化小城镇的变迁，以及农场在经济、政治、文化、社会、民生各方面的发展历程。《黑龙江建设农场志》的出版是农场人民政治经济生活中的大事，它为农场深入贯彻落实习近平总书记视察垦区时的重要讲话精神，成功实现企业转型，打造垦区"三大一航母"，保证农场有限公司在新体制下继续示范引领北大荒集团旱作农业，提供了科学的依据和宝贵的经验，同时也为后人留下了农场人不甘人后、艰苦奋斗、追求卓越的丰厚精神遗产。此书还对农场的历史、人文地理、自然气候、风土人情、人物地名进行了系统的梳理，使其成为农场实用的"百科全书"，也为后人留下了宝贵的历史记忆！

古人云："治天下者以史为鉴，治郡国者以志为鉴。"记住历史就是为了更好地开拓未来。三代人初心不改、持之以恒，使建设农场有限公司如凤凰涅槃浴火重生，打破了经济社会发展的瓶颈，步入健康、持续、快速发展的轨道。64 年来，历届农场党委坚持抓住种植业这个主导产业不动摇，大力推行标准化作业，从而促进了现代化大农业的快速发展。

《黑龙江建设农场志》全面展示了建场以来，职工由建场初期居住的马架房、拉合辫房到现在的小城镇建设一体化、安居乐业的幸福生活。建设农场有限公司站在改革的前沿，紧跟时代前进的步伐，按照党中央的指示，加快小城镇建设速度，从 2008 年开始，拆迁撤销 10 个居民点，搬迁居民 1958 户，拆迁房屋面积 7.86 万平方米，向农场场部转移人口 4448 人。2001—2020 年，农场共建设住宅楼 22 万平方米，包括 4 个居民小区，人均住宅面积达到 25.6 平方米，城镇化率 74%，住宅楼集中供热普及率达 97%。2011 年后农场加大城镇绿化工作力度，绿化面积大幅度提升，城镇绿化率从 2009 年的 15.8% 增加到 2020 年末的 65.88%。在此基础上，农场还加大了民生和公共基础设施建设，新建了农场社区综合服务楼、政法楼、医院综合楼、教育综合楼、幼儿园、教育文体馆、老年活动中心、农机中心以及为农场居民区配套建设的文化广场公园、幸福小区广场公园、福园等文化娱乐场所。农场的面貌发生了天翻地覆的变化，职工群众的安全感、幸福感全面提升。

一代人有一代人的责任，一代人有一代人的挑战。今天，我们经营的是一个与现代化大农业紧密相关的新型农场，其责任和肩上的担子艰巨重大。为此，建设农场有限公司一心一意谋发展、聚精会神搞建设，在顺境中保持进取、在逆境中劈风斩浪，坚持"以领导干部的辛苦指数换来职工群众的幸福指数"的工作作风，促进创业斗志进一步凝聚、干群关系进一步融洽、领导班子进一步团结、幸福指数进一步提升、社会整体进一步和谐、发展步伐进一步加快。

《黑龙江建设农场志》客观翔实地记述了 64 年来农场追求卓越的现代化大农业发展史，可以说有成就、有经验、有辉煌。我们将依靠全体干部职工不断进取、不断创新、不懈努力，以创新的思维、超常的举措、务实的作风，不断展示开辟胜利道路的巨大勇气、巨大智慧、巨大力量，为推进建设农场有限公司经济社会大发展而努力奋斗。

黑龙江建设农场党委书记、董事长、场长　万太文

2022 年 6 月 1 日

中国农垦农场志

黑龙江建设农场志

HEILONGJIANG JIANSHE NONGCHANGZHI

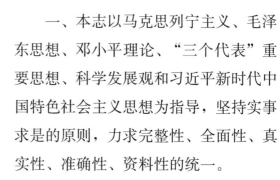

凡例

一、本志以马克思列宁主义、毛泽东思想、邓小平理论、"三个代表"重要思想、科学发展观和习近平新时代中国特色社会主义思想为指导，坚持实事求是的原则，力求完整性、全面性、真实性、准确性、资料性的统一。

二、本志上限起于 1956 年 5 月，下限止于 2020 年末，为了追本溯源，以反映完整事物与概念，某些章或节适当地进行了上溯或下延。图片体现着 64 年来各个时期情况。

三、纪年方法采取公历制，年、月、日用阿拉伯数字表示。

四、计量单位一般使用汉字，少数地方遵从行业习惯使用计量符号，长度、质量、体积单位一律用公制，面积单位用平方米，土地和耕地面积用亩或公顷，货币计量单位为人民币，一般为万元、元，特殊情况使用亿元。

五、大事记以编年体为主，辅之记事本末体，置于志首。

六、本志层次结构分志首设概述、大事记，志尾设附录、后记。全书设《地理建制》《经济》《经营管理》《改革与开放开发》《党建群团工作》《政法民政与国防教育》《科教文卫》《社会》

《人物》共 9 编。体裁采用语体文、记述载体，述而不论，文风严谨、朴实、简洁、通畅、不浮夸议论。

七、本志记述范围为农场所管辖的所有企事业、党政机关和社会团体等单位，上级主管和农场协管单位，黑龙江省派出机构以及驻场单位。

八、黑龙江省国营农场总局（简称农场总局）北安管理局，简称北安管理局；黑龙江省农垦总局（简称农垦总局）北安分局，简称北安分局；黑龙江省北大荒集团总公司（农垦总局）北安分公司、北大荒农垦集团有限公司（黑龙江农垦总局）北安分公司，简称北安分公司。

九、人物收录以"生不立传"为原则。人物简介记述的是农场副场级以上领导。人物名录收录的是总局级劳动模范、先进个人及省级以上先进人物，由于篇幅有限，分局及农场劳动模范、先进人物省略。

十、文中数字、数据凡需保留小数的一般保留 2 位数。

十一、本志人物姓名后一般不冠职务名，不加同志、先生、女士等称谓，必要时加时任职务。

十二、本志大事记中所载内容，均为建设农场有限公司自然、社会、人文等方面大事、要事、新事。为避免出现割裂状态，在编写时，采用了编年体与记事本末体相结合的写法。

十三、本志中所有资料大部来源于前三部《建设农场志》和《黑龙江农垦年鉴》，各专业数据的统计来源于各相关专业部门及会计决算。极少数（例如人民生活方面）数据来自调查计算或调查老干部和知情人后所得。

中国农垦农场志

目 录

第三编　经营管理

第四编　改革与开放　开发

第五编　党建群团工作

第六编　政法民政与国防教育

第七编　科教文卫

第八编 社 会

第九编 人 物

概　　述

　　建设农场地处小兴安岭南麓，黑龙江省北安市境内，距通北火车站 35 千米。地理坐标为北纬 47°48′—48°03′，东经 127°06′—127°30′，东部与通北林业局群力林场、碧水林场、前进林场相邻，北部与北安市林业和草原局所属幸福林场相接，东北和西北与赵光农场接壤，西部与海星镇、主星乡相连，南部隔通肯河与海伦农场相望。

　　建设农场始建于 1956 年，原名和平机械农场。1963 年，改名为建设农场。2020 年，建设农场有限公司下辖 5 个旱作管理区和 1 个水田管理区。有人口 10493 万人，5068 户，在岗职工 2704 人，其中，汉族占 95%，满族、蒙古族等少数民族占 5%。公司总面积 39080.3 公顷，有耕地 20144.2 公顷，林地 2790.9 公顷，森林覆盖率 7.1%，牧草地、草原面积 5110 公顷，水面 527 公顷，可垦荒地 1767 公顷，道路及其他建筑占地 1257 公顷，其他 7484.2 公顷。

　　2020 年，实现企业增加值 23899 万元，增速 27%。企业利润比上年增加 1134 万元。土地外增收 577 万元，比预算指标增长 98%。资产负债率净下降 11 个百分点。清欠净下降 869 万元，完成指标的 447%。

　　经过 64 年、三代人的艰苦不懈努力，农场的面貌已今非昔比，如今的建设农场已经成为垦区现代农业的一面旗帜，旱作农业的示范区。农场先后获得全国农垦农机标准化 3A 级、4A 级示范农场，省级生态农场，省级保密工作先进单位，省级平安农场，全省教育系统先进集体，黑龙江省团委青年文明号，黑龙江农垦现代农业示范区，黑龙江省农垦总局六大作物高产创建活动先进单位，2009—2014 年度连续 6 年获得农垦总局农业标准化提档升级标兵单位，2009—2012 年连续 4 年获得农垦总局农机管理标准化农场等荣誉称号。2020 年度，公司被评为北大荒集团（黑龙江农垦总局）农业工作优秀单位。

一、农场经济在曲折中不断发展前行

　　农场因规模小、人口多、人均资源占有量少、产业单一、社会负担较重的限制，经济基础比较薄弱。历届领导为保障正常的生产生活需要，克服重重困难多方努力挖掘增收渠道。

1956—1985 年，农场本着"多开荒、多生产"的原则，耕地面积达到 23.55 万亩[①]，粮豆播种面积达到 20.82 万亩，粮豆单产由建场初期平均亩产 50 千克，提高到平均亩产 136.3 千克，为国家上交粮豆 4 亿千克，上交商品粮 2 亿千克，商品率 55％。

1986—2000 年，农场土地总面积达到 3.63 万公顷，拥有耕地面积 1.63 万公顷，兴办家庭农场 2300 个，种植业以小麦、大豆为主，年总产量 3 万吨。其间，不断调整麦、豆以及高产高效益的水稻、玉米等品种格局，年总产量达到 5.6 万吨。拥有大中型轮式拖拉机 55 台、联合收割机 56 台、汽车 120 台，农机标准化管理达到分局级标准。

2001—2020 年，农场不断深化体制改革，一直处于高负债经营时期。2001 年末，资产负债率 118％。2009 年开始小城镇建设，初期大规模拆迁加大了企业投入，企业负债不断上升，年末资产负债率达 137％。2010 年 5 月经上级审计部门测算农场资产负债率达到峰值为 151％，比 2001 年增长 33 个百分点，农场经济举步维艰。农场领导针对农场经济的具体情况，严格控制各项支出，处处增收节支，取得了可喜成绩。

二、农业生产迅猛发展

号称"小江南"的建设农场积极学习先进单位的宝贵经验，利用辖区得天独厚的地理环境和地缘优势，努力发展农业产业化、农区工业化、农场小城镇化。

1985 年，农场土地改革，改变了统种统管的经营方式，全场兴办了各种类型的家庭农场 1700 个，其中，以机械为主的联户农场 143 个，单户农场 1415 个。联户家庭农场总经营土地 6906 公顷，人均种植 7.63 公顷。单户家庭农场人均种植 2.23 公顷。这一变化，打破了传统的办场模式，充分调动了全场职工积极性，为农场增添了新的生机和活力。

1998—2000 年，农场加大改革力度，强化经营管理，发挥资源优势，坚持以稻治涝、以稻致富、以稻脱贫。在水稻种植上，农场以优惠政策引进水稻种植户 300 户，引进资金 260 万元，承包种植水稻 3 万亩，采用了新技术，亩产 500 千克左右，被黑龙江省列为"八五"期间水稻开发重点单位。

2001—2020 年，农场党委牢牢抓住国家实施粮食战略工程的有利时机，坚持农业为立场之本的战略思想不动摇，充分利用发展农业的优势，以立长远、夯基础、调结构、强管理、上科技、创高产、增效益为主攻目标，全方位开展标准化提升工作，使农业生产快

---

① 亩为非法定计量单位，1 亩＝1/15 公顷，下同。——编者注

速发展。粮食总产、单产水平显著提高。

大豆始终是农场的优势种植作物，多年来，农场探索出了一条大豆高产栽培技术模式，大豆最高单产突破 251.15 千克/亩，全场平均单产也在 200 千克/亩以上，受到农业农村部的高度重视。2016 年中国农业科学院在农场实施了"大豆绿色增产增效技术集成模式研究与示范项目"。

建设农场有限公司以"增水稻、扩麦豆、保玉米、拓经杂、上绿色、促有机"为调整方向，主要以大豆、玉米、水稻作物为主。2020 年农场玉米种植 7686 公顷（占耕地面积 38.22%），大豆 1.15 万公顷（占耕地面积 52.68%），水稻 1790 公顷（占耕地面积 8.9%）。截至 2020 年末，农场拥有机械总动力 2.1 万千瓦，比 2000 年的 1.45 万千瓦提高了 44.8%。农业机械总数量为 260 台（件），农机动力机械由 20 世纪 90 年代的东方红 802 和东方红 1002 履带拖拉机，转向迪尔 7830、迪尔 2204、迪尔 9520、凯斯 485 等大型轮式拖拉机，收获机械 E512、E514、1075 被迪尔 9670、迪尔 S660、凯斯 6130 机型取代。引进了大量的进口先进农机具设备。田间综合机械化程度达 99%，玉米、小麦全程实现机械化。测土配方施肥、全球定位系统（GPS）导航、飞机航化作业、无人机作业已经在农业上广泛应用。减化肥、减农药、减除草剂"三减"措施为农产品质量的提高提供了保障。种植业已经插上了现代技术的翅膀越飞越高。同时，公司每年在相关管理区开展种植有机农作物实验，创建农场有机产品品牌，172 公顷有机耕地种植为今后有机农业发展奠定了基础，引领农业向有机种植方向发展。

三、畜牧业在曲折中发展

建场初期，畜牧业属于庭院经济，以家庭养殖为主，一家一户、一头两头，没有形成规模化养殖，职工吃蛋、肉类及购买一些生活用品都受计划经济约束，先借农场按照人口发放的票证购买。职工也不敢把自家产的蔬菜、鸡鸭等拿到市场上出售，以免被说成"投机倒把"、被"割资本主义尾巴"。1958 年后，农场不断引进技术人员，为了满足职工生活，农场开始成立畜牧队，大力发展畜牧业，以猪、黄牛、奶牛为主。到了 1980 年底，生猪存栏 1086 头，黄牛 410 头，奶牛 209 头，羊 1300 只，马 200 匹。

1985—1986 年，农业遭遇自然灾害，使刚刚成立不久的家庭农场遭受沉重打击，全场累计挂账 900 万元。农场党委转变思想，坚持发展农、林、牧、渔并举的方针，当年从安达等地引进奶牛户 130 户，引进奶牛 420 头。到 1999 年末，猪存栏 5136 头，黄牛存栏 1849 头，奶牛存栏 400 余头，羊存栏 2947 只，家禽存栏 4.6 万只。渔业生产有较大发展，放养水面已达 3621 亩。

2001 年后，农场对畜牧业发展高度重视。2002 年，以肉牛、生猪为重点的畜牧业超常规发展，全场肉牛饲养量 4597 头，生猪饲养量 1.23 万头，肉牛存栏 100 头以上的生产队由 2001 年的 8 个增加到 16 个，养殖肉牛 20 头以上的大户发展到 33 户。2003 年，畜牧业跃上历史新高，肉牛饲养量达到 7017 头，生猪饲养量 1.3 万头，同时建成五队、七队、十队 3 个标准化肉牛养殖小区，新建了牲畜交易市场和生猪定点屠宰厂。2004—2005 年，由于肉牛市场低迷，养殖 10 头左右的散户均出现亏损，导致大部分散户转产。2016 年，只有原农场退休干部宋建国自筹资金组建的可存栏 300 头的肉牛养殖合作社和第二管理区个别养殖户在坚持肉牛养殖。在此期间，农场职工舒久玲、谭薇等人建成了饲养基础母猪 50 头以上、年出栏千头以上的养猪场，2010 年受生猪市场价格持续走低影响，谭薇养猪场因经营亏损倒闭；2018 年受市场长期低迷和非洲猪瘟的影响，舒久玲养猪场宣布破产。2018 年底，公司生猪存栏仅 758 头。其间，公司家禽和特色养殖及渔业也有相应发展，但都没有形成产业规模。到 2020 年末，公司畜牧总产值只有 319 万元。

四、工业发展稳中求进

工业是农场产业结构的重要组成部分，农场本着"开放开发、互惠互利"原则，坚持农区工业化理念发展工业。

1956 年，建场初期，为了解决生产和职工的生活需要建起了小型的发电厂、修理所、制砖厂、制酒厂、锯材厂、面粉厂、粮油加工厂，设备简陋。1966 年开始的"文化大革命"，使农场工业的发展受到很大的影响。20 世纪 70 年代，国营农场改为兵团，使本场的工业向前迈进了一步。党的十一届三中全会后，农场的各项工业生产又有了进一步的发展，各种工业生产的产品基本满足农业生产、基本建设和职工生活的需要，经营的方针由自给性生产向着商品性生产转变，但由于起步较晚，到 1985 年也只是满足自我需求状态。

1970 年，随着六十八团组建及一、三营成立，总场成立了制材厂（后改为制材连隶属总场基建公司），2 个营也相应地成立了制材厂。当时，有中型制材厂 1 个，小型制材厂 2 个，分布在这 2 个营区，主要的任务是为本营内的基本建设进行自给自足的加工，能制作门窗和家庭用具，可加工板材、方材。1985 年，已发展厂房面积 1156 平方米，年锯木料 2796 平方米，年产值 40 万元。截止到 2000 年，全场已有 2 个木材加工厂，9 个地板块加工厂，年创产值 700 万元，解决了 100 余名下岗人员的就业问题。

建设农场的制砖业始于 1960 年，年产红砖 40 万块。1960—1983 年，累计生产红砖

2855 万块，建砖窑近 30 座，年产值近 40 万元。1991—1998 年，实行集体承包、委托经营，8 年共生产红砖 4100 万块，创产值 623.7 万元。

1963 年，建立一座小型油坊，后期因亏损而停产。1983 年复建油厂，承包给马明武等 10 人。1984 年正式投产，日产豆油 140 千克，年加工豆油 45 吨。

1957 年，成立一个小型面粉加工厂，日产面粉 250 千克，年加工面粉 30 余吨。1979 年加工面粉 500 吨，解决自给自足问题。1980 年，北安管理局赵光粮油加工厂成立后，建设农场的 3 个面粉厂均停止生产，由赵光粮油加工厂供应面粉和豆油。

1956 年，在老场部三〇五成立一个小型酒厂，进行自给性生产，日产白酒 150 余千克。1985 年落实承包责任制，因无人承包而停止生产。

1956 年，建场初期，无电源，只是用 1 台修理车带的小汽油发电机进行发电，仅供生产使用。1957—1985 年，陆续引进新型发电机组，架起高压线，建变电所 1 座，配变压器 55 台，总容量 3475 千伏安，全部用上了国网电，从此解决了全场照明问题。

1986—2000 年，建设农场工业企业改革经过 15 年的发展，又有了新的变化。特别是在改革开放政策的号召下，工业企业改革的力度不断加大，效果越来越明显。15 年里改革迈出了三大步：第一步是 1988—1990 年，实行个人（厂长、经理）承包制；第二步是 1991—1997 年，实行集体承包、股份、委托经营责任制；第三步是 1998 年，实行民有民营。经过这三步深化改革，工业企业转制工作彻底推进到位。

2001—2020 年，农场工业企业及作坊发展到 67 家。其中，国有企业 1 个（建设供电局），未转制企业 2 个（建设供水中心、建设供热中心），转制企业 2 个（欣发修理部、佳兴免烧砖厂），民有民营企业 7 个（建设农场亚麻粗加工厂、中服北安农垦麻业有限责任公司、长顺亚麻加工厂、顺和地板块厂、恒发水泥管厂、绍华棉麻厂、宏达木业有限公司），小作坊及修理部等 55 个。累计实现工业销售收入 8.3 亿元，增加值 2.31 亿元，利润 5321 万元。工业总产值占全场国民生产总产值的 16%，国有工业企业占工业总产值 29.7%，私营企业占工业总产值 70.3%。由于受国内外市场及资金技术的影响，农场的大部分工业项目在 2010 年后出现了亏损和经营困难现象，大部分下马。到 2020 年末，只有电业（上划单位）、供热、供水、宏达木业有限公司和 8 家修理部在经营。

五、非公有制经济在探索中向好

建场初期，副业产值只占总产值的 0.3%。当时的副业生产主要是在冬季，每年冬季农场都抽调一些职工到通北林业局的群力、卫东林场及北安市林业局的幸福、三〇三等林场山上采伐、装车、运输木材。冬季狩猎、割条、柳条编织筐篓等增加副业收入。1980年后，开始种植经济作物。1982年，成立多种经营科，进一步发展经济作物的种植，种植过人参、黑豆果、白瓜子，采集过蕨菜、橡子、猴头、蘑菇，兴办豆腐坊等。到1985年，全场共兴办豆腐坊20家，采伐、运输业共收入180万元。

1986—1999年，建设农场非国有经济即自营经济持续快速发展，形成养鱼业、养猪业、养鸡业、养牛业等4条产业链及地板块加工、综合养殖、蔬菜大棚三大基地，实现自营经济产值突破5500万元，纯利润2300万元，户均收入7100元，人均收入3080元。1998年，被农垦总局授予自营经济先进农场称号。

2001—2020年，农场制定了发展非国有经济，依托资源优势，适应市场需求，区域化布局、基地化生产，大力培育特色主导产业，不断壮大产业基地规模的思路，先后引进种植水飞蓟、月见草、亚麻、汉麻、绿大豆、黏玉米、芸豆、白瓜子、高粱、大榛子及樟子松嫁接红松等项目。在此期间，农场也探索了韩国金塔红辣椒、美国刀豆、日本甜葫芦、日本艾碧斯绿栗南瓜等种植项目，通过招商引资形式建立了食用菌合作社，种植榆黄蘑、大球盖菇、香菇和中草药，还种植了榛子和大棚提子等。大力发展了以"两牛一猪"为主的养殖项目，兴办了肉牛养殖场、奶牛养殖场和生猪养殖场，引资成立了建设农场禽业有限公司。这些项目大多是投资小见效快或者是劳动密集型、技术密集型、资金密集型和市场容量小的项目，因此都没有长久发展起来。但是在不同的历史阶段，这些项目对农场的经济发展起到了推动作用，并解决了一部分职工群众的就业问题。

2001—2020年，随着农场小城镇建设的快速发展，饮食服务、劳务输出、农机作业等产业得到发展壮大。运输、粮食烘干、粮食贮存及林下经济、山产品采集等产业保持了良好的发展势头。非公有制经济的规模、格局不断发展壮大，2001年全场非公有制经济总产值6100万元，纯利润2700万元；到2020年非公有制经济实现总产值33000万元，纯收入17000万元，与2001年相比，年均增长分别达到9.2%和10.17%。非公有制经济在实现企业增效职工增收的富民强场奔小康进程中发挥出不可替代的作用。

六、小城镇建设长足发展

1956年建场时，职工搭马架子住。1957年以后，职工人数越来越多，农场开始建造房屋。当时因建筑材料欠缺，运用传统建房模式，修建的是以拧拉哈、挂拉哈的草、木、土3种材料为主的土房屋。1968年组建兵团，万名城市知识青年和一批现役军人来到农场，开始大面积建房，共建造各种砖瓦房舍15万多平方米。

1986 年是国家"七五"计划的第一年，农场小城镇建设、小康队建设成效显著。到 2000 年，农场增加居民楼房 1.5 万平方米，有 204 户搬进楼房，职工家庭人均收入由 1986 年 408 元增加到 1999 年 1511 元，提高 270%。随着生活水平的提高，人们的消费观念，消费结构也发生了很大变化。

2001—2020 年，农场共建设住宅楼 21 万平方米，包括 4 个高规格居民小区，人均住宅面积 25.6 平方米，城镇绿化率达 74%。尤其在 2010—2012 年小城镇建设突飞猛进，建筑面积由 8.9 万平方米提高到 20.65 万平方米，增加了 11.75 万平方米。2008 年开始进行拆迁并点，10 个居民点被拆迁，搬迁居民 1958 户，拆迁房屋面积 7.86 万平方米，向场部转移人口 4448 人。在发展小城镇建设的同时，逐步完善城镇基础设施建设，到 2019 年，场部小城镇规划内道路总长 25.72 千米，给水管线总长度 20.56 千米，排水管线总长度 17.94 千米，扩建了锅炉房，新建了 3 个换热站。2001—2020 年，建设各类公共建筑项目 8 个，包括医院门诊楼、消防中心、政法楼、社区综合楼、学校综合楼、现代化农机装备区、老干部活动中心、艺体中心，修建公共文化休闲文化广场 3 个，同时，大力进行城镇绿化和亮化工程，使农场的公共行政、教育卫生、文化娱乐、居民居住条件发生了天翻地覆的变化。

七、社会事业全面进步

农场历年来十分重视教育的发展。1959 年 3 月 1 日，场部小学建立，同时期已建校的还有赵木匠、三〇五、田乙公司 3 所简陋小学。1961—1985 年，农场的教育事业随着农场的发展而发展，从无到有，由小到大，从单一的普通教育到形成普通教育、职业教育、职中教育、幼儿教育的完整的教育体系，从复式班到单班全日制授课，从食堂、草房、险房教育到标准的教学楼。从 1959 年春的 4 名教师，70 余名学生发展到 1985 年底，全场学校 26 所，中小学在校生 3833 人，教职工 325 人。农场升入局高中的升学率在北安管理局名列前茅。

1986—1990 年，全场中小学实行"尝试法""六因素单元教学法"教改实验。1991 年，中学进行过"清浦教改实验"。1995 年，中学实行"语文快速作文""英语情境、愉快教学法"实验。1998 年，小学进行"语文分步阅读"和"美术电化教学"实验；教师撰写科研论文上万篇，30% 被评为国家级、省级、总局级优秀论文。1986—1990 年，中学获北安管理局"争先创优""思想政治工作""党风建设"等先进党支部，北安管理局教育教学先进集体、先进团总支、先进职工之家等称号。1990—1999 年，小学分别获北安管理局教育工作先进集体、三八红旗先进集体、教育科研先进集体等称号；中学分别获总局级"清浦教改实验"先进单位、"快速作文"先进单位、先进团总支，北安分局文体先进单位。

2001—2020 年，建设现代化教学和办公楼 3 幢，艺体馆 1 处，400 米规模跑道操场 1 个。完成了集中办学，建立了农场中心幼儿园，九年义务教育国家验收和学校义务教育均衡发展国检顺利通过。用于基础建设和教育教学设施的投入达 3000 余万元。2014—2016 年，中考连续 3 年北安管理局重点高中升学率名列前 3 名，农场学校已经成为垦区示范校。

农场公共卫生体系建设由 1957 年总场一个小卫生所发展到 1985 年的全场 23 个基层卫生所，解决了全场 3 个分场 19 个生产队职工就医问题。

1985—1999 年，农场职工医院由建场初期的只看能简单病到每年接生婴儿百余名、做大小手术百余台，发展成为一级甲等医院。2000—2020 年，建设农场职工医院由为职工看病治病到定期为职工免费体检服务。

2009 年，农场投资 482 万元，建设了 2840 平方米的医院综合楼，配齐现代化诊疗设备，每年 2 次免费为全场妇女进行妇女疾病筛查，免费为全场职工进行健康体检活动，免费定期为老干部、老职工进行老年病检查。加强管理区卫生所建设，使全部卫生所达到了甲级卫生所要求，并通过上级卫生部门的验收。对饮用水不合格的管理区，通过新打饮用水机井，使饮用水全部达到国家饮用水标准，为居民健康提供了保障。

疫情防控精准有效，实现"四零"目标。建设农场有限公司党委高度重视新冠疫情防控工作，反应迅速，第一时间建立指挥部，在公司内第一个设立卡口，投入 200 万元用于防疫物资购入、封闭小区、后勤物资保障。全场党员干部、志愿者、医护工作者、公安民警、内退及离退休老干部 300 余人主动作为、勇于担当，发扬了"不怕苦不怕累、不怕艰难危险和连续作战"的精神，始终站在最前列、冲在第一线，全场疫情防控实现"零失误、零输入、零确诊、零感染"的"四零"目标，坚决守好北安分公司南大门。

八、党的建设成效显著

1956 年 5 月，经中共北安县委批准，中共和平农场总支部委员会成立。1958 年大批转业官兵来场，党员由 1956 年的 28 人增加到 50 人，党组织迅速扩大。1966 年 6 月，受"文化大革命"影响党组织受冲击停止活动。1970 年，成立六十八团，成立了 1 个团党委、3 个营党委，各单位成立了党支部，逐步恢复了党的组织生活。1976—1985 年，恢复了农场体制后，成立场党委，教育党总支部、基层党总支部各 1 个，分场党委 3 个，基层党支部 46 个，共有党员 617 人。

党的十一届三中全会后，农场大力加强了思想政治工作，搞好组织建设。按照"四化"要求，加强了各级领导班子的建设。选拔了一批年富力强、能打开局面的干部充实到领导岗位，使一些长期落后的单位，很快改变了面貌。狠抓了党的思想建设，1973 年 3 月 17 日召开第一次党代会，有正式代表 135 人参加会议。1980 年 6 月 8 日在场部召开了第二次党代会，出席会议代表 208 人（其中正式代表 170 人，列席代表 38 人），会上选举了党委委员 17 人，常务委员 5 人，李万隆当选为书记，杨玉山、李树恒当选为副书记。1983 年 7 月 2 日第三次党代会召开，出席大会代表 209 名，会上选举了 5 名党委委员，同时选举了纪律检查委员会。

党的十三届四中全会后，农场党委一班人坚持党的基本路线，过好三大关：增强党性的思想关；坚持任人唯贤的用人关；廉洁自律、为人师表的廉洁关。

1987—1998 年，农场党委广泛开展了"双学、双带"和"一队四户"活动。全场涌现出了小康标杆户 20 户、科技示范户 12 户、8 名致富带头人。在 1998 年的抗洪救灾活动中，全场人民共向灾区捐款 51.7 万元，捐衣物 832 件，体现了建设人民的一片深厚情谊。

1999 年底统计，全场共有干部 531 人。其中：场级干部 9 人，正科级 28 人，副科级 29 人，队级 48 人，副队级 38 人，女干部 218 人。为培养"四化"合格人才，农场党委主要抓了系统教育、素质教育、培训教育 3 个方面的教育。1986—2000 年，农场先后选送 198 名干部到黑龙江八一农垦大学、北京农业大学等高等院校进修学习深造。

2001—2020 年农场党委认真贯彻落实党的十六、十七、十八、十九大精神，全面开展党的建设工作，把创建"五型"班子作为加强基层领导班子建设的重点，先后开展了"双培"工程、"有真心、献爱心、为同心"的"三心"活动、"创先争优"活动、"携手同心"服务型党组织创建活动、"党建带团建、团建带少建、少建带幼建"的"三带四建"工作体系活动、"党员中心联带户"活动、党的群众路线教育实践活动、"三严三实"专题教育活动、"两学一做"学习教育、"不忘初心、牢记使命"主题教育。这些活动的开展，使党组织的吸引力、凝聚力、战斗力显著加强，广大党员干部的政治意识、大局意识、核心意识、看齐意识得到进一步提升。同时，工会、共青团、妇联、武装、民兵、老干部、关工委等组织围绕党的中心工作开展工作，强化了党同人民群众的血肉联系，实现了农场政治安定、社会稳定、人心思上、和谐发展的良好局面。

九、文化、体育工作丰富多彩

1958 年购进一台立式 50 瓦扩大机。住户大部分安上了小喇叭，开始自办广播，每天播音 3 次。除了农场新闻外，重点转播中央人民广播电台新闻。1958 年，农场开始放映电影，使用一台长江 16 毫米电影放映机，不定期播放，没有固定场所，大多是在露天放映，当时影片很少，不收费。1982 年，请省电视台的外线队来场，建立电视差转铁塔，塔高 83 米，经过调试，效果较好。职工家庭电视达 120 余台，值机工作人员在简易木板房里，战胜了重重困难，工作了 1 年多，保证了按时转播。

1966 年，总场成立了专业宣传队，涌泉分场、双丰分场成立了业余文艺宣传队，隶属场工会。演出节目的内容大体是颂扬毛主席和忆苦思甜节目。如歌舞《在北京的金山上》《我是贫农的好后代》《嫩江的水》、竹板书《吃水不忘打井人》等。1968 年，知识青年大批下乡，兵团组建，以知识青年为骨干成立了专业文艺宣传队。主要演出内容是颂扬毛主席，跳忠字舞，演样板戏、毛主席诗词歌曲等。1977—1978 年，知识青年逐渐返城。宣传队充实了一些本地青年，演出内容开始转化，多数是自编自演、以反映农场生产生活为主要内容的短小节目。

2001—2020 年，农场党委宣传部曾多次带领 80 多名业余演员参加北安分局会演，获得较佳名次。农场还开展了场县文化共建活动，与海星镇、通北镇合台演出了"奥运心、场镇情"及"青年歌手大赛"等活动。农场有老年舞蹈队、舞韵健身队、秧歌队、健身操队、老年合唱团等业余文化团体，他们自编自演节目丰富多彩。农场党委在重大节日，由宣传部、工会、共青团牵头，开展广场文化活动、场县共建文化活动、军民共建文化活动、春晚演出、秧歌会演及交谊舞大赛、法律知识竞赛，开展剪纸、图片展览等丰富多彩的文化活动。

建场初期，农场虽然人少，但体育活动丰富多彩，有业余篮球队、业余排球队、业余足球队。1968 年兵团组建，大批城市青年下乡，使体育运动更加活跃，每年都进行各种球类比赛。每年团部（总场）开一次体育运动大会，每年都举行一次篮球和排球比赛。1981 年，总场举行首次全场乒乓球比赛，参加比赛运动员 54 名历时 3 天；同年 5 月 27 日，举行全场田径运动大会，有 173 个项目，运动员 580 多人（包括学校师生在内），历时 3 天；同年 6 月 3 日，举行了全场篮球赛，21 支代表队（其中女代表队 6 支），运动员 200 余人参赛。

1985—1999 年，每年农场都召开体育运动大会，举行篮球赛、乒乓球赛。农场篮球队参加北安管理局在红星举行的篮球赛获得冠军，1985年参加北安管理局南五场篮邀请赛连续5年获得冠军，被评为管理局篮球赛甲级队。

2000—2020年，农场开展全民运动，以管理区为单位开展全民性的拔河比赛，广场舞、健身操、秧歌舞及篮球、乒乓球、羽毛球等全民健身运动，即达到了全民健身，又丰富了职工的文化生活。

建设农场有限公司三代人前赴后继，在64年的创业发展历史里，逐步把一个曾经渺无人烟、蛮荒落后的不毛之地，建成了以机械化、规模化、标准化和产业化为主要特征的现代化农业生产模式，并成为国家、垦区重要的商品粮基地和农业示范基地。公司将带领全场人民在全力跨越、奋力超越、追求卓越的道路上高歌奋进，勇往前行！

大 事 记

● **1955 年**　9 月　受黑龙江省国营农场管理厅、中共北安县委委托，以国营通北机械农场副场长赵希彬、生产办公室副主任程雪儒为首的黑龙江省和平农场筹建勘测组一行 7 人，对北安市境内通北镇东南通肯河与轱辘滚河分水岭两侧，十道河北岸、九道沟两岸及轱辘滚河两岸的荒原、丘陵地带进行勘测调查。

● **1956 年**　1 月　和平机械农场正式建立。

2 月　通北机械农场选派干部、工人 80 人，携带部分机械陆续进入新建场。

4 月 17 日　和平农场马志刚、徐全荣作为代表出席全国农业水利先进生产者会议，受到了毛泽东主席和中央有关领导的接见，并合影留念。

5 月 5 日　和平农场成立党总支，召开委员会。李福为总支副书记，韩武臣、程雪儒、金连成为总支委员。

5 月 12 日　哈尔滨市首批知识青年马国玲、柳洪兰、黄丽霞等 15 人来和平农场落户。

5 月 24 日　和平农场党总支发展的第一批党员徐全荣、王德安光荣入党。

6 月　逊克县境内发生特大森林火灾，蔓延到和平农场北部三○三林场，根据北安县委指示，农场成立扑火物资供应中转站，组织人力参加扑火，历时 45 天。

10 月　上级党委派周海任和平农场场长。

● **1957 年**　1 月 4 日　和平农场业余文艺演出队赴哈尔滨参加首届业余文艺汇演大会，获特别奖。

1 月 5 日　场党总支委员会决定增设劳动工资科，科长沈文学。

1 月 9 日　根据北安县委指示，对副队级以上干部进行政治审查，30 名干部下放当工人，由原来 75 名干部减少到 45 名，干部人数减少了 40%。

4 月　和平农场召开第一届职工代表大会，历时 2 天。

5 月　郭向阳调入和平农场任党总支书记。农场场部搬到三〇五（现在的六队）。

7 月　山东省梁山县移民 42 户 294 人来和平农场安家落户。

8 月　麦收期间，马志刚、许连山、常印安、王堂等人研制的康拜因防陷装置受农垦部嘉奖，并在全国农业系统推广使用。

11 月　和平农场整党，整风运动开始。

1958 年　2 月 17 日　除夕之夜，由于警卫人员用汽油点火引起火灾，烧毁办公室、宿舍、食堂房屋 500 平方米。

3 月 18 日　成立黑龙江省国营农场管理厅赵光地区办事处，和平机械农场分为和平、建设 2 场。

4 月　中国人民解放军转业官兵 139 人到农场参加建设。

10 月 2 日　和平农场、海星乡制定了场社合并协交书。

10 月　黑龙江省农业厅授予建设农场 223 车组（王堂车组）模范车组称号，共青团黑龙江省委授予王堂模范共青团员称号。

赵光地区人民公社成立，和平、建设 2 场合并为赵光人民公社第四管理区。

1959 年　1 月　场社分家，成立赵光农场，人民公社管理区改称赵光农场和平分场。

4 月 18 日　东北三省检查团来和平分场检查工作。

5 月　农场兴办起酿酒、制肥、制粉厂。

1960 年　3 月　和平分场孟令福出席全国财贸战线技术革新表演大会。

9 月　和平分场机关、直属单位精简机构，有 80 余名非生产人员充实到第一线。

11 月　由于秋季雨水大，和平分场第六生产队 300 公顷黄豆未收（全部冻在地里），造成严重损失。

1961 年　5 月　农场召开先进职工表彰大会。

7 月　和平分场工会、共青团进行改选。在全场掀起了向团员标兵王堂学习的"比、学、赶、帮、超"活动。

1962 年　3 月 23 日　赵光农场改为黑龙江省农垦厅赵光农垦局，和平农场隶属赵光农垦局领导。

3 月 31 日　和平农场召开党员大会。实有党员 60 名，参加会议 43 名，占总人数的 72%，会上选举产生了新的委员会。

4 月 22 日　第六生产队食堂失火，烧毁房屋（职工宿舍、小仓库）330 平方米，损失价值 8793.5 元，其中现金 1200 元，生产队党支部书记、副队长受到行政记过处分，核算员被追究法律责任。

7 月　撤销党总支，成立党委。

12 月 10 日　举办党员学习班，参加党员 56 人，学习时间为 7 天。

● **1963 年**　2 月　北安市人民银行赵光营业所在和平农场设立分所。

4 月 29 日　农垦厅通知和平农场改称建设农场。

4 月　全场掀起"公物还家"活动，广大职工积极响应，主动送交公物 837 件。

5 月　场党委作出开展学雷锋，创"五好支部""五好职工""五好青年"竞赛活动决定。

各大城市初中毕业生及部分社会青年来农场。

6 月　黑龙江省农垦厅厅长房定辰、副厅长边敬来建设农场检查工作。

● **1964 年**　1 月 16 日　农场召开第一次三级干部会议，参加人员 175 人（其中干部 68 人，党员 38 人，共青团员 31 人，工人积极分子 38 人）。农垦厅副厅长卞晶参加了会议，并传达了中共中央"前十条"文件。

1 月　中国人民解放军总字 742 部队自给农场将 300 公顷耕地移交给建设农场。

4 月　赵光农垦局接受国防科委 0682 部队农场以及兴安农场全员，在建设农场东部划出 4 个生产队成立了双丰农场（现第五管理区），隶属赵光农垦局领导。

9 月 17 日　农场有 10 名青年应征入伍。

9 月 27 日　农场召开一届二次党员代表大会，历时 2 天，选举了新的委员 11 人，于景忠、郭向阳、李万发、马宝琛、沈文学、邱永祥、陈华兴、杨刚、王江、王永山、邵长贵当选（除邱永祥外，其余为上届委员）。

● **1965 年**　1 月　蒋春林调入农场任畜牧副场长。

2 月　建设农场召开第一届职工代表大会。

4 月　赵光农垦局接收黑龙江省商业厅所属的克山畜牧场部分干部、工人，将建设农场划出 2 个生产队组建了涌泉农场（现第二管理区），隶属赵光农垦局领导。

6月 农场成立马传染性贫血防治委员会，主任郭向阳。

7月 农场第三、四生产队成立小学校。

1966 年 8月 哈尔滨红卫兵来场帮助秋收。

11月 东北农学院、林学院的红卫兵来建设农场串联煽"文化大革命"之风、点"文化大革命"之火。场中心校的学生开始成立红卫兵组织。

12月 机关成立了造反团。

1968 年 7月 经中共中央、国务院、中央军委、中央文革小组"六一八"批示，成立沈阳军区黑龙江生产建设兵团，赵光农垦局改为团的建制，为一师七团；赵光农垦局所属农场改为营的建制，涌泉农场改为四营，建设农场改为五营，双丰农场改为六营。

1969 年 8月 北京、上海青年大批来场。

1970 年 9月 由一师七团所属9个营组建成3个团，由原四、五、六营组建一师六十八团。

1971 年 6月18—20日 一师在七团广场召开庆祝毛泽东主席"六一八"批示和成立沈阳军区黑龙江生产建设兵团3周年纪念大会，同时举行全师的文艺、体育大会。

1972 年 11月17日 六十八团成立机关办公室，主要负责水利、安全工作。十八连为机械化试点连队。

11月 青石岭水库动工修建。

12月18日 六十八团应征入伍14人。

1973 年 2月16日 六十八团召开首次共青团代表大会。参加会议代表200人，列席代表50人，历时4天。

2月18日 成立六十八团机关党委，下设6个党支部。

3月17日 召开六十八团首次党员代表大会，历时4天。出席代表135人，大会选举产生了六十八团第一届委员会，委员21人。

3月20日 全团开始进行粮食大检查，为期10天。检查结果，共缺口粮8万千克。

4月7日 六十八团党委决定成立青石岭水利工程临时党委。书记吴起，副书记朱瑞林、白也，委员5人。

6月 一师六十八团改为一师四团。

1974 年 3月7日 四团党委决定成立二营临时党委。朱万贵为书记，委员9人。

11 月 24 日　四团直属机关党委改选，书记李景和，副书记陈永金、唐学连，委员 6 人。

12 月 23 日　经过共青团四团第一届委员会选举，四团党委同意涂嘉林为团委书记，李景和、刘玉书为团委副书记。

1975 年　11 月 30 日　四团党委发布《关于授予先进集体、先进个人荣誉称号决定》，表彰了先进连队 2 个，先进排 19 个，先进班 20 个，先进机车组 24 个，先进工作者 146 名（其中女 46 名），先进生产者 140 名（其中女 27 名）。

1976 年　1 月 10 日　四团成立第一届妇女联合委员会，经团党委研究决定郭向东等 22 人为第一届妇女联合委员会委员，朱明琴等 7 人为常务委员。决定涂嘉林为妇联主任，陈彦滨、何运莺为副主任。

10 月 27 日　19 点 15 分，四团后勤处发电室失火，烧毁砖瓦结构发电室房屋 120.78 平方米，烧毁 84 千瓦和 60 千瓦发电机各 1 台，配电设备 3 台，损失价值 1.1 万元。

11 月 29 日　撤销黑龙江省生产建设兵团一师四团，改为黑龙江省建设农场，隶属北安农场管理局领导，下属 3 个分场。

1977 年　12 月　全场职工 40％调整了工资，2900 名干部、职工升级。

1978 年　7 月 15 日　场汽车队 07-73286 货车去通北，车上乘坐 23 人，高速行驶造成翻车事故，当场死亡 1 人，抢救不及时死亡 2 人，重伤 2 人，轻伤 10 人，经济上造成严重损失，实属违章，驾驶员毛永祥被判有期徒刑 5 年。

7 月 17 日　场物资供应站油车驾驶员段巨福，驾车去赵光油库拉汽油，回来时油管漏油，引起火灾，使一车汽油及汽车全部烧毁，造成经济损失 7400 元。

11 月 15 日　农场下设查账、综合、专案 3 个组，开始进行打击经济犯罪和刑事犯罪活动。

12 月　场党委作出《关于授予先进集体、先进个人荣誉称号决定》，表彰先进连队 6 个，先进科室 1 个，先进排 11 个，先进班 25 个，先进车组 25 个，标兵 11 人，先进个人 223 人。

1979 年　1 月 27 日　凌晨 2 点，场部家属区失火，烧毁房屋 1 栋，损失价值为 5000 元。

9月16日　场成立计划生育委员会，下设办公室，主任李万隆。

12月　场党委表彰先进连队1个，先进排6个，先进班组20个，标兵13人，先进工作者5人，先进生产者161人。

1980年　4月3日　农场一分场三队、五队烧田间秸秆跑火，烧毁三〇三林场人工林、天然次生林26.7公顷。

6月8日　农场召开第二次党员代表大会，历时3天，参加代表208人，大会选举产生了中共建设农场第二届委员会，李万隆当选党委书记，委员17人。同时选举产生纪律检查委员会，正副书记分别是李树恒、王文富。

6月12日　召开共青团建设农场第二次代表大会，历时2天。参加代表247人，列席代表53人。大会选举产生了共青团建设农场委员会，委员27人，常务委员11人。李树恒当选团委书记，马喜文当选副书记。

6月　场党委表彰了模范共青团员、优秀干部、先进团支部，先进团小组长5个，优秀团干部31人，模范共青团员50人，青年突击手标兵6人，青年突击手45人，青年新歌手24人，优秀青年73人，下乡知识青年14人。

1981年　2月　农场与哈尔滨铁路局水电段签订合同，在望哈建立联营啤酒厂。

3月8日　在俱乐部召开庆祝"三八"妇女节大会，有600名妇女参加，表彰了"好媳妇、好妻子、好妈妈、好邻居、好嫂子"33人。

3月20日　建设农场第一届职工代表大会在场部召开。参会代表367人，列席代表11人，历时2天。

3月　农场成立职业高中。

10月4日　农场公开招考播音员，王凤兰在35名应考者中获得第一名，任建设农场广播站播音员。

10月　农场成立电视差转台。

11月6日　根据中发〔81〕11号文件精神和农场总局武装部的安排，场党委研究决定，对民兵组织进行调整，重新成立1个普通民兵团，下属3个普通民兵营，4个基干民兵连。

1982年　3月17日　农场一届二次职工代表大会在总场召开，历时2天。

4月28日　晚上，八队会计室金柜被撬，被盗走现金6536.98元。5月4日破案，罪犯被判处有期徒刑5年，开除场籍。有关人员均受行政处分。

5月27日　晚上场弹药库被盗，盗走子弹278发，自动步枪1支，手榴弹15枚。5月29日破案，作案人员被判处有期徒刑6年。

12月　农场驻通北办事处成立第二招待所。

● **1983年**　3月8日　召开了庆祝"三八"国际妇女节大会。会上表彰了"好媳妇"44人，"好妻子"2人，"好妈妈"6人，"好丈夫"5人，"好邻居"2人，"好嫂子"1人。

3月18日　农场召开了一届三次职工代表大会。参加会议代表480人，列席代表25人，历时3天。

4月28日　全场下暴雨2小时，降雨量达40毫米，后连续降小到中雨一昼夜，降雨57毫米，致使全场低洼地、道路、桥梁受到严重水灾。

5月9日　农场成立爱国卫生运动委员会。

5月30日　场党委授予于云龙"优秀运动员"称号。于云龙在1982年黑龙江省第五届运动会中，以优异成绩获得了金牌、银牌、铜牌各1枚，为黑龙江垦区和建设农场争得了荣誉。

6月4日　农场召开科学技术人员代表大会，大会选举产生了建设农场第一届科技协会，大会奖励了科技战线做出优异成绩的科技人员，颁发了工程师证书。

7月2日　农场召开了第三次党员代表大会，历时2天，参会代表209人。选举产生第三届党委委员5人，纪律检查委员6人。那延吉当选党委书记，齐云当选党委副书记。王文富当选纪律检查委员会书记。那延吉在会上作了题为《团结奋斗，开拓前进为全面开创我场两个文明建设新局面而努力奋斗》的报告。

12月30日　为提高职工文化水平，场党委研究决定成立职工业余教育委员会，下设职教办公室。

● **1984年**　1月19日　场党委作出《向在大灾之年做出突出成绩的九队、十二队学习的决定》。

2月19日　农场召开了一届四次职工代表大会，历时2天。

7月1日　场党委表彰了先进党支部3个，先进党小组8个，优秀党员26名。

● **1985年**　1月　农场撤销3个分场成立管理区，全场兴办家庭农场，共办各种类型的家庭农场 1700 个。

8 月　农场 7 月 31 日—8 月 15 日长达 16 天连续阴雨，降雨高度集中，降雨量达 231 毫米，占常年总降水量 2/5，比历年同期雨量多 7～11 倍，是建场以来特大灾害，小麦减产 1.18 万吨，价值 423.4 万元。

9 月 6 日　场党委授予 1983—1985 年教育战线优秀教师 101 名。

11 月 19 日　场党委成立整党领导机构。整党工作领导小组组长马景发，副组长杨玉山、周占彪、付国臣、齐云、马宝琛。下设办公室，主任周占彪（兼），副主任赵风吉、康庄、王明林、王文富、李向春、王悯。办公室成员 9 人。

1986 年　1 月 15 日　建设农场整党开始，党委书记马景发作整党动员报告。

3 月 10 日　场党委研究决定，对一些干部和职工违反规定，私自销售产品问题进行严肃处理，下发建场党字〔86〕7 号文件，将处理结果通报全场。

3 月 21 日　农场召开二届一次职工代表大会，历时 2 天。

3 月　农场在医院建一栋 800 平方米的病房，有床位 45 张，基本上解决了全场职工住院治病问题。

农场全面兴办家庭农场，共办起机组承包、独户家庭农场、专业户和生产队承包 4 种类型家庭农场 1583 个。

6 月　农场男女篮球队在北安管理局举办的篮球赛中取得了优异的成绩，男子篮球队获得冠军。

6 月 19 日　下午 4 时 20 分，一分场四队全部 21656 亩农田，遭受暴雨夹杂冰雹的袭击，损失价值为 72 万元。

8 月 25 日　中学教学楼历时 3 年建成，面积为 3000 平方米，农场有了第一栋教学楼。

9 月 24 日　农场成立建设农场老干部工作委员会。

10 月 13 日　通北山上着火，农场出动 250 人、5 台汽车、2 台拖拉机、5 台小型车参加灭火，奋战两天一夜，一直坚持到火场清理结束。

10 月　建设农场被北安管理局授予 1986 年度计划生育先进单位称号。

第九生产队党支部被北安管理局授予 1986 年度先进党支部称号。

11 月　北安市政府、北安管理局授予建设农场 1986 年度森林防火先进单位称号。

建设农场被农场总局授予 1986 年度森林防火先进单位称号。

中学教师于秀芳获农牧渔业部 1986 年"先进教师"称号。

12 月　农场拨信贷 215000 元，购置推土机 1 台、点播机 5 台、大豆低割机 5 台、播种机 10 台、半链轨 8 台。

本年　养殖业生产有大幅度的增长，年末猪存栏 3622 头，比 1985 年增长 38.7%；黄牛存栏 1355 头，比 1985 年增长 143%；奶牛存栏 153 头，比 1985 年增长 88.8%；羊存栏 1876 只，比 1985 年增长 90%；养貂 70 对；养鱼水面 241.4 公顷，个体养鱼专业户 10 多个，沟、塘、坝养鱼水面达 28.3 公顷。

全场工农业总产值 1425.3 万元，比 1985 年增长 34.7%，其中农业产值 1139.9 万元，比 1985 年增长 16.8%。粮豆生产虽然遭受严重的旱、涝、雹、冻等自然灾害，但大豆平均亩产 95.25 千克，小麦平均亩产 125.75 千克，大麦平均亩产 91.5 千克，甜菜平均亩产 763.5 千克，油菜平均亩产 125.75 千克。

1987 年　1 月 19—20 日　农场二届二次职代会召开，场长杨玉山作了题为《更新观念、深化改革、加速产业结构调整，尽快脱贫致富》的工作报告。

6 月　农场第一中学配置了彩电、录放机、录音机、电子琴等电化教学设备，电化教育在农场有了新起点。

农场男女篮球队在北安管理局篮球赛中取得优异成绩，男子篮球队再次获得冠军。

7 月 29 日　中午 12 点，农场遭受龙卷风的袭击，风夹着雨、雨带着雹，风力十二级以上，致使房屋、农作物、农具油料、高压和通信线路、道路、桥涵等遭受袭击，直接损失 164 万元。同时造成了小麦 5507 亩倒伏，减产四至五成，直接损失 413 吨。

7 月　农场教师篮球队在农场总局首届"园丁杯"篮球比赛中获冠军。

9 月　农场党委针对总场场部吃水难的问题，出动千人以上，铺设自来水管道。用近 1 年时间，场部、林场、实验站、第十生产队全部吃上了自来水。

10 月 1 日　18 时，第二生产队遭受冰雹袭击，有 2250 亩大豆受到严重袭击，有 1000 亩减产八成以上，有 500 亩减产六成以上，有 750 亩减产两成以上，累计大豆减产 80 吨，价值达到 7 万元左右。全场少收大豆

881 吨，损失 62.3 万元。

11 月　建设农场被北安市政府和北安管理局授予森林防火先进单位称号。

12 月 14 日　中共黑龙江省建设农场第四次代表大会召开，参会代表 145 名，历时 2 天。

本年　农场工业总产值计划 118 万元，年末实际完成 163 万元，完成计划 138.1％。

林业生产计划造林 6000 亩，实际造林完成 7351 亩，经北安管理局林业处验收合格 6190 亩，完成计划的 103.2％。在完成造林的基础上，调整产业结构，发展第三产业，场投资 19 万元，发展了浆果类生产，全场栽植了黑豆果 1758 亩，沙棘果 1233 亩。

拨信贷款投资 30 万元，购推土机 4 台、挖掘机 1 台、大豆低割机 10 台、茎秆还田机 3 台，盖种子库 300 平方米，修水泥晒场 1187 平方米，修涵洞 6 个，修围墙等。

1988 年

1 月 20 日　逊克农场原场长王法亮来建设农场任党委书记，农场原党委书记马景发任场长。

1 月　农场先后选拔 46 名年富力强、有一定专业特长的干部到各级领导班子担任领导职务，其中，场级 4 人、正副科级 42 人；对 200 多名知识分子不同程度落实了政策；全场有 500 多名干部先后参加各类学校学习深造。

3 月　农场三届一次职工代表大会在总场召开，场长马景发在会上作了题为《团结一切力量，调动一切积极因素，拼搏三年，开创农场致富新途径》的工作报告。这个报告明确阐述了农场今后 3 年经济发展的指导思想和具体措施，大会历时 2 天。

6 月 4 日　农场为了发展奶牛饲养业，制定了新的政策，吸收外地 45 户带着 140 头奶牛来建设农场安家。

6 月 9 日　老干部科组织离退休老干部 30 余人坐专车游览五大连池风景区 2 天。

6 月　农场把总场场部的主干道一侧批给个人作为经营场所，有 22 户集资 24 万元建立商业一条街。

农场男子篮球队在北安管理局举办的篮球赛中获得冠军。

9月1日　建设农场职业高中正式撤销。

9月　农场计财科汤德保连续第二年被农场总局评为计财先进工作者。

本年　农场卫生防疫站被评为黑龙江省地方病防治先进单位，同时被评为农场总局文明防疫站，卫生科副科长高军被授予农场总局卫生系统先进工作者，卫生防疫站付庆海荣获黑龙江省地方病防治先进工作者。

十二队与省农业科学院联合建立菌肥厂。

农场水利公司完成了青石岭水库续建工程，水库长1700米、蓄水17万立方米，正式投入使用。

农场为科技人员建设600平方米住房，改善了科技人员的住房条件。

1989年　2月　农场入伍战士、海军某部施工队队长张亚政，在建设南沙永署礁海洋观测站中荣立一等功，其回家探亲，经农场特邀，为农场干部、职工作了一次生动的报告。

3月29日　农场三届二次职工代表大会召开，场长马景发在会上作了题为《艰苦奋斗、同心同德，为实现八九年的目标而奋斗》的工作报告。大会历时1天。

3月　原实验站、种子公司（一套人马两块牌子）改为第二十生产队。

4月25日　建设农场成立街道委员会。

第十二生产队从美国约翰迪尔公司引进3台4450型大马力播种机，以每小时12千米的速度播种小麦，质量好、效率高。

8月1日　农场建成并投入使用一座占地面积约1500平方米、每小时处理粮食15吨的粮食处理中心。

9月1日　农机师王文（离休干部）应种子公司的邀请，帮助工人们研制了1台液压重轨平地耢子，和技术员赵忠仁改装1台滚轴合墒器，还推广液压七杆深松犁等11项新技术，并在全场队长会议上作了现场表演。

11月　第二生产队学校因年久失修，总场投资2万元，二队党支部书记张广义带头集资1000元，发动职工自己动手盖起了200平方米的新校舍。

12月　全场共有各类家庭农场1941个，净赢利140万元。

农场客运站正式成立。

《建设农场志》出版。

本年　场公安局治安股股长周鸣岐被农场总局公安局通令嘉奖一次。

● **1990 年**　1 月 14 日　场党委宣传部、工会组织集体婚礼，有 8 对青年喜结良缘。

3 月 2 日　农场三届三次职工代表大会召开，场长马景发在会上作了题为《振奋精神、艰苦奋斗，为奠定农场经济持续、稳定、协调发展的基础而努力奋斗》的工作报告。

4 月 10 日　农场第一次政工职称评定工作结束，全场取得任职资格的高级政工师 5 人、中级政工师 19 人、助理政工师 26 人、政工员 35 人。

4 月 15 日　14 时左右，第十七生产队外来承包人随意烧秸秆引起火灾，过火面积 45 亩，农场出动扑火人员 120 人、风力灭火机 6 台、车辆 7 台，15 时 10 分扑灭。

4 月　建设农场妇幼保健站被农场总局授予文明妇幼保健站称号。

5 月 29 日　18：40—19：20，农场遭受一场较大的暴雨和冰雹袭击，冰雹最大直径达 0.5 厘米，40 分钟降水达 30 多毫米，全场受灾面积达 7.6 万亩，造成绝产面积 2350 公顷。

5 月　场直小学校筹建冰棍厂并投产，迈出了建设农场校办企业的第一步。

7 月　日本友人小金泽一雄首次来农场小学访问。

8 月　农场电业所为确保麦收生产，及时更换 40 个变压器的变压油，同时检修 176 千米线路。

9 月 18 日　为扭转全场"脏、乱、差"的局面，全场开展环境建设，共修路 46233 米，挖路沟 58383 米，修花带 37833 米、树带 36783 米，拆违规建筑杖子 51335 米、仓房 171 座、架棚 511 个、厕所 349 座，挪拌垛 1813 个，建垃圾点 193 个，从而使全场环境有了明显的好转和改善。

10 月 1 日　东湖公园建成，园内建有凉亭 1 处，雕塑 2 座，风景林面积达 4 万平方米。东依自然山林，南邻建设水库，西靠自养公路。

10 月　农场为一中、场小和十二队、十四队、十九队等小学安上暖气，增置了教学仪器 250 件，维修和改善了 2400 平方米校舍。

农场为六队、八队、九队、十八队等打井 4 口，解决了吃水难的问题。

全场甜菜收成好于历年，平均亩产 1033 千克，比 1987 年的平均亩产 763.3 千克，高出 269.7 千克。

12 月 6 日　全场实行房屋转让证制度。

12月　国务院扶贫开发办公室副主任高鸿宾回访阔别二十年的第二故乡——农场第六生产队，到总场场部探望当年的老队长、离休干部舒占林。

本年　农场被北安管理局命名为农机管理标准化达标场。

农场购置了 M 摄像机 2 台、监视器 2 台，提升了电视台基础设备条件。

农场粮豆亩产计划 146.8 千克，完成 205 千克，完成计划 139.6％。其中水稻亩产计划 300 千克，完成 300 千克，完成计划的 100％；小麦亩产计划 159 千克，完成 275 千克，完成计划 173.0％；大麦亩产计划 137.8 千克，完成 219 千克，完成计划 158.9％；玉米亩产计划 254 千克，完成 241 千克，完成计划 94.9％；大豆亩产计划 102 千克，完成 113 千克，完成计划 110.8％。

● **1991 年**

1月28日　中国共产党建设农场第五次代表大会召开，149 名代表参加会议，会上选举产生了中共黑龙江省建设农场第五届委员会和第五届纪律检查委员会。会议历时 2 天。

2月3日　农场四届一次职工代表大会在总场召开，场长马景发在会上作了题为《艰苦奋斗、埋头苦干，为实现农场经济持续、稳定、协调、发展的目标而努力奋斗》的工作报告，大会历时 2 天。

2月　第九生产队被北安管理局授予小麦高产先进单位称号。

3月　原二分场第十三生产队改为三分场第十三生产队。

4月　第十生产队与化肥科分开，改为建设农场第十生产队。

5月　为了珍惜和合理利用每寸土地，强化依法管理土地的意识，根据北垦建土发〔90〕2 号文件精神，开始收缴个人小开荒。

创建优美环境，全场共投入义务工 11700 人，栽植各类美化、绿化树 127251 棵，修场区、队区、干路 46898 米，挖沟 58952 米，车辆 1003 台次，栽植各类花卉 188149 棵，铺垫沙石 5846 立方米。

农场购买了 9 台康拜因。

6月5—7日　北安垦区第二届"团结杯"篮球赛在锦河农场举行，建设农场男队荣获冠军。

7月17日　北京、天津、上海部分知青回访农场。

8月20日　第一中学在中考中，有 27 名中学生被黑龙江省、农场总局中等专业学校录取。

本年　7月、8月遭遇连续降雨32天，总降雨量达381.6毫米，9月全场遭受龙卷风、冰雹袭击，受灾最严重的是一分场第一、二、三生产队，大豆3940亩绝产，油菜3000余亩绝产，甜菜3675亩绝产，小麦总产量比1990年减少2798吨，大豆减少598吨，杂粮减少77吨，玉米减少410吨，总计比1990年减少收入407万元。

1992年　1月1日　《职工公费医疗费管理暂行办法》开始执行。

1月14日　召开全场党风廉政现场电话会议，1个主会场、20个分会场，600多人参加了会议，会上学习了《关于党风廉政建设的若干规定》。

3月1日　农场小学教师精减方案出台，共精减小学教师37人。

3月14日　农场四届三次职工代表大会召开，189名代表参加会议。场长付宗深在会上作了题为《发扬企业精神，加大改革力度，为提高农场经济效益而奋斗》的工作报告，会议历时1天。

7月3日　17点2分，建设农场刮起了强劲的龙卷风，持续6分钟左右，接着又降冰雹，长达15分钟左右，最大雹径2.7厘米左右。龙卷风和冰雹的袭击使总场通往各生产队电线杆有12根被刮倒，造成通信中断13个小时，25棵直径在20厘米的树木被拦腰折断，三分场各生产队小麦严重倒伏，一分场各生产队农作物也遭受冰雹危害，造成损失达80余万元。

10月　农场投资300万元，购买22台东方红802型拖拉机、3台迪尔1075型联合收割机。

农场在山东即墨、河北秦皇岛建立两个经销公司。

11月　农场被列入国家扶贫贫困场。

12月　十二队郭建军、砖厂杨德清被农场总局授予劳动模范称号。

农场清理1988年以来带奶牛落户的人员，解决存在的一些问题，通过清理整顿，有8户被清走，有89户购买新奶牛102头。

1993年　1月　农场被北安管理局评为农机管理达标单位。

2月　农场投资228万元，为小学建起一座2750平方米教学楼。

3月24日　农场四届五次职工代表大会在场部召开，代表180人参加会议，场长付宗深在会上作报告，会议历时1天。

3月　农场机关进行机构改革，精减合并职能相近的科室和部门，实行一人多职、一职多能。通过改革，机关科室由原来39个精减到6个，人员由原来131人减为40人。

第十九生产队被国家及黑龙江省列为"八五"期间水稻开发重点单位。

4月10日　农场总局工会主席刘廷佐一行，来农场检查指导双体经济工作。

5月　农场为农业生产垫付资金1200万元，购进农业机械80台。

工会主席李英年被农场总局授予优秀工会干部称号。

6月　农场为三分场安装自来水，解决了该分场吃水难的问题。

8月　建设农场在第六生产队实施低产田改造工程，大搞农田基本建设，挖沟排涝，共挖沟1.3万延长米，使200多公顷耕地基本摆脱了洪涝影响，结束了"三〇五、三〇五，洼养蛤蟆岗养鼠，晴天穿靴子下雨成了湖"的历史。

在农场机关、直属单位、部分生产队干部职工的努力下，利用义务工、义务车，历时12天，共出勤1350人次和668台车次，完成15千米主干路加高的5900立方米卸沙铺沙任务，被列为本年度扶贫项目的15千米三级沙石路面建设基本达标。

11月29日　农场总局扶贫医疗队来农场为职工看病。

12月　全年机关干部精减31％，科室精简45％，场直属单位、文教、卫生等14个单位裁减非生产人员282人，农业非生产人员减少52人，减少支出102万元。

本年　农场在资金比较困难的情况下，为全场294名教师、38名离休干部发放了全年工资。

1994年　1月26—27日　农场五届一次职工代表大会在场部召开，224名代表参加会议，场长付宗深在会上作了题为《适应社会主义市场经济要求，为更快更好地发展农场经济而努力奋斗》的工作报告。

3月　农场集中办学全部到位，撤销17个生产队教学点，精减教职工82人。

农场投资13万元为小学购置了300套课桌椅，为教师购置了10套办公桌椅和文件柜，出资12万元为每个住宿学生提供伙食补贴每月30元。

4月29日　农场举办青年歌手大赛，有10名青年歌手获得奖励。

农场工商贸总公司驻哈尔滨办事处成立，该办事处房屋面积117平方米，办公人员 3 名，负责人黄东光。

4 月　农场购置西方-200 自走割晒机 6 台。

9 月 12 日　以党委书记刘金烁为团长，工会主席李英年、副场长杨国珍为副团长的农场参观团一行 35 人，前往巴彦、庆安等地历时 3 天参观学习。

10 月 19 日　北安管理局在建设农场召开现场会，与会领导参观了北兴地板块厂、赵玉伦养鸡场、周一晶鱼池及第八生产队养猪小区。

10 月　建设农场职工医院被农场总局评为文明单位。

农场卫生科副科长高军在农场总局卫生系统优质服务竞赛中，荣获最佳防保人员称号。

11 月 16 日　农场党委组织部分养牛户及分场、生产队长等领导一行 25 人，赴安达参观黄牛快速育肥法。

11 月　农场被农场总局授予综合治理工作先进单位称号。

农场农业改革重点推行"两自"，职工家庭农场自筹生产费 547 万元，亩筹 30.24 元。

本年　全场粮豆总产量 2.62 万吨，平均亩产 178.9 千克，其中，小麦亩产 185.8 千克，玉米亩产 296.3 千克，水稻亩产 239.2 千克，大豆亩产 159.8 千克。大豆的总产量和单产超历史纪录，总产量分别比丰收的 1993 年和 1990 年增加 6242.9 吨和 2105.9 吨。

全场黄牛存栏 1977 头，比 1993 增加 278%；奶牛存栏 202 头；生猪存栏 2879 头，比 1993 年增长 96.3%；羊存栏 1290 只，禽存栏 31205 只。

农场完成了上缴国库小麦 3144 吨、大豆 893 吨的任务。

1995 年　1 月 15—16 日　农场五届三次职代会在场部召开，场长付宗深在会上作了题为《坚定信心、加快发展，为如期实现翻两番奔小康而努力奋斗》的工作报告。

3 月 8 日　农场工会召开"十佳行业女状元"报告会，会上表彰奖励了有突出贡献的女能人 17 人、先进集体 7 个。

4 月 6 日　建设农场第十七生产队照顾关心侨眷，张福云是朝鲜归侨王金同家属，由于家庭人口多，没钱翻盖房屋，1993 年生产队拿出 5000 元为他们盖了 3 间房。同年年底王金同因病去世，生产队出资 2500 元给办了丧事。为了让张福云和 2 个孩子维持正常生活，生产队每年为她家垫支 3000 元种地，同时又给她家还了 3000 元的挂账欠款。

4 月　场长付宗深一行 19 人赴山东省青岛市参观学习。

三分场安装了闭路电视。

5 月 25 日　中共建设农场第六届代表大会召开，与会代表共计 166 名。会上，场党委书记刘金烁作了题为《加快两个文明建设步伐，为如期实现翻两番奔小康而奋斗》的报告。大会选举产生中共建设农场第六届委员会和纪律检查委员会。

8 月 15 日　农场总局工会主席刘廷佐来农场检查双体经济工作。

8 月 20 日　农场工会获农场总局滚动扶贫先进单位称号。

9 月　农场中学毕业生考入重点高中 21 人。

农场进行第二次集中办学，撤销一分场学校，精减教职工 26 人。

10 月 26 日　农场出动 40 台机车、170 余人，到双丰水稻开发区，奋战 50 天，开垦荒地 1 万余亩。

10 月　农场经过 1 个月的施工建成有线电视站，并开通使用，传输 24 套节目。

11 月 2 日　以农场党委书记刘金烁为团长、赵序国为副团长一行 18 人，赴哈尔滨农管局庆阳农场参观水稻生产。

农场工会被农场总局授予先进职工之家称号。

12 月　农场党委书记刘金烁、工会主席李英年，获农场总局"9513"扶贫工作先进个人称号。第一生产队刘来真、基建公司赵玉伦 2 人荣获"9513"脱贫致富先进个人称号。

本年　教委被评为黑龙江省垦区小学教师培训先进单位。

农场被黑龙江省政府授予省级保密工作先进单位。

农场民政局被农场总局授予先进单位称号。

农场一分场技术员钟声荣获农场总局第三届"职工读书自学成才者"荣誉称号。

农场职工医院被农场总局认定为一级甲等医院。

● **1996 年**　1 月　农场按照现代企业制度和政企分开的原则，成立了工商贸总公司和社区管理委员会，总公司下设"三办、两公司"。"三办"即党群办、经营办和后勤办，"两公司"即农业公司和工业公司。撤销原来 3 个分场，成立 2 个管理区。

全场转让运输机械及农机具 176 台件。

2 月 11 日　农场五届五次职工代表大会在总场召开。场长付宗深在会上作了题为《认清形势、加快发展，圆满完成 1996 年经济发展指标，为提前实现翻两番奔小康目标而奋斗》的工作报告。会议历时 2 天。

3 月 12 日　农场被农场总局评为社会保险工作先进单位。

3 月　农场为了促进水稻开发制定了优惠政策，从绥化、海伦、吉林等地引进水稻种植户 60 余户，种植户承包种植水稻 1100 公顷。

场机关小车全部转售给个人，即减少了费用，也提高了小车司机服务质量。

7 月 15 日　建设农场被北安管理局命名为地板块生产基地、养殖专业场等荣誉称号。

7 月 20 日　农场地板块专业大户李富被农场总局授予黑龙江省垦区"五十强"个体户荣誉称号。

7 月 30 日　养鸡大户赵玉伦被全国农林工会、农业部农垦局授予职工发展自营经济先进个人称号，并被农场总局推荐为"中华农业科教基金会农户奖"候选人。

7 月　农场被农场总局授予自营经济先进农场称号。

8 月 2 日　农场总局局长刘文举来农场检查指导工作，考察了第二管理区水稻现场。

9 月 5 日　农场场门建成。

9 月 8 日　农场召开建场 40 周年庆祝大会。农场总局党委书记申立国、局长刘文举、副局长马学利、工会主席刘廷佐到会。北安管理局党委书记陶绍毓作了讲话。

9 月　农场小麦亩产超 275 千克，进入北安管理局先进行列。

10 月　北安管理局在农场第九生产队召开各农场场长、党委书记、副场长、生产科科长等参加的现场会。第九生产队在会上介绍了玉米育苗移栽和地膜覆盖、实现亩产 750 千克的经验。

11 月　农场中学被评为黑龙江省合格中学。

本年　农场对外宣传发稿 147 篇，其中，国家级报刊 4 篇、省级报刊 33 篇、地市级报刊 110 篇。

全场粮豆总产量 3.98 万吨，平均亩产 242 千克，创历史新高，比历史上产量最高的 1990 年增长 10％。

● **1997 年** 　1 月 16 日　农场六届一次职工代表大会在总场召开，与会代表 226 人。会上场长付宗深作了题为《认清形势、抓住机遇、加快发展，开创两个文明建设的新局面》的工作报告。

4 月 30 日　农场新购置的 12 台 1002A 履带式拖拉机到达农场。

5 月 10 日　农场决定，每月逢 9 日为集市贸易大集日子。

6 月　农垦总局为农场知青颁发纪念章 108 枚。

7 月 1 日　农场召开庆祝香港回归祖国和中国共产党成立 70 周年大会。

9 月　农场防疫站站长高军被黑龙江省卫生厅授予健康教育工作先进工作者称号。

场长付宗深被评为农垦总局尊师重教先进个人。

12 月　农场电视台充实了新闻节目，共开辟了 13 个自办栏目。

本年　场部 3802 平方米的 1 号综合住宅楼竣工，48 户干部职工搬进新居。

工会被评为农垦总局民主管理先进单位。

农场十八队投资 50 万元新建职工住宅 20 户。

全场农机具转让全部到位，共转让农具 1885 台（件）。

全场自营经济产值突破 4100 万元，利润 1750 万元，从业户均收入 5468 元，人均收入 1875 元，分别比 1996 年增长 63.5％、47.6％、47.8％、44.2％。

农场实现粮豆单产、总产量，甜菜单产，油菜单产四超历史。其中粮豆平均亩产 249 千克，比历史最高年份增长 10.5％，总产量 5.06 万吨，比历史最高年份增长 20.1％；甜菜平均亩产 2.01 吨，比历史最高年份增长 48.2％；油菜平均亩产 120 千克，比历史最高年份增长 30.1％。

● **1998 年** 　1 月 16 日　农场六届三次职工代表大会在总场召开，代表 230 名，场长付宗深在会上作了题为《认真落实十五大精神，解放思想、抢抓机遇，真抓实干，加快发展，实现我场改革与发展新跨越》的工作报告。

2 月　农场引进水稻种植户 110 户，带入机械设备 270 多台（套），生产资金 700 万元。

3 月 8 日　王凤兰、冷桂芬、谭薇、张桂芹、罗梅、李景芳被北安分局授予"三八红旗手"称号，农场女工委员会获先进集体称号。

3月11日　农场工会主席李英年率5人参加在山东省举办的全国大棚菜新技术培训班。

3月25日　农垦总局党委书记申立国来农场检查自营经济发展情况。

4月8日　农场被农垦总局授予发展非国有经济先进单位称号，地板块专业大户李富被农垦总局命名为发展非国有经济模范户称号。

4月18日　农场开展春季义务植树活动。参加人员共计5000人次，共植树25万株，全场绿化面积达600亩。

5月11日　引龙河农场工会主席王宇光一行10余人来农场参观学习发展自营经济。

5月15日　红星农场党委书记王志荣一行30余人来农场参观学习发展自营经济。

5月16日　农场召开第八次助残活动大会，会上宣布为朱胜岭等2位残疾人员无息贷款2000元。

6月11日　农场遭受雹灾，4.18万亩大豆受害，其中绝产8802亩；油菜2700亩受害，减产五成以上。

农场投资12万余元，购进4门"三七"式高炮，用于人工降雨和防雹。

7月27日　农垦总局局长王玉林一行到农场检查自营经济工作。

8月28日　丹东市劳动局第二技工学校在农场招生16人，称毕业后由学校负责在丹东市安排工作。

8月29日　黑龙江省劳动厅一行5人，在农垦总局政研室负责同志的陪同下来农场调查自营经济发展情况，听取了场领导关于在自营经济工作中安置职工1307人的做法（全场共有下岗职工1358人）。

农场向全国发生特大洪水灾害地区捐款51万余元、衣物1026件、塑料编织袋3万余条，被北安分局评为抗洪先进集体。

9月15日　黑龙江省土地局处长马文超一行到农场进行土地落界。

9月　农场场部4640平方米的2号综合住宅楼竣工，60户干部职工搬进新居。

农场分别被农垦总局、北安分局授予再就业工作先进单位称号。

12月26日　王克坚任建设农场党委书记，原党委书记刘金烁任建设农场调研员。

本年　农场在《农垦日报》发行工作中，成绩突出，被农垦总局评为先进农场称号。

1999 年　1月19日　农场六届五次职工代表大会在总场召开，与会代表228人。会上场长付宗深作了题为《理清思路、坚定信心、抢抓机遇、加快发展，以优异的成绩跨入二十一世纪》的工作报告。

1月　全场56名副科级以上干部每人拿出1000元与贫困户结成扶贫对子，全场各级干部共投入扶贫借款11万元，扶持贫困户98户。

3月3日　农场在住宅楼前举办了喜迎澳门回归祖国秧歌会演和烟花晚会。

4月5日　第十七生产队青年刘刚、王贵春在哈尔滨拾得上万元财物后，积极寻找失主。当失主拿出2000元表示感谢时，被2位青年婉言谢绝。

6月12日　农垦总局北大荒文工团以"希望的田野"和"下岗再就业"为主题来农场慰问演出，场领导同3000多名职工群众一起观看了演出。

6月15日　农场地板块被选为第十届哈洽会北安分局参展产品参加展出。

7月1日　场党委在场俱乐部举行了庆"七一"表彰大会暨文艺汇演。

8月13日　农场投资400万元新建种子公司、扩建烘干设备。

9月4日　农垦总局纪委书记郑吉月一行来农场检查指导工作。

9月12日　农场投资500多万元，完成了全场宽带综合信息光纤网工程，程控电话可接入开通2000多门，改变了边远生产队不通电话的历史。闭路电视接通了5个生产队，全场2/3的单位能收看到26套闭路电视节目。

9月16日　农场召开公开处理7名党政干部违纪案件大会。

9月29日　北安分局党委书记陶绍毓、工会主席冯海清来农场检查非国有经济工作，参观了养猪、养鸡大户。

农场举办庆祝中华人民共和国成立50周年大型文艺晚会。

9月　农场投资7万元为离退休老干部修建了300平方米的活动中心，购进了4套健身器材。

建筑面积3757平方米的3号综合住宅楼竣工，48户干部职工搬进新居。

12月　建设农场超额完成了北安分局下达的宣传报道任务，对外报道195篇：其中，国家级5篇，省级43篇，地市级147篇。

本年　农场在北安分局第一家实现电信、计算机和有线电视三网合一，填补了北安分局没有接入网的历史。

● 2000 年　1 月 15—16 日　农场七届一次职代会在总场召开。场长付宗深在会上作了题为《坚定信心、埋头苦干、用足政策、加快调整、减负增效，以新姿态、新业绩迎接新世纪》的工作报告。

1 月　农场开展了"进千家门、知千家情、解千家难、暖千家心"活动。党政领导深入基层，调查了解受灾户和特困户、残疾人、军烈属等 1512 户，送去慰问品和慰问金近 26 万元。

3 月 3 日　农场实行公开、平等、竞争、择优的原则，对全场 128 名会计、统计、出纳人员进行严格规定、严格考试，有 5 名会计、5 名出纳员下岗。社会专业人才经考试走上新岗位的有 7 名，其中，成绩优秀的出纳员龙金萍被提升为正式会计。原 36 名统计员中，有 15 名被录用。

3 月 5 日　中小学校为纪念开展"向雷锋同志学习"活动 37 周年，组织 1500 名师生走上街头清理垃圾和除雪活动。

3 月　根据建设部建房〔1997〕18 号文件，针对全场实际情况，分别对全场 3000 户砖木结构住房、204 户楼房进行登记注册。

4 月，农场农机具更新配套步伐加快。通过农场贷款、补贴，农机户自筹资金等方式，共投入资金 40 万元，购买挠型割刀 16 台、喷药泵 4 台、点播机 5 台、重耙 2 台。

5 月 30 日　为了进一步扩大总场场部供水能力，使附近生产队都能吃上自来水，农场投资 15 万元，请黑龙江省第一水文地质工程地质勘查院技术人员来场，在总场锅炉房旁边，打水源机电井一眼，井深 150 米。

6 月 1 日　农场教育系统在中学西侧体育场举行第四届运动会。

6 月　农场小学男女乒乓球队分别获得北安分局举办的乒乓球赛冠、亚军。

全场黄牛存栏 1515 头，比上年同期增长 1.47%。饲养 5 头以上的养牛大户 20 户；养猪户达 628 户；专业养鱼户 42 户。

全场参加待业保险 3703 人，参加养老保险 3703 人，参加医疗保险 2483 人。

7 月 28—29 日　农场连续 2 次遭受严重的冰雹袭击。28 日 16：30、29 日 17：50，狂风、暴雨夹杂着冰雹一倾而下，2 次降雹时间均达 15 分钟左右，最大冰雹直径 45 毫米以上，给各生产队农作物造成严重损失。据统计全场作物受雹灾面积 12.14 万亩，损失达 1912.4 万元。

7 月　场公安局为 500 名流入人员和 400 名外出打工人员建立了档案，档案内容包本人简历、照片、指纹和担保人。

8 月 10 日　农场成立人口普查领导小组，对 300 名普查员进行了为期 3 天的岗前培训。

8 月　场小学杜廷芬在全国小学数学"三算"研讨会上被授予先进科研工作者称号。

农场初中考入重点高中 32 人。

农场副场长赵序国任红色边疆农场场长。

9 月　建设农场党委贯彻农垦总局、北安分局有关文件精神，落实了 30 名离休干部每月增加离休工资 7000 余元，并批准其中 20 名离休干部享受副处级待遇。

11 月 18 日　经上级党委决定，王林调任农场党委书记。

11 月　农场场长付宗深退养。

农场原党委书记王克坚任农场场长、党委副书记。

12 月　农场有线电视与农垦总局光纤网联网，传输 32 套电视节目，网络带宽由原 300 兆赫升级为 750 兆赫，用户数达 1200 户。

● **2001 年**　1 月 10 日　农场召开七届二次职工代表大会。会上审议通过了场长王克坚作的题为《深化改革、加快调整、抢抓机遇、加快发展为实现农场经济的基本好转而艰苦努力》的工作报告。农场电视台首次对职代会进行了全程实况直播。

2 月 14 日　农场购进肉牛 1449 头，发放购牛贷款 150 万元。

3 月 15 日　兰西县投资商武芳到农场投资建设亚麻粗加工厂。

3 月 21 日　农场举办新世纪首届新闻报道培训班。

5 月 1 日　农场中学在北安分局举办的中小学生乒乓球比赛中获男、女团体双冠军，在单项比赛中男、女单打分别荣获冠、亚军，小学获团体第三名。

5 月 13—28 日　农场党委书记王林参加北安分局考察团赴加拿大西部考察肉牛产业。

7 月 28 日　农场党委召开庆祝建党 80 周年暨表彰大会，并举办了文艺演出。

9月4—5日 日本友人小金泽一雄第四次来中国，向农场小学赠送33.4万日元，并向小学生赠送礼品。

9月13日 日本民间和平使者旅游团来到农场，参观了学校微机室、语音室，并与小学生合影留念。

12月 农场4名青年入伍，接收退伍军人2人回场。

周广森任农场党委副书记兼纪委书记。

张本伟任农场工会主席。

本年 新建3个绿色生猪示范养殖小区，建设2个以肉牛养殖为重点的农牧结合示范队。

农场投资133万元，新建5号住宅楼，建筑面积1909.84平方米。

电视台完成了场区750兆赫光纤网改造工程，新增24个接收点，覆盖场区的每一个角落。节目质量由标清升级为高清。农场投资15万元安装了有线电视可寻址加密收费管理系统，解决了有线电视收费难的问题，实现了智能化管理。

农场卫生防疫站被黑龙江省卫生厅授予"疫情管理、疫情监测"先进集体称号。

2002年 1月14日 农场派出31人到赵光、哈尔滨和河北三河、辽宁昌图等地参观考察畜牧工作。

1月15日 农场召开七届三次职工代表大会。会议审议通过了场长王克坚作的《振奋精神、坚定信心、抢抓机遇、加快发展，全力推进农场经济和社会全面进步》的工作报告。

2月6日 农垦总局党委书记王玉林、工会主席母松华在北安分局党委书记李殿君、局长李佐同等的陪同下，慰问退休原农业副场长杨国珍。

3月3日 经过国家水利部门批准，农场启动青石岭水库除险加固工程，总投资3986万元。

3月13日 农场聘请吉林养牛大王张金玉到场举办养牛专题讲座。

7月18日 在农垦总局召开的民主管理电视电话会议上，农场场长王克坚被授予民主管理优秀个人称号。

8月3日 农场中学学生彭园园和左兵，代表农垦总局参加黑龙江省第七届残运会，获得2金2银的优异成绩，教练侯广荣被农垦总局授予优秀教练员称号,并聘为农垦总局终身教练。

9月28日 农场安格斯肉牛繁育基地初步建成,21头优质纯种安格斯牛在农场安家落户。

9月 王传江任农场武装部部长,进入农场党委班子。

10月30日 农场投资95万元建设的2万平方米休闲广场竣工并投入使用。

12月10日 农场在原冷库的基础上投资2万元改建的标准化生猪集中屠宰点正式建成投入使用。

12月20日 农场党委组织部被农垦总局人事局授予垦区人事系统文明单位称号。

本年 农场与北安分局驻秦皇岛办事处签订协议,向古巴出口4000吨黑芸豆,并通过易货贸易换取进口化肥3000吨。

● **2003年** 1月8日 农场八届一次职工代表大会召开。会议审议通过了场长王克坚作的《与时俱进、开拓创新、求真务实、加快发展,为实现富民强场的目标而艰苦奋斗》的工作报告。

2月5日 农场在大直街举行秧歌汇演,全场11个生产队参加。

4月12日 突如其来的"非典"疫情危及全国。建设公安分局配合卫生防疫部门出动全部警力严查进入辖区的外来人员及从外地回场人员,在全场范围内对流入人员进行疫情监控。

5月21日 农场第四生产队家属区柴草垛起火,由于当天风大,引燃烧毁家属房6栋,致使21户共50多名居民受灾,直接经济损失达80万元。

6月28日 农场在文化广场举办庆祝建党82周年文艺演出,演出结束后,在商服楼召开了庆"七一"表彰先优大会。

7月1日 农场组织文艺演出队开展庆"七一"下基层文艺演出。

7月4日 建设公安分局主管消防副局长卢洪有在组建企业义务消防队及改装简易消防车工作中,业绩突出,被黑龙江省农垦公安局授予个人三等功。

7月10日 农场学校中考成绩优异,考入重点高中25人,单科成绩化学在北安分局排名第一、语文在北安分局排名第二、英语在北安分局排名第三。

8月8日　农场投资 425 万元，新建中学教学楼 3713 平方米，其中，国家拨款 100 万元、自筹资金 325 万元，竣工投入使用。

8月13日　农场十一队、十二队遭受冰雹袭击，受灾面积达 100 公顷，受灾作物有大豆、芸豆、甜菜等，直接经济损失达 100 万元。

9月10日　黑龙江八一农垦大学 10 名实习生到农场种猪场及生产队进行为期半年的实习。

12月30日　农场八届二次职工代表大会召开。会议审议通过了场长王克坚作的《深化改革、构造优势、真抓实干、加快发展，为实现全面建设小康社会目标而努力奋斗》的报告。

12月　农场 3 名青年入伍，接收退伍军人 7 人回场。

本年　农场医院被农垦总局授予文明单位标兵称号。院长李志勇被黑龙江省农垦医药卫生委员会聘为黑龙江省农垦医院经营管理专业委员会委员。

农场通过国家扶贫项目进口 10 台 190M 型大马力拖拉机。

农场自筹资金 76 万元，改建学生公寓 2441 平方米。

农场被农垦总局评为文化工作先进单位，农场党委统战部被农垦总局党委评为统战工作先进单位。

2004 年　1月20日　农场推行机构改革，实行撤队建区，由原来的 18 个生产队组建成 6 个管理区、11 个居民组。6 个管理区各设报账会计 1 人。

6月25日　农场组织大鹅养殖户 100 余人举办大鹅养殖培训班，主要讲解大鹅养殖实用技术及防疫程序。

6月　北安分局举办纪念毛泽东同志民兵工作"三落实"指示发表 42 周年知识竞赛，农场民兵代表队获得第一名。

7月1日　农场在文化广场举办庆"七一"文艺演出。

8月27日　相声演员孟凡贵及夫人回访第二故乡，农场党委举办了知青回访第二故乡文艺晚会。

9月10日　农场发生"艾滋病"事件，从 1997 年至 2003 年，在抢救治疗重危病人过程中，因医院采供血直接感染艾滋病毒 15 人，间接感染艾滋病病毒 4 人，共计 19 人。

10月30日　农场投资 450 万元，修建 1474 延长米大直街白色路面竣工验收，并交付使用。

12月　农场职工徐志国被黑龙江省总工会、经贸委、科技厅、劳动和社会保障厅授予全省"创新杯竞赛"创新能手称号。

农场5名青年入伍，接收退伍军人6人回场。

本年　农场公安分局民警孙志刚被评为"中国敬老之星"。

● **2005年**　1月8日　农场召开八届三次职工代表大会。会议审议通过场长王克坚作的《抢抓机遇、深化改革、构造优势、全面发展，努力加快富民强场和全面建设小康社会步伐》的报告。

3月5日　农场被列为全国100个农业标准化示范场（县）之一。

5月1日　农场投资60万元，建设一条宽6米、长300米白色路面，被命名为"学府路"。

5月　黑龙江北大荒种业集团有限公司通过资产划拨61.7万元（占注册资本50.1％），农场出资56.47万元（占注册资本45.85％），自然人黄东光、于景富、周凤霞、张春雨个人出资5万元（占注册资本4.05％），组建黑龙江北大荒种业集团建农有限公司。

6月1日　农场投资10万元，为初中购置体育健身组合器15套、乒乓球台6张、玻璃钢篮球架2副。

6月　为纪念抗日战争胜利60周年，在北安分局人武部主办的"爱垦区、奔小康、强国防"演讲比赛中，农场民兵取得第二名的好成绩。

7月10日　绥化市市长于莎燕携绥化市农业基层主管领导来农场参观农业标准化。

新疆生产建设兵团来农场参观农业标准化生产。

7月26日　建三江分局组织所属各场场长来农场参观旱作农业标准化生产。

8月20日　农场参加的农垦总局高产攻关项目，大麦高产攻关田实测产量442.3千克/亩，实际收获达到426.3千克/亩，在农垦总局排名第一。

9月30日　农场投资179万元建设的741延长米中央路白色路面竣工并交付使用。

10月28日　农场投资280万元建设的271平方米净水厂厂房竣工验收，并交付使用。

11月10日　农场投资478万元建设的5334平方米的6号住宅楼竣工验收，并交付使用。

农场通过了中国绿色食品发展中心的产品和产地认证，大麦和大豆产品可以使用"年轮"牌商标和绿色食品标志。

农场获得黑龙江省农产品质量安全中心颁发的无公害肉牛、生猪、大鹅产地认定证书。

12月18日　农场广播电视部门按农垦总局有关文件精神，设定为广播电视局、广播电视站、网络管理站3个机构，定人、定岗、定责分类管理。

2006年　1月3日　北安分局党委决定，王立军任建设农场副场长。

农场党委副书记周广森、副场长王维春离岗退养。

1月15日　农场召开九届一次职工代表大会。会议审议通过了场长王克坚所作工报告。

1月20日　农场聘请黑龙江八一农垦大学2名教授来场进行为期2天的畜牧专题讲座，参加培训的从业人员达200余人。

2月18日　农场党委举办新闻报道员培训班，全场94名报道员参加培训。

4月3日　农场党委召开思想政治工作暨党风廉政建设工作会议。

4月20日　农场党委组织部下拨党费扶贫资金2万元，扶持朱胜岭等6名贫困党员发展生产。

5月28日　农场举办机关、直属单位第二届"庆丰收"篮球赛，共6支代表队参加了比赛。

6月28日　农场吴凤霖被农垦总局党委授予"优秀共产党员"称号，吴春波被农垦总局党委授予"学帮带"先进个人称号。2位同志的先进事迹编入《先进性的旗帜》一书（农垦总局党委组织部编）。

6月30日　农场党委召开庆祝建党85周年暨党员先进性教育总结大会。

7月1日　农场举办建场50周年及庆"七一"大型广场文艺晚会。

7月3日　农场工会倡导向全场儿童献爱心捐助活动，共捐资金26599元，教育部门为特困生、贫困生捐助资金11000元。

7月17日　农场招聘黑龙江八一农垦大学本科毕业生王云龙、齐齐哈尔医学院本科毕业生赵洪新来场工作。

7月　农场副场长吴凤霖被黑龙江省委授予"优秀共产党员"称号。

8月3日　农场党委拍摄的党建专题片《沃土情深》荣获北安垦区第十

二届党建专题片评比三等奖。

8月18日　汉帛（国际）集团有限公司以"中服公司"名义与建设、赵光、红星3个农场正式签订了合资合同，投资1000万元注册成立中服北安垦区麻业有限公司。

9月8日　农场广播电视局在北安分局广播电视局的支持下，成功地完成了建场50周年大型庆典活动的现场直播。

10月1日　农场进行清产核资，核销社会性资产净值1913万元，资产重估增值1531万元。

10月13日　农场关工委、教育科在中学楼会议室举办有210多名家长参加的培训班。特邀北安分局关工委办公室主任贾进麒授课。

12月30日　农场副场长王立军被农垦总局绿化委员会授予黑龙江农垦绿化奖章。

本年　农场电视台拍摄的反映生态环境的大型专题片《生态美——孕育着江南沃土的希望》在北安分局展播并获奖。

农场党委宣传部在省内外各家报纸、杂志及网络发稿236篇，其中，国家级43篇、省级39篇、地市级154篇。

● **2007年**　1月8日　农场召开九届二次职工代表大会。会议审议通过场长王克坚作的题为《抢抓机遇、超前谋划、和谐发展，进一步加快我场社会主义新农村建设的步伐》的工作报告。

1月19日　农场党委召开会议，决定成立场（县）共建宾县服务队。聘任杨伍为场（县）共建宾县服务队队长，陈允联、孙明刚为场（县）共建宾县服务队队员。

2月20日　农场学校顺利通过黑龙江省政府"双高普九"验收。

3月1日　建设公安分局被授予总局级文明单位称号。

4月10日　与农场合作的南华糖业集团公司组织英国专家来农场现场指导甜菜栽培技术。

农场党委组织部为40名外出流动党员发放流动党员证。

5月1日　著名企业家胡养苗向农场学校捐资21.6万元用于学校办学。为纪念他的善举，农场小学命名为建设农场"胡养苗希望小学"。

5月4日　财政部委派海南财政专员办对农场行政事业单位进行审计，审计组成员孔令瑞、张在杰。

5月5日　农场进一步完善"两田一地制"改革，全面落实了税费改革政策，筹措资金177万元，全额兑现了2006年农工应享受的基本田待遇，并确定2007年应享受基本田人员6269人。

6月27日　农场党委在文化休闲广场举办庆"七一"大型歌咏比赛，来自机关党总支等10个基层党组织的500余人参加。

7月10日　农场中学中考成绩创历史新高。升入重点高中39人，晁雨、孟维康由农场党委宣传部申请"省文明助学"被哈尔滨市第三中学宏志班免费录取。

农场学校初中教师王静、张文生、魏春玲，小学教师孙金华、何薇薇获得首次县域优秀教育人才奖励。

8月28日　中国共产党黑龙江省建设农场第七次代表大会在农场商服中心会议室举行。选举产生由王林、王克坚、王立军、王传江、刘增元、李宏军、吴凤霖、张本伟、唐志学9人组成的中国共产党建设农场第七届委员会和由张本伟、庄承江、刘承文、李学忠、陈秀志5人组成的纪律检查委员会。

8月29日　农场招聘程跃奇、马超、王静3名"三支一扶"大学生来农场，服务期为2年。

8月　农场医院组织医疗小组，走访了"六六三"转业官兵34人，为他们进行健康检查，并免费送价值1500余元的药品。

9月20日　农场学校在黑龙江省总工会、经委、科技厅、劳动保障厅组织的"创新杯"竞赛中被授予经济技术创新示范岗称号。

10月20日　农场投资233万元、建筑面积3257平方米的8号住宅楼竣工验收。

10月30日　经民主推荐，农场党委会议研究决定，李宏军、崔万军、杨洪臣、代志军4人为农场后备干部，报北安分局党委审批。

11月1日　农场投资140万元、建筑面积835平方米老干部活动中心竣工验收。

11月15日　农场畜牧科从10月15日开始，利用GPS卫星定位系统，对全场18个基层单位的草原进行了核查，共核查草原1451.19公顷，比1994年的4619.13公顷减少了3167.94公顷。

12月5日　德国甜菜栽培专家来农场授课，为甜菜种植大户讲授德国先进栽培技术。

本年　农场农业获得了特大丰收，实现了全面积、全作物产量和效益的历史性突破，其中大麦 353.4 千克/亩、小麦 356.7 千克/亩、芸豆 225.8 千克/亩、大豆 226.8 千克/亩、玉米 600.2 千克/亩、甜菜 4 吨/亩。农场第四管理区民兵谷庆龙带领职工科学种田，带头种植 70 公顷大麦，单产达到 450 千克/亩，大麦销售价格达 1.84 元/千克，收入 40 多万元。农场利用上级优惠政策，投资 300 万元新建高标准奶牛小区 4000 平方米，配齐收奶站、兽医室等配套设施，可入住奶牛 500 头。

● **2008 年**　3 月 1 日　农场民政局建立了贫困学生救助档案，救助学生 42 人，救助资金 9720 元，为在外地上学的学生开贫困证明 88 份，同时，将 105 名学生家庭纳入低保，发放低保金 92400 元，扶助 1 名大学生家庭搞养殖，并为其无息贷款 5000 元。

3 月 3 日　农场召开九届三次职工代表大会。会议审议通过了场长王克坚作的题为《抢抓机遇、超前谋划、和谐推进，努力实现我场经济社会又好又快发展》的报告。

3 月 10 日　农场学校按照上级文件精神全面实行了"两免一补"（免收学杂费、免费提供教科书、补助寄宿生生活费）。

3 月　农场党委宣传部、团委开展了"迎奥运、讲文明、树新风"礼仪知识竞赛活动，全场 3195 人参加答题竞赛活动。

4 月 15 日　由国务院农村综合改革办公室、财政部预算司、农业部农垦司相关工作人员组成的清理化解义务教育债务专项工作组，在农垦总局副巡视员谭占龙，北安分局党委书记王利仁，建设农场场长王克坚、党委书记王林的陪同下，到农场学校检查及调研。

4 月 15—16 日　由北安分局引进的首批 58 台维美德 T171 拖拉机陆续到达各农场。其中，建设农场 5 台。

4 月 24 日　农场场长王克坚被农垦总局授予特等劳动模范称号。

4 月 28 日　农场学校被授予农垦总局精神文明单位称号。

5 月 20 日　农场党委以交纳"特殊党费"的形式支援四川汶川地震灾区抗震救灾，全场 442 名党员共交纳"特殊党费"41936 元。

5 月　农场医院被农垦总局卫生局授予 2006—2007 年度工作先进集体。

6 月 29 日　北安分局党委召开庆祝建党 87 周年暨先优表彰大会。建设农场党委被授予先进基层党组织，组织部被授予先进组织部，第四管理区党支部被授予实施北大荒先锋工程先进集体，王林、张本伟被授予优秀党务工作者，唐志学被授予优秀组工干部，王克坚、代志军、孙建东被授予优秀共产党员称号。

7月2日　王克坚任牡丹江分局副局长。

7月10日　宝泉岭分局来农场参观农业标准化生产。

7月24日　农场组织演出队参加北安分局首届"富民强场杯"文艺汇演（赵光赛区）比赛，荣获优秀演出队奖和优秀组织奖。

8月1日　王林任建设农场场长、党委副书记，吴凤霖任建设农场党委书记、社区管理委员会主任，农场副场长刘增元任赵光农场党委书记、社区管理委员会主任。

8月5日　农场党委宣传部与海星镇开展了"奥运心、场镇情"文化共建活动。

9月8日　农业部副部长高鸿宾在北安分局党委书记王利仁的陪同下到建设农场考察调研。

10月7日　传统的"九九"重阳节，也是"老年节"，老干部科为前来参加活动的5对钻石婚、17对金婚、26对银婚老人赠送了节日礼物。

10月8日　黑龙江省委召开思想政治工作现场会，王林作为先进个人参加。农场荣获黑龙江省思想政治工作先进单位，交流的材料题目为《"三心"激活力、和谐促发展》。

本年　农场投资270.18万元、建筑面积3257平方米的9号住宅楼竣工交付使用。

农场投资501万元、建筑面积4929.52平方米的10号住宅楼竣工交付使用。

从2005年开始农场通过与唐山信诚进出口公司合作，向韩国出口大麦5000吨。

农场将义务兵优待金标准从应征青年为在职职工的每人每月200元、应征青年为待业青年的每人每月160元统一调整到每人每年4000元。

农场计财系统李海燕被评为农垦总局先进财务工作者。

2009年　1月5日　经北安分局党委决定，农场第四管理区主任代志军任逊克农场副场长。农场计财科科长李宏军任农场副场长。

1月16日 经北安分局党委决定，吴宝忠、苗兴民、王忠孝任农场副场长。

3月26日 农场十届一次职工代表大会召开。258名代表参会，会议审议通过了场长王林作的题为《抢抓机遇、超前谋划、和谐推进，努力实现我场经济社会跨越式发展》的工作报告。工会主席张本伟代表职工与农场决定代表人场长王林签订劳动工资集体合同。

3月 张权政任建设农场公安分局局长。

4月10日 农场党委召开思想政治工作暨党风廉政建设工作会议。

4月14日 农场司法分局举办"插上法律的翅膀"法律知识征文比赛，共有12名小学生、16名中学生获奖。

4月 农场组织5台民兵号机车和机械作业队伍到海伦市乡镇支援春播生产，完成大豆播种面积2333.33公顷，促进了区域经济共同发展。

5月10日 国家开始在农场进行第二次全国土地调查工作，此次调查运用卫星航片和现场核实相结合的方法，调查摸清了各项地类的数据。

5月24日 五大连池农场遭受特大火灾，农场党委动员全场党员干部、职工家属，向五大连池农场捐款，全场共捐款84835元。

6月29日 农场党委宣传部、组织部在广场举办"庆祝建党八十八周年"文艺汇演。

7月1日 农场将符合条件的"五七工""家属工"等人员纳入基本养老保险统筹范围。共办理家属工1073人。

7月 农场电视台王金利在北安垦区优秀电视新闻奖新闻组合类节目评比中获最佳制作奖。

8月27日 曾在建设农场下过乡的知青、民政部财务司司长宋志强，在黑龙江省民政厅、农垦总局民政局领导的陪同下回访建设农场。

9月1日 农场建海公路4千米＋149米处发生一起特大交通事故，群力林场至通北大型客车与海伦一台农用车相撞，造成6人死亡，13人不同程度受伤。

9月22日 农场副场长王立军任龙镇农场场长、党委副书记。

9月23日 农场与北安市海星镇举办了庆祝中华人民共和国成立60周年场镇共建大型文艺演唱会。

9月 经北安分局党委决定，刘建胜任农场党委副书记。

10月20日　农场购入凯斯 485 机车 4 台、凯斯 310 机车 4 台、凯斯 3320 喷药机 4 台、维美德 T191 机车 7 台。

11月14日　农场副场长李宏军由于交通事故因公殉职。

11月27日　农场第四管理区被北安分局党委命名为党建示范点。

12月10日　农场被农垦总局评为农业标准化提升活动标兵单位称号。

农场投资 461 万元，建起一座建筑面积 2839.71 平方米 3 层现代化医院楼。

12月25日　农场十届二次职工代表大会召开。258 名代表出席会议，会议审议通过了场长王林作的题为《改革创新谋发展、科学定位创佳绩，为农场经济社会全面实现新跨越而努力奋斗》的工作报告。副场长苗兴民代表职工与农场法定代表人场长王林签订劳动工资集体合同。

本年　农场新建幸福小区 11—16 号楼工程，建筑面积 1.48 万平方米，投资 1625.08 万元。农场新建 17 号住宅楼工程，建筑面积 5997.22 平方米，投资 580 万元。新建 19—22 号住宅楼工程，建筑面积 1.16 万平方米，投资 1260 万元。

农场新建 18、23、24 号住宅楼工程，建筑面积 2.78 万平方米，投资 2700 万元。新建 25 号住宅楼工程，建筑面积 7278.14 平方米，投资 770.66 万元。

农场粮食科赵校辉在 2008—2009 年度粮油信息工作中被黑龙江省粮食局评为先进个人。

水务局被农垦总局水务局评为垦区水务工作先进集体。

农场评选出"标兵文明户、十星级文明户"30 户、先进单位 6 个、"和谐之星"家庭 10 户。

农场"两节"期间为统战户发放慰问金和米面合计 3500 元。

农场在国家、省、市级报纸、杂志、广播电视、网络等媒体发稿 700 多篇。

● **2010 年**　1月6日　北安分局党委决定，原赵光农场副场长李友民任建设农场副场长，原赵光农场第六管理区党支部书记白文军任建设农场工会主席。

北安分局党委决定，农场第四管理区主任崔万军调赵光农场任副场长。

2月28日　正月十五，农场在文化广场举办焰火晚会。

3月　农场水务局被农垦总局水务局授予 2009 年度水利工程建设管理先

进单位称号。

4月12日 农场党委思想政治工作暨党风廉政建设会议在商服中心召开，会上交流学习了3个典型经验，表彰了22个先进单位、82名先进个人。

4月20日 建设农场公安分局张权政、刘承新在侦破"2009.10.14"系列特大盗牛案中有重大贡献，荣立黑龙江省农垦公安局个人三等功。

建设农场公安分局高臣在侦破"2009.11.03"重大杀人案件中有重大贡献，荣立黑龙江省农垦公安局个人三等功。

5月1日 农场党委会议研究决定，拟推荐刘建胜同志为农场党委书记。

5月5日 北安分局党委决定，万太文任建设农场副场长、党委副书记，主持农场行政工作。原农场场长王林调任北安分局交通局局长。

5月8日 黑龙江省发改委处长吴洪凯、农垦总局发改委副主任王丛江一行5人，到农场检查巩固退耕还林后续产业发展工作。

5月13日 北安分局党委决定，殷培池任农场副场长。

北安分局党委决定，农场党委副书记刘建胜任红色边疆农场党委书记。

5月15日 农场副场长万太文、副场长殷培池、各管理区主任参加哈洽会后，到建三江和牡丹江分局部分农场考察水稻种植。

6月15日 27名上海知青回访农场。

6月16日 台湾旱作农业专家考察团及黑龙江省、农垦总局等相关领导30余人来农场考察农业栽培技术、田间管理和标准化作业。

6月29日 由农场党委宣传部牵头在文化广场举办庆祝建党89周年大型文艺演出。

7月10日 延军农场场长侯庆波带领农业、农机部门及管理区干部30余人来农场参观学习。

来自天津、上海、北京市知青40余人回访农场。

7月11日 北大荒种业集团参观团170人到农场参观农业栽培技术、田间管理和标准化作业。

7月21日 垦区水利工程建设现场会在农场召开，农垦总局水务局局长潘福田带领各分局、农场水务部门领导80余人，对农场水库工程质量和达标情况进行了参观。

7月25日 农场党委副书记苗兴民、宣传部部长王凤兰带队，共计74人参加北安分局举办的第二届仙骊杯文艺汇演，获得"十佳"表演队称号。

8月17日　安徽省农学会赴黑龙江考察团到农场参观农业生产，农垦总局农业局副局长杨智超、北安分局农业局局长刘殿龙等领导陪同参观。

8月26日　吉林珲春农广校崔校长带领学生20余人，到农场参观现代化农业和农业机械。

9月1日　法国驻华大使馆商务处农业食品部地区商务主管娄兰及商务专员李樱，在农垦总局农机局领导的陪同下来农场进行农业调研。

9月9日　大兴安岭农垦集团公司党委书记邸发、副总经理李洪斌带领农牧处及各农牧场副场长、科长、队长一行35人，来农场参观作物栽培模式、管理措施和标准化作业。

9月19日　黑龙江省省委书记吉炳轩来农场视察农业工作，对三管区二号地的玉米长势和四管区十四号地的大豆收获现场进行了视察，对农场的农业标准化生产水平和作物长势给予了肯定。农场副场长万太文、党委书记吴凤霖和全体班子人员陪同。

9月24日　北安分局机械演示现场会在农场召开，北安分局农机局局长任洪斌带领15个农场农机科科长，参观了玉米灭茬和原垄卡播演示。

9月26日　雷锋生前战友梁友德（农垦总局关工委副主任）到农场学校为学生作雷锋事迹报告。

9月27日　九三分局农业局局长李友带领各农场农业副场长22人，在北安分局农业局局长刘殿龙的陪同下来农场参观作物栽培模式、管理措施和标准化作业。

9月29日　党委宣传部举办庆十一大型广场演出和歌咏比赛。

9月　北安分局工会及农场工会为5名贫困儿童捐助5000元。

10月　农场获得农业大丰收，大豆亩产211千克，玉米亩产750千克，综合亩均效益406.86元。

11月16日　黑龙江省委宣传部组织《黑龙江日报》、黑龙江电视台、农垦电视台等9家媒体开展的对黑龙江省优质大豆集中宣传报道活动，来农场进行采访报道。

12月26日　农场投资420万元建筑面积2367.4平方米的政法办公楼正式投入使用，并为公安分局更新所有的办公桌椅和10台电脑。

12月　农场第四管理区被黑龙江省爱国卫生运动委员会授予卫生先进单

位称号。

本年　农场新建 7—10 号住宅楼工程，建筑面积 1.19 万平方米，投资 1348.25 万元。农场新建福江新居小区 1—11 号住宅楼工程，建筑面积 2.97 万平方米，投资 3775 万元。农场新建社区综合楼工程，建筑面积 3326.24 平方米，投资 609.73 万元。

农场新建现代化农机装备区工程，建筑面积 5210 平方米，投资 629.17 万元。

农场将 2800 户有线电视用户进行平移，实现了全场有线电视数字化。

农场水务局被农垦总局水务局评为垦区水务工作先进集体。

农场计财科先后获得黑龙江省第二次全国经济普查"省级先进集体"称号、农垦总局经济普查工作二等奖。

农场获得《北大荒日报》新闻报道先进集体称号。

农场与海星镇实现农村整村租赁全程代耕土地 426.67 公顷。

农场实现工农业总产值 12405 万元，粮食总产量 93897 吨，固定资产投资 23691 万元，人均纯收入 12807 元。

● **2011 年**　1 月 9 日　农场党委宣传部利用农场大集，开展了《中华人民共和国归侨侨眷权益保护法》宣传活动，发出宣传单 2000 余份。

1 月 17 日　农场党委宣传部举办了 2011 年迎新春文艺晚会。

3 月 23 日　农场召开了十届三次职工代表大会。258 名代表参加了会议，会议审议通过了副场长万太文作的题为《解放思想、开拓创新、抢抓机遇、攻坚克难，为夺取现代化大农业建设新的更大胜利而努力奋斗》的工作报告。

4 月 20 日　农场开展主题为"善待地球、科学发展、构建和谐"的地球日活动，全场共清理垃圾 400 余吨，清理排水沟 8000 延长米，植树 3000 余株，出动人力 1500 多人次，出动机车 150 台次。

5 月 1 日　农场团委组织歌手参加通北镇周边乡镇党团委、建设农场党团委联合主办"唱党史、颂党恩"青年歌手大奖赛。农场歌手隋吉男获得二等奖、张洪玲获得三等奖。

5 月 7 日　农场党委召开思想政治暨党风廉政建设工作会议。

5 月 10 日　农场党委书记吴凤霖调任北安分局党校副校长。

北安分局党委决定，曾祥成任农场党委副书记，主持党委全面工作。

5月 农场学校被中国教育学会中学语文教学专业委员会授予"十一五"国家重点课题"大面积提高学生作文能力研究实验"全国先进实验学校称号。

教师王郁梅创作的《飞入生活的雪花》在黑龙江农垦教师进修学院美术课堂教学评比中，荣获一等奖。

6月16日 农场学校邀请中国时代感恩励志教育中心巡回报告团张兰到校为学生作《心怀感恩、放飞梦想》报告，2400多名师生家长聆听专题讲座。中国关心下一代工作委员会教育发展中心支学助教办公室授予农场学校为全国感恩励志教育实践学校称号。

6月22日 农场党委宣传部副部长周良君在《人民日报》《经济日报》发表了大机械为玉米苗期施肥新闻图片。

6月26日 农场党委以大合唱的形式举办庆祝建党90周年红歌大赛。全场共11个代表队参加，800人登台演出，3000多人观看。

6月 北安管理局党委研究决定，农场副场长万太文任建设农场场长、党委副书记。

7月9日 农业部计划司考察组到农场，对"千亿斤粮食产能工程"实施及效益情况，危房改造、小城镇建设、供暖、农业、农机等情况进行考察。

7月 农场学校中考中，王健、张萌2名学生以总分798.5的成绩并列北安管理局第三名。

农场建筑面积1620平方米、预算投资为345万元的建设消防应急救援中心综合楼规划立项。

农场按照与北安管理局签订的年内建成一所省级标准幼儿园责任状要求，投资500万元利用原学生公寓改建一座标准化幼儿园。

8月18日 农场学校被农垦总局人力资源和社会保障局、农垦总局教育局授予教育系统先进单位称号，教师宋传罡被授予优秀教师称号。

8月 农场武装部组织基干民兵42人集中训练后，接受北安管理局人武部代农垦总局军事部的检查验收，受到上级军事主管部门的好评。

9月19日 农场党委宣传部、关工委联合举办纪念"九一八"事变80周年图片展。

9月 农场党委宣传部、工会在农场休闲广场举办庆"十一"迎丰收文艺演出。

10月12日　北安管理局党委宣传部部长董文仁一行3人到农场检查指导工作。

10月　农场学校少先队大队被中国共产主义青年团黑龙江省委员会、黑龙江省教育厅、黑龙江省少先队工作委员会授予黑龙江省优秀少先队大队称号。

11月8日　农场党委宣传部副部长周良君荣获垦区"十佳"记者称号。

11月　农场被农垦总局评为抗涝抢收工作先进单位。

本年　农场实现工农业总产值17347万元，粮食总产量157845吨，固定资产投入27911万元，人均纯收入15786元。

农场承担农业部玉米高产创建示范田670.93公顷，落实到第三管理区、第四管理区、四区一组3个单位，最终实测783.5千克/亩。

农场水田开发建设项目工程，完成干渠6595米、斗渠17条、农渠74条、6条支沟总长4.67千米、截流沟2条6.973千米、田间道4条15.028千米、生产路9条15.028千米，完成投资790万元。

农场以辖辘滚河治理工程为契机，秋季在一队凿灌溉井6眼，开发水田300亩，完成桥涵8座、土方0.9万立方米，完成投资20万元。

农场经过3年社会治安重点整治，通过农垦总局考核领导小组验收，成功晋升为总局级平安场。

农场水务局被评为垦区水务工作先进集体称号。

农场在农垦总局举办的农业标准化提升活动中，连续第三次被评为标兵单位。

农场新建东大直街南3—6号住宅楼工程，建筑面积1.36万平方米，投资1606.02万元。新建花园小区一期住宅楼工程，建筑面积2.53万平方米，投资4559.8万元。

农场被北安管理局评为数字电视整体平移先进单位。

2012年　1月5日　农场党委在原学校餐厅举办迎新春文艺演出。

1月9日　北安农垦公安局"2011.12.01系列特大盗窃貉子狐狸案件"返脏大会在建设农场公安分局召开，北安农垦公安局副局长王克强、农场党委副书记曾祥成等参加大会，该案涉案金额20余万元，作案地点涉及多省，是辖区影响重大的案件之一。

2月　农场学校古筝队代表黑龙江省参加"精彩中华全国古筝总决赛"，在上百名的古筝选手中，学校 7 名同学取得了 3 金、4 银的好成绩，中央电视台教育频道播放了比赛节目。

3月26日　农场投入 73 万元为学校所有教学班安装的电子白板正式投入使用。

3月31日　农场召开十一届一次职工代表大会。新选举的 203 名职工代表参会，会议审议通过了场长万太文作的题为《解放思想、开拓创新、强化管理，为推进我场经济社会发展实现跨越而努力奋斗》的工作报告。工会主席白文军代表全场职工与场长万太文签订了《集体劳动合同》及《工资集体协商协议书》。

4月　农场利用原科技园区建立自营经济园区，建设提子葡萄大棚 40 栋、蔬菜温室 8 栋、蔬菜大棚 60 栋。

5月15日　农垦总局副局长徐学阳到农场检查指导农业生产工作。

5月31日　农场学校举办第八届田径运动会。

5月　农场荣获黑河市"第六次全国人口普查先进集体"称号，李友民荣获黑龙江省"第六次全国人口普查先进个人"称号。

李波调任建设法庭庭长，赵晶煜任审判员。

6月28日　农场党委在文化广场举办庆祝建党 91 周年广场文艺演出。

6月　黑龙江省人民政府提出农村义务兵优待金新标准，即：国家拨款 6200 元，农场补贴 5800 元，合计义务兵（两年）优待金每人每年调整为 1.2 万元。

北安管理局党委决定，曾祥成任建设农场党委书记。

7月1日　农场幼儿园改建竣工，投入近 100 万元购买了室内设施。

8月26日　在黑河举办的垦区第四届"创新杯"语文教学活动中，农场中学教师王宁获特等奖，魏春玲、张伟分别获一等奖。

8月　在中国教育学会中学语文教学专业委员会在黑龙江省举办的 2012 年辽、吉、黑、内蒙古四地耕耘者论坛的"优质课"评比中，农场学校中学教师王宁荣获现场赛课一等奖。

农场教师何薇薇在国家级课题"培养小学生学会感恩快乐成长的研究"第三次年会上获说课一等奖。

农场小学教师乔桂娟、中学教师齐俊宇在黑龙江省音乐教师基本功大赛中均荣获一等奖，齐俊宇荣获合唱指挥一等奖。

9月3日　农场党委任命学校副校长康旭平兼任幼儿园园长。

9月4日　农场党委下发《黑龙江省建设农场幼儿园人员聘任实施方案》，招聘幼儿教师10名。

9月10日　农场组织百人合唱团参加北安管理局第三届仙骊杯文艺汇演，获得第一名。

12月20日　建设农场公安分局局长张权政在侦办"2011.12.01系列特大盗窃貉子狐狸案件"中指挥出色，贡献突出，荣立垦区公安局三等功。

本年　农场实现工农业总产值2.33亿元，粮食总产量18.44万吨，固定资产投资4.23亿元，人均纯收入1.88万元。

在农垦总局举办的"农业标准化提升活动"中，农场连续第四次被评为标兵单位。

办公室主任杨洪臣被黑河市人民政府第六次全国人口普查领导小组办公室授予第六次人口普查先进个人称号。

农场350吨棚室蔬菜基地建设项目，新建蔬菜大棚68栋，其中温室大棚8栋，完成供水机电井和供水管线及棚内滴灌工程，完成投资30万元。

农场第一管理区（一队）千亿斤粮食生产能力田间工程建设项目，完成投资500万元，效益面积700公顷，挖截根沟34条长42千米、排水沟30条长39千米，新建有基涵13座，治理水蚀沟1条，新建农田路35千米。

2013年　3月26日　农场召开十一届二次职工代表大会，203名代表参加了会议，会议审议通过了场长万太文作的题为《解放思想、凝心聚力、攻坚克难、真抓实干，为推进我场经济社会发展实现新跨越而努力奋斗》的工作报告。

4月27日　农场学校与团委联合举办"纪念'五四'青年节"系列活动，有越野赛、篮球赛、拔河比赛等。

5月　农场投资2.1万元建立了综治信息平台，充分发挥30个网格长、152位楼（栋）长的职能作用，采集全场3045户1.03万人信息，丰富各类基础数据。

6月27日　中国共产党建设农场第八次党员代会大会召开。127名代表参加会议，会议选举了新一届农场党委会和纪律检查委员会。曾祥成、

万太文、苗兴民、李友民、殷培池、吴宝忠、王忠孝、白文军、王传江
9人当选农场党委委员。苗兴民、李学忠、王云龙、李海燕、吴萍5人
当选纪律检查委员会委员。

7月16日　农场学校九年级中考44人升入北安管理局第一高中，创历
史新高。

8月23日　农业部原副部长、农场下乡知青高鸿宾夫妇在农场党委书记
曾祥成的陪同下，到农场知青纪念馆和原下乡生产队六队参观回访。

本年　农场实现工农业总产值2.29亿元，粮食总产量20.52万吨，固定
资产投资1.36亿元，人均纯收入2.16万元。

在农垦总局开展的"农业标准化提升活动"中农场被评为标兵单位。这
是农场连续第五次获得此殊荣。

农场继续承担农业部玉米高产创建669.27公顷，落实到第三管理区、第
四管理区、四区一组3个单位，实测820.6千克/亩。

农场继续承担农业部大豆高产创建示范田668.33公顷，落实到第三管理
区、三区一组、三区二组、第四管理区、四区一组5个单位，实测
235.3千克/亩。

农场投资410万元新建3座换热站并更换供热锅炉1台，解决了部分楼
房供热不均问题。

农场投资300余万元安装智能水表3000余块，节约供水电费10余万元
并节约了水资源，逐步实现了自来水全天供水目标。

农场投资300余万元，完善花园小区配套工程，通过黑龙江省验收被评
为省级新农村建设五星级小区。

农场第一管理区国家农业综合开发高标准农田建设示范工程项目（一队）
开发水田面积666.67公顷，总投资1650万元。

国家新增千亿斤粮食生产能力规划田间工程建设项目（六队）建设优质
良田1000公顷，工程总投资750万元。

农场五区二组旱改水工程项目，完成开发水田面积200公顷，修筑干渠
1条3.5千米、支渠4条总长2千米、斗渠9条总长6.1千米、田间路9
条总长9.1千米、进水闸8座、圆涵5座、跌水2座、无基涵8处、过
路铁桥1座、21米渡槽1座。工程总投资200万元。

农场中低产田改造项目（八队）改造中低产田666.67公顷，工程总投资

180 万元。

农场青石岭高标准基本农田建设项目，整理后基本农田面积达到 1968.85 公顷（其中新增耕地面积 109.39 公顷），总投资 3863.94 万元。建成后，新增加的耕地面积可年增加粮食产量 6322.8 吨，增加产值 1833.62 万元。

农场小型农田水利设施建设补助专项资金（节水增粮）项目，发展滴灌面积 128.07 公顷，总投资 118.4 万元。

农场构建农民专业合作组织体系，提升农业组织化程度，通过能人兴办、基层组织创办等多种组建方式，组建起大豆和玉米生产专业化农工（民）合作社 21 个、水稻生产专业化合作社 1 个、食用菌生产专业化合作社 1 个共计 24 个专业化农工（民）合作社。

● **2014 年**　3 月 25 日　农场召开十一届三次职工（从业劳动者）代表大会［按照农垦总局要求从本年开始职工代表大会改为职工（从业劳动者）代表大会］。230 名代表（其中从业劳动者代表 27 名）参加了会议，会议审议通过了场长万太文作的题为《解放思想、深化改革、攻坚克难、真抓实干，为构建幸福美丽的北安垦区"小江南"而努力奋斗》的工作报告。工会主席白文军代表职工（从业劳动者）与场长万太文签订了工资集体协商协议书。

3 月　农场溢菌缘食用菌专业合作社投入 400 万元种植大球盖菇，自营经济基地 70 栋大棚和 8 栋温室投入生产。

4 月 9 日　农场非公有制经济办举办獭兔养殖技术培训班，全场 17 个居民组有养殖意向的养殖户参加了培训。

5 月 7 日　农垦总局副局长徐学阳到农场检查指导农业生产工作，对农场采取的利用小型机械对涝灾地块化整为零进行散墒整地措施给予肯定，并责成农垦总局农业局、农机局召集绥化、九三两管理局相关人员到农场参观学习。

6 月 25 日　黑龙江省公安厅督察总队总队长李木一行在北安农垦公安局局长吴旭东、副局长杨文革陪同下，对建设农场公安分局执法检查"回头看"进行了专项督导检查。

7 月 18 日　农场党委宣传部在文化广场举行舞动广场消夏文艺晚会。

7 月 19 日　农场举办"丰收杯"篮球赛，来自农场各行业 8 支代表队参赛。

7月　德国农业农机专家来农场进行参观考察，对农场的农业机械化现代化水平和大豆、玉米的标准化栽培技术给予了肯定和认可。

8月26日　农场学校被评为省级先进学校。

9月7日　建设农场公安分局成功破获50起特大系列盗窃案，将流窜多省作案犯罪嫌疑人李某军抓获，该案涉案金额达40余万元。

11月4日　黑龙江农垦总局工会副主席朱晓坤一行在北安管理局纪委书记祖国杰、北安管理局工会副主席王伟光的陪同下到农场进行民主管理工作调研，在听取了农场党委书记曾祥成、工会主席白文军和第三管理区党支部书记纪玉宝的汇报后，对农场开展的"四会一公开"民主管理机制给予肯定。

11月　农场法庭庭长李波调任逊克法庭庭长，赵校书任建设法庭负责人。

12月18日　农场党委宣传部在农场中央大街两侧的72根路灯杆上安装社会主义核心价值观公益广告宣传牌144块。

本年　农场实现工农业总产值2.2亿元，粮食总产量15.22万吨，固定资产投资3181万元，人均纯收入2.27万元。

在农垦总局开展的"农业标准化提升活动"中，农场连续第六次被评为标兵单位。

农场因新闻宣传工作在北安管理局排名第一，先后被农垦总局评为宣传报道先进农场，农垦总局宣传思想工作先进单位，北安管理局理论工作先进农场。

农场计财科获农垦总局经济普查工作一等奖。

农场利用国家农业综合开发水土保持项目水土流失综合治理面积1286.57公顷，治理侵蚀沟4条，总投资364万元。

农场共投资290.4万元对奶牛小区进行了牧场化改造，新建青贮窖3座5850立方米，精料库200平方米，干草棚300平方米，车库132平方米，硬化地面3128平方米。

2015年　1月10日　农场召开十二届一次职工（从业劳动者）代表大会，219名职工（从业劳动者）代表参加会议，会议审议通过了场长万太文作的题为《创新思路、深化改革、坚定信心、真抓实干，为构建富强、民主、文明、和谐的建设农场而努力奋斗》的工作报告。

1月　丹东市抗美援朝纪念馆改扩建，农场志愿军老战士刘殿富自愿捐赠了珍藏多年的抗美援朝参战纪念品和立功证书，为见证历史作出了贡献。

2月　建设农场公安分局教导员卢新义职务与职级并行为副处级。

3月　农场第一管理区党支部书记齐利民荣获农垦总局优秀青年志愿者称号。

6月29日　农场在文化广场举办庆"七一"感党恩老少同心共筑中国梦文艺演出。

6月27日　农场召开场长对话会，场长万太文同班子成员和相关部门与居民群众面对面座谈。

6月　农场成立青年志愿者协会。

7月1日　建设农场公安分局干警刘承新在侦办"2014.09李从军特大盗窃案件"期间贡献突出，被垦区公安局记三等功一次。

10月　农场向北大荒集团借款17000万元，借款期限3年，其中，13000万元偿还到期借款本息，4000万元用于支付当年社保养老基金。

10月26日　农场副场长吴宝忠调任尾山农场场长。

12月29日　农场党委举办第二十六期入党积极分子培训班，邀请北安管理局党委组织部副部长、机关党委书记李成祥为全场70名入党积极分子进行培训。

12月30日　依据黑垦局办文〔2015〕76号文件及农垦总局通知，农场在中国农业银行借款及利息，累计6136万元，予以核销。其中，农场偿还1331万元，中国农业银行核销4805万元。

本年　农场国家农业综合开发水土保持项目轱辘滚河项目区小轱辘滚河小流域水土保持项目，水土流失治理面积1315.63公顷，治理6条侵蚀沟，总投资364万元。

农场有136名机关、场直单位党员干部到社区，结合工作特点和个人特长，成立了120人的4支党员志愿者服务队和61名大学生组成"携手同心"青年志愿者服务队。

农场党委组织部共调整干部6次，其中，平调37人、提职25人、内退22人。

农场王福军、王远玲家庭，张学民、尹立华家庭获农垦总局"五好文明家庭"称号。

2016 年 3 月 18 日 农场在原学校食堂餐厅召开十二届二次职工（从业劳动者）代表大会，208 名代表参加会议，会议审议通过了场长万太文作的题为《解放思想、深化改革、求真务实、强化管理，为全面建成小康社会新的目标要求而努力奋斗》的工作报告。工会主席白文军代表职工（从业劳动者）与场长万太文签订了工资集体协商协议书。

3 月 农场被黑龙江省委、省政府授予省级平安农场称号，获平安建设奖励资金 2 万元。

4 月 18 日 农场党委在学校原食堂餐厅召开 2016 年党委工作会议。

5 月 19 日 农场计生办在文化广场举办庆祝计划生育协会成立 36 周年活动。

5 月 农场党委研究决定，开展基层党（总）支部集中换届选举工作，全场 5 个党总支、19 个党支部全部按照程序完成换届选举工作。

6 月 8 日 第四管理区党支部书记董汉杰带领种植户朱东海发展林下自营经济，在林业科的支持下种植中草药平贝母 0.53 公顷，总投入 14.4 万元。

7 月 14 日 农垦总局党委书记王兆力、林业局局长张宏升等在北安管理局林业局局长荆培强的陪同下，到农场进行林业产业调查，并对樟子松嫁接红松项目进行现场检查指导。

7 月 27 日 农场工会主席白文军作为黑龙江省工会代表大会代表出席黑龙江省工会第十一次代表大会。

7 月 29 日 农场举办庆祝建场 60 周年暨红军长征胜利 80 周年文艺演出。

8 月 14 日 建设公安分局篮球代表队在北安农垦公安局首届"警务创新杯篮球比赛"中夺得冠军。

9 月 8—9 日 农场在学校中学部操场举办纪念建场 60 周年体育运动大会。北安管理局工会领导、农场党政班子成员、离退休老干部代表、驻场单位代表、建场元勋代表、周边友邻单位代表和农场各单位代表队出席开幕仪式。场长万太文致贺词。

9 月 11 日 农场在文化广场举行纪念建场 60 周年大型文艺演出和秧歌大会演，3000 余人观看演出。

9月13日 北安管理局党委决定，农场副场长李友民、武装部部长王传江退养。

10月19日 农场开展红军长征胜利80周年"红色记忆"体验活动，80名老、中、青志愿者穿戴红军服装，顶风冒雨，在泥泞的道路上展开徒步行走活动。

10月27日 北安管理局党委决定，副场长王忠孝调任红色边疆农场副场长。

10月28日 北安管理局党委决定，原二龙山农场副场长张文忠调任建设农场任党委副书记、政法委书记、武装部部长。原北安管理局建筑安装总公司党委副书记闫红彬调任农场副场长。

12月 北安管理局党委组织部和农场党委民主推荐、综合考察，农场党委拟推荐赵校辉、涂宏伟、刘承文、李洪涛、周振明5人为农场副职后备干部。

本年 农场利用国家农业综合开发项目区轱辘滚河东风小流域水土保持工程水土流失综合治理面积1288.4公顷，治理侵蚀沟1条，总投资338万元。

农场利用中央水利建设基金（应急度汛）项目对农场通肯河堤防进行除险加固工程，1725米堤防除险加固，可保护1333.33公顷耕地抵御洪灾的危害，总投资50万元。

农场建设四区二组低产田改造及青石岭灌区水稻提水配电线路工程，旱田受益耕地面积333.33公顷，总投资294万元。

农场利用水稻育秧大棚基地配套工程项目，新建有基圆涵9座，排水沟衬砌1.06千米，新建混凝土道路1.396千米，安装管道防老化槽1.74千米，总投资199万元。

农场电视台有线电视划归龙江网络农垦北安分公司。

农场青年志愿者协会荣获黑龙江省优秀青年志愿服务集体称号，农场综合科技园区荣获省级青年文明号称号。

农场青年志愿者协会被评为省级共青团先锋岗。

2017年 1月 北安管理局党委决定，农场副场长殷培池退养。

张宇任建设农场公安分局副局长。

3月 建设农场公安分局教导员卢新义退长还员。

3月19日　农场召开十二届三次职工（从业劳动者）代表大会，会议审议通过场长万太文作的题为《开拓创新、坚定不移地推进农业供给侧结构性改革，强化管理、为全面建成小康社会而努力奋斗》的工作报告。

3月20日　农场被农垦总局评为2015—2016年度垦区宣传思想工作先进农场。

3月29日　原逊克农场副场长朱坤芝调任建设农场农业副场长。

4月13日　农场召开2017年党委工作会议。

4月17日　建设农场公安分局在北安农垦公安局的科学指挥下，将涉嫌骗取180万元贷款和向47名不特定人群非法吸收存款542.62万元的犯罪嫌疑人刘某光抓获，成功破获"2017.02.10诈骗贷款案"。

4月27日　农场组织"健康龙江，万人助跑"活动。

5月2日　北安管理局党委决定，农场办公室主任涂宏伟调任长水河农场纪委书记兼工会主席，第二管理区主任刘承文调任五大连池农场纪委书记兼工会主席。

原赵光农场第八管理区主任唐道光调任建设农场副场长。

5月27日　农场学校在学校体育场召开第十届田径运动会。

5月　原长水河公安分局副局长郭志强任建设农场公安分局教导员。

6月8日　农场召开场长对话会，场长万太文和班子成员及相关部门与居民群众面对面座谈。

6月9日　农场举办"安康杯"知识竞赛，学校取得团体第一名。

6月15—16日　农场工会组织举办"全民健身"篮球赛。

6月30日　农场举办庆祝建党96周年暨垦区开发建设70周年专场文艺演出。

7月14日　农垦总局水务局副调研员鲍远坤来农场检查防汛工作，场长万太文、副场长唐道光陪同。

8月25日　农场工会举办"庆祝垦区开发建设七十周年"拔河比赛。

8月　在第四届国际青少年手写手绘明信片大展中，农场派出的28名剪纸特长班学生分别获高年组、中年组、幼儿组一、二、三等奖，指导教师王郁梅荣获最佳指导老师奖。

农场学校学生李依孺参加澳门吉尼斯千人古筝齐奏，破吉尼斯世界纪录，荣获吉尼斯证书和敦煌古筝1台。

9月　根据国家和黑龙江省关于农垦改革的工作要求，北安市财政局委托五大连池市宇诚会计师事务所，来农场实地核查企业办社会支出情况。核查组由五大连池市财政局企业股股长带队、会计师事务所 5 人组成，在农场工作 8 天。经过中介机构查证核实、北安市财政局最后确认，农场上报黑龙江省财政厅企业办社会职能部门 42 个，从业人员 469 人，办社会职能形成的历史债务为 20600 万元。

10月18日　党的十九大胜利召开，农场学校党支部组织全体党员观看现场直播，聆听习近平总书记报告。

11月15日　农场党委组织部正式开通"黑龙江省建设农场"党建微信公众号，下设党之声、场之美、民之友 3 个板块。

12月20日　农场学校召开以"展建设校园冰雪风采"为主题的冰雪运动会。

12月　中国农业科学院在农场实施了"大豆绿色增产增效技术集成模式研究与示范项目"。

农场党委决定出资 100 万元，对 2266.47 公顷试种大豆和水稻新品种，因遭受低温和旱灾致使严重减产亏损的种植户给予补贴。

根据北安管理局审计决定，对以前年度形成的机车双挂账进行调整，当年形成营业外收入 553 万元。经上级主管部门批准同意，处理损失 230 万元，其中，处理以前年度无法收回的应收款 82 万元、存货损失 139 万元、在建工程 9 万元，形成企业利润 323 万元。

本年　农场投资 140 万元，对供水设施设备进行改造，解决了水质问题。

农场综合科技园区被共青团黑龙江省委授予"青年文明号"称号。

农场团委被农垦总局团委授予五四红旗团委称号。

农场在国家级、省级、市级报纸、杂志发稿 576 篇。其中，在《人民日报》《经济日报》《农民日报》《中国农机化报》《中国畜牧报》共发稿 42 篇。

农场被农垦总局评为宣传报道先进农场。宣传部部长周良君、副部长许颖献被北大荒日报社评为"优秀百强通讯员"。

2018 年　1月　建设农场公安分局在农场党委的大力支持下，通过近 2 年的紧张建设，全面建成"天网工程"，监控点位 269 个、卡口 2 处，建成了"横向到边、纵向到底、无死角、全覆盖"视频监控网络，在"打、防、管、控、服"方面提供了重要科技支撑。

2月2日 农场党委在学校艺体中心举办"走进新时代、携手迎新春"大型文艺演出。农场班子成员、部分离退休老干部和全场600余名职工群众观看演出。党委副书记张文忠致新春贺词。

3月2日 农场社区在建设水库举办首届冰雪活动,全场5000余人参加,一些赞助单位和个体业户燃放了焰火。

3月13日 农场学校联合农场安全办、公安消防支队、电视台等相关部门,在校园进行了安全逃生应急演练。

3月17日 农场召开十三届一次职工(从业劳动者)代表大会,204名代表参加了会议,会议审议通过了场长万太文作的题为《解放思想、攻坚克难、深化改革、加快发展,为开创新时代企业和谐美丽新局面而努力奋斗》的工作报告。副场长、工会主席唐道光代表职工(从业劳动者)与场长万太文签订了集体合同、女职工权益保护专项集体合同和工资集体协商协议书。

4月9日 农场党委在学校艺体中心召开2018年党委工作会议。

5月13日 农场学校邀请北京"能量方舟"教育集团讲师刘柏君为家长进行家庭教育讲座。

5月29日 农场学校在学校艺体馆举办第十七届校园文化艺术节开幕式,农场工会、团委、电视台领导应邀参加。

5月31日 农场学校召开第十一届田径运动会。

5月 农场青年志愿者协会荣获北大荒五四青年集体奖章。

农场栽植经济林大榛子21.92公顷(第四管理区13.98公顷,第五管理区7.94公顷)。

6月16日 "黑龙江省垦区公安局北安分局建设派出所"正式揭牌,垦区各级公安机关正式实行黑龙江省公安厅垂直管理,这标志着农垦改革迈出了关键一步。

6月18日 农场为回访的100多名北京、天津、上海、哈尔滨等地的知青举办了纪念知识青年上山下乡50周年文艺演出。场长万太文致欢迎词,党委书记曾祥成、副书记张文忠、副场长闫红彬、朱坤芝、唐道光陪同观看文艺演出。

6月21日 农场为回访的51名北京、天津、上海等地的知青举办了纪念知识青年上山下乡 50 周年文艺演出。

6 月 26 日　北安管理局党委决定，万太文任建设农场有限公司党委书记、董事长，建设农场社会事务部主任，免去建设农场党委副书记职务；曾祥成任建设农场有限公司党委副书记、总经理，免去建设农场党委书记职务；张文忠任建设农场有限公司党委副书记、纪委书记、工会主席、监事会主席，免去建设农场党委副书记、政法委书记职务；朱坤芝任建设农场有限公司副总经理，免去建设农场副场长职务；唐道光任建设农场有限公司副总经理，免去建设农场副场长职务；闫红彬任建设农场社会事务部副主任，免去建设农场副场长职务。

8 月 4 日　公司为孟凡贵、高名作等 180 多名回访知青举办了纪念知识青年上山下乡 50 周年文艺演出。

本年　农场开展知识青年下乡 50 周年纪念活动，自 6 月开始先后接待来场知青 800 余人，举办了 5 场演出，发纪念章 800 余枚，支出费用 20 万元。

农场拍摄完成历史记录专题片《沃野欢歌小江南》，对农场自 1956 年建场到 2017 年 61 年的历史，进行了回顾和展示。

农场建设场部西侧群众休闲公园"福园"，解决了西侧居民无健身、休闲活动场所的历史。

农场利用水利发展资金项目在第五管理区第一居民组实施田间配套工程，受益耕地面积 333.33 公顷，新建方涵 2 座、有基圆涵 2 座、道路 7503 米，总投资 218.88 万元。

农场加快绿色有机及现代循环产业发展，依托中国检验认证集团技术服务机构，认证有机大豆 172 公顷。

农场根据上级文件要求，对低保户进行大清查，不符合低保标准的人员全部被清理，1 月低保户 364 户 419 人、2 月 228 户 269 人，4 月进一步清理，5 月低保户 106 户 148 人。

● **2019 年**　1 月 2 日　农垦总局党委组织部主任科员郑晓密，在北安管理局党委组织部副部长王洪涛的陪同下，到公司对第五管理区党支部创建"北大荒堡垒工程"示范党支部情况进行检查验收。公司党委书记、董事长万太文，党委副书记张文忠，组织部部长赵校辉陪同。

1 月 11 日　公司"歌颂新时代舞动新征程"新春文艺汇演在艺体馆

举行。

1月　第五管理区党支部被农垦总局党委组织部授予"北大荒堡垒工程示范党支部"称号。

3月20日　公司十三届二次职工（从业劳动者）代表大会召开。会议审议通过了公司董事长万太文作的《统一思想、把握机遇、明确方向、乘势而上，为农场企业化改革实现高质量发展而努力奋斗》的工作报告。

3月　公司从2018年10月起对场区内的320户平房老旧用电线路进行改造，2019年3月完成，共投资10万元。

武装部协同组织部、人社科配合民政局完成了辖区400余名退役军人的信息采集工作。

农场第四管理区被黑龙江省总工会命名为黑龙江省"工人先锋号"。

农场有限公司为8名当年献身在这片土地上的知青们修缮坟墓。

金鹰被农垦总局团委授予"垦区优秀共青团员"称号，施永刚被授予"垦区优秀共青团干部"称号。

建设农场有限公司财务核算中心被北安管理局授予"青年五四奖章集体"称号，赵新刚被授予"青年五四奖章"。

4月9日　农场有限公司党委在艺体馆召开党委工作会议。

4月18日　农场有限公司在学校艺体中心举办"青春心向党、建功新时代"迎五四100周年青年歌手大赛。

公司党委工作部举办第二十九期入党积极分子培训班，邀请有15年党务工作经验的第一管理区主任齐利民为入党积极分子讲解党史知识，78名入党积极分子参加培训。

5月22日　北安管理局司法局二龙山分局来建设司法分局学习调研省级规范化司法分局建设工作。

5月　农场商务科协助北安管理局商务局与黑河市商务局、北安市商务局对建设农场加油站的监管职能进行了移交。移交后，农场加油站监管职能归属黑河市商务局管理。

6月5日　受农场党委指派，司法分局牵头组织了绥北人民法院建设农场邮局案受害群体执行款发放大会。一次性发放执行款53案计635万元。

6月6日　农场水务局到黑河市水务局进行涉水行政权力事项及河湖长

制移交、对接工作。

6月28日　北安管理局党委召开庆祝中国共产党成立98周年暨先优表彰大会，第五管理区党支部、第一管理区党支部被评为先进基层党组织，张文忠、李洪涛、齐利民、刘传忠被评为优秀共产党员，赵校辉、周振明、高长生被评为优秀党务工作者，纪玉宝被评为"十佳基层党支部书记"。

6月28日　公司党委在学校艺体馆中心召开庆祝建党98周年暨"七一"总结表彰大会。

6月30日　黑龙江北大荒农垦集团建设农场有限公司正式挂牌成立。

7月3日　公司董事长万太文带领3位分管领导及商务科、粮食科、办公室等相关部门一行7人，携带公司自产5类15个品系产品，参加7月5—7日在哈尔滨举办的首届农垦食材交易会。

7月6日　公司第三管理区被农垦总局评为"精神文明"先进单位。

7月7日　新购进的20台河北双天秸秆粉碎还田机到达公司。

7月29日　北安管理局党委会议研究决定，免去万太文建设农场社会事务部主任职务。

8月13日　北安分公司（管理局）农业拉练观摩现场会在公司召开。

8月15日　国网黑龙江北安市供电有限公司（吸收方）与国网黑龙江省北安垦区建设供电局有限公司（被吸收方）合并，合并后设立国网黑龙江北安市电业局有限公司建设供电所，晁吉德任所长。

8月　公司党委筹资10余万元在建军节期间对公司所有退役、伤残和军烈属家庭480余户进行了慰问。

9月16日　农垦总局对建设的二区二组和三区一组水泥晒场5701平方米、改建的晒场2.1万平方米项目进行竣工验收。工程共投资397.15万元。

9月27日　北安管理局质监局和北安市市场监督管理局通北分局建设所口头通知，将公司质监职能全部移交给北安市市场监督管理局通北分局建设所管理。

10月4日　新购12台进口半履带联合收割机抵达公司。

10月15日　各管理区完成治理侵蚀沟20余条、桥头护砌19座，完成水毁修复工程，共计投资120余万元。

11月21日　2019年国省干线公路安防工程（绥棱—拉哈线建设农场段），完成混凝土白色路面2256平方米竣工验收，工程投资63.77万元。

12月20日　公司党委邀请农垦管理干部学院教授宋红丽为公司党委班子成员、机关全体人员、司直单位主要领导和管理区助理级别以上人员讲授党的意识形态工作。

本年　林业科被评为垦区森林草原防火工作先进单位。

● **2020年**　1月16日，公司职工李秀兰被黑龙江省委宣传部、省精神文明办、省妇女联合会评为全省农村思想道德建设好儿媳。

1月22日　第三管理区按照"外防输入、内防扩散"的指示要求，全体工作人员投入到抗击新型冠状病毒疫情工作中，全区共摸排外地返场人员2000人，集中隔离75人次，在重要路口设置卡点2处，实行24小时执守，实现了"零"感染目标。

2月26日　建设农场有限公司召开十三届三次职工（从业劳动者）代表大会，此次代表大会因新冠疫情原因通过主会场＋分会场、线上＋线下的形式召开，参会正式代表205人。董事长万太文向大会作题为《锐意进取、敢于担当、不忘初心、砥砺前行，为实现经济社会高质量发展而努力奋斗》的工作报告。

3月7日　公司党委组织部号召全体党员自愿捐款，公司687名党员参与捐款，总额达到4.4万元。

3月16日　公司婚姻登记档案与北安管理局婚姻登记档案移交北安市民政局管理。

4月4日　上午10点，公司组织全场人民为在抗击新冠疫情斗争中牺牲烈士和逝世同胞默哀3分钟，汽车、警车鸣笛。

4月28　公司召开党委工作会议。

5月20日　北安分公司（管理局）2020年春播工作总结暨农业生产转段会议在公司召开。

5月　公司畜禽动物产地检疫工作移交给通北镇动物检查站负责。

6月23日　召开庆祝建党99周年暨庆七一党建知识竞赛活动，公司17支代表队参加竞赛。

7月1日　公司投资166.04万元，扩建活动中心，9月15日竣工。

7月　中央军委政治工作部宣传局、国家广播电视总局宣传司、中央广播电视总台联合摄制组到公司选景录制大型电视纪录片《为了和平》。

8月30日　北安分公司2020年农业拉练会首站在公司召开。

9月16日　农场2个居委会全体工作人员利用15天时间，开展了第七次人口普查预普工作。普查工作10月11日开始，到12月20日结束。

9月　农场2名男性青年入伍，另外，农场户籍的2名女性大学生在其就读学校光荣入伍。接收1人退役回场。

10月10日　刘晓东任建设农场有限公司总经理。

10月22日　公司大豆最高产地号第五管理区5200号地，亩产275.35千克，玉米最高产地号第三管理区15号地，亩产804.5千克。

11月14日　在北大荒农垦集团召开2020年抗灾抢粮夺丰收表彰大会上，公司荣获北大荒农垦集团2020年抗灾抢粮夺丰收先进单位称号，公司党委书记、董事长万太文荣获北大荒农垦集团2020年抗灾抢粮夺丰收标兵个人称号。

11月17日　建设农场公路管理站将辖区管理的前进—胡吉吐莫公路28.36千米，移交给北安市公路事业发展中心。

12月15日　公司被北大荒集团授予2020年度集团（总局）农业工作优秀单位称号。

12月18日　经北大荒集团有限公司考核评比，公司获安全应急工作先进单位称号。

本年　在抗击新冠疫情期间，公司发挥老党员、老同志作用，有240人次到小区、楼栋值勤。

按照上级精神，为帮助企业缓解疫情影响，减免大型企业和中小微企业社会保险的单位缴费部分，对公司减免2—12月养老保险费1397.22万元、失业保险单位缴费部分43.79万元、工伤保险39.31万元，进一步减轻了公司和低收入参保人员的缴费负担。

第一编

地理建制

中国农垦农场志

第一章 区位 建制

第一节 地理位置 面积

建设农场地处小兴安岭南麓，位于黑龙江省北安市境内，地理坐标为北纬 47°48′—48°03′，东经 127°06′—127°30′，距通北火车站 35 千米。东部与通北林业局群力林场、碧水林场（换装）、前进林场相邻，北部与北安市林业局所属幸福林场相交，与赵光农场九区接壤，西部与海星镇、主星乡相连，南部隔通肯河与海伦农场相望。

总面积 390.8 平方千米。有耕地 20144.2 公顷，林地 2790.9 公顷，牧地草原 5110 公顷，水面积 527 公顷，可垦荒地 1767 公顷，道路及其他建筑占地 1257 公顷，其他 7484.2 公顷。

第二节 沿 革

一、建制前历史

（一）地理归属

建设农场位于北安市通北镇境内。通北，清末放荒时名海伦北字段，清光绪三十四年（1908 年）曾拟设通北县于通肯河北、瑚裕尔河（今乌裕尔河）南，宣统末年设县时定名通北（取通肯河之北之意）。

民国元年（1912 年），设通北稽垦局专理垦务，仍归海伦管辖。民国四年（1915 年）稽垦局改为设治局，属绥兰道，设治局暂驻长治社四甲八井（今赵光镇前进村），同年迁入新衙署周家地房子（今赵光镇所属村，俗称"老街基"）。民国六年（1917 年）设治局升为县。民国十八年（1929 年），通北县直辖于黑龙江省。

通北县伪满洲国时期，于 1932 年起属黑龙江省，1939 年 6 月—1945 年 8 月属北安省。

东北解放后，通北县于 1945 年 8 月划归黑龙江省，1947 年 2 月属黑龙江嫩江联合省第一专区，分省后 1947 年 9 月 17 日起属黑龙江省。

（二）垦殖开发

很久以前，建设农场地区同黑龙江其他地区一样，古树参天、草原莽莽、沃野千里，只有以狩猎为业的满族祖先肃慎部落居于此。直到清朝这里依然是地广人稀的原始状态，被划进了皇家游猎围场"龙兴圣地"，除旗人（满族人）外，禁伐木、禁渔猎、禁采矿、禁农牧。民人（未编入旗籍的人）不得入境。

清初，鄂伦春等几个少数民族远避深山河谷，渔猎为生，尚未脱离原始状态。清顺治年间，为抵御帝俄势力扩张，设昂帮章京于宁古塔（今宁安县），而后建编外 7 镇，设驿站、辟交通，为黑龙江地区御外开发准备了条件。

清政府对黑龙江的开发，大致经历了"招垦奖励、厉行封禁、废弃封禁和全面开放"4 个时期。光绪二十一年（1895 年），清王朝封禁令彻底废除后，推行"移民实边"政策，对黑龙江地区开发加快了步伐。光绪二十四年（1898 年），于通肯城（今海伦市）设置通肯副都统，兼办垦务，主管通肯河两岸垦荒事宜。光绪三十一年（1905 年），黑龙江将军委员丈放官荒，通北地区有少量移民垦荒踪迹。光绪三十二年（1906 年），通肯河北岸开始出放大段荒地，北字段共放毛荒 13 万多垧[①]。宣统二年（1910 年）丈放浮荒 6584 垧，学田毛荒 1000 垧。以后，移民如细流渗入，接踵而来，村落相继出现，形成满汉杂居之势。民国五年（1916 年），通北设治局统计，境内汉人居七满人居三，鄂伦春等少数民族仍久避深山不出。境域东至萝北县界，西至克山县界，南至海伦县界，北至龙门设治局界，面积 16800 平方里[②]。

通北建县后，曾大力招垦，颁布奖励告示，几度兴衰。据《黑龙江志稿》记载，民国十七年（1928 年）《黑龙江省沿边各属荒地抢垦试办章程》规定，通北县荒多户少属抢垦之列，于是掀起招垦抢荒高潮。民国十八年（1929 年）调查：全县荒地 427866.51 垧，放出 389627.02 垧，已垦熟地 29333.33 垧，尚有未放荒地 38239.48 垧。此时县境，东南至汤原县界，东北至乌云县界（乌云县位于今黑龙江省嘉荫县境北部，黑龙江中游右岸）。民国时期设治，隶属黑龙江省黑河，北至龙镇县界，南至海伦、绥棱、庆城县界，西南至拜泉县界，西至克东设治局界，宽约 220 里，长约 270 里，面积约 6 万平方里。人口由民国七年（1918 年）的 10760 人，发展到民国十八年（1929 年）的 12862 人，居民 2485 户。全县分设 3 个区，辖 5 镇 43 屯。第一区一个镇即通北镇（今前进村）为县城所在地下属 15 屯；第二区 2 个镇，择佳镇（今北安市杨家乡杨家村杨家屯）、通兴镇（今通北镇）；第三区 2 个镇，安古镇、海兴镇（今北安市海兴乡海兴村海兴屯），下属 28 屯。

---

① 垧为非法定计量单位，东北地区 1 垧≈1 公顷，下同。——编者注
② 里为非法定计量单位，1 里＝500 米，下同。——编者注

正是这一时期，黑龙江农村中富农经济和带有某种程度资本主义性质的旧中国农牧垦殖公司开始出现和兴起。新官僚、军阀、地主采取霸荒办法，购置外国火犁（拖拉机）开垦荒地，不断使良田沃土集中到他们手里，实行垄断经营，榨取劳动人民血汗。现在红星农场境内的东火犁、西火犁即是这一时期的产物。

"九一八"事变后，日本帝国主义配合军事侵略，采取多种方式从日本国内向黑龙江移民，进行经济掠夺。一时间，日本开拓团遍及通北大地，垦拓荒原、抢占良田、民不聊生。据伪满洲国康德十一年（1944 年）北安省开拓厅资料记载，通北县境内有开拓团 20 多个，分别来自北海道、山形、埼玉、新潟、岐阜、大阪、栃木、兵库等地。还有 2 个朝鲜人组成的开拓团。

在日本帝国主义 20 年移民百万户 500 万人的侵略计划的第一期计划实施中，来通北县境内入殖的开拓团有"集团开拓团""铁路自警村""青年义勇队训练所"等。从 1937 年起到 1941 年 10 月前，先派几十人的先遣队、后大批入殖的有白家"自警村"（今福安车站东侧的霍地房子，是赵光镇所属村屯），赵木场〔今北安市海兴乡阳光村驻地赵木场屯（建设农场八队道南）〕，东、西火犁（今红星农场一分场境内）和柳毛河（今红星农场二分场境内），通北实验农场开拓团（今赵光农场场部五居民委一带）。此外，还有白家、老街基、西火犁等"报国农场"和通北、李家（今李家车站附近的赵光农场十一队）"自警村满铁训练所"及东火犁"青年义勇队训练所"（后来称大姑娘部落）等一些开拓团。第二期计划实施中，有入殖到通北七道沟（今通北镇附近）、十道沟（今建设农场境内）和鸡走等处的一些"义勇队开拓团"。

抗战胜利后，通北县人民政府领导群众，建立民主政权，进行土地改革运动，支援人民解放战争，广大农村发生了翻天覆地的变化。1947 年人民解放战争进入了新的转折点，由战略防御转为战略进攻。根据党中央关于建立巩固的东北根据地和创办"粮食工厂"的指示，东北行政委员会决定派时任辽北军区司令部作训科长的周光亚在通北县境内创办第一个直属机械农场——通北机械农场。在较为充分准备的基础上，1947 年 12 月 6 日通北机械农场正式开始建场，定场部于通北车站（今赵光火车站）南端的日本开拓团青年训练所的遗址。经东北行政委员会批准，这一天为通北机械农场建场日。通北机械农场的筹建和建场一直由东北行政委员会领导。

二、建置后沿革

建设农场建场前是人烟稀少、野兽成群的原始荒原。如今建设农场（当时为和平农场）是 1955 年秋由国营通北机械农场（现赵光农场）筹建的。当时我国正处在第一个国民经济五年计划时期，为了适应大规模经济建设，首先要发展农业经济。在 1947 年建立全国第一个机械农场——通北机械农场 8 年经验的基础上，在东北人民政府国营农场管理局（后改为黑龙江省农垦厅）的部署下，以 1950—1956 年全国地质调查团、东北土壤调查团、黑龙江省土地利用局第五总队到通北机械农场调查后发表的《通北机械农场土壤说明书》为依据，在掀起第二次垦荒高潮的前提下，由国营通北机械农场筹建和平机械农场。当时的主要筹建负责人是国营通北机械农场场长兼通北县委书记苑凭、通北县县长李万义。通北机械农场委派副场长赵希彬、生产办公室副主任程雪儒组成筹建小组并确定了各部门负责人：工会主席李德洪、人事科长李恒泰、计财主任薛贵林、生产负责人史占山（农业技佐）、农机负责人李瑞平、供销负责人杨正清。

1955 年 9 月受黑龙江省国营农场管理厅、中共北安县委委托，以通北机械农场副场长赵希彬、生产办公室副主任程雪儒为领导的黑龙江省和平农场筹建勘测组一行 7 人，对北安市境内通北镇东南，通肯河与轱辘滚河分水岭两侧、十道河北岸、九道沟两岸及轱辘滚河两岸的荒原、丘陵地带进行了勘测调查。1956 年 1 月，和平机械农场正式建立。

1. **两场时期**　1958 年 3 月 18 日，黑龙江省委决定撤销通北机械农场，成立黑龙江省国营农场管理厅赵光地区办事处，机关设在原通北机械农场场部。办事处所辖农场和规模进行了调整，和平农场分为和平农场、建设农场 2 场，隶属赵光地区办事处领导，并确立建设农场场部新址（现在的农场场部）。

2. **人民公社时期**　1958 年 10 月，人民公社化运动在赵光地区兴起。10 月 12 日，撤销黑龙江省国营农场管理厅赵光地区办事处，赵光地区农场下放到县，以农场为中心，北安县所属赵光乡、前进乡及 6 个农业生产合作社并入农场，成立赵光人民公社，机关设在原办事处驻地。农场变成政企合一的体制，一套机构两块牌子，具有政、企、社 3 种职能，下属 6 个管理区，即第一"通北"、第二"黎明"、第三"东方红"、第四"和平"（包括和平、建设 2 场）、第五"红星"、第六"赵光" 6 个管理区 41 个作业队。

3. **赵光农场和平分场时期**　1959 年 1 月场社分家，成立了赵光农场，人民公社管理区改称分场，即通北、黎明、东方红、和平、红星、赵光 6 个分场 37 个生产队，其中农业队 26 个。此时建设农场合并到赵光农场和平分场。

4. **农垦厅独立农场时期**　1962 年 3 月 23 日，根据东北局和黑龙江省委国营农场会议关于调整农场场队规模和管理体制的精神，黑龙江省人民委员会以黑农基字第 411 号文件下发《关于建立地区国营农场管理机构的通知》，撤销赵光农场，成立赵光地区国营农场管理局，隶属黑龙江省农业厅领导，各分场改为独立场，即通北、黎明、东方红、和平、红星、前进 6 个农场。全局 44 个生产队，其中 32 个农业生产队。

1963 年 4 月 29 日，农垦厅通知和平农场改称建设农场。

1964 年 5 月 16 日，兴安农场（1963 年在柳毛河附近建立的农场，1964 年撤点，部分耕地划归长水河农场）全员搬到青石岭，并接收国防科委 0682 部队农场，又在建设农场东部划出 4 个生产队，成立了双丰农场（现第五管理区），隶属赵光农垦局领导。

1965 年 4 月，赵光农垦局接收黑龙江省商业厅所属的克山畜牧场部分干部工人，建设农场划出 2 个生产队组建了涌泉农场（现第二管理区），隶属赵光农垦局领导。

5. 一师团营级时期 1968 年 7 月，赵光农垦局改为团建制为一师七团，所属农场改为营建制，分别把涌泉农场改为一师七团四营、建设农场改为五营、双丰农场改为六营。1970 年 9 月，由一师七团所属 9 个营组建成 3 个团，由原四、五、六营组建一师六十八团。1973 年 6 月，一师六十八团改为一师四团。

6. 农场及下设分场时期 1976 年 11 月，一师四团改为黑龙江省建设农场，隶属黑龙江省国营农场总局北安国营农场管理局领导，下属一、二、三营改为一、二、三分场，其下设连队改为生产队，实行三级管理。

7. 农场设公司时期 1996 年 1 月农场成立了工商贸总公司和社区管理委员会，公司下设"三办""两公司"，"三办"即"党群办""经营办"和"后勤办"，两公司即"农业公司"和"工业公司"。撤销原来 3 个分场，成立 2 个管理区。第一管理区所辖生产队：一队、二队、三队、四队、五队、六队、七队、八队、九队、十队。第二管理区所辖生产队：十一队、十二队、十三队、十四队、十五队、十七队、十八队、十九队。

1997 年，农场场区成立居民管理委员会，下设 4 个居民管理委员会。

1997 年 1 月，农场党委下设 4 个基层党委，即第一管理区党委、第二管理区党委、社区党委和机关直属党委。

8. 农场及下设管理区时期 黑垦发〔2003〕6 号文件要求，2004 年 3 月底前完成撤队建区工作。2004 年 1 月 20 日农场推行机构改革，实行撤队设区，由原来的 18 个生产队组建成 6 个管理区：第一管理区，由原一、二、三队组成；第二管理区，由四、五、六、七队组成（七队原是一分场场部）；第三管理区，由八、九、十队组成；第四管理区，由十一、十二、十三队组成；第五管理区，由十四、十五、十七队组成；第六管理区，由十八、十九队组成。6 个管理区有 11 个居民组、18 个作业区。2011 年，农场将第六管理区并入第五管理区，并成立水稻管理区。农场变成 5 个旱田作物管理区和 1 个水稻管理区。

9. 北大荒农垦集团建设农场有限公司时期　2018 年 6 月，根据中共黑龙江省农垦总局委员会、黑龙江省农垦总局《关于印发〈黑龙江垦区农（牧）场"五分开"改革实施方案〉的通知》精神和中共黑龙江省农垦北安管理局委员会、黑龙江省农垦北安管理局《关于印发黑龙江省农垦北安管理局贯彻落实〈黑龙江垦区农（牧）场"五分开"改革实施方案〉的通知》，建设农场更名为黑龙江省北大荒农垦集团建设农场有限公司。

第二章　自然地理

第一节　地质　地貌

一、地质

据 1951 年东北土壤调查团《土壤专报》记载，建设农场的地质属于新生代第四纪更新世的沙砾黏土层，上部是黏土，下部是沙砾。田间调查所见，上部大部分为黑土性黏土，也有黄土性黏土，沙砾仅在剖面底部。

黑土性黏土面积较大，平原、山地、草塘、沟壑等占有很大面积。黄土性黏土主要分布在岗地上，占地面积不大。其组成以粉砂和细粒为主，偶尔也夹杂少量的小石粒，其次是黏粒。砂物由石英、页岩碎片和铁质结核构成。黏土层在岗地距沙砾层较近。

建场初期勘测队及农场土地勘测报告显示，农场属于黄褐色页岩、砂岩、粉石岩组。该岩组主要由页岩、砂砾、砂岩组成。通肯河、南北河、乌裕尔河两岸均有砂砾分布。

二、地貌

建设农场处于小兴安岭向平原的过渡地带，境内属丘陵漫岗，海拔为 230～320 米。场内地势中间较高，海拔高度在 300 米以上，是轳辘滚河与通肯河的主要分水岭，南北较低，东部较高、西部较低。农场境内有河流 7 条，分别是通肯河、十一道河、十道河、九道沟、八道沟、轳辘滚河（为赵光农场上游）、小轳辘滚河（原称鸡爪河），总长度 193.1 千米。

全场大部分土地被河流、水线强烈分割成波状漫岗，系高山松嫩平原的山前起伏台地，可分为岗地、水线地和河谷泛滥地 3 种，具有沟谷纵横、微地形复杂的特征。场区北、南部地势为丘陵漫岗区域，东部地势稍平缓。5 个管理区均有冲击性低洼区域，但经过 64 年的开发建设、低产田改造，部分田地变成了丰产地。

第二节 气 候

建设农场位于黑龙江省北部松嫩平原与小兴安岭山区过渡带，地处中高纬度，属寒温带大陆性季风气候，全年平均气温1.4℃。进入20世纪90年代受全球气候变暖影响，近10余年，年平均气温高达2.0℃。≥10.0℃的活动积温约为2420.0℃，平均无霜期125天，年降水量550.0毫米左右。气候特点是冬季漫长而寒冷，夏季高温多雨，春季干燥多大风，秋季降温迅速、霜冻早。全年有5个月平均气温在0℃以下，最大冻土深度2米左右，最深达2.4米。6—8月平均气温在20.0℃以上，降水量在368.0毫米左右，全年平均日照时数达2330小时左右。农作物生长期间雨水充沛、热量较充足、日照时间长，有利于发展农业生产，特别是为发展小麦、大豆、玉米等经济价值比较高的农作物提供了得天独厚的气候资源。

第三节 水 文

建设农场总面积390.8平方千米，建场以来平均降水量561.3毫米，地表水资源量2.19亿立方米。可利用量为1.64亿立方米；地下水年总补给量0.18亿立方米，年可开采量为0.06亿立方米。

一、地表水

农场境内有河流7条，即通肯河（和海伦农场相邻）、十一道河、十道河、九道沟、八道沟、轱辘滚河（为赵光农场上游）、小轱辘滚河（原称鸡爪河），总长度193.1千米。上述河流大部分属季节性河流，冬季断流，河床宽度在5~20米，河床坡度较陡，集水面积一般为450~650平方千米。现有水库2座、塘坝9座，蓄水能力为794万立方米。

二、地下水

地下水因本场地处丘陵漫岗地区，地质构造变化比较复杂，地下水埋藏很深，水量不足、不均。近几年打井资料表明，沿河低平洼地两岸，地下水位较浅，一般在30米左右，但随河流水位变化；丘陵漫岗地带地下水埋藏很深，一般在150米以下。单井出水量分为

4 类：5 吨/小时、10 吨/小时、20 吨/小时、30 吨/小时。地下水出水 pH 6～6.5，属中性水质。

三、水资源利用率

农场地表水当地产水量 0.6 亿立方米，过场水量为 1.25 亿立方米，可利用量为 1.64 亿立方米。截至 2020 年，地表水实际利用量 0.15 亿立方米，其中，青石岭灌区年用水量 0.11 亿立方米，轱辘滚河灌区水田年用水量 0.03 亿立方米，十道河灌区 0.01 亿立方米。

地下水年总补给量 0.18 亿立方米，年可开采量为 0.06 亿立方米，实际利用量为 0.002 亿立方米，主要是城镇、居民生活用水和供热中心用水。

四、年降水量

建场初期，年降水量为 600～700 毫米，降水量最低为 1974 年 368.9 毫米，最高为 1962 年 841.3 毫米。由于受大陆季风的影响，冬春 2 季降水量偏少，秋季降水量较大。62％的降水量集中在 7 月、8 月、9 月，其中 8 月的降水量在 200～300 毫米，占全年降水量的 40％以上。第一、五管理区处于林区，自然环境与第三管理区相比差异较大，小气候比较明显，降水量一般偏大，全场平均降水量变异系数常在 20％以下。

1990 年后，农场平均年降水量是 550.0 毫米左右。降水最多一年是 1994 年的 776.4 毫米，降水最少一年是 1989 年的 303.7 毫米，降水量最多年份和降水量最少年份相差 1 倍还多。

随着季节的变化和自然环境的逐步改变，春季（3 5月）平均降水量 70 毫米左右，约占全年降水量的 13％；夏季（6—8月）平均降水量 370 毫米左右，占全年降水量的 65％；秋季（9—10月）降水量平均为 100 毫米左右，占全年降水量的 17％；冬季从 11 月到翌年 2 月的 4 个月中，降水量只有 30 毫米左右，仅占全年降水量的 5％。

第四节 土 壤

农场土地多集中在坡岗，耕地以漫岗为主。可控土地面积 39080.3 公顷，其中，耕地面积 20144.2 公顷，林地面积 2790.9 公顷，牧地草原面积 5110 公顷，水面面积 527 公顷。宜农土地基本分布在黑土和草甸土上。

土壤类型可分为森林暗棕壤、草甸暗棕壤、草甸黑土、沼泽土 4 种类型。

一、森林暗棕壤

全场 6000 余公顷，主要分布在第三、四、五管理区部分 3～6 度的丘陵漫岗地上，土层较薄，结构较差，含有机质 5%～7%，全氮量 0.25%、全磷量 0.21%。

二、草甸暗棕壤

分布于全场坡岗地中部和底部，黑土层在 25 厘米左右，有机质含量 7%～9%，全氮量 0.3%～0.35%，全磷量 0.2%～0.25%，全场有 6666.67 公顷。

三、草甸黑土

黑土层深厚，土壤肥力较高，结构良好，分布在低平洼地和沟谷洼地上，全场约有 8666.67 公顷，有机质含量 10%～12%，全氮量 0.3%～0.35%，全磷量 0.2%～0.25%。

四、沼泽土壤

分布在河沟两侧和山谷之间，多数尚未开发利用，黑土层 25～50 厘米，土质黏稠，土壤湿润、冷凉，肥力虽高但速效养分较低，有季节性积水。

这 4 种土壤均适宜种植大豆、玉米、小麦、甜菜等经济作物，在雨水均匀的情况下均能获得高产。

第五节　动植物及矿产资源

一、动植物

（一）动物

建场初期有一句民谣："三〇五、三〇五，洼养蛤蟆、岗养鼠，棒打狍子、瓢舀鱼，野鸡飞到饭锅里!"这里幅员辽阔,河流纵横,林草茂密,野生动物品种繁多。建设农场区域内有紫貂、水獭、猞猁、狐狸、貉、獾、黄鼬等。由于农场地处寒冷地带,因而这里的野生动物具有皮质柔韧、毛绒厚密细软、色泽美丽等特点,为制作高等毛皮衣帽的贵重材料。

野生动物中,走兽类有梅花鹿、狍子、犴(驼鹿)、野猪、黑熊及野兔等,飞禽类有野鸡、野鸭、沙鸡、树鸡、飞龙、天鹅、鸳鸯、野鸽、麻雀等。这些动物不仅是当年餐桌上的美味佳肴,有些还可以用来治病,如熊胆、鹿茸就是珍贵药材。

(二)植物

建设农场区域内的野生植物,属长白山植物区系小兴安岭亚区,有400多种。

草甸、草原植物有黄花菜、野山葱、短毛独活(老桑芹)、山芹、蕨菜、蘑菇、芦苇、乌拉草、大叶樟等。

森林植物有五味子、楤木(刺老芽)、山葡萄、山核桃、白桦树、黑桦树、黄柏(黄玻璃)、水曲柳、桤木(水冬瓜)、红皮云杉、杨树、柳树、落叶松、樟子松、木耳、猴头、榛子树等。

药类植物有川贝、百合、五味子、山参、艾蒿、蒲公英、黄芪、贝母、白芍、党参、桔梗、苍术等。

二、矿产资源

北安垦区有黄金、玛瑙、煤等矿藏,有的农场也有少量开采,建设农场由于没有勘测,储量不明。

第六节 自然灾害

建设农场处于高寒地区,旱、涝、低温冷害和病虫灾害比较频繁,根据1956—1984年28年的资料记载,遭受各种自然灾害的年份就有15年之多,较重的自然灾害有旱灾、涝灾、低温冻害、病虫害、冰雹、大风等。因此农业生产,往往单产不高、总产量不稳,变化幅度较大。

进入20世纪90年代以来,农场加大力度进行低产田改造,同时机械力量不断更新,人员技术水平不断提高,抗御自然灾害的能力逐渐加强。1986年以后,农业生产一年一个新台阶,经济效益逐年提高。每年虽然遭受一些自然灾害,但对农业生产影响不大,在

1989 年以后曾连续夺取 10 个丰收年，为农业产业化发展奠定基础。

2000 年，农场受到严重的涝、旱、风、阶段性低温自然灾害，使农场小麦、油菜产量受到影响，小麦全场平均亩产只有 166 千克，比历年的 255 千克左右减产 34.9％；油菜平均亩产 73 千克，比历年的亩产 105 千克减产 30％。

2001—2020 年，由于农场季风气候多变，平均 5 年中至少有 2 年因春季降水少、春风大形成春旱，平均 5 年中有 1 年因春雨大形成春涝；夏季由于自然生态的失衡，异常天气频繁发生，阶段性旱、涝、雹灾时有发生，雨量过多约 4 年发生一次夏涝，夏季因温度过低发生冷害的年份占 1/5；另外，秋季霜冻较早也给农业生产带来不同程度的危害。但是，农场充分发挥人的积极因素，掌握客观规律，充分利用有利的气候条件，牢固树立长期抗灾思想，强化超前抗灾意识，确立防灾重于抗灾的理念，积极采取抗旱防涝促早熟等各项先进农业技术措施，发挥农场机械化的强大力量，变不利因素为积极因素，不断提高农业生产水平，不断取得农业的丰产丰收。

第三章　开荒建场

第一节　荒原勘测

1955 年 9 月，受黑龙江省国营农场管理厅、中共北安县委委托，以通北机械农场副场长赵希彬、生产办公室副主任程雪儒为领导的黑龙江省和平机械农场筹建勘测组一行 7 人，对北安市境内通北镇东南通肯河与轱辘滚河分水岭两侧、十道河北岸、九道沟两岸及轱辘滚河两岸的荒原、丘陵地带进行了勘测调查。

1956 年 4 月，黑龙江省土地利用管理局第四勘测队来场，队长杨献奕绘制出新建场发展规划图。从此拉开了荒原勘测、建设新农场的帷幕。

第二节　和平机械农场成立

1956 年 1 月，上级正式决定在 1955 年勘测的区域内建立和平机械农场，责成赵希彬、程雪儒负责筹建工作。

1956 年 2 月，通北机械农场选派干部、工人 80 人（男 76、女 4 人）、通北县农场 69 人、转业军人 10 人、其他单位 12 人（男 11 人、女 1 人），携带部分机械陆续进入新建场。

1956 年 3 月，第一批机务工人从通北机械农场调到和平机械农场（建设农场的前身）。这 11 人是吴国斌、谷明忠、赵吉兴、张凤、李惠喜、李文祥、田广恩、刘述义、苏启云、任洪林、崔保荣。除崔保荣是个中年人外，其余都是青年人。5 月 12 日，哈尔滨首批知识青年马国玲、柳洪兰、黄丽霞等 15 人来农场落户。

1956 年底，建场当年全场共有职工 191 名。其中，来自通北机械农场 83 名，来自通北县农场 70 名，来自复转军人 8 名，来自学校和其他单位 15 名，从哈尔滨市招聘待业青年 15 名。

拥有开荒耕地面积 2500 公顷；住户 39 户，人口 363 人，劳动力 251 人；马 42 匹、牛 3 头、猪 91 头。机械有履带式拖拉机 12 台、胶轮拖拉机 3 台、联合收割机 3 台、汽车

2台、各种农具61台（套）。当时，农场有农业生产队4个，实行两级管理、农场统一核算，场部设有行政办公室、会计室、人事科、供销室、保卫股、工会、共青团、总支书记室。有干部36名。

和平机械农场名称的来历：朝鲜战争结束后，我国便积极提倡和平共处五项原则，国民经济建设需要一个和平的国际环境，因此当时上级命名新建的农场为"和平机械农场"。场部设在三〇五开荒点（原第一分场六队，现在的第一管理区，队址已拆迁）。

第三节　建设农场成立

1958年3月18日，黑龙江省委决定撤销通北机械农场、成立黑龙江省国营农场管理厅赵光地区办事处，机关设在原通北机械农场场部，办事处所辖农场和规模进行了调整，和平机械农场分为和平农场、建设农场2场，隶属赵光地区办事处领导，并确立建设农场场部新址。

10月12日撤销黑龙江省国营农场管理厅赵光地区办事处。赵光地区农场下放到县，以农场为中心，北安县所属赵光乡、前进乡及6个农业生产合作社并入农场，成立赵光人民公社，机关设在原办事处驻地，农场变成政企合一的体制，一套机构两块牌子，具有政、企、社三种职能，下属6个管理区，即第一"通北"、第二"黎明"、第三"东方红"、第四"和平"（包括和平、建设2场）、第五"红星"、第六"赵光"6个管理区，41个作业队。

1959年1月场社分家，成立了赵光农场，人民公社管理区改称分场，即通北、黎明、东方红、和平、红星、赵光6个分场，37个生产队，其中农业队26个。此时农场变为赵光农场的一个分场，即和平分场。

1963年4月29日农垦厅通知和平农场改称建设农场。

第二编

经　济

中国农垦农场志

第一章　经济总情

第一节　经营方针与经济结构

一、经营方针

建场64年来（截至2020年），农场经营农业尤其重视种植业粮豆的生产，工业商业只占从属地位。在经济结构基础上，各个历史时期，农场按照上级要求来确定农场的经营方针。

"一五"期间（1956—1957年），农场按照党和国家提出的以开垦荒地，恢复生产为主的方针，边建点、边开荒、边生产，从事小麦、大豆、玉米等粮食作物生产。在开荒建场的同时，按照中央、东北农垦总局指示精神，明确农场主要任务是增产粮食。

"二五"期间（1958—1962年），是"大跃进"时期，在党的大力发展农业、大力增产粮食号召指引下，农场继续开荒办场，增加耕地，扩大粮食播种面积，同时，农场积极从事猪、羊、牛、鸡、鸭、鱼等养殖生产。

"三五"期间（1966—1970年）和"四五"期间（1971—1975年），正值"文化大革命"。"在怀疑一切、否定一切"的错误思潮下，农场各种规章制度受到冲击和批判，领导干部被打成走资本主义道路的"当权派"，生产无人问，经营管理混乱。

1977年后，农场开始恢复各级组织机构，制定切实可行的经济发展方针，同时增加了部分农业机械，耕地面积开始逐步扩大，经济有了新的发展。

1978年，党的十一届三中全会通过的《关于加快农业发展若干问题的决议（草案）》指出，要努力办好国营农场，为国家提供更多的商品粮、经济作物和其他农副产品。农场坚持"一麦一豆"，重点主攻粮食生产。

1978—1981年的4年时间，农场共开垦荒地4.5万亩，使全场耕地面积达到25.3万亩。

"六五"期间（1981—1985年），全国农垦工业会议提出"围绕市场办工业，办好工业促农业"的方针。根据这一方针，农场总结了自己发展工业的经验教训，本着农业是农垦的命脉产业，必须突破国营农场计划经济的传统经营理念，积极深化农业经济体制改革。

"七五"期间（1986—1990年），农场按照上级要求进一步明确了发展的指导思想，确立了抓管理、重技术、上项目的方针。农场因地制宜，立足于自有资源，发挥优势，大力发展非国有经济、职工自营经济。

1985—2000年，农场陆续出台了改革政策：建立家庭农场，推行"四到户、两自理"，开展土地适度规模经营，进行土地资源开放开发，发展农业产业化，推进农业服务体系建设，生产队职能建设，林业体制改革，牧业体制改革，工商运建服体制改革，产权制度改革，住房制度改革，三项制度改革，养老、待业保险制度改革，医疗制度改革，事业单位改革，再就业工程及最低生活保障制度改革，机关机构改革等一系列改革措施。

进入21世纪以来，尤其是我国加入世界贸易组织（WTO）以后，大豆价格受国际市场冲击严重，国家对粮食价格进行宏观调控，粮食价格相对稳定，大豆价格相对降低，生产资料价格日益上涨，麦类作物面积逐渐缩减。2011年农垦总局提出打造380亿斤[①]商品粮基地，以后逐年增加目标，达到400亿斤。农场及时调整了种植业结构，2011年以后，由于玉米机械化栽培技术在生产上的应用和引进适合大面积栽培的玉米品种，开始大面积增加玉米种植面积，玉米种植面积从2011年的7567公顷增加到2013年的12733公顷。同时，农场继续开发水田，继而增加粮食产量。由于粮食价格相对稳定，产量增加的同时也大幅度增加了种植户的种植效益。

二、经济结构

建场初期，农场第二、三产业基本没有，经济结构比较单一。由于年均气温低、无霜期短，农场在农业上适宜栽培的作物不多，在经济结构上主要以生产小麦、大豆为主，大致是小麦占60%，大豆占30%，其他经济作物占10%。20世纪70年代中期以前，轮作的方式大都是麦—麦—豆三区换茬制。部分条件较好的生产队实行过麦豆麦杂轮作制。后来，赵光糖厂建成，甜菜种植面积有了新的发展。20世纪80年代后，油菜试种成功，各生产单位普遍推行麦—豆—麦—菜（甜菜和油菜）四区轮作制。经济结构开始多元化调整，经杂作物占农场粮豆生产的15%，在经济结构调整上，逐步探索出发展经济生产的

---

① 斤为非法定计量单位，1斤＝0.5千克，下同。——编者注

新途径。

1966—1976 年，农场经济结构逐步发生变化，第二、三产业成为农场职工致富的另一渠道。逐步出现了副业生产或从事采集、捕捞、编织、养殖、服务、种植等双体经济（个体和集体）同步发展的良好局面。既繁荣了农场经济，又增加了职工收入，加快了职工脱贫致富步伐。

1985 年，农业遭受自然灾害，使刚刚成立不久的家庭农场遭受沉重打击，大部分职工挂账，如何摆脱贫困、早日致富奔小康成为农场工作的重中之重。农场党委集思广益，研究如何加快调整经济结构，带领干部职工寻找一条新的致富门路。大家一直认为，单一的种植业是不完整的农业经济，必须坚持农、林、牧、渔并举的方针，走大农业之路，以牧业、渔业见效快、收益高弥补种植业由于自然灾害带来的风险。此后，农场加大在牧业上的投入，先后发展了饲养肉鸡、鹅、貂、奶牛、黄牛、生猪等项目。

畜牧业产业结构进行了调整，由原来的单纯养猪转向奶牛、肉牛、生猪并重的结构，生猪、牛发展迅速。到 1999 年奶牛、肉牛存栏分别达到 381 头和 1530 头，分别比 1986 年增长 44% 和 20%，生猪存栏达到 5444 头，比 1986 增长 53%，同时推动了个体和私营经济和职工自营经济整体发展，实现了产值 1425 万元。

工业产业结构调整，按照"抓大放小"、股份制经营等原则，1996 年进行产权重组，走优化组合、企业私营化的路子，如农场的砖厂、修造厂彻底卖给了个人经营，加工厂实行股份制经营。通过资产量化、股权转让、拍卖兼并的方式转变了农场经营体系，大力促进了工业的升级换代，调动了个体经营者的积极性。

科技兴场战略初见成效，科学种田水平大大提高。经济增长方式已由粗放型逐步向集约型转变。农场职工努力把科技进步和技术创新作为提高经济增长质量和效益的主要动力，使农场的产业和产品结构、技术结构进一步合理化，科技含量不断提高。科技对农业的贡献率不断提高，1999 年农场已开发种植水稻 3.11 万亩，累计推广新技术 29 项。

种植业产业结构的调整，突破了"以粮为纲"的单一谷物种植结构，实现了品种优良优质化，种植比例作了大幅度的调整，加大了经济作物、订单农业、高效农业的占比。2000 年豆类和经济作物占播种面积的 80%，粮食产品优质率达 74%。

2001—2020 年，农场从场情出发，把结构调整作为经济发展的重要手段，大力发展质量效益型农业，坚持以效益为中心、以市场为导向，努力把种植业结构调优。

2020 年，农场按照市场需求，不断调整经济结构，农业实现了产业化、农林牧渔业实现了科学化、小城镇建设实现了现代化，农场干部职工幸福指数大大提高。

第二节 经济指标

一、计划指标

农场建场以来，根据不同时期的经济发展，制定出不同的发展经济目标。1956 年建场，根据黑龙江省国营农场管理厅的决定，当年开荒 3.75 万亩，1957 年又开荒 2.7 万亩。1964 年，农场经济出现了新的景象，全场耕地面积达到 18.95 万亩，比 1958—1960 年"大跃进"时期，增加耕地面积 3 倍多。1978—1981 年的 4 年中，共开垦新荒地 4.5 万亩。到 1985 年，全场耕地面积达到 25.3 万亩。

1986—2000 年，农场根据上级主管部门下达的财务指标，结合农场实际，财务部门经过反复测算，按照兼顾国家、企业、个人三者利益关系的原则，切实减轻职工经济负担，增加个人收益，保证企业持续发展与稳定，合理科学编制年度财务预算，经场主管领导审定提交场办公会议讨论确定，由全场三级干部会议讨论修订后，再经场职工代表大会讨论，制定了一年一度的生产财务计划指标，包括：①种植业生产计划，包括作物播种面积、单产、总产。②林业生产计划。③家庭养殖业计划。④工农业总值及国民生产总值目标计划。⑤财务上交费用指标，包括管理费、劳保费、劳保基金、工会经费、财务费用、营业外支出、福利费、农业风险金、其他费用。⑥管理人员定编及管理费计划指标，根据生产队规模，按场生产队管理人员定编指数，分别核定各生产队管理费指标。⑦人均收入计划。⑧费用包干计划，包括场领导的招待费、交通费、电话费（办公、住宅），机关科室和场直单位的交通费、差旅费、招待费、电话费、办公用品费，机关科室（场直生产队）负责人的电话费，教育、卫生、公安、法庭的经费。⑨家庭农场自筹生产费计划。⑩应收款项回收计划。⑪基本建设投资计划。⑫成本承诺计划，包括种子、肥料、农药、人工费、机械作业费、灌溉费、其他直接费等。

计划是衡量全场各单位年终各项生产财务指标实际完成的标尺。各单位通过年度会计决算反映出来的各项实际完成指标，经决算复查审定后，作为干部业绩考核的主要内容，并按照农场有关政策规定，确定各级管理人员收益分配，进行奖罚。

二、国民生产总值

1986—2000 年，经济指标完成情况：1986 年，农场国民生产总值 156 万元。1987 年上升为 753 万元，比上年增加 597 万元，增长 3.8 倍。1988—1989 年，国民生产总值比 1987 年略有下降。1990 年，实现国民生产总值 956 万元。1991 年，实现国民生产总值 1203 万元，比上年增加 247 万元，增长 25.8%。1992 年，实现国民生产总值 775 万元。1993 年，实现国民生产总值 1690 万元，比上年增加 915 万元，增长了 1.18 倍。1994 年，实现国民生产总值 3580 万元，比上年增加 1890 万元，增长 1.12 倍。1995 年，实现国民生产总值 4144 万元，比上年增加 564 万元，增长了 15.8%。1996 年，实现国民生产总值 4924 万元，比上年增加 780 万元，增长 18.8%。1997 年，实现国民生产总值 6340 万元，比上年增加 1416 万元，增长 28.8%。1998 年，实现国民生产总值 7168 万元，比上年增加 828 万元，增长 13%。1999—2000 年，实现国民生产总值分别为 4983 万元和 4790 万元。农场效益不断向好，职工群众的生活向小康水平迈进。

2001—2020 年，经济指标完成情况：2001 年，实现国民生产总值 6838 万元，比上年增加 2048 万元，同比增长 42.8%。2002 年，实现国民生产总值 7039.2 万元，比上年增加 201.2 万元，同比增长 2.9%。2003 年，实现国民生产总值 8050.1 万元，比上年增加 1010.9 万元，同比增长 14.4%。2004 年，实现国民生产总值 8966 万元，比上年增加 915.9 万元，同比增长 11.4%。2005 年，实现国民生产总值 11411 万元，比上年增加 2445 万元，同比增长 27.3%。2006 年，实现国民生产总值 12850 万元，比上年增加 1439 万元，同比增长 12.6%。2007 年，实现国民生产总值 20182 万元，比上年增加 7332 万元，同比增长 57.1%。2008 年，实现国民生产总值 22078 万元，比上年增加 1896 万元，同比增长 9.4%。2009 年，实现国民生产总值 24032 万元，比上年增加 1954 万元，同比增长 8.9%。2010 年，实现国民生产总值 29179 万元，比上年增加 5147 万元，同比增长 21.4%。2011 年，实现国民生产总值 37721 万元，比上年增加 8542 万元，同比增长 29.3%。2012 年，实现国民生产总值 50400 万元，比上年增加 12679 万元，同比增长 33.6%。2013 年，实现国民生产总值 56523 万元，比上年增加 6123 万元，同比增长 12.2%。2014 年，实现国民生产总值 46646 万元。2015 年，实现国民生产总值 51244 万元，比上年增加 4598 万元，同比增长 9.9%。2016 年，实现国民生产总值 53041 万元，比上年增加 1797 万元，同比增长 3.5%。2017 年，实现国民生产总值 59618 万元，比上年增加 6577 万元，同比增长 12.4%。2018 年，实现国民生产总值 63432.9 万元，比上年增加 3814.9 万元，同比增长 6.4%。2019 年，实现国民生产总值 18884.7 万元。2020 年，实现国民生产总值 23900 万元，比上年增加 5015.3 万元，同比增长 26.6%。

三、发展目标向好

2001年以来，农场全面学习贯彻党的十九大和十九届二中、三中、四中、五中全会精神，深入贯彻落实习近平总书记2次针对垦区"特指性"重要讲话指示精神，贯彻创新、协调、绿色、开放、共享的新发展理念，"十四五"期间，紧紧围绕北大荒集团"三大一航母"发展战略和"1213"高质量发展工程体系，以"32366"任务体系引领，即以农业现代化示范区和粮食安全产业带为抓手，围绕粮食产能提升、"双控一服务"和经营体制机制改革3项重点任务，实施现代种业、黑土地保护和智慧农业三大工程，重点推进"六个替代"，逐步实现"六个全覆盖"，坚持用现代物质条件装备农业、用现代数字科技驱动农业、用现代产业体系提升农业、用现代经营方式推进农业、用现代发展理念引领农业、用现代新型职业农工发展农业，推动集团现代农业新旧动能转换，加速构建形成生产标准化、科技数字化、经营规模化、产业集群化、产品品牌化的现代农业发展体系，着力打造农业现代化示范区，构建起现代农业产业、生产、经营三大体系，率先全面实现农业现代化的发展目标。

四、坚持基本原则

1. **坚持以巩固农场有限公司的经营主体地位为基础**　深入推进垦区集团化、农场企业化改革，进一步巩固完善国有农场土地经营的主体地位，创新现代农业统分结合的双层经营体制，充分释放体制机制改革红利，挖掘增长动力，进一步提高规模化经营水平和劳动生产率，变产量导向型的"屯垦模式"为市场导向型的"北大荒高质量发展体系"，把强大的农产品生产能力转化为强大的经营能力和经济实力。

2. **坚持以保障粮食和重要农产品高效供给为根本**　深入落实"藏粮于地、藏粮于技"战略，守住耕地红线不动摇，做到面积不减、质量不降、用途不改，以保障国家粮食安全为底线，更加注重提高农业综合生产能力，更加注重调整优化农业结构，更加注重组织化、标准化、信息化发展，提升供给体系质量和效率，加快形成数量平衡、结构合理、品质优良的供给格局，筑牢保障国家粮食安全"压舱石"地位。

3. **坚持以提质增效和转型升级为主线**　综合考虑产业基础、区域优势、资源禀赋等因素，以市场需求为导向精准发力，调整农业结构、做强规模经营、做大绿色产业，大力推进农业产业化，更加注重一二三产业融合发展，把产业链条延长，把品牌产品做优，把综合效益做高，培育壮大具有区域特色的农业主导产业。

4. **坚持以绿色可持续发展为方向**　坚持绿色导向，牢固树立生态绿色发展新理念，加强黑土耕地保护，加大化肥、农药等农业投入品的管控力度，推进农业清洁生产，推行高效生态循环种养模式，积极发展资源节约型、环境友好型、生态保育型农业，继续提高农业可持续发展水平。

5. **坚持以推动改革创新为根本动力**　坚持把垦区集团化、农场企业化作为集团改革发展主线，以经营体制改革为重点，大力推进"产业公司＋基地""区域农业综合服务中心"等一体化、股份化经营模式，推动资源资产化、一体化、证券化，加大财务、资产管控和企业脱困力度，推进"三项制度"改革，不断释放体制机制活力，挖掘增长动力，创新驱动农业高质量发展。

第二章 种 植 业

第一节 结构调整

1956年建场初期，农场是边开荒、边生产时期。根据黑龙江省国营农场管理厅的决定，农场种植业主要以粮豆生产为主，除了完成上交粮任务外，重点保证农场职工口粮。

1985年以后，农场贯彻落实改革开放政策，紧紧跟随农垦的改革步伐，坚定不移地推行农业改革。从1985年家庭农场开始兴办到1986年之后几年对改革的不断完善与调整，在不断总结经验和教训的情况下，1988—2000年，逐步形成了对家庭农场（承包户）全面实行"四到户"（土地承包到户、盈亏到户、核算到户、风险到户）和"两费自理"（生产费、生活费自理），巩固和完善了统分结合的大农场套小农场的农业双层经营体制，充分调动了广大职工的生产积极性，为农场注入了新的生机和活力。

在强化管理的同时，农场加强了对家庭农场的产前、产中、产后的全方位服务，为发展农业产业化创造了条件；同时，不断夯实农业基础，加大中低产田改造力度，提高了综合抗灾能力。为了合理利用资源、增加农业后劲，农场在"八五"期间认真进行了"水稻治涝、以稻致富"的二次开发，从1988年到1994年新开发水田7万亩，使粮食总产量大幅度增长。由于坚持发展"两高一优"和质量效益型"精准型"农业，农场在连续多年遭受严重自然灾害的情况下，粮豆总产量逐年提高，促进了农场经济稳定、健康、持续发展。

2001—2020年，农场始终把种植业作为立场之本毫不放松地抓在手上，通过推进农业改革、推广新技术应用、大力度调整种植结构、全面推行标准化建设、加大农业基础建设投入，使农业生产得以长足发展，把农业弱场变为农业强场。20年间共生产粮豆197.67万吨，实现农业总产值23.94亿元。农作物单产、总产量水平都处于垦区领先地位。农场2005年荣获黑龙江农垦总局农业标准化达标年活动优秀单位称号，2007年荣获黑龙江农垦总局农业标准化优秀农场称号，2009年荣获黑龙江农垦总局农垦现代农业示范区称号，2012年荣获黑龙江农垦总局抗涝抢收工作先进单位、六大作物高产创建活动先进单位称号，2009—2014年，连续六年荣获黑龙江农垦总局农业标准化提档升级活动标兵单位称号，农场旱作农业成为垦区的一面旗帜。

1956—1985 年，农场主要农作物有大豆、小麦、玉米、油菜、甜菜和一些经杂作物水飞蓟、芸豆、黑芝麻等。随着改革的深入，商品生产的发展，农场在种植结构调整上本着以市场为导向，树立数量、质量效益并重的观念，以数量求规模、以质量求效益，在确保主要农作物产量、品质稳定提高的同时，进一步优化种植结构，提高了种植业经济效益（表 2-2-1）。

表 2-2-1　1956—1985 年主要栽培作物品种

时期	小麦	大麦	大豆	玉米	谷子	甜菜
1956—1960 年	秃不齐 明尼 2759 明尼 2705	建设六棱	紫花 4 号 西比瓦	当地火苞米	黄少谷 刀把齐 红黏谷	
1961—1969 年	松江 1 号 克 强 克 光 东农 101 辽春 1 号	加拿大 建设六	克交 288 克系 283 大黑齐 黑龙江 41	牛×旱 44 金顶子	北 胜 钱串子 水里站 玉米混	
1970—1980 年	群力 遗 6358 遗 6508 373 克 红 北京 1 号 沈 68-71 北新 4 号 克涝 3 号 克旱 5 号 克旱 6 号 7 号 北农 71-371		克交 288 黑龙江 41 北良 10 号 黑河 3 号	牛×旱 44 北玉 1 号 火苞米	黄少谷	7301
1981—1985 年	克旱 8 号 克丰 1、2、3 号 克旱 9 号 垦北 1、2 号 克 77-593	康奎斯特 波 恩 红 芒 建设六棱	福 4-1 黑河 4 号 克 60-78 克 73-4 北 77-6114	木 梃 浮尔拉		甜研 3 号 西去单粒

农场根据自然特点，发挥作物的抗灾优势，合理利用土地、因地种植，从单纯在麦豆上打圈子中走出来，改变了过去较单一的作物种植结构。从 1987 年开始，根据黑龙江农垦总局、北安管理局生产要求，结合农场实际，制定出种植结构调整的原则为"压麦稳豆、增加经济作物、扩大水稻玉米"。根据这一原则进行调整，明显提高了种植业经济效益和劳动生产率。1986—1996 年的 10 年间，大豆、小麦的价格没有大的起伏，以麦豆为

主的种植结构趋于平稳。经济作物以油菜、甜菜为主，占全部作物种植面积的20%以下，一度为农场创造了很高的经济效益。但由于种植油菜风险较大，多年种植比例不稳定。其他小经杂作物有红小豆、芸豆、亚麻、黑豆果、沙棘果等，虽然在全场各队均有种植，但由于市场需求不稳和生产技术要求高等因素，发展不快，一直没有形成规模种植。1988年，水稻这一高产、高效粮食作物在十九队种植成功。30亩地获得平均亩产640千克的高产量。1989年，水稻面积扩大到800亩。随着1994—1995年水稻价格大幅度提高，在农场"以稻治涝、以稻致富"的思想指导下，1995年集中力量投入资金900多万元，突击开发水稻5.5万亩，并形成一系列的工程配套。水稻的生产和发展成为农场种植结构调整中的重大突破。

1997—2000年，随着国家政策性调整及市场经济的影响，粮豆产品的价格经过1994—1996年不断上涨之后，1997年以后粮豆价格不断回落，大豆1998年底降至1.6元/千克，比1996年的2.8元/千克下降42.8%。小麦的价格也是一再下跌，质量要求则一再提高。在粮食价格下滑的同时，甜菜这一多年来为农场和职工创造了较高效益的经济作物也遭厄运，1998年由于糖价下跌，赵光糖厂严重亏损，对原料收购失去了信心，导致农场的甜菜生产跌入低谷。面对诸多变化，农场提出了"继续强化压麦、稳豆、增经"这一原则，麦、豆在追求产量的同时，更主要的是控制生产成本，提高产品质量，以增加效益，增加以油菜为主的经济作物种植面积，发展适销对路的小经杂作物，如白瓜子、白芸豆、山芝麻等。同时，扩大了水稻、玉米种植面积，特别是水稻的种植面积只增不减。从而形成了以麦、豆、经三分天下，水稻生产不断壮大的种植业结构，促进了质量效益型和精准型农业的发展（表2-2-2）。

表 2-2-2　1986—2000 年主要栽培作物品种

时期	小麦	大豆	油菜	甜菜	玉米	水稻
1986—1989 年	克旱 8 号 克旱 9 号 新克旱 9 号 751 龙麦 13 368	黑河 4 号 黑河 5 号 北丰 3 号 北丰 5 号 黑 83-889	奥罗 皮维特	甜研 3 号 西德单粒	水挺 浮尔拉	黑梗 5 黑梗 7
1990—1995 年	新克旱 9 号 85-207 垦大 4 号 84-86	北丰 7 号 北丰 10 号 北丰 11 202 87-19	皮维特 格劳保	甜研 3 号 甜研 303 西德单粒	浮尔拉 东农 248	黑梗 7 龙花 82-014 龙花 83-046 嫩交 85-15
1996—2000 年	新克旱 9 号 曼大 4 号 克 92-207 九三 3U92 龙 94-4083 垦红 14	北丰 10 北丰 11 北丰 15 垦鉴豆 1 号 黑河 18	青油 14	甜研 303 西德单粒 kw-5173 kw-9308 kw-6409	浮尔拉 四旱 11	龙花 83-046 合江 19 垦 94-227 龙达 948

2001—2020 年 20 年间，农场从场情出发，把种植结构调整作为经济发展的重要手段，大力发展质量效益型农业，坚持以效益为中心、以市场为导向，努力把种植结构调优。在此阶段种植结构发生了相应的变化。

为了实现合理的种植结构和科学的轮作需要，2001 年以后开始探索种植亚麻、甜菜。这 2 种作物逐渐实现了全程机械化栽培，引进了相应的现代化机械和甜菜的丸粒单芽种子，并依托南华集团海伦糖厂以及兰西亚麻厂等加工企业的原材料需求，给农场的经济作物种植带来了一个时期的繁荣。亚麻从 2001 年的 1143 公顷发展到 2004 年的 2004 公顷，甜菜从 2001 的 667 公顷发展到 2008 年最高种植面积的 800 公顷。但随着国际市场的变化，亚麻和甜菜的加工生产企业逐渐走向萧条，甜菜和亚麻种植到 2010 年停止。农场开始种植其他的作物来满足种植结构调整的需要。农场先后探索性种植了芸豆、白瓜子、甜玉米、绿大豆、高粱等经济作物，但这些作物由于市场容量小、价格波动大都没有稳定发展起来。

随着玉米种植面积的扩大，大豆种植面积相对减少，缩减了大豆主产基地的优势。由于国家出台政策，在 2016 年取消了"镰刀弯"地区的玉米临储政策，同时玉米补贴也逐年下降，农场相对控制了玉米种植面积的增加趋势。

2020 年，农场种植总面积 2 万多公顷，其中，大豆 1.6 万公顷，占总种植面积的 52.6%；玉米 7700 公顷，占总种植面积的 38.3%；水稻 1793.33 公顷，占总种植面积的 8.9%；其他作物（包括高粱、小麦、杂豆等）40 公顷，占总种植面积的 0.2%。种植结构调整，为农作物提高产量、为农场提高经济效益、为职工增收奠定了良好的基础（表 2-2-3）。

表 2-2-3　2001—2020 年主要栽培作物品种

时期	小麦	大麦	大豆	玉米	亚麻	备注
2001—2005 年	新克旱 9 号 垦大四	垦啤 2 号	北疆 94-384 黑交 98-1271		阿丽亚娜	
2006—2008 年	龙 97-7146 克旱 16		1—7 队： 垦鉴豆 25 号 黑河 38 号 黑河 27 号 8—19 队： 黑河 38 号 哈北 46-1 垦鉴豆 4 号（北 93-95） 北 02-3283 北 01-8296	浮尔拉 海玉 5 号 德美亚 1 号		2006 年后大豆加快繁殖北 01-8731 后备品种（品系）
2009—2016 年			北豆 40 黑河 38 北豆 5（疆丰 151） 北豆 10（02-51）	德美亚 1 号		到 2011 年才逐渐淘汰了黑河 38 大豆

（续）

时期	小麦	大麦	大豆	玉米	亚麻	备注
2017—2018 年			北豆 52 黑河 43 东升 1 号 北豆 47	德美亚 2 号		2017 年基本 淘汰了北豆 40
2019—2020 年			黑河 43 东升 1 号 北豆 47	德美亚 2 号		

第二节　耕作　轮作

一、耕作

建场初期，土地是由原始荒原开垦而来的，草甸土壤面积较大。开垦初期草根层较厚，当时采用了连年伏秋耕翻和逐年加深耕层的措施。20 世纪 60 年代新垦荒地逐年熟化，采用了大豆和杂粮茬耙茬种小麦的耕作措施。20 世纪 70 年代末小麦耙茬种小麦的实验获得成功，此后，在农场少耕免耕法得以普及。生产实践证明，少耕免耕法必须根据土壤墒情决定，大致采用 2 种耕作方法：①在土壤水分适宜和偏早年份，采用伏秋时期原茬耙茬。②偏涝年和土壤水分较大的地块，采用伏秋时期原茬深松。大田和根块作物，普遍实行深松。实践证明，由于耕作改制的发展，耕作费用平均每亩降低 2 元左右。

随着少耕免耕法的基本实现，20 世纪 80 年代农场耕作制度不断完善和趋于合理。在耕作技术中，采取翻、松、耙茬为主的应变耕作措施，在达到各作物播种要求的前提下，可减少复式作业次数，降低机械作业成本。在小麦的耕作技术中，改变了以往连年伏秋耕翻和逐年加深耕层的措施，采用松、耙结合的应变耕作措施，翻地作业只在秸秆还田的个别地号进行。20 世纪 90 年代中期以后，翻地作业已基本停止。减少和放弃翻地作业不但降低了机械作业成本，还保持了土地耕层结构的完整。大田作物的整地全部采用耙茬为主，结合深松作业；中耕作物的田间管理本着松、耥相结合的原则，达到降低成本、改善土壤结构、提高土壤水肥气热、促进作物生长发育的目的。

2001—2020 年的耕作方式，先期以松耙为主，即深松后耙茬；后期随着大功率拖拉机的引进，逐渐推广联合整地代替深松、耙茬、翻地。主要作物耕作方式：

小麦：上年垄作作物收获后，采取重耙 2 遍或联合整地越冬，播种前耢耕 1 遍或轻耙 2 遍。播种后镇压 1 遍，三叶期压青苗 1 遍。

大豆：前茬为平作作物的地块，以松耙联合整地为主，经过耙耢后秋起垄，春季垄上卡播。前茬为垄作大豆茬，实行深松耙茬加轻耙或联合整地后秋起垄；玉米茬采用灭茬机进行灭茬后，视秸秆情况用浅翻深松机或高桩犁翻地作业，对重茬2年的地块实行深翻作业。个别年份对垄作茬口垄形较好的地号进行秋扶垄，来年春季进行原垄卡播。苗后垄沟深松，中耕培土2～3次。

玉米：以联合整地或深松为主，重耙2遍秋起垄，前茬是垄作的选垄形好的原垄卡播。重茬玉米采取用灭茬机灭茬或高桩犁深翻，然后重耙或联合整地后起垄。播种前后各镇压1遍，中耕3遍，最后1遍高培土。

随着农业机械作业效率的大幅度提升，"三秋"作业速度和水平也逐年提高，到2000年大面积实现秋整地，100%实现"黑色"越冬。到2009年后，大田作物100%实现了秋起垄，并有30%实现秋施肥。

2017年后为防止大气污染，根据上级精神禁止秸秆焚烧。农场高度重视秸秆禁烧工作，按照定责任、定人员、定区域、定岗位、定时间、定要求落实责任包干制，层层签订责任状，杜绝发生点荒现象。同时，农场与河北双天机械厂进行联合开发，研制出了适合农场玉米茬灭茬的新型灭茬机，能够有效地对秸秆进行灭茬处理。采取联合整地方式进行玉米茬整地。

二、轮作

建场初期，由于受当时科技落后、种地经验少、技术人员水平低、土地条件差、气温低、无霜期短等诸多因素影响，适宜栽培的作物不多，主要以生产小麦、大豆为主，大致是小麦占60%、大豆占30%、芸豆等杂粮经济作物占10%。20世纪70年代中期以前，轮作的方式大都是麦麦豆三区换茬制。部分条件较好的生产队实行过麦豆麦杂轮作制。后来，赵光糖厂建成，甜菜种植面积有了新的发展，20世纪80年代后，油菜试种成功，各生产单位普遍推行麦豆麦菜（甜菜和油菜）四区轮作制。但是部分生产队，还有部分较远地块、种植甜菜在管理和运输上不便，仍推行麦麦豆或麦豆麦的三区轮作制。

到1985年，建场30年来的经验证明，作物单一，小麦比例过大，抗御自然灾害能力低。从种植业结构分析，小麦种植比例（约40%）还应减少，应适当增加经济作物和早熟高产的玉米种植面积；在大力发展畜牧业的同时，饲料作物应相应增加，以避免从外地高价购进饲料，给畜牧业发展带来一定影响。

1986—2000年，轮作制本着以种植结构为基础，以"压麦，稳豆，增经，扩大玉米、水稻"的原则，坚持旱田作物大三区、小六区的轮作体系，即豆—麦—油—豆—麦—杂的轮作安排，杜绝了大豆重迎茬现象。

2001—2006 年，农场主要种植作物为小麦、大麦、大豆、芸豆、亚麻、甜菜等，轮作制度为"麦—豆—经（杂）"三区轮作。

2007 年，开始扩大玉米种植面积，当年种植面积为 2000 公顷，此后逐年扩大。2011 年达到 7567 公顷，轮作制度逐步变为"麦—豆—玉米—经（杂）"。2011 年后由于大面积种植玉米（最高年份 2013 年玉米种植面积达到 1.3 万公顷），小麦退出历史舞台，轮作方式为豆—玉米—豆（杂）的三区轮作。

2016—2020 年，在轮作上，形成"豆—豆—玉米"轮作制度。

第三节 栽 培

一、栽培品种

（一）小麦

一直以来小麦栽培采用平播种植方式。即在完成高标准整地的基础上，采用 24 行（48 行）三联播种机完成施肥播种作业。建场初期，根据土壤结构的变化和外地高产的栽培经验，20 世纪 50 年代小麦大都采用 7.5 厘米和 15 厘米交叉播种，部分岗地土壤比较疏松的地块田间保苗率较高，采用 15 厘米单条播种。20 世纪 60 年代后，随着耕种时间的增长，土壤逐渐疏松，同时在生产实践中发现 7.5 厘米行距作业质量偏低，增产效果不明显，15 厘米交叉播种作业程序过多，影响作业进度。因此到 20 世纪 60 年代中期便逐步取缔了 7.5 厘米和 15 厘米交叉播种的方法，普遍推行 15 厘米单条播种、30 厘米行距，只是在良种高繁田中和春涝抗湿播种时才采用这一方法。

2010 年后，采用播种施肥通用机进行播种，种植模式为 15 厘米行距宽苗带，2011 年后改为 10 厘米窄行密植。种植密度根据品种不同而不同，农场各小麦栽培品种保苗株数为克旱 16 种植密度 850 万株/公顷，克春 1 号 820 万株/公顷。施肥采取播后苗前深施肥措施，即：在播种时一次施入肥量 1/3 与种子同床，其余 2/3 肥量在播后土壤化冻 10～11 厘米时，与播向呈 20～30 度角进行斜向深施。施肥量为 N：P：K＝8：8：4。播后镇压 1～2 次，三叶期压青苗镇压，采用 V 形镇压器作业。收获用迪尔 1075 联合收割机进行收获。

（二）大麦

大麦栽培基本同小麦，采用平播种植行距为 15 厘米窄行密植，垦啤 3 号每公顷保苗为 450 万～500 万株。施肥量为 Ｎ∶Ｐ∶Ｋ＝7∶8∶3，管理和收获方式同小麦。2002—2008 年农场大力种植大麦，每年种植面积都在 400 公顷以上，最高年份 2006 年为 2662 公顷，2009 年后由于市场低迷农场再没有种植大麦。

2005 年开始推广麦类缩行增密技术和化控技术，即：在大麦抽穗前 1～3 天喷施麦壮灵每亩 30 毫升。大幅度提高了麦类作物单产，解决了大麦的倒伏问题。

（三）大豆

大豆是农场种植最悠久的作物也是优势作物，多年来农场在大豆栽培方面进行了大量的探索。因为 20 世纪 50 年代新垦土地筏块较大，草根层也较厚，所以普遍推行 30 厘米和 45 厘米行距平播平管的措施，只是在部分土壤比较疏松的地块，实行 60、66 厘米平播后起垄的播种方法。2001 年前，大豆栽培在深松耙茬秋起垄的基础上，普遍采用 65 厘米垄上双行和 60 厘米单行播种，每公顷保苗在 40 万株。2001 年起，开始探索大豆增产的新途径，其中尝试过 30 厘米行距的平作、有深松基础的 45 厘米行距平播然后起垄的"深窄密"等栽培模式，但都难以抵挡常年的旱涝灾害。

2003 年开始，北安管理局开始扩大大豆"大垄密"的高产栽培模式。这种模式的栽培要点是：垄距 110 厘米，垄台宽 60 厘米，垄上 4 行或 3 行，每公顷保苗 33 万～36 万株，并采取中间行降低密度的措施。它的增产机制是：垄台平播不动土，能够抗旱；垄沟深松既能蓄水又能排水，达到了抗旱耐涝的目的。同时，植株群体分布更加合理，实践证明，增产幅度可达 15%以上。2004 年开始大面积推广，在抗旱、耐涝、增产方面取得了历史性突破。2011 年开始推广大豆行间降密技术，即 110 厘米大垄，垄上 3 行种植大豆，通过改装播种机上的排种盘，将垄上中间行的密度降低 50%，让群体密度更加合理，增强光合作用，提高作物产量。

大豆收获在 2000 年前采用人工和联合收获相结合的方法。2000 年后，全部采用迪尔 1075、迪尔 9670、迪尔 S660 联合收割机收获。

（四）玉米

20 世纪 50 年代，玉米播种推行原垄耕种和人工穴播。20 世纪 60 年代后，提倡秋起垄。1986—1990 年，达到了 100%秋起垄。大豆三垄栽培达 40%，玉米垄上卡播，普遍推行用大豆原垄（行距 60～66 厘米）耕种和人工穴播。此后，土壤渐渐熟化，农田杂草随之增多，并在生产实践中发现，气温偏低、积温偏少地区，地温也相应较低，平播和小行距播种因光能辐射量小，不比垄种和较大行距的播法成熟早。为了促进中耕作物早熟和提高产量，20 世纪 80 年代后，便推行 60 厘米为主的随播随起垄的方法。

2001 年以前主要采用 70 厘米垄距播种，玉米种植品种为浮尔拉、木挺、海玉 5 号、边三 1 号等，密度为每公顷保苗 7 万～7.5 万株，施肥方法为基肥、追肥，施肥量为 N：P：K＝18：15：3。2009 年农场引进德美亚 1 号品种，2017 年后引进德美亚 2 号和垦沃 2 号品种，这些品种的特性是早熟、优质、抗逆性强、适合机械化收获，为农场玉米大面积种植奠定了坚实基础。同时，推广应用 110 厘米大垄双行栽培模式，密度为每公顷保苗 9 万～10 万株。2011 年为提高玉米播种质量开始引进进口玉米专用播种机进行播种，到 2012 年全部采用进口专用播种机播种。适宜的播期为土壤耕层内 5 厘米地温稳定超过 5～6℃时开始播种。播后进行镇压保墒、封闭灭草一条龙作业，深松放寒 1 遍，中耕 2 遍。在玉米 6～8 叶期进行追肥，9～11 展叶期进行化控作业。2006 年前用迪尔 3518 型联合收割机收获。2012 年后采用凯斯 6088 型和迪尔 9670 型联合收割机进行收获。

2009 年在第三管理区 5 号地实验玉米化控防倒伏技术：在玉米 9～11 展叶期喷施化控剂和叶面肥，采用凯斯 3320 喷药机进行喷洒作业 1 遍。该技术可使玉米株高降低 50～80 厘米，穗位降低 10～15 厘米，茎秆增粗 0.2 厘米，同时多出 2 节次生根，提早成熟 3～5 天。2010 年 9 月，时任黑龙江省委书记吉炳轩来农场视察工作，对该项技术给予了充分肯定。2011 年开始大面积推广玉米生育期化控防倒伏技术。2012 年推广玉米、大豆互卡轮种节本增效技术，即玉米茬卡大豆、大豆茬卡玉米。此项技术减少作业费 35 元/亩。2013 年推广玉米作物补锌技术，该项措施可增粒重、防秃尖，提质增效。2014 年推广玉米应用缓释肥料技术，即在玉米施基肥时，施用 60 千克/公顷缓释尿素，防止后期脱肥。2016 年推广玉米"四精两管"高产栽培技术模式，即精细耕作＋精密栽培＋精准施肥＋精确防控＋叶龄管理＋标准化管理，提高玉米产量。

（五）亚麻

2001—2009 年农场种植亚麻在 200 公顷和 2004 公顷之间。应用行距为 15 厘米平播模式，每公顷保苗 1600 万～1800 万株，采用通用机械进行播种作业，播后进行镇压作业，田间管理采用化学除草、综合防治病虫害。收获采用拔麻机进行收获。

（六）甜菜

2007—2009 年，农场与南华集团海伦糖厂合作种植甜菜，其栽培方式为全程机械化栽培。

（七）芸豆

农场 2001 年种植芸豆 333.33 公顷，到 2007 年达到 1000 公顷。采用 65 厘米垄作，每公顷保苗 13 万～15 万株，利用气吸式播种机播种。田间管理为化学除草、机械中耕、综合防治病虫害。采用小型脱粒机收获。

二、栽培技术

（一）1986—1990 年

1986—1990 年，农业新技术推广应用力度不断加大，对农业主要的增产增收起到了重要作用。农场推广的新技术、新措施主要有：

（1）麦、豆应用优良品种，均占种植面积的 100％。

（2）推广大豆三垄栽培法，达到大豆种植面积的 40％。

（3）病虫、杂草药剂防治。

（4）小麦、油菜推广深施肥技术。

（5）科学施肥，测土施肥面积占耕地面积的 60％以上。

（6）稀土微肥的应用，甜菜 100％用稀土拌种，小麦、大豆应用稀土面积占种植面积 50％以上。

（7）应用增产菌，油菜、甜菜 100％施用。

（8）茎秆还田，培肥地力。

（9）大豆挠性割刀应用，减少收获损失。

（10）小麦、大豆进行湿拌种分别在 80％以上。

（11）大力提倡积造有机肥，保证 3～5 年所有耕地施有机肥一遍。

（12）小麦、油菜、大豆秋施肥不少于种植面积的 30％。

（13）大豆、油菜秋施氟乐灵不少于种植面积的 60％。

（14）玉米、甜菜 100％秋起垄，大豆 50％秋起垄。

（15）油菜推广大垄栽培。

（16）应用大豆根瘤菌，可与磷酸氢二铵一起施入。

（17）推广深松耙茬耕作方法。

（18）甜菜推广缩垄增行保密技术。

（19）推广地膜覆盖，重点是甜菜、玉米作物，可提高单产。

（20）水稻开发生产，全部采用旱育稀植和推广抛秧技术方法。

（二）1991—1995 年

1991—1995 年，农业新技术、新措施得到广泛应用与推广，取得很好经济效益和社会效益。其间，农场推广应用的新技术、新措施主要有：

（1）大豆三垄栽培，面积达 100％。

（2）大豆、玉米、甜菜垄上卡播，面积达 100％。

（3）甜菜、油菜呋喃丹拌种，面积达 100％。

（4）各作物优良品种覆盖率均达 100％。

（5）微肥应用面积达 100％。

（6）小麦、大豆、油菜根外追肥面积达 100％。

（7）大豆、油菜复方土壤处理面积和小麦 2,4-D-丁酯加甲磺隆面积均达 100％。

（8）推广各作物湿拌种。

（9）大豆苗带喷药技术。

（10）甜菜土菌消拌种防治立枯病。

（11）速克灵、农利灵防治油菜菌核病。

（12）油菜防治小菜蛾技术。

（13）大豆播种机精度播量改装，推广气吸式播种。

（14）推广水稻旱育稀植面积 100％。

（15）大豆喷施 2 遍磷酸二氢钾。

（16）甜菜、玉米育苗移栽技术。

（三）1996—2000 年

1996—2000 年，农场推广应用的新技术主要有：

（1）小麦、大豆、油菜种衣剂种子处理均达 100％。

（2）水稻三膜覆盖、钵育摆栽均在 80％以上。

（3）精量点播分层施肥占中耕作物的 100％。

（4）玉米地膜覆盖、大垄双行技术。

（5）甜菜大垄双行育苗移栽。

（6）大豆原垄卡播小麦、玉米原垄卡播大豆。

（7）扩大小麦留链轨道进行全生育期健身防病面积。

（8）松耙、原垄卡播少耕免耕技术。

（9）玉米化学灭草。

（10）小麦超微粉种衣剂节本降耗技术。

（11）扩大生物钾、稀土等实用有效微肥及微量元素的使用面积。

（12）水稻浅、湿、干、节水灌溉法。

（13）全面积防治甜菜褐斑病、油菜菌核病技术。

（14）大豆大垄密植栽培技术。

（15）大豆平播密植技术。

（四）　2001—2020 年

2001—2020 年各大作物采用栽培新技术，引领了农业生产的方向，提升了作物种植水平。新技术主要有：

（1）大豆深窄密、暗垄密栽培技术。

（2）小麦花期防病航化追肥技术。

（3）水稻宽窄行栽培技术。

（4）水稻节水灌溉技术。

（5）大豆茬原垄卡播玉米及经杂作物技术。

（6）水稻大棚育苗钵育摆栽和机械插秧高产栽培技术。

（7）大豆、小麦阶段性追施微肥技术。

（8）大豆行间覆膜技术。

（9）大豆茬、芸豆茬卡播甜菜技术。

（10）大垄密、深窄密技术。

（11）玉米催芽机械卡播技术。

（12）亚麻、麦类作物宽苗带技术。

（13）玉米、芸豆兼作栽培技术。

（14）水稻大棚育秧微喷技术。

（15）水稻育秧机播及叶龄诊断技术。

（16）麦类作物缩行增密技术。

（17）大豆分层定位定量施肥技术。

（18）甜玉米秸秆青贮技术。

（19）白瓜子覆膜小垄栽培技术。

（20）保护性栽培技术。

（21）抗旱防涝综合技术应用。

（22）测土配方平衡施肥技术。

（23）大豆根瘤菌应用技术。

（24）麦类播后深施肥技术。

（25）深松碎土封墒技术。

（26）麦类、玉米应用化控防倒伏提密增产技术。

（27）秸秆还田技术。

（28）甜菜大垄高台精量点播和 50 厘米行距精密平播技术。

（29）甜菜机械起收技术。

（30）玉米机械收获及全程机械化栽培技术。

（31）水稻、玉米叶龄诊断技术。

（32）大豆大垄高台、垄上 3 行、行间降密技术。

（33）玉米"Ⅱ1475"栽培技术。

（34）大豆应用钼酸铵拌种、喷施提高蛋白含量技术。

（35）玉米喷施矮壮素"密高"防倒伏技术。

（36）大豆应用新美洲星抗逆免疫剂拌种和叶面喷施，增强抗逆能力，提高大豆产量技术。

（37）玉米 110 厘米行距大垄催芽，双行精量点播技术。

（38）玉米氮肥后移技术。

（39）大豆大垄高台覆膜技术。

第四节　植物保护

建场以来，在植保工作上农场始终坚持"预防为主、综合防治"的植保工作方针，加强病虫害的预测预报，做到了防控及时、措施得当。

一、种子消毒处理

20 世纪 70 年代以前，多采用以种子量 0.3％比例的赛力散或西力生做杀菌剂，另加 0.25％～0.3％的可湿性六六六粉做杀虫剂，进行种子消毒拌种。拌种的目的主要是防治根腐病、黑穗病和地下害虫（如金针虫）。20 世纪 70 年代后由于品种的相继更换、原来的农药含汞量过高，以及病虫害有了新的变化，又改用克菌丹和多菌灵等几种农药，对防治根腐病、多种黑穗病和地下害虫，取得较好的效果。

1986 年以后，农场对种子消毒工作高度重视，逐步实现小麦、大豆、油菜、甜菜、玉米等作物全部播种前进行包衣处理。小麦种子处理以拌种双多福合剂防止小麦根腐病、散黑穗病，用量为种子量的 0.3％；20 世纪 90 年代开始，改为使用种子量 2.5％的福美双加 2.5％的多菌灵进行复方处理；20 世纪 90 年代后期，小麦种子处理由应用多福合剂改为采用黑龙江八一农垦大学生产的 35％小麦种衣剂，其防病效果、增产效果十分明显。大豆种子处理以辛硫磷药剂喷雾闷种，防地下害虫；2000 年后使用福美双加入适量微肥进行处理；2010 年后，使用种衣剂拌种，有多克福合甲多种衣剂，防地下害虫、抗低温、抗病害效果较好。甜菜、油菜、玉米种子处理是由辛硫磷、福美双、土菌消等药剂逐步实现了种衣拌种防病虫，增产效果明显。

1998 年，农场成立种子管理站和植保站，具体人员在生产科内，与生产科合署办公。其职责：①加快种子市场管理，严禁乱引、乱繁、乱推广，以免给农业生产造成不应有的损失。②植保对农作物的病虫草害等在生产过程中进行调查，发现问题及时解决，也就是地方所说的植物医院既可看病又可开药，同时负责新药、新肥的实验示范推广工作，使各种农业生产所需的新的生产资料尽快应用到生产中去，提高农作物产量及品质。

二、病虫害的防治

（一）虫害防治

1. **黏虫的防治**　建场初期，虽然当时防治病虫害机械力量弱，药物、人力不足，但发生病虫害时，农场及时组织职工参加灭虫工作，灭虫速度较快。据材料记载，黏虫发生在 1965 年和 1981 年较重，特别是 1965 年危害最重，麦田和谷子地每平方米幼虫达上千只，因当时采取了积极措施（如昼夜喷洒药剂），迅速消灭了害虫，除了 2000 多亩谷子受害较重外，小麦因接近收获期加之措施得当减产仅在 5% 左右。1965 年和 1981 年黏虫的发生，都在原二分场各生产队，因此每年监测重点都放在原二分场和实验站一带，防治措施主要加强预测预报，掌握消长规律和采用药剂防治，严格掌握在三龄前喷洒敌敌畏、敌百虫和其他杀虫粉剂。

2. **草地螟的防治**　草地螟多发生在高温偏旱年份，20 世纪 70 年代后才陆续发现部分作物和部分近林靠甸的地边有草地螟危害的踪迹。20 世纪 80 年代后发现局部地段和局部作物开始为害，发生年份有 1980 年、1981 年，大发生年有 1982 年，全场大豆甜菜和部分小麦以及落叶松树叶被害，受害面积达 10 万亩左右，虽然采取了积极的防治措施（如大量喷洒各种药剂），由于害虫密度很大（2000～3000 头/平方米）、发展迅猛，结果被害作物减产 25% 以上，绝产面积全场有 1.3 万亩。

3. **其他害虫防治**　春有跳甲集中危害十字花科作物和甜菜等，跳甲在偏旱初秋危害秋菜也较严重。夏有蚜（即蚜虫和二十八星虫），蚜虫主要危害大豆、甜菜和蔬菜以及果树，二十八星虫主要危害茄科和葫芦科作物，近年来这两种害虫也有发展的趋势。秋有地蛆，近年来秋白菜和秋萝卜均有大量的地蛆危害。秋萝卜危害率在 90% 左右，特别高温秋季虫害率更高。

2008 年，农场投资 350 万元，建成了农用飞机场，加强了对作物生长后期的有效管理，诸如对大豆食心虫、玉米螟和玉米大小斑病的防治。防治玉米螟和蚜虫：在玉米抽穗期（雄穗抽出 10%）结合飞机航化喷施 2.5% 功夫乳油 150～225 毫升/公顷。防治大豆食心虫：在 8 月上旬结合飞机航化，选择 2.5% 功夫乳油 450 毫升/公顷喷施。水稻潜叶蝇防治：秧苗带药下地，在插秧的前一天，可选择 40% 乐果乳油 800～1000 倍液、25% 阿克泰 2000～3000 倍液或 1.8% 阿维菌素可湿性粉剂 1500～2000 倍液喷雾防治，药剂中任选一种即可。本田水稻潜叶蝇发生严重时可选用 70% 吡虫啉（艾美乐）水分散粒剂 2000～3000 倍液喷雾防治。

（二）病害防治

1. **防治玉米大、小叶斑病** 在玉米生育期防治 2 次：第一次于大喇叭口期用自走喷药机每公顷喷施菌毒统杀 100 克；第二次于玉米抽雄期结合飞机航化作业每公顷喷施氟硅唑 200 毫升。

2. **防治大豆菌核病** 2019 年，农场对精选分级后的大豆种子采用钼酸铵＋噻虫咯菌腈＋新美洲星进行包衣。在大豆 2～3 片复叶时，结合喷施微肥防治大豆菌核病，选择药剂 40% 菌核净 1050 克/公顷。

3. **防治小麦赤霉病** 小麦扬花期喷施 50% 多菌灵 2 千克/公顷，防治小麦赤霉病。

4. **稻瘟病防治** 预防叶瘟应在未发病或刚刚开始发病时喷药。预防穗颈瘟必须抓住 2 个关键时期，即水稻孕穗末期和齐穗期各喷一次药。药剂可选用 75% 三环唑可湿性粉剂 20 克/亩、40% 稻瘟灵乳油 130 毫升/亩或 25% 咪鲜胺乳油 100 毫升/亩，兑水 20 千克，均匀喷雾。对于已发生稻瘟病的地块，应选用治疗效果较好的稻瘟灵或咪鲜胺等药剂。喷药时应注意避开水稻开花期，并应选择在上午 10 点之前或下午 3 点之后喷药为宜，以免影响水稻授粉。若喷药后 8 小时内遇雨，应及时进行补喷。

（三）杂草防除

建场初期到 1995 年期间，田间灭草主要是机车喷洒农药和人工除草，其中大豆、玉米、甜菜等大部分是人工除草。1996 年以后，采取药、机、人综合措施防除杂草，即以药剂为主、机械和人工为辅。2000 年以后逐步采取航化作业，喷施灭草剂和叶面肥等。

第五节 种 子

一、种子的更新

1956—2020 年，农场的主栽作物品种，大致 5～10 年更新一次。2020 年，各种作物的优良品种面积已达 100%。各个时期的更换品种大致是：

（一）小麦

建场初期至 20 世纪 60 年代前后的主栽品种，大多是伪满时期由外国引进而遗留下来的品种，如从美国明尼苏达州引进的明尼 2759、明尼 2075。这些品种具有植株不高、穗型中等、粒多、粒小、口紧、抗寒和耐病的特性。20 世纪 60 年代后，相继引进了松花江 1 号、克强、克光、东农 101 和辽春 1 号几个品种，品种特性均具有籽实品质好和产量较稳的特点。生产建设兵团成立后，大批从外引种，先后引进群力、遗 63-73、遗 65-08、遗 3-73、克红、北京 1 号、沈 68-71、北新 4 号、克涝 3 号、克旱 5 号、克旱 6 号、克旱 7 号、北农 71-371 等品种。以上品种除克字号和北农 71-371 丰产性能较高外，其余均属多、乱、杂品种，普遍纯度低、病害重、抗逆性差、产量不稳。这个时期，由于大量从外引种，种子未经检定加之精选质量差，各种检疫性杂草和病菌随种子带进了农场，野燕麦和苍耳等农田杂草，就是这个时期随种子引进的。

1986 年后的主栽品种有克旱 8 号、克旱 9 号、克 76-751 等。这几个品种表现为不落粒、穗发芽较轻、赤霉病感染轻等特征。1988 年，随着少、好、新优质品种的不断引入，克旱 8 号、克旱 9 号等品种又相继被淘汰，而以新克旱 9 号、龙麦 13、龙麦 751、龙麦 369 等品种为主栽，并对早、中、晚熟品种因地制宜进行合理搭理。

进入 20 世纪 90 年代后，农场为了更好地控制小麦品种乱杂的现象，以提高小麦产量、品质，增加经济效益为前提，加强了对种子工作的管理，成立了种子公司，以实验站为基地，加速繁育了一些少、好、新优质品种，并对旧、差品种坚决淘汰，以新克旱九号（179）为代表的中晚熟品种，以 85-207、84-66 等为代表的中熟品种，多年来经受住考验成为主栽品种。以垦大四号（1996 年引入），克 92 可育 14 号（1997 年引入），九三 3U92、龙 94-4083、垦红 14（1999 年引入）等为代表的优质麦品种以高产、稳产、高抗逆性、品质优良（龙 94-4083、垦红 14 是高面筋优质品种）成为农场小麦生产的当家品种。

（二）大麦

农场种植大麦历史较久，建场初期便从通北各场引进大麦种子。因当时大麦综合利用率低，种子繁育工作尚未引起重视，只是做饲料粮应用。20 世纪 60 年代后，大麦的综合利用率越来越高，国家开始收购大麦。同时，农场在生产实践中发现，大麦是高产作物，需肥量低于小麦，适宜瘠薄地种植，而且生产成本较低。因此，农场把建场时期的大麦进行田间混合选种，经过良种队高繁后命名建设大麦（又称六棱大麦）。

建设大麦穗长粒多，千粒重 33～35 克，抗逆性较强，丰产性能高，20 世纪 70 年代后，在原二分场各生产队种植，连年获得高产，平均亩产都在 200 千克左右。20 世纪 90 年代后期不再种植大麦。

（三）大豆

建场时期的大豆品种有紫花 4 号、西比瓦，2 个品种都具有籽粒小、品质好、不倒伏、抗病等特性，但产量较低。20 世纪 60 年代，先后引进了克系 283、克交 288、大黑脐等大粒型品种，搭配品种有黑龙江 41 号、克字号品种。这几个品种具有无限结荚、植株较大、分枝多、籽实大、色泽好、产量高的特点。黑龙江 41 号品种成熟早，适宜当年春开春播和积温偏低地区种植。20 世纪 80 年代前后，逐步引进北良 10 号、福试-1、黑河 4 号，并根据场内小气候的差异搭配有克 60-78、北 77-6114、克 73-4 等品种。这几个品种都具有亚无限的结荚习性和早熟、粒大、含油率高的特点。

1986 年以后，大豆新品种不断引入，较早的有黑河 4 号、5 号、7 号和北丰 3 号、5 号等多个品种，这些品种品质较好，抗病、不倒伏；熟期较早的北交 8-53308、北丰 3 号、黑交 83-889 等品种都具有亚无限结荚习性，含油量较高。

进入 20 世纪 90 年代，随着种植业结构的调整和大豆栽培技术水平的提高，对大豆品种的丰产、稳产、品质有了更高要求，先后引入的新品种有北丰 10（87-8）、北丰 11（87-9）、垦鉴豆 4 号（93-95）、407 等为代表的北丰系列品种，都具有 200 千克/亩以上的生产潜力，秆强、荚密，脂肪含量高，蛋白质、水溶性蛋白指数高，稳产、丰产、优质等特性，成为主栽品种，同时根据农场内小气候差异搭配有北丰 15（92-28）、黑河 18（1544）等优质、高产、早熟品种。

大豆品种从 2009 年开始以北豆 40 和黑河 38 为主栽品种，搭配北豆 5（疆丰 151）、北豆 10（02-51），直到 2011 年才逐渐淘汰了黑河 38 号。2017—2020 年，大豆品种基本淘汰了北豆 40，由北豆 52、黑河 43、东升 1 号和北豆 47 所替代。

（四）玉米

20 世纪 70 年代中期以前，每年种植面积约占总种植面积的 2%，主栽品种以火苞米、黄金顶、八趟子为主，后来引进牧早 44、北玉 1 号等品种。后因玉米价格偏低、生产费用偏高，特别在总结玉米"四难"（即难种、难管、难收、难吃）以后，曾一度不种玉米。20 世纪 80 年代后，随着玉米价格和综合利用率的提高以及畜牧业的发展，又从国外引进了木挺、浮尔拉 2 个早熟、高产的品种。但人们认识不高，种植面积较少。

2000 年后，在完成高标准整地的基础上，秋起垄的方式对种植玉米十分有利。2001 年以前，主要采取 70 厘米垄距播种，玉米种植品种为浮尔拉、木挺、海玉 5 号、边三 1 号等，密度为每公顷保苗 7 万～7.5 万株。2009 年农场引进德美亚 1 号，2017 年后引进德美亚 2 号和垦沃 2 号。这些品种的特性是早熟、优质、抗逆性强、适合机械化收获，为农场玉米大面积种植奠定了坚实基础。同时，推广应用 110 厘米大垄双行栽培模式，密度为每公顷保苗 9 万~10 万株。2011 年，为提高玉米播种质量进口玉米专用播种机进行播种，到 2012 年，全部采用进口专用播种机播种。

（五）谷子

建场初期，当时以每头（匹）大牲畜以 1∶15〔即 1 头（匹）牛（马）种 15 亩〕的比例生产谷子。品种以本地品种为主，每年种植面积占总种植面积的 5%~8%。20 世纪 70 年代以前，连年夺得粮草双丰收，后来因农田杂草的增多，加之品种的混杂，便逐渐停止谷子的生产。

（六）甜菜

在赵光糖厂建成投产后，农场才开始生产甜菜，当时品种以 7301 为主，因品种不纯，产量偏低。20 世纪 80 年代后，从联邦德国引进了单粒种，该品种产量虽然较高，但含糖量偏低；此后不断引入了甜研 301、甜研 303、301 单粒。20 世纪 90 年代后，随着纸筒育苗移栽和普通育苗移栽技术的应用，ws-5173、kw9308、kw9521、kw9412 等德国高产单粒品种先后引入，其中 kw9308 应用纸筒育苗移栽创造了亩产 3 吨以上的产量，但由于这些高产品种在农场地区栽培含糖量较低，糖厂不主张种植，同时这几个品种在抗病性能上也比较差，如遇灾害性年份，立枯病、褐斑病、根腐病极易发生。

（七）油菜

20 世纪 80 年代后，因提倡复种绿肥，农场开始在逊克农场引进白菜型小油菜，该品种成熟较早（65 天左右），但植株矮小产量偏低；后又引进奥罗、托尔 2 个芥菜型品种，植株高大、产量较高较稳，亩产可达 150 千克以上，成熟期 80 天左右。

20 世纪 90 年代，引入了加拿大育成的双低甘蓝型品种皮维持，此品种生长势强，产量较高。此后，又先后引入了格劳保、丹低等甘蓝型双低品种。这几个品种都是高产、稳产、抗倒伏，适应性强，适合北方春油菜栽培的好品种。1996 年引入的由青海省农林科学院作物研究所育成的甘蓝型双低青油 14 号，属春性早熟品种，生育期 106 天，株高 130 厘米左右，一次分枝 5~6 个。主花序长，千粒重 3.5g 左右，含油量 45.72%，芥酸 0.43%，硫代葡萄糖苷 110 摩尔/克，秆强抗倒伏，适宜机械收割，丰产性能好，最高亩产 200 千克以上，代替了以前种植的品种。

（八）芸豆

1999 年以前，农场每年都拿出 1 万亩地种植芸豆、药材、菜豆等经杂作物。芸豆品种有奶白花、大红袍、黑芸豆、红小豆等。2001 年，种植芸豆 333.33 公顷，到 2007 年达到 1000 公顷。采用 65 厘米垄作，每公顷保苗 13 万～15 万株，利用气吸式播种机播种，田间管理为化学除草、机械中耕、综合防治病虫害，采取小型脱粒机收获。

（九）亚麻

2001—2009 年，农场种植亚麻在 200 公顷和 2004 公顷之间。品种有阿里亚娜、双亚 5 号、大麻等。应用行距为 15 厘米的平播模式，每公顷保苗 1600 万～1800 万株，采用通用机械进行播种作业，播后进行镇压作业，田间管理采用化学除草、综合防治病虫害，采用拔麻机进行收获。

（十）水稻

农场水稻品种早期种植过黑粳 5 号、黑粳 7 号等，产量较低、品质差。1994 年以后主栽品种为龙花 82-014、龙花 83-046、嫩交 85-15、合江 19 等，其中合江 19 在产量和品质上都比较好，但生育期在农场属上限，个别年份因早霜导致成熟度较差。1997—1998 年，农场扩大了垦 92-227 繁殖面积，2000 年后大面积种植。

2010 年后，农场主栽的水稻品种有：

三江 1 号：粳稻，生育期 123 天，从出苗到成熟需活动积温 2285℃。株高 75 厘米，株型收敛，剑叶上举，分蘖能力强。穗长 15 厘米，平均穗粒数 63 粒，千粒重 27 克，粒椭圆，颖尖秆黄色，抗倒伏。

龙粳 28：粳稻，主茎 10～11 片叶，株高 88 厘米左右，穗长 18 厘米左右，每穗粒数 88 粒左右，千粒重 28 克左右。在适应区出苗至成熟生育日数 135 天左右，需≥10℃活动积温 2370℃左右。

龙粳 31：粳稻，主茎 11 片叶，出苗至成熟生育日数 130 天左右，需≥10℃活动积温 2350℃左右。株高 92 厘米左右，穗长 16 厘米左右，平均每穗粒数 86 粒左右，千粒重 26.2 克左右。抗稻瘟病、耐冷性强、米质优、整精米率高。田间生长整齐一致，分蘖力较强，活秆成熟，无倒伏发生，综合性状优良。

龙粳 25：粳稻，主茎 11 片叶，出苗至成熟 135 天左右，需活动积温 2420℃。株高 89 厘米左右，穗长 14.5 厘米左右，每穗粒数 80 粒左右，千粒重 24.6 克左右。不实率低，圆粒形，颖及颖尖秆黄色，稀有短芒。剑叶较短且张开角度小，整齐一致，分蘖力强，幼苗长势强，后熟快，抗倒伏性强。

龙粳 24：粳稻，出苗至成熟生育日数 135 天左右，需≥10℃活动积温 2250℃左右。主茎 10 片叶，株高 90 厘米左右，穗长 18 厘米左右，每穗粒数 90 粒左右，千粒重 26.0 克左右。

龙粳 47：普通水稻品种。出苗至成熟生育日数 123 天左右。需≥10℃活动积温

2150℃左右。主茎 10 片叶，椭圆粒型，株高 83.9 厘米左右，穗长 14.5 厘米左右，每穗粒数 77 粒左右，千粒重 25.7 克左右。

龙粳 46：普通水稻品种。出苗至成熟生育日数 127 天左右。需≥10℃活动积温 2250℃左右。主茎 11 片叶，椭圆粒型，株高 91.6 厘米左右，穗长 15.8 厘米左右，每穗粒数 108 粒左右，千粒重 26.9 克左右。

垦粳 1 号：生育期 122～125 天，需要活动积温 2230℃，主茎 10～11 片叶，株高 80 厘米，穗长 19 厘米，穗粒数 120 粒，千粒重 26 克，亩产量 633.33～766.67 千克。分蘖力强，秆强抗倒，抗病性好。圆粒优质米，出米率在 71% 左右。重点向垦区提供，是可插秧种植也可直播种植的理想品种。

新绥粳 4 号：长粒香稻，主茎 10 片叶，从移栽到成熟的本田生长期为 124 天。需≥10℃活动积温 2300℃，株高 88 厘米，穗长 20.6 厘米，平均每穗成熟粒数 134 粒。千粒重 29.9 克，米粒长宽比为 1：9，株型收敛，剑叶上举。茎秆强劲抗倒、抗病、耐冷性强。分蘖中等，整齐一致，抽穗集中，后期成熟快，结实率高。米质优，食味佳，无垩白。耐加工，不断米，整米率高。

龙庆稻 3：香稻品种。出苗至成熟生育日数 127 天左右，需≥10℃活动积温 2250℃左右。主茎 11 片叶，株高 87 厘米左右，穗长 16.1 厘米左右，每穗粒数 90 粒左右，千粒重 27.2 克左右。

龙庆稻 20：香稻品种。成熟期比龙庆稻 3 号早 2 天，主茎 11 片叶，株高 88 厘米，穗长 18 厘米，每穗粒数 140 粒，长宽比 2：0，千粒重 28 克，半紧穗，直立，剑叶上举，持绿性强，有利于通风光照。生育期从出苗到成熟 125～128 天，需活动积温 2350～2380℃。

二、种子管理

建场初期，农场用种都是外购，没有自留各种作物种子的能力。进入 20 世纪 60 年代后，总场生产科设立实验室，进行各种作物种子发芽实验。1965 年后，全场除了试验站做好各种作物优良品种的试种、试繁等试验外，一、二、三分场都成立了发芽室，根据各队种植的小麦、大豆作物长势、产量等情况，进行发芽试验，然后报总场生产科进行科学分析、调配使用。1977 年后，加强了科学种田措施，恢复了各个部门管理职能，农场成立了试验站，由生产科全力抓好种子园区建设，种子园区（实验站）着力做好品种试验、示范和展示田的生产工作，为农场提供优质粮种，同时为职工提供可观摩的种子田。种子园区规划和品种引进由农场生产部门统一安排，园区的技术人员定期作好种子发芽率、净度、水分的测定。种子园区和定点生产单位的种子田按照要求进行提纯复壮，以提高种子纯度，确保良种种性具有增产优势。1978—1984 年，农场粮豆总产量达到 179.385 万吨，平均亩产达 126.5 千克。

2000 年后，加快了优良品种推广步伐，进一步推进了种子标准化生产管理进程，保证了农业生产用种规范化、标准化、制度化，促进了农业生产持续、健康、高效发展。为进一步做好种子管理、统供、加强市场规范工作，农场结合具体实际情况，制定了《建设农场关于做好 2008 年各作物种子管理、统供、加强市场监管的实施方案》。方案要求，凡是在农场承租土地的种植户，必须执行农场种子管理、坚持统一供种的原则，并依据种子管理部门的规定，进行"五统一"（统一收购、统一清选、统一包装、统一包衣、统一价格），对确实不能做到统供的作物要进行区、组统供，杜绝种植户自留自用。

种子管理工作自 2001 年起隶属生产科，由生产科人员兼任，这样便于农场对农业生产用种工作的协调管理。2001—2018 年种子管理站人员情况见表 2-2-4。

表 2-2-4　2001—2018 年种子管理站人员情况

年度	种子管理站站长	种子管理站工作人员
2001	王传江	李学忠
2002	王立军	蔡晓祥、刘承文
2003	王立军	蔡晓祥、刘承文
2004	王立军	蔡晓祥、刘承文
2005	王立军	蔡晓祥、刘承文
2006	王朝民	周志方
2007	蔡晓祥	周志方
2008	蔡晓祥	周志方
2009	马建铎	周志方
2010	史建军	周志方、佛明珠
2011	史建军	周志方、佛明珠
2012	周志方	佛明珠
2013	周志方	佛明珠
2014	周志方	佛明珠
2015	周志方	佛明珠
2016	周志方	佛明珠
2017	周志方	佛明珠
2018	周志方	佛明珠

三、种子公司

2005 年 5 月黑龙江北大荒种业集团有限公司通过资产划拨 61.7 万元（占注册资本

50.1％)，农场出资 56.47 万元（占注册资本 45.85），农场组织原粮食处理中心部分人员（黄东光、于景富、周凤霞、张春雨）个人出资 5 万元（占注册资本 4.05％），组建成立了黑龙江北大荒种业集团建农有限公司。2011 年 10 月，为了打造民族种业航母，黑龙江北大荒种业集团与黑龙江垦丰种业有限公司重组成立北大荒垦丰种业股份有限公司。2011 年 11 月，北大荒种业集团建农有限公司完成资产清算，公司注销。2011 年 12 月，北大荒垦丰种业股份有限公司建设农场分公司成立。种子公司成立以后，成为建设农场种子统供的唯一企业。

2005—2020 年，种子公司人员情况见表 2-2-5。

表 2-2-5 种子公司人员情况

年度	党支部书记	经理	副经理	业务员	检验员	会计	出纳员	保管员
2005		黄东光		于景富	张春雨	周凤霞		
2006		黄东光		于景富	张春雨	周凤霞	邓雪杰	
2007		黄东光	滕振友		张春雨	周凤霞	邓雪杰	
2008		黄东光	滕振友		张春雨	周凤霞	邓雪杰	
2009		黄东光	滕振友		张春雨	周凤霞	邓雪杰	
2010	张云龙	黄东光	滕振友		张春雨	周凤霞	邓雪杰	
2011	张云龙	黄东光	滕振友		张春雨	周凤霞	邓雪杰	陈学保
2012	张云龙	黄东光	滕振友		张春雨	周凤霞	邓雪杰	陈学保
2013	张云龙	黄东光	滕振友		张春雨	周凤霞	邓雪杰	陈学保
2014	张云龙	黄东光	滕振友		张春雨	周凤霞	邓雪杰	陈学保
2015	张云龙	黄东光	滕振友		张春雨	周凤霞	邓雪杰	陈学保
2016	张云龙	黄东光	滕振友		张春雨	周凤霞	邓雪杰	陈学保
2017	张云龙	黄东光	张春雨			周凤霞	邓雪杰	陈学保
2018	张云龙	黄东光	张春雨				邓雪杰	陈学保
2019	张云龙	黄东光	张春雨					
2020		张春雨		钟伟			邓雪杰	

注：周凤霞 2017 年 2 月退休，陈学保 2018 年 10 月退休，黄东光 2019 年退休，张云龙 2020 年 3 月退养。

2001—2005 年，农场的农业生产用种由种子管理站进行监督管理，每年秋季由种子管理站制定留种计划，确定每个生产队的留种品种和数量，由种子园区负责抽样进行发芽率试验和净度等指标的检验，最终确定的种子在每年春季由生产队进行选种，大豆要进行人工粒选，小麦要用精选机进行选种，最后进行消毒、包衣处理。2005 年种子公司成立以后，种子的精选和包衣等工作由种子公司来完成，仍由种子管理站来监督管理。自 2005 年底至 2020 年，种子公司累计为农场职工提供优质种子 1.7 万余吨，农场统一供种率 95％以上，在北安分局统一供种工作中排名第一，为农场种植结构调整、职工增收奠定了基础。

第六节　施肥与培肥地力

一、有机肥的积造

建场初期至 20 世纪 70 年代，农场施肥以有机肥料为主，所以在积肥工作上每年都要发动群众开展积肥造肥运动。在建场后的 20 年中，每年只能施用少量低效的化肥作为小麦的口肥。据统计，小麦施用化肥平均只有 0.35～0.6 千克/亩。为了达到全面施肥和消灭白种下地，各生产队每年都固定 1～2 台大车，成立积肥和造肥专业小组（每组 8～10 人）。专业小组除了常年积肥外，每年还要利用优质粪肥掺和少量化肥制造土粒肥。土粒肥每年每个生产队都要制造 200 吨左右，二分场各生产队每年制造土粒肥总计达 1500 吨以上。施用有机肥料最多的是 1958—1960 年，每个干部、职工、家属和学生每年都有义务积肥任务。每年冬春两季，各单位都要开展积肥劳动竞赛，"昼夜奋战、大战粪肥"成了当时主攻目标，3 年共积肥 15 万吨左右，全田铺撒面积达 4 万多亩（包括草炭土）。

二、施肥比例

化肥的施用，开始于 20 世纪 60 年代前后，当时多为低效粉状过磷酸钙（含磷 10％左右）和吉林省化肥厂生产的粉状硝酸铵（含氮 21％）。20 世纪 70 年代前每年进场量约 3500 吨（其中硝酸铵 50 吨左右）。20 世纪 80 年代，化肥用量越来越多，进口的高效化肥逐年增加。据 1980—1984 年统计，5 年总共进场国产过磷酸钙 4500 吨（含磷量 14％）、尿素 2050 吨（含氮量 46％）、三料过磷酸钙 3400 吨（含磷量 46％）、磷酸氢二铵（含磷 46％，含氮 18％）1300 吨。由于化肥用量的增加，积造有机肥的数量逐年降低，积肥专业队伍也随之解散。有机肥料除了蔬菜和部分小作物施用外，主栽作物全部以化肥施用为主，施肥水平也逐步提高，20 世纪 80 年代施肥量：小麦，氮 2～2.5 千克/亩，磷 3.5～4.5 千克/亩；大豆，氮 1～1.5 千克/亩，磷 2～3 千克/亩；甜菜，氮 1.5～2 千克/亩，磷 2.5～3.5 千克/亩。

20 世纪 80 年代中期以后，土壤有机质含量呈下降趋势，土壤肥力明显减退。据 1981 年普查，全场土壤平均有机质含量为 6.2％，速效氮为 0.37％，速效磷为 0.23％；1999 年测得的数据为，全场土壤平均有机质含量为 6％～8％，速效氮为 0.3％～0.4％，速效磷为 1.5％～3.5％。

1986—2000 年，各作物的施肥水平逐步提高，施肥量基本为：小麦，氮 3.5～3.75

千克/亩，磷3.5～3.75千克/亩；大豆，氮4～4.25千克/亩，磷4～4.25千克/亩；油菜，氮2.5千克/亩，磷3千克/亩；水稻，氮6千克/亩，磷5千克/亩；直播玉米和甜菜，氮10千克/亩，磷9千克/亩（以上均为氮、磷纯量）。各作物氮、磷肥在此施用基础上，适当增施钾肥和种微肥，其中钾肥从1995年开始在大豆、小麦、油菜、甜菜上施用，有硫酸钾、氯化钾、磷钾肥等，一般为纯量1千克/亩左右。1998年以来示范应用生物钾肥，在大豆、油菜作物上应用，用量为1千克/亩。肥料种类，氮肥有硝酸铵（1995年以来不再使用）、尿素（含氮量46%，现在氮肥主要为尿素），磷肥有国产三料过磷酸钙（含磷46%）、磷酸氢二铵（含磷46%、氮18%）。1986—2000年，全部使用美国磷酸氢二铵作磷肥，钾肥有磷酸钾、氯化钾、磷钾肥、生物钾等。施肥总量以1999年为例，全场磷酸氢二铵施用2107.75吨，尿素施用986.47吨，生物钾100吨。综合来看1986—2020年，每年化肥需求为，纯氮在1100吨左右，纯磷1000吨左右。以磷酸二氢钾为代表的增产、促早熟的微肥、生物增产剂等各年使用量不定。

三、航化施肥

2001—2020年，农业实现现代化生产、标准化作业，农作物除了以往的地下施肥外，发展出苗上航化施肥。为了提高肥料利用率，促进玉米壮苗、壮秆、促根、促叶，在玉米6～8叶期进行追肥，亩施6.67千克尿素，追肥深度5～7厘米，追肥位置在玉米苗带侧15厘米。同时，玉米进行化控施肥。依据玉米叶龄管理技术，农场针对各管理区的不同地号在玉米达到11片展开叶时即开始进行化控，后期如果连雨，土壤墒情过大，利用飞机航化喷施化控剂，于7月下旬完成全场玉米化控任务。

为提质增产促进早熟，玉米和大豆除在苗期结合防病除草利用大型喷药机喷施3遍微肥外，第四遍叶面肥在8月初开始飞机航化作业，主要喷施以磷酸二氢钾为主的叶面肥，增粒重、防秃尖，同时加入防病和杀虫药剂，达到促早熟、保品质的目的。

四、培肥地力

2000年以前，培肥地力方面全部采用焚烧秸秆，有时秸秆焚烧不及时，影响下年整地工作。2001年后，为保证秸秆禁烧工作顺利进行，农场引进新型大垄仿形式打茬机解决大量玉米秸秆无法处理的难题，机械粉碎后可以有效地深松作业。秸秆还田做法使土壤有机质含量不断上升，平均在7.2%～9.8%，最高达到10%，为大豆增加根瘤、根系发达、提产增效奠定了基础，有效助力在禁烧时期的农业生产高标准地完成秋整地任务。2011年后，按照上级要求不允许焚烧秸秆，秸秆全部粉碎抛洒田间培肥地力，土地达到100％黑色越冬的目标。

第七节　农业标准化生产

建设农场从初期开荒建场、粗放生产到提高作业水平、农业标准化生产，经过64年的生产实践得出了科学经验，提高标准化水平是提升农业生产的有效途径。农场总结出了一整套适合的标准化农业生产流程，为农场农业的高产奠定了技术基础。农业标准化生产重点体现在2000年后，按照农垦总局现代化大农业管理要求，农场无论是机械装备还是管理水平，都提升到了现代化大农业标准，农业生产实现了现代化的整地卫星定位，施肥监控，喷药实行进口喷药机配备卫星导航系统不重不漏，增肥、灭虫实行航化作业。

一、春播生产标准化

农场农业部门根据气象观测数据和对物质及土壤条件的观察，科学决策，做到时机未到不盲目、条件成熟不犹豫，抢抓农时，采取进口机车播种、镇压保墒、封闭灭草一条龙作业，高标准、高质量地把作物全部播在高产期。

2012年后，正常年份全场玉米从4月27日开播到5月2日结束，6天时间即可完成玉米播种。大豆从5月5—6日开播到5月10—11日结束，历经5～7天时间完成大豆播种。其主要做法：

1. **抢前抓早，创造播种条件**　根据多年经验，通过观察冬雪大小，判断出现春旱或春涝的可能性，积极采取各种措施，创造播种条件。如：针对冬雪小，及时采取镇压保墒，如果可能出现春涝，对易出现内涝地段进行顶凌散墒，达到全田通过，无"瘸腿地"。

2. **狠抓标准，措施推进到位**　农场按照上级要去，出台农业生产标准化作业实施方案，基层各管理区按照"保农时、保质量、保安全、严标准、重措施"的要求，积极采取"一优、二增、三定、四结合"措施，确保作物全部播在高产期，为丰产丰收奠定良好的基础。

"一优"，即优先播土壤墒情好的地块，条件差的地块采取机车散墒、分段甩洼的方法播种。

"二增"，即施肥机上增加施肥监控，安装施肥变速箱；播种机上增加口肥箱，实施分层定位定量深施肥。

"三定"，即"机械作业定人，领导带班，靠前指挥；机车定速，GPS导航，24小时作业；定标准化作业，狠抓质量关"。

"四结合"，即①抢播与封闭灭草结合，采取播种、镇压、封闭灭草一条龙作业；②抢播与新技术应用结合，推广的新技术、新措施，从春播基础阶段开始推进落实到位；③抢播与科技园区建设、高产创建工作相结合，突出科技、示范引领；④抢播与农业标准化相结合，坚持标准不放松，做到时机未到不盲目、条件成熟不犹豫。为提升标准化，农场统一购买人工补种器，全田所有出埂地头进行人工播种，确保地头整齐一致。

二、夏管生产标准化

农场多措并举强夏管，实行全方位精细化管理，做到环环紧扣不脱节，以中耕管理、防病虫草害、增雨防雹为重点，采取促控结合措施，全面积、全过程、全作物、全方位、高标准、高质量完成夏管工作，做到夏管五个到位。

1. **中耕机械改装到位**　使用大平原播种机的开沟盘作为中耕开沟器，有效地避免了秸秆拖堆现象。开沟盘切碎秸秆的同时又起到破土深松的作用，圆盘后面附带的深松钩提升了作业深度，达到作业标准化。用圆盘更换原有的板式护苗器，解决了板式护苗器在田间秸秆较多时的拖堆现象。利用3个碎土装置，解决了中耕机械深松后产生的土块，达到封埯碎土的作业效果。这3个碎土装置分别是波轮圆盘、圆盘、碎土轮，其有效配合解决了中耕碎土的难题。旋转碎土的方法，既保证了深松碎土，又解决了田间秸秆多产生的拖堆现象，效果明显。

在中耕机械上加装除草装置，以达到中耕和除草的效果，在中耕的同时消除垄帮和垄台的大部分杂草，还能起到垄台深松的作用，对以后的苗期生长蓄水保墒起到很好的作用。在除草的同时，改用圆盘式作业比以往的钩式作业通过率高达90%以上，对玉米茬作业起到很好的效果，不拖堆、不埋苗且田间除草率达到90%以上，真正起到节本增效的作用。

2. **深松、中耕管理及时到位**　农场根据土壤墒情在各作物出苗前期进行深松放寒，有利提高地温。深松深度达30厘米以上。玉米中耕于拔节前结束，促进次生根发育，防止后期遇风倒伏。大豆中耕于封垄前结束，以防过晚伤根，造成大豆损叶落花。多年来6月28日左右全场大豆、玉米顺利完成3遍中耕任务。

3. 病虫草害防治及时到位　玉米和大豆在播种结束后全田进行封闭灭草。农场在大豆菌核病防治上有所突破，防治在 2~3 片复叶时（结合第一遍施用微肥）进行，药剂选择菌毒立克。玉米大（小）叶斑病防治，前期采用进口喷药机械进行氟硅唑药剂喷施；后期结合飞机航化防病防虫，进行防治。

4. 促早熟微肥喷施到位　为提质增产、促进早熟，玉米和大豆除在苗期结合防病除草利用大型喷药机喷施 3 遍微肥外，第四遍叶面肥在 8 月初开始飞机航化作业，主要喷施以磷酸二氢钾为主的叶面肥，增粒重、防秃尖，同时加入防病和杀虫药剂，达到促早熟、保品质的目的。

5. 增雨防雹到位　农场有增雨防雹高炮 7 门，火箭发射架 2 部，并建立了雷达预警防御系统，建立了 7 个观测站，能够对突发灾害性天气进行预警，并及时进行防御，把自然灾害造成的损失控制在最低限度，为农业生产夺取丰产丰收保驾护航。

三、"三秋"作业标准化

农场秋收工作，以颗粒归仓为核心，以 100％实现黑色越冬为重点，抓好玉米、大豆收获，抓好整地质量，全面提高"三秋"作业标准，为下年农业生产奠定良好基础。

1. 秋收的流程

大豆：收获—联合整地—重耙 2 遍—起垄。

玉米：收获—灭茬—联合整地—重耙 2 遍—起垄。

2. 机械更新、改装及准备　为保证收获、秋整地、秸秆不焚烧，引进新型大垄仿形式打茬机解决秸秆根部无法处理的难题，秸秆机械粉碎后可以有效地进行深松作业，有效地促进农业生产高标准地完成秋整地任务，达到 100％黑色越冬的目标。

3. 高标准秋起垄　秋起 110 厘米大垄达到垄体丰满，垄高 22cm，垄台宽 65~70cm，起垄后达到"六度、一形、一净"：六度，高度、直度、宽度、匀度、平度、齐度；一形，垄形为梯形；一净，起垄后的地中干净。同时对所有地块进行统一修整，尤其是科技示范带地块进行重点人工整形，做到地头整齐干净，电线杆周围清理干净，并与大垄衔接完好，水蚀沟、鱼眼泡、草塘泡进行特殊处理，达到 100％秋起垄、100％黑色越冬。

第八节　服务体系建设

1956—1985 年，这个时期是开荒种地、统种、统收、按劳分配时期。农场管理体制总场设场长、生产科，分场设场长、生产组、生产队长、农业作业小组。按照总场要求所有服务职能都由这些部门负责。

20世纪80年代，农场的农业技术服务体系一直延用以生产科为服务主体、实验站为基地、各分场及生产队的专职或兼职农业技术员进行系统化农业技术指导服务的模式。这一模式加快了科学技术的推广力度，为农业生产的进一步发展发挥着重要的作用。

1996年，农场成立种子公司（在生产科内），负责全场的种子选定调配，属生产科直管单位。

1998年，农场成立种子管理站和植保站，具体人员也在生产科内，与生产科合署办公。

2001—2020年，农场一直保留着每个生产单位的农业技术员岗位，具体执行农场生产科制定的各生产阶段的农业技术方案，直接为广大种植户服务。

2005年，农场内相继成立了农资公司（北安农垦建设农资有限责任公司）和种子公司（北大荒种业集团建农有限公司）。种子公司2012年变更为"北大荒垦丰种业股份有限公司建设农场分公司"，对农场的生产资料实行统一供应，杜绝了假冒伪劣农资产品的进入。

2006年，在农场原有6门增雨防雹高炮的基础上，新引进火箭发射架2部。

2008年，农场投资350万元，建成了农用飞机场，实现了对作物生长后期的病虫害的有效防治和喷施叶面肥，补充微量元素，对提高产量和农产品品质起到了关键性作用。

2010年，投资18万元，在气象站建立了雷达预警防御系统，初步形成了对农业生产的减灾防灾服务体系。农场投资150万元建成玉米烘干塔一座，初步解决了玉米收获后的储藏问题。当年建立了水稻浸种智能催芽中心，拥有了为水田提供芽种的能力。

2011年，因玉米种植面积扩大，烘干设备无法满足农业生产需要，农场党委研究决定，在第四管理区一组和第五管理区分别新建日处理300吨的玉米烘干塔，当年完工并投入使用。

同年，在原实验站的基础上，组建了科技园区，园区试验示范田由原实验站改址到第三管理区1号地，面积40公顷，比原实验站园区的面积扩大了一倍，人员配备增加至6～9人，每年进行20～30项实验，对农场新技术推广和新品种应用等方面起到引领和促进作用。在农垦总局的扶持下，投资25万元建立了土壤化验室，隶属于科技园区，配置专属化验人员2～3名。每年对全场100多个地号500多个土壤样品的有机质、pH、基础肥力等进行科学测定，为实现配方施肥和平衡施肥提供了理论依据。

2012 年，在第二管理区东侧新建 3 万平方米晒场，并投资 300 余万元新建一座日处理能力 500 吨的烘干塔，解决了第一、第二管理区玉米处理销售的问题。

2013 年，农场以家庭农场为基础，采取行政引导、典型带动和政策扶持等措施，建立 24 个"农业专业合作社"，推动农业生产经营向组织化、集约化转变。并成立病虫害专业化防治组织，不断提高专业化服务水平。

同年农场北安农垦建设农资有限责任公司成立配（拌）肥站，负责全场种植农作物的拌肥任务。

2014 年，受国家粮食收购政策的影响，针对农场烘干中心仓容小、烘干设备租赁人无法大量收购的情况，农场申请项目资金 260 余万元，在第四管理区一组建设临储库，当年投入使用，存储玉米 2 万吨。第四管理区一组烘干设备租赁人申请了临储政策，经与农场协商个人出资又新建一座储存库，解决了玉米、水稻的存储问题。

2015 年，第四管理区一组烘干设备租赁人个人投资新建一座 8000 平方米的储存库，仓容增加到 7 万吨，占全场粮食产量的 50%，彻底解决了粮食存储难的问题。

2019—2020 年，实施"藏粮于地、藏粮于技"战略，利用国家扶贫和农发项目资金，投资 397 万元新建第二管理区二组、第三管理区一组水泥晒场 5686 平方米，改建 21131 平方米。投资 123 万元完成 2015 年节水增粮项目。投资 670 万元的高标准农田建设项目（水稻浸种催芽及第三管理区一组晒场库房）完成 30%。北安管理局和农场匹配补贴资金 240 万元，购置进口履带联合收割机 12 台（套）。投资更新资金 95.42 万元，更新打茬机、整地机、导航系统等 39 台（套）。投资 65 万元，对水毁晒场修复以及对农田侵蚀沟进行治理。

第九节　风险互助

一、机构

1993 年，农垦系统开始实行农业互助风险金制度，北安分局风险互助办公室成立。建设农场按照要求成立了风险互助办公室，办公室设在农场生产科，属于生产科的一个服务部门。农场在组织实施中不断完善互助风险制度，加强互助风险的管理，做到统一计提、统一上交、统一减免。

农业互助风险金在每年的年初就列入财务预算，由生产队纳入家庭农场财务上交指标入账收缴。农场提取的互助风险金，按规定标准入缴上级主管部门，结余部分农场留存；

年末连同上级下拨的风险救灾款按农业受灾程度，经场领导研究下拨到各受灾单位，并落实到各家庭农场，不准私留或不正当分配。

截至1998年末，农场累计提取农业互助风险金近500万元，上交330万元，实得救灾款400余万元，得益超百万元。

从实施农业互助风险金制度看，年度家庭农场每亩交几元钱，遭受灾害后得到补偿、减少损失，是利国利民的大好事，很得人心。

2000—2004年，风险互助办公室是生产科的一个服务部门，由生产科人员负责农业保险工作。

阳光农业相互保险公司是在黑龙江垦区15年农业风险互助基础上，经国务院同意、国家保监会批准、国家工商总局注册的我国首家相互制保险公司，是黑龙江省唯一一家国家一级法人金融机构。公司于2005年1月11日正式开业，2005年风险互助办公室从生产科分离出来，正式成立阳光农业相互保险公司黑河中心支公司建设保险社。

2006年1月1日，由王金山担任建设保险社主任，张新泉担任保险社业务员。2011年张新泉任保险社副主任，2012年12月刘盛男任业务员，2013年8月任文娟任业务员。

2018年10月，王金山退休，张新泉任保险社主任。

2020年7月张新泉调任赵光保险社主任，赵光保险社主任马建华调任建设保险社主任。

二、种植业保险

2006—2020年，建设保险社按照上级要求，认真履行保险职责，对农业遭遇的涝灾、旱灾、风灾、雹灾、病害、冻灾等重大灾害，结合农场农业生产实际，根据各年的灾害发生和农作物减产情况，对农场种植作物进行保险理赔，为减少灾害损失、保障种植户的收益作出了应有的贡献。

15年来，阳光农业相互保险总承保面积23.33万公顷。其中，麦类1.47万公顷、水稻1.50万公顷、玉米7.16万公顷、大豆13.12万公顷、其他作物829.31公顷（表2-2-6）。共对4.88万公顷成灾面积作物进行了保险理赔，共发放理赔款8470.58万元。其中，麦类435.06万元、玉米2506.32万元、大豆3795.23万元、水稻1686.65万元、其他作物47.33万元（表2-2-7）。15年来保费总收入14858.39万元。其中，中央补贴9634.92万元、农场补贴1489.32万元、被保险人投保3714.16万元、项目补贴20万元（表2-2-8）。

单位：亩

表2-2-6 2006—2020年种植险承保面积

年度	承保总面积	麦类面积	水稻面积	玉米面积	大豆面积	青贮玉米面积	甜玉米面积	杂豆面积	亚麻面积	甜菜面积	水飞蓟面积	白瓜子面积
2006	207094.35	47656.05	3003.45	1743.00	154691.85							
2007	188663.55	43136.85	45.90	3909.90	141570.90							
2008	197983.35	45380.55		2847.45	145265.40			1370.55	1380.15	1739.25		
2009	209193.30	35959.80		18891.75	152217.00			220.05		834.75	1069.95	
2010	209629.60	27447.40		31175.50	151006.70							
2011	244695.30	13379.10	10131.00	80847.40	136618.00	347.50			465.00			2907.30
2012	249246.40	1714.00	19827.20	124118.00	102262.10	319.10	256.00		750.00			
2013	249791.00		24111.70	144516.40	80382.80		45.10		735.00			
2014	248804.30		23842.70	115936.40	109025.20							
2015	248315.70		23822.70	114261.60	110231.40							
2016	249860.50		25549.10	45015.20	179296.20							
2017	248925.20	3522.70	25964.40	45979.30	173458.80							
2018	247171.50	1885.20	23232.60	128209.40	93844.30							
2019	250555.00	297.00	22997.50	103048.90	124211.60							
2020	250069.70	367.30	22530.80	113738.40	113433.20							
合计	3499998.75	220745.95	225059.05	1074238.60	1967515.45	666.60	301.10	1590.60	3330.15	2574.00	1069.95	2907.30

表 2-2-7 2006—2020 年种植险理赔情况

年度	成灾总面积/亩	总理赔款/元	麦类赔款/元	玉米赔款/元	大豆赔款/元	水稻赔款/元	杂豆赔款/元	甜菜赔款/元	亚麻赔款/元	白瓜子赔款/元	水飞蓟赔款/元
2006	101732.10	2963212.80	847025.04		2116187.76						
2007	25976.40	236922.04	61841.46		175080.58						
2008	69217.95	1336717.00	489034.00		826195.00			9511.00	11977.00		
2009	82964.85	6735467.00	303158.00	113378.00	6230866.00		5404.00	2437.00			80224.00
2010	53874.70	3201204.00	1618387.00	80830.00	1501987.00						
2011	84843.40	5760919.00	517454.00	691121.00	2089566.00	2141654.00			4173.00	316951.00	
2012	54207.40	3166970.00	115625.00	498901.00	1572215.00	966003.00			14228.00		
2013	46540.50	9499916.00		6676037.00	1476040.00	1319443.00			28396.00		
2014	26246.80	6819443.00			2896487.00	2902756.00					
2015	25868.10	6057113.00		1653658.00	3483521.00	919934.00					
2016	47915.10	10531597.00		1834909.00	7358846.00	1337842.00					
2017	31723.90	7206272.00	132850.00	2194479.00	3162567.00	1716336.00					
2018	24202.70	6140649.00	137299.00	3348435.00	911320.00	1743595.00					
2019	33863.20	9390638.00	104781.00	4962446.00	1365029.00	2958382.00					
2020	22359.10	5658801.00	23085.00	1988806.00	2786382.00	860528.00					
合计	731536.20	84705840.84	4350577.50	25063200.00	37952289.34	16866473.00	5404.00	11948.00	58774.00	316951.00	80224.00

表 2-2-8 2006—2020 年种植险承保保费资金来源

单位：元

年度	总保费	中央补贴	农场补贴	被保险人承担	项目补贴
2006	3230671.87	2099936.71	323067.19	807667.97	
2007	6791887.80	4414727.07	679188.78	1697971.95	
2008	4751600.40	3088540.26	475160.04	1187900.10	
2009	8367732.00	5439025.80	836773.20	2091933.00	
2010	8385184.00	5450369.60	838518.40	2096296.00	
2011	9737614.00	6265363.00	1025298.00	2446953.00	
2012	9935403.40	6445953.80	996985.60	2492464.00	
2013	11217777.08	7283568.86	1124059.50	2810148.72	
2014	11196193.50	7277525.82	1119619.35	2799048.33	
2015	12415785.00	8070260.25	1241578.50	3103946.25	
2016	12493025.00	8120466.25	1249302.50	3123256.25	
2017	12446260.00	8090069.00	1244626.00	3111565.00	
2018	12583575.00	8033073.75	1235857.50	3114643.75	200000.00
2019	12527750.00	8143037.50	1252775.00	3131937.50	
2020	12503485.00	8127265.25	1250348.50	3125871.25	
合计	148583944.05	96349182.92	14893158.06	37141603.07	200000.00

三、养殖业保险

阳光农业相互保险公司在搞好种植业保险业务的同时，按照上级要求积极拓展业务范围，2007—2016 年开展了养殖业保险业务，共对农场养殖的 3124 头能繁母猪和 1085 头奶牛进行了保险。总投保额 56.90 万元，发放能繁母猪理赔款 8.09 万元，奶牛理赔款 30.04 万元（表 2-2-9）。2017—2020 年养殖业没有投入保险。

表 2-2-9 2006—2016 年养殖险承保理赔情况

年度	承保能繁母猪/头	承保奶牛/头	总保费/元	能繁母猪赔款/元	奶牛赔款/元
2006					
2007	650		39000	1000	
2008	755	683	291180	29900	
2009	749		44940	10500	148800
2010	5	20	7500	3500	10400
2011	365	153	83100		21000
2012	600	122	48800	36000	72400
2013		34	16320		24500

（续）

年度	承保能繁母猪/头	承保奶牛/头	总保费/元	能繁母猪赔款/元	奶牛赔款/元
2014		28	17920		4500
2015					12800
2016		45	20250		6000
合计	3124	1085	569010	80900	300400

第三章　农业综合开发

1996—2020 年，是农业综合开发重要时期，农场主要以中低产田改造为重点，开展土地治理，保护生态环境，生产优质高产粮食、优质饲料等。第一阶段是 1996—1997 年，以改造中低产田为主要建设任务，以增加粮食产量为目标；第二阶段是 1997—2002 年，适应调整农业结构的要求，增加了多种经营项目；第三阶段是 2003—2020 年，农业综合开发进入了以调整农业结构、增加职工收入为中心任务的历史阶段。"着力加强农业基础设施建设和生态环境建设，提高农业综合生产能力，着力推进农业结构的战略化调整，提高农业综合效益"成为新时期农业综合开发的指导思想。对种植业、养殖业、科技、市场等实行配套开发，推动农场经济登上新台阶。

第一节　机　　构

1993—1996 年，农场农业综合开发项目的管理职能设在水利科，负责项目立项、计划编制与实施管理。1997 年，农业综合开发办公室独立，隶属计财科，设农业综合开发办公室主任 1 人，会计核算人员 1 人。农场建立了与内部管理体制相适应的农业综合开发项目财务管理核算体制。

历任项目办（农业综合开发办公室）主任：

1993—1998 年，刘广久；

1999—2004 年，李树宽；

2005—2008 年，李宏军；

2009—2020 年，王利华。

2020 年 1 月，农场体制改革王利华内退，农业综合开发办公室撤销，原农业综合开发办公室职能转入财务管理部，业务由周刘建负责。

农场项目办根据上级项目安排和资金计划及农场领导的意见要求，负责制定农场的农业综合开发项目计划和相关资金管理规章制度及实施细则，设计农场农业综合开发的总体发展战略，编制中长期规划和年度计划。负责编制农业综合开发的项目建议书、可行性研究报告、扩初设计，按规定和程序向上级部门申报项目。检查在建项目的执行情况，组织竣工项目的检查验收。农业综合开发项目实行专户管理、专账核算，并单独向上级上报决算。

经过农场及项目办的积极努力，在上级项目的支持下，农场开发水田、建立桥涵、治理低产田、更新农机、建设小城镇等项目都取得最佳成果，获得了最高效益。

第二节　开发项目

一、1992—1999 年农业综合开发项目

1992 年，农场被正式纳入国家扶贫农场后，到 1999 年的 8 年间，累计投入农业综合开发和扶贫资金 2899 万元，其中，贴息贷款 993 万元，以工代赈 1010 万元，企业配套896 万元。8 年间设立农业综合开发项目 15 项。

1. 1992 年国家扶贫项目

低产田改造面积 0.8 万亩，投资 82 万元。

农机具购置投资 87 万元，其中新增迪尔 1075 型联合收割机 2 台，东方红 802 型拖拉机 8 台。

建设粮食处理中心投资 50 万元。

科技推广项目投资 8 万元。

2. 1993 年国家扶贫农业项目

开发水田面积 0.4 万亩，投资 72 万元。

购置迪尔 1075 型联合收割机 1 台，投资 26 万元。

3. 1994 年国家扶贫农业项目

购置拖拉机 2 台、播种机 21 台，投资 30 万元。

4. 1995 年国家扶贫农业项目

开发水田 1.1 万亩。

购置拖拉机 5 台，投资 45 万元。

5. 1996 年国家扶贫农业项目

购置农机具玉米收割机 10 台，投资 40 万元。

开发水田面积 0.6 万亩，投资 92 万元。

低产田改造面积 1 万亩，投资 80 万元。

6. 1997 年国家扶贫农业项目

开发水田面积 2 万亩，投资 340 万元。

7. 1998 年国家扶贫农业项目

低产田改造面积 2 万亩，投资 240 万元。

8. 1999 年国家扶贫农业项目

治理鸡爪河涝区 1.5 万亩，投资 180 万元。

二、2003—2019 年农业综合开发项目

2003—2019 年农业综合开发项目 12 个，计划投资 9028.6 万元，其中，财政资金 5521.4 万元，自筹资金 3507.2 万元，实际完成投资 8019.19 万元（表 2-3-1）。

表 2-3-1 2003—2019 年农业综合开发项目

单位：万元

项目年限	项目名称	项目建设内容	计划投资			实际完成投资			备注
			小计	财政资金	自筹资金	小计	财政资金	自筹资金	
2003	十七队小区低产田改造	改造面积 1.3 万亩	520.00	200.00	320.00	517.30	200.00	317.30	
2004	九道沟小区低产田改造一期	改造面积 1 万亩	420.00	210.00	210.00	431.30	210.00	221.30	
2005	九道沟小区低产田改造二期	改造面积 1 万亩	360.00	180.00	180.00	354.30	180.00	174.30	
2006	北辘轳滚河小流域低产田改造	改造面积 1.5 万亩	600.00	300.00	300.00	547.90	300.00	247.90	
2007	第四管理区低产田改造	改造面积 1 万亩	510.00	255.00	255.00	489.50	255.00	234.50	
2009	第六管理区低产田改造	改造面积 0.8 万亩	520.00	360.00	160.00	541.27	360.00	181.27	
2011	第六管理区低产田改造	改造面积 0.8 万亩	759.60	509.40	250.20	704.70	509.40	195.30	
2011	青石岭灌区节水配套改造	水田面积 5.05 万亩	1500.00	1000.00	500.00	1399.92	1000.00	399.92	
2012	第一管理区低产田改造	改造面积 1.1 万亩	1085.00	740.00	345.00	1025.03	740.00	285.03	
2012	350 吨棚室蔬菜大棚基地新建项目	钢骨架大棚 42000 平方米，温室大棚 8 栋	368	138	230	359.29	138	221.29	
2013	第一管理区高标准农田建设示范工程	面积 1 万亩	1650	989	661	1648.68	989	659.68	

（续）

项目年限	项目名称	项目建设内容	计划投资			实际完成投资			备注
			小计	财政资金	自筹资金	小计	财政资金	自筹资金	
2019	第三管理区标准农田建设项目	开挖疏浚渠道5.313千米，新建圆涵23座、方涵3座，新建水稻浸种催芽阳光温室大棚839.16平方米、浸种催芽设备1套，新建粮食库房500平方米，修缮机耕路12.396千米，维修机耕路2.79千米	736.00	640.00	96.00				当年未完工2020年完成
合计			9028.60	5521.40	3507.20	8019.19	4881.40	3137.79	

注：2008年、2010年北安管理局各农场轮停，2014—2018年无项目。

第三节　开发效益

20多年来，农场通过农业综合开发项目的实施，累计改造中低产田面积6066.67公顷，新增和改善除涝面积5666.67公顷；灌溉面积3366.67公顷。改善了耕地条件，提高了粮食产量，粮食生产能力不断提高。2001—2020年，农场累计粮食作物播种面积30.5万公顷，占总播种面积的93%，实现粮食总产量97.5万吨。企业和职工群众的收益显著增加。职工生产生活条件逐步改善，带动了农场经济社会快速发展，促进了社会主义新农村建设。在此阶段，由于经济的快速发展，农场大力度加速小城镇建设。其中，2001—2012年，农场共建设住宅楼22万平方米，包括4个高规格居民小区，人均住宅面积达25.6平方米，城镇化率达74%。

在小城镇建设方面取得了突飞猛进的发展。2008年开始进行拆迁并点，10个居民点被拆迁，搬迁居民1779户，拆迁房屋面积77589平方米，向场部转移人口4448人。在发展小城镇建设的同时，逐步完善城镇基础设施，建设各类公共建筑项目8个、公共文化休闲广场3个，同时大力进行城镇绿化和亮化工程，使农场的公共行政、教育卫生、文化娱乐、居民居住条件发生了天翻地覆的变化。农场实现了美化、净化、亮化小城镇居民生活。

第四节　水田开发

一、初期开发试验时期

地处农场场部东南30余千米的十九队，有大面积低洼易涝地，从土地条件、气候条件和水源条件（境内有一座中型水库——青石岭水库，可灌溉下游 3333.33 公顷水田，特别是下游的主星乡多个村屯种植水稻都是用青石岭水库来水灌溉）看，有着得天独厚的种植水稻的自然条件。1987 年，吴凤霖担任农场十九队党支部书记兼队长，他看到了种植开发水稻的优势，在当时北安垦区还没有种植水稻先例的情况下，通过引进北安种畜场有水稻种植经验的司如君开始进行水稻种植试验。1988 年，种植水稻 30 亩获得 640 千克/亩的高产量。1989 年，水稻种植面积扩大到 800 亩，水稻的生产种植成为农场种植业结构调整中的重大突破。

二、水田三种三改时期

（一）水田工程建设

1988 年以后，农场决定大面积开发水田，于 1989 年责成水利科进行水田开发规划设计。春季开始测量，从青石岭水库输水洞出口开始至十一道河（现在青石岭灌区的一区到八区），设计灌溉面积 1333.33 公顷左右。水利科测绘队住在青石岭和十八队，在灌区测绘 1 年。1990 年青石岭灌区土方工程开始施工，水利科施工队和测绘队 2 支队伍 40 人左右修建排水沟、引水渠和农田路。随着 1994—1995 年水稻价格大幅度提高，在农场"养牛、种稻、低产田改造"和"以稻治涝、以稻致富"思想的指导下，1995 年时任场长付宗深带领党委一班人集中人机力量，投资 900 多万元，突击开发水稻田 3666.67 公顷（后期统计数字为 1000 公顷）。

1996 年，农场开发十一道河小区工程，施工点建在原三十一连，施工机械有挖掘机和推土机，施工单位为水利科。1997 年，农场开发十道河水稻小区，灌区计划打机电井 95 眼，因地下水量不足，只凿井 38 眼。1998—1999 年农场开发十道河灌区工程，计划开发面积 2000 公顷。2000 年 9 月末，十九队大棚区建设小型蓄水池一座。2001 年，十一道河灌区和青石岭水田部分工程开始维修，10 月重新对青石岭水田工程进行测量，测量历时 1 个月。2002 年，青石岭水库准备除险加固，7 月进行了相关数据测量。2003 年，青石岭水库除险加固工程开工，水库水位放至死水位，水田停止耕种。2009 年 2 月，新奥博设计公司来场对青石岭灌区重新规划设计，8 月工程开始施工，当年由于施工没有种植水田。

（二）水稻种植

虽然农场开发水田的积极性很高，争取到了上级的项目支持，投入了大量的资金，同时农场也制定了很多优惠政策进行扶持，还从外地引进了近百户的水稻种植户，但是效果并不显著。据当年参加开发水田种植水稻的李学忠和吴凤刚回忆，1990—1995 年，水稻种植只有 2 块地，即"44 垧"和"51 垧"，面积在 100 公顷左右。据参加水稻种植的史建军和曾担任过十九队队长的王朝民回忆，1996 年后，由于水稻价格低、产量低、种植效益差，不少人就把水田改为旱田。1997 年后水稻面积逐年减少，从 66.67 公顷减少到 2002 年的几百亩。尤其 2002 年水稻价格 1 块钱 3 斤，使水稻种植受到致命打击，水稻种植户谈稻色变，并纷纷"水改旱"甚至撂荒，全部放弃种植水田。2005—2010 年，有个别种植户零星种植水田，面积在 13～33 公顷。2010 年，万太文调任场长时，农场水稻统计面积为 1000 公顷，实际种植 28 公顷。

1988—2010 年各历史时期水稻种植面积见表 2-3-2。

表 2-3-2　1988—2010 年水稻种植面积

年度	场志面积[①] /亩	实际种植面积 /亩	地号	实际种植面积提供人员
1988		30		吴凤霖提供
1989	900			
1990	2500	1425		
1991	3000	1425		
1992	3510	1425		
1993	3090	1425	44 垧和 51 垧两个地号	李学忠和吴凤刚提供
1994	1860	1425		
1995	2430	1425		
1997	30390	1000		
1998	55000	2000		史建军提供
1999	30585	约 1000		
2000	31631	几百		
2001		几百		
2002		几百		
2003		无		王朝民提供
2004		无		
2005—2010		零星种植 100～400		

注：①数据取自《建设农场志（1986—2000）》。

三、规模开发水田时期

2010 年，万太文调入农场任副场长、主持工作，当年按照北安分局要求对农场耕地重新进行了丈量，使耕地面积由原来的 1.69 万公顷增加到 2 万公顷。新增加的 3146.67 公顷耕地多数是低洼易涝地，如何使这部分曾经种植过水田的耕地增加农场和职工的收益，成为摆在新一届领导班子面前的课题。

2010年6月15日，万太文利用参加哈洽会的机会，带领农场副场长殷培池和管理区主任到建三江分局和牡丹江分局考察两地水稻种植情况，了解到两个分局部分农场与本场积温和土地情况相似，多年来种植水稻都很成功。在这种情况下，万太文带领新一届领导班子经过认真调查研究论证，认为农场有得天独厚的适合种植水稻的自然优势和种植历史，要下大力气把资源优势变成经济优势，通过大面积开发水田达到富民强场的目标。经过认真总结分析农场20多年开发水田没有成功的教训，决定在管理上寻求突破、在技术上寻求突破、在政策和投入方式上寻求突破，下决心在农场第六管理区青石岭灌区原有水田基础上大面积开发水田。

1. **实行集中统一管理，成立水田开发指挥部**　农场过去开发水田，种植户都是由水田所在生产队进行管理，造成领导干部不能专心管理水田的局面。农场决定成立水田开发指挥部，由副场长殷培池专门负责水田开发具体工作。

2. **成立水稻开发办公室**　为适应农场大面积水田开发需要，2009年成立水稻开发办公室，由主任张保财、科员宿明俊等人组成。随着水田开发逐步推进，经农场党委研究决定，2010年7月13日调毕业于绥农高级职业技术学校水稻专业的十队职工宿胜军为水稻开发办公室技术员。2010年7月18日，聘请建三江管理局前锋农场原水稻办主任高卫东到农场进行技术指导，后聘任其为水稻开发办公室主任（至2012年7月）。2011年3月12日，调毕业于黑河学院的刘晓岩为水稻开发办公室科员。

3. **成立水稻开发管理区**　2010年1月11日，农场党委研究决定，任命张宝财为水稻开发管理区主任，水稻开发管理区成立。水稻开发管理区第一批人员包括主任张宝财、副主任李洪涛，农业助理王启、周广新，农业技术员刘春付、张万明、纪俊伟7人。

通过对过去开发历史的分析，总结出影响水稻种植的关键技术问题有：

（1）灌溉水温低。利用青石岭水库水灌溉的主星乡，在青石岭水库下游35千米，有多年种植水稻的成功经验，价格低时也没有放弃，其原因就是灌溉水渠长，水到主星乡时水温通过渠道晒水而提高，导致产量高。

（2）新建干渠渗漏严重难以保证水田泡田和灌溉用水。

（3）过去农场开发的水稻育秧棚都是小棚，控温、控湿等措施不如大棚。

（4）在水稻品种利用上过去没有适合本场栽培的高产优质品种，现垦区已经有大量适应本场积温的水稻品种。

（5）在水稻的种植技术和方式上没有统一的模式。现在经农垦"水稻之父"徐一戎的多年研究，垦区水稻种植方式方法都有了新的突破。

4. 采取技术攻关解决灌溉水温度低的瓶颈问题 由于农场地处黑龙江省第四积温带，有效积温比较低，灌溉水温低直接影响到水稻的产量和品质。为此 2011 年春，万太文与农场修配厂厂长赵忠仁进行了专题研究，认为原来青石岭水库灌溉用水是通过输水洞供水，输水洞底板高程为 285.5 米，水库正常蓄水位是 293.5 米，相差 8 米，出水为水库底层水，水温比较低，当年实测水温为 5℃，不利于水稻生长。万太文提出利用虹吸现象取用水库上层温度较高的水，利用水位差把水库水面以下 1～2 米的水通过虹吸管抽到干渠进行灌溉，经过试验取得成功，当即委托农场修配厂施工。2011 年 5 月 4 日建成直径 427 毫米虹吸管 4 根，每根长度 58 米，配套 4 个直径 427 毫米闸阀和 110 毫米球阀，当年建成当年使用，提高水温 10℃，渠首水温实测为 15℃，一区实测水温为 21℃。水温的提高增加了水稻生育期的有效积温。根据调查，水稻种植户水稻单产提高了 50 千克/亩，按照市场价格 2.5 元/千克，亩效益提高 125 元。

5. 采取铺无纺布措施防止渠道渗漏 水田开发 2010 年秋开始大面积突击施工，到 2011 年春建设了近 20 千米的干渠、沟渠、斗渠。由于修渠是用比较疏松的草甸土构筑的，沉积时间短存在严重的水渗漏现象，不能有效满足水田泡田和灌溉所需的水量。针对这种现象，经过研究决定用无纺布铺在渠内侧，解决了渗漏问题，满足了当年水田种植。

6. 采取大棚育秧解决了过去小棚育秧控温控湿水平低的弊端 经过研究论证决定采用高标准钢骨架大棚，大棚长 60 米、宽 6.7 米、高 2.7 米，并且配套相应的棚内喷灌和控温设施，保证育出壮秧。

7. 在品种选用上，决定利用适合农场自然条件的三江 1 号（北垦优 97-9）作为主栽品种 此品种为粳稻，生育期 123 天，从出苗到成熟需活动积温 2285℃。株高 75 厘米，株型收敛，剑叶上举，分蘖能力强。穗长 15 厘米，平均穗粒数 63 粒，千粒重 27 克，粒椭圆，颖尖秆黄色，抗倒伏。在栽培模式上，水稻旱作稀植模式和叶龄诊断技术引进农场是正确的。

四、4 个开发时期

2000 年后，水稻经历了 4 个开发时期。2010 年 9 月—2013 年 11 月，农场克服了资金紧张、种植户畏难情绪严重等重重困难，分 4 期总计开发水田 2069.07 公顷，实际种植面积 1608 公顷（实插面积），涉及承包户 44 户。

一期：开发时间为 2010 年 9 月—2011 年 12 月，位于青石岭灌区的 1—8 区（其中有一部分为水改旱的老稻田），累计开发面积为 1040.47 公顷，扣除工程占地面积实际种植

884.4 公顷，涉及种植户 8 户，2011 年收费总额为 2934649 元，合同期限为 2011 年 1 月 1 日—2015 年 10 月 30 日。2011 年承租费标准为一类地 270 元/亩，二类地 170 元/亩，三类地 70 元/亩。以后年限按职代会精神一年一调整。

二期：开发时间为 2011 年 9 月—2012 年 12 月，位于青石岭灌区 9—13 区和蓝盾地号，其中，9—13 区累计开发面积为 438.3 公顷，扣除工程占地面积实际种植 363.53 公顷，涉及种植户 6 户，承包方式为 10～25 年一次性发包，收费为 114.4 万元/年。蓝盾地号累计开发 204.42 公顷，扣除工程占地面积实际种植 179.39 公顷，承包户数为 19 户，承包期限 10 年，自 2012 年 1 月 1 日—2021 年 10 月 30 日。2012 年由第五管理区管理，2013 年纳入水田开发管理区管理，收费标准为一类地 290 元/亩，二类地 170 元/亩，三类地 70 元/亩，2013 年收费总额为 629895.4 元。

蓝盾地号的由来：1997 年，农场开发耕地资源，招商引进绥化市蓝盾公司开发水稻，实际种植的是旱田。蓝盾公司经营该土地到 2000 年秋天结束，以后生产队、管理区将这部分土地的地号命名为"蓝盾"。

三期：开发时间为 2013 年 3 月—2013 年 12 月，开发区域位于农场第一管理区第一居民组，开发面积为 385.93 公顷，涉及种植户 11 户，收费标准为一类地 300 元/亩，三类地 80 元/亩（198 亩），收费总额为 769740 元，承租费标准一年一确定，合同期限及承租政策参照蓝盾地号执行。

四期：2017 年，第四管理区第二居民组（十三队）新增水田面积 79.47 公顷。水田种植户依托十道河水灌溉，通过土地流转和置换的形式进行旱田改水田，过程中涉及 100 多户种植户，在种植户和管理区共同努力下完成，合同期限 3 年，租金每年一交，按照旱田标准收费。实现了当年改水、当年播种、当年见效。

水稻管理区（不包括其他管理区）历年水田开发面积（合同面积）见表 2-3-3。

表 2-3-3　2011—2020 年水稻管理区水田开发面积

单位：亩

项目	2011 年	2012 年	2014 年	2015 年	2017 年	2018 年	2019 年	2020 年	合计
面积	14235.7	8283.8	2817.0	602.6	16.0	587.4	0	0	26542.5

第一管理区水稻合同面积见表 2-3-4。

表 2-3-4　第一管理区水稻合同面积

单位：亩

项目	2012 年	2016 年	2017 年	2018 年	2019 年	合计
面积	2711.7	1678.8	231.1	0	362.5	4984.1

2019—2020 年，农场水稻种植面积 1791.17 公顷。其中，第一管理区 363.1 公顷、第二管理区 24.18 公顷、第三管理区 60.26 公顷、第四管理区 95 公顷、第五管理区 12 公顷、水稻管理区 1236.64 公顷（包括 1.33 公顷休耕）。水稻种植面积较上年减少 136.92 公顷。单产 475 千克/亩，总产量 12762 吨。

2009—2020 年水稻种植面积及产量汇总见表 2-3-5。

表 2-3-5　2009—2020 年水稻种植面积及产量

年度	种植面积/公顷	单产/（千克/公顷）	总产量/吨
2009	1000	7526	7526
2010	1000	8009	8009
2011	3333	10515	35046
2012	3333	10648	35490
2013	4667	10273	47944
2014	1879	10252	19264
2015	1813	8625	15637
2016	1968	9654	18981
2017	2028	9756	19785
2018	1927	7868	15161
2019	1790	7109	12725
2020	1788	6409	11461

注：因未统一销售，种植户自行收获及销售各家产量不同，平均亩产 400～450 千克。

五、水稻种植的效益

（一）效益方面

（1）虹吸温度高的灌溉水促进了水稻生长发育，克服了农场地区积温不足的关键问题。由于提高了水温，保证了水稻全生育期生长温度，农场取消了修建 20 公顷的晒水池的设想，只修建了一座占地 5 公顷的晒水池，减少工程占地 15 公顷和建设晒水池的费用，按照概算减少投资 220 万元。

（2）土地利费开发前旱田收费为 15 元/亩，开发后水田收费平均（2015 年调整后）210 元/亩，比照旱田高出 195 元/亩，此外加收水费 30 元/亩，合计 240 元/亩。按照水田开发总面积 1812.86 公顷计算，此项收入较之 2010 年前"两亩顶一亩"15 元/亩（第一到第九管理区）新增面积合计每年新增收费 360 万元，近 9 年增加利费收入 3240 万元。（第十到第十五管理区）一次性卖出获得资金 2480.23 万元，农场用于偿还基本建设欠款缓解了农场资金压力，减少了农场资金成本和社会矛盾。

（3）承包 30 公顷及以下面积的水稻种植户，每年获利平均 400 元/亩左右。只有个别大户因机械一次性投入过大以及管理不到位（出租给别人种植）有亏欠，其余内部结算每年应收入 200 元/亩左右，总收益 900 多万元/年。

（4）水稻种植区周边居民组增加了间接收入。其中，打工收入增加 900 余元/（人·年），总收入 400 余万元/年。机车收入增加 1200 余元/（台·年），总收入 700 余万元/年。合计收入 1100 余万元/年。

（二）经验教训

（1）2010 年底前动工修渠工期紧，导致 2011 年春整地不及时，随整随插秧没有沉淀期，导致不能机插作业，只能人工插秧费用大。由于管理经验不足只看秧苗成不成行，忽略了保苗数，与方案保苗相差达一半，致使当年部分地号产量低。

（2）部分承包人雇用宾县水稻种植户，他们的理念和农垦种植理念不同，仍沿用农村老一套办法，致使种植水平低下，管理参差不齐。

（3）种植第一年时浸种催芽经验不足，一些人员责任心差，导致部分种子弃用。

第四章 绿色有机食品生产

第一节 机 构

2001年，农场设绿色有机食品办公室，办公室主任由生产科科长王传江兼任，李学忠为工作人员。2002年，王立军调任生产科负责人，兼任绿色有机食品办公室主任，蔡晓祥和刘承文为工作人员。2006年，王朝民调任绿色有机食品办公室主任，周志方为工作人员。2007—2008年，蔡晓祥任绿色有机食品办公室主任。2009年，马建铎调任绿色有机食品办公室主任。2010—2011年，史建军调任绿色有机食品办公室主任，周志方、佛明珠为工作人员。2012—2016年蔡晓祥任绿色有机食品办公室主任，周志方、佛明珠为工作人员。2017—2020年，周志方任绿色有机食品办公室主任。

第二节 基地建设

2004以前，农场绿色产业发展几乎处于停滞状态，农场绿色有机食品办公室由生产部门领导。2005年，北安分局成为黑龙江省无公害农产品产地认定与产品认证一体化推进的试点单位，红星、赵光、二龙山、建设4个农场被农业部确定为国家级无公害农产品示范基地。2006年，农场创建全国绿色食品原料标准化生产基地，下发建垦场发〔2006〕13号文件，成立基地办公室，蔡晓祥负责基地建设的全面工作，周志方负责基地建设材料管理方面工作，王朝民负责基地农艺技术管理服务，张忠宣负责基地农机技术管理服务。

自创建全国绿色食品原料标准化生产基地以来始终保持在6666.67公顷以上的规模，基地建设与农业标准化、农业产业化、农产品优势区域布局、农产品质量安全管理和生态环境建设等工作及项目有机结合起来，实现了集中连片、规划合理、规模种植。

2019—2020年，结合农场实际情况，确定有机大豆生产基地的面积为2580.5亩，分布在第一、二、三、四、五管理区，共8个地号（图2-4-1），轮作方式为豆—麦—杂粮—玉米，大豆主栽品种为黑河43，种植模式全部为1.1米行距的大垄双行。每年进行全面积秸秆还田，亩施有机肥 100～150 千克，机械加人工除草，叶面喷施有机杀虫、杀菌剂和叶面肥来防治病虫害，并补充微量元素提高产品品质。

图 2-4-1 有机大豆生产地号

第三节 绿色有机认证

2005 年，农场聘请北京爱科塞尔论证中心有限公司进行有机食品认证，但由于没有搞产品加工、没有树立自己的品牌，也就在国内和国际市场上没有自己的产品。2018 年，更换了认证机构，聘请中国认证检验集团黑龙江分公司认证有机食品种植，面积 172.03 公顷，建立了有机食品种植的示范基地。

建设农场有限公司以农场为认证主体，以管理区为认证单位，由农场的相关部门负责监督并指导各管理区的农业、农机技术人员和机务工人严格按照有机作物生产规程进行种、管、收等全程管理。认证机构每年都会对有机操作具体技术人员进行培训，以提高技术人员的理论知识和生产技能。

农场绿色食品原料（大豆）基地自创建以来，就以九三油脂集团北安分公司为龙头企业，与种植户签订种植合同，与企业签订购销合同，初步搭建了产业化经营雏形。

2018年，农场申请了"建设年轮"商标，开始加工和委托加工有机食品产品，包括玉米、大豆、麦米、面粉、高粱、杂粮等。每年农场都要拿出200万元资金来补贴有机食品种植户，弥补因成本较高和价格较低带来的效益亏损。

2019年农场继续认证绿色食品大豆6666.67公顷，绿色食品水稻1786.67公顷，绿色食品小麦2000.00公顷，绿色食品玉米5333.33公顷，认证有机食品172.03公顷。有机作物种植地块有专人负责，严格按照有机生产操作规程进行全过程监督管理，使用有机肥、生物杀菌剂和生物杀虫剂，确保农产品质量安全，实现"生产有记录、流向可追踪、质量可追溯"，推动农业种植由常规向绿色有机转变，提升了农产品"身价"。

有机产业目前发展前景向好，随着人们对食品安全的重视程度的不断提高，有机产品生产的市场需求会越来越广泛，种植有机作物的效益也会逐步提升。

第四节 质量追溯

农场于2006年开始建立农产品质量追溯体系，追溯的产品是大豆和大麦，追溯项目实施基础（包括依据的标准、农业投入品、农产品质量安全管理基础工作、农业产业化经营现状及其他现有基础）和农场对项目实施的保障措施。

2015—2020年，根据追溯产品生产环节特点，及时录入相关生产信息和上网发布，实现产品生产全过程质量追溯。质量追溯系统建成后，通过互联网、语音电话、短信息、微信、直播等形式实现了对产品质量的可查询。

第五章　农业机械

第一节　机构队伍

一、队伍

1956年建场时，由通北国营机械农场调来拖拉机、康拜因机手和修理工以及农机干部共41人，其中，农机干部6人，技术员2人。当年，从城市招工来的青年中挑选10人当学徒，全场共有农机工作人员50多人。1958—1962年，农机工作人员达到200多人。1964年"八二部队"农场借用农场的土地，期满归还农场后，留下各种农机工人60多人。1968年生产建设兵团组建成立，全国各大城市的青年学生，响应上山下乡的号召，从哈尔滨、北京、天津、上海和杭州等城市来到兵团，为农场充实了知识力量，一批有理想、肯钻研的青年走上了机务岗位，农机战士猛增到2500多人，农机指挥员和参谋人员共30多人。1977年后，知识青年开始返城，到1980年，农机工人减少一半。农场为了解决机务工人不足问题，除了安置一批职工子弟外，还做了老兵归队的工作。1984年各种农机工人达到1700多人，专职的农机干部达到50人。

1986年农场成立了农业机械安全监理所，与农机科合署办公。这年，农场农机具向职工转让，职工个人更新农机具数量逐步增加。为加强农机社会化服务职能，1997年农机科组建了农机化指导站、农机市场管理站、农机技术推广站，农场有2个管理区设有农机技术员，农场生产队设有机务队长、机务统计员、油料员、零件保管员、修理工等人员，总场除了设有农机科外还设有农机副场长。

1986—2000年，农场农机干部23人。1990年以前，农场的机务干部队伍整体文化素质较低，这期间，国家大中专院校分配到农场的机务人员中大专毕业生、中专毕业生12人。到1999年底，机务工人总数为664人，其中驾驶员601人、修理工20人、其他机务工人43人，农机工程师6人，农机助理工程师15人，农机技术员16人，他们分布在全场各个分场、生产队，服务于各个农机户。

2001—2020年，农场的农机队伍是生产中的骨干力量。经过多年的建设已经形成了

比较健全的组织体系，到 2020 年末，农场有各类农机人员 450 人，其中农机管理人员
23 人。

二、机构

20 世纪 80 年代，农场有农机副场长马宝琛，农机总工程师潘广和、李玉田、杨刚，
马宝琛、栾德仁、潘广和、胡继仁、于洪臣、张永岩等担任过农机科科长。

1956—2020 年农场农机管理人员变化情况见表 2-5-1。

表 2-5-1　1956—2020 年农场农机管理人员变化情况

年度	职务				
	农机副场长	农机科科长	副科长	监理所所长	工作人员
1956					李瑞平（当时是农机负责人）、于森
1970—1985	马宝琛	马宝琛栾德仁潘广和胡继成张永岩于洪臣	刘文		潘广和、李玉田、杨刚（总工程师）
1986	于洪臣	肖钊教		肖钊教	刘希民、舒久亮、李宾元、谢忠利、白京娜
1987	于洪臣	肖钊教		肖钊教	刘希民、舒久亮、李宾元、谢忠利、白京娜
1988	于洪臣	张水根		张水根	刘希民、王维春、谢忠利、白京娜
1989	于洪臣	郝良田		郝良田	刘希民、王维春、谢忠利、白京娜
1990	于洪臣	郝良田		郝良田	刘希民、王维春、谢忠利、白京娜
1991	于洪臣	郝良田		郝良田	刘希民、王维春、谢忠利、白京娜
1992	于洪臣	郝良田		郝良田	刘希民、王维春、谢忠利、白京娜
1993	于洪臣	郝良田	王维春	王维春	刘希民、白京娜
1994	于洪臣	郝良田	王维春	王维春	刘洋、白京娜
1995	于洪臣	郝良田	王维春	王维春	刘洋、张忠宣
1996	于洪臣	王维春		王维春	刘洋、张忠宣
1997	王维春	郝良田		王维春	刘洋、张忠宣
1998	王维春	郝良田		郝良田	刘洋、张忠宣
1999	王维春	郝良田		郝良田	张忠宣
2000	王维春	王金山		王金山	张忠宣
2001	王维春	王金山		王金山	
2002	王维春	王金山	张忠宣	王金山	
2003	王维春	王金山	苏景刚	王金山	
2004	王维春	王金山	李春雷	张忠宣	

（续）

年度	职务				
	农机副场长	农机科科长	副科长	监理所所长	工作人员
2005	王维春	王金山		张忠宣	
2006	王立军	王金山		张忠宣	
2007	王立军	张忠宣		张忠宣	
2008	王立军	张忠宣		张忠宣	
2009	吴宝忠	张忠宣		张忠宣	
2010	吴宝忠	张忠宣		张忠宣	
2011	吴宝忠	张忠宣		张忠宣	
2012	吴宝忠	张忠宣		张忠宣	苏景刚、刘学、韩杨、朱贺星、李永国、金鹰、金子辰
2013	吴宝忠	张忠宣		张忠宣	
2014	吴宝忠	张忠宣		张忠宣	
2015	吴宝忠	张忠宣		张忠宣	
2016	吴宝忠	张忠宣、李洪涛		张忠宣、李洪涛	张忠宣2016.03调离由李洪涛接任
2017	朱坤芝	李洪涛		李洪涛	
2018	朱坤芝	李洪涛		李洪涛	
2019	唐道光	李洪涛		李洪涛	
2020	唐道光	李洪涛		李洪涛	

三、培训

1956—1965 年，农场在艰苦的条件下加强农机技术人员培训，每年学习时间一般在 20～30 天，各级农机干部和部分班组长冬季到赵光垦局轮训一次。据统计，10 年中利用冬训的办法共培训出各种农机驾驶员 1100 多人，还为当地农民培训了一批农机手。

1966—1970 年，兵团时期虽然也开办过多期红专训练班，但效果不大理想。

1977—1984 年，共培训农机工人 2000 人次左右，还为农场邻近的 3 个农场培训学员 250 人以上。培训提高了农业工人技术水平，使农业生产开始向标准化方向迈进。

1986—2000 年，农业机械化在建设农场占有极其重要的地位，农机事业不断发展，管理水平不断提高，农机工人业务培训不断提升，并积累了适合农场管理的一整套经验。每年三大作业（种、管、收）之前，招集各种农机班组长进行专题研讨，外请权威农机专家来场办班讲课。其间，共办农机技术培训班和现场技术讲解班 20 多次，大大提高了农机人员技术水平。

2001—2020 年，农场把农机人员培训工作作为农场生产工作的一部分来抓，不仅抓住冬天农闲的有利时机进行理论学习，而且还在春播、夏管、秋收作业期间召开现场培训班，让机务工人理论联系实际，现场操作、现场观摩，推广新技术、学习新经验、掌握新技能。20年来，举办各类农机人员培训班38期。

第二节 农机装备与更新

1956—2020年，农场农业机械化装备发生了天翻地覆的变化，实现了7个转变，即动力机械实现了由小马力机车向大马力机车的转变，机械行走方式实现了由链轨式向轮式的转变，田间作业实现了由单式作业向联合作业的转变，农机作业实现了由单车作业向统一指挥大面积突击作业转变，农机管理实现了由粗放型向标准化、制度化、规范化转变，农机驾驶作业实现了由纯人工操作向利用GPS导航自动化操作转变，驾驶条件实现了由恶劣风险向舒适安全转变。到2020年末，农场拥有机械总动力2.1万千瓦，比2000年的14544千瓦提高了44%。农业机械总数量为260台（件），动力机械从以东方红802、东方红1002履带拖拉机为主到被迪尔7830、迪尔2204、迪尔9520、凯斯485大型轮式拖拉机取代，收获机械由前进E512、前进E514、迪尔1075到被迪尔9670、迪尔S660、凯斯6130取代。各种农机具也引进了大量的进口先进设备。农机具的更新可分为三个阶段：

一、农机装备初期阶段

1956年，建场初期，只有拖拉机15台，其中，履带式12台（G-80型2台、K07型6台、纳齐4台）、小型胶轮拖拉机3台（法尔毛1台、福特1台、热特1台）。联合收割机3台，其中，GT-4.9型1台、匈牙利4.9型牵引康拜因1台、ACD-409型自动康拜因1台。配有翻地、耙地、播种、镇压、中耕等各种农具61台（件）。另外，通北农场合并时带来改良农具20多件，其中有双轮铧犁、马拉耙、马拉播种机、综合号中耕机（又称挠沟犁）、摇臂收割机等。

1957年，从通北镇购进纳齐1台，从苏联进口联合收割机G-80型1台、G-6型5台，从匈牙利进口维尔素斯胶轮拖拉机4台、330型自动康拜因1台，农具增加了14台（件）。

1958—1966年，全场共购进东方红54履带式拖拉机70台、G-6型联合收割机4台。胶轮拖拉机也增加到17台（其中从罗马尼亚进口的UTO S-45型14台，国产东方红-28型3台），各种联合收割机增加了50多台，各种农机超过450台（件）。

1968—1976年，生产建设兵团时期，先后购进了一批农业机械，其中，有国产东方红 75 型拖拉机 24 台，铁牛 55 胶轮拖拉机 13 台，东方红 28 型拖拉机 9 台，手扶拖拉机 5 台，东风自走康拜因 13 台，GT-4.9 型牵引康拜因 9 台，各种农机具 213 台（件）。

1985 年统计，全场有各型农用大中型拖拉机 120 台、各种联合收割机 109 台、胶轮运输拖拉机 87 台、小四轮拖拉机 25 台。1984 年，使用联合国开发银行贷款从美国引进 4450 型大马力胶轮拖拉机 3 台、1072H/4 型康拜因 1 台、8350 播种机 2 台。1985 底，全场有各种农机具 850 台（件）以上。农业机械化生产水平已达到 85％以上，小麦生产基本实现全程机械化。

二、农机装备更迭阶段

1986—2000 年，农场的农机设备，无论是数量上，还是质量上、性能上都有较快的发展。到 2000 年末，有农业机械总动力 14544 千瓦，农业机械总数 1147 台（件），其中，农业动力机械 299 台，农机具 848 台（件）。

1987—1990 年，农场千方百计地加快解决机具不配套的问题，引进前进 E514 型联合收割机 16 台，淘汰东风-65 型、GT-4.9 型收割机。在农具上引进了重耙、带式拾禾器、深松机、精量点播机等。

1990—2000 年，农机设备上主要是更新动力机械，更新机型为东方红-802、东方红-1002、SE514、JL1075、JL1065、铁牛 55C、天津 654，在农具上引进深松机、中型耙、气吸点播机、镇压器、半链轨、带式散铺器、带式拾禾器、西方 200 自走割晒机等，彻底淘汰了老式农机具。农场的农业种植实现了机械化，农业作业中链轨拖拉机与各种农具基本实现了机车配套，体现了机械化优势。

三、农机装备高配置阶段

2001—2020 年，农场农机装备更新坚持"经济、可靠、实用、先进、节能、高效、大中结合、大型为主"的原则，坚持一机多用、一机多能，向机电液一体化、自动化、智能化方向发展，农具坚持以一架多机、一机多用的气吸、免耕、联合整地机具为主。农场实行拖拉机限期淘汰制度加速更新步伐，2011 年规定更新 1 台大马力轮式拖拉机（180～190 马力①）、淘汰 2 台链轨拖拉机，更新 1 台大马力轮式拖拉机（370～380 马力）、淘汰

---

① 马力为非法定计量单位，1 马力≈0.735 千瓦，下同。——编者注

5台链轨拖拉机，更新1台进口大马力收获机（300～500马力）、淘汰2台旧收获机。农场积极鼓励职工购买大型农业机械以谁投资谁受益为原则，采取"个人筹一块、总局投一块、银行贷一块"的办法，20年间，装备水平发生了翻天覆地的变化。不论是动力机械还是收获机械、各种农机具，都从传统的类型向世界先进机型转变，从根本上改变了农机装备老化、超期服役、抗灾能力差、作业效率低、能耗高的问题。

农机装备更新情况如下：

2003年，更新大马力轮式迪尔4450型拖拉机7台、迪尔1075型联合收割机13台、东方红1002型拖拉机2台，更新拔麻机12台、气吸式点播机10台、大型覆膜机3台、通用机3台、喷药机喷体750套、镇压器1组、大犁7台、点播机1台。共投资400多万元。

2004年，更新JD7820型拖拉机2台、凯斯285型拖拉机1台、耕耘机1台、联合整地机1台。

2005年，引进佳联气吹式精点机3台、东方红履带拖拉机3台、前悬割晒机1台。

2006年，更新凯斯190型机车12台、青储收割机2台。

2007年，引进450马力轮式拖拉机，迪尔9520型拖拉机1台及配套整地机械2套。总价值208万元，其中总局补贴107万元，进口尔司惠甜菜起收机一套。

2008年，引进维美德T171型拖拉机5台，引进迪尔佳联1076型联合收割机8台，单车价值422501元，农垦总局每台补贴8万元；引进麦克当9250型割晒机1台，总价值67万元，农垦总局补贴20万元；引进凯斯485型拖拉机1台，配置进口联合整地机和耕耘机各1套，总价值189万元，农垦总局补贴66万元。

2009年，更新迪尔7830型拖拉机4台配套沃尔科技播种机，迪尔4730型喷药机1台，麦克当M100型割晒机1台，迪尔佳联3518型联合收割机5台，并配套天人玉米割台实现玉米直收，马斯奇奥12行进口播种机1台，开始购入使用折叠镇压器。

2010年，引进第一台进口满胜播种机，开始大面积使用进口播种机作业。同年购入6台迪尔佳联1076型联合收割机。

合作社组建后为其购置部分配套设备（播种机、重耙导航等）。

2011年，购入重耙8台，迪尔9670型联合收割机2台，凯斯6088型联合收割机1台。卫星定位自动导航和驾驶系统13套，进口播种机8台，种子处理设备催芽系统2套。更新投入资金1096.56万元，补贴375万元。

2012年，农场共引进进口收获机6台、进口播种机6台、卫星定位系统8套、4行自走式玉米收获机5台。

2013 年，正常进口迪尔 7830 型拖拉机 4 台、自走式割晒机 1 台、迪尔 S660 型联合收割机 2 台、卫星定位系统 8 套。

2014 年，通过美国贷款项目购入（2013 年购入、2014 年补贴）迪尔 7830 型拖拉机 6 台、迪尔 S660 型联合收割机 4 台，凯斯 6130 型联合收割机 1 台。更新投入资金 1084.8 万元，补贴 284 万元。

2015 年，购入迪尔 2204 型拖拉机 8 台，导航系统托普康 1 套、麦格天农 2 套。个人购置迪尔 S680 型联合收割机 8 台，迪尔 S660 型联合收割机 2 台。

2016 年，更新东方红 1304 拖拉机 8 台、重耙 10 台、农机导航设备 1 套。

2017 年，更新引进轮式拖拉机、插秧机、打捆机、农业用北斗终端、收获机各 1 台（套），异地录入新型农机购置补贴购入 8 套播种机械（2BFQ-12 行改 18 行）。

2018 年，更新引进插秧机 2 台、轮式拖拉机 1 台、玉米联合收割机 1 台，购入河北双天秸秆粉碎机 40 台，施肥机 28 台，农场出资单台补贴 1 万元。

2019 年，更新引进秸秆粉碎机 20 台、圆盘耙 3 台、旋耕机 6 台、水稻插秧机 3 台、轮式拖拉机 7 台、半履带收获机 12 台（套）、农机导航驾驶系统 1 套。投资 844.61 万元，补贴 224.68 万元。

截至 2020 年末，农场农机具总数 260 台（件）。其中：麦赛福格森 2404 型拖拉机 1 台、迪尔 7830 型大马力拖拉机 7 台、迪尔 2204 型大马力拖拉机 20 台、迪尔 9520 型大马力拖拉机 1 台、凯斯 485 型大马力拖拉机 1 台、迪尔 9670 型联合收割机 3 台、迪尔 S660 型联合收割机 16 台、凯斯 6130 型联合收割机 2 台、凯斯 3230 型喷药机 1 台、迪尔 1204 型运输拖拉机 6 台、东方红 1304 型运输拖拉机 12 台、东方红 1504 型运输拖拉机 3 台、东方红 1804 型运输拖拉机 6 台、久保田水稻收割机 6 台、各种配套农机具 170 台（件）。

20 年间农场用于农机更新投入 7626 万元，其中：争取上级补贴 2460.5 万元，农场配套补贴 42.28 万元，农机户投入资金 6220 万元。

第三节　农机管理

一、农机管理粗放时期

建场初期，农机管理比较粗放，由于当时忙于开荒种地，对机械使用上出现"带病"作业，管理不到位。农机常在沼泽地中作业，条件差阻力大，特别在浮夸风中，出现高指标、强干蛮干和瞎指挥等，致使一部分农机使用不当、磨损严重，很大一部分农机和农具损坏到不能修复的程度，一多半机械不能保证作业，出现马拉康拜因、一台拖拉机担负两三个生产队的田间管理任务的现象，"大跃进"和三年困难时期，田间收获往往延长到春节前后才完成。

1962年后，根据黑龙江省国营农场管理厅机务工作会议的精神，农场对农机管理工作全面进行了整顿，对机务工作提出全面贯彻机务规章制度，采取养重于修、管用养三结合的方针。具体措施有：

（1）封存、停用和报废一部分技术状态恶劣到不可修复的拖拉机和农具。

（2）严格贯彻执行机械常年的大、中、小修理制度，严禁乱拆乱卸。

（3）实行修理厂（或分场修理间）、农具场和零件库、油库管理专责制。

（4）贯彻以耗油量计算保养期，严格执行双班保养和使用交接班制度，并建立机车台账。

（5）做到"四不漏"（油、水、空气、电）、"五净"（油、水、空气、机身、工具）、"八封闭"（柴油加油口、汽油加油口、机油加油口、油尺口、磁电机、汽化器、输油管、启动机加油阀）。

为了进一步做好机务管理工作，除了大力宣传规章制度外，还利用广播和幻灯表彰先进机车组和做出成效的好人好事，同时组织一批机务工作人员到九三、克山和查哈阳等农场参观学习，提出"远学郝文焕、近学王堂（本场）"先进机车组的口号，对全场的机械使用、机务管理起了很大的促进作用。

1968年，生产建设兵团成立后，机务上一些行之有效的制度，被当作修正主义的东西而砸烂，农机干部和工程技术人员有的被揪斗、有的被下放、有的被改行，一部分工作熟练、干劲足的老车长也被撤换，加之机务队伍新成员大量增加，技术水平低、操作不熟悉，导致农机具故障增多。当时曾广泛流传着"机车不会开，坏了花钱买，全国跑采购，买回废零件"的歌谣。机务管理整顿又陷入混乱局面。

1977年后，恢复了原来农场的组织机构，农场总局提出全面贯彻机务规章制度，并于1978年制定了《连队机务管理十项标准》，要求全局各农场开展机务管理标准化运动。农场为了实现农场总局标准化精神，于1979年决定在九队建设一个农机管理标准化样板队，随后着手建设农具场、零件库和油库，经过1年多的努力，终于达到标准。1980年后，九队多次被评为北安管理局和农场总局标准化生产队，三队、四队、十队、十一队、十二队、十四队、十九队先后开展了学习标准化样板队的活动。从此以后，全场上下迅速开展机务管理标准化建设活动的新高潮，机务管理出现新局面，标准化单位和标准化车组不断出现。

1981 年全场评比出标准化车组 27 个。1982 年，评比出 31 个。1984 年，全场标准化机车组达到 29 个。标准化生产队由 1980 年的 1 个发展到 1985 年的 3 个。

二、农机管理提高阶段

从 1991 年开始，农机各项规章制度开始建立，出台了农具场管理制度、油料库管理制度及防火责任制、保养间管理制度，农具场管理员、油料员、保养间修理工以及农机工人都严格按照各项管理制度、各项职责执行。

1. **科学保养**　自 1990 年开始逐步完善和健全机车保养制度，各机车严格按期保养，保养后必须机务队长签字，坚决执行不保养不予加油、不准作业的制度，以确保机车达到"五净、四不漏、一完好"、农具达到"六不、三灵活、一完好"的技术状态。

2. **"三库一场"的建设**　农机"三库一场"建设历经了三个阶段。

第一阶段：1986—1990 年，党委作出决定并号召全场各生产单位学习九队的"三库一场"建设经验，多次召开现场会。各生产队积极行动起来，到 1990 年底各队基本上构筑了"三库一场"的框架。

第二阶段：为农场库场建设的完善阶段。1991 年以后，不断完善各队"三库一场"配套设施建设。1995 年又建设了临时停放农具场，做到机车、机具不入长期停放农具场，停放在临时农具场，保持农具场状态。

第三阶段：到 1999 年底统计，全场共建立砖瓦围墙结构的零件库 20 栋，面积达 1666 平方米；砖砌围墙的油料库 20 个，油罐 38 个，可储油 1418 吨，油库占地面积达 1275 平方米；有沙石铺垫、地势较高、地基坚实的农具场 20 个，占地 4420 平方米。全场各生产队和非农业单位的零件库全部实现了地板或水泥地，库内通风良好，干燥不起暴土、不漏雨、不进雪，零件分类挂牌保管，设有零件摆放架，摆放整齐防潮、防锈、防变形，零件出入库账目齐全、手续严格，经常清账核对。据统计，农场"三库一场"建设中共投入资金 270 余万元。

3. **机车管理"六统一"**　1996 年，随着农机体制改革的深入，农机具开始试点转让给个人，明确提出了机务管理"六统一"的规定，即统一停放、统一调动、统一供应、统一收费标准、统一验收、统一核算。同时，制定了农场农机作业"优机、优质、优价"实行办法，农具场管理制度及机具入场入库停放标准。

三、农机高标建设阶段

2001—2020 年，农场始终没有放松对农机基础设施高标准的建设。2004 年前，农场对生产队的机务区"三库一场一棚"建设十分重视，全场 19 个生产队建设了标准化的"三库一场一棚"。同时，每年都提取农机三项基础建设基金用于农机基础设施的建设和维护。2002 年，建设第四管理区农机中心。2004 年后，随着撤队建区的推进和加强，农场提出了强区弱组的指导思想，农机基础建设的重点也被转移到管理区。2007 年，建成建海农机合作社，基础设施由农场投资，机械由北安市组织购入，占地面积 4 万平方米。2008 年，开始建设农用飞机场，于 2009 年投入使用，用于开展航化作业。

加强了农机基础建设和农机高标准化管理，使农场的农机标准化工作得到大力提升。2010 年，农场被评为农垦总局"农机管理标准化标兵农场"，2014 年被授予"全国农垦农机标准化示范农场"3A 级称号，2017 年被授予"全国农垦农机标准化示范农场"4A 级称号。

1. **坚持农机监理工作，实行依法治机** 凡在农场辖区内从事作业的各类农业机械（包括大、中、小型轮式拖拉机，联合收割机，自走割晒机）必须在农机监理部门办理落户手续，领取牌照、行驶证后方可进行作业。坚持清理"黑车""黑驾"，杜绝各类未经落户和检验的机械作业，严禁无证人员驾驶操作机械，及时取缔违章。坚持安全教育工作，每项作业开始前都要对参与作业人员进行安全教育，同其签订安全责任状，受教育者进行安全签名，并落实各项安全措施。

2. **坚持农机管理标准化工作** 农场各作业单位按照《农机管理标准化检查评比细则》高标准完成农机具的春检、夏检、入场入库工作。农场进行评比，对前 2 名进行奖励，最后 1 名实行农机助理淘汰制。强化农机田间作业标准化，实行全作物．全过程．全面积标准化。

3. **坚持农机具维护保养制度** 农机科按照标准验收并定级划类，农机具分甲、乙、丙 3 类。对甲类机车和农具管理区优先安排作业，按标准正常收费；对乙类机械（履带拖拉机、轮式拖拉机、联合收割机）、乙类农具作业费分别下降 5%；丙类农机具及没有验收的农机具不准参加作业。坚持四项基础建设基金提取，以确保农机基础建设巩固、完善、提高。四项基金提取办法：拖拉机每标亩 0.15 元、收割机每作业亩 0.5 元、胶轮运输车每年每台 300 元（2003 年标准）。农机中心库房实行有偿使用，停入库房内的机械库房租金为 25 元/（平方米·年）（2011 年标准），收获机 1200 元/（台·年）、动力机车

600元/（台·年）、进口播种机400元/（台·年）（2011—2018年标准）。

第四节　农机作业

一、初期的种、管、收标准

建场初期，因机械缺，机务工人少、技术水平低，田间作业质量低劣，耕作比较粗放。当时田间机械化作业主要是翻、耙、播种和脱谷几项作业，中耕除草和收割很大一部分靠人工和畜力，因农机不配套，田间机械化程度只占60％左右。

1963年后，受"浮夸风"的影响，农机出现不科学的乱改装，导致田间机械化作业程度降低，标准作业下降。

1966年后，农场增添了一部分农机具，割晒机和拾禾器增加较多，机械化生产水平开始回升。黑龙江省国营农场管理厅下发了《田间作业标准暂行规定》，赵光农垦局也多次组织各农场主要的农机干部和农机技术人员学习标准作业技术，并将作业标准列为评比和劳动竞赛的首要条件，明确规定作业质量不合标准的单位和车组，不准评选先进单位和先进个人，更不准当劳动模范。为了确保农业丰产丰收，种、管、收三大作业都提出了明确易懂的标准作业口号，如：

种：提出了"四不播"（种子处理不标准、地不整标准、农时不到化冻深度不足、农机检修不标准）和直（百米弯曲度不超±10厘米）、齐（地头地边要整齐）、均（下种施肥要均匀）等标准作业措施。

管：主要指夏锄阶段的田间管理，提出了锄早锄小锄了的作业标准，为后来苗前苗后耙草和"蒙头上"创造了理论基础。在中耕管理的质量关键上，还提出"三不准"（不准伤苗、不准埋苗、不准留草）的作业标准要求。

收：在收获标准作业上，除了适期收割外，还提出"五净"（割净、拾净、脱谷净、风净、拉净）和"七不准"（康拜因各部位不准漏粮、不准裹粮、不准跑粮、不准打碎粮、不准混种混地号、干湿和好坏粮食不准混收、不准快速行车）作业的标准质量。特别是分段收获提出了"三度一线"（即：割茬高度要在15～20厘米，放铺高度在10厘米左右，铺子角度60～70度，放成一条线）的质量要求，为收获工作创造了切实可行的标准。

1976—1985年，科学种田和作业标准重新得到重视，被缩减了的化学药剂灭草措施又重新开展起来。20世纪70年代末，大豆化学药剂灭草在农场开始实施，机引大型喷药机不断改进。在耕作技术上大力推广少耕和免耕法，原来的离向心播法全面改为锁形播种为主，中耕管理推行四区套耕和垄间深松，原先的条状分段收割技术改为鱼鳞大铺，作业标准达到一个新水平，同时三率明显提高。

二、整地作业

1985 年以后，农业机械不断更新，农机管理向高、精、尖方面发展，大田作业的机械化、标准化成为农机改革的主导方向。整地作业、作物播种、田间管理以及收获，都实现了机械化。

1986—1992 年，农场整地的作业层次是翻—耙—耢，1992 年以后整地作业作了重大的改革，深松逐步代替了传统的耕翻作业，作业层次为深松—耙—耢。事实证明，深松耙茬地的土壤通透性和抗旱能力大大提高了，整地成本降低了。

1998 年，农场进一步提出"节能降耗、优质高效"的号召，在十三队试点采用了原茬旋耕，1999 年又开始尝试直接原茬上重耙的整地方法。

2001—2020 年，是农机作业由低效率低质量向高效率高质量的转变时期。为了满足种植结构调整、农业新技术应用和农艺新要求，农场在农机装备配备、农具的更新引进、农机具的改装和农机新技术的应用及田间作业标准化方面，都做了大量的卓有成效的工作。为了保证种植户种植的作物丰产丰收、强化农机服务，农场出台了很多保证作业质量的相关措施。

随着农机具的更新换代、作物结构的调整和农艺要求的变化，机械作业方式也发生了深刻的变化，农机作业机械化水平逐年提高，由 2004 年前的履带拖拉机作业转向轮式大马力拖拉机作业，提高了作业速度和质量。2010 年前，农场播种作业需要 40 多天，到 2010 年后，只需要 7～10 天。大田收获作业由 40 天左右缩短为 10～15 天。

2007 年，农场开始引进 450 马力以上拖拉机开展联合整地机耕耘作业，实现复式保护性耕作。2007 年与海伦市南华糖业合作，进行甜菜的全程机械化作业。2011 年，引进进口大马力收获机（迪尔 9670 型、凯斯 6088 型）开展作物的高标准机械化收获，实现玉米机械化直收。2012 年，实现大豆三行进口播种机作业。至此全程旱作农业的整地、播种实现全面积进口整地机械和播种机作业。

到 2020 年，农场统管收割机 21 台，以凯斯 6130 型、迪尔 S660 型为主要机型，机械采用轴流脱粒作业方式，通过变换收获割台，实现对大田全作物机械收获。

三、播种作业

1. **小麦播种作业** 1986 年以前，农场的小麦播种全部采用平播方式。1993—1997 年，小麦播种实行深施肥、播种两遍作业，施肥深度为 8 厘米，施肥时期为秋季结冻前 7～10 天。1997 年，在十二队进行了大豆原垄卡播小麦。1998 年，在十一队进行了一垄三行的原垄卡播实验，取得了很好的效果。

2001 年后，小麦播种全部采用进口机械，行距 10 厘米的通用机前配链轨道松土器，后覆大拉网，播种施肥使用同一机械进行。播种时百米内弯曲度不大于 ±5 厘米，行距相等，开沟器行距差不大于 1 厘米，台间行距差不大于 2 厘米，往复结合线行距不大于 3 厘米。

2. **大豆播种作业** 1986 年以前大豆播种主要是平播，播种机具为二十四行条播机。1987 年以后，随着点播机的引进，开始进行大豆垄作。1993 年以后，随着点播机数量的增加和机械力量的增强，秋起垄面积逐年增加，播种方式为垄上双行精播，机具为机械式点播机和气吸点播机。1996 年，全部实现秋起垄，播种为垄上双行精播。1997—1999 年，为了降低生产成本，十二队试行了 30 厘米苗距平播并中耕 2 遍的作业方式，取得了成功。

2001—2020 年，大豆播种机采用进口三行播种机（满胜、大平原、马斯奇奥），播种匀速 8 千米/时以内，播量按农艺要求，米间落粒误差不超过 2 粒，种子分布均匀，不缺苗不断条，不出现开口垄，达到株距一致、行距一致、播深一致，种子播深为镇压后 3～5 厘米，实现了精、准、卫星定位、堵种报警。

3. **玉米播种作业** 1990 年以前，农场种植的玉米数量较少，大部分用于青贮。1996 年以后，进行过大垄双行覆膜玉米播种，机具为改装后的精量点播机。

2001—2020 年，玉米市场价格向好，调动了种植户种植玉米的积极性。农场采取优惠政策，鼓励职工购买进口机械。玉米播种机采用进口双行播种机（满胜、大平原、马斯奇奥）播种匀速 8 千米/时以内，各行间施肥深度一致，分层施肥深度应在 5～15 厘米，各行排肥量误差不超过 ±2%，施肥位置在双苗带中间，偏差不超过 ±1 厘米。深施肥分 2 层，深层深度为垄下 15～20 厘米，次深层深度为垄下 12～15 厘米。种子播深为镇压后 3～4 厘米，口肥应与种子同床，不能满垄撒播，种肥深度允许误差 ±1 厘米。播种时期一般为 4 月下旬进行，追肥在玉米封垄前 6～8 叶期进行。玉米收获采用进口收获机脱粒直收，一般在 9 月末、10 月初。

4. **经济作物播种作业** 1986 年以前，油菜播种一直采用平播方式。1993 年，开始尝试垄上卡播,机械为精量点播机,实践证明,垄上卡播播量控制得好、抗倒伏。高粱、油菜、甜菜、亚麻、大麻、谷子等均采取相同的基础整地模式,联合整地耙地后起垄,采取进口播种机适时播种,使用中耕机进行中耕并及时采取灭草喷施微肥,防病防虫等一系列农艺措施。2020 年,进口收割机均可实现对各作物的直收作业。一般情况下,甜菜、亚麻、大麻、谷子、高粱等如无特殊种植模式要求,均可使用进口满胜、马斯奇奥等播种机通过更换排种盘进行播种,结合不同的农艺要求实现播量、播深的改变,以达到高产高效的要求。

四、新技术推广应用

1958 年后,农机具不断增加,农场发动能工巧匠制造了一部分适合当时耕作条件的农具,如播种谷子、玉米用的木制机引耙,除草用的 2.4 型红星除草耙,趟蒙头土用的方木捞子,用 C-6 康拜因改装成割晒机(卸去滚筒凹板),拾禾用的木制拾禾器,木制联结器等。这些木制农具的出现,使田间机械化生产水平提高 10% 以上,作业标准也明显提高,后来在全场推广应用。

1986 年以后,随着农场农机新机车、机具的不断引进,农场针对其在使用中的具体实际,进行了一些新技术的应用与改装。1991 年以后,特别是 1993 年以后,农场相继推行了农业种植结构改革、耕作制改革并推行质量效益型农业。为了与之相适应,农场加强了农机具的改装与新技术的应用、推广。针对机具作业提质降耗、抗御自然灾害能力、适应农业改革,农场推行了许多农机新技术,重要的有 4 项:

(1)引进联合收割机防陷装置,包括防陷轮、半链轨。

(2)研制了西方-200 割晒机防陷轮。

(3)旋耕机的引进。

(4)原垄卡播机的研制与改装。

实践证明,这些研制改装后的农具在生产作业中起到一定的作用,促进了当时的农业生产提质增效。

2001—2020 年,为了满足农艺技术推广的要求,农场大力推广了一大批农机应用技术,使农场的机械化程度得到大幅度提升,农业标准化也得到了保证,为此阶段种植业的跨越式发展提供了机械保障。

农机应用重要突破有 11 项:

(1)2003 年,实现麦类作物条播机 10 厘米播种。

（2）2004 年，开始实现轮式拖拉机大面积作业，逐步淘汰履带拖拉机。

（3）2007 年，实现甜菜全程机械化作业。

（4）2009 年，实现玉米全程机械化作业。

（5）2010 年，开始玉米作物进口播种机作业。

（6）2011 年，农机自动驾驶导航系统开始运用到农业机械，并在 2012 年全部装备美国 trimple 公司 AG Autopilot 导航产品。

（7）2013 年，对所有进口收割机加装防陷附轮，提高收割机作业时通过性。

（8）2015 年，使用大豆垄上三行栽培技术并在 2016 年全面推广实施。

（9）2016 年，试用施肥机变速箱调整装置，试用施肥监控系统。

（10）2018 年，运用新型河北双天秸秆粉碎机进行秸秆打茬作业，解决了秸秆禁烧后秸秆处理的难题。实现全面积秋起垄黑色越冬。购入 28 台圆棍式起垄施肥机，在秸秆较多、通过性不好的情况下保证高标准的起垄作业。

（11）2019 年，改装中耕机，利用中耕机械除草提高有机地号机械除草效率。

各年具体推广的新技术有 64 项：

2001 年：①小麦原垄卡播和深施肥技术；②大豆气吸式暗垄密播技术；③100％秸秆还田技术；④亚麻播种机的改装与拔麻机的引进；⑤大豆收割机全部配备滚筒减速器；⑥大豆收割机全部配备低割装置；⑦大豆破茬起垄技术；⑧直耙麦茬垄沟深松起垄技术；⑨玉米精量点播与覆膜技术；⑩玉米收获机引进和试用。

2002 年：①大豆深窄密、宽窄密、大垄密播种技术；②大豆气吸式免耕播种技术；③玉米催芽气吸式精量点播技术；④小麦、大豆立体施肥技术；⑤秸秆 100％还田技术。

2003 年：①大豆大垄密播种技术；②亚麻宽苗带播种技术机械改装；③大麦、小麦宽苗带 100％播种及播后深施肥技术；④深松犁整地技术；⑤青贮饲料收获技术；⑥玉米气吸式精量点播技术。

2004 年：①大豆大垄密播种技术；②大豆气吸式精密播种技术；③联合整地保护性耕作技术；④大豆分层定量施肥技术；⑤车载滤油机技术。

2005 年：①小麦宽窄行播种技术；②大豆气吹式精密播种技术。

2006 年：①大麦、小麦 10 厘米缩行增密技术；②大豆 105 厘米、140 厘米大垄播种技术；③大麦、小麦宽苗带播种及秋深施肥与播后深施肥技术；④大豆大垄密精点覆膜技术。

2007 年：①甜菜大垄双行气吸式精量卡播技术；②甜菜机械收获技术。

2008 年：①玉米大垄气吸式催芽精量点播技术；②玉米大垄垄上行间覆膜技术；

③大豆分层定量、定位施肥技术；④起垄定位技术应用；⑤原垄卡播技术。

2009 年：玉米大垄进口机械精量点播技术。

2010 年：卫星定位和自动导航系统应用技术。

2011 年：①水稻育秧全程机械化技术；②水稻机械插秧技术。

2012 年：①玉米机械去雄技术；②进口收割机、扒棒机收获玉米技术；③玉米烘干技术应用；④玉米茬打茬整地技术。

2013 年：①加大应用免耕技术，重点推广玉米、大豆互卡播种技术；②全面积应用进口播种机播玉米技术；③全面积应用大豆垄上三行播种技术；④玉米茬整地高柱犁配套应用技术；⑤玉米秸秆还田与收集机械配套应用技术；⑥水稻机械化配套技术应用；⑦芽种生产设备的推广应用；⑧玉米移栽机的引进推广；⑨玉米追肥技术的配套应用。

2015 年：玉米追肥机械的配套应用。

2016 年：水稻机械化配套和分段割晒收获技术应用。

2017 年：拖拉机自动导航技术全面推广应用。

2018 年：①玉米茬整地翻转犁等配套应用；②玉米收割机车聚拢割台配套应用；③联合整地保护性耕作应用。

2019 年：农机深松远程监控、数据调取、作业情况实时查询技术。

2020 年：以推广"智能化替代机械化"为发展方向，以推广卫星导航、智能控制、自动监测等技术为重点，促进更多智能农机技术在大田作业中示范应用。

第五节　农机后勤保障

建场初期，农机工作的后勤保障工作是大集体性质，缺啥买啥，农场农机部门年初拿出粗框架计划，配备各类易损零件、计划购油等，短缺零件、油料要请示上级部门审批。机车坏了由机务后勤与机车长进行维修，特殊零件就要去通北、赵光购买。

20 世纪 60 年代至 80 年代农机的后勤保障工作重点是油料库、零件库及修理厂。当时是每个生产队都有油料库、零件库，分场有修配厂，总场有修造厂。

1. 维护　1986—1997 年，为了保证农业动力机械常年处于完好的技术状态，实现技术保养标准化，规范化、农场在农机维护工作中，十分重视对机车的技术保养。于 1991 年以后建立了技术保养岗位责任制，每个车组都有技术保养手册，由机务队长保管并监督执行，主要内容是落实驾驶员、车长、机务技术员、机务队长各自的技术责任，包车组长负责机车班次保养，驾驶员负责农具的"五不、三灵活、一完好"的检修，并认真按照机车工作小时或燃油消耗标准进行周期保养。制度的不断完善，保证了机车作业率。

2. **修造**　农机、动力机车的大修主要是在农场修配厂进行。需要大修机车必须由农机科审批。每年有30台左右机车进修配厂进行大修，修理费用在大修基金中列支。1990年以后，机车大修基本不出生产队。1997年后农机具转让给职工个人所有后，机务工人责任心强了，爱护机车如同生命一般，机车维护得到进一步加强。职工成为农机技术投资主体，对机车的保养维护十分认真，完全达到了技术保养标准化和规范化。

3. **供应**　1986—1999年，场内农业机械和配件物资由农场物资科供应。在春检、夏检之前由生产队报零件计划，分场农机技术员汇总后报物资科，物资科根据计划需要进行采购，十几年来基本上满足了需求。物资科每年还按照农场农机更新计划负责对所需农业动力机械的整机及农具进行采购。油料1999年以前，由物资科根据分配计划进行供应。1999年6月8日，油料库成立建设石油供应站。油料库从农场分离出去，隶属北安分公司，油料不再由物资科供应。

4. **农机转售**　2000年，农场农机转售工作基本结束，后期仅对个别特种作业机械进行了处理。2002年，对购入的加拿大西方8570型联合收割机进行转售。2003年，对购入的进口拔麻机进行转售。2004年，对购入的6台西方200型割晒机进行转售，全场农机全部完成转售工作。服务职能彻底转变，变成了市场化。

第六章　林业草原

第一节　造林绿化

建设农场位于小兴安岭山麓，与小兴安岭天然次生林区接壤，东北有群力、三〇三林场，西北有幸福和缸窑林场。建场初期，农场中部多间夹森林，场区林地较多，拥有多面环林的生态环境。一进农场便有青山绿水、野花遍野、空气新鲜的世外桃源感觉。

经过 64 年的开发建设，2020 年，农场有林业用地 3514.1 公顷，其中，有林地 2790.9 公顷、疏林地 11.8 公顷、灌木林地 177.3 公顷、未成林造林地 44.2 公顷、苗圃地 40 公顷，非林地面积 35643.2 万公顷。森林覆盖率 7.1%。

农场农田防护林和护路林纵横交错，远看成网、近看成行，树种有杨树、落叶松、樟子松、水曲柳。绿化观赏树种有桃红、丁香、唐槭、云杉、松柏等绿化大苗。

林业是一个含植树造林、苗圃培育、林政管理、森林防火、资源管理、病虫害防治为一体的产业。农场先后多次被评为北安管理局和农垦总局造林绿化、护林防火先进单位。1982 年林场许胜吉被评为农场总局劳动模范。1983 年，林业科科长兼林业工程师周占彪被评为农场总局劳动模范。1986—2020 年，农场没有发生森林火灾，多次被北安分局、黑河市评为护林防火先进单位。其中，2004 年被北安市人民政府森林防火指挥部评为森林防火先进单位，2004 年、2006 年连续 2 年被黑龙江省人民政府评为森林防火先进集体。

20 世纪 60 年代中期，农场有自办林场一处（现幸福林场，1964 年北安县收为县属林场），高成志任林场党支部书记兼主任，李树义任副主任。1958 年，号召植树造林，由赵光农场办事处调拨大量落叶树和一部分樟子松树苗（约 30 万株）。当时临近初冬，土壤开始上冻，全体职工利用业余时间和夜间进行植树，当年造林 450 亩。1964 年，蒋春林由九三农场调到建设农场二分场任副场长，推进植树造林工作，当时赵光农垦局局长赵振卯大力支持林业建设，用自己专用的小汽车运送树种，用专车接送到局办理林业工作的工人。当年，总场成立林业科，下设林场，分场以下设营林员。此后，连年开展造林工作，造林成活率达到 85% 以上。农田防护林和公路两边的防风林已形成纵横交错的林网，还营造了一部分黑豆果，观赏用的桃红、丁香和居民区的防风林等，极大地改善了农场生态环境。树种有樟子松、落叶松、赤松、榆树、水（花）曲柳、杨树、刺槐、唐梅等，在品种上不断选优更新，以前的疙瘩杨换成速生杨。到了 20 世纪 70 年代中期，人工林树木胸径已达 8～10 厘米，开始间伐。

20 世纪 80 年代后，推进林业改革创新，在加强林业机构建设的同时，采取了一系列的造林和抚育措施。如每年造林以前举办造林学习班，使广大林业工人基本掌握各种树木的生理习性和栽培知识；根据地形和土壤类型，分配树种；农田防护林和居民区的防风林，因机车运行和行人活动较多，栽植大苗，以防苗矮目标小受到车压人踩；偏僻荒山陡坡种植 50 厘米以下的幼苗；在造林抚育上，采取包栽包管的责任制，把造林任务落实到具体人。由于措施得当，造林面积增加很快，成活率不断提高，这个时期森林覆盖率已达 15％。林业工人已达 150 人。

20 世纪 90 年代后期，根据农场总局要求，农场造林绿化重点抓好了 3 个工程建设：①速生丰产林基地建设工程。加强领导，落实责任，强化措施，真抓实干，保质保量完成退耕还林任务。②防护林工程。农场重点抓水田防护林工程，同时，依据规划完善和提高老林带的补植、配套建设，提高了防护效益。③"三绿"工程。结合文明创建工程，全面实施"三绿"工程。即：绿色城堡——营区四面栽防护林；绿色走廊——公路两侧栽满护路林；绿色通道——居民区道路两侧栽满绿化树和花卉。农场结合文明创建活动，评比出"三绿"工程获得前三名单位，即九队、十二队、十四队。

1996 年，农场按照农场总局、北安管理局要求办好绿化点工程，农场在总场场部大院内建草坪 7300 平方米，大院四周栽各种树木、盆景 1000 余棵。各直属单位、生产队等积极响应，纷纷建草坪、植树、种花美化环境。涌现出十二队等一批总局级"绿化百家队"称号单位。

2002 年，开始实施退耕还林政策后，上级下达退耕还林任务 4.3 万公顷（包括退耕地还林工程和荒山荒地还林工程），其中，农场自 2003—2005 年，共完成退耕地还林 1.3 万公顷，并于 2013 年 6 月，顺利通过国家验收小组验收。

2010—2020 年，通过"一事一议"、小城镇绿化工程等项目，农场先后完成了幸福、福江、花园 3 个住宅小区 9.88 公顷的造林绿化工作；进一步完善了中央街、北环以及医院、农具场等场直各单位的造林绿化工作，面积 6.96 公顷；新建东湖植物园，面积 4 公顷；新建福江植物园，面积 3.33 公顷；建设围城林 6.67 公顷。2016—2019 年造林绿化共完成投资 310.9 万元。

截至 2020 年底，农场根据上级文件要求，结合农场林地的实际情况，制定出《建设农场林地清理还林方案》，农场承担 50％的苗木费，优惠扶持政策，还林栽植大榛子

150.7 公顷，杨树 13.9 公顷。

第二节　苗木生产

1956 年建场时，农场没有苗圃。农场认为，苗圃是发展林业生产的重要基础，过去造林绿化成活率不高的原因，除了对林业生产未引起足够重视外，另一原因是当时苗木是从外地调拨来的，运输和运回后不能及时栽种，降低了苗木成活率。所以，早在 1964 年农场便开始培训青年育苗工人（有吴会君、董兆仁）。

1965 年农场成立苗圃开始育苗工作，当时没有挂牌，1982 年建设农场苗圃正式挂牌成立。

1965 年当年育苗 7 亩地，其中，有山丁子 2 亩，还有落叶松、杨树和榆树。1966 年，苗圃被废弃。

1976 年后，重新在原来的苗圃基地上建立苗床，对苗圃加强了组织领导，安排了固定的专业育苗工 30 人，先后从外地引进 6 个速生和抗病力较强的树种。在育苗技术上，由过去耗工量较大的遮阴育苗法改为露天（又称曝光）育苗法，节约了大批物资和投资，加速了幼苗生长。1985 年共育成各种苗木 2000 万株（出床数），除了满足本场造林外，还支援外场和销售到外单位一批苗木，增加经济收入 15 万元。

1986 年，苗圃面积已达 70 亩，苗床面积 65 亩，育有各种苗木 310 万株，还种有平贝母等中草药材 20 亩。

1986—1999 年，累计产苗木 15.24 万株，其中育大苗 671 万株，完成了农场造林绿化供应任务。每年都出售各种绿化大苗万株以上，有力地推动了北安分局造林绿化的发展，促进友邻单位造林绿化工作的顺利开展。先后多次被评选为农场总局和北安分局"专业化先进苗圃"。1995—1999 年，利用从外地引进的优质绿化大苗 2.3 万株，插条培育出 57 亩，产苗 52.2 万株。随着退耕还林形势的发展，农场根据农垦总局的文件精神，2000 年退耕还林 3.5 万亩。

到 2015 年末，苗圃总面积达到 56.8 公顷，库存乔木、灌木、宿根花卉品种 32 个，存苗量达到 150 万株。为小区绿化、围城林建设提供苗木 30 余万株（包括绿篱造型），节省苗木资金 40 余万元。

截至 2020 年底，苗圃占地 53.33 公顷。苗圃育成的树苗品种由原来的单一造林品种发展为落叶松、樟子松、云杉、杨柳树、花灌木在内的几十个绿化品种。不仅能满足本场造林绿化的需要，而且还供给周边农场、乡镇、村屯，大苗还销往区域外。年均经营收入

20 万~30 万元，总销售量达到上百万株。

第三节　资源管理及森林防火

一、资源管理

2020 年，农场森林资源按起源分人工林和天然林 2 类。其中，人工林面积 718 公顷，蓄积 15.3 万立方米；天然林面积 2065.6 公顷，蓄积 13 万立方米。

截至 2020 年末，北安市林草局下发"绿卫"和"督查"图斑 121 块，面积 78.11 公顷；环保"督查"下发毁湿点位 33 个，面积合计 18.1 万平方米；国家林业督查组督查地块 1 块，面积 0.12 公顷。为了完成资源的核查工作，历时 70 余天进行现地核查。2019 年已全部完成绿卫督查还林工作。

二、护林防火

农场现有林地面积 2790.9 公顷，森林覆盖率 7.1%。按照"预防为主、积极消灭"的防火工作方针，努力实现无森林火灾、保护好国家资源的奋斗目标。

建场初期，农场的周围环境十分复杂，四面环山，与林地相连，春秋两季放荒烧秸秆一向比较慎重。1980 年春，三队烧秸秆引起一场野火，轰动了北安县和北安农管局 20 多个农场和单位，在农场召开了现场会议，并对当事人作了严肃处理。从此以后，农场十分重视防火工作，场领导提高了对防火工作的认识，并制定了"六不准烧"的制度：①不经县级以上防火部门批准不准烧；②领导不在现场不准烧；③不通知友邻不准烧；④无防火道不准烧；⑤三级风以上不准烧；⑥扑火队伍不组织好不准烧。还规定每年 4 月 1 日至 6 月 10 日，9 月 15 日至 10 月 30 日（大雪封山前）为防火期，防火期内外出不带火、在外不吸烟、机车在外作业要带防火罩。

为了防止火灾发生，林场每年春秋防火期内，都出动防火宣传车，车上安装高音喇叭、悬挂防火标语，到单位和各居民区进行防火宣传教育。

1987 年 5 月 6 日，大兴安岭特大火灾之后，全国上下对森林防火工作高度重视，农场防火措施更加完善，使防火工作进入一个新阶段。农场始终坚持"预防为主，积极消灭"的方针，到 2000 年底，农场连续 20 年没有发生森林火灾。多次被农垦总局、北安分局、北安市、黑河市评为护林防火先进单位。

2001—2020 年，农场把森林防火工作纳入安全生产之中，时时刻刻教育、警示干部职工提高防火意识，在防火戒严期野外作业不带火、不吸烟，并落实各个单位在森林防火工作中做好"六个到位"。

1. **责任落实到位**　每年进入森林防火期后，农场党委都要召开森林草原防火工作会议，下发《黑龙江省建设农场做好关于森林草原防火工作的通知》和《森林草原防火工作三方案三预案》等文件，农场场长与管理区签订森林防火责任状；本着"谁主管，谁负责"的原则，坚决实行"四长"负责制。管理区居民组与辖区住户、野外作业人员、放牧人员及"五种人"签订森林防火责任状，签订森林防火公约，将责任落实到山头、地块和人头，做到"火有人防、责有人负"。

2. **宣传教育到位**　进入防火期前，利用电视、广播、板报、防火旗、宣传车等宣传工具进行大规模的宣传，全面宣传，注重防范；进入防火期后，加大宣传力度，设立永久性防火宣传牌，印制悬挂防火宣传彩旗、防火预警旗、宣传横幅，散发防火宣传单，出动防火宣传车，电视台录制专题节目，并组织进行森林防火联合检查和专项检查，在清明节、"五一"等人流活动量大的节假日期间，加强巡逻密度，实行重点防范。开展林下卫生整治，进行"三清三查"消除火灾隐患。为了提高职工群众的森林防火意识，建立森林防火宣传一条街，把森林防火工作的重要性真正达到家喻户晓、人人皆知。

3. **扑火队伍建设到位**　进入防火期后，成立由主要场领导亲自挂帅的森林防火指挥部，各管理区、居民委员会成立由主要领导为第一责任人的森林防火组织和第二、第三梯队的干群扑火队。农场成立半专业森林防火扑火队，统一食宿，加强防火演练，保证有火情及时扑救。

4. **设施设备落实到位**　农场周边与北安市幸福林场、三〇三林场、通北林业局的林地毗邻，森林防火任务重。2014 年，黑龙江垦区小兴安岭区域农场森林重点火险区综合治理二期工程经国家审批划拨配套物资，调配到农场风力灭火机 20 台、进口风力灭火机 5 台、二号工具 52 把、灭火服装 47 套、GPS 终端一部。2018 年农垦总局为农场购置 1 台防火运兵车，北安管理局从引龙河农场调配 10 台风力灭火机，大大充实了灭火装备。2020 年，农场的风力灭火机达到了 40 台，新建了 72 平方米森林防火物资储备库，使防火器具做到统一管理。同时，与周边的北安市幸福林场、三〇三林场、海星镇、部队及通北林业局成立了北安市第七联防区，做到有火情能及时扑救，达到了"有火同打，无火同防"的目的。

5. **值班巡护、检查监督到位**　进入森林防火期后，农场各基层单位配备森林防火值班员和森林防火巡护员，每天进行认真的巡护，森林防火办公室每天都对各单位进行检查或者抽查，包片领导及干部包片包点到位，深入责任区真抓实管不走过场，并将检查情况记录在册，作为考核依据，确保森林防火工作万无一失。

6. 加强沟通联系，确保农业生产到位　为了保证农业生产顺利进行，按照上级森林防火指挥部规定，上报确定需要点烧地块和点烧时间，按照计划烧除时间节点，与毗邻单位沟通，组织扑火队看护和点烧，确保备耕地块及时点烧、及时播种，为农业生产保驾护航。2017年后，国家规定全面禁止焚烧秸秆，对此，农场大力宣传全面禁烧秸秆，对全场各管理区所有地块24小时监督检查，严格管控火源并引进了先进的玉米灭茬机，及时进行灭茬翻耙，为下一年农业生产提供保障。

第四节　林下经济

按照上级退耕还林政策精神，农场从2002年开始实施退耕还林。还林后，农场充分发挥资源优势，利用林下耕地发展林下经济，增加职工收入。采取承包的方式包给职工，保证树苗成活率。①保证树苗成活率在95％以上，当年发现死树，当年补栽。②林下经济不能种植高秆作物，只能种植矮棵作物。③不能生长野草，保证树的左右干净，确保树苗健康生长。

2010年以来，农场充分重视发展林下经济，引进推广一批项目，优化了产业结构，促进了职工增收。从山东临沭县购进杞柳种条5.3万斤，在苗圃地扦插1公顷试验。2012年，扦插杞柳13.33公顷，栽植蓝莓2公顷。在科技园建立食用菌发展基地，成立"绿森川"食用菌专业合作社，共建大棚14栋，温室8栋，培育榆黄蘑14万袋。2013年，食用菌大棚达到60栋，培育球盖菇1.68万平方米、榆黄蘑8万袋。建葡萄大棚40栋栽植美国提子。2014年，组建北安农垦"涌泉峰"食用菌专业合作社，栽培香菇30万棒，大球盖菇1200平方米，榆黄蘑15万棒。同时在四方台镇引进试验玉米套种球盖菇0.67公顷，林带地种植球盖菇1.33公顷；饲养野猪170头，狐貉养殖户4户，饲养狐貉400余只。2015年，投入食用菌生产大棚40栋，栽培滑子蘑、平菇30万袋。大棚提子生产40栋。

2016年，从牡丹江引进樟子松嫁接红松项目，当年，樟子松嫁接红松17.33公顷3.6万株。其中，林业科嫁接1.5万株，家庭林场承包嫁接2.1万株。饲养野猪228头，养殖户2户。利用林地水面资源养殖大鹅1.1万只，种植中草药14.67公顷。其中，6月8日，第四管理区党支部书记董汉杰从赵光镇北乐村引进适宜农场种植发展的中草药平贝母项目，与有致富愿望的种植户朱东海一起在林场苗圃种植平贝母0.53公顷，总投入14.4万元。平贝母种植项目得到场长万太文的支持和认可，并倡导发展该项目，原林业科科长张兴华具体协调落实，指定林场苗圃大苗培育区作为平贝母种植小区。当年自营经济园区种植中草药 8 公顷，其中苍术 1.87 公顷、白鲜皮 0.4 公顷、赤芍 0.4 公顷、枸杞 0.47 公顷、板蓝根 4.86 公顷。第一管理区种植中草药 6 公顷，其中玉竹 1 公顷、半夏 5 公顷。

2017 年，为了提高 40 栋葡萄大棚土地利用率，进行架下套种中药材和西瓜试验。野猪养殖户发展到 3 户，野猪存栏达到 300 头。完成樟子松嫁接红松 10.67 公顷，并移植了 2 年嫁接苗 1650 株，栽植面积 2.67 公顷。自营经济园区大棚种植中草药 4.53 公顷，其中，苍术 3 公顷、黑枸杞 0.33 公顷、赤芍 0.27 公顷、白鲜皮 0.27 公顷、玉竹 0.66 公顷。6 月初，第四管理区党支部书记董汉杰带领低收入户李万富、马动力、王红花、陈伟红、王文哲、马新伟、温志新、汤孟华、王俊生、马春起、房国臣等 14 户，投资 37 万元种植 1.33 公顷平贝母药材发展林下经济。

2018 年，饲养大鹅 3000 只，完成樟子松嫁接红松 6.67 公顷，种植大榛子 22.2 公顷。3 月 17 日，农场十三届一次职工（从业劳动者）代表大会召开，为表彰第四管理区党支部书董汉杰引进发展平贝母种植所作出的贡献，场长万太文为其颁发了创新创业奖牌和 5000 元奖金。6 月 26 日，董汉杰种植的 0.27 公顷平贝母喜获丰收，以每千克 40 元出售，亩收入 4 万余元，纯效益 2 万元。在此基础上，他继续带领种植户马新伟等 3 户投入 8 万元种植平贝母 0.27 公顷。

2019 年，种植平欧大榛子面积达到 128.5 公顷，发放苗木 12.7 万株。商务科长董汉杰个人投资 14 万元、农场扶持 10 万元贷款总计 24 万元，以每亩租赁费 500 元、租期 5 年承租第五管理区大榛子地立体栽种平贝母 8 亩。

2020 年，职工种植的大榛子 20 元/千克开始出售，各种药材也陆续走向市场，为职工增收拓宽了渠道。

第五节　林政管理

建设农场 20 世纪 60 年代以后，对各级政府颁发的各项森林保护政策比较重视，进林砍伐木材的情况很少发生。

20 世纪 80 年代后，国务院发布《关于制止乱砍滥伐森林的紧急指示》后，农场营林员到各单位宣传和检查，贯彻落实国务院文件，做到人人皆知、家喻户晓，有效地制止了乱砍滥伐事件的发生，并对过去毁坏林木行为严重的个人和单位进行了严肃处理。1985 年年底，共处理乱砍滥伐林木事件 30 多起，提高了广大群众的护林自觉性。

在人工造林方面，实行了现场验收制，规定了"七不验收"：①没有规划设计和不按设计图纸造林不验收。②没有实现农田林网化、先造木材林不验收。③不具体落实造管责任制不验收。④高压线、通信线下造林木不验收。⑤行趟不正、不挖坑撬缝插苗造林的不验收。⑥栽残病植株和不是良种不验收。⑦无营林员签字不验收。

在防火方面，根据农场与林地相接，农场对秋季放荒烧秸秆一向比较慎重，并制定了"六不准烧"的制度：①不经县级以上防火部门的批准不准烧。②领导不在现场不准烧。③不通知友邻不准烧。④无防火道不准烧。⑤三级以上风不准烧。⑥扑火队伍不组织好不准烧。

截至 2019 年底，林政管理工作转交地方管理。

第六节　草　　原

农场草原资源相对匮乏，主要集中在流经农场的轱辘滚河、小轱辘滚河、通肯河、十道河、十一道河、八道沟、九道沟 7 条河流附近区域。

1995 年草原第二次普查时，农场拥有草原面积 4619.13 公顷。"五荒"开发时导致草原面积减少 1789.35 公顷。2011 年开发水田占用草原面积 77 公顷，以及改变用途 716.99 公顷。2018 年，草原清查最终确权统计时将 814.47 公顷零星草原规划为其他用地，不做草原核算。经 2018 年草原清查，最终确权有草原面积 1221.32 公顷，其中基本草原 1106.73 公顷，占草原面积的 90.6%；非基本草原 114.59 公顷，占草原面积的 9.4%。其中，面积 6.67 公顷以上的草原有 57 块，用途为放牧用地。草原植被以小叶樟为主。由于草原资源有限，大部分草原都属于超载放牧。由于旱涝造成草原植被缩减等原因，草原植被覆盖率仅仅达到 85%，草层高度维持在 15 厘米左右。

第七章　畜牧业　渔业

第一节　机　　构

1956—1958 年，农场只有一名兽医畜牧员，负责全场为数不多的几头牲畜。随着农场垦荒事业的发展，为满足职工生活的需要，1958 年适当发展了猪的饲养，农场建立了畜牧队，分场、生产队分别配备了畜牧兽医。

1965 年，农场体制改革，成立了畜牧科，科长王喜林，副科长凌国强、黄玉山。

1956—1985 年，农场曾担任过兽医院院长的有王银生（北京农业大学畜牧系毕业，在农场工作 15 年）、刘盛昌（东北农业大学牧医系毕业，在农场工作 14 年）。兽医院兽医有江仁山（北京农业大学畜牧系毕业，在农场工作 15 年）、齐凤丽（东北农业大学牧医系毕业，在农场工作 6 年）、王万友（齐齐哈尔市农校毕业）、巴云起（东北农学院牧医系毕业）、苏文博（北安农大牧医大专）。

1983 年，农场成立了畜牧防疫工作委员会，主任杨玉山，副主任施满昌、邵国军、张振春、王海波、唐守信，委员有巴云起、郭彦民、王喜林、王万友、苏文博。基层设立畜牧员、兽医。

1986—2000 年，畜牧科科长王喜林、郭彦民，副科长王万友、黄玉山，兽医院业务院长刘广峰。

2001 年，畜牧科科长崔万军，副科长李佐波，兽医院副院长巴功旭。

2008 年，畜牧科副科长李佐波（主持工作）。

2009 年，畜牧科副科长张红玲。

2011 年，畜牧科副科长张红玲（主持工作）。

2012—2020 年，畜牧科科长张红玲、副科长于勇。

从 1957 年 4 月，调入第一名畜牧兽医技术员巴云起开始，到 2020 年底，为适应生产需要，培养畜牧骨干，农场外送学习 5 期 35 人次，局场办各种学习班 58 期，总计培养兽医、防疫员、饲养员、配种员、养畜禽户等 1399 人次，为农场畜牧业的发展奠定了人才基础。

1956—2000 年畜牧兽医队伍情况见表 2-7-1，2001—2020 年农场畜牧人员情况见表2-7-2。

表 2-7-1　1956—2000 年畜牧兽医队伍情况

专业技术职称	姓名	性别	毕业学校	曾任职
高级畜牧师	王喜林	男	八一农大	畜牧公司经理、科长
高级畜牧师	张钞	男	扎兰屯牧校	畜牧科科员
高级畜牧师	王万友	男	齐齐哈尔市农校	畜牧科副科长
兽医师	巴云起	男	东北农学院	兽医院兽医师
兽医师	苏文博	男	北安农大	三分场兽医所所长
兽医师	黄玉山	男	佳木斯农校	畜牧科副科长
兽医师	赵振江	男	红色草原牧校	兽医院兽医师
兽医师	刘惠文	男	佳木斯农校	六队防疫员
兽医师	凌国强	男	八一农大	畜牧公司副经理
兽医师	周波	男	北安农校	五队防疫员
助理兽医师	刘忠义	男	建设一中	十八队防疫员
兽医师	崔万军	男	八一农大	九队防疫员
兽医师	耿墨林	男	祖传中兽医	一分场兽医所所长
兽医师	刘永志	男	省农业厅兽医班	一分场兽医所兽医
兽医师	刘广民	男	赵光农大	兽医院兽医
兽医技术员	杨海云	男	林瑜中学	三分场兽医所兽医
兽医技术员	何振荣	男	林树中学	三分场兽医所兽医
兽医技术员	孙茂成	男	大丰中学	十五队防疫员
兽医技术员	蒋平	男	建设一中	三分场兽医所兽医
兽医技术员	冯艳秋	男	建设一中	十六队防疫员
兽医技术员	刘喜阳	男	建设一中	九队防疫员
兽医技术员	赵福芹	女	建设一中	兽医院司药
兽医技术员	李乃功	男		饲料加工厂厂长

表 2-7-2　2001—2020 年农场畜牧人员情况

姓名	性别	工作单位	曾任职务
张洪玲	女	畜牧科	科长
于勇	男	畜牧科	副科长
张天佑	男	畜牧科	科员
刘立勇	男	畜牧服务中心	检疫员
金辉	女	畜牧服务中心	化验员
张传军	男	第一管理区	防疫员
白刚	男	第二管理区	防疫员
王远强	男	第三管理区	防疫员
刘颖	女	第四管理区	防疫员
谷士军	男	第五管理区	防疫员

（续）

姓名	性别	工作单位	曾任职务
杨小平	男	第三管理区	防疫员
闫化力	男	奶牛小区	防疫员
王立鹏	男	第一管理区	防疫员
黄宝森	男	第四管理区	防疫员
岳鹏	男	第四作业区	防疫员
马殿久	男	奶牛小区	防疫员
王建	男	奶牛小区	防疫员
耿敬义	男	奶牛小区	防疫员
耿敬智	男	奶牛小区	防疫员
李秀红	女	奶牛小区	防疫员
王亚东	男	奶牛小区	主任
沈德林	男	奶牛小区	主任
郭彩文	男	奶牛小区	主任

第二节　畜牧生产

一、发展概况

1956—2020 年，农场畜牧业发展有过辉煌、有过低谷，呈现出波浪式发展趋势，可分为三大阶段。

1956—1985 年为畜牧发展的第一阶段。为满足职工生活的需求，逐渐发展了猪、牛、马、羊等的饲养，建立了畜牧队。

猪：1959 年末，猪存栏 1086 头。到 1978 年，掀起养猪的第二个高潮，当时繁殖母猪基地 2 个，养猪饲养点 20 个，基本母猪 974 头，产仔成活 9040 头，年末，存栏 6652 头，出栏肥猪 4318 头，年上交肥猪 1050 头，盛期保持 3 年。

1985 年，养猪业有所抬头，1982 年末存栏 2327 头，到 1985 年末存栏 3257 头。

马：1956 年建场时有马 42 匹。1977 年，从逊克农场调入"爱国马"182 匹（其中有 22 匹骡）。当时，农场有繁殖马队 1 个，繁殖马点 1 个，年末存栏 918 匹，幼驹成活 180 匹，成活率 88.9%。1978 年，在农场总局"压马增牛、以机代畜"的思想指导下，农场大量购入机械动力，马匹尽力出售。到 1981 年已剩 225 匹，1985 年末降到 179 匹。

黄牛：1970 年，黄牛发展到存栏 947 头，1978 年已降到 412 头。1979 年开始，外贸出口，下降趋势逐渐缓解。1985 年，兴办家庭农场后，自发养牛高潮再次兴起，年末回升到 785 头。

奶牛：1961 年以前仅有 5 头奶牛。1962 年春，从红色草原牧场购入大小奶牛 117 头。1963 年末，奶牛达 209 头，基本母牛 70 头，日产奶 600 余千克，送往通北车站路遥泥泞，奶值低于耗费，夏季就地酸败，养奶牛得不偿失。1964 年秋，黑龙江省国营农场管理厅撤销建奶粉厂计划，决定将建设农场奶母牛 132 头（基本育成母牛）调给原通北农场奶牛队，其余公牛犊打入黄牛群饲养。1985 年末，农场奶牛只有 45 头，而母牛仅有 18 头。

羊：1964 年秋，从庆安农场调入东北细毛羊 1300 只，其中，母羊 1000 只，公羊 300 只。由于场区多雨潮湿，圈舍不良以及饲养管理欠佳，蹄腐烂、下痢白肌病等多发。1965—1967 年，羊饲养发展缓慢。1970 年末，羊存栏达到 2941 只，其中，包括一分场引进内蒙古皮用羊 300 只。1985 年，农场实行经济体制改革，兴办家庭畜牧场 27 个，畜牧专业户 34 个。

兴办家庭农场后禽类有所发展，1984 年，禽总数达 3.4 万只，其中，鸡 2.88 万只，鸭 320 只，鹅 1823 只。

1986—2000 年为畜牧发展第二阶段。1986 年底，全场生猪存栏 3086 头。主要是以个体饲养为主，规模不大，一般一户 2～3 头。1995 年，生猪快速育肥技术的推广应用，使得农场的养猪事业得以快速发展，涌现出一大批养猪大户，如李英奎千头猪场、舒久玲千头猪场、韩玉林百头猪场。采用科学养殖，全场推广了孟氏猪舍建筑，温室大棚饲养，猪舍温度能保持在 8～15℃，有利于猪的生长发育。仔猪推广了早开料、早断乳，由过去的双月断乳改为 35 天断乳，促进了母猪早期发情，缩短了母猪生产周期。育肥猪采用饲喂科学配方全价饲料、4 个月出栏的快速育肥技术，出栏个体重达到 100 千克，肉料比 1∶3。

马发展缓慢，保持在 100 余匹。主要原因是随着机械化程度的提高，原来作为运输主力的马已退出历史舞台。仅存的马匹以其灵活方便参与部分田间作业，如小块地、涝洼地。

1986 年，农场从安达引进奶牛 130 头，积极鼓励职工自买奶牛。由畜牧公司统一收购鲜奶，采用以奶换料的方式为奶牛供应平价饲料，养奶牛效益较好，职工纷纷购买奶牛。1987 年，奶牛发展到 388 头。为扩大奶牛存栏，早日建成乳品厂，1988 年，农场实行带奶牛落户政策，引进奶牛 420 头。1988 年末，奶牛存栏达到 821 头。

1988—1998 年，绵羊、山羊养殖逐渐增多。随着人们饮食结构的改变，人们对牛羊肉的需求逐年增加，带动了养羊业的发展。农场陆续办起了以饲养绵羊为主的家庭牧场，规模一般一家 60 只左右，多的达 300 余只，品种以新疆细毛羊、东北细毛羊为主。

1985—1986年，农场建起种鸡场和孵化厂，饲养品种为白洛克和"AA"，商品鸡送二龙山农场屠宰，以后职工自发饲养肉鸡、蛋鸡、鸭、鹅等，小户一般自食，大户饲养主要销往外地。出现了赵一轮养鸡场和付文贵养鸡、养鹅、七彩山鸡场。

家兔：因繁殖快、饲养成本低而被人们看好，年饲养量在5000只左右。

1986—1987年，农场兴起养貂热，品种是乌苏里貂，后由于市场疲软，品种退化而流产。

1996年以来，农场有几户兴办狐场，品种为小北极狐，品种退化严重，需改良品种，最后也以失败告终。

2001—2020年为畜牧业发展的第三阶段。2001年以来，农场对畜牧业的发展比较重视，但受农场种植业效益较高以及距离交通线较远等因素影响，农场畜牧业发展相对落后于其他农场。尤其自农场2004年实行撤队并区后大部分人口集中到场区居住，导致畜牧从业人员减少。2008年农场立足场情，对畜牧业投入大量资金建成了奶牛小区，使农场畜牧业得到健康有序的发展，促进了畜牧业绿色发展和转型升级。

2002年，以肉牛、生猪为重点的中小规模养殖发展较快。全场肉牛饲养量4597头，其中出栏肉牛1400头；生猪饲养量1.23万头，其中出栏6604头；羊饲养量1.1万只，其中出栏3598只。肉牛存栏100头以上的生产队由2001年的8个增加到16个，养殖肉牛20头以上的大户发展到33户。加大了畜牧科技推广力度，落实青贮饲料地38.67公顷，收获青贮1740吨。引进21头纯种安格斯肉牛，从而加快了农场肉牛品种的改良进度。

2003年畜牧业创历史新高。全年累计投资748.4万元，其中农场协调争取银行贷款216.7万元，新购肉牛1511头。肉牛饲养量达到7017头；生猪饲养量1.3万头，羊饲养量1.1万只；各种禽类饲养总量13.4万只。同时建成五队、七队、十队3个标准化肉牛奶牛养殖小区，新建了牲畜交易市场和生猪定点屠宰厂。

2004—2005年由于肉牛市场低迷，很多养殖10头左右的散户出现亏损，导致大部分散户被迫转产。孙玉江十几年来一直从事肉牛养殖，基础母牛在50头左右，年出栏30头左右。

2007年，在北安垦区首例成功引进了生猪人工授精、奶牛性控冻精等技术。

2016年，奶牛存栏248头，鲜奶产量412吨，出栏肉牛419头、生猪788头、羊2641只、禽1.8万只。同年对草原进行重新发包，签订合同13份，发包草原397.33公顷，收取草原承包费1.5万元，进一步完善了草原管理和有序利用，有效杜绝了毁草开荒的发生。

2016年，黑龙江省提出发展"两牛一猪"畜牧发展战略，提倡规模化养殖。农场退休干部宋建国自筹资金建成存栏 300 头的肉牛养殖合作社，获得国家项目资金补贴 60 万元。

2020 年末，农场肉牛存栏 941 头，羊存栏减少至 1503 只。第三管理区冯尚成养殖蛋鸡 3000 只，年产蛋 118.5 吨，净利润在 10 万～15 万元。第二管理区职工王丽荣发展肉鹅饲养，但因资金有限一直没有形成太大规模，年出栏 2000 只，净利润在 3 万～5 万元。

二、新技术推广与品种改良

建场初期，对家畜人工改良工作颇为重视取得了较好成绩，曾受到原赵光农垦局的表彰。

（一）黄牛

黄牛改良经历三个阶段。1958—1965 年 8 年中，以改良成役用牛为目的，从北河引进短角种公牛 2 头，从延边引进朝鲜公牛 2 头，先是放入牛群中本交，后改为单独人工选配。改良效果不显著。

1966 年，从九三管理局引进西门达尔种公牛 3 头、母牛 2 头，向役肉兼用型培育，以人工选配进行改良，改良效果显著，达到了体型大、力足、出肉多的目的。改良奶用牛群，全部采用人工授精。

1980 年，开始采用冷冻精液人工授精改良牛品种，精源来自北安农垦局冷冻精液站。在人工配种工作中，配种技术员徐阿利总结出"隐性发情牛触摸卵巢午夜输精"等配种法，使全群母牛受胎率达到 90.6％，犊成活近九成，是黄牛改良人工冷冻精液配种先进点。在"北四省"黄牛改良会议上介绍了经验，得到与会者的好评。该项目获北安管理局 1982 年科技成果三等奖。

2004 年，重点推广应用肉牛冻精配种技术，全场共冻配 826 头，占成母牛的 70％，实现了肉牛品种良种化。在 5 个单位开展了 100 头肉牛的同期发情技术实验，使每头母牛的分散发情，调整到一定时间内全群母牛集中统一发情，集中配种，提高繁殖率。实验母牛进行药物处理后，同期发情率达到 90％，发情期冻精配种成功率达到 80％，为全面推广肉牛冻精配种打下了技术基础。推广酒糟＋青贮玉米育肥肉牛技术，共育肥肉牛 35 头，每头增收 500 元。

（二）马

1958 年，利用从勃利种马场调入的苏重 54-1 号对 50 余匹母马进行人工授精及本交相结合的改良工作。1962 年，成立人工配种点，全面开展马匹人工授精工作。1965 年，从红色草原红骥马场调进黑龙江马52匹（种公马2匹、能繁母马50匹）建立养马队，除负责本队52匹马人工授精外，还负责各生产队母马配种工作。1970年，养马队扩大到2个，能繁母马达110匹。1971年，引进黑河马场黑河公马2匹。1977年，全场有马918匹，其中，黑龙江马346匹，改良一代265匹，改良二代307匹，全场马匹达到优质化全改良的既定目标。由于农业机械化技术不断提高和更新，加快了以机代马搞运输，导致马匹大量出售。1980年，马的人工授精工作宣告终止。

（三）羊

1964年，从宁安农场引进东北细毛羊1300只，由于饲养粗放，体型、毛质明显退化。1964年进行羊的人工授精工作。到1970年把羊群分散到各个连队饲养。1978年，从内蒙古引进美利奴细毛种公羊13只改良羊群。随着羊数的骤减，羊的人工授精工作也随之停止。1984年，开始兴办家庭农场，随着羊肉价格上涨，养羊由最低潮1981年的113只复升到1985年的1270只，但品种较杂，以本交方法繁殖。

2002年后，农场推广绒山羊的改良冻精技术，采用优质绒山羊冻精进行改良，到2005年，绒山羊良种覆盖率80％以上，同时，推广细毛羊、肉用羊的品种改良。

（四）猪

建场初期，基本母猪为本地种，种公猪为巴克夏后裔，逐年培育提纯。1960年，养猪业受到严重摧残，仅保住母猪40头。为适应养猪业的发展，按黑龙江省农垦厅及赵光农垦局"见母就留"的指示精神，取得了数量上的大发展，质量上的削弱，尤其是1962年提出"促性配种、一母百仔"给基础畜群造成混乱，体形大小不一，毛色参差不齐，结构宽、窄、尖、圆都有，品种等级降低。

1964年，根据黑龙江省农垦厅畜牧会议"加强畜群整顿工作"指示精神，对猪群进行调查，着手猪的品种改良工作。1964年，从香坊农场引进哈白后备公猪10头，后备母猪20头。1965年，从齐齐哈尔猪场引进克米洛夫公猪3头，母猪5头。1974年，从双阳河种畜场引进苏白公猪20头，母猪20头。1978年，从海伦引进二民公猪3头，母猪37头。1981年，从克山引进长白后备公猪12头，后备母猪18头。

经农场内6组杂交组合，选育出最适应本地气候条件、抗病力强、发育快、耐粗饲、成活率高的以苏民杂为母系、长（苏）为父系的杂交猪，在饲料非恒定情况下，平均窝产仔11.9头，窝成活8.2头，断乳育肥6个月达90千克，平均日增重0.43千克。

2007年6月，农场投资2万元，从北京引进生猪人工授精技术，利用第四管理区舒久玲绿猪养殖小区进行生猪人工授精技术培训，共培训生猪人工授精员6名，在全场推广人工授精技术，农场人工授精母猪的妊娠率平均可以达到91.5％。

2014 年，重点在奶牛小区开展了发酵床技术试验，实验牛床面积 260 平方米，实验奶牛 37 头，应用锯末铺垫牛床，泼洒微生物发酵剂，让牛在松软的床面上自由活动，排泄的粪尿被微生物直接分解转化成菌体蛋白和水蒸气，达到了牛粪无排放、无污染的目的。初步实验显示，实验奶牛平均单产提高了 10.2%，平均每头奶牛增产 2.5 千克，按奶价 3.65 元/千克计算，每头奶牛每年增加收入 2300 元。

2015 年，奶牛小区奶牛全部推行全混日粮（TMR）饲喂，奶牛年平均鲜奶产量达到 6.5 吨，乳蛋白率乳脂率分别达到 3.1% 和 4.0%，每头泌乳牛年增收 4300 元。

三、疾病防控与技术提高

建场初期，农场的兽医防疫工作按黑龙江省农垦厅颁布的《国营农场畜牧兽医工作手册》执行。1968 年，沈阳军区生产建设兵团组建后，按黑龙江省兽医卫生防疫站编发的《兽医防疫工作手册》办理，消灭了马鼻疽、猪瘟，控制了牛流产、猪气喘病等，并完成了日常普通病防治工作。

2000 年后，农场畜禽疾病防控坚持"预防为主、防重于治"的原则，根据疫病流行特点，每年组织防疫人员有计划地实施防疫检疫工作。为了保证防疫检疫质量，农场畜牧科防疫疫苗、检疫药品等都是通过北安动物卫生监督所集中采购，每年春秋 2 次集中对农场辖区内养殖的畜禽进行防疫检疫，并且根据养殖户新生和补栏情况随时补检补免。在每年的农场职代会畜牧发展实施方案中规定，农场为扶持养殖户发展畜牧养殖，承担春秋检疫用试剂、器械及检出的疑似牲畜送检监测、阳性牲畜扑杀费用，承担防控重大动物疫病消毒物资和监测、扑杀、交通等费用。

1. **兽医防疫检疫**　1983 年，防治口蹄疫战役中，要求统一行动，以分场、连队划区，所有路隘设专人站岗放哨，严禁易感动物及产品入内，人员、车辆严格消毒（设防疫池、消毒站），对外严防疫源侵入、对内自行封锁，取得了明显效果。全场 36 个养畜队（点）仅 2 个生产队猪发病，猪发病头数 259 头，发病率为 7.2%，1 个月解除了封锁。

2. **畜群主要疾病**　疾病为普通病及疫病 2 类。农场家畜、家禽疫病较复杂，总计发生传染性疫病 21 种，暴发性疫病有马传染性贫血、马腺疫、牛布鲁氏菌病、猪瘟、仔猪副伤寒、猪伪狂犬病、鸡瘟、鸡霍乱等，慢性疾病有马鼻疽、牛结核、猪气喘病等。1983—1985 年，造成大家畜自然死亡 126 匹，扑杀及淘汰 294 匹（头）。家畜自然死亡 2611 只，扑杀淘汰 112 只，总经济损失达 36 万元。

3. **对疫病控制**　1977 年 10 月，三队秋产断乳仔猪发生猪瘟及仔猪副伤寒混合感染，除疫苗厂疫苗暂缺原因外，对有邻单位通北林业局装卸点的疫源封锁不严、场储存疫苗能力欠缺也是重要原因。接受教训后，杜绝了漏洞，控制了本病的发生。

2018年8月，非洲猪瘟疫情传入我国。按照上级要求和安排，农场将防治非洲猪瘟疫情纳入工作日程，采取有效措施进行防控。在农场的部署和管理区配合下，畜牧科组织基层防疫员开展非洲猪瘟防控工作，农场采取设立临时检查站，对过往车辆严格消毒，加强对生猪贩运的监管力度，组织人员定期对辖区内养猪场、散养户定期消毒，有效避免了疫情传入农场。

第三节 渔 业

建设农场拥有天然水域300公顷，流经农场的河流有通肯河、轱辘滚河、小轱辘滚河等7条河流，有青石岭水库和建设水库。其中，青石岭水库水域面积200公顷，建设水库水域面积30公顷。农场中小型养鱼池24个，合计面积70公顷。饲养鱼类品种有鲫鱼、鲢鱼、鳙鱼、草鱼等。个别小型养鱼池尝试过河蟹、草虾等特色水产养殖，但因经营不善、技术不成熟导致养殖失败。农场拥有在册享受国家渔船燃油补贴的机动渔船3艘，建设水库1艘、青石岭水库2艘，自2011年一直享受油料补贴。由于农场在青石岭水库下游发展水稻种植，青石岭水库主要功能转变为以防洪和为下游水稻田提供灌溉用水为主，不再用于水产养殖。

一、渔业生产

随着农场水利工程的开发，1969年以后，修建了中型水库1座、小型水库1座、塘坝6处、浅水鱼池16处。中型水库面积1200亩，蓄水量485万立方米，最深处7.5米，平均水深2.6米；小型水库、塘坝水面673亩，蓄水量37.7万立方米，最深处3米，平均深度0.8～1米；浅水养鱼水面159亩，蓄水量8.9万立方米，最深处2米，平均深度0.7～0.9米。

早期，以捕自然鱼为主。1960年最高捕获量达1.65万千克。由于场区人员增加，自然水域破坏及农作物全面施用农药，自然鱼产量逐年下降，到1984年，只捕获3350余千克。1976年以后，认识到人工养殖的重要性，利用水库、塘坝等资源7年时间共投放鱼苗491.7万尾。在人工养殖过程中，最初对鱼习性了解不够，靠自然生长不加补饲料，增长速度差、损失大，如青石岭水库遭受暴雨后常有跑鱼发生，各塘坝开口也是常有的事，影响了人工养鱼的经济效益。

人工养殖采用清塘消毒、消灭肉食类杂鱼、放养补饲等办法后，养鱼有一个新突破，育苗率提高，尾增重加快，捕获量由 1980 年 0.75 万千克增加到 1985 年的 1.7 万千克。从人工养殖鱼苗规格看，春片 308.7 万尾，夏花 183 万尾。品种有鲢鱼占 70%，鳙鱼占 15%，青鱼、草鱼占 10%，鲤鱼占 4.5%，团头鲂占 0.5%。放养夏花越冬自然损失严重，不如春片生长速度快、成活率高、效益好。

为了人工养鱼业发展，农场于 1979 年开始动工兴修青石岭水库。经过 6 年的艰苦奋战，于 1985 年水库大坝合龙。青石岭水库建成后，为农场以后的水田开发、浅水养鱼工程奠定了基础。

1987 年 1 月 15 日，农场成立了青石岭水库续建工程指挥部，在青石岭水库坝下挖建鱼池 500 亩。1988 年春，水利科在建设水库坝下挖建鱼池 250 亩。

1989 年，水利科为了解决鱼苗外购问题，在齐齐哈尔市昂昂溪区水师管乡大巴虎村挖建鱼池 60 亩。齐齐哈尔市昂昂溪区的鱼池建成，有效地利用了当地的有利条件，购种培育夏花获得成功。这个池场将培育好的夏花送回农场培育成成品鱼苗，再送到青石岭成渔场进行商品鱼饲养，基本形成了渔业生产鱼苗培育供应、成鱼饲养管理一条龙管理体系。

1991 年初，推行了养鱼个人承包。合同上作了明确规定，水利科垫付养鱼饲料资金。产品上交，生产效益与个人工资收入挂钩。这种管理模式比分组承包进了一步，但也存在弊病。经过认真分析，认为这种承包形式表面上看是承包给个人，实际上产权上没明确与个人经济收入彻底挂钩。农场将养鱼技术员周一晶派下去承包场部鱼种场，试验培育鱼种。为了保证周一晶培育鱼种成功，水利科里给他许多优惠政策：①3 年内给他开一半工资保证部分经济收入；②水利科垫付养鱼饲料资金，缓解他在资金投入上的困难；③养鱼设备只要水利科有的转账给他使用，可以先记到个人账上，不用交现金。由于政策到位，周一晶经过 2 年的反复试验获得成功，每年可为全场养鱼承包户解决鱼种 1 万多千克，结束了鱼种外购的历史。

1992 年，水利科对渔业生产进行了大胆改革，将所有鱼池承包给农场职工个人经营，每亩水面上交 40 元，一切费用自理，盈亏自负，承包年限为 5 年。为了扶上马再送一程，水利科决定 1992 年为承包户垫付部分资金，还规定凡是从事渔业的下岗职工，免交管理费用，一切待遇同上岗职工平等；养鱼职工也同样享受晋级、涨薪、提干、入党等待遇，有权参与民主管理；优先解决他们在生活和工作中遇到的一切难题。在这些优惠政策的扶持下，农场养鱼生产势头良好，1997 年被北安分局授予先进养鱼专业场的称号。

2020 年，全场拥有养鱼水面 3988 亩，养鱼专业户 60 家，年产商品鱼 100 余吨，年育成鱼种 1.25 万千克，年创产值 140 余万元，年创利润 80 万元。

二、渔政管理

1988 年以后，水利科设 1 人专抓渔政管理工作，定期搞宣传教育，年年举办浅水养鱼培训班，到了鱼产卵期、咬汛期督促养鱼专业户停止捕鱼，监督捕鱼事项，维护渔业法。1992 年初鱼池承包给了个人，身兼渔政管理的专业人员周一晶也承包了鱼种场，农场没有再配专业管理人员，由周一晶代管。后期，周一晶退养，此项工作由水务局接管。2019 年，渔政管理工作划归地方管理。

第八章 水 利

第一节 机 构

建场初期，水利工作由基建队负责。1968 年，生产建设兵团第四团组建后，团部成立了营房和营建大队，职能包含建房和水利工程建设。

1972 年，成立了青石岭水库建设指挥部，由副团长程志浩（现役）负责全团基建工作，青石岭指挥部由团长王兆义任总指挥，副参谋长吴起任副总指挥、白也任施工组组长。师部派工程技术员周荣光做施工指导。全团备有大马力推土机、平地机、大型开沟犁、运输车辆 60 多台，基建队伍达 1500 多人。

1985 年前，没有水利科，只有基建科。1986 年后，水利工作由基建科协管。1987 年初，农场成立了青石岭工程续建指挥部，总指挥栾德仁，副总指挥刘文、曲玉堂、张涣风。1987 年 11 月 20 日，指挥部宣布撤销。

1985—1987 年，水利工作由基建科代管。基建科科长韩永江，副科长张涣风。

1988 年初，农场组建了水利科，对外是水利渔业公司，对内叫水利科。1988 年，水利科长兼党支部书记刘文，副科长曲玉堂、崔成汉。

1989 年，总场成立了多种经营公司，经理是副场长李可然，党支部书记是孙景华。按照党委意见将水利渔业公司分了家，成立了渔业公司和水利科。

1989—1990 年，科长徐国军，党支部书记石丕文。

1991 年，科长刘文，党支部书记孙景华，副书记石丕文，工会主席陈吉福，治安股股长白玉坤。

1992—1995，科长兼党支部书记陈书志，副科长刘文，副书记兼工会主席王中笑，副科长兼项目办副主任刘广久。

1996—1999 年，科长李晓成，党支部书记兼工会主席王中笑、李彤忠；水政资源管理站站长兼治安员白玉坤，副站长周志全。

2001—2008 年，科长刘广久（兼建设科科长）。2001 年 8 月，农场水利科更名为水务局。

2009—2015 年，水务局局长刘传忠。

2015 年 11 月 11 日，张复生任水务局副局长主持工作。

2018—2019 年，水务局局长张复生。

2020 年，农场机构改革水务局、建设科合并成工程建设管理部。工程建设管理部部长张复生，副部长苏丽丽。

第二节　水利工程建设及管理

一、水利工程建设

（一）修复水库，治理河流

1988 年，水利科拟定了《关于建设农场改水规划》的请示报告，并及时再次启动青石岭水库续建工程。1991 年，完成了大坝护坡 2 万多平方米，滤水坝 2500 多立方米，整修溢流堰 1 座，砂石铺坝 1.4 万平方米，上土 5 万立方米。

1990 年农场正式拟定了百亿斤商品粮基地规划，并开发水田 2400 亩，水利科被农场总局评为先进单位。

1993 年，维修青石岭水库，投资 26.7 万元；清理十道河工程，完成投资 6 万元；完成十三队十道河改道工程 3.51 千米，土方达 14.5 万立方米；完成建设水库消险加固工程混凝土板护坡面积 6270 平方米。

1994 年，完成青石岭续建工程，动用土方 28.9 万立方米。

1997 年，加大低产田改造和青石岭水库消险加固工程。相继完成十四队、十五队、十七队低产田改造工程 2 万亩，投资 588.2 万元。十道河修桥 2 座，水田开荒 1.1 万亩，投资 223.2 万元。青石岭水库消险加固工程重点放在溢流堰上，总投资 25 万元。1997 年，溢流堰工程被评为北安分局级优质工程。

1998 年，青石岭大坝渗漏，农场采取在库区内铺黄黏土墙办法，投资 26 万元；完成了青石岭水库闸门维修，投资 8.5 万元。

1999 年，更新青石岭水库闸门，启闭机换成电动式，方便了闸门起落，保证了汛期水库安全。

2001 年 4 月，刘广久被任命为水利科科长。他从事农场水利工作多年，对农场水利基础设施建设以及辖区内水资源状况非常了解。他结合本场水资源及水利工程状况，首先对青石岭水库除险加固工程进行了申请立项，当时正是国家水务一体化改革和对水毁工程增加投资的时机。在北安分局水务局的大力支持和帮助下，很快青石岭水库除险加固工程项目得到了黑龙江省及松辽水利委员会的认可。2001 年黑龙江省农垦勘测设计研究院对水库进行勘测设计，2002 年 3 月经黑计投资〔2002〕732 号文件批准对青石岭水库进行除险加固，主要加固内容为：坝体、坝基防渗采用高压摆喷灌浆处理，处理长度 900 米；将原溢洪道拆除重建；原护坡拆除重新护坡；输水洞维修、水电站拆除及其他附属工程建设。工程总投资 3986.45 万元。

2009 年，建设水库除险加固工程是北安分局 6 座病险水库除险加固工程之一。建设水库是一座以灌溉为主，兼顾防洪、养鱼等综合利用的水库（即此水库是一座小型水库）。农场对此项工作非常重视，成立了水库工程建设管理处。工程总投资 239.51 万元，其中，国家投资 225 万元，农场自筹 14.51 万元。累计完成工程土方 4523 立方米、石方 1068 立方米、混凝土 210 立方米。2010 年 9 月 14—17 日，农垦总局组织竣工验收委员会对建设水库除险加固工程进行竣工验收，该工程被评为优良工程。农场水务局被农垦总局水务局授予"2009 年度水利工程建设管理先进单位"称号。同年，6 月 22 日，在建设水库召开了农垦总局水务系统现场会，与会领导对建设水库除险加固工程及内业管理给予了很高评价。

2011 年，农场新增千亿斤粮食产能田间工程建设项目，完成（第三、第四、第五管理区）新建有基涵 49 座，排水沟 13.7 千米，沙石路 40.5 千米，晒场 41623.3 平方米，总投资 1369 万元。

2012 年，青石岭罐区节水配套改造项目完成工程总投资 750 万元，完成支渠道衬砌 3.3 千米、新建维修渠系建筑物 31 座。

2014 年，国家农业综合开发水土保持项目建设农场轱辘滚河项目区涌泉小流域水土保持项目，水土流失综合治理面积 1286.57 公顷，治理侵蚀沟 4 条，总投资 364 万元。黑龙江垦区建设农场新增千亿斤粮食产能田间工程建设项目，完成有基涵 27 座，闸 10 座，沙石路 6.7 千米，总投资 434.2 万元。

2015 年，国家农业综合开发水土保持项目建设农场轱辘滚河项目区小轱辘滚河小流域水土保持项目水土流失治理面积 1315.63 公顷、治理侵蚀沟 6 条，总投资 364 万元。

2016 年，中央水利建设基金（应急度汛）项目建设农场通肯河堤防除险加固工程，堤防除险加固 1725 米，可保护 1333.33 公顷耕地抵御洪灾的危害，总投资 50 万元。

2017 年，完成青石岭灌区灌渠预制板衬砌维修、十四队新建斗渠 1.3 千米、六队鱼眼泡治理明沟排水 5 千米、秸秆回填等；十二队瓮水坝 1 座、引渠 260 米、新建闸门 1 座；十九队蓄（晒）水池土方填筑护砌；第四管理区田间道维修 1 千米，场部楼房地沟供水管线更换 450 米、1 号井供电线路改造，四队输水管线 450 米、检查井室 1 座，

450 米低压输电线路等工程。总投资 99.93 万元。

2018 年，建设农场第五管理区第一居民组田间配套工程受益耕地面积 333.33 公顷，新建方涵 2 座，有基圆涵 2 座，道路工程 7503 米，总投资 218.88 万元。

2019—2020 年，修复农田路 11 千米、渠道 9 千米、农田路桥 2 座、过路圆涵 30 座，新建铁桥 1 座，排水沟清淤 20 千米，维修拦河坝 1 座，治理水蚀沟 2 千米。完成修复水毁工程资金 63 万元。

（二）开发水田，治理低洼地

1988 年，完成了第一分场四队部分低产田改造工程，还完成水稻开发工程 1 万多立方米。

1989 年，农场拟定了《水田开发建议书》。建议书中建议党委改变品种单一的生产格局，在青石岭水库下游开发水田 1000 亩，种植水稻 700 亩。根据测量考察，青石岭下游可开发水田 1.5 万亩。这个建议书被场党委上报北安分局、农场总局。经过农场总局、北安分局水利专家考证认为可行。相继制定了《农场水利工程发展规划》，为 1990 年落实百亿斤商品粮基地规划打下了坚实的基础。

1992 年初，按照百亿斤商品粮基地规划，开发了双丰小区。这次开发采取大会战的形式，由副场长杨国珍主抓，水利科科长陈书志具体抓，经过 4 天大会战，出动 2700 多人次，挖土方 7000 多立方米。农场成立了双丰小区项目办公室，主任陈化兴（项目办主任）、副主任曲玉堂，这个办公室主要工作是负责双丰小区项目的呈报、审批、设计、测量、检查验收。完成了低产田改造，旱改水 2300 亩，修 8 米两孔大桥 1 座。打 8 眼机井，解决部分生产队吃水难的问题。抢修了青石岭防洪堤 1800 米，灌区工程 4000 米。

1993 年，完成三〇五涝区低产田改造工程 1.2 万亩，完成总土方量 16.5 万立方米。总长度为 4.3 万米，其中完成主排水渠 1 条 5200 米，支排水渠 26 条 2955 米。建设农田路 6 条。

1996 年，是水田开发最快的一年。农场成立了水田开发指挥部，场长付宗深、党委书记刘金烁任总指挥，副场长赵序国、王维春任副总指挥，水田施工队长刘广久、副队长刘传忠，水田开荒队队长李晓成（水利科长），下设 5 个工作组。当年，完成综合开发投资 465 万元，其中低产田改造（二队、三队、四队、五队）投资 33 万元，挖沟渠 108.32 千米，总计 60 条，建分水 48 个，修田间路 37.95 千米，修跌水 5 个，拦河坝 1 座，开荒 1.7 万亩，投资 310 万元。1996 年农场被评为北安分局双文明单位。

2004 年，完成农业综合开发十七队 1.3 万亩低产田的改造和九道沟流域治理工程项目，完成十五队、十七队人畜饮水改造工程，场部供水主网管线改造工程任务。

2008 年，为保证青石岭水田的正常种植，维修灌水渠道、建筑物等工程。做好低产田改造工作，完善了第四管理区的田间配套工程和第一管理区的扶贫工程，完成投资 100 万元；对原第一分场 6 个生产队的田间不配套工程，进行普查摸底，计算工程量，为下一步全面治理做好基础工作。

2010 年，农场工程建设主要项目有：小型农田水利工程建设项目工程（青石岭水田开发一期），总投资 790 万元；场部新区 3 眼机电井工程；水田育秧大棚测量放线 330 栋；开发水田有效灌溉面积 1333.33 公顷。

2012 年，第一管理区（二队）中低产田改造项目，完成水利工程投资 198.76 万元，开挖截根沟 10.83 千米、开挖排水沟 14.21 千米、新建有基涵 16 座、治理水蚀沟 1.55 千米，改善耕地 733.33 公顷。第一管理区国家农业综合开发高标准农田建设示范工程项目（一队），开发水田面积 666.67 公顷，总投资 1650 万元。

2013 年，国家新增千亿斤粮食生产能力规划田间工程建设项目（六队），建设优质粮田 1000 公顷，工程总投资 750 万元。

2013 年，第五管理区二组旱改水工程项目，开发水田面积 200 公顷，修筑干渠 1 条 3.5 千米、支渠 4 条总长 2 千米、斗渠 9 条总长 6.1 千米、田间路 9 条总长 9.1 千米、进水闸 8 座、圆涵 5 座、跌水 2 座、无基涵 8 处、过路铁桥 1 座、21 米渡槽 1 座。工程总投资 200 万元。

2013 年，建设农场中低产田改造项目（八队），改造中低产田 666.67 公顷，工程总投资 180 万元。

2013 年，农场青石岭高标准基本农田建设项目整理后，基本农田面积达到了 1968.85 公顷，总投资 3863.94 万元，新增耕地面积 109.39 公顷，增加粮食产量 6322.8 吨，总产值增加 1833.62 万元。

2014 年，发展旱改水面积 133.33 公顷，新建农田路 1 条长度 5 千米、引渠 1 条长度 0.4 千米、干渠 1 条长度 2.8 千米、截流沟 1 条长度 5 千米、支斗沟 4 条总长 2.02 千米、排水沟 3 条总长 1.71 千米。建设进水闸 1 座、蓄水池 1 座、园涵 5 座、跌水 3 座、无基涵 5 处。总投资 150.2 万元。

2016 年，农场第四管理区二组低产田改造及青石岭灌区水稻提水配电线路工程，旱田受益耕地面积 333.33 公顷，总投资 294 万元。

2017 年，农业生产救灾及特大防汛抗旱补助资金工程，保护水田 666.67 公顷、旱田 4666.67 公顷免遭洪水侵害，总投资 200.03 万元。

2019 年，水务局在供水前后对青石岭灌区主干渠、拦河坝，十道河堤防进行了维修。

完成土方量 5602 立方米，完成投资 2.9 万元。为第四管理区采用挖掘机修坡、人工缝制土工布袋灌土、插柳护坡治理了 2 条水蚀沟。为各管理区及公路管理站制作土工膜编织袋 1.2 万条，用于治理各管理区的水蚀沟。

二、水利工程管理

水利工程管理贯彻安全第一的方针，在保证工程安全的前提下，充分发挥工程效益。堤防、灌区、涝区等水利工程的管理工作，严格按照《水利工程管理条例》规定，本着"谁受益、谁管理、谁养护"，实行统一管理和分级管理相结合、专业管理和群众管理相结合的原则，全面推行末级工程到户管理机制，在土地承包合同中增加工程管护条款。与各管理区居民组签订水利工程管护合同。

水库工程保护范围为设计最高洪水位至分水岭。非大坝管理人员不得操作大坝的泄洪闸门、输水闸门以及其他设施。水库管理单位建立健全安全管理规章制度，在汛期来临之前认真做好水库的调度计划、应急度汛预案编制修改工作。落实好防汛抢险人员、车辆、物资的准备工作和建立健全防汛值班、值宿制度，确保水库度汛安全。

第三节　防汛　抗涝

一、地域环境

防汛、抗涝工程在农场主要体现在低产田改造上。

农场区域内共有大小河流 7 条，2020 年有水库 2 座、塘坝 9 座，蓄水能力为 794 万立方米。水资源较为丰富，为农场发展提供了丰富的可利用资源。境内的通肯河、十一道河、十道河、九道沟、八道沟、轱辘滚河、小轱辘滚河，总长度 193.1 千米。上述河流大部分属季节性河流，冬季断流，河床宽度在 5～20 米，河床坡度较大，集水面积一般为 450～650 平方千米。农场有着极为丰富的水资源，平均年降水量 500～600 毫米，地表水资源量 2.19 亿立方米，可利用量为 1.64 亿立方米；地下水年总补给量 0.18 亿立方米，年可开采量为 0.06 亿立方米。

地下水因本场地处丘陵漫岗地区，地质构造变化比较复杂，水位埋藏很深，一般在 150 米以下，水量不足、不均。打井资料表明，沿河低平洼地两岸地下水位较浅，一般在 30 米左右。单井出水量为 4 类：5 吨/时、10 吨/时、20 吨/时、30 吨/时。pH 6～6.5，属中性水质。农场现有饮水井 23 眼。

流经农场的 7 条河流，属 2 个流域，流经场区总长为 117 千米，流域面积为 945 亩。这 7 条河流支流多、河床浅、弯曲大、流速慢，易造成洪水灾害。特别是沿河两岸各低洼地带，土壤含水量偏大，一遇大雨或暴雨容易发生水灾。

农场大小河流形成网络，如不认真地防洪排涝，将会造成难以设想的严重后果。治涝防洪是两条主线，治涝是长期的、渐进的，防洪是定时的、集中的；治涝以低产田改造为主，防洪则以水库河流桥涵为重点。

为了治涝防洪，20 世纪 60 年代初（1961—1963 年）边开荒边进行了低产田改造工程，在 20 世纪 70 年代就兴建了青石岭水库。经过几十年的努力，第一分场涝区（二队、四队、三队）近 10 万亩土地进行了排涝处理。1973 年至 20 世纪 70 年代末，生产建设兵团第一师工程队，重新开展了第一分场涝区的改造工程，重点对六队、七队、八队涝洼地近 50 万亩土地进行了排水改造。通过多年的努力，粮豆等单产逐年上升，到 1996 年粮豆平均亩产达 213 千克，小麦亩产达 254 千克，是 1956 年建场时粮豆平均亩产的 5.6 倍。

二、防汛措施

1. 防汛预案体系建设　1957—1985 年，有 12 年遇到秋涝、春涝、全年涝的自然灾害，给农场造成严重的经济损失。1986 年后，农场责成水资源管理部门制定了防洪抗涝、水土保持措施：①截流沟工程，结合低产田改造工程把洪水分流。因地制宜，尽量不占或少占耕地。提高土地利用率。②暗管工程，治理坡耕地水土流失，减少耕地的地面径流，利用原来排水沟，暗管埋深 1~1.2 米，间距 10~20 米。③植树护坡工程，根据地块特点和侵蚀现状适宜栽树的可以栽树护坡退耕还林。④治沟工程，包括谷场工程和沟头防护工程 2 项。对沟内坍塌和沟头坍塌的要提前防护治理，防止水土流失，减少灾害给人民群众带来的损失。

农场水土流失的主要原因有 3 个：①地形地貌影响着径流的冲刷和泥河的堆积作用。②春季干旱多风，夏季降雨特别是降暴雨急剧冲刷。③砍伐林木造成缺少林草庇护。

2001 年后，农场防汛办公室根据上级要求和所面临的形势任务制定年度防汛预案。2018 年防汛办公室完成了《2018 年青石岭水库应急防汛预案》《2018 年建设水库应急防汛预案》《2018 年青石岭水库应急防凌汛预案》《2018 年建设水库应急防凌汛预案》，上报北安管理局水务局防汛抗旱指挥部进行审查和备案。预案制定后根据各相关部门和单位的任务分解责任要求全面严格执行。

2.防汛物资储备情况 农场每年都投入资金储备防汛物资,2020 年,储备编织袋 1.5 万条、五彩布 1 万平方米、桩木 50 立方米、沙石 0.05 万立方米。

3.防汛抗旱指挥系统 农场防汛抗旱指挥部总指挥由场长、书记担任,副指挥由农场副场长、农场工会主席、农场人民武装部部长、农场水务局局长等领导担任,有关科室领导为成员。农场防汛抗旱指挥部办公室设在水务局,办公室主任由水务局局长担任,工作人员 4 人。

4.防洪抢险队伍 农场有 1000 名民兵,分布在各个管理区和机关直属单位,他们是防汛抢险的重要力量,负责抢险和必要的爆破任务,水库应急抢险指挥部基干民兵负责人,以电话、微信群通知的方式通知人民武装部统一组织,水利部门技术指导。机械设备安排 4 台挖掘机、6 台推土机配合。主要任务是大坝护坡、溢洪道、坝顶子埝等险情抢险。

防洪抢险队伍在农场防汛指挥部的指挥下,做到"召之即来、来之能战、战之能胜"。对防洪任务的分工,按照"谁主管、谁负责"的原则,横向到边,纵向到底,全面负责。

5.防汛工作重点 农场洪涝灾害主要形式就是外来水和降雨。境内 7 条河流受上游河流影响产生超标准洪水致使内水排不出去,造成局部低洼地块受灾,形成洪涝灾害。流域暴雨洪水集中在 7—8 月,暴雨多突发性、局部性。

存在的主要问题是建设水库下游种植水稻田较多,如遇超标准洪水时影响正常泄洪流量。应对措施是做好预警工作,在汛期来临前提前控制好库容,确保水位在汛限水位以下运行。做好抗洪抢险演练、落实好防汛人员及防汛物资,每年对应急预案、调度预案进行修订,根据不同年份、不同情况、采取不同措施。

2019 年,农场水务局被评为"农垦北安管理局防汛抗旱工作先进集体",水务局在北安管理局举办的"世界水日、中国水周"水法规知识竞赛中荣获三等奖。

第九章　副　　业

第一节　特色作物种植

1960年，农场园艺队种植人参1米×4米苗床20床，后因"大跃进"运动的影响，抓以粮为纲，种植的人参无人过问，被野生动物、家禽吃掉，所剩无几，没有收获。

1981年，第二分场十队种植黑豆果20亩。1982年，移交给林场后发展到45亩，并育种苗床20床，可插条300亩，黑豆果的种植有5年历史，效益不佳。

1983年，林场从吉林省引进平贝母种子，到1985年种植面积9亩，1988年受益。

1994年，棚菜大户于长富，扣菜棚2000多平方米，年生产鲜菜1.5万多千克，带动了15户棚菜生产大户，利用一批大棚种植中草药、日本小马铃薯、花卉等，不仅创造了可观的经济效益，同时也解决了一部分职工就业问题。

2000年以前，农场都是以大农业为主，种植特色经济作物不多。2000年后，农场为引领带动特色种植业上规模、提效益，通过挂靠种植业龙头企业，先后与山东青岛、潍坊，辽宁沈阳、大连、丹东、绥中等客商（公司）签订了韩国金塔红鲜辣椒、美国刀豆、日本甜葫芦、日本艾碧斯绿栗南瓜等种植及产品加工回收合同。由于跨区域、跨积温带种植，部分作物不能正常成熟，人工成本和加工费用过高，市场价格波动剧烈，比较效益小，利润不明显，导致这些项目未能发展下去。

2011年，农场在场部西侧原科技园区建立特色作物种植园区，通过招商引资方式建大棚14栋生产榆黄蘑，取得较好的经济效益。2012年，农场继续打造特色园区，建设40栋提子大棚，通过制定优惠政策每栋收取1000元保证金的方式，将提子大棚租赁给11户职工群众经营。2015年，提子陆续上市，每年生产提子2500千克，创产值50万元。

2012年，园区建成120栋食用菌大棚，通过招商引资方式，成立溢菌源食用菌合作社。当年70栋大棚投入生产种植大球盖菇，由于合作社聘用技术人员技术不过硬，消毒灭菌环节存在问题致使种植失败。2013年，溢菌源食用菌合作社重新整合，组建涌泉峰食用菌专业合作社，利用食用菌大棚开始生产香菇，由于生产起步晚，错过最佳接种时期，9月才开始出菇当年菌棒出菇晚（正常应该6月出菇），只出菇2茬，造成产量低当年严重亏损。2014年，食用菌合作社利用上年菌棒继续进行香菇生产，当年达到正常产量，但由于市场价格只有6元/千克（上年12～14元/千克），导致效益不高。涌泉峰食用菌合作社解散，食用菌生产停止。

2016年，农场职工赵忠仁在园区成立中草药专业合作社，利用特色种植基地和食用菌大棚开始种植中草药。当年，种植赤芍、白鲜皮、黑枸杞、苍术、板蓝根，实现基地120栋大棚和8栋温室全部投入生产。

1990—2020年，农场在种好大农业的同时，不断探索特色种植业新路子，先后引进种植水飞蓟、月见草、亚麻、大麻、绿大豆、黏玉米、芸豆、白瓜子、高粱等项目。其中，绿大豆、黏玉米项目表现较好，尤其是绿大豆，20年时间里，面积不断扩大，最高时达1333.33公顷，主要分布在第一、二、三、四管理区，价格连续保持在每千克5.2元左右，绿大豆和黏玉米等特色作物得到了发展壮大。

第二节　山产品采集

农场拥有众多自然资源，职工自发地兴起"采山热"，依照季节采野菜、药材和山珍品，不仅活跃了农场经济，更重要的是增加了职工经济收入，改善了群众生活。

1. **蕨菜**　农场1982年与北安管理局外贸处签订采集蕨菜合同，设收购点3处，至1985年4年共上交山蕨菜16.4吨，收入3.4万元。1983—1985年，连续3年超额完成任务，受到北安管理局外贸处的物质奖励。

2. **橡子**　1972年，场区附近的山里橡子大丰收，当年上交橡子30余吨，收入1万元，后期因橡子产量低，没有收购。橡子也是喂猪的一种好饲料，人们每年采集，卖给养猪户作为饲料。后因养猪户都发展快速养猪法，基本无人采摘了。

3. **猴头**　1982年，开始收购，当年上交猴头400千克。到1985年，共上交猴头2400千克，收入2.4万元。

4. **蘑菇**　1982年开始收购，到1985年，上交各种山蘑菇950千克，收入5000余元。

1990年后，随着农场经营体制不断改革，市场不断完善和开放，每年的山产品都由海伦、北安等外地客商来车收购，为职工增加了一定的收入。

进入2000年以后，市场的开放化、买卖的自由化，使得农场采集山产品的人越来越多。据不完全统计，每年采山，职工可获利200多万元。

第三节　特色养殖业

特色养殖在农场发展得不是很稳定，品种也不是很多。1968年，农场有野马鹿4只，后来从绥棱林业局购入马鹿25只，从幸福林场购进5只，共计34只，饲养在十三队北山。1975年4月，从二龙山农场调入梅花鹿43只，后发展到126只。1987年全部卖掉。

1986—1999年，农场养殖大户付文贵开始尝试养殖大白鹅、康贝尔鸭、七彩山鸡、火龙鸡，带动了部分职工发展养殖业。北安分局曾在农场召开过现场会，也引来红星、二龙山等农场来场参观学习。

鸽子，农场只有少量肉鸽、信鸽和观赏鸽，数量不多，大部分都在农场自销，成为餐桌上的美味佳肴。

貂，1986—1987年，农场兴起了养殖热，品种是乌苏里貂，后因市场疲软，品种退化而降温。2020年，农场没有貂养殖户。

狐，1996—1997年，农场有几户兴办狐场，品种为小北极狐，后因品种退化严重，皮毛销路不好而倒闭。

截至2020年底，只有付文贵一家养殖场里有部分火鸡、七彩山鸡等特色珍禽仍在饲养繁殖。

第十章　交通　电力

第一节　交　　通

一、机构

建设农场交通科是农场辖区的道路交通运输主管部门，交通科隶属于北安管理局交通运输局管理，全称黑龙江省建设农场交通科。在 64 年的发展中，建设农场交通科主要负责农场客运站、道路运输管理、公路建设和养护管理、公路路政管理、交通费征收管理等工作。单位有事业编制 7 人，实际在岗人员 2～4 人。办公室总面积 173 平方米，内设有办公大厅、会议室、接待室及办公室等服务场所，形成了便民一条龙的服务体系。交通科连续多年被授予黑龙江省交通运输厅"文明单位标兵"、总局级"交通征费先进单位"，多次被北安管理局交通局评为先进单位、安全先进单位等荣誉称号。2019 年 6 月，根据农垦改革总体要求垦区交通行政管理职能划归地方，农场交通科撤销，其行政职能归地方管理。

历任交通科科长、负责人有张振春、王瑞东、乔忠实、孙崇戈、刘世民、孙双胜。

二、初级修路建桥

建场初期，农场修了一条通往通北火车站的 30 千米土道，没有水运和航运，运输工具全部是机动车辆，有 3 台客车负责场内至通北的客运，场部及第一、二分场的人员外出还可借助通北林业局森林小火车之便，货物的运输较为不便。每年在麦收季节，由于运距较远，路质较差，碰上连雨天，经常造成粮食的大量积压。

建场创业时，仅有一条和平场部至通北的路基，路面高低不平，桥梁残缺，行车不便，运输工具以马为主，仅有的几台机动车辆只能在封冻后参加运输工作。

1960 年后，场部至通北、赵光的公路先后建成通车，赵光农垦局的客车开始定期通往农场。通北林业局的森铁客车经过造木厂（现在的第八生产队）、三〇五等地通往南北河。农场人外出办事赶不上客车或遇阴雨天客车不通时，都要坐小火车在八队道南地方小火车站下车，然后走十几里回到总场部。交通十分不便。

1967 年以后，交通道路逐年维修、车辆逐年增多，扭转了交通不便局面。到 1985 年恢复农场体制后，交通业逐步走上正轨，建立了各管理机构。党的十一届三中全会后，随着各行业的发展，健全了各种管理制度，交通科负责安全、车辆管理，道路队负责道路维修、桥梁建造，形成了一个完整的管理体系。

1985 年底，全场共有运输车辆 150 台，年运载能力 15 万吨，有各级公路 14 条，以场部转盘道为中心，南通海伦市、北通赵光农场、西至通北镇的交通运输网遍布全场。场汽车队 1979—1983 年，连续 5 年安全行驶 600 万千米无事故，1982—1983 年，被评为北安管理局交通安全先进单位，使交通工作向前迈进了一步。全场主要公路 126.8 千米都已铺上沙石，交通管理良好，运输畅通无阻。

1992 年，自养公路在不断地改善。交通科配合农场组织车辆修路。共调度车辆 696 台次，完成沙石土方 52.15 立方米，出动人工 6100 人次，相继完成了至通北 34 千米公路改建，使农场至通北的主干公路全面达到了沙石化，在北安分局组织的公路达标验收中取得较高分数。

1994 年，进行了第一分场至青石岭路段路基加高，由第三分场各队集中铺设。1995 年成型以后达到三级沙石路面。全场公路网，除了 95 千米主干公路，各生产队田间公路的数量和通车条件都有了较大改观。各队在公路管理上都由队主要领导负责，选派了专职养路工，负责公路看护、上料平路，同时各队都设有路杆，雨后 24 小时禁止车辆通行，有效地保证了路面不受破坏。

1997 年，总场至第一分场 17 千米的路面改造、路基加高，组成了以公路管理站为主、水利科施工队机务工人为主力军的公路建设队伍，在公路改建工程中共完成土方量 7000 立方米，改造加高路面 14 千米。

1998 年，重点修建了赵建公路六队至赵光农场三十六队路段，出动车辆 240 台次，拉沙子 4000 立方米，铺设路面近 15 千米，投资近 100 万元。提高了通车里程，方便了全场职工去赵光、北安等地公出或办事。

1999 年，农场狠抓了管理区生产队的路面升级，仅第一管理区各队就拉沙子铺路近 7200 立方米。四队和五队至管理区的各 4 千米路段，全路面铺了一层沙石料，彻底解决了这 2 个生产队建队 40 多年来的路难走的问题。

建设农场公路线路长、河沟多、桥涵密度大，主干公路就有河沟水线。1976—1981 年，先后在十五连（现八队）、十八连（现十队）、二十二连、二十四连（现十三队）和西九道沟东岸，机械拉沟排涝面积达 4 万亩左右（重点排除二十二连、二十四连的涝区）。1974—1984 年，先后在通肯河北岸、十道河南岸、十一道河下游，以机械拉沟排涝重点治理十六队、十七队、十八队的低洼地，排水面积 4.5 万亩左右。1982—1984 年，利用联合国开发银行的贷款，在十三队西北山脚以截山洪为主兼修田间道路 6 千米，并进行大量排水工程建设，共建桥涵 380 座。

三、公路建设和管养

1998 年以前，农场的主干路面都由农场道路队进行维护整修，各队及管理区田间道路出现大问题由农场道路队维护、小问题由生产队出车派人拉沙石铺垫，保证播种和秋收工作顺利进行。

1999 年以后，农场要求，各队必须配备专职养路员工，负责本单位路段的沙石备料、整修、养护，责任完全落实到队。公路管理站负责养路员工的日常培训、技术交流和养护工作的检查。做到了有计划、有检查、有验收，提高了养护员工的积极性。全场各队都超额完成了铺沙指标。这年全场新铺设路面 60 千米，在农垦总局开展的地方道路养护升级竞赛中，建设农场道路达到了地方道路升级验收标准。

在公路等级不断提高的同时，农场的交通运输业也有了长足发展。1986—2000 年，是农场交通运输事业发展较快的时期，出现了 5 个突破：①公路运力发展迅速，十几年来再也不用胶轮车到通北送粮拉货。②公路货物运输量稳步增长。③个体运输车辆异军突起，已成为农场非常重要的运输力量，个体车辆占全场车辆总台数的 90％以上。④公路运输站点建设有所改善，建成了客运站、货运站、停车场。⑤营运车辆技术等级和技术性能有所提高，车辆构成条件得到了较大提高，技术保障系统有所加强，减少了交通事故，确保了安全行驶。

2001—2012 年，农场农村公路建设发生了 2 个阶段性变化。

2001—2005 年，是农场农村公路建设的第一阶段。当时农场的公路状况较差，路面等级低，行车颠簸，路面翻浆路段及弯道多，路肩杂草超高，行车安全隐患也较多。其间，有效地改善了农场公路运输环境条件，使全场 95 千米主干公路全部改成沙石路面，使各生产队田间公路的数量和通车条件都有了较大改观，彻底解决了农场多年来的土路雨天"水泥路"通不了车、晴天扬灰路看不见车和行人的状况。进一步提升了全场 1.5 万人口的生产生活通行条件，使全场公路养护又上了一个新台阶。

2006 年开始，公路建设有了新的局面，在公路等级不断提高的同时，农场结合上级精神又制定了一系列措施，不断理顺公路管理体制（个人承包到 2009 年底），重点加强了公路管理站的建设，继续加大行业管理和投资力度。农场充分利用国家建设通县（乡）公路的大好时机，成立了通县（乡）公路建设指挥部，场长王克坚担任总指挥、主管交通工作的党委委员王传江为常务副总指挥，成员由各相关职能部门负责人组成，指挥部设在交通科。农场一方面积极筹措资金，另一方面抓紧时间进行调研、申报、工程设计、工程项目招标等工作。对农场外环至农场八队的主干公路进行改造，建设规模为 7.6 千米，路基宽度 7 米，路面宽度 6 米。7.6 千米全部为水泥混凝土路面，三级公路，投入资金 700 余万元。这条公路的改建是农场高等级公路建设的开端，在各相关部门紧密配合和支持下，指挥部常务副总指挥王传江经常到一线检查指导、现场办公，及时解决处理工程施工中出现的各种问题和困难。经过 3 个多月连续奋战，终于在冬季来临之际高质量地完成了公路的建设任务，创造了农场公路建设史的奇迹。农场第一条高等级公路建成通车，实现了农场修建高等级公路零的突破。

2007—2012 年是农场公路建设发生变化的第二阶段，农场修建高等级公路进入鼎盛时期。在这几年里农场紧紧抓住农垦改革、调整、大发展、快发展的大好机遇，借助垦区交通运输行业公路建设大发展、快发展的有利时机，农场全方位响应，积极行动起来跑项目争取上级财政支持，多方筹集贷款，在抓好农业生产前提下，举全场之力，全力备战农场公路改造升级这一重要工作。相继投资 1 亿多元，其中农场自筹贷款近 7000 万元。

"十一五"期间，农场基本完成农村公路的基础改造，使农场的出口路及主干公路全部高等级化，基础设施建设基本完善，95％以上的管理区、居民组、场区公路全部实现硬化，有效地保证了农场各项事业和经济的发展。

2007—2008 年，建设完成玉绥公路建设农场段骨架公路 25.56 千米（包括小桥、涵洞）白色路面。

2009 年，农场展开了景观路创建活动，负责景观路创建养护的公路管理站补路面、加高路肩土、修边坡、清路沟、美化香化路边环境，投资近 38 万元，打造完成玉绥公路建设农场段（农垦骨架公路 25.56 千米）交通运输公路绿化景观路，达到了"畅、洁、绿、美、安"的要求，进一步提升了公路建设总体形象，至 2020 年景观路建设已经达到较高档次和品位。夏季公路两侧种上扫帚梅和黑心菊，种花里程达到 92 千米，并间隔栽了菊花 3000 株、牵牛花 8000 株、串红 1500 株等 3 种花卉，以及多年生长的宿根花卉4.8 万株。养护人员从种花开始就精心打理，有杂草时能够及时清除，全年全线打草 4 遍、路肩打草 8 遍，全部高标准完成了打草任务并加固整形边坡、清理道路两旁杂草树木。冬季建立清雪保障队伍，清雪设备包括平地机 1 台、扫雪机 4 台、推雪铲 4 台，清雪设备司机 5 人、清雪人员 6 人，道路管理站以雪为令做到随下随清理，保证全场道路无压雪路面，使公路沿线景观得到改善。

按照"依法严管、标本兼治、源头治理、区域联动"的总体思路，切实加强了公路超限超载治理工作。北安管理局交通局为农场配备了超限检测仪。2010年，交通科同交警联动进行路面治理，严厉打击超限超载运输行为，共检查车辆358台次，查处超限车辆19台，卸载货物80余吨，有力地保护了路产路权，极大震慑了那些经常超限超载车辆和驾驶员，为今后道路治理超限超载工作打下了良好基础。

2009—2012年，农场完成了场部至青石岭水库35.2千米，十七队至十五队4.2千米，八队至十二队11.29千米，七队—四队—五队—七队10.3千米及场区和环路合计70.5千米的道路升级改造，全部实现白色路面。

2015年，农场对场部至十五队路段投资近600万元进行了中修维护，2019年9—11月，对玉绥公路K73至K76段0.76千米进行阶段性翻修。

2020年投资40万元维修了通青公路12千米，投资50万元维修了绥拉公路白色路面及桥涵。

第二节　电　　力

一、供电辖区

建设供电所，是一家县级供电企业，隶属于国家电网公司，是黑龙江省电力公司黑河电业局代管的17个农垦森工电力企业之一。坐落于建设农场北外环路南与中央街东交会处，占地面积1万平方米。其中，办公楼500平方米、变电厂房286平方米、物资储备库360平方米、活动场所300平方米、其他配电设施占地8554平方米。电网辐射建设农场、3个部队、3个林场（群力、群力所、幸福）、1个自然屯（阳光村）共885平方千米。承载辖区120个台区各类用电客户7980户，农、工、副、居民生活供电安全保障服务任务。

二、组织机构

1956年开荒建场时，农场无电力机构，只设电工王志停负责农场电力工作。

1958年，电工冯志国。

1960—1962年，电工王志停、冯志国。

1962—1965年，电工班长康贵臣。

1965 年，白也主管（当时是修理厂主任，电业隶属修理厂）。

1971—1976 年，所长邢守礼、副所长康贵臣。

1977—1985 年，所长康贵臣。

1986—1987 年，所长庄连贵兼党支部书记，副所长于望、付庆祥。

1988—1989 年，所长崔光旭。

1990—1995 年，所长韩学志，1991 年副所长马喜民，工会主席张忠庆。

1996—1998 年，所长金泽国，党支部书记吴凤林。

1999 年，所长金泽国，党支部书记孟凡林。

2000 年 11 月，副所长晁吉德（主持工作），副书记马喜民，副所长张忠庆。

2001—2002 年 9 月，所长晁吉德，党支部书记毕文，副所长张忠庆。

2002 年 9 月—2004 年，局长兼党支部书记晁吉德，副书记毕文。

2005—2010 年 6 月，局长兼党支部书记晁吉德，副书记毕文，副局长韩学军。

2010 年 6 月—2014 年，局长兼党支部书记晁吉德，副局长韩学军、董振峰。

2014 年 7 月—2018 年 7 月，局长兼党支部书记晁吉德，副局长董振峰、曹磊。

2018 年 7 月—2019 年 10 月，总经理晁吉德，副总经理董振峰、曹磊。

2019 年 10 月—2020 年底，所长晁吉德。

2018 年 7 月 31 日—2019 年 10 月，企业由黑龙江省农垦总局无偿划转给国家电网公司，更名为国网黑龙江省北安垦区建设供电局有限公司。2019 年 10 月，黑龙江省电力公司一县一公司整合，建设供电局有限公司被北安市电业局有限公司吸收合并，更名为国网黑龙江北安市电业局有限公司建设供电所。

企业上划后，在册职工 23 人，其中管理人员 5 人，营销人员 12 人，生产人员 6 人，大专学历以上 4 人，中专学历 3 人，有专业技术职称 2 人。2018 年 1—7 月售电量完成 582.95 万千瓦时，综合线损率 13.12%，主营业务收入 386.76 万元，利润总额—42.99 万元。

到 2020 年底，国网黑龙江北安市电业局有限公司建设供电所共有在岗职工 22 人，服务农场及周边村屯、林场。

三、电业发展

（一）艰苦创业阶段

建场初期无电源，只是用 1 台修理车带的小汽油机发电，电机 3 千瓦（于森主办）。1957 年，购进一台 40 千瓦柴油发电机组，解决了三〇五场部修理所的用电，也解决了办公室及家属照明。1959 年，九道沟建立修理所，用自发电解决机械加工和民用照明。1960—1962 年，修理厂自发电，负责人康贵臣，电工王志停、冯志国。

1962—1965 年修理厂又增加了发电机组，供给机械加工、制酒、制油等用电，附近生产队部分麦场用电，电工班长康贵臣负责电业工作。1965 年秋，康贵臣率领电工班全体人员开始向十二队、十一队、十队、九队、八队架设高压线，当年秋冬解决十二队、十一队、十队麦场用电及家属用电。第二年解决了九队、八队麦场用电及家属用电。

当时，3 个分场全是柴油发电机，自发电供给修理所及部分民用电、少量的麦场用电和工副业用电。1970 年，第一分场从东方红 37 连接上国网电，从此第一分场使上国网电（北安电网）。

1971 年农场成立电力管理机构（叫办电所），邢守礼从讷谟尔电厂调入建设农场办电所任总指挥，副总指挥为康贵臣。开始只有 5～7 名电工和干部，从三〇五（五连）至总场 12.5 千米 10 千伏配电线当年夏天完成，使总场农业生产、工业生产及生活用上了国网电。当年秋，农场二十四连也用上了国网电。

1972 年，开始备料设计赵光至建设三〇五 35 千伏高压输电线路，在三〇五建变电站 2 处，设变压器 560 千伏安 35 千伏/10 千伏。经过全体干部、职工努力，终于在 1975 年完成送电，从此全场大部分农业连队用上国网电，修理厂、制粉、榨油、制酒等工副业单位全用上国网电，人民生活用电也有了保证。农场成立了变电所，有专业管理人员 30 多人。

截至 1985 年末，全场 40 个单位全部用上了国网电。其中外单位 10 个、建 35 千伏输电线路 38.5 千米，线路总长 134.8 千米，配变压器 55 台，总容量 3475 千伏安，其中外单位容量为 540 千伏安。建变电所 1 座，设主变压器 1000 千伏安，总场设发电室 1 座，有柴油发电机组 3 台、功率 805 马力、电机容量 524 千瓦。第一、三分场各设小容量柴油发电机组 50 千瓦电机，建设水力发电站 1 座，装机容量 250 千瓦。全场有专业电工 70 多人，统一由电业所管理，电业所所长康贵臣制定了一整套管理方案和收费管理制度。第一分场电工班班长张洪祥，第三分场电工班班长吕长江、李立东。

（二）　加快建设阶段

1986—2000 年，电业发展突飞猛进，不仅保证了农场人民的生产生活用电，而且对周边村屯、部队农场、林场人民生活的提高、经济的发展都起到了巨大的推动作用。至 2000 年农场变电所在北安区域内，是设备先进、运行正常、管理不断创新的变电所。

1987 年 5 月，为解决群力林场从建设农场搭接国网电问题，电业所派出支援小分队，从 5 月 22 日至 7 月 15 日，为群力林场架上高压线路 8.6 千米，自此，群力林场用上了国网电。6月，农场投资5万元，对家属区线路实行改造，对工人实行计件工资，用3个月改造完成线路，自此每户用电开始以表计量。改造后的大座机，除满足场区用电外，还能供应第二分场几个生产队用电。通过改造，每年可节约电费4万元。

1988年，为进一步核准各用电单位用电量，避免丢电现象，实行台上计算。这一举措走在北安垦区前列。这年夏天，在办公室东侧兴建262平方米新变电所。1989年夏天完工。

1991年，为解决前进林场与农场搭接电源问题，8月15日电业所派出支援小分队帮助前进林场架高压线8.2千米，10月1日国庆节胜利竣工，自此，前进林场成了电业所的场外用户。

1995年，对场区家属区的旧式DD1、DD28电表进行淘汰，重装DD101、DD862电表。投资6.5万元，改造35千伏高压线路将近一半，换上水泥杆58根。

1996年，投资54万元，全场共更新25台新型节能变压器。

1997年，投资80万元，购进新变电所设备，全部采用新型制动设备，共包括主变控制屏1套，10千伏保护屏2套，10千伏控制屏2套，中央信号屏1套，电容控制屏1套，高压计量屏2套，一号直流自动控制屏1套，高压制动控制柜12套。

1998年，投资69万元更新总场至九队高压线路3千米，改造场直低压东五路。

1999年，对场部家属区西五路、第一分场一队至三队1100米高压横担进行了重换。

截至2000年底，农场电业所每年可转供电330万～370万千瓦时，供电单位40个，其中场外单位8个。全场有35千伏高线路38.5千米，供电线路总长230.8千米，配变压器58台，总容量3775千伏安，供农场外单位850千伏安。建成的新变电座262平方米，设主变压器1000千伏安。总场发电室1座，有柴油发电机组2台，功率685马力，电机容量440千伏安，这2台机组以备国网电停供时发电使用。

（三）科技发展阶段

建设电业所2001年后，下设"三科一办"，即财务科、营业科、生技科、综合办公室。2002年6月更名为黑龙江省建设农场电业所。

2002年9月，根据国网黑龙江省电力有限公司与黑龙江省建设农场签订的委托代管合同，黑龙江省北安垦区建设电业所由国网黑龙江省电力有限公司实施代管。企业类型为全民所有制，由黑龙江省建设农场完全出资、注册资金340万元。企业全面实施"新农村、新电力、新服务"的农电发展战略，深化新农村电化建设工程、电网建设与改造工程、企业规范化管理工程、队伍素质提升工程。

1. 升级建设 局域电网建设，2003年，建设35千伏变电所1座，2台S9-1250千伏安变压器，总容量 2500 千伏安。由通北 110 变电站Ⅱ接建设供电局，35 千伏通建线输电线路长度为 28.02 千米，由建设变电所Ⅱ接建南线（南北河变电所）35 千伏输电线路长度为 46.7 千米和建海线（海伦农场变电所）35 千伏输电线路长度为 14.68 千米。由建设变电所配出五回 10 千伏配电出口，10 千伏配电线路长度为 146.8 千米，0.4 千伏低压配电线路长度为 126.5 千米。

2003 年，建设供电局对供电区内的送电、变电、配电设备进行全面的建设与改造升级，总投资 524 万元。其中，变电工程投资 216 万元，改造变电所原 SJ-1000 千伏安变压器，更换为 S9-1250 千伏安 2 台。更换全部高压开柜 12 面，新建开关场构架及配套设备 1 套，新增加主控、保护屏及微机控制机构。农村电网改造工程站所合一，自投资金 30 多万元，新建办公楼 500 平方米，于 2004 年 7 月投入运营；输电线路投资 308 万元，新建 35 千伏送电线路 1 条，由通北 110 千伏变电所至建设变电所，通建线路全长 28.02 千米，其中水泥杆 247 根，采用 YB-12-190 和 6、9 段水泥杆，铁塔 12 米 3 座，全程采用导线 LGJ-70 毫米钢芯铝绞线，出口两端 2 千米采用 GJ-25 毫米钢绞线避雷，于 2005 年 3 月投入运营。

2003—2005 年，配电线路改造工程总投资 895 万元，改造 10 千伏以下配电线路 120 千米，采用 LGJ-50 毫米和 LGJ-35 毫米铜芯铝绞线，水泥杆采用 YB-10-190 加强杆，出口配电线路采用 YB-12-190 水泥杆。改造低压台区 64 个，变台全部采用 H 台模式。0.4 千伏配电线路 78 千米，水泥杆采用 YB-8-160，跨越道口采用 YB-10-160 水泥杆。改造居民用户电能表 6400 块，全部采用 DD44S 电子式电能表。更换高耗能变压器 56 台，采用 S9 变压器。

2004 年 4 月 1 日，根据黑龙江省城乡居民生活同网同价文件精神，实现居民生活用电同网同价，居民生活用电价格降到每千瓦时 0.51 元。

2012 年变电站增容改造工程：更换主变压器 1 台，容量 6300 千伏安；更换二次保护装置 1 套；于 2013 年 9 月投运，总投资 240.29 万元。

2017 年，建设农场中心村改造升级工程，改造中心村 3 个，共计 8 个台区。更换变压器 7 台，容量 2800 千伏安，更换集抄式电能表 1211 块。于 2018 年 8 月完工，总投资 93.52 万元。

2010—2020 年，配电线路续改工程总投资 829.8 万元，改造 10 千伏以下配电线路 41.3 千米，其中绝缘化线路改造 36.1 千米，更换部分水泥杆 YB-12-190 型，2.4 米横坦加强型和高压绝缘子。改造低压台区 30 个，变压器台更换水泥杆 YB-12-190。变压器采用 S11 型。改造 0.4 千伏线路 38.7 千米，其中绝缘化线路 31 千米，更换集抄电能表

5500 块，全部采用 DDZY268-Z 型单相费控智能电能表，完成信息采集微机化。

2. 企业改革

（1）产权整体无偿划转。2019 年 1 月 21 日，黑龙江省北安垦区建设供电局国有产权整体无偿划转到国家电网有限公司，黑龙江省北安垦区建设供电局更名为国网黑龙江省北安垦区建设供电局有限公司。聘任晁吉德为国网黑龙江省北安垦区建设供电局有限公司总经理，董振丰、曹磊为国网黑龙江省北安垦区建设供电局有限公司副总经理。国网黑龙江省北安垦区建设供电局有限公司资产总额 1170.28 万元，负债 1955.82 万元，所有者权益金额—785.54 万元，其中，实收资本 340 万元，未分配利润—1125.54 万元。资产负债率 167.12％。国网黑龙江省北安垦区建设供电局有限公司共有在册职工 23 人，离退休人员 4 人。

黑龙江省北安垦区建设供电局由国网黑龙江省电力有限公司接管，实行趸售体制。黑龙江省建设农场域内由国网黑龙江省北安垦区建设供电局有限公司独家供电，以直供直管形式向农村用户及企业供电。

（2）国网黑龙江省北安垦区建设供电局有限公司重组整合。2019 年 8 月 15 日，国网黑龙江北安市电业局有限公司（吸收方）与国网黑龙江省北安垦区建设供电局有限公司（被吸收方）合并。重组整合后的企业类型仍为有限责任公司，仍由省公司持股，持股比例仍为 100％。重组整合后的企业不设董事会，设执行董事，执行董事为重组整合后企业的法定代表人；按重组整合后的公司章程设置经理；设 1 名监事。国网黑龙江省北安垦区建设供电局有限公司（被吸收方）的资产、业务均由国网黑龙江北安市电业局有限公司承继。国网黑龙江省北安垦区建设供电局有限公司合并后更名为国网黑龙江北安市电业局有限公司建设供电所，所长晁吉德。吸收合并后，国网黑龙江省北安垦区建设供电局有限公司（被吸收方）的债权、债务由国网黑龙江北安市电业局有限公司（吸收方）承继。国网黑龙江省北安垦区建设供电局有限公司原劳动合同继续有效，劳动合同由国网黑龙江北安市电业局有限公司（吸收方）继续履行。

截至 2020 年，建设供电所历经 64 年不断发展与壮大，已拥有固定资产 1170 万元，年均向国家缴纳利费税 8.5 万元。

第十一章　粮食　贸易　物资

第一节　粮　　食

一、组织机构

建场初期，粮食、油料实行总场、分场、生产队三级管理，总场一级调拨。

1972 年，兵团时期，团部设粮食管理指导组，由 3～5 人组成，负责全团粮食的管理、调用、上缴、销售工作。

1975 年，团设商业股，设管粮人员 5 人，主要负责全团的粮食管理、调用、出售、出口、加工、供应等项工作。

1985—1988 年，粮食科科长郭建修，助理 2 人，会计室 3 人，化验室 1 人。2 个分场各设 1 个粮管所，设所长 1 人，开票员 1 人，保管员 2 人，由 1 名保管员兼出纳。场部设中心粮店，负责场直机关和第二分场各队的粮油供应。

1986 年，成立粮食科党支部，乔忠义任党支部副书记。

1988 年，粮食科改为粮贸公司，成为集管理、经营服务于一体的综合实体部门，实行独立经营，财务单独核算，超收全留，亏损自负，银行开设账户。

1989—1991 年，科长梁红星。

1992 年，科长于勤升，党支部书记朱喜财，副科长杜连发，设助理 2 人，会计室 3 人，化验室 1 人。粮食科下设通北外贸转运站、加工厂、场直粮店、粮食处理中心等部门。总场成立粮食管理委员会。

1994—1997 年，科长刘广瑞。

1998—2000 年，科长沈福林。

2001 年，科长黄东光，党支部书记马喜民。

2003 年，科长、粮贸经销站长由黄东光一人兼任。

2005 年，科长黄东光兼种子公司经理。

2008 年 12 月—2012 年，科长宋建国。

2012 年，副科长赵校辉（主持工作）。

2015 年，科长赵校辉。

2016 年，科长张士军。

2017 年—2019 年 8 月，科长何瑞安。

2019 年 8 月—2020 年，科长李勇。

2003 年 5 月，粮食科进行体制改革，成立了粮贸经销站，实行一套班子两块牌子。同年九三油脂北安分公司正式投产，北安管理局下达的大豆交售任务 1.4 万吨，由粮食科负责组织各生产单位统一交售。粮食科派 2 名专职人员负责协调大豆交售工作，当年共完成大豆交售任务 7800 吨。

2004 年，粮食科机构改革，粮食科编制由原来的 11 人缩减为 4 人。4 月农场对生产队晒场进行改革，把各单位晒场原有的机械设备、检验检测仪器、低值易耗品等一次性转售给晒场主任，农场只负责晒场主任的部分工资，其余部分由晒场主任利用机械创收。与此同时粮食科出台了《晒场机械作业收费标准》，有效地化解了晒场主任与职工的矛盾，并充分地保证了双方的经济利益。5 月，国务院通过了《粮食流通管理条例》并于当月 26 日起实施，从此粮食产品采取自由流通的方式销售，取消了计划粮、任务粮的管理体制。

2005 年，农场组建了建农种子有限公司。粮食科科长、会计、检验员被调派到种子公司工作。粮食科科长兼任种子公司经理。

2006 年 8 月，黑龙江省粮食局组织了首届全省粮食流通统计知识竞赛。农垦总局代表队 4 人，人员在整个垦区粮食系统中抽调，农场粮食科赵校辉参加了此次竞赛。当年粮食科被北安管理局粮食局评为统计报表先进单位，并在北安管理局粮食工作会议上进行了表彰。

二、粮食经营管理

建场头两年，粮食实行一级管理。从 1958 年开始，口粮自给，剩余部分卖给国家。

1984 年以后，农场每个生产队和实验站等都配有粮食保管员。1979 年以前，生产队粮食检验工作由保管员兼管。1980—1985 年，19 个农业生产队都配备了化验员。各生产队陆续配齐小麦容重器、水分速测仪；总场设化验室，配有电烘箱、天平、双目实物放大镜、电动粉碎机、选筛等仪器。3 个分场建立成品粮库，总面积达 700 平方米，原粮保管土圆仓 97 个，可储原粮 5000 吨，库房 2533 平方米。

农场根据上级下达的留粮标准下达生产队留粮数量。1979—1985 年，平均每年口粮 400 万千克，种子 425 万千克，饲料 100 万千克。

150.7 公顷，杨树 13.9 公顷。

第二节　苗木生产

1956 年建场时，农场没有苗圃。农场认为，苗圃是发展林业生产的重要基础，过去造林绿化成活率不高的原因，除了对林业生产未引起足够重视外，另一原因是当时苗木是从外地调拨来的，运输和运回后不能及时栽种，降低了苗木成活率。所以，早在 1964 年农场便开始培训青年育苗工人（有吴会君、董兆仁）。

1965 年农场成立苗圃开始育苗工作，当时没有挂牌，1982 年建设农场苗圃正式挂牌成立。

1965 年当年育苗 7 亩地，其中，有山丁子 2 亩，还有落叶松、杨树和榆树。1966 年，苗圃被废弃。

1976 年后，重新在原来的苗圃基地上建立苗床，对苗圃加强了组织领导，安排了固定的专业育苗工 30 人，先后从外地引进 6 个速生和抗病力较强的树种。在育苗技术上，由过去耗工量较大的遮阴育苗法改为露天（又称曝光）育苗法，节约了大批物资和投资，加速了幼苗生长。1985 年共育成各种苗木 2000 万株（出床数），除了满足本场造林外，还支援外场和销售到外单位一批苗木，增加经济收入 15 万元。

1986 年，苗圃面积已达 70 亩，苗床面积 65 亩，育有各种苗木 310 万株，还种有平贝母等中草药材 20 亩。

1986—1999 年，累计产苗木 15.24 万株，其中育大苗 671 万株，完成了农场造林绿化供应任务。每年都出售各种绿化大苗万株以上，有力地推动了北安分局造林绿化的发展，促进友邻单位造林绿化工作的顺利开展。先后多次被评选为农场总局和北安分局"专业化先进苗圃"。1995—1999 年，利用从外地引进的优质绿化大苗 2.3 万株，插条培育出 57 亩，产苗 52.2 万株。随着退耕还林形势的发展，农场根据农垦总局的文件精神，2000 年退耕还林 3.5 万亩。

到 2015 年末，苗圃总面积达到 56.8 公顷，库存乔木、灌木、宿根花卉品种 32 个，存苗量达到 150 万株。为小区绿化、围城林建设提供苗木 30 余万株（包括绿篱造型），节省苗木资金 40 余万元。

截至 2020 年底，苗圃占地 53.33 公顷。苗圃育成的树苗品种由原来的单一造林品种发展为落叶松、樟子松、云杉、杨柳树、花灌木在内的几十个绿化品种。不仅能满足本场造林绿化的需要，而且还供给周边农场、乡镇、村屯，大苗还销往区域外。年均经营收入

20万～30万元，总销售量达到上百万株。

第三节　资源管理及森林防火

一、资源管理

2020年，农场森林资源按起源分人工林和天然林2类。其中，人工林面积718公顷，蓄积15.3万立方米；天然林面积2065.6公顷，蓄积13万立方米。

截至2020年末，北安市林草局下发"绿卫"和"督查"图斑121块，面积78.11公顷；环保"督查"下发毁湿点位33个，面积合计18.1万平方米；国家林业督查组督查地块1块，面积0.12公顷。为了完成资源的核查工作，历时70余天进行现地核查。2019年已全部完成绿卫督查还林工作。

二、护林防火

农场现有林地面积2790.9公顷，森林覆盖率7.1%。按照"预防为主、积极消灭"的防火工作方针，努力实现无森林火灾、保护好国家资源的奋斗目标。

建场初期，农场的周围环境十分复杂，四面环山，与林地相连，春秋两季放荒烧秸秆一向比较慎重。1980年春，三队烧秸秆引起一场野火，轰动了北安县和北安农管局20多个农场和单位，在农场召开了现场会议，并对当事人作了严肃处理。从此以后，农场十分重视防火工作，场领导提高了对防火工作的认识，并制定了"六不准烧"的制度：①不经县级以上防火部门批准不准烧；②领导不在现场不准烧；③不通知友邻不准烧；④无防火道不准烧；⑤三级风以上不准烧；⑥扑火队伍不组织好不准烧。还规定每年4月1日至6月10日，9月15日至10月30日（大雪封山前）为防火期，防火期内外出不带火、在外不吸烟、机车在外作业要带防火罩。

为了防止火灾发生，林场每年春秋防火期内，都出动防火宣传车，车上安装高音喇叭、悬挂防火标语，到单位和各居民区进行防火宣传教育。

1987年5月6日，大兴安岭特大火灾之后，全国上下对森林防火工作高度重视，农场防火措施更加完善，使防火工作进入一个新阶段。农场始终坚持"预防为主，积极消灭"的方针，到2000年底，农场连续20年没有发生森林火灾。多次被农垦总局、北安分局、北安市、黑河市评为护林防火先进单位。

2001—2020 年，农场把森林防火工作纳入安全生产之中，时时刻刻教育、警示干部职工提高防火意识，在防火戒严期野外作业不带火、不吸烟，并落实各个单位在森林防火工作中做好"六个到位"。

1. 责任落实到位 每年进入森林防火期后，农场党委都要召开森林草原防火工作会议，下发《黑龙江省建设农场做好关于森林草原防火工作的通知》和《森林草原防火工作三方案三预案》等文件，农场场长与管理区签订森林防火责任状；本着"谁主管，谁负责"的原则，坚决实行"四长"负责制。管理区居民组与辖区住户、野外作业人员、放牧人员及"五种人"签订森林防火责任状，签订森林防火公约，将责任落实到山头、地块和人头，做到"火有人防、责有人负"。

2. 宣传教育到位 进入防火期前，利用电视、广播、板报、防火旗、宣传车等宣传工具进行大规模的宣传，全面宣传，注重防范；进入防火期后，加大宣传力度，设立永久性防火宣传牌，印制悬挂防火宣传彩旗、防火预警旗、宣传横幅，散发防火宣传单，出动防火宣传车，电视台录制专题节目，并组织进行森林防火联合检查和专项检查，在清明节、"五一"等人流活动量大的节假日期间，加强巡逻密度，实行重点防范。开展林下卫生整治，进行"三清三查"消除火灾隐患。为了提高职工群众的森林防火意识，建立森林防火宣传一条街，把森林防火工作的重要性真正达到家喻户晓、人人皆知。

3. 扑火队伍建设到位 进入防火期后，成立由主要场领导亲自挂帅的森林防火指挥部，各管理区、居民委员会成立由主要领导为第一责任人的森林防火组织和第二、第三梯队的干群扑火队。农场成立半专业森林防火扑火队，统一食宿，加强防火演练，保证有火情及时扑救。

4. 设施设备落实到位 农场周边与北安市幸福林场、三〇三林场、通北林业局的林地毗邻，森林防火任务重。2014 年，黑龙江垦区小兴安岭区域农场森林重点火险区综合治理二期工程经国家审批划拨配套物资，调配到农场风力灭火机 20 台、进口风力灭火机 5 台、二号工具 52 把、灭火服装 47 套、GPS 终端一部。2018 年农垦总局为农场购置 1 台防火运兵车，北安管理局从引龙河农场调配 10 台风力灭火机，大大充实了灭火装备。2020 年，农场的风力灭火机达到了 40 台，新建了 72 平方米森林防火物资储备库，使防火器具做到统一管理。同时，与周边的北安市幸福林场、三〇三林场、海星镇、部队及通北林业局成立了北安市第七联防区，做到有火情能及时扑救，达到了"有火同打，无火同防"的目的。

5. 值班巡护、检查监督到位 进入森林防火期后，农场各基层单位配备森林防火值班员和森林防火巡护员，每天进行认真的巡护，森林防火办公室每天都对各单位进行检查或者抽查，包片领导及干部包片包点到位，深入责任区真抓实管不走过场，并将检查情况记录在册，作为考核依据，确保森林防火工作万无一失。

6. 加强沟通联系，确保农业生产到位 为了保证农业生产顺利进行，按照上级森林防火指挥部规定，上报确定需要点烧地块和点烧时间，按照计划烧除时间节点，与毗邻单位沟通，组织扑火队看护和点烧，确保备耕地块及时点烧、及时播种，为农业生产保驾护航。2017年后，国家规定全面禁止焚烧秸秆，对此，农场大力宣传全面禁烧秸秆，对全场各管理区所有地块24小时监督检查，严格管控火源并引进了先进的玉米灭茬机，及时进行灭茬翻耙，为下一年农业生产提供保障。

第四节　林下经济

按照上级退耕还林政策精神，农场从2002年开始实施退耕还林。还林后，农场充分发挥资源优势，利用林下耕地发展林下经济，增加职工收入。采取承包的方式包给职工，保证树苗成活率。①保证树苗成活率在95％以上，当年发现死树，当年补栽。②林下经济不能种植高秆作物，只能种植矮棵作物。③不能生长野草，保证树的左右干净，确保树苗健康生长。

2010年以来，农场充分重视发展林下经济，引进推广一批项目，优化了产业结构，促进了职工增收。从山东临沭县购进杞柳种条5.3万斤，在苗圃地扦插1公顷试验。2012年，扦插杞柳13.33公顷，栽植蓝莓2公顷。在科技园建立食用菌发展基地，成立"绿森川"食用菌专业合作社，共建大棚14栋，温室8栋，培育榆黄蘑14万袋。2013年，食用菌大棚达到60栋，培育球盖菇1.68万平方米、榆黄蘑8万袋。建葡萄大棚40栋栽植美国提子。2014年，组建北安农垦"涌泉峰"食用菌专业合作社，栽培香菇30万棒，大球盖菇1200平方米，榆黄蘑15万棒。同时在四方台镇引进试验玉米套种球盖菇0.67公顷，林带地种植球盖菇1.33公顷；饲养野猪170头，狐貉养殖户4户，饲养狐貉400余只。2015年，投入食用菌生产大棚40栋，栽培滑子蘑、平菇30万袋。大棚提子生产40栋。

2016年，从牡丹江引进樟子松嫁接红松项目，当年，樟子松嫁接红松17.33公顷3.6万株。其中，林业科嫁接1.5万株，家庭林场承包嫁接2.1万株。饲养野猪228头，养殖户2户。利用林地水面资源养殖大鹅1.1万只，种植中草药14.67公顷。其中，6月8日，第四管理区党支部书记董汉杰从赵光镇北乐村引进适宜农场种植发展的中草药平贝母项目，与有致富愿望的种植户朱东海一起在林场苗圃种植平贝母0.53公顷，总投入14.4万元。平贝母种植项目得到场长万太文的支持和认可，并倡导发展该项目，原林业科科长张兴华具体协调落实，指定林场苗圃大苗培育区作为平贝母种植小区。当年自营经济园区种植中草药 8 公顷，其中苍术 1.87 公顷、白鲜皮 0.4 公顷、赤芍 0.4 公顷、枸杞 0.47 公顷、板蓝根 4.86 公顷。第一管理区种植中草药 6 公顷，其中玉竹 1 公顷、半夏 5 公顷。

2017 年，为了提高 40 栋葡萄大棚土地利用率，进行架下套种中药材和西瓜试验。野猪养殖户发展到 3 户，野猪存栏达到 300 头。完成樟子松嫁接红松 10.67 公顷，并移植了 2 年嫁接苗 1650 株，栽植面积 2.67 公顷。自营经济园区大棚种植中草药 4.53 公顷，其中，苍术 3 公顷、黑枸杞 0.33 公顷、赤芍 0.27 公顷、白鲜皮 0.27 公顷、玉竹 0.66 公顷。6 月初，第四管理区党支部书记董汉杰带领低收入户李万富、马动力、王红花、陈伟红、王文哲、马新伟、温志新、汤孟华、王俊生、马春起、房国臣等 14 户，投资 37 万元种植 1.33 公顷平贝母药材发展林下经济。

2018 年，饲养大鹅 3000 只，完成樟子松嫁接红松 6.67 公顷，种植大榛子 22.2 公顷。3 月 17 日，农场十三届一次职工（从业劳动者）代表大会召开，为表彰第四管理区党支部书董汉杰引进发展平贝母种植所作出的贡献，场长万太文为其颁发了创新创业奖牌和 5000 元奖金。6 月 26 日，董汉杰种植的 0.27 公顷平贝母喜获丰收，以每千克 40 元出售，亩收入 4 万余元，纯效益 2 万元。在此基础上，他继续带领种植户马新伟等 3 户投入 8 万元种植平贝母 0.27 公顷。

2019 年，种植平欧大榛子面积达到 128.5 公顷，发放苗木 12.7 万株。商务科长董汉杰个人投资 14 万元、农场扶持 10 万元贷款总计 24 万元，以每亩租赁费 500 元、租期 5 年承租第五管理区大榛子地立体栽种平贝母 8 亩。

2020 年，职工种植的大榛子 20 元/千克开始出售，各种药材也陆续走向市场，为职工增收拓宽了渠道。

第五节　林政管理

建设农场 20 世纪 60 年代以后，对各级政府颁发的各项森林保护政策比较重视，进林砍伐木材的情况很少发生。

20 世纪 80 年代后，国务院发布《关于制止乱砍滥伐森林的紧急指示》后，农场营林员到各单位宣传和检查，贯彻落实国务院文件，做到人人皆知、家喻户晓，有效地制止了乱砍滥伐事件的发生，并对过去毁坏林木行为严重的个人和单位进行了严肃处理。1985 年年底，共处理乱砍滥伐林木事件 30 多起，提高了广大群众的护林自觉性。

在人工造林方面，实行了现场验收制，规定了"七不验收"：①没有规划设计和不按设计图纸造林不验收。②没有实现农田林网化、先造木材林不验收。③不具体落实造管责任制不验收。④高压线、通信线下造林木不验收。⑤行趟不正、不挖坑撬缝插苗造林的不验收。⑥栽残病植株和不是良种不验收。⑦无营林员签字不验收。

在防火方面，根据农场与林地相接，农场对秋季放荒烧秸秆一向比较慎重，并制定了"六不准烧"的制度：①不经县级以上防火部门的批准不准烧。②领导不在现场不准烧。③不通知友邻不准烧。④无防火道不准烧。⑤三级以上风不准烧。⑥扑火队伍不组织好不准烧。

截至 2019 年底，林政管理工作转交地方管理。

第六节 草 原

农场草原资源相对匮乏，主要集中在流经农场的轱辘滚河、小轱辘滚河、通肯河、十道河、十一道河、八道沟、九道沟 7 条河流附近区域。

1995 年草原第二次普查时，农场拥有草原面积 4619.13 公顷。"五荒"开发时导致草原面积减少 1789.35 公顷。2011 年开发水田占用草原面积 77 公顷，以及改变用途716.99 公顷。2018 年，草原清查最终确权统计时将 814.47 公顷零星草原规划为其他用地，不做草原核算。经 2018 年草原清查，最终确权有草原面积 1221.32 公顷，其中基本草原 1106.73 公顷，占草原面积的 90.6％；非基本草原 114.59 公顷，占草原面积的9.4％。其中，面积 6.67 公顷以上的草原有 57 块，用途为放牧用地。草原植被以小叶樟为主。由于草原资源有限，大部分草原都属于超载放牧。由于旱涝造成草原植被缩减等原因，草原植被覆盖率仅仅达到 85％，草层高度维持在 15 厘米左右。

第七章 畜牧业 渔业

第一节 机 构

1956—1958 年，农场只有一名兽医畜牧员，负责全场为数不多的几头牲畜。随着农场垦荒事业的发展，为满足职工生活的需要，1958 年适当发展了猪的饲养，农场建立了畜牧队，分场、生产队分别配备了畜牧兽医。

1965 年，农场体制改革，成立了畜牧科，科长王喜林，副科长凌国强、黄玉山。

1956—1985 年，农场曾担任过兽医院院长的有王银生（北京农业大学畜牧系毕业，在农场工作 15 年）、刘盛昌（东北农业大学牧医系毕业，在农场工作 14 年）。兽医院兽医有江仁山（北京农业大学畜牧系毕业，在农场工作 15 年）、齐凤丽（东北农业大学牧医系毕业，在农场工作 6 年）、王万友（齐齐哈尔市农校毕业）、巴云起（东北农学院牧医系毕业）、苏文博（北安农大牧医大专）。

1983 年，农场成立了畜牧防疫工作委员会，主任杨玉山，副主任施满昌、邵国军、张振春、王海波、唐守信，委员有巴云起、郭彦民、王喜林、王万友、苏文博。基层设立畜牧员、兽医。

1986—2000 年，畜牧科科长王喜林、郭彦民，副科长王万友、黄玉山，兽医院业务院长刘广峰。

2001 年，畜牧科科长崔万军，副科长李佐波，兽医院副院长巴功旭。

2008 年，畜牧科副科长李佐波（主持工作）。

2009 年，畜牧科副科长张红玲。

2011 年，畜牧科副科长张红玲（主持工作）。

2012—2020 年，畜牧科科长张红玲、副科长于勇。

从 1957 年 4 月，调入第一名畜牧兽医技术员巴云起开始，到 2020 年底，为适应生产需要，培养畜牧骨干，农场外送学习 5 期 35 人次，局场办各种学习班 58 期，总计培养兽医、防疫员、饲养员、配种员、养畜禽户等 1399 人次，为农场畜牧业的发展奠定了人才基础。

1956—2000 年畜牧兽医队伍情况见表 2-7-1，2001—2020 年农场畜牧人员情况见表2-7-2。

表 2-7-1　1956—2000 年畜牧兽医队伍情况

专业技术职称	姓名	性别	毕业学校	曾任职
高级畜牧师	王喜林	男	八一农大	畜牧公司经理、科长
高级畜牧师	张钞	男	扎兰屯牧校	畜牧科科员
高级畜牧师	王万友	男	齐齐哈尔市农校	畜牧科副科长
兽医师	巴云起	男	东北农学院	兽医院兽医师
兽医师	苏文博	男	北安农大	三分场兽医所所长
兽医师	黄玉山	男	佳木斯农校	畜牧科副科长
兽医师	赵振江	男	红色草原牧校	兽医院兽医师
兽医师	刘惠文	男	佳木斯农校	六队防疫员
兽医师	凌国强	男	八一农大	畜牧公司副经理
兽医师	周波	男	北安农校	五队防疫员
助理兽医师	刘忠义	男	建设一中	十八队防疫员
兽医师	崔万军	男	八一农大	九队防疫员
兽医师	耿墨林	男	祖传中兽医	一分场兽医所所长
兽医师	刘永志	男	省农业厅兽医班	一分场兽医所兽医
兽医师	刘广民	男	赵光农大	兽医院兽医
兽医技术员	杨海云	男	林瑜中学	三分场兽医所兽医
兽医技术员	何振荣	男	林树中学	三分场兽医所兽医
兽医技术员	孙茂成	男	大丰中学	十五队防疫员
兽医技术员	蒋平	男	建设一中	三分场兽医所兽医
兽医技术员	冯艳秋	男	建设一中	十六队防疫员
兽医技术员	刘喜阳	男	建设一中	九队防疫员
兽医技术员	赵福芹	女	建设一中	兽医院司药
兽医技术员	李乃功	男		饲料加工厂厂长

表 2-7-2　2001—2020 年农场畜牧人员情况

姓名	性别	工作单位	曾任职务
张洪玲	女	畜牧科	科长
于勇	男	畜牧科	副科长
张天佑	男	畜牧科	科员
刘立勇	男	畜牧服务中心	检疫员
金辉	女	畜牧服务中心	化验员
张传军	男	第一管理区	防疫员
白刚	男	第二管理区	防疫员
王远强	男	第三管理区	防疫员
刘颖	女	第四管理区	防疫员
谷士军	男	第五管理区	防疫员

2. 防汛物资储备情况   农场每年都投入资金储备防汛物资，2020年，储备编织袋1.5万条、五彩布1万平方米、桩木50立方米、沙石0.05万立方米。

3. 防汛抗旱指挥系统   农场防汛抗旱指挥部总指挥由场长、书记担任，副指挥由农场副场长、农场工会主席、农场人民武装部部长、农场水务局局长等领导担任，有关科室领导为成员。农场防汛抗旱指挥部办公室设在水务局，办公室主任由水务局局长担任，工作人员4人。

4. 防洪抢险队伍   农场有1000名民兵，分布在各个管理区和机关直属单位，他们是防汛抢险的重要力量，负责抢险和必要的爆破任务，水库应急抢险指挥部基干民兵负责人，以电话、微信群通知的方式通知人民武装部统一组织，水利部门技术指导。机械设备安排4台挖掘机、6台推土机配合。主要任务是大坝护坡、溢洪道、坝顶子埝等险情抢险。

防洪抢险队伍在农场防汛指挥部的指挥下，做到"召之即来、来之能战、战之能胜"。对防洪任务的分工，按照"谁主管、谁负责"的原则，横向到边，纵向到底，全面负责。

5. 防汛工作重点   农场洪涝灾害主要形式就是外来水和降雨。境内7条河流受上游河流影响产生超标准洪水致使内水排不出去，造成局部低洼地块受灾，形成洪涝灾害。流域暴雨洪水集中在7—8月，暴雨多突发性、局部性。

存在的主要问题是建设水库下游种植水稻田较多，如遇超标准洪水时影响正常泄洪流量。应对措施是做好预警工作，在汛期来临前提前控制好库容，确保水位在汛限水位以下运行。做好抗洪抢险演练、落实好防汛人员及防汛物资，每年对应急预案、调度预案进行修订，根据不同年份、不同情况、采取不同措施。

2019年，农场水务局被评为"农垦北安管理局防汛抗旱工作先进集体"，水务局在北安管理局举办的"世界水日、中国水周"水法规知识竞赛中荣获三等奖。

第九章　副　　业

第一节　特色作物种植

1960年，农场园艺队种植人参1米×4米苗床20床，后因"大跃进"运动的影响，抓以粮为纲，种植的人参无人过问，被野生动物、家禽吃掉，所剩无几，没有收获。

1981年，第二分场十队种植黑豆果20亩。1982年，移交给林场后发展到45亩，并育种苗床20床，可插条300亩，黑豆果的种植有5年历史，效益不佳。

1983年，林场从吉林省引进平贝母种子，到1985年种植面积9亩，1988年受益。

1994年，棚菜大户于长富，扣菜棚2000多平方米，年生产鲜菜1.5万多千克，带动了15户棚菜生产大户，利用一批大棚种植中草药、日本小马铃薯、花卉等，不仅创造了可观的经济效益，同时也解决了一部分职工就业问题。

2000年以前，农场都是以大农业为主，种植特色经济作物不多。2000年后，农场为引领带动特色种植业上规模、提效益，通过挂靠种植业龙头企业，先后与山东青岛、潍坊、辽宁沈阳、大连、丹东、绥中等客商（公司）签订了韩国金塔红鲜辣椒、美国刀豆、日本甜葫芦、日本艾碧斯绿栗南瓜等种植及产品加工回收合同。由于跨区域、跨积温带种植，部分作物不能正常成熟，人工成本和加工费用过高，市场价格波动剧烈，比较效益小，利润不明显，导致这些项目未能发展下去。

2011年，农场在场部西侧原科技园区建立特色作物种植园区，通过招商引资方式建大棚14栋生产榆黄蘑，取得较好的经济效益。2012年，农场继续打造特色园区，建设40栋提子大棚，通过制定优惠政策每栋收取1000元保证金的方式，将提子大棚租赁给11户职工群众经营。2015年，提子陆续上市，每年生产提子2500千克，创产值50万元。

2012年，园区建成120栋食用菌大棚，通过招商引资方式，成立溢菌源食用菌合作社。当年70栋大棚投入生产种植大球盖菇，由于合作社聘用技术人员技术不过硬，消毒灭菌环节存在问题致使种植失败。2013年，溢菌源食用菌合作社重新整合，组建涌泉峰食用菌专业合作社，利用食用菌大棚开始生产香菇，由于生产起步晚，错过最佳接种时期，9月才开始出菇当年菌棒出菇晚（正常应该6月出菇），只出菇2茬，造成产量低当年严重亏损。2014年，食用菌合作社利用上年菌棒继续进行香菇生产，当年达到正常产量，但由于市场价格只有6元/千克（上年12～14元/千克），导致效益不高。涌泉峰食用菌合作社解散，食用菌生产停止。

2016年，农场职工赵忠仁在园区成立中草药专业合作社，利用特色种植基地和食用菌大棚开始种植中草药。当年，种植赤芍、白鲜皮、黑枸杞、苍术、板蓝根，实现基地120栋大棚和8栋温室全部投入生产。

1990—2020年，农场在种好大农业的同时，不断探索特色种植业新路子，先后引进种植水飞蓟、月见草、亚麻、大麻、绿大豆、黏玉米、芸豆、白瓜子、高粱等项目。其中，绿大豆、黏玉米项目表现较好，尤其是绿大豆，20年时间里，面积不断扩大，最高时达1333.33公顷，主要分布在第一、二、三、四管理区，价格连续保持在每千克5.2元左右，绿大豆和黏玉米等特色作物得到了发展壮大。

第二节 山产品采集

农场拥有众多自然资源，职工自发地兴起"采山热"，依照季节采野菜、药材和山珍品，不仅活跃了农场经济，更重要的是增加了职工经济收入，改善了群众生活。

1. **蕨菜** 农场1982年与北安管理局外贸处签订采集蕨菜合同，设收购点3处，至1985年4年共上交山蕨菜16.4吨，收入3.4万元。1983—1985年，连续3年超额完成任务，受到北安管理局外贸处的物质奖励。

2. **橡子** 1972年，场区附近的山里橡子大丰收，当年上交橡子30余吨，收入1万元，后期因橡子产量低，没有收购。橡子也是喂猪的一种好饲料，人们每年采集，卖给养猪户作为饲料。后因养猪户都发展快速养猪法，基本无人采摘了。

3. **猴头** 1982年，开始收购，当年上交猴头400千克。到1985年，共上交猴头2400千克，收入2.4万元。

4. **蘑菇** 1982年开始收购，到1985年，上交各种山蘑菇950千克，收入5000余元。

1990年后，随着农场经营体制不断改革，市场不断完善和开放，每年的山产品都由海伦、北安等外地客商来车收购，为职工增加了一定的收入。

进入2000年以后，市场的开放化、买卖的自由化，使得农场采集山产品的人越来越多。据不完全统计，每年采山，职工可获利200多万元。

第三节　特色养殖业

特色养殖在农场发展得不是很稳定，品种也不是很多。1968 年，农场有野马鹿 4 只，后来从绥棱林业局购入马鹿 25 只，从幸福林场购进 5 只，共计 34 只，饲养在十三队北山。1975 年 4 月，从二龙山农场调入梅花鹿 43 只，后发展到 126 只。1987 年全部卖掉。

1986—1999 年，农场养殖大户付文贵开始尝试养殖大白鹅、康贝尔鸭、七彩山鸡、火龙鸡，带动了部分职工发展养殖业。北安分局曾在农场召开过现场会，也引来红星、二龙山等农场来场参观学习。

鸽子，农场只有少量肉鸽、信鸽和观赏鸽，数量不多，大部分都在农场自销，成为餐桌上的美味佳肴。

貂，1986—1987 年，农场兴起了养殖热，品种是乌苏里貂，后因市场疲软，品种退化而降温。2020 年，农场没有貂养殖户。

狐，1996—1997 年，农场有几户兴办狐场，品种为小北极狐，后因品种退化严重，皮毛销路不好而倒闭。

截至 2020 年底，只有付文贵一家养殖场里有部分火鸡、七彩山鸡等特色珍禽仍在饲养繁殖。

第十章　交通　电力

第一节　交　　通

一、机构

建设农场交通科是农场辖区的道路交通运输主管部门，交通科隶属于北安管理局交通运输局管理，全称黑龙江省建设农场交通科。在 64 年的发展中，建设农场交通科主要负责农场客运站、道路运输管理、公路建设和养护管理、公路路政管理、交通费征收管理等工作。单位有事业编制 7 人，实际在岗人员 2～4 人。办公室总面积 173 平方米，内设有办公大厅、会议室、接待室及办公室等服务场所，形成了便民一条龙的服务体系。交通科连续多年被授予黑龙江省交通运输厅"文明单位标兵"、总局级"交通征费先进单位"，多次被北安管理局交通局评为先进单位、安全先进单位等荣誉称号。2019 年 6 月，根据农垦改革总体要求垦区交通行政管理职能划归地方，农场交通科撤销，其行政职能归地方管理。

历任交通科科长、负责人有张振春、王瑞东、乔忠实、孙崇戈、刘世民、孙双胜。

二、初级修路建桥

建场初期，农场修了一条通往通北火车站的 30 千米土道，没有水运和航运，运输工具全部是机动车辆，有 3 台客车负责场内至通北的客运，场部及第一、二分场的人员外出还可借助通北林业局森林小火车之便，货物的运输较为不便。每年在麦收季节，由于运距较远，路质较差，碰上连雨天，经常造成粮食的大量积压。

建场创业时，仅有一条和平场部至通北的路基，路面高低不平，桥梁残缺，行车不便，运输工具以马为主，仅有的几台机动车辆只能在封冻后参加运输工作。

1960 年后，场部至通北、赵光的公路先后建成通车，赵光农垦局的客车开始定期通往农场。通北林业局的森铁客车经过造木厂（现在的第八生产队）、三〇五等地通往南北河。农场人外出办事赶不上客车或遇阴雨天客车不通时,都要坐小火车在八队道南地方小火车站下车,然后走十几里回到总场部。交通十分不便。

1967年以后,交通道路逐年维修、车辆逐年增多,扭转了交通不便局面。到1985年恢复农场体制后,交通业逐步走上正轨,建立了各管理机构。党的十一届三中全会后,随着各行业的发展,健全了各种管理制度,交通科负责安全、车辆管理,道路队负责道路维修、桥梁建造,形成了一个完整的管理体系。

1985年底,全场共有运输车辆150台,年运载能力15万吨,有各级公路14条,以场部转盘道为中心,南通海伦市、北通赵光农场、西至通北镇的交通运输网遍布全场。场汽车队1979—1983年,连续5年安全行驶600万千米无事故,1982—1983年,被评为北安管理局交通安全先进单位,使交通工作向前迈进了一步。全场主要公路126.8千米都已铺上沙石,交通管理良好,运输畅通无阻。

1992年,自养公路在不断地改善。交通科配合农场组织车辆修路。共调度车辆696台次,完成沙石土方52.15立方米,出动人工6100人次,相继完成了至通北34千米公路改建,使农场至通北的主干公路全面达到了沙石化,在北安分局组织的公路达标验收中取得较高分数。

1994年,进行了第一分场至青石岭路段路基加高,由第三分场各队集中铺设。1995年成型以后达到三级沙石路面。全场公路网,除了95千米主干公路,各生产队田间公路的数量和通车条件都有了较大改观。各队在公路管理上都由队主要领导负责,选派了专职养路工,负责公路看护、上料平路,同时各队都设有路杆,雨后24小时禁止车辆通行,有效地保证了路面不受破坏。

1997年,总场至第一分场17千米的路面改造、路基加高,组成了以公路管理站为主、水利科施工队机务工人为主力军的公路建设队伍,在公路改建工程中共完成土方量7000立方米,改造加高路面14千米。

1998年,重点修建了赵建公路六队至赵光农场三十六队路段,出动车辆240台次,拉沙子4000立方米,铺设路面近15千米,投资近100万元。提高了通车里程,方便了全场职工去赵光、北安等地公出或办事。

1999年,农场狠抓了管理区生产队的路面升级,仅第一管理区各队就拉沙子铺路近7200立方米。四队和五队至管理区的各4千米路段,全路面铺了一层沙石料,彻底解决了这2个生产队建队40多年来的路难走的问题。

建设农场公路线路长、河沟多、桥涵密度大,主干公路就有河沟水线。1976—1981年,先后在十五连(现八队)、十八连(现十队)、二十二连、二十四连(现十三队)和西九道沟东岸，机械拉沟排涝面积达 4 万亩左右（重点排除二十二连、二十四连的涝区）。1974—1984 年，先后在通肯河北岸、十道河南岸、十一道河下游，以机械拉沟排涝重点治理十六队、十七队、十八队的低洼地，排水面积 4.5 万亩左右。1982—1984 年，利用联合国开发银行的贷款，在十三队西北山脚以截山洪为主兼修田间道路 6 千米，并进行大量排水工程建设，共建桥涵 380 座。

三、公路建设和管养

1998 年以前，农场的主干路面都由农场道路队进行维护整修，各队及管理区田间道路出现大问题由农场道路队维护、小问题由生产队出车派人拉沙石铺垫，保证播种和秋收工作顺利进行。

1999 年以后，农场要求，各队必须配备专职养路员工，负责本单位路段的沙石备料、整修、养护，责任完全落实到队。公路管理站负责养路员工的日常培训、技术交流和养护工作的检查。做到了有计划、有检查、有验收，提高了养护员工的积极性。全场各队都超额完成了铺沙指标。这年全场新铺设路面 60 千米，在农垦总局开展的地方道路养护升级竞赛中，建设农场道路达到了地方道路升级验收标准。

在公路等级不断提高的同时，农场的交通运输业也有了长足发展。1986—2000 年，是农场交通运输事业发展较快的时期，出现了 5 个突破：①公路运力发展迅速，十几年来再也不用胶轮车到通北送粮拉货。②公路货物运输量稳步增长。③个体运输车辆异军突起，已成为农场非常重要的运输力量，个体车辆占全场车辆总台数的 90％以上。④公路运输站点建设有所改善，建成了客运站、货运站、停车场。⑤营运车辆技术等级和技术性能有所提高，车辆构成条件得到了较大提高，技术保障系统有所加强，减少了交通事故，确保了安全行驶。

2001—2012 年，农场农村公路建设发生了 2 个阶段性变化。

2001—2005 年，是农场农村公路建设的第一阶段。当时农场的公路状况较差，路面等级低，行车颠簸，路面翻浆路段及弯道多，路肩杂草超高，行车安全隐患也较多。其间，有效地改善了农场公路运输环境条件，使全场 95 千米主干公路全部改成沙石路面，使各生产队田间公路的数量和通车条件都有了较大改观，彻底解决了农场多年来的土路雨天"水泥路"通不了车、晴天扬灰路看不见车和行人的状况。进一步提升了全场 1.5 万人口的生产生活通行条件，使全场公路养护又上了一个新台阶。

2006 年开始，公路建设有了新的局面，在公路等级不断提高的同时，农场结合上级精神又制定了一系列措施，不断理顺公路管理体制（个人承包到 2009 年底），重点加强了公路管理站的建设，继续加大行业管理和投资力度。农场充分利用国家建设通县（乡）公路的大好时机，成立了通县（乡）公路建设指挥部，场长王克坚担任总指挥、主管交通工作的党委委员王传江为常务副总指挥，成员由各相关职能部门负责人组成，指挥部设在交通科。农场一方面积极筹措资金，另一方面抓紧时间进行调研、申报、工程设计、工程项目招标等工作。对农场外环至农场八队的主干公路进行改造，建设规模为 7.6 千米，路基宽度 7 米，路面宽度 6 米。7.6 千米全部为水泥混凝土路面，三级公路，投入资金 700 余万元。这条公路的改建是农场高等级公路建设的开端，在各相关部门紧密配合和支持下，指挥部常务副总指挥王传江经常到一线检查指导、现场办公，及时解决处理工程施工中出现的各种问题和困难。经过 3 个多月连续奋战，终于在冬季来临之际高质量地完成了公路的建设任务，创造了农场公路建设史的奇迹。农场第一条高等级公路建成通车，实现了农场修建高等级公路零的突破。

2007—2012 年是农场公路建设发生变化的第二阶段，农场修建高等级公路进入鼎盛时期。在这几年里农场紧紧抓住农垦改革、调整、大发展、快发展的大好机遇，借助垦区交通运输行业公路建设大发展、快发展的有利时机，农场全方位响应，积极行动起来跑项目争取上级财政支持，多方筹集贷款，在抓好农业生产前提下，举全场之力，全力备战农场公路改造升级这一重要工作。相继投资 1 亿多元，其中农场自筹贷款近 7000 万元。

"十一五"期间，农场基本完成农村公路的基础改造，使农场的出口路及主干公路全部高等级化，基础设施建设基本完善，95％以上的管理区、居民组、场区公路全部实现硬化，有效地保证了农场各项事业和经济的发展。

2007—2008 年，建设完成玉绥公路建设农场段骨架公路 25.56 千米（包括小桥、涵洞）白色路面。

2009 年，农场展开了景观路创建活动，负责景观路创建养护的公路管理站补路面、加高路肩土、修边坡、清路沟、美化香化路边环境，投资近 38 万元，打造完成玉绥公路建设农场段（农垦骨架公路 25.56 千米）交通运输公路绿化景观路，达到了"畅、洁、绿、美、安"的要求，进一步提升了公路建设总体形象，至 2020 年景观路建设已经达到较高档次和品位。夏季公路两侧种上扫帚梅和黑心菊，种花里程达到 92 千米，并间隔栽了菊花 3000 株、牵牛花 8000 株、串红 1500 株等 3 种花卉，以及多年生长的宿根花卉 4.8 万株。养护人员从种花开始就精心打理，有杂草时能够及时清除，全年全线打草 4 遍、路肩打草 8 遍，全部高标准完成了打草任务并加固整形边坡、清理道路两旁杂草树木。冬季建立清雪保障队伍，清雪设备包括平地机 1 台、扫雪机 4 台、推雪铲 4 台，清雪设备司机 5 人、清雪人员 6 人，道路管理站以雪为令做到随下随清理，保证全场道路无压

务、科技书籍等助农服务，为实现共富目标奠定基础，脱低率达到100％，在共富行动延续之年100％完成脱低目标。同时农场工会在金秋助学活动中为17名家庭贫困的大学生，每人发放2.6万元的助学款，圆了他们的大学梦。

2015年确立建档立卡贫困户25户51人，由场领导带头，主要科室、基层辖区主要领导配合进行帮扶，切实了解贫困户需要，制定切实可行的帮扶责任工作方案，落实帮扶责任。2016年脱贫19户36人。2017年，脱贫5户12人。2017年贫困户新增人口1人。2018年有1户4人在帮扶人的努力下为其解决了住房，如期完成脱贫攻坚任务。2019年10月10日，农垦总局扶贫办委托第三方北京金光公司到建设农场对贫困农场有限公司脱贫摘帽进行验收，农场通过验收。

中国农垦农场志

第三编

经营管理

中国农垦农场志

第一章 计划 统计 财务 审计

第一节 计 划

农场的计划管理,包括编制计划、执行计划和检查计划3个环节。它包括在财务管理之中,是财务计划内容之一。

一、计划编制

建场初期,计划管理薄弱,机构不全,力量不太足,业务水平也不太高,没有制定长期计划,只是本着"多开荒,多生产"的原则发展农业生产。

1958年,强调搞远景规划,当时,缺乏计划管理知识,只强调"大跃进",出现了许多不切实际的"高指标"。由于脱离实际,计划始终没有实现。

1968年,生产建设兵团成立以后,计划管理被削弱,在长期计划方面,又重复了1958年开始的不切实的教训,如"三年上纲要""五年过黄河"。结果计划未能实现,每年财务计划无法实现,造成生产下降,亏损增加。

1979年以后,随着国民经济第六个五年计划的实施,农场设想过发展规划,并在1980年提出,到1983年,耕地面积达24.1万亩,粮豆播种面积20.8万亩,平均亩产136.3千克,总产量28371500千克。

1986年开始制定到2000年的远景发展规划,经过几次反复修改审议,吸取30多年的实践经验,根据长期布局、速度和比例,从资源以及资金、物资、劳动力、技术等各方面出发,本着从实际出发、实事求是的原则,制定了切实可行的发展计划。

1956—1961年,农场计划的主要任务就是开荒种地,全场耕地面积达到81025亩。1964年,在贯彻执行调整国民经济的正确方针指引下,农场经济出现了新的景象,农业生产连年夺丰收。农场又开始大量开荒,到"文化大革命"前的1966年底,全场耕地面积达189533亩。此后,由于十年动乱的影响,开垦荒地又停缓下来,1967—1976年的10年中,全场只开垦荒地49075亩。1977年后,农场又恢复了原来的组织机构,同时增加了部分新的农业机械。1978—1981 年的 4 年中，共开垦新荒地 45000 多亩，使全场耕地面积达到 253000 亩。在当时场区内 4 类荒原，基本被开发，耕地基本达到定型。

1994 年，农场加大了荒原开发力度，在搞好现有耕地保护和低产田改造、提高质量的同时，大力开发可垦荒原，开发水稻种植，增加农业后劲。到 2000 年水稻种植 2.5 万亩，占旱田面积的 11％。

2001—2020 年，农场始终把种植业作为立场之本毫不放松地抓在手上，通过推进农业改革、新技术推广应用、大力度调整种植业结构、全面推行标准化建设、加大农业基础建设投入，使农业生产得以长足发展，经过多年奋斗把过去多年的农业弱场变为农业强场。20 年间共生产粮豆 197.67 万吨，实现农业总产值 23.94 亿元。农作物单产、总产量都处于垦区领先地位。

二、计划实施

农场年度生产财务计划经职代会讨论通过后，以文件形式下达到所属单位。文件规定的各项生产和经济指标为企业内部权威指标，任何人无权修改。

农业生产队根据场下达的各项生产、财务指标，按承包面积，分别落实到各家庭农场，并签订承包（长期固定）合同。

为加强和规范合同管理，农场财务部门与体改办共同制定合同样式，规定统一标准和内容，生产队除自留一份作为会计核算依据外，另报财务和体改部门备案。

农场在下达年度生产财务计划的同时，根据全场实际情况，有针对性地提出具体要求，如：自筹生产费标准、各项费用收缴措施，陈欠回收，土地包满包严不留死角，不准乱收费或层层加码，减负增效等。

计划下达后，场领导和有关部门深入基层生产队，调查研究，督促检查。个别有困难的生产队，场组织有关人员派工作组帮助落实，组织实施。

农场明确计划是衡量全场各单位年终各项生产财务指标实际完成的标尺。各单位通过年度会计决算反映出来的各项实际完成指标，经决算复查审定后，作为干部业绩考核的主要内容，并按照农场有关政策规定，确定各级管理人员收益分配，进行奖罚。

1987 年以后，每年初，农场根据上级下达的财务指标，结合农场实际，制定切实可行发展规划，并把规划落到实处。

财务计划，按生产资金在运动中的不同形式，可分为基本和附加 2 个部分。其中流动资金计划、成本计划、利润计划是财务计划的基本内容：

（1）流动资金计划。农场在进行生产经营活动中，除有必要的固定资产外，还要有一定的流动资金。流动资金计划包括：①定额流动资金计划；②银行借款计划；③资金收支计划（也称为资金平衡计划）。

（2）成本计划。农场主要从事农、林、牧、渔和工业生产。根据各项生产任务，编制各项生产计划，然后按计划进行生产，以最小的消耗取得最大的经济效果。成本计划内容有：①农业成本计划；②林业成本计划；③畜牧业成本计划；④工业成本计划；⑤管理费和营业外支出计划。

（3）利润计划。利润计划包括销售利润计划和营业外收入（收入减支出净额）计划。利润计划是在生产计划、销售收入计划和成本计划的基础上编制的，利润计划有农、林、渔业利润计划，畜牧业利润计划，工业利润计划，交运费利润计划等。

三、计划成果

一年一度的生产财务计划，是农场各级领导组织广大职工群众的奋斗目标。每年初，根据上级主管部门下达的财务指标，结合农场实际，由财务部门经过反复测算，按照兼顾国家、企业、个人三者利益关系的原则，切实减轻职工经济负担，增加个人收益，保证企业持续稳定发展，合理科学编制年度财务预算，提交农场三级干部会议审议通过后，再经过农场职代会讨论通过，即下达各个单位组织实施。

1986年以来，农场通过实施年度计划和长期计划，继续深化改革，扩大开放、开发，把这项工作作为经济发展的根本动力，在农场统分结合的双层经营体制布局确立的情况下，积极推进"两自理""四到户"，使家庭农场成为农业生产中"经营、投入、利益和风险的主体"。家庭农场经营耕地面积占总面积的98％，农机等生产工具全部转卖职工，又进一步推动农业产权制度改革。深化土地规模经营改革，使土地向种田能手集中。推进土地固定与规模经营的有机结合，积极扶持发展有机种植大户。

继续推进和深化工商运建服企业改革，在不断完善承包制、内部股份合作制和委托经营基础上，加大风险抵押力度，使转制企业按新机制规范运作。国有资产所有权和经营权的分离和资产重组，使农场经营机制发生了深刻变化，同时也给农场生产、经营带来新的生机。当时农场所有工商运建服企业全部实行了股份制、股份合作制、私营、个体经营、租赁等新的经营机制。在以劳动、人事、分配为主要内容的企业内部"三项制度"改革取得显著成效基础上，进一步加强和完善了养老保险、医疗保险、待业保险等社会保障制度改革。积极推进以增强造血功能和提高创收能力为标志的事业单位改革，使其逐步向企业化过渡。在巩固、扩大干部人事制度改革成果的同时，加大了干部民主选举、民主评议、民主监督力度。改革为农场经济和各项事业持续健康发展提供了良好外部环境和强有力保障。

农业产出水平稳定提高。自1986年以来，农场以市场为导向，加大调整种植业结构和农业基础设施投入的力度，加强农田水利建设和改造低产田。一方面购置更新农机具和改造低产田，加强农业基础设施建设，提高农业生产手段的现代化，另一方面根据农机管理标准化、田间作业标准化、晒场管理标准化、机械检修标准化，降低农业生产物质消耗，全面实施"科技兴农"战略，通过强化农业生产手段，降低农业生产成本和增加农业生产的科技含量，使农场的粮食产量有了很大的提高。1999年，粮豆总产量达413185吨，单产190千克/亩，1999年比1986年粮豆单产增加88千克/亩，平均增长5.2%。

农场在不放松种植业生产的情况下，把发展畜牧业作为突破口，积极发展"两牛一猪"，以优惠政策调动养殖户积极性，注重改良品种，引进良种，规模饲养和科学饲养，提供良好服务。到1998年全场奶牛、黄牛存栏2600头、生猪存栏5000头，养殖专业户发展到50户，养殖小区4个，畜牧业已形成专业为主，多种形式并存的格局，规模化、专业化饲养普遍推开。

农场以改善和保护生态环境、高度重视林业生产为出发点，切实加强森林资源的培育、保护和合理利用，加快林业生态体系和产业体系建设，加大人工林经营和防护林建设的力度。到1999年底，已累计造林11.5万亩，比1986年增加造林面积4.8万亩，年均增长73%，保证了青山常绿的绿色环境。

农场的综合经济实力进一步增强，国民生产总值到1999年实现4944万元，年均增长5.9%，资产负债率1999年下降到109%，人均收入1999年1520元，比1986年人均增加1000元。1996年农场实现经营利润523万元，全口径利润实现2970万元。

非国有经济发展势头良好。农场在加快发展质量效益型农业、集中精力搞好工业生产的同时，积极发展第三产业，努力寻求经济发展新的增长点，使非国有经济发展迅速，呈现良性发展态势。几十年来，农场按照区域性布局、专业化生产、规模化经营和一体化服务的产业化要求，突出抓好职工自营经济的发展。狠抓基地建设和特色经济，实现五大龙头项目，实现了非国有经济产值占工农业产值的50%以上。

2017年，农场克服了资金紧张、债务沉重、自然灾害频繁、农产品价格低等重重困难，完成了按照上级要求制定的各项发展目标。实现国内生产总值5.823亿元，人均可支配收入2.12万元，分别同比增长10%、23%；上缴利润、清欠、还贷等财务指标100%完成。决算利润305万元，超出指标的216%。货币预算顺利完成，养老金、工资等"五个确保"全额支付，控债化债指标完成 127％。全年上缴社会保险 4200 万元。

2018 年，经济形势稳中向好，实现国内生产总值 6.34 亿元、人均可支配收入 2.26 万元，分别同比增长 6％、7％；上缴利润、清欠、还贷等财务指标 100％完成。决算利润 643 万元，超出指标的 543％，突破了建场以来利润最高纪录。

2019 年，是农场企业化改革整体推进的一年。完成了农场有限公司工商注册登记工作，2019 年 6 月 30 日正式挂牌，"五分开"工作推进到位。按照"决战 100 天"冬季改革攻坚行动要求，完成农场"三定"方案、人员选拔任用方案的申报审批工作，并按照方案完成了有限公司和农场机构调整，进行了人员选拔考试、竞编工作。公安、学校、民政等部门行政职能移交完毕，农场改革工作按照上级部署稳定、有序推进，较好地完成了各项目标任务。实现国内生产总值 2.08 亿元，企业利润 621 万元，比指标增加 304 万元，居民人均可支配收入 2.34 万元，增长了 3.3％。

2020 年实现企业增加值 23899 万元，增速为 27％，其中第一产业生产增加值 19548 万元，第二产业增加值 310 万元，第三产业增加值 4041 万元。人均可支配收入 25040 元。实现企业利润 3399 万元，剔除国家减免社保养老金及稳岗补贴 1644 万元，实际完成利润 1755 万元，比上年增加 1134 万元，比预算指标增长 15％。实现土地外增收 577 万元，比预算指标增长 98％。偿还集团借款 1995 万元，完成指标 100％。年末资产负债率 107％，比上年实际 118％净下降 11 个百分点，完成下降指标的 157％。清欠净下降 869 万元，完成指标的 447％。超账期回收 487 万元，完成指标的 825％。

第二节 统 计

农场依照《中华人民共和国统计法》严格行政执法程序要求，开展统计执法检查工作，协调农场与北安管理局统计日常工作；对农场经济和社会发展情况进行全面调查，全面准确及时地为场领导提供阶段、月、季、年度统计信息资料；组织指导基层单位完成相关统计工作；组织开展家庭收支调查、非国有经济调查、农产量实割实测等抽样调查工作，完成调查方案中所规定的各项任务；根据北安管理局要求，组织专项普查和统计调查工作；组织基层统计人员进行岗位及继续教育培训学习，提高统计人员的政治素质和业务素质；发布农场年度国民经济和社会发展情况统计公报。

2000 年以前，农场每个生产队都配有一名统计人员，直属单位大部分也设有统计岗位，工作有的是会计、出纳兼职，总场计财科设总统计 1 人。2001 年后，农场加快开展深化改革步伐，积极推广撤队并区，统计工作开始考试竞争应聘，到 2020 年底，全场统计人员有 18 人（有 11 人不在编制，兼职），他们隶属于农场财务管理部门，协助农场财务做好各项统计报表工作，为经济管理、优化产业政策、调查产业结构、规划城乡建设、加强市场管理监督提供基础信息和最基本的数据，同时，为逐步建立和完善部门间相互衔接、互为补充、信息共享，为上级报送各种准确数据奠定了基础。

第三节 财 务

农场计财科是农场的财务中心，它的职能是指导内部单位会计核算和财务管理工作，负责审核、编制和提供农场的各类财务计划、会计报表及决算报告等财务资料，同时负责管理全场财务队伍的建设工作。农场于 1997 年成立了电算中心，全场所属单位会计核算（记账）统一纳入电算中心管理，实行微机记账。

一、管理体制与机构队伍建设

建场初期，由于各项财务管理制度受"供给制"影响，物资管理没有形成企业化经营和成本核算思想，资金管理制度不健全等。

1962 年以后，生产队逐步设立核算员，建立了备用金制度，在账户上设立了 2 个往来账户——费用账户和备用金账户，用来记录生产往来和财务往来，生产往来不报账，财务往来对上级报账审核。

1963 年，农垦总局成立以后，开始对财务管理工作重视起来，农场改成了二级核算，开始往生产队转账，年终生产队搞决算，初步形成了两级管理、两级核算的体制。

1965 年"全国农垦财会工作会议"之后，生产队开始设会计，并配齐了兼职出纳员，改变了生产队单据报销和物质供给分配制的办法，实行了货币收支两条线的报账制、物资供应计价转账的办法，形成了农场实行成本核算、生产队考核生产费用的财务管理制度。与此同时，在记账方法上，建场以来实行了借贷记账法、增减记账法、收付记账法。收款、付款、转账、记账凭证，及其他各类原始凭证单据等，都开始正规统一起来。"文化大革命"期间，农场各种管理制度全部被砸烂。

1973 年，兵团后期开始恢复经济，成本核算又开始进行，正式计算盈亏。

1975 年，计财科对各基层单位的往来账务开始改用复写账页登记，解决了年终决算对账的困难，提高了核算的准确性。

1977—1985 年，农场总局成立以后，对财务管理愈加重视，农场逐步完善了在物资上实行限额领料、库存储备有限额、资金管理有计划、利润有指标等一些管理制度。

在商品货币经济条件下，物资的货币表现是资金，社会主义的国营企业，是全民所有制的独立生产经营单位，国家对企业的管理按照经济核算制的原则进行管理。在明确企业权、责、利基础上，要求企业达到盈利。因此，企业就要根据国家的规定取得必要的固定资产和流动资金，以保证企业再生产过程的正常进行，完成企业的既定任务。

1986—1988 年，农场实行三级管理、三级核算。农场下设 3 个分场，并设立会计室，设立主管会计、财务会计、出纳员、综合统计。会计室对总场计财科负责，对下直接管到生产队。生产队配备会计、统计、出纳员。场直单位实行两级管理、两级核算，各个单位配备会计、出纳员。

1989 年，农场撤销了 3 个分场，成立了三大公司即农业公司、工业公司、多种经营公司，各公司设立会计室，履行原分场财务管理职能，全场财务管理全部实行三级管理、三级核算。

1989 年底，农场撤销了 3 个公司，农业成立 2 个管理区，不设财务，管理区的管理费用由农场核算、生产队代管，农业单位由三级管理、三级核算改为三级管理、两级核算，场直单位变为两级管理、两级核算。

1991 年，农场又恢复了第一、二、三分场，一直延续到 1995 年，财务工作也恢复了三级管理、三级核算制度。

1996—2000 年，农场又撤销了 3 个分场，组成了 2 个管理区，不设财务，实行三级管理、两级核算。事业单位从 1997 年开始实行两级管理、一级核算，即在财务科报账核算。

财务体制的设定必须满足农场体制改革的需要，2001 年后农场体制多次变革，因此为了适应改革的需要，也为了满足上级的要求，财务体制也随之发生多次变动。

2001 年，农场的财务体制沿用 20 世纪 90 年代的管理机制，实行两级管理、两级核算，计财科作为农场的一级核算单位，基层单位设立账套单独核算，独立报表，每个单位都设有会计和出纳员。

2002 年，开始体制改革和人员轮岗。基层单位全部取消出纳员岗位，在计财科成立核算中心，负责全场财务核算，行使监督管理职能。由基层抽调 4 名业务骨干，又新录用 2 名年轻会计，财务会计和出纳各 1 人，组成 8 人的核算中心。核算方式为：农业单位分成 5 个组，场直单位和计财科各自独立记账。2002 年初，原办公室会计室改为机关财务室，设 1 名会计和 1 名出纳员。

2003 年，农场体制改革成立 6 个管理区，为了适应改革需要，通过考试与考核相结合的办法，财务人员进行了重新任免。农场在管理区设报账会计 6 名，居民组设核算员 11 名，场直单位不变。核算中心核算方式为：分别设置"机关、场直、生产队"三套大账，每套账指定负责人负责管理及报表工作。凭证审核方式为：2003 年为互审（即账套之间人员相互审核）。2004 年计财科开始设单独兼职审核员。2004 年 4 月机关财务室取消，其账套并入计财科核算。

2005—2006 年，全场建立 2 套账，即农业单位账套和社区单位账套，全场两级管理、一级核算，2 套账独立报表，设审核员负责审核。

2007—2010 年，全场 1 套账核算，设 8 名电算会计，其中审核员 1 名专门负责审核。

2010 年体制改革取消居民组核算，管理区设财务室，财务人员 2 名，即报账会计和核算员。全场会计、出纳共计 29 人，其中 6 个管理区 14 人、直属单位 3 人，核算大厅及管理人员 12 人。

2020 年底，全场会计由 20 年前的 42 人减为 26 人。农场由原来的二级核算发展为一级核算，逐步由基础核算职能，转向为财务管控职能，资产管理、预算管理、成本核算、项目管理等方面的管理水平，得到大幅提升。

2018—2020 年，开始农垦体制改革，办社会职能逐步移交地方政府，农场启动企业化经营模式。农场根据农垦总局"五分开"中财务分开的要求，对办社会单位及部门进行单独核算，共设 13 套账，分别是生产经营部、社会事务部、小学、中学、幼儿园、医院、计生办、公安局（派出所）、法庭、司法、供水、供热、物业。2019 年初法庭账务划转到地方政府，农场取消法庭账套。

为加强对财务人员统一管理，搞好会计核算，提高整体会计素质，农场财务人员，一直实行上管一级的办法，即农场统一任免。会计人员素质的提高和专业水平的提升，是保障会计核算的基础。为此计财科利用每年一次的会计人员继续教育来提高会计人员的专业水准，并要求会计人员参加一年一度的职称考试，利用考试学习专业知识武装自己的头脑。自 2016 年每月实行业务考试，考试结果张榜公布，更加触动了所有会计人员的比学赶帮超精神。通过多年不懈的努力，农场会计队伍的人员素质、业务水平、职业道德等方面都得到很大提高。

1956—2020 年计财科人员变动情况见表 3-1-1。

表 3-1-1　1956—2020 年计财科人员变动情况

年度	人数/人	负责人		主管会计	项目办主任	财务会计	固定资产会计	基建会计	出纳	备注
		正职	副职							
1956	3	薛桂荣								

（续）

| 年度 | 人数/人 | 负责人 | | 主管会计 | 项目办主任 | 财务会计 | 固定资产会计 | 基建会计 | 出纳 | 备 注 |
		正职	副职							
1957	3	徐全荣	薛桂荣							
1958—1969	4	徐全荣	薛桂荣							
1970—1975	6	刘忠贤								总会计师徐全荣
1976—1986	8	孟令福	王瑞民							总会计师徐全荣
1986	8	刘明文	韩清林	杨茂林						
1987	8	刘明文	韩清林	杨茂林						
1988	8	刘明文	韩清林	杨茂林						副科长杨茂林
1989	8	刘明文	韩清林	高 富						副科长杨茂林
1990	8	刘明文	韩清林	刘增元						副科长纪京文
1991	9	刘明文	刘增元	徐宝忠						
1992	9	刘明文	刘增元	许秀云						
1993	9	刘明文	刘增元	李 贵	刘广久					
1994	9	刘明文	刘增元	李 贵	刘广久					
1995	8	刘明文	刘增元	李宏军	刘广久					
1996	8	刘增元	李 贵	李宏军	刘广久					
1997	8	刘增元	李 贵	李宏军	刘广久					
1998	8	刘增元	李 贵	李宏军	刘广久					
1999	8	刘增元	李 贵	李宏军	刘广久					
2000	8	刘增元	李 贵	李宏军	刘广久					
2001	9	李宏军	李海燕	李海燕	刘广久	刘玉玲	李树宽	李树宽	郭 媛	
2002	10	李宏军	李树宽	李海燕	刘广久	刘玉玲	李树宽	李树宽	郭 媛	
2003	9	李宏军	李树宽	李海燕	刘广久	刘玉玲	李树宽	李树宽	杨秀丽	
2004	11	李宏军	李海燕	李海燕	刘广久	刘玉玲	王利华	王利华	杨秀丽	
2005	11	李宏军	李海燕	李海燕	刘广久	姚艳杰	涂宏伟	涂宏伟	杨秀丽	
2006	12	李宏军	李海燕	李海燕	刘广久	姚艳杰	涂宏伟	涂宏伟	杨秀丽	
2007	11	李宏军	李海燕	李海燕	刘广久	姚艳杰	涂宏伟	涂宏伟	杨秀丽	
2008	12	李宏军	李海燕	李海燕	刘广久	姚艳杰	涂宏伟	涂宏伟	杨秀丽	
2009	15	李海燕	孟常红	郭 媛	王利华	张忠罗	郭 媛	姚艳杰	张万秋	
2010	15	李海燕	孟常红	郭 媛	王利华	张忠罗	郭 媛	姚艳杰	张万秋	
2011	15	李海燕	孟常红	郭 媛	王利华	张忠罗	郭 媛	姚艳杰	张万秋	
2012	15	李海燕	孟常红	郭 媛	王利华	张忠罗	郭 媛	姚艳杰	张万秋	
2013	15	李海燕	郭 媛	郭 媛	王利华	张忠罗	刘玉玲	姚艳杰	许方岩	
2014	15	李海燕	郭 媛	郭 媛	王利华	张忠罗	刘玉玲	赵冬梅	许方岩	
2015	15	李海燕	郭 媛	郭 媛	王利华	张忠罗	刘玉玲	赵冬梅	于 婷	

（续）

年度	人数/人	负责人		主管会计	项目办主任	财务会计	固定资产会计	基建会计	出纳	备注
		正职	副职							
2016	14	李海燕	郭媛	郭媛	王利华	张忠罗	刘玉玲	赵冬梅	于婷	
2017	14	郭媛	刘亚民	刘亚民	王利华	赵冬梅	刘玉玲	谭明喆	于婷	
2018	14	郭媛	刘亚民	刘亚民	王利华	赵冬梅	刘玉玲	谭明喆	于婷	
2019	14	郭媛	刘亚民	刘亚民	王利华	赵冬梅	刘玉玲	谭明哲	王岩	
2020	14	郭媛	刘亚民	刘亚民		赵冬梅	刘玉玲	谭明喆	王岩	

二、财务管理办法

农场计财科是农场财务管理的职能部门，负责年度财务预算的编制，制定企业内部财务管理办法、各项财务规定、会计核算制度，对所属单位进行财务监督、检查、指导、审查会计凭证及账目，组织财务大检查，财务决算的审查与汇总上报及财务决算的复查和情况通报，按年度财务计划对所属单位进行各项税费利的收缴，管理各项资金、制定开支标准、严密手续制度，参与企业经济决策，组织全场各项财务管理的落实，纠正财务管理中存在问题，实施宏观管理决策，实现企业财务管理制度化、规范化、科学化、法制化，在业务上对上级主管部门提供会计报告和统计报告等资料。

农场计财科在银行设立基本账户，统一对银行（外部）借贷、统一还款还贷、统一对上级主管部门拨款或缴款，统一资金管理，统一安排使用，统一下拨，全场实行现金报审制。

20世纪80年代至90年代，农场每年都根据《企业会计准则》结合农场实际情况，制定会计核算办法。2001—2008年，农场主要适用《农业企业会计准则》。2009年全国取消行业准则采用通用准则，农场开始适用新《企业会计准则》。

2000—2004年，农场沿用了以前的会计核算方法。2005年开始政企分开，社区单位使用"社会性收支"科目核算；企业单位使用"管理费用"科目核算。2009年，新准则启用，会计核算发生重大变化。依据《2009年农垦会计科目字典》设置科目，统一使用企业会计科目一直沿用到2020年。

2001—2006年，使用垦财软件新达威报表系统。2007—2012年，使用金蝶记账软件，使用久其报表平台报表软件。2013—2020年，财务软件改为用友软件，报表系统未变。

2019年4月，用友软件升级为网络版，由农垦总局统一管理。核算中心集体参加新软件培训。按照农垦总局要求重新建账并补录1—4月凭证，经过1个月的加班加点工作，核算中心于6月末完成人员调整、新软件安装、光缆铺设并完成设备调试，于7月正式启用新软件。

三、企事业单位核算与管理

（一）企业单位财务管理

1. 企业单位核算与管理　农场企业单位主要是6个管理区（5个旱田作物管理区和1个水稻管理区）和机关部分科室。核算执行的均是企业会计准则。自成立核算中心以来，基层单位不再核算固定资产，固定资产核算全部统一到计财科，由计财科统一计提折旧。资产的管理在基层单位，每年年末盘点资产上报计财科。

基层单位主要核算的就是土地承包费收入和管理费用，其次是家庭农场往来资金的核算。

农场收入的主要来源是土地承包费收入。自从执行家庭农场"两自"以来，家庭农场承包费年初一次性全部收缴到位，不但控制了家庭农场欠款的形成，也为农场收入的实现提供了有力的保障。费用支出的归集使用"管理费用"科目核算。对费用实行年初计划管理，年初由农场下达各单位费用包干指标，无特殊情况全年按计划指标执行，遇有不可预见支出由基层提交报告向农场申请，经农场党委研究决定后方可列支，因此费用管控效果较好，从而保证了农场的经营成果。

2. 家庭农场财务管理

（1）家庭农场资金的收缴。农场实行"两自"后，为了满足农业生产及农机管理的需要，管理区根据上年的生产资金需求及市场变动情况，年初自行制定收缴计划，年初一次性交齐包括种子、肥料、农药、机械作业费等。为此农场对家庭农场的资金管理显得尤为重要。自2011年起计财科为了保证收缴的家庭农场资金安全、杜绝经济犯罪的发生，特在计财科指定专人负责为家庭农场代记账，各个管理区在农业银行设立对公银行账户，收缴的家庭农场资金全部存到银行账户，实行专户储存、专人管理。年初集中收缴土地承包费收入时，收缴现金要求当日存入指定银行账户，以保证资金安全。

（2）家庭农场资金的支付。家庭农场资金支取要写明用途、附上明细、管理区领导签字后到计财科审批同意方可办理，即实行专人审批的管理办法。家庭农场资金通过银行结算，资金支取全部实行卡式发放，杜绝大额支付现金，生产资金支付做到了专款专用，支付项目与审批项目一致，不串项使用。农户资金收入（含国家各种补贴），执行卡式发放，直接打入农户本人账户，杜绝了现金支付。

（3）家庭农场票据的使用。所有家庭农场生产费的收缴，均使用计财科统一印制的连号收据，并纳入家庭农场账内管理。票据的领用和收回计财科设有专人管理，领取票据、注销票据均有登记，从而有效地控制了资金体外循环，私设"小金库"等现象发生。

（4）家庭农场费用分摊。农业助理负责提供承包的土地面积，消耗的种子、肥料等原始资料，农机助理负责提供农机作业费原始资料，各项生产费用归集由专人负责，明确责任，费用分摊清晰可靠，有理有据。费用严格按照生产环节和作业层次类别，分摊单独入账，禁止多项目费用同时汇总报账。使用统一的费用分摊表格，自制表格到计财科备案后可以使用。报账费用由单位负责人签字、经办人签字、职工签字，缺一不可，严禁无委托代签行为。所有家庭农场费用分摊，原则上必须由职工本人签字。严格遵守财务及时性原则，当期发生当期结算，杜绝乱挤乱摊与家庭农场无关的费用，保障了职工群众的利益，也杜绝了违法违纪行为。

（5）家庭农场账套管理与财务公开。家庭农场生产费账套与企业账套一样管理，要求数据真实、内容完整、手续齐全，所有不符合财务规定的业务事项，一律不得入账。报账会计与计财科负责家庭农场代记账，会计每月对账一次，对账结果要进行签字确认。家庭农场账套管理视同账内核算，履行正规的归档程序，及时装订、备份，年末上交计财科档案管理员统一归档保管。

（二）农场事业单位财务管理

农场事业单位包括学校、公安、政法、医院、道路、街道、卫生防疫等部门。农场事业单位的经费，学校、公安、法庭由财政定额拨款补贴，扣除少量规费收入外，差额全部由农场补足；其他事业单位的经费规费、劳务收入，缺口由农场补贴。

农场事业单位是企业中的事业单位，一直按照企业制度执行。与企业核算主要的不同之处就是经费性收支的归集通过"营业外收支"科目，下设"社会性收支"二级明细科目核算；用于对个人补贴的财政拨款收支在"其他应付款"核算；用于资本性支出的财政拨款，根据资产形成的性质是社会性的或企业的，分别记入"递延收益"或"资本公积"。

2005 年以前，事业单位的固定资产转入社会性固定资产，通过清产核资净值一次转销；2005—2008 年形成的社会性固定资产，按事业单位核算，当年全部核销，没有按期计提折旧；2009 年以后，按企业固定资产核算办法，采用直线法计提折旧。

（三）建立约束机制加强财务监督

为加强财务管理、提高企业经济效益，农场针对财务管理中出现的不良现象，建立健全各项约束机制，加强财务监督，为农场经济良性发展起到了保驾护航的作用。

（1）管理人员实行目标管理，各项生产财务指标、家庭农场自筹生产费指标、欠款回收等的完成，都与当年管理人员效益工资挂钩，完不成按规定比例扣罚管理人员工资。

（2）实行管理人员费用包干，场领导的交通费、电话费（住宅和办公室）、招待费，机关科室和场直单位的电话费、交通费、差旅费、招待费等都有明确规定，并随年度计划一同下达到全场各单位加以实施。

（3）实行现金报审和会计凭证审查制，计财科工作人员分工负责审查各单位会计凭证，发现问题及时纠正，遏制违规违纪现象的发生，加强了事先监督机制。

（4）组织财务检查。

（5）对决算进行复查，并将复查情况通报全场。

（6）建立会计例会制度，及时总结财务管理中的经验和不足。

（7）推行账务公开制度，家庭农场往来和个人工资上墙公布，发给对账单，会计凭证经单位主管领导审阅，对职工群众关心的敏感问题政务公开，管理费用、各项收费标准、生产资料价格、土地承租情况、机械作业收入、农业风险理赔情况、交通费、饭费支出情况等全部公开公示。

四、财务预算管理

全面推行财务预算管理。预算编制原则是，以收定支、计划全面、支持政策、保全重点、量力而行、规避风险。

（一）收入管理

土地承包费收入、场直单位的各项收入、其他收入等都纳入收入管理与核算，任何单位和个人不得隐瞒、截留、坐收坐支。各管理区的土地承包费应按农场年初计划指标足额收缴。全场各单位耕地面积由计财科、体改办、农业科负责核实。土地面积发生变动必须由单位领导提出书面申请，专题说明增减原因由农业副场长签字后报场长办公会审议批准。土地承包费收缴，实行100％上缴租金，以货币资金方式收取，并在规定时间内完成收缴任务。

财政专项资金收入严格按北安管理局下达的指标管理，实行专款专用，严禁挤占挪用财政专项资金，确保财政资金有效合理使用。

（二）支出管理

各单位的经费支出，严格按照农场的财务预算执行。预算内开支由主管领导签字审批，计财科按预算指标支付。对自收自支单位的收支采取货币化控制，计财科按单位设置货币资金收支台账，谁的钱进谁的账，坚持"先收后支、无钱拒支"的原则。超预算或不可预见开支由农场预算管理委员会办公室审核报场长签批。

费用支出必须凭合理、合规、合法的票据入账，所有外部取得的报销凭证，必须是税务部门或财政部门统一规定使用的正式单据，一切非正式发票、过期发票、白条、行政事业往来票据均不能作为报销凭证。开具发票必须以单位名称开具，以个人名称开具的发票一律不予报销。

五、非税收入及票据管理

农场机关、事业单位、具有行政管理职能的单位和部门，依照国家有关规定收取、募集的资金应纳入非税收入管理，严格执行"收支两条线"。农场的非税收入实行由北安管理局负责集中存、集中管、集中用的管理方式。北安管理局在不改变农场非税收入所有权和使用权的前提下，对其进行管理。农场非税收入的银行账户，作为北安管理局非税收入集中汇缴过渡专户。

严格执行《黑龙江省行政事业性收费和罚没票据管理办法》，向缴款义务人，出具黑龙江省财政厅统一印制的非税收入票据。征收单位填开票据使用网络版"黑龙江省非税收入票据管理系统"，取消手工填开票据。当年领用的票据，不得跨年度使用，往来票据不能作为核销培训费、会议费、考察费、租金等的有效凭证。国有资产处置收入，应使用非税专用票据，纳入非税收入专户管理，属于财政拨款取得的资产，纳入统筹管理，属于自筹资金购置的，可用于补充经费不足。

非税收入实行"收支两条线"，收费收入及时缴入财政专户，对所发生的收费款项认真核实，杜绝了拖欠、截留、坐收坐支等现象发生。1986—2020年农场非税收入专储率达100％。

六、欠款回收工作

在"八五"期间，即1986以后，兴办职工家庭农场初期阶段，由于遭受连续性自然灾害和管理不善，导致家庭农场大量挂账，截至1988年末，应收家庭农场款高达800万元，加剧了农场的资金困难，一度处于生产、生活难以维持的极端困难地步。

1989年，根据农场总局对清产核资工作的要求精神，结合农场具体情况，制定清欠方案，实行减免政策，建立清欠责任制，把欠款回收指标与各级管理人员收益挂钩，坚持常抓不懈，并作为强化企业经营管理的主要内容之一。

为搞好清产核资工作，加大欠款回收力度，组织召开全场回收欠款动员大会，推广率先收回全部家庭农场欠款的八队和十二队典型经验。农场采取积极措施和政策，允许欠款户找亲朋好友拉账（即账面有存款的），以实物作价偿还欠款；计财科统一掌握存欠款名单，对一个人在单位有欠款而在其他单位又有存款的，强制进行还款处理；为欠款户找出路，化解三角债务。经多年积极努力，清欠工作取得较好效果，到1990年末，应收家庭农场款下降到450万元，下降43.6%。

在1994年清产核资中，根据政策规定，积极处理一部分家庭农场欠款（设立账外欠款明细，在计财科存档，待以后回收），加之各生产队积极回收，到1995年末应收家庭农场款为239万元，剔出新增因素，历史陈欠基本收清，减轻了企业和个人压力。

2001年后，为了提升农场资产质量，降低资产负债率，提高资金使用效益，并依据农垦总局和北安管理局文件精神，2004年8月10日，农场制定并下发了《关于清理无法回收的应收款和无法支付的应付款及拖欠职工款工作实施方案》。自2005年开始至2020年，清理欠款工作纳入到每年的财务工作日程，每年下发清欠方案，核定各欠款单位4项应收款年末净下降指标。

农场始终坚持"谁经办谁清收、谁批准谁负责、谁在位谁领导、谁担保谁偿还"的清欠原则，采取行政、经济、法律等手段，依法依纪清理欠款，在领导干部的思想上树立起常年抓清欠的意识。

在回收欠款的方式方法上始终坚持两个"突出"，即突出重点、突破难点。突出重点，即突出抓好畜牧贷款、机车贷款等以合同形式形成的欠款；突破难点，即集中精力抓好"钉子户、赖账户、逃账户"的欠款回收工作。清欠对农场缓解货币资金紧张的局面起到了很大的作用。2005—2020年，共计收回4项应收款5335万元。

七、惠农资金管理

农场惠农资金核算，严格执行专项资金管理办法，实行专账管理、专户储存、专人核算、卡式发放。

为了全面落实国务院、黑龙江省政府粮食直接补贴政策、综合补贴政策、良种补贴政策、大豆价格补贴政策，根据农垦总局和北安管理局的通知精神及北安管理局办公室要求，农场下发《关于新增粮食直补及综合直补工作实施方案》《良种和大豆价格补贴实施方案》，结合农场实际情况，自2004年起发放粮食直接补贴，2005年新增综合补贴、2007年新增良种补贴、2014年新增大豆价格补贴。

截至 2017 年底，国家又增加了多项惠农资金，而且原来粮食直接补贴变为农业支持互助补贴，农场计财科按照规定时间，足额将惠农资金全部发放到种植户手中。

2020 年末，惠农资金共发放 55931.7 万元，其中粮食直补发放 3884 万元，综合补贴发放 11429 万元，良种补贴发放 2141.6 万元，大豆价格补贴发放 2811 万元，农业支持互助补贴 9875.6 万元、玉米生产补贴 2607.6 万元、大豆生产补贴 18446.6 万元、水稻生产补贴 1104.8 万元、玉米改大豆补贴 3631.5 万元。

2009 年 2 月 1 日开始，家电下乡、汽车下乡补贴在全国推广，家电下乡产品包括冰箱、洗衣机、热水器、手机、计算机、电磁炉、微波炉、空调、冰柜 9 类，共计申报补贴数量 2871 台件，补贴资金 71 万元。汽车下乡补贴包括大中型载货汽车及摩托车，共计申报补贴数量 438 辆，补贴资金 42 万元。家电及汽车下乡补贴实行专户核算，计财科安排专人负责补贴资金管理与核算，补贴资金发放实行卡式发放。

八、艾滋病人员费用支出

农场医院 2003 年发生艾滋病事件，共确诊患者 19 名，去世 2 名，截至 2020 年末尚有患者 17 名。案件通过法院诉讼后，农场败诉并承担所有患者的医药费、生活补贴，到 2020 年已累计支出 4733 万元，每年支出 400 万元左右。2016 年 8 月，农场考虑到物价上涨因素，将艾滋病患者的补贴由 3000 元/月，调整到 4000 元/月。

由于艾滋病支出给农场带来隐形压力，农场历任领导连续多年向北安管理局和农垦总局争取补贴资金，一直无果。场长万太文多次向农垦总局汇报，在 2014 年申报中央部门预算时，农垦总局批准农场申请直属垦区社区补贴资金 237 万元用于艾滋病支出。2015 年财政资金首次下拨到农场，2017 年开始每年涨到 376 万元。艾滋病支出由财政负担 90%，企业负担 10%，大大减轻了农场的经济负担。在 2015 年经过与农垦社保局协商，艾滋病患者住院费享受医保政策，每年可节约支出 20 多万元，2 项补贴为农场每年节约资金 400 万元，相当于农场全年的六费支出总额。

第四节　审　　计

一、机构

农场审计科组建于 1987 年 2 月 16 日，配备 1 名科长和 1 名工作人员。

1987—1992 年，科长孟令福；

1993—2000 年，科长许秀云；

2001 年，科长李贵；

2002—2007 年，科长陈秀志；

2008—2015 年，科长吴萍；

2016—2020 年，科长张万秋。

从 1987 年组建审计科以来，审计科在上级审计部门的指导下，在场党委的领导下，由场长亲自主抓审计工作，使这项工作为农场经济发展起到了保驾护航作用。

1987—2000 年，审计科工作人员坚持以审计法及有关法规为原则，秉公执法，廉洁奉公，坚持原则。共审计资金 204847 万元，审计了 475 个单位和项目，发现违纪违规金额 1828 万元，收缴违纪违规资金 46 万元，挽回经济损失 60 万元，提高经济效益 197 万元，查出损失浪费金额 54 万元。为此审计科在 1989 年、1990 年、1991 年、1993 年、1994 年、1997 年、1998 年被评为北安管理局（北安分局）先进审计科；1989 年孟令福被评为农场总局级先进审计工作者，黑龙江省审计系统先进个人；1998 年许秀云被评为农垦总局级先进审计工作者；1999 年董汉杰被北安分局评为先进个人。

2001—2020 年，审计科全体工作人员秉承"依法审计、求真务实、恪尽职守、坚持原则"的方针，履行审计职责。审计了农场内部共计 200 个单位 242 个项目，审计资金 251858 万元，查出违纪违规资金 4048 万元，查出损失浪费资金 30 万元，潜盈资金 94 万元，潜亏资金 223 万元，收缴违纪违规资金及罚没款 124 万元，挽回经济损失 361 万元。接待和协助上级各类审计人员来农场以及参加外出抽审工作共达 25 次。为企业加强管理、提高效益、规范核算、促进经济秩序健康发展提供了保证。

北安分局审计处对农场场长离任审计共 2 次。其中，2008 年农场场长王克坚离任审计，审计认定到 2008 年 6 月末资产总额 9690 万元，负债总额为 11526 万元，所有者权益－1836 万元，资产负债率为 119％；2010 年农场场长王林离任审计，审计认定 2010 年 4 月末资产总额 14448 万元，负债总额 21879 万元，所有者权益－7431 万元，资产负债率 151％。

二、审计工作

1988 年，开展了以财经纪律为重点的经济效益审计、财产审计、经济责任审计以及对学校、医院等事业单位的定期单位，共审计 61 个单位和项目，查出违纪违规金额 73 万元，收缴违纪违规款 2 万元。农场制定了《关于对队（厂）长实行经济责任审计的试行办法》，先后对 5 个单位经济责任人的调离进行了审计。

1989 年，完成了对以财经纪律为重点的经济责任审计、专案审计、离任审计、对政法和行政执法部门收费和罚没款收缴情况的审计、对事业单位经费支出的定期审计。共审计了 46 个单位和项目，审计资金 767 万元，查出违纪违规金额 24 万元，收缴违纪违规款 5 万元。为贯彻场党委年初提出的管理上治乱、生产上治粗、工作上治浮、环境上治脏的目标起到了一定的积极促进作用。

1990 年，开展了对场内基层核算单位的财务收支审计，事业单位全面定期审计，承包租赁经营审计，经济责任审计，专项审计调查，基本建设开工、施工及交付使用审计。全年共审计 37 个单位和项目，审计金额 1380 万元，查出违纪违规金额 113 万元，促进增收节支 14 万元，清理损失浪费金额 9 万元，收缴违纪违规金额 7 万元。

1991 年，开展了对场长经济责任审计、20 个生产队经济效益审计、事业单位经费定期审计、离任审计及上级委托审计项目。共审计 22 个单位和项目，审计金额 4439 万元，查出违纪违规金额 86 万元，其中违法金额 2 万元，促进增收节支 18 万元，清理损失浪费金额 7 万元，收缴违纪违规款 5 万元。

1992 年，完成了财物收支审计、场长任期经济责任审计、离任审计、基本建设投资项目开工前审计，对 47 个单位的财经纪律的专项检查及审计调查，完成了上级委托的经济责任审计和农场总局的汇审项目。共审计了 12 个单位和项目，审计金额 18542 万元，查出违纪违规金额 304 万元，处理增收节支 30 万元，查出损失浪费金额 29 万元，收缴违纪违规金额 27 万元。

1993 年，着重对离任进行了审计，还完成了专项资金农发资金审计、决算的审核、财务收支审计。共审计 14 个项目 49 个单位，审计金额 15252 万元，查出违纪违规金额 136 万元，促进增收节支 30 万元，挽回经济损失 6 万元。

1994 年，开展了对盈亏大户的审计、场长第二轮承包届满责任制度审计、离任审计、财务收支审计、财务决算审核。全年共审计了 50 个单位和项目，审计金额 11168 万元，发现违纪违规金额 90 万元，促进提高经济效益 37 万元，挽回经济损失 14 万元。

1995 年，在贯彻执行《中华人民共和国审计法》的同时，完成了场长第三轮承包届满经济责任审计、离任审计、财务收支审计、受北安管理局委托对交通科进行专项审计。共审计了 37 个单位和项目，审计资金 6854 万元，发现违纪违规金额 53 万元，挽回经济损失 2 万元，收缴违纪违规金额 2 万元。还完成了场领导交办的决算审查及效益工资兑现工作、《中华人民共和国审计法》的学习和宣传工作。

1996 年，完成了对土地租赁承包经营的审计、场长任期经济责任审计、离任审计、财务收支审计、决算审核及效益工资兑现工作。共审计了 46 个单位和项目，审计资金 18648 万元，查出违纪违规金额 179 万元，查出损失浪费金额 1 万元，促进提高经济效益 69 万元，收缴违纪违规金额 4 万元。

1997 年，完成了对亏损企业经济效益审计、离任审计、财务收支审计、土地租赁承包经营审计、决算复查及效益工资兑现工作。全年共审计 37 个单位和项目，审计金额 24303 万元，查出违纪违规金额 185 万元，收缴违纪违规金额 13 万元，审计处理 3 人，移交司法部门 1 人。

1998 年，完成了对物资供销业财务收支审计、离任审计、农发基金专项审计、财务收支审计、决算复查工作。共审计了 38 个单位和项目，审计金额 107660 万元，查处违纪违规金额 111 万元，收缴违纪违规金额 5 万元。

1999 年 1—9 月，完成了北安分局布置的对全场资产、负债、损益调查情况的审计，离任审计，财务收支审计，财务决算审核工作，并与纪检委组成联合调查组对十二队私自处理产品问题进行了调查。共审计了 40 个单位和项目，审计金额 14230 万元，查出违纪违规金额 476 万元，查出损失浪费金额 8 万元，挽回经济损失 39 万元，收缴违纪违规金额 27 万元。

2000 年，完成审计项目 16 项，共审计金额 1324 万元，查处违纪违规金额 167.9 万元，收缴违纪违规金额 38.6 万元，被审计单位有粮食科、公安局、八队、十队、十三队、电业所、第一林场和试验站 8 个单位。

2001 年，完成了离任审计、经济责任审计工作，重点审计清理家庭农场核算中违规虚增往来存欠款、虚减利润、私销产品、账内设置小金库以及产品流失、存货潜亏等问题。全年共审计 9 个单位，完成审计项目 10 项，审计金额 2631 万元。查出违纪违规资金 127 万元，收缴及罚没款 10 万元，处罚 9 人，调账处理 118 万元，挽回经济损失 35 万元。

2002 年，加大经济责任审计监督力度，同时开展了专项资金审计，及时清理经济不良环境。全年共审计 15 个单位，完成审计项目 18 项，审计金额 1.3 亿元，查出违纪违规资金 117 万元，调账处理 16 万元，审计处罚 6 人，收缴及罚没款 6 万元，归还资金原渠道 10 万元，为农场挽回经济损失 8 万元。

2003 年，基层单位领导变动较大，重点以离任审计为主。通过离任审计界定农场下达各项经济指标的完成情况，界定领导干部任期内的债权债务，确认落实经济责任，如实揭示各单位在审计中发现的违规违纪问题，使审计工作深入到经营和管理领域中。全年共审计 15 个单位，完成审计项目 15 项，审计金额 4505 万元，查出违规违纪金额 208 万元，审计处罚 5 人，收缴款、罚没款及无法支付款 21 万元，挽回经济损失 25 万元。

2004 年，重点对农场土地承租生产费、间接费垫支过高、产品管理不严、产品收缴不到位、当年形成新增挂账、利费指标不能按期完成问题进行审计；对 2003 年末农场进行撤队建区改革中离任领导的审计；结合财务检查，重点对各单位财产物资进行清查盘点，核实资产、摸清家底、挽回损失；对共同生产费收缴、使用不均衡、存在挤占情况进行检查、核实；针对畜牧、机车贷款未办理抵押担保手续，未签订贷款合同进行贷款 421 万元，还贷责任落实不清，容易带来借贷风险等问题也进行了着重审计。审计后向农场领导提交了《农场管理中存在的问题》的专题汇报。全年共审计 14 个单位，完成审计项目 14 项，审计总金额 2439 万元，查出违纪违规资金 35 万元，收缴违纪违规资金和无法支付款 9 万元，挽回经济损失 8 万元。

2005 年，对全场 17 个生产队所有土地面积进行清理核对，共核对种植户数 3353 户，核对土地面积 17882.6 公顷（含小开荒），查出土地收费不入账 162.2 公顷，形成账外资金 141997 元；完成经济责任审计 8 个单位。全年共审计 14 个单位，完成审计项目 14 项，审计总金额 4588 万元，查出违纪违规资金 71 万元，收缴违纪违规资金和无法支付款项 9 万元，挽回经济损失 31 万元。

2006 年，完成作业区离任经济责任审计，进行了专项资金审计。全年共审计 10 个单位，完成审计项目 13 项，审计金额 3913 万元，查出违纪违规资金 46 万元，挽回经济损失 46 万元。

2007 年完成了部分作业区离任、任期经济责任审计。全年共审计 13 个单位，完成审计项目 15 项，审计金额 4823 万元，查出违纪违规资金 35 万元，损失浪费资金 26 万元，挽回经济损失 14 万元。

2008 年，完成了部分作业区任期经济责任审计；为加强专项资金管理，重点对 2007 年商品粮基地公路建设、农业综合开发（第四管理区十一、十二作业区中低产田改造）、扶贫（县乡村公路建设）以及基本建设（农场老干部活动中心、第二管理区农村饮水安全）等项目资金进行了审计。全年共审计 10 个单位，完成审计项目 12 项，审计金额 5280 万元，查出违规资金 156 万元，规范资金管理 156 万元。

2009 年，完成了部分作业区主任离任经济责任审计；对第九作业区 2009 年土地出租全过程进行了检查、核实，针对土地出租过程中土地流转手续不健全等问题，及时提出意见及建议；对近年来职工关注的廉租住房保障资金进行了专项审计调查；年内 3 次配合北安分局审计组完成北安分局内部农场经济责任审计。全年共审计 10 个单位，审计项目 13 项，审计总金额 6422 万元，查出违纪违规资金 15 万元，收缴及罚没款 1 万元，挽回经济损失 3 万元。

2010 年，完成了部分作业区主任离任审计、任期经济责任审计及场直部分单位的财务收支审计；对 2009 年第二居民委员会农村饮水安全项目资金、第四管理区中低产田改造项目资金、建设水库除险加固工程项目资金的投入、管理、使用和效益情况进行了监督审计。全年共审计 13 个单位，完成审计项目 17 项，审计金额 8102 万元，查出违纪违规资金 219 万元，潜亏资金 116 万元，挽回经济损失 45 万元，收缴及罚没款 31 万元。

2011 年，全面完成了管理区主任任期经济责任审计及离任审计；部分场直单位的财务收支审计；对 2010 年度扶贫项目资金及农场 2009 年度以来基本建设工程项目资金的投入、管理、使用和效益情况进行了监督审计；对第五管理区及下设的 3 个居民组 2011 年的土地出租情况进行了专项审计；根据场长部署，对 2010 年的水稻育秧大棚项目的投资成本及资金使用情况进行了专项审计调查；根据北垦审文〔2011〕4 号工作实施方案的要求，对 2009—2011 年安居工程专项资金及补贴资金进行了专项审计调查。全年共审计 10 个单位，完成审计项目 19 项，审计金额 3.24 亿元，共计查出违纪违规资金 1919 万元，潜盈资金 23 万元、潜亏资金 58 万元，收缴及罚没款 2 万元，挽回经济损失 41 万元。

2012 年，完成了部分管理区主任任期经济责任审计及离任审计；部分场直单位的财务收支审计；开展了 2012 年场区拆迁项目资金事中审计；按农垦总局审计方案要求，对 2009—2011 年测土配方、统购生产资料、住房补贴等专项资金到位、使用及结存情况进行了审计调查。全年共审计 9 个单位，完成审计项目 12 项，审计金额 16850 万元，查出违纪违规资金 267 万元，潜亏资金 10 万元、损失浪费资金 4 万元，收缴及罚没款 10 万元，挽回经济损失 20 余万元。

2013 年，全面完成了管理区主任任期经济责任审计；场直部分单位的财务收支审计；开展了各种惠民政策资金专项审计及审计调查工作，包括农业综合开发、扶贫项目、基本建设及拆迁项目资金的审计，保证了农场惠民政策落实及项目资金合理使用；对 2009—2012 年度工会经费收支情况进行了审计；对欣兴物业公司原煤管理存在的漏洞作出专题汇报，提出可行性建议，农场采纳执行。全年共审计 11 个单位，审计项目 16 项，审计总金额 28246 万元，查出违纪违规资金 124 万元，潜盈 71 万元、潜亏资金 39 万元，收缴及罚没款 15 万元，挽回经济损失 40 余万元。

2014 年，全面完成了管理区主任任期经济责任审计及离任审计；对场直部分单位不定期进行了财务收支审计；为了加强专项资金的管理、使用和落实，对 2013 年、2014 年的财政专项补贴资金的管理、使用情况进行了专项资金审计。全年共审计 9 个单位，审计项目 10 项，审计金额 16703 万元，查出违纪违规资金 153 万元，处罚 8 人，收缴及罚没款 4 万元，挽回经济损失 35 万元。

2015 年，全面完成了管理区主任经济责任审计；场直部分单位的财务收支审计；未售楼房取暖费收费管理的审计；对工业园区的收费落实问题，欣兴物业公司的取暖费、物业费收费情况进行审计调查。全年共审计 8 个单位，完成审计项目 8 项，其中财务收支审计 7 项、预算资金审计 1 项，审计总金额 2.61 亿元，查出违规资金 317 万元。

2016 年，全面完成了管理区和场直部分单位的财务收支审计；国有资本金和扶贫（晒场）2 个专项资金的专项及预算执行审计等。全年共审计 9 个单位，完成审计项目 11 项，其中：财务收支审计 8 项，审计总金额 3106 万元，查出违纪违规资金 39 万元；专项审计项目 2 项，审计总金额 418 万元；预算执行审计 1 项，审计总金额 7821 万元。

2017 年，全面完成了管理区主任任期财务收支审计及经济责任审计。财务收支审计及经济责任审计主要围绕管理区土地出租面积落实、租金收缴、各项指标的完成、期末资产数额的真实性以及经常性财务收支的合规、合法性进行。全年共审计 8 个单位，完成审计项目 12 项，其中：财务收支审计 2 项，审计总金额 2722 万元，查出违纪违规资金 7 万元；经济责任审计 4 项，审计总金额 7964 万元，查出违纪违规资金 42 万元。年内完成北安管理局安排专项审计及专项审计调查 5 项，审计总金额 29801 万元；完成场长安排专项审计及专项审计调查 1 项，收回资金 20 余万元。

2018 年，全面完成了管理区主任任期经济责任审计及离任审计；场直部分单位进行了负责人离任经济责任审计。全年共审计 8 个单位，完成审计项目 8 项，其中：财务收支审计 5 项，审计总金额 8351 万元，查出违纪违规资金 37 万元；经济责任审计 3 项，审计总金额 7340 万元，查出违纪违规资金 96 万元。

2019 年，全面完成了第一至第三管理区、第五管理区以及水稻管理区的财务收支审计。财务收支审计主要围绕管理区土地出租面积落实、租金收缴、各项指标的完成以及经常性财务收支的合规、合法性进行。审计中，对农场年初下达的各项指标执行情况进行了认真审核，同时对五费也进行了详查，没有发现超支现象，基层单位能够按照农场下达的预算认真执行，超支部分能够及时通过规定程序追加预算。全年共审计 5 个单位，完成审计项目 5 项，其中财务收支审计 5 项，审计总金额 8234 万元，查出违纪违规资金 18 万元。

2020 年，全年共审计 6 个单位，完成审计项目 6 项，其中：财务收支审计 6 项，审计总金额 10507 万元，查出违纪违规资金 32 万元。

第二章 安全生产

第一节 机 构

建场初期，农场没有专门安全管理部门，只有一名副场长兼管安全工作，安全教育管理由生产科、农机科主抓和管理，生产队队长具体抓落实。2003年以前，作为农场安全管理部门的安全生产办公室（安全办）只有赵福祥副主任1人。2003年安全办增至2人，赵福祥任副主任，刘成义任安全员。2007年安全办增至3人，主任赵福祥，副主任刘成义，安全员吴海成。2012年安全办增至4人，主任刘允章，安全员吴海成、李文华、刘洪伟。2015年安全办主任刘洋，科员李文华。2016—2020年安全办主任张忠宣，副科级员李文华。

2005年初，农场安全生产委员会调整了安全生产组织机构，成立了行业安全领导小组8个，落实了"五包、四定、三挂钩"的责任制度，有7个副场级领导进行了包片分工，8个业务部门进行了包线管理，同时落实了基层单位安全生产领导小组29个，成员184人。

自农场设立专职科室安全办以来，安全生产工作成为农场各项工作的重头戏，特别是2001年以后，农场党政领导班子，把安全工作摆到了各项工作的重中之重，将安全工作确定为领导干部逢会必讲、警钟长鸣的内容。制定了以"各级领导重视、加强组织机构、建立健全各项制度操作规程、抓实安全教育、开展安全活动、组建义务消防队、增加安全投入"为保证的安全七大体系，做到了安全工作思想有提高、肩上有责任、墙上有制度、教育有签名、做事有合同、安全有保障。

具体工作中，农场把安全生产工作列为目标考核的一项重要内容，实行一票否决制度，使各级领导不但重视安全工作，而且能按照工作计划去抓好安全工作，做到事事不忘安全。

2010—2020年，万太文担任场长后，深入贯彻安全第一、预防为主、综合治理的安全工作方针，注重加强安全工作的科学化、标准化管理。积极履行安全生产工作第一责任人职责，强化对安全生产工作的组织领导，坚持亲自研究、亲自部署、亲自检查，突出重点督查和事故隐患整改，坚决遏制重特大事故，努力减少一般事故发生，确保全场安全生产工作取得实效，为农场经济建设和社会发展营造了良好氛围。

2001—2020 年安全办工作人员变动情况见表 3-2-1。

表 3-2-1　2001—2020 年安全办工作人员变动情况

姓名	任职时间		
	主任	副主任	安全员
赵福祥		2001—2008.03	
刘成义	2009.01—2012.07	2003.12—2009.01	2003.01—2003.12
刘允章	2012.08—2015.07		
刘　洋	2015.07—2016.04	2009.01—2012.07	2008.06—2009.01
张忠宣	2016.04—		
吴海成			2007.01—2012.09
刘洪伟			2012.09—2013.12
李文华		2017.04—	2012.08—2017.04

第二节　安全教育

建场以来，农场共举行大型安全宣传教育活动 50 期，农场各部门对专业技术人员进行集中培训，举办了农机驾驶人员、中小企业领导、安全管理人员等 200 多个培训班，安排专人参加农场和上级业务部门组织的安全培训和以会代训 2.6 万人次。自 2012 年农场获得农垦总局安全生产先进单位称号后，又连续 5 年获得了北安管理局安全生产先进单位。2001—2020 年农场连续 20 年没有发生安全生产责任事故。

1956—1965 年的 10 年中，除 1960 年因受"浮夸风"的影响没有举办冬训班外，每年农场都利用冬闲时节举办各类培训班，特别是农机人员安全教育年年集中学习。学习时间一般在 20～30 天，各级农机干部和部分班组长冬季到赵光垦局轮训一次。培训班由农机副场长主持和负责，教学以农机、农业技术专家和既有实际经验又有理论基础的农机驾驶员当教员，学习课程以农机原理、使用保养、田间操作、农业栽培耕作要求和各项农机使用、管理、安全等各项规章制度为内容。据统计，10 年中利用冬训的办法共培训出各种农机驾驶员 1100 多名，还为当地农民培训了一批农机手。

1966—1970 年，兵团时期虽然也开办过多期红专训练班，但效果不大，学员经过学习后还是不懂技术，有的理解不深，特别是安全教育，有的人不入心、不入脑。

1977 年，恢复了原来的农场传统，每年冬季都举办轮训班。到 1984 年的 8 年中，共培训农机工人 2000 人次左右。还为邻近的部队 3 个农场培训学员 250 人以上。同时为了贯彻科学种田措施，每年三大作业（种、管、收）之前，招集各种农机班组长进行专题学习，农机工人的技术水平很快提高。

1986—2000年，农场把安全生产作为生产中第一要务，本着生产必保安全、安全才能生产的原则，根据农场农业机械力量不断加强，机务工人不断增多，中小型汽车及锅炉工、电工等技术人员越来越多，对技术要求逐年提高的情况，农场采取"走出去、请进来"的办法，加强各类从业人员安全思想教育。多次请北安管理局安全教育专家来场讲安全教育课，并到生产现场讲安全操作规程。每年都组织农机专业人员到赵光机械、北安等地参加集中学习。据初步统计，15年里，参加安全教育的人员达1.5万人次。

2001—2020年，安全宣传教育方式方法不断提升，由过去的黑板教学讲解变成视频、网络、新媒体形式的宣传教育。同时，农场安全部门充分抓住农场的逢九大集，发放各类宣传安全教育传单、手册5万多份。各单位、部门充分利用宣传挂图、安全科教电影、电视以及幻灯片、报告、讲课以及座谈、安全竞赛及安全日活动、安全教育展览及资料图书、实地参观、现场教育、事故案例分析、安全会议、作业警示旗、黑板报、简报等不同的方式方法，广泛地开展安全生产宣传教育活动，持续开展"逢九讲评""安全生产月"的安全学习宣传活动，提高了全员安全素质，保证了安全生产，确保安全目标的实现。

第三节　安全管理

一、落实安全生产责任制

建场以来，农场各级领导对安全生产十分重视，每年各生产阶段都进行反复宣传教育，并开展忆（回忆过去发生事故的教训）、查（检查隐患）、比（开展安全生产评比活动）3项活动。

20世纪60年代后，根据外场的经验，农场实行安全签名制度，即在每个生产阶段之前都要进行岗前安全教育培训，操作人员登记签字，未经安全教育者不准参加作业。20世纪70年代后，中央多次下发安全生产的文件。农场贯彻落实上级的指示，多次进行学习和贯彻。做到预防为主，狠抓事故苗头，并多次奖励对防止事故有成就的单位，所以避免了一些重大事故发生。

20世纪90年代以来，农场更是重视安全工作，把这项工作作为安全生产的第一要务来抓，逢会必讲，每年都要组织机务人召开播种、收获2次现场安全教育课，真正做到"生产必须安全、安全才能生产"。

2000 年后，农场的安全管理工作始终贯彻"安全第一、预防为主、综合治理"的方针，贯彻执行农场场长负责制，各单位部门主要负责人坚持以"管生产必须管安全"的原则，生产经营服从安全需要的原则，确保安全生产和文明生产，从上到下抓安全。

（一）场长职责

场长是农场安全生产第一责任人，对农场的安全生产全面负责，具体要做到：

（1）认真贯彻执行国家安全生产方针、政策、法令和上级指示。贯彻落实农垦总局、北安管理局关于安全生产工作的部署和要求。

（2）重视农场职工的劳动条件和农场的安全生产状况。亲自主持重要的安全生产工作会议，批阅上级有关安全方面的文件，签发有关安全生产工作的重大决定。

（3）组织审定并批准农场安全规章制度、安全技术规程和重大的安全措施。

（4）经常深入基层了解、掌握安全生产情况，组织研究安全生产措施，推广先进的安全技术及完善的管理方法，审定事故的预防和处理方案。

（5）建立健全安全组织机构，提高职工安全生产意识。

（6）组织农场安全教育及制度考核工作。

（7）加强对各项安全活动的领导，坚持安全生产计划、安全检查、工作总结及评比工作，决定安全方面的重要奖惩。

（二）副场长职责

（1）认真贯彻执行国家安全生产方针、政策、法令和上级指示。贯彻落实农垦总局、北安管理局关于安全生产工作的部署和要求。

（2）全面实施安全工作目标责任制。根据副场长分工对所分管行业和包片单位的安全负责。各单位有健全的安全工作责任制度，要层层签订安全工作责任状（要与分管行业部门，分管包片的管理区、作业区签责任状）。落实安全责任的具体措施，做到目标明确、责任到人。

（三）单位、部门主要负责人职责

（1）认真贯彻执行安全生产法律法规、规章制度、方针政策以及《黑龙江省垦区条例》，职业操守道德，依法依规维护农场、集体、个人合法权益。

（2）各单位、部门领导落实安全生产责任制，达到安全生产责任"横向到边、纵向到底"，形成安全生产人人有责的责任体系。

（3）以《中华人民共和国安全生产法》为主线，以《黑龙江省垦区条例》为依据，结合本单位、部门安全管理工作特点，建立健全本单位、部门安全生产目标考核考评办法、应急救援预案等安全管理长效机制。

（4）生产经营单位发生生产安全事故后，应当迅速采取有效措施，组织抢救，防止事故扩大，减少人员伤亡和财产损失，并立即如实报告场有关领导、场安全办和有关行业部门。不得隐瞒不报、谎报或者拖延不报。

（四）安全员职责

（1）做好安全生产的宣传教育管理工作，总结交流推广先进经验。

（2）深入基层指导安全技术人员的工作，掌握安全生产情况，调查研究生产中的不安全因素，提出改进意见和制定改进措施。

（3）配合有关部门共同做好新老工人、特种作业工人的安全技术培训、考核、发证工作。

（4）对违反安全规定和有关安全技术劳动法规的行为，经教育劝阻无效时，有权进行处罚，有权越级上报。

二、安全生产监督检查

由安全办组织农场各职能部门每季度进行1次定期的安全生产大检查；平时安全办进行不定期的监督检查工作；农场成立检查组深入基层一线开展安全生产大检查行动，对供水中心、供热中心、医院、学校、客运站、加油站、养殖小区等重点部位、薄弱环节进行全面细致的大检查。对管理区农具场、晒场、辖区内危房、修理间用电线路，增雨防雹，各单位油罐库，安全管理等相关情况进行检查，针对检查中发现的问题提出整改意见，落实整改责任人及整改措施，结合各单位实际，落实责任，精心组织，深入开展自检自查行动。农场下属的各单位、部门领导负责本单位、本部门每月至少1次的定期安全检查；各基层单位组织有关人员对本单位每周进行1次安全生产检查。在各级安全检查过程中，坚持安全"一票否决制"的原则。对查出的隐患不能及时整改的要制定整改计划，定人、定时间、定措施、定经费限期完成，在隐患没有消除前，采取可靠的防护措施，对危及人身安全、健康的紧急险情，立即停止作业。

第四节 事 故

1956—2020年，64年间共发生职工因公伤亡事故18起。其中1956—1999年，农机肇事死亡19人，重伤11人。1956—1985年，农场安全生产部门依据国务院《生产安全事故报告和调查处理条例》，会同农场监察科、工会、纪检、公安等相关业务部门组成事故调查组，对发生的事故依法处理。从调查生产现场、技术、设备、管理、岗位责任制等方面查找事故发生原因，查明责任，制定整改防范措施，坚决做到发生事故"三不放过"，即"找不到事故发生的原因不放过，事故当事人和群众受不到教育不放过，没有制定出防范措施不放过"。

农场在 20 世纪 90 年代就制定了"安全事故"一票否决制。无论什么原因、无论哪个单位，安全教育不到位、领导管理不到位，都要追究其领导责任，单位主要领导不准评优、提职，严重者免职。

2000—2020 年农场对安全工作管理十分严格，做到 3 个到位："宣传教育到位、责任管理到位、安全操作到位"，创造了 20 年生产无重大事故的好成绩，多次被两局评为安全生产先进单位荣誉称号。

第三章　人力资源和社会保障

第一节　人力资源

一、机构

建场初期，农场设人事科，场党总支任命李恒泰为人事科科长，下设干事1名。

1958年，赵光成立地区办事处，和平农场分为和平、建设2场，隶属于黑龙江省农垦厅赵光地区办事处，人事科设在赵光地区，场只设1名专人负责。

1959年公社化，赵光地区成立了赵光人民公社。和平、建设2场又合并为赵光人民公社第四作业区，当年年末又改为赵光农场和平分场。人事科设在赵光农场。

1967—1971年，兵团时期，劳资工作归军务股，下设工作人员4人。

1977—1985年，建设农场隶属北安管理局领导，下属有3个分场，人事科科长王显瑞，下设工作人员4~5名。

1988年，农场劳动工资科改为劳动人事科，全场干部、工人由劳动人事科管理。1990年，干部管理由组织部门负责。工人实行全员劳动制合同，凡是在农场工作的工人统称"企业职工"，由农场统一管理。

2002年前，农场主管劳动工作的部门为农场劳资科，劳资科在党委和上级业务主管部门领导下开展工作。2002年1月，农场社保局成立，职工社会保险费计算和收缴业务划归社保局负责。因劳动部门职能整合，应上级业务主管部门要求，2004年5月更名为社会劳动和社会保障科。2012年9月根据上级业务主管部门规定，社会劳动和社会保障科更名为人力资源和社会保障科（简称人社科）。

二、人力资源管理

为实现人才队伍年轻化、专业化、科技化，推进农场各项事业的长足发展，农场按照两局党委关于引进人才、建设队伍的总体要求，扎实推进引进人才工作。2013年前人才引进工作由组织部负责，2014 年后划归人社科负责。农场书记、场长、主管副场级领导任人才招聘工作领导小组负责人，组织部、人社科、纪委、监察科作为常务成员负责人才招聘具体工作，用人单位或部门作为临时成员参与人才招聘工作。人才招聘工作领导小组根据岗位需要，秉持公开、公平、自愿、择优原则，注重高素质技术型人才引进。

1956—1985 年，国家分配给农场中专以上毕业生 25 人。

1986—2000 年，全场中专以上管理人员、科技人员已发展到 880 名。

2001—2020 年，引进专业优秀、适岗性强、思想品质好、热爱农场事业的高校毕业生 106 人。人力资源的科学化管理，实现了人才队伍年轻化、专业化、科技化，为农场各项事业的发展奠定了知识基础。

1956—2020 年农场人社科人员变动情况见表 3-3-1。

表 3-3-1　1956—2020 年人社科工作人员变动情况

年度	主管领导	科长	副科长	科员
1956		李恒泰		1
1967—1971	军务股管			4
1977—1985	栾德仁	王显瑞		
1986	杨玉山	王显瑞		4
1987	杨玉山	王显瑞		4
1988	马景发	兰启合	赵凤吉	4
1989	马景发	刘清德	苏德越	7
1990	马景发	刘清德	苏德越	7
1991	马景发	刘清德	苏德越	7
1992	付宗深	刘清德	苏德越	7
1993	付宗深	徐宝忠		3
1994	付宗深	徐宝忠	杨德清	2
1995	付宗深	徐宝忠	杨德清	2
1996	付宗深	徐宝忠	孙景华	2
1997	付宗深	徐宝忠	赵福祥	2
1998	刘增元	徐宝忠	赵福祥	6
1999	刘增元	徐宝忠	赵福祥	3
2000	刘增元	徐宝忠	赵福祥	3
2001	刘增元	徐宝忠	赵福祥	刘秀兰、吕迎春、刘勇杰
2002	刘增元	李 贵	黄晓燕	
2003	刘增元	李 贵	黄晓燕	
2004	刘增元	李 贵	黄晓燕	
2005	刘增元	李 贵	黄晓燕	

（续）

年度	主管领导	科长	副科长	科员
2006	刘增元	李　贵	黄晓燕	
2007	刘增元	李　贵	黄晓燕	张　莹
2008	李宏军	李　贵	黄晓燕	张　莹、毛　蕾
2009	李宏军、刘建胜	李　贵		张　莹、毛　蕾
2010	刘建胜、李友民	李　贵		张　莹、毛　蕾
2011	李友民	李　贵		张　莹、毛　蕾
2012	李友民	李　贵		张　莹、毛　蕾
2013	李友民	孟嫦鸿		张　莹、毛　蕾、王志鹏
2014	李友民	孟嫦鸿		张　莹、毛　蕾、王志鹏
2015	李友民	孟嫦鸿		张　莹、毛　蕾、王志鹏
2016	李友民	孟嫦鸿		张　莹、毛　蕾、王志鹏
2017	闫红彬	孟嫦鸿	毛　蕾	张　莹、王志鹏
2018	闫红彬	孟嫦鸿	毛　蕾	王志鹏
2019	闫红彬	王正刚	毛　蕾	王志鹏
2020	闫红彬	王正刚	毛　蕾	王志鹏

第二节　社会保障

一、社会保险机构

1987 年 4 月，根据国发〔1987〕77 号文件关于"要加强劳动部门组织建设，相应地建立劳动争议仲裁和社会劳动保障机构，并充实和加强劳动服务公司"的精神，农场成立了社会劳动保险公司，与农场劳资科、安全办合署办公，设编制 6 人，设劳资科科长兼社会劳动保险公司经理 1 人，劳资干事 1 人，社会劳动保险公司会计 1 人，出纳员 1 人，安全员 1 人，档案员 1 人。2002 年 1 月农场社保局成立。

截至 2001 年，随着垦区的发展，社会劳动保险公司业务量和服务范围不断扩大，黑龙江省编委下发《关于成立黑龙江省农垦社会保险事业管理局核定农垦社会保险系统事业编制的通知》，正式核定黑龙江省建设农场社会保险事业管理局编制为 4 人，设局长 1 人，会计 1 人，出纳 1 人，业务员 1 人。

2001 年 6 月，农垦总局农垦社会保险事业管理局向农垦总局编委提出了《关于垦区社会保险机构实行系统垂直管理的请示》，实行系统垂直管理的具体内容为机构设置、干部管理、党务管理、财务管理。

2001 年 9 月，农垦系统总局、管理局、农场 3 级社会保险机构核定的人员经费由财政部核拨的社会保险专项经费中列支，解决社保系统人员工资，其他经费由农场列支。

2001 年 1 月 1 日—2002 年 3 月 10 日，劳资科、安全办、政研室、社保局、退休办 5 个科室合署办公，人员编制 8 人，设科长兼社保局局长、政研室主任、安全办主任 1 人，安全办副主任 1 人，会计 3 人（社保 1 人，医疗 1 人，退休办 1 人），出纳 3 人（社保 1 人，医疗 1 人，退休办 1 人）。

2002 年 3 月 13 日—2008 年 6 月 20 日，根据《黑龙江省农垦总局关于印发〈垦区社会保险机构系统垂直管理实施方案〉的通知》和黑垦局文〔2001〕199 号文件，社保局有关人事档案、科技档案移交给农垦北安社保局，由原来合署办公改制为劳资科、政研室、安全办、社保局 4 个独立科室。

二、领导干部更迭

2001—2004 年 12 月，农场社保局长由北安分局社保局提出人选，征求农场党委意见后，由北安分局社保局任免。

2004 年 12 月 24 日—2020 年，农场社保局长由北安分局社保局提出人选，征求农场党委意见后，向农垦总局社保局呈报推荐意见，由农垦总局社保局考核并任免。

1987—2020 年，农场社会保险事业管理局人员变动情况见表 3-3-2。

表 3-3-2 1987—2020 年农场社会保险事业管理局人员变动情况

年度	负责人	会计	业务员	出纳	社保收缴	退休费支付	医疗费支付	居民险收缴
1987	王显瑞	1	1	1				
1988	兰启合	穆宗慈	汤丽英	汤丽英				
1989	刘清德	穆宗慈	汤丽英	汤丽英				
1990	刘清德	穆宗慈	吕迎春	吕迎春				
1991	刘清德	穆宗慈	吕迎春	吕迎春				
1992	刘清德	戴 红	吕迎春	吕迎春				
1993	徐宝忠	戴 红	吕迎春	吕迎春				
1994	徐宝忠	戴 红	吕迎春	吕迎春				
1995	徐宝忠	刘秀兰	吕迎春	吕迎春				
1996	徐宝忠	刘秀兰	吕迎春	吕迎春	刘勇杰			
1997	徐宝忠	刘秀兰	吕迎春	吕迎春	刘勇杰			
1998	徐宝忠	刘秀兰	吕迎春	吕迎春	刘勇杰			
1999	徐宝忠	刘秀兰	吕迎春	吕迎春	刘勇杰			
2000	徐宝忠	刘秀兰	吕迎春	吕迎春	刘勇杰			

（续）

年度	负责人	会计	业务员	出纳	社保收缴	退休费支付	医疗费支付	居民险收缴
2001	徐宝忠	刘秀兰	吕迎春	吕迎春	刘勇杰	刘勇杰		
2002	徐宝忠	刘秀兰	吕迎春	吕迎春	刘勇杰	刘勇杰		
2003	徐宝忠	刘秀兰	吕迎春	吕迎春	刘勇杰	刘勇杰		
2004	徐宝忠	刘秀兰	吕迎春	吕迎春	刘勇杰	刘勇杰		
2005	徐宝忠	刘秀兰	吕迎春	吕迎春	刘勇杰	刘勇杰		
2006	徐宝忠	刘秀兰	吕迎春	吕迎春	刘勇杰	刘勇杰	栾广霞	
2007	徐宝忠	刘秀兰	吕迎春	吕迎春	刘勇杰	吕迎春	栾广霞	
2008	徐宝忠	刘秀兰	吕迎春	吕迎春	刘勇杰	吕迎春	栾广霞	
2009	徐宝忠	刘秀兰	吕迎春	吕迎春	刘勇杰	吕迎春	吴凤梅	王正刚
2010	徐宝忠	刘秀兰	吕迎春	吕迎春	刘勇杰	吕迎春	吴凤梅	王正刚
2011	徐宝忠	刘秀兰	吕迎春	刘 健	刘勇杰	吕迎春	吴凤梅	王正刚
2012	徐宝忠	赵冬梅	吕迎春	刘 健	王正刚	刘勇杰	吴凤梅	刘 健
2013	徐宝忠	宋 超	吕迎春	刘 健	王正刚	刘勇杰	吴凤梅	刘 健
2014	徐宝忠	刘勇杰	吕迎春	刘 健	王正刚	吕海涛	吴凤梅	刘 健
2015	徐宝忠	刘勇杰	吕迎春	刘 健	王正刚	刘 健	吴凤梅	刘 健
2016	徐宝忠	刘勇杰	吕迎春	刘 健	王正刚	田 鸽	吴凤梅	刘 健
2017	徐宝忠	刘勇杰	万 波	刘 健	王正刚	田 鸽	吴凤梅	刘 健
2018	徐宝忠	刘勇杰	万 波	刘 健	王正刚	田 鸽	吴凤梅	刘 健
2019	谢佳鑫	刘勇杰	万 波	刘 健	王正刚	田 鸽	吴凤梅	刘 健
2020	谢佳鑫	刘勇杰	万 波	刘 健	谢佳鑫	田 鸽	吴凤梅	刘 健

注：1987 成立社会劳动保险公司与劳资科合署办公，设经理 1 人，劳动干事 1 人，社会劳动保险公司会计 1 人，出纳 1 人，档案员 1 人。2002 年 1 月社保局成立（独立部门）。

三、社会保障

按照 1951 年制定的《劳动保险条例》的规定，国营农场职工的生、老、病、死享有公费劳动保险待遇。农场按全部职工工资总额一定百分比摄取的"福利基金"为职工劳动保险金。

按照国务院《关于企业职工养老保险制度改革的规定》和《黑龙江省国营企业职工待业保险制度深化改革方案》，根据北安管理局的指示，农场对养老、待业保险制度进行改革。农场建立社会劳动保险分公司，改变养老保险由农场包下来的办法。1994 年实行由国家、农场和职工个人共同负担的社会统筹的保险制度。职工个人交纳工资总额的 3%，以后每 2 年增加 1 个百分点，到 8% 为止，到退休年龄办理退休后享受社会养老保险待遇。建设农场到 2000 年末全场离退休职工 1100 人，因疾病退休、退职的职工 259 人。

农场根据《黑龙江省国营企业职工待业保险制度深化改革方案》实行待业保险制度，

交纳社会统筹待业保险金。

（一）医疗保险制度改革

从建场初期到 20 世纪 90 年代，农场职工享有的公费医疗保险制度不断改革。采取"预防为主，防治结合"的办法，本着职工"老有所养，病有所医"的原则，农场加强三级医疗保健网的建设。医务人员精减定编，有计划地培训医务技术人员，购置诊查、治疗仪器，增加医疗设施，改善职工医疗条件，坚持稳中求进地进行改革。

1992—1994 年，医疗费筹集由按职工工资总额百分比提存，改为农业生产队按照职工承包土地数提交，非农业单位按职工人数提交。职工医疗费实行"定额包干到人，超支不补，节约归己"的办法。职工公费医疗费，按其本人全年工资总额 6％，分 4 个档次计算，一次记入本人账户，作为门诊、住院医疗费报销限额，限额报销用完超支不补。对中华人民共和国成立前参加工作离退休老干部的医药费超限额部分按 70％报销，高中级科技人员超限额部分按 60％、50％报销。

保证职工享有场内医疗保健待遇，防止医疗基金浪费。1995—1996 年凡享受公费医疗的职工，按本人全年工资总额 6％提取为医疗费报销限额，再按工作年限分 7 个档次计算医疗门诊和住院费报销标准，年初记入每个人账户，超限额部分中华人民共和国成立前参加工作的离退休人员按 80％报销，高中级科技人员按 70％、60％报销。

1997—2000 年，根据国家《关于职工医疗保险改革的试行意见》进一步改革，健全和完善医院保险制度，制定了《建设农场职工社会保险制度改革（试行）方案》。加强医疗保险管理，保障职工基本医疗的需要。建立社会统筹医疗基金与职工个人医疗账户相结合的社会医疗制度。医疗管理和费用管理相结合，单位和享受医疗保险的职工依法参保的办法。单位按全年职工工资总额的 10％提取医疗保险基金，其中的 30％记入参保个人账户。参保职工个人按年工资额 3％交纳医疗保险金。退休人员交纳本人工资的 1％，供养直系亲属年交 70 元医疗保险金，记入个人账户。医院和患病者双方互相制约，实行国家、农场和参保职工个人利益挂钩，因病施治，合理用药，合理收费，实现医疗保险良性循环。

2003—2020 年，累计收缴医疗保险基金 15907 万元，其中企业 12643 万元、个人 3264 万元，支付 8804 万元。截至 2020 年 12 月 30 日，累计参加医疗保险人数 9135 人，收缴大额医疗基金 520 万元，其中企业 246 万元、个人 274 万元，支付 182 万元。为漏保、断保职工接续养老保险关系 1105 人。为做好社会养老保险工作，提合理化建议，拟定文件、方案、通知、汇报等 30 余万字，效果较好。

（二） 再就业工程及最低生活保障制度

建设农场贯彻实施《中华人民共和国劳动法》和黑龙江省、农垦总局关于实施"再就业工程"的意见，在农场劳动工资科建立"再就业服务中心"，开展诚信教育，大力发展职工个体、私有经济和职工自营经济，解决农场富余职工再就业。发挥农场和职工个人的积极性，实施农场安置和个人自谋职业。

农场经营体制改革兴办职工家庭农牧场，融入大量的劳动力，就农场总体而言不存在失业问题。1981年，建设农场与哈尔滨铁路局水电段合资在哈尔滨市望哈站建立联合啤酒厂，农场派调49名干部工人到联合啤酒厂。该企业1994年破产。按国家和农垦总局的规定，将破产的联合企业的49名干部、工人纳入再就业服务中心管理，按规定支付最低生活保障金，每人每月251.17元，1999年9月再就业生活保障金提高到每人每月326.50元。

农场实施残疾职工的优抚养老，建立养老设施，对孤、寡老人实行社会最低生活保障制度，由农场民政部门牵头实行最低生活补贴。1998年对130人实行最低生活补贴，补助金1.2万元。1999年对57户120人实行最低生活补贴，补助金额1.3万元。

2002年1月，职工社会保险费计算和收缴业务划归社保局，社会保障行政审批工作纳入人社科业务范畴。

在政策落实上，农场社会保障行政审批部门充分发挥社会管理和公共服务职能，研究政策，落实到位，宣传到人，大力促进居民参保。

（三） 落实政策，将"五七工""家属工"纳入基本养老保险统筹范围

农场积极落实上级15项惠民政策：

（1）落实黑人保发〔2009〕36号和37号文件，将"五七工""家属工"纳入基本养老保险统筹范围，农场1183名"五七工""家属工"经审批1137人参保并享受相应养老金待遇。

（2）实施政策，为断、漏保职工办理养老保险接续手续，经审批174名断、漏保职工补交了养老金，解决了这部分职工的就业压力和社会保障压力，推动了农场社会保险全覆盖进程，向"人人有保障"的目标迈进了一步，对于维护社会关系稳定，促进社会和谐起到了至关重要的作用。

（3）2006年，垦区实施漏保职工并轨政策，农场漏保职工自愿申请并轨198人。

（4）2007年开始，垦区实施"45、55"灵活就业人员社保补贴政策。农场将这项惠民政策落实到位，坚持做到不落一人。2007—2010年累计申报灵活就业补贴526人次，申请补贴资金56万元。这一政策的实施缓解了灵活就业人员的缴费压力，对社会保险全覆盖这一目标起到了积极的推进作用。

（5）2010年，国家开展规模最大的一次工伤人员统计。通过调查档案等材料，农场统计上报老工伤人员59人，经上级业务主管部门审核，将符合条件的老工伤人员37人、遗属人员4人纳入社保工伤保险基金管理。工伤待遇纳入社会保险统筹管理，标志着社会保障体系建设愈加制度化、系统化、规范化，保障了职工和统筹企业的基本利益。

（6）2010年7月1日起，提高职工及离退休人员残废后丧葬补助费和企业退休人员因病或非因工残废后一次性抚恤金标准，丧葬补助费从1200元调整为4000元，企业退休人员因病或非因工残废后，一次性抚恤金标准由1000元调整为6000元。

（7）落实《关于解决垦区未参保城镇灵活就业人员参加养老保险问题的通知》，经审批548名符合条件的灵活就业人员参保。

（8）根据《国务院关于开展城镇居民社会养老保险试点的指导意见》（国发〔2011〕18号），落实《黑龙江省人民政府关于开展城镇居民社会养老保险试点的实施意见》，经审批107名符合条件的居民参保。

（9）落实《黑龙江省人民政府办公厅转发省人社厅财政厅地税局关于进一步加强基本养老保险征缴工作实施意见的通知》（黑政办发〔2013〕45号），经审批174名符合条件人员参保。

（10）落实黑龙江省人力资源和社会保障厅、财政厅《关于解决未参保集体企业退休人员基本养老保障等遗留问题的意见》（黑人社发〔2014〕52号），经审批31名符合条件人员参保。

（11）推进断、漏保补费政策，经上级业务主管部门审批，为387名断、漏保职工办理了养老保险补缴手续。

（12）继续落实垦区灵活就业人员社保补贴政策，做到不落一人。2011—2020年累计申报灵活就业补贴3429人次，申请补贴资金720万元，缓解了灵活就业人员的缴费压力，提高了居民参保积极性，推进了社会保险全覆盖进程。

（13）2010年将老工伤职工纳入社保统筹管理，工伤认定严格按照《工伤保险条例》规定履行上级业务主管部门审批制度。2011—2020年共有24人经审批认定为工伤，保证了企业和职工的利益。

（14）落实因病或非因工完全丧失劳动能力人员病退政策，至2020年222人申报因病或非因工完全丧失劳动能力鉴定，87人通过劳动能力鉴定委员会鉴定后办理病退手续，享受养老金待遇。

（15）根据农垦总局人社局印发的《关于做好用人单位申报失业保险基金稳定岗位补

贴工作的通知》精神，2015 年申请稳岗补贴资金 135 万元、2016 年申请稳岗补贴资金 95 万元、2017 年申请补贴资金 97 万元、2018 年申请补贴资金 56 万元。2019 年办理城镇居民养老保险 6 人。全场参加失业保险 2518 人，申请稳岗补贴资金 55.21 万元。办理企业人员、个体人员退休网上录入 225 人，事业退休 7 人。企业参加职工基本养老保险人员因病或非因工丧失劳动能力申请病退鉴定，2019—2020 年全场企业申报丧失劳动能力鉴定 24 人，其中 6 人符合病退要求并办理退休手续。灵活就业人员申请社会保险补贴 483 人，共申请资金 96.78 万元。

根据黑人社发〔2019〕19 号文件规定，给予事业单位、退休人员调整养老金，调整教育退休 100 人、卫生退休 50 人。办理事业单位人员丧葬费审批 1 人，遗属生活费审批 8 人。

第四章　行政管理

第一节　工商物价

一、机构

1983年，农场工商物价事业开始起步，当时单位名称为"建设工商行政物价管理科"，由商业科分离而来，有3名工作人员，分别是吕裔清、唐和夫、苏启云。吕裔清任科长，隶属商业科领导。人、财、物隶属建设农场，当时办公设备比较简陋，没有专门办公车辆。

1982—1984年，发展个体食杂和其他工商业户15户，农场有一个繁华的露天市场。

到1986年发展个体商户82户，销售额达到123万元，被评为先进个人8名，安置待业青年工作46名，解决自谋工作的43名，解决家庭没有出路的及生活困难的17名，共计106名参加了经商工作。

1983—1989年是建设工商物价管理事业的第一阶段。这一阶段，建设工商行政物价管理科的主要任务是办证、收费和管理小商贩以及检查明码标价等工作。农场的个体私营经济在数量上到1989年已发展100户，且都集中在商业领域。农场最早从事个体业的孟庆珍、齐小莲、王桂兰、陈吉印等个体工商户当时的注册资金都在3000元以下。

1990—1996年，建设工商物价管理事业的第二阶段。1990年"建设工商行政物价管理科"易名为"建设工商行政物价管理局"，隶属关系发生重大变革，人、财、物、权全部上划北安管理局工商物价局，建设工商物价局成为北安管理局工商物价局的派出机构。这一时期的建设工商物价局开始全面履行工商行政管理的"六管一打"职能及物价监督管理任务。所谓"六管一打"即管个体、管企业、管市场、管商标、管广告、管经济合同和打击投机倒把；物价监督管理主要监管商品和服务价格、农资价格及行政事业性收费。

1997年以来，建设工商物价局在职的所有管理人员轮流参加了农垦总局工商物价局组织的工商物价专业知识培训班，通过刻苦学习，不仅取得了上岗证书，而且提高了管理人员的业务素质。这段时间物价局长徐学华，工作人员张文、赵春山。

1999年，工商行政管理体制进行重大改革，实行省级以下工商行政管理机构垂直管理，农垦总局工商物价局成为黑龙江省工商局的直属机构，农垦工商物价系统实行公务员制，建设工商物价局全部人员都参加黑龙江省人事局、省工商局组织的公务员过渡考核和录用考试，徐学华、赵春山成为国家正式公务员。

2000年以后，是建设工商物价所人员结构稳定、素质普遍较高的新阶段。2000—2013年，由徐学华任所长，赵春山、邢引哲负责日常市场监管工作。2013年末，徐学华退休，由邢引哲任所长。除了原有的赵春山之外，又通过全省公务员考试招录了吕青山，新的人员结构更加合理、科学，形成了老中青三代人员共同参与、以老带青的新局面。

2014年，建设工商物价所的工作步入了一个新的时期。全所的工作人员始终保持3人，在工作上以"两学"促提高（学理论、学业务，促进整体素质的提高）、以廉政促勤政，打造红盾形象。2016年以后，开展"法制年"建设系列活动，全年不间断进行法律、法规宣传。2020年底，共录制法律讲堂视频6次、法规宣传40余次，发放各类宣传资料3000余份；多次参加北安管理局组织的警示教育和革命传统教育讲座，受教育人员达到100%。通过活动的开展，不断加大反腐倡廉的宣传教育力度，努力营造"以廉为荣、以贪为耻"的红盾工作氛围。

2019年6月，建设工商物价所执法职能移交给北安市通北镇工商物价局管理。

二、个体经营者

党的十一届三中全会以来，实行对内搞活经济、对外开放的政策，农场集体、个体工商业兴起，从业人员增多，市场趋向繁荣，工商行政管理工作也随之开展起来。

建设工商物价所在履行"六管一打"职能过程中，始终把大力发展和扶持个体私营经济放在首位，为了使个体私营经济快速发展，建设工商物价所采取了一系列具体措施，给个体私营经济提供了宽松的政策环境。

①只要不违反国家政策法规，经营者想干什么，工商物价所就放手发展，先发展后规范。②对同一行业不进行数量限制。例如：以往一个生产队只允许办一个食杂店，限制了个体业的发展，在新措施里纠正了以往的错误做法。③先照后证，即为不影响经营者开业，先发照让其经营，然后在经营中再补办其他证件。④给试办期。对一些新行业，经营者对未来效益看不准的，先让其试经营1个月，这期间不发照、不收费，也不按无照经营处理，1个月试办期满后，效益好的规范为个体户，不好的自动歇业。⑤减收工商管理费，与税务部门协调为其减税，以使他们有休养生息之机。⑥制止各收费部门对个体户的

乱收费、乱罚款、乱摊派。随着各项措施的落实，个体私营经济在这一阶段有了快速发展。

1990年，个体户达到110户，从业人员225人，注册资金33万元。其后个体私营经济每年都以20％的增长速度向前发展，1996年达到336户，从业人员1120人，注册资金460万元。1992—1994年，建设工商物价局工作突出，连续3年被评为北安管理局工商系统先进工作单位。

1999年6月，农场拥有非国有经济409户，注册资金1118.3万元，从业人员650人，年创产值1650万元。

2001—2020年，个体私营经济的快速发展，丰富了群众的物质生活，解决了部分人员的就业问题，培养了建设农场新的经济增长点。2020年，全场发展个体户达到548户，从业人员2100人，注册资金1080万元。

三、物价市场

1990—1996年，建设工商物价局在大力扶持和发展个体私营经济的同时，注意履行好自身职能。

1. **管好市场** 1990年建成300平方米第一个棚式市场，把20余户在路边摆摊的业户搬到棚式市场内。1995年，农场国营一商店解体，棚式市场拆除，市场内业户搬迁至原一商店室内，这时的市场业户31户，其中屠宰5户，菜床4家，布匹、服装6家，小百货10家，鱼摊2家，生资摊4家。年营业额50万元左右，肉、菜供应基本满足农场群众的菜篮子需要。建设工商物价局为管好市场，在市场内设置了公平尺、公平秤，并设了举报箱，督促和教育市场内业户遵守职业道德，不短尺少秤、不缺斤少两、不掺杂使假、亮照经营、明码标价，对个别业户缺斤少两和乱涨价的行为予以了处罚，在这一阶段共处罚违规业户5户，罚款金额350元。建设工商物价局注意掌握好"管而不死、活而不乱"的市场管理尺度，使市场交易既充满生机又井然有序。

2001—2014年，侧重服务力度，放宽准入政策，全面开展"放管服"工作。不断细化服务措施，延伸服务链条，进一步简化办事程序、降低登记条件、优化服务环境。放宽市场主体准入条件，缩短办照时间，提高办事效率，辖区内个体私营经济得到了突飞猛进的发展。到2020年，辖区内的个体工商户数量已达548户，对辖区经济发展起到了积极的推进作用。

2. **管好物价** 建场初期，在保证消费者利益的同时大多数单位都能按照政策遵纪守法，个别单位和个人违反物价政策。物价是逐步放开的，先期对商品的价格管得比较严、比较死，后期慢慢实行市场价格。①做好明码标价工作。每月对全场的商户进行一次价格检查，要求业户明码标价，一货一签，标签对位。对缺少价签及批零差过高的，给予一定的处罚。②实行最高限价。重要节日前，为防止肉蛋菜价格暴涨，实行最高限价来保护群众利益。③每年年终进行一次物价大检查。主要对行政事业性收费单位的收费，尤其是中小学收费、电价、农资价格进行重点检查。1990—1997 年，累计查出油料、化肥等农资违价金额 20 余万元，除少数罚没上缴外，其余都作了退户处理，保护了农场种地职工的利益。

在价格监管方面，主要是深入开展"价格民心工程"，把群众关心的粮、肉、菜、水、电、肥、药、票、通信、中小学收费纳入监控范围，进行跟踪监控。在场部繁华地段还树立两面价格民心工程明白榜，把群众关心的收费价格公布于众，方便群众监督。为企业发放"企业负担登记"，为个体户发放"收费监督手册"，切实减轻企业和个体户负担，制止向企业和个体户不合理收费。

建设工商局自 1997 年管理大集以来，联合公安部门多次整顿大集秩序、规范商户职业道德，打击集市上的偷窃、强买强卖、掺杂使假、短斤少两等不法行为。经过多次整顿，建设农场大集秩序井然，交易活跃。逢九前来赶集的群众人山人海、川流不息，像过节一样热闹红火。200 多个摊位日交易额 3 万元左右，集上商品齐全，价格合理、满足了建设群众的需求。

2001—2020 年，加强对民生价格的监管，是垦区各级物价部门一项重点工作。加大对行政事业性收费和经营服务性收费管理，在治理教育收费时，实施中小学收费"一费制"，促进教育事业健康发展。规范、整顿了医疗、教育等与群众生活密切相关的收费。重点开展对教育、医药、供电、居民建房等的收费和价格的检查，开展公安、建设、规划、国土、房产和自来水等的收费和价格的检查。全程指导并参与农场的供热价格以及自来水价格的认证、听证工作，及时纠正农场水稻田的水资源费的收取工作。

加大明码标价工作力度，把大型超市、零售药房和电信市场作为明码标价整治重点，采取有力措施，加大宣传力度，发放宣传单和告诫书千余份，巩固了明码标价成果。全辖区明码标价率达 100％，所有行政事业收费部门都达到收费公示制要求。

3. 打击假冒伪劣商品　1983 年至今，建设工商物价局加大了监督管理力度，每年都要进行 2 次以上大规模的打假活动，结合平时打假，查获的假烟及劣质化妆品 120 多件等，3 次参加了北安管理局工商局举办的打假成果展览。1997—1999 年的 3 年里，共查获假冒伪劣商品价值 6000 余元，接受消费者投诉 50 余件，全部圆满解决。通过标语、横幅、电视等手段进行维护消费者权益宣传，使广大消费者越来越懂得怎样维护自身合法权益。1999 年，为了方便消费者投诉，又开通了"3·15"投诉电话。37 年中累计查获假冒伪劣过期变质商品价值 12.3 万元。

4. **履行企业管理、经济合同管理及商标、广告管理职能**　建设工商物价局负责企业开业登记、变更登记及企业年检的初审工作。自 1991 年实行对企业登记管理开始，共对31 家企业进行了初审登记、变更登记和企业年检。这些登记的企业按规模都是国有小型企业，后来由于改革的不断深入，部分企业解体，部分企业转制为股份制企业或私营企业，到 1996 年底只剩下 9 家国有企业。在对企业登记的初审工作中，本着为国家负责、为上级负责的精神，严格审查企业提交的文件、证件是否齐全、真实、合法。实地考察企业的经营场所、设备、设施及人员是否符合开业要求，把好市场准入关。

在经济合同管理方面，主要对外向型企业发放经济合同文本，对经济合同进行鉴证。

在商标管理方面，1990—1996 年共查处 6 起假冒他人商标行为。2015 年以来，建设工商所加大宣传力度，投入更多精力宣传《中华人民共和国商标法》及其实施细则，为打响垦区企业知名度，多次指导企业注册、办理具有自身特点农产品商标工作。"商标战略"扎实推进，引导辖区各类市场主体申请商标注册，取得商标专用权，壮大商标总量。到2019 年末共办理注册商标 9 件。

在广告管理方面，主要对电视广告、户外广告、殿堂广告进行登记，打击假广告。1990—1996 年共进行广告登记 50 余件。2001—2019 年，建设工商所着力抓监管、强服务，多次对辖区内的户外广告进行了清理，严把广告发布关键环节，对户外广告的发布进行备案工作。

第二节　质量技术监督

一、组织机构

农场质量技术监督局 2000 年以前，隶属农场科技科管理，一套班子两块牌子。2001年 3 月北安分局体制改革，质量技术监督局从北安分局经济委员会分离，成为独立机构。农场质量技术监督局也从科技科分离出来，成为独立职能部门。

农场质监工作紧紧围绕"质量兴场"工作目标，管理体制逐步完善，工作思路不断创新，标准化、计量、质量、特种设备安全监管工作全面发展，在"规范市场、扶优治劣、引导消费、服务企业"方面发挥了重要作用。

农场质量技术监督委员会下设质量监督科，岗位设置2人，为农场质量技术监督委员会行政部门，负责监委会日常监管工作。具体承担全场质量、计量、标准化、"锅容管特"监管工作职能。2019年，北安管理局质监局行政职能全部移交给北安市市场监督管理局管理，9月26日，经北安管理局质监局和北安市市场监督管理局通北分局建设所口头通知，农场质监职能全部移交给北安市市场监督管理局通北分局建设所管理。

农场2001—2019年质量技术监督委员会人员变动情况见表3-4-1。

表3-4-1　2001—2020年质量技术监督委员会人员变动情况

年度	主任	常务副主任	科长	副科长	科员
2001	王克坚、王　林	王维春	郑佰忠		
2002	王克坚、王　林	王维春	许秀云	郑佰忠	
2003	王克坚、王　林	王维春	许秀云	郑佰忠	
2004	王克坚、王　林	王维春	许秀云	郑佰忠	
2005	王克坚、王　林	王维春	许秀云	郑佰忠	
2006	王克坚、王　林	王立军	许秀云	郑佰忠	
2007	王克坚、王　林	吴凤霖	许秀云	郑佰忠	
2008	王克坚、王　林	王传江	许秀云	郑佰忠	
2009	王　林、吴凤霖	王忠孝	许秀云	郑佰忠	
2010	王　林、吴凤霖	王忠孝 殷培池	许秀云	郑佰忠	
2011	万太文、曾祥成	殷培池	许秀云	郑佰忠	
2012	万太文、曾祥成	殷培池		刘　洋	赵金秋
2013	万太文、曾祥成	殷培池		刘　洋	赵金秋
2014	万太文、曾祥成	殷培池	刘　洋		赵金秋
2015	万太文、曾祥成	殷培池	何鸿雁		赵金秋
2016	万太文、曾祥成	李友民	何鸿雁		赵金秋
2017	万太文、曾祥成	唐道光	何鸿雁	赵金秋	
2018	万太文、曾祥成	唐道光	何鸿雁	赵金秋	
2019	万太文、曾祥成	唐道光	何鸿雁	赵金秋	
2020	万太文、刘晓东	唐道光			

二、计量管理

开展计量器具的强制检定，推行法定计量单位和计量认定，加强企业、商贸计量监管，不断提升辖区计量监管水准。19年间，建立"建设农场强制检定工作计量器具明细档案"和"建设农场强制检定工作计量器具汇总档案",计量台账 36 部,共检测计量器具 30680 台（件）,其中,商贸用电子秤、台秤、弹簧秤、车用地衡、条码秤、加油机、密度计、温度计计量器具 850 台（件）,医疗用 B 超机、X 光机、生化仪、血压计、血球分析仪计量器具 50 台（件）,压力表、水表 70 台（件）,电力校验台、电度表 29710 台（件）,强检率达 100%。查收销毁不合格杆秤 12 杆。

三、质量管理

宣传贯彻执行《中华人民共和国产品质量法》和《质量振兴纲要》,依法依规对辖区工农业产品、商品进行质量监管。2001—2019 年,连续开展了"质量兴场"活动、"百日联合打假"行动、"质量月"活动、农资打假专项行动、"3·15"保护消费者权益日活动、质量护农"春雷行动",并出台了相关政策。各项活动累计 110 余次,共出动活动组织人员 720 人次,查没无 QS 标识食品、牙膏、化妆品、鞋油、假盐等过期、假劣、变质、短秤及"三无"商品 313 种,价值 1.1 万元,全部焚化处理并通过媒体曝光;发放宣传单、便民卡 5000 余份;抽检验化肥 30 余万吨;受理投诉 20 人,咨询 1000 余人。

2002—2005 年,开展了企业质量状况普查工作,建立企业质量技术档案 56 份。2006—2019 年,农场技术监督局每年对农场辖区内商铺、饭店、农药化肥经销部等进行全面检查,发现问题及时纠正,并下整改通知书。

四、特种设备管理

自农场技术监督局成立以来,对全场锅炉、压力容器、压力管道、起重机械特种设备的使用、维护、保养、检查各个环节安全及操作人员持证上岗依法监管,坚决杜绝无证上岗。

2001—2019 年,检验锅炉 270 台、压力容器 290 台,检验合格率 100%;每年例行元旦、春节、"3·15"、五一、六一、十一节日期间和经常性特种设备安全检查,共出动检查人员 540 人次。实施特种设备责任制监管制度,签订特种设备安全管理责任状 610 份,建立特种设备档案 300 份,全场特种设备无安全责任事故发生。

2001—2019 年,全场更新锅炉 21 台。其中,供热中心 3 台 20 吨锅炉,区组更新常压锅炉 15 台,医院、学校、办公室更新新型锅炉 3 台。

2003 年,开展了特种设备普查工作,建立特种设备台账 1 部。依法取缔违法经营液化气灌装站 1 家，查没违法经营液化气钢瓶 2 个（价值 900 元）。

五、食品生产监督

宣传执行《中华人民共和国食品安全法》《黑龙江省食品安全条例》，坚持对辖区食品生产加工、销售、准出、准入等各个环节经常性监管。在每年的元旦、春节、"3·15"、五一、六一、十一等重要节日期间，开展对食品生产加工、销售质量安全专项、联合监督检查。截至 2019 年末，共监督检查 230 次，出动检查人员 480 人次。制定《小作坊食品生产加工质量安全应急预案》，建立食品生产加工质量安全管理档案 70 部，签订食品生产加工小作坊质量安全承诺书 148 份，食品生产加工企业质量安全责任状 149 份，食品生产加工企业现场巡查记录 840 份，食品生产加工企业回访记录 840 份，送检食品抽样样品 80 千克，在维护辖区食品生产者、经营者、消费者权益中发挥了监管职能作用。

2002 年，在开展"质量月"活动中，查没过期小食品 83 包、罐头 51 盒、饮料 48 瓶，全部焚化处理并媒体曝光。

2007 年，开展食品及小作坊"整治年"活动，制定《黑龙江省建设农场关于印发 2007 年食品安全专项整治实施方案》。查没"三无"过期变质食品 20 样（180 件）、10 种食品没有 QS 标识，责成业主下架禁止销售，并下达整改指令；查没儿童食品"三无"饮料 63 瓶，没有 QS 标识冰棒 1238 根，过期小食品 31 样，对业主下达整改指令。

第三节　国土资源

一、机构

1956—1986 年，农场没有设立单独的土地部门，丈量土地及一些业务工作由生产部门负责。

1987 年 7 月，农场成立土地管理科。1990 年 6 月，农场土地管理科为北安管理局土地处直接领导，编制 2 人。1997 年，农场土地管理科改为黑龙江省土地管理局的派驻机构，直接受黑龙江省土地管理局领导。

科长：曲玉堂（1988 年 7 月—1990 年 6 月），赵凤吉（1990 年 6 月—1996 年 12 月），李英魁（1997 年 1 月—2012 年 3 月），张明厚（2012 年 3 月—2014 年 5 月），李英魁

（2014 年 5 月—2017 年 7 月），张涛（2017 年 7 月—2020 年 12 月）。

干事：李英魁（1988 年 7 月—1996 年 12 月）。

科员：车洪峰（1996 年 2 月—2017 年 7 月），赵华（1998 年 2 月—2014 年 5 月），马明晨（2014 年 5 月—2017 年 7 月），张海英（2017 年 7 月—2020 年 12 月）。

二、土地权属

1987 年 7 月土地管理科成立以来，按照农垦总局、北安管理局指示精神，对全场土地边界、利用情况进行了摸底准备工作。

1989 年初，土地管理科对全场土地利用情况进行了详查。对凡在农场管理范围内的国有土地，如耕地、荒地、水面、荒山、草原、林间隙土地进行了详查、统计。对场内 19 个生产单位耕地、边界土地进行了重新丈量和确定，明确了土地权属，确定了土地面积。

1990—1996 年，重点开展了全场基本农业保护区规划工作，详查资料变更工作。为配合农场土地承包经营的改革，真正实现"四到户、两自理"，通过制定各种制度，逐步规范土地政策，使之保持连续性和稳定性，并进一步完善了对土地的统一管理。

三、土地调查

1998 年，根据《中华人民共和国土地管理法》第十五条规定和《中共中央 国务院关于进一步加强土地管理切实保护耕地的通知》（中发〔1997〕11 号文件）要求，为了加强对全场土地资源开发、整治、保护的宏观调控和计划管理，协调各种用地部门的用地矛盾，按照黑龙江省、农垦总局、北安分局土地局的工作布置，农场决定从 1998 年 2 月 13 日起至 1998 年 3 月 31 日止，开展土地利用总体规划编制工作。为此，农场成立了领导小组，开始第一次土地普查工作。

组　　长：付宗深、刘金烁。

副组长：乔忠义、郭建义、赵旭国、李英年、刘增元、冯殿祥。

办公室设在土地管理科。

主　　任：乔忠义。

成　　员：赵凤吉、李英魁、车洪峰、赵华、张福生。

《建设农场关于土地长期固定实施方案》从 1999 年 1 月 1 日起执行。该方案提出了实施土地长期固定的指导思想、实施原则，土地长期固定的范围及对象，土地长期固定租赁的形式和规模，土地固定年限以及租金的确定、收缴及"两费"自筹标准、比例，土地固定后的管理与服务，土地长期固定后流转问题，合同管理问题，土地长期固定操作程序的要求、组织领导等。

2008 年 6 月 25 日，根据《国务院关于开展第二次全国土地调查的通知》和《黑龙江省第二次土地调查实施方案》要求，北安分局下发了《黑龙江省农垦总局北安分局关于开展第二次土地调查工作的通知》精神，农场成立了以王克坚为组长的第二次土地普查领导小组，开展了全面的土地详查。

2012 年，为了落实《中共中央　国务院关于加大统筹城乡发展力度进一步夯实农业农村发展基础的若干意见》（中发〔2010〕1 号）文件精神，按照《国土资源部、财政部、农业部关于加快推进农村集体土地确权发证工作的通知》（国土资发〔2011〕60 号）和《黑龙江省垦区农场场部、管理区、作业站建成区地籍调查和登记发证工作实施方案》，农场成立了领导小组。

组　　长：万太文。

副组长：王传江。

成　　员：张明厚、何鸿雁、李海燕、刘宝玲、付正英、蔡晓祥、张兴华。

领导小组办公室设在建设国土资源所。

2017 年，在《黑龙江省农垦北安分局土地利用总体规划（2006—2020 年）》（2015年调整）的指导下，对《黑龙江省建设农场土地利用总体规划（2006—2020 年）》进行了调整完善，形成了调整完善成果。耕地和基本农田保护的各项工作严格执行《基本农田保护条例》的有关规定。列为基本农田保护区的耕地任何单位和个人不得非法占用。到 2020 年末农场确定的耕地保有量为 22384.43 公顷，基本农田保护面积20094.76 公顷。

2018 年，根据《黑龙江省农垦北安管理局办公室关于成立管理局第三次土地调查领导小组的通知》（北垦局办文〔2018〕10 号）精神，农场成立了黑龙江省建设农场第三次土地调查领导小组。

组　　长：闫红彬。

副组长：张　涛。

成　　员：郭媛、邴绍筑、张复生、刘传忠、周振明、韩学斌、张洪玲。

第三次土地调查小组办公室设在建设国土资源所，承担小组日常工作。

2009 年农场土地利用现状分布情况见表 3-4-2。

表 3-4-2　2009 年农场土地利用现状及分布情况

单位：公顷

类别	场部	第一管理区	第二管理区	第三管理区	第四管理区	第五管理区	第六管理区
土地总面积	382.13	4714.80	6190.01	4456.43	5924.50	5365.90	7098.78
1. 耕地	149.79	3622.10	4755.46	3659.15	4390.30	4262.22	4519.35
其中：水田	32.54			21.80	66.35		1.67
旱田	117.25	3622.10	4755.46	3637.35	4323.95	4262.22	4517.68
2. 园地	0.61		0.58				
3. 林地	40.08	129.66	188.31	229.72	351.05	135.94	1460.01
其中：林地	13.99	97.74	140.69	180.62	333.88	71.81	1385.41
灌木林		2.32	39.84	29.11	6.65	60.56	52.55
其他林地	26.09	29.60	7.78	19.99	10.52	3.57	22.05
4. 草地	12.98	403.00	452.00	131.96	353.53	625.95	626.63
其中：天然牧草地			19.99				
其他草地	12.98	403.00	432.01	131.96	353.53	625.95	626.63
5. 交通运输用地	18.13	117.93	171.94	121.82	134.78	124.30	147.71
其中：公路用地	1.54	12.80	15.90	24.91	19.18	27.57	17.48
农村道路	16.59	105.13	156.04	91.87	115.60	96.73	130.23
机场用地				5.04			
6. 水域及水利设施用地	41.01	78.84	86.32	94.61	185.97	111.77	184.75
其中：河流水面							
坑塘水面		18.01	15.89	6.37	60.64	36.07	30.14
水库水面	39.44	19.23	11.90	34.42	57.69	32.12	21.62
沟渠				39.19	24.55	4.54	113.84
水工建筑用地	1.57	41.60	58.53	12.52	39.02	39.04	19.15
					4.07		
7. 其他土地合计		290.86	426.42	148.22	440.68	16.55	118.95
其中：设施农用地					4.94		
沼泽地		290.86	426.42	145.06	416.64	16.55	118.07
裸地				3.16	19.10		0.88
8. 城镇村及工矿用地	119.53	72.41	108.98	70.95	68.19	89.17	41.38
其中：建制镇							
村庄				0.77			
采矿用地、风景名胜及特殊用地	119.53	72.41	105.87	70.18	62.67	89.17	40.52
					5.02		0.86
			3.11		0.50		

注：此表根据 2009 年土地利用二级分类面积统计。

第四节 环境保护

一、初期环境保护

1956—1985 年，农场没有设立专门部门具体抓环境保护、治理工作，只是每年农场利用农闲季节组织干部职工义务工，集中整治环境，当时脏乱差现象十分严重，下雨天出门穿水靴子，出远门坐胶轮车（老百姓叫大轱辘车）。总场最差的是家属区街道，街不像街、道不像道，各扫门前雪，垃圾没有固定存放点，环境卫生很差。1986 年后，为了改变农场环境建设，场里提出"义务建、制度管""一点也不能差、差一点也不行"，争取 3~5 年赶上北安管理局先进单位格球山农场。

二、环境建设整治时期

1988 年，场长马景发、书记王法亮对环境建设非常重视，提出了以"治脏"为重点、以绿化为主要内容的环境建设指导思想。全场掀起了大搞环境建设新高潮，特别是对场直家属区街道进行全面规划，对场直家属区 29 条道路和中央路进行修整，街道由 4~6 米加宽到 6~8 米，路两边留出树带和花带。一年里场直清运垃圾 5000 立方米，出动车辆 1500 台次，清道路边沟土方 4000 立方米，道路上土和沙子 7000 立方米，栽种大垂柳 5 万株，种花卉 2 万延长米，使农场环境有了很大的变化。

1988—1989 年，农场建成东湖公园，总面积 3 万平方米，公园内建有 1 座高级凉亭、2 个雕塑像，耗资 10 万余元。

1989 年，农场成立了街道办，街道办主任张宽，副主任吴春英，配备了 3 台四轮车和环保员。1989 年北安管理局成立了环保局，1991 年建设农场也成立了环保科，科长张宽（副科级）。农场环境保护工作、环境建设工作由环保科牵头，卫生科、林业科、农机科协助，实现小城镇带动战略，持之以恒地抓好环境净化、绿化、美化，不断改善企事业单位的外在形象，提高职工群众的生活质量。从那时起，全场利用各种会议、"4·22"环境日、"6·5"地球日等宣传学习《中华人民共和国环境保护法》《黑龙江省环境保护条例》等法律法规，提高了人们对环境保护的认识。农场党委决定街道实行"三包"，责任到人、到户，同时，各生产队在原有基础上加强治理，环保科落实专管、包管责任制，抓好环境的净化和看护工作。环境保护工作成为党委的重要工作之一，党委书记、副书记亲自抓，把环境保护工作作为提高干部职工生活的基础。

1989 年，按照北安管理局要求，农场成立了环保科，负责全场环境保护和环境卫生工作，场里成立环境保护委员会，主任由书记、场长担任，一、二把手亲自抓，北安管理局又和农场签订目标责任状：对农场实行 1000 分制（其中最主要的指标是缴纳排污费，农场每年 3 万元），高于 870 分得奖，低于 800 分受罚；对农场环境保护委员会与四大党委实行 100 分制，95 分以上为优秀得奖，90～95 分为良好，不奖不罚，85 分以下受罚。责任状奖罚直接和各单位效益工资挂钩。在责任状的约束下，全场环境建设有了很大改观，各个单位有了新的起色，特别是十二队，当年变成小康队。队长郭建军亲自带车到海伦农场拉树苗，购进六年生云松 500 株，大垂柳 2000 株，又购进十几种高级花卉苗，建造了 4 个大花坛，使十二队环境建设焕然一新。医院、公安局、九队、十四队、十九队等单位环境建设也发生了很大的变化，其中最突出的是医院，投资建造了李时珍雕塑、1 座凉亭、几个永久花池，被北安管理局评为精神文明单位。

1991 年，环保科副科长张宽被北安管理局评为先进工作者；1994 年环保科被北安管理局评为先进科室，科长孙国权被北安管理局评为先进工作者，环卫工人郭永富评为北安管理局先进生产者。

1996 年，借庆祝农场建场四十周年的东风，场里对环境建设下了大力气，掀起了环境建设第二个高潮。这年是北安管理局实行环境保护一票否决的第一年，场长、书记亲自抓环境建设，亲自部署、亲自指挥、亲自检查，常务副场长亲自抓。最为突出的是 1996 年 6 月 20—22 日，利用 3 天时间，由党委书记刘金烁、常务副场长郭建义亲自带队，由四大党委和有关科室的科长组成 20 余人的检查团，对全场 40 多个单位进行全面细致的检查，检查原则为不通知、不听汇报、实地看，看后进行一个一个评议。在治理环境中，八队队长王山、书记刘成军亲自到海伦买树苗搞绿化，把家属区道路合理规划，重新栽上大垂柳，每家门前栽上 4～6 株果树，道口都修建了涵管和护栏，家禽圈养，使队区环境变得干净、整洁。

1996—2000 年，农场在环境建设方面做了以下几方面工作，为农场实现小城镇建设奠定了基础：①场部中央路由原来 12 米加宽到 18 米，全长 1.5 千米，全部铺上沙石和风化土。在家属区改建了一条二道街路，宽 8 米，两边留出树带和花带，加上两边沟共计 12 米，并且铺上沙石和风化土。②场区修建桥涵和护栏 50 多个，耗资 3 万元。③十九队在家属区修建了 4 个公共厕所。这是农场唯一由连队解决公厕的单位。④十四队在 4 个道口修建了月亮门，建立一个比较成形的公园，投资 2 万元。⑤1997—1998 年建造住宅楼 2 座，1 号楼建筑面积 3802 平方米，耗资 300 万元，48 户干部职工喜迁新居。1998 年 2 号楼 4640 平方米竣工，60 户干部职工搬进了新居，使农场向小城镇建设方向又迈进一步。

1998 年以前，农场各单位用的锅炉全是污染严重的锅炉，没有尾气处理设备，所以每年排出大量二氧化碳、二氧化硫，对空气污染严重。1 吨级以上中型锅炉 4 个、0.3～0.7 吨级锅炉十几个都没有尾气处理设备，每年消耗原煤 3500 吨以上，放出的废气就更多了。为了解决废气废渣排放，1999 年从哈尔滨市购进一台 10 吨级、具有尾气处理装置的锅炉，供应 3 个住宅楼、公安局、水利科、邮局等单位，大大减少了污染、减少了消耗、降低了成本，为农场环境保护打下良好基础。农场噪声污染也比较严重，当时有大小型汽车 100 余辆、链轨拖拉机 60 台、轮式拖拉机 40 台、康拜因 50 台，再加上十几家地板块生产厂机器发出的噪声，极大影响了职工生活和工作。1996 年，场长会议决定地板块厂全部搬到场西工业区，远离家属区 1000 米，2000 年全部搬完。

养殖大户的牲畜粪便异味污染环境也很严重，从 1996 年起把几家养牛、养猪、养鸡等养殖大户搬到场部东区养殖区，到 2000 年全部搬完。生活垃圾和白色污染也比较严重，农场光生活垃圾每个生产队每月按 20 吨算，1 个生产队 1 年 240 吨，20 个生产队共计 4800 吨，场区 1 年能产生垃圾 4000 吨。面对如此大的问题，农场领导多次开会研究，最后决定，建立垃圾场进行焚烧处理，把垃圾当成肥料利用，变废为宝。

三、环境建设高标准保持时期

2000—2006 年，环境建设由铺沙石变为铺装白色路面阶段，由暂时应对变为永久性使用时期。农场党委为了落实北安分局关于环保工作实行党政一把手亲自抓、负总责的要求，年底环境检查不达标单位的主要领导要自行离岗下去种地，好的给予奖励。依据上级的要求，农场调整了场环保委员会和绿化委员会，书记王克坚任主任，常务副场长郭建义任副主任，强化环保领导组织，环保科长由隋广庆担任。环境组织也重新调整，配备了专职环保员 50 余人，每个生产队 2～4 人，垃圾专用车由原来的 20 辆变成 40 辆，街道办由原来四轮车改用翻斗车 2 台。

农场在资金十分紧张的情况下，从哈尔滨购进松柏 300 棵、杜松 200 株，购进高级花卉 1000 株，全场种草坪 5000 平方米。为了搞好环境建设，全场出动 1.8 万人次，清运垃圾 1.2 万吨，清除各种障碍物 1000 余个，休整道路边沟 3 万延长米，道路上土 5000 立方米，铺沙石 4000 立方米，栽种各种绿化树 4 万株，建花池 70 个，种花 9 万延长米，栽种各种花卉 20 万棵，建设各种凉亭 10 座，各种雕塑 8 处，办公室栽种 300 盆花卉，新焊高级花架 100 个，总投资达 80 万元。建设住宅楼 3 年投资 1000 万元，解决 150 余户职工家属住房问题，大大加强了城镇化建设。

2004年10月30日，农场投资450万元完成了中央大街1474延长米大直街白色路面硬化工程，并投入使用。2006年农场投资766万元启动了通村公路白色路面工程7.5千米，场部地区和机关一次性通过了农垦总局环保模范小区及北安分局绿色机关的验收。2007年农场投资2560万元完成了27.17千米骨干公路白色路面建设，投资266万元修建场区二道街和23条3.3千米水泥巷道，修整排水沟9千米，安装路灯40盏，投资58万元，突出了场区及生产单位的绿化、净化等"四化"工作，全面启动了省级生态垦区建设，相关60项指标得到落实。

2009年农场环境保护工作由副场长吴宝忠主抓，按照北安分局环保局要求，环境保护工作继续实行一票否决制度，当年各生产单位加大环境建设力度，全年共清运垃圾3000余吨，清理堆放物230余处，建砖制垃圾箱20个，宣传牌12个，修路边沟1万多延长米，道路铺沙石1200立方米，出动人力3000多人次，栽种树木1.2万余株，种植花卉10万多株。

2010年，农场环境保护工作由党委副书记刘建胜主抓，当年农场投资275万元，硬化路面2.6千米（场区二道街），解决了场区部分路段群众雨天出行难问题，投资200万元，完善已建小区的硬化、亮化、绿化工程，改善了小区居住环境。

2011—2016年，农场环境保护工作由副场长王忠孝主管，环保科长兼城管队队长周振明具体抓，农场环境建设、环境保护工作出现了新亮点。环境保护工作本着以生态垦区建设、控制污染物排放总量及环境执法检查为重点，以加强环境整治、全面提高生产生活环境质量、打造生态城镇为主线全面展开，使农场的环境建设、小城镇建设发生了翻天覆地的变化。①加大管理力度，严格执行环境保护工作党政一把手"亲自抓、负总责"制度；②水利、畜牧、农业、工业、林业全面持续深入推进生态垦区建设工作；③全面开展环境监管、监察工作。2012年，为确保农场环境保护工作全面有序开展，引进大学生1名。同年，农场完成了"三优"（优美环境、优良秩序、优质服务）文明城镇的创建工作；完成了绿色学校及绿色机关的创建工作；为加大宣传力度，投资1万余元在场区设立了2个固定宣传栏；完成幸福小区、福江小区2个住宅小区的绿化，完成面积6.8万余平方米。2013—2015年，农场5个管理区相继成功完成省级生态村的审批及创建工作；完成了农场"十二五"生态文明建设规划，并成功申报创建了省级生态乡镇。同时，对第四管理区一组奶牛小区及农场3座烘干塔作了环境影响评价。2016年，完成了农场"十三五"生态文明建设规划。

2017年，农场环境保护工作由副场长闫红彬主抓，当年，农场初步完成生态保护红线的划定工作；完成对农场供热中心烟气监测工作；投入13万元，对农场3个玉米烘干塔的4台烘干锅炉分别安装了除尘设施；投入1.8万元，对供热中心排放的烟气进行了监测，确保供热中心产生的废气达标排放；同年，农场被北安管理局评为环境保护工作先进单位。

2018年3月，全面完成对农场生态保护红线的划定工作；6月，开展青石岭自然保护区区域调整工作。8年间，农场环境保护工作得到了领导及职工群众的一致认可，农场的生产生活环境有了进一步的提高。

在农场辖区全面开展秸秆禁烧工作，通过秸秆抛撒还田、秸秆打包、灭茬等方式，开展禁止秸秆露天焚烧、改善农场低空大气环境质量工作，实现了农场辖区内无火点出现。

四、环境生态建设时期

农场根据农垦总局环保局和北安分局环保局要求及生态示范区建设的工作部署，在2001年度积极开展了此项工作。农场按照国家生态示范区创建指标，编制了《2001—2010年国家级生态示范区创建规划》。

2007年，农场各项指标均达到要求，被授予"国家级生态示范区"。2007年3月，获得中国绿色食品发展中心批准，创建10万亩大豆基地为全国绿色食品原料标准化生产基地。2009年2月农场产大麦、大豆被中国绿色食品发展中心评为A级绿色食品。2009年农场生产的甜葫芦被黑龙江省农产品质量安全中心认定为无公害农产品。2010年粮豆经饲比例为46.3：39.3：11.8：2.6，种植业实现总产值2.23亿元，平均亩效益达到408.86元，粮豆总产量10.5万吨，畜牧业健康稳步发展，防检疫率达到100%，实现畜牧业产值7700万元。2010年，完成造林绿化任务133.33公顷，栽植大小苗木47.1万株，工业产值稳定持续增长，完成工业增加值1400万元，小城镇建设步伐加快，建设住宅小区和商宅楼21栋6.2万平方米，在北安管理局内率先整体搬迁居民点4个，搬迁居民964户4.4万平方米。投资132万元启动场区2700米排水工程，解决了医院和住宅区等排水不畅问题，完成青石岭灌区扩建一期工程733.33公顷水田及配套设施的建设任务；2011—2012年，为给职工群众创造良好的居住环境，农场共新建花园一期、花园三期及福江小区7、8、9号楼共45栋住宅楼。

2013年，农场投资6万余元，安装更换垃圾箱80个；投资70万元新建公共厕所2处；对花园小区一期进行路面硬化及绿化；管理区及场区共清沟整形7万延长米、铺垫沙石2万立方米、铺设涵管1500余节、清运垃圾3500余吨、栽种花卉4.1万余株；场部区域共清理堆放物 500 余处，制作环境宣传牌 10 块，出动挖掘机 10 台次、翻斗车 60 台次、铲车 10 台次。全年治理环境总投资 220 余万元。

2014 年，农场申请 2400 公顷的有机食品认证。同年，农场 2.1 万公顷耕地的第三轮秸秆还田工作基本完成。2015 年旱改水面积 133.33 公顷，工程总投资 150.2 万元。完成蓄水池 1 座；干渠 1 条长 2.8 千米；斗沟 3 条长 1.71 千米；截流沟 1 条长 5 千米；完成进水闸 1 座，圆涵 7 座，跌水 1 座；完成农田路 1 条长度为 5 千米。完成工程投资 105 万元。

2016 年农场全面积极认证绿色有机食品。其中绿色食品玉米 10733.33 公顷，大豆 6666.67 公顷，水稻 1466.67 公顷，大豆基地 6666.67 公顷，有机食品 2400 公顷。

2017 年，共完善小区绿化 3 个、围城林绿化 1 项、公园绿化 1 个、经济园区绿化 1 个，造林绿化总面积达到 13.47 公顷，共栽植乔木 2.1 万株、灌木 3.8 万丛、花卉 5700 平方米共 9 万株、绿篱造型 1120 延长米，发动义务植树 1200 个人工日，总投资 52 万元。

2018 年，为确保农场平房区及各住宅小区内无乱停乱放现象，共新建拦道杆 14 个；对农场道北 1—22 号楼已损坏的路面砖进行重新铺垫。

2019—2020 年，对青石岭自然保护区及饮用水源地进行监督管理。制定了《黑龙江省建设农场自然保护区管理办法》，同时，全年共进行 5 次检查工作，保障了农场辖区内饮用水源地及自然保护区水质质量安全。

第五章 驻场机构

第一节 银 行

一、农业银行

建场时期，当时老储蓄代办所有3个，有原第二分场十队、十一队和场计财科，归赵光银行办事处管辖。20世纪60年代到70年代初，3个代办所储蓄余额不到万元。

1974年11月，建设农场营业所开始组建。1975年1月4日，正式营业，人员5名，有主任、会计、信贷员、出纳、储蓄外勤各1名。

营业所开业后，经过前后两三个月的筹备，建立了13个代办所，其中第一分场5个（会计室、二连、三连、四连、九连）、第二分场5个（十五连、十六连、十八连、二十连、二十一连）、第三分场2个（会计室、二十七连）以及场部计财科。总储蓄余额达20多万元。

1979年，孙德庆调营业所作信贷工作。1980—1985年孙德庆任主任。

1974—1985年，先后调出调入20人次，当时人员17人，国家干部11人，代办员3人，警卫2人，上学1人。

营业所分会计、储蓄2个专柜，每专柜3人，储蓄余额达到237万元，生产队储蓄代办所25个。

1986—2000年，取消了基层储蓄代办所25个。这段时间营业所更名为中国农业银行北安市支行建设分理处。

2015年，中国农业银行北安市支行建设分理处更名为中国农业银行股份有限公司北安建设支行，隶属于中国农业银行股份有限公司北安支行。

2006—2008年，主任于财。

2009—2013年7月，主任刘金祥，副主任王兵。

2013年7月—2017年4月，主任（行长）张宪民，副主任李法强（前期）、隋殿伟（后期）。

2017年4月—2020年，行长隋殿伟。

办公楼位于建设农场场部中央大街中心路道北，办公楼及附属房面积550平方米，一楼对外营业，二楼为办公室。

主要办理对公活期存款和居民活期、定期存款。传统的存款结算工具有存款单、支票、存折、电汇等。随着社会的进步、科技的发展，存单等升级扩展为结算卡、储蓄卡、企业网银、个人网银、刷卡（POS）机、掌银、自动柜员机（ATM）、超级自助柜台等。个人农行卡之间转账实时到账并免费，农行卡和他行卡通过网银、掌银转账也实现了实时到账，其中个人掌银跨行转账也是免费的。2010年以来陆续配备了ATM取款机、ATM存取款一体机、超级自助柜台以及自助转账、查询、改密码、理财、缴费等功能的自助设备，极大地方便了企业和广大居民的金融生活服务需求。至2020年末，各项存款余额达37120万元。其中对公存款1060多万元，居民储蓄存款36060多万元。

二、农村商业银行成立

2015年1月14日，黑龙江北安农村商业银行股份有限公司建设农场支行成立（简称北安农商银行建设农场支行），本着"支农、惠农、为农"的原则开展工作，积极与建设农场沟通协调，共同发展。

营业地点在农场西大直街北2号楼2单元102号。

主要业务包括吸收公众存款，发放短期、中期、长期贷款；办理国内结算；办理票据承兑与贴现；从事同业拆借；从事银行卡业务（借记卡）；代理收付款项；经国务院银行监督管理机构批准的其他业务。

第二节　邮　　政

建场初期，经黑龙江省邮电局批准的办事处，迁入总场，改为和平分场邮电所，隶属于黑龙江省北安县邮电局领导，所长张万林。当时条件很是艰苦，交通极不方便，只能步行到海北镇送取信件。

1968年以后，城市大批青年来农场劳动，信件报刊大量增加。邮电所设所长1人，邮递员3名，第一、三分场开设邮电分所，并又增加了信筒、信箱，选派邮递员开辟了自行车邮路，负责农场内部信件取送。

全场乡邮路总长度为101千米，其中汽车乡邮路70千米，自行车乡邮路31千米，从党的十一届三中全会至1985年，平均每年报纸杂志订阅份数14.87万份，其中报纸

13.2 万份，杂志 1.67 万份，全年报刊流动额为 1.2 万元，投递员 28 个。

1981—1985 年，建设邮电所连续 5 年被北安县邮电局评为先进单位。

1990—2000 年，建设邮电所更名为建设邮电支局，隶属于中国邮政集团公司黑龙江省北安市分公司。

2008 年，邮政储蓄管理体系改革，建设支局拆分为两户，分别为中国邮政集团公司黑龙江省北安市建设支局和中国邮政储蓄银行股份有限公司北安市建设农场营业所。

2011 年，金融业务新增理财业务，由原来的只能柜台办理业务延伸到网银和手机银行办理业务。

2015 年，邮政业务由以前的手工收寄改为电子化操作，主要业务有邮政基础业务、快递邮寄、邮政增值业务、邮政附属业务，预包装食品零售；场地、柜台出租，代办电信、移动业务；日常生活用品配送；叶面肥、化肥零售等。

截至 2020 年底，金融总资产突破 5000 万元。

1956 年，邮电所所长张万林。

1986—1998 年，邮电所所长张焕科。

1998—2017 年，邮电支局局长刘曙光。

2017—2019 年，邮电支局局长张慧。

2019—2020 年，邮电支局局长赵海鹏。

2020 年 10 月，邮电支局局长赵宝成。

第三节　广电网络

一、机构

2001 年 9 月 12 日，黑龙江省人民政府办公厅印发了《关于组建黑龙江省广播电视传输网络股份有限公司实施方案的通知》（黑政办〔2001〕54 号），从此，拉开了广播电视系统股份制改革的维幕。

2001 年，农场深化广播电视局管理体制改革，实行独立经营、自负盈亏、超支不补、结余留用的经营管理办法。广播电视局下设有线部、新闻部。

2005 年 12 月 18 日，黑龙江农垦广播电视局下发了《关于加强垦区广播电视系统体制改革期间机构设置和人事管理工作的通知》（黑垦广发〔2005〕20 号），结合农垦总局党委《关于组建黑龙江北大荒广播影视集团实施方案》（黑垦文〔2005〕17 号）精神，农场广播电视部门的机构统一设定为广播电视局、广播电视站、网络管理站 3 个机构，定人、定岗、定责，分类管理。

2016 年后，有线电视划归龙江网络农垦北安分公司，建设农场成立建设运维管理站。建设运维管理站主要负责广播电视及相关网络的设计规划、管理和经营工作，现有工作人员 3 名。人员、资产均由黑龙江农垦广播电视网络有限公司北安分公司垂直管理。

2016 年 1 月起，魏忠刚任黑龙江农垦广播电视网络有限公司北安分公司建设运维管理站站长。

二、管理站运营

2016 年以前，农场有线电视用户使用的是标清机顶盒。为了使用户观看到更清晰、更丰富的电视节目，建设运维管理站于 2016 年 11 月全面开通高清电视业务，电视节目由原来 88 个频道增加到 213 个频道。

2017 年 2 月，建设运维管理站投资 33 万元对建设农场至海伦农场光缆二级环网进行了施工建设，结束了有线电视自 20 世纪 90 年代以来二级主干光缆网络没有备用路由的历史，保障了农场广播电视信号安全优质播出，维护了用户收听收看广播电视权益。

2017 年 3 月，建设农场和农垦广播电视网络有限公司北安分公司开展公安监控网租建合作，建设运维管理站组织相关人员进行设计和施工，之后承担起了建设农场 169 个监控点位和 2 个治安卡口日常维护管理工作。

2019 年 10 月，建设运维管理站投资 23 万元开始双向网络一期改造，完成后智能电视和宽带网络将得到大面积推广。

截至 2020 年底，建设运维管理站全面维护了农场广电网络，保证了全场广大职工收看电视节目，做到服务热情、有求必应。

第四节　石　　油

一、机构

中油黑龙江农垦石油有限公司建设加油站，位于农场北大门，隶属于中油黑龙江农垦石油有限公司。

1999 年后，建设加油站上划至黑龙江农垦北安石油公司，变为农垦北安燃料公司建设加油站。2002 年 12 月 30 日正式与中国石油合作，更名为中油黑龙江农垦石油有限公司建设加油站。人员、资产均由中油黑龙江农垦石油有限公司垂直管理。

1985 年以前，油料管理归农场物资科。

1970 年六十八团组建，团部成立物资股，股长陈浩然。

1986 年，加油站建立。

1986—1994 年，曾任站长有孟庆余、王传贵、李更任、付文奎、马明武、朱喜东、徐才德。加油员施宝明、王树清等。

1995—2008 年，张厚成任建设农场加油站站长。

2008—2020 年，杨子军任中油黑龙江农垦石油有限公司建设加油站经理。

二、石油供应

1956 年建场初期，燃油、物资、机车零配件及各种物资都由农场物资科统一计划、统一供应、统一分配管理。1980 年，农场在加油站开始建立地上油罐，储备燃油。1981 年，配备 5 名工作人员，负责加油工作，由农场物资科直接管理，油料由农场物资科统一购进。柴油购进后，一部分储存在总场，大部分直接储存在各个连队储备油罐，便于生产使用。

1986 年，建设加油站建立，人员、业务由农场物资科直管。刚建站时，只有 2 个地上油罐（1 个柴油、1 个汽油）。

1988 年，农场车辆增多，油罐增加至 4 个（柴油 0 号、−35 号，汽油 92 号、95 号）满足了全场各种车型需要。1999 年后，建设加油站上划至农垦北安石油公司，变为农垦北安燃料公司建设加油站，成为独立单位，业务由农垦北安燃料公司直管，燃油由上级直接配送。建设加油站努力实现了零污染、零伤害、零事故的目标，无较大工业生产安全事故、无环境污染事故、无火灾爆炸事故的发生，为保证农场油品市场的稳定作出了自己的贡献。

2007 年 11 月完成加油站场地地面硬化及加油岛改建工作。2017 年 8 月完成汽油加油机汽油回收改造工作。2017 年 12 月完成安全三级标准化评定工作。2018 年 8 月完成油罐双层罐改造工作。

建设加油站总占地面积 5810.3 平方米，现有员工 7 人，年销量 2400 吨。油站进货方式为槽车进货，油站总库容为 180 立方米，储存的油品为车用柴油和车用汽油，其中，50 立方米柴油储油罐 2 座，柴油储量为 100 立方米，40 立方米车用汽油储油罐 2 座，汽油储量为 80 立方米。

中国农垦农场志

第四编

改革与开放开发

中国农垦农场志

第一章　农业经营体制改革

第一节　计划经济时期经营机制

建设农场 1956 年建场，当时实行的是以公有制为基础的计划经济体制。计划经济体制是对生产、资源分配以及产品消费事先进行计划的经济体制。由于几乎所有计划经济体制都依赖于指令性计划，因此计划经济也被称为指令型经济。

一、计划经济下的农业生产

建场初期，农场农业管理体制结合当时的实际情况，确立以场长为主，在总场设立生产办公室（或生产科）、分场设生产组。这种农业管理体制，在建场初期人才不足的情况下对农业生产起到一定的作用。兵团组建后曾一度废除了场长制。1976 年生产建设兵团撤销后，于 1979 年又恢复了原来的农业管理体制。

1956 年建场当年，根据黑龙江省国营农场管理厅的决定，并吸取国营友谊农场和国营克山农场的建场经验，当年开荒 3.75 万亩，1957 年又开荒 2.7 万亩。后来受"大跃进"和三年困难时期的影响，农场经济发生严重困难，特别是农业机械严重损坏，3 年中第一分场 3 个生产队和第二分场的西北部（即现在六五部队农场）向外转借和弃耕面积达 3 万亩左右，从此以后开荒速度逐渐缓慢下来。1963 年，接管八二农场（部队农场）于 1961 年在第三分场借用的 2.7 万亩耕地，全场耕地面积才达 8.1 万亩。

1964 年，在调整国民经济的正确方针指引下，农场经济出现了新的景象，农业生产连年夺丰收，农场又开始大量开荒。到"文化大革命"前的 1966 年年底，全场耕地面积达 18.95 万亩，比 1958—1960 年"大跃进"时期，增加耕地面积 2 倍多。

建场初期，处于边开荒边生产时期。由于当时机械和劳力不足，加之新开垦的土地都是原始荒原，农时和作业质量很难达到标准，产量较低，3 年平均粮豆亩产不到 50 千克。当时产量虽然较低，但对建设时期解决口粮、种子、饲料起了一定作用。1958 年后为了提高农业产量，停缓了开荒计划，集中力量种好现有土地，使当年农业产量比前 2 年，单产提高 47%，总产量增长了 3 倍多。1959 年在天时地利的条件下，农业生产又取得大丰收，粮豆平均亩产达到 119 千克，比 1958 年增产 159%。到 1966 年，5 年粮豆总产量达到 3750 万千克，平均亩产 84 千克，比前 3 年平均亩产增产 16%。后来出现十年内乱，农业生产遭受不同程度的破坏、农业科技人员被揪斗下放，1967—1977 年的 10 年中，粮豆总产量只有 15128.5 万千克，平均亩产为 79.25 千克，比"文化大革命"前 3 年减产 10%。1977 年后逐步恢复了农业生产，并加强了科学种田措施，1978—1984 的 6 年中，粮豆总产量达 17938.5 万千克，平均亩产达 129 千克，比十年动乱时期增产 63%。

到 1985 年，建场 30 多年的经验证明，农场受计划经济的影响，农业生产发展缓慢，原因是：①自然条件差，开垦的荒地多，没有科学种植，导致产量不高；②机械力量薄弱，出现粗放作业、粗放管理现象；③受计划经济的影响，农场的机制是统种、统收、统售；④人人有活干，平均分配，人们没有创造性和上进性；⑤计划经济下，全场一盘棋，种植什么按照农场统一部署，各个生产队没有自主权；⑥种子、农药、化肥都是按照计划购买。这些现象导致了当时农业生产的发展缓慢。

二、计划经济下的职工生活

建场初期，农场职工生活水平很低，粮、油、肉类、调料、鸡蛋、布匹等生活用品全部要凭借票据购买，而且农场发放的购买券也很少。如粮票、布票，都是国家按照人头发放的，其他购买券是场内按照职工和家庭人数发放的。有的职工家出现了缺粮、少衣现象，那个年代没有市场经济，人们只能靠农场供应，和自家小菜园生产的菜和养殖的鸡、鸭、猪、羊等丰富饮食。职工家生产出多余的菜、肉类都不准到外面销售，否则会被扣上"资本主义"的帽子，被"割资本主义尾巴"。

20 世纪 60 年代至 80 年代，农场的农业生产在创新、改革、不断发展中发生了突飞猛进的变化。农场以农为本，农业是职工群众的致命产业，农业生产上去了，职工的生活水平也就提高了。

三、计划经济向市场经济转变

1986 年以后，随着改革的深入，商品生产的发展，农场在种植业结构调整上以市场为导向，树立数量、质量、效益并重的观念，以数量求规模、以质量求效益，在确保主要农作物产量、品质稳定增长的同时，进一步优化种植业结构，提高了种植业经济效益，由计划经济向市场经济体制转变。

1986—1996年，农场根据市场要求，大力调整农业经济结构，在大豆、小麦的价格没有大的波动时，以麦豆为主的种植业结构趋于平稳。经济作物以油菜、甜菜为主，占全场作物种植面积的20％以下，一度为农场创造了很高的经济效益。为了适应市场，农场还种植了一些小经杂作物红小豆、芸豆、亚麻、黑豆果、沙棘果等。在此期间，水稻这一高产、高效粮食作物1988年在十九队种植成功，30亩地获得亩产640千克的高产量。1989年水稻面积便扩大到800亩。随着1994—1995年水稻价格大幅度提高，在农场"以稻治涝、以稻致富"的思想指导下，1995年集中人机力量，投入资金900多万元，突击开发水稻5.5万亩，并达到工程配套。水稻的生产和发展成为农场种植业结构调整和市场经济中的重大突破，同时打开了农场发展市场经济的大门。

1997年，随着国家政策性调整带来的对粮食流通领域的管理和调控及市场经济的影响，粮豆产品的价格经过1994—1996年不断上涨的高价位之后，1997年以来不断回落，大豆1998年底降至1.6元/千克，比1996年的2.8元/千克，降幅42.8％。小麦的价格则一再下跌，质量要求则不断提高。而且粮食价格下滑的同时，甜菜这一多年来为农场和职工创造了较高效益的经济作物也遭厄运，1998年由于糖价下跌，赵光糖厂严重亏损，对原料收购失去了信心，导致农场的甜菜生产跌入低谷。面对诸多变化，如何面对市场种地？如何让职工在市场经济中收到良好的经济效益？农场提出"继续强化压麦、稳豆、增经"这一原则，麦、豆在追求产量的同时，更主要的是控制生产成本、提高产品质量，增加以油菜为主的经济作物面积，发展适销对路的小经杂作物如白瓜子、白芸豆、山芝麻等，同时扩大了水稻、玉米种植面积，特别是水稻的种植面积只增不减。由此，形成了以麦、豆、经三分天下，水稻生产不断壮大的种植业结构，促进了质量效益型和精准型农业的发展。

第二节　兴办家庭农场

1985年以来，建设农场认真贯彻落实改革开放政策，紧紧跟随农垦的改革步伐，坚定不移地推行农业改革。由"大锅饭"向"小锅饭"兴办家庭农场转变；废除计划经济政策和管理模式，向更深层次农业改革、创新方向发展。从1985年家庭农场的兴办之初到1988年逐步形成了对家庭农场（承包户）全面实行"四到户"（土地承包到户、盈亏到户、核算到户、风险到户）和"两费自理"（生产费、生活费），巩固和完善了统分结合的大农场套小农场的农业双层经营体制，充分调动了广大职工的生产积极性，为农场注入了新的生机和活力。

随着改革的逐步深化、承包经营机制的不断完善，1986 年农场确定了场长负责制的组织机构，总场下设分场（管理区）、生产队的三级管理、服务体系，在强化管理的同时，加强了对家庭农场的产前、产中、产后的全方位服务，为农业产业化创造了条件。同时，农场不断夯实农业基础，加大中低产田改造力度，提高了综合抗灾能力。

1985 年，开始将土地、机械转让到户。但 1985 年严重的自然灾害，使家庭农场的兴办受到严重的影响。1986—1987 年，农场统一经营管理，实行统种分管分收，单独核算，责任到人，其中小麦和部分油菜（机组）按其承包户的承包面积进行统种、统管、统收，按承包面积单独进入个人账户，只有水稻土地面积、地号实行了长期固定。

1987 年兴办机械到户、土地固定、独立经营、生产生活费自理的单独核算、自负盈亏的家庭农场 149 个，职工人数 198 人，承租土地 1.25 万亩，年创收入 150.5 万元。承包专业户 1946 个，职工人数 2970 人，承包土地 17.8 万亩，生产费、生活费部分自理。农业生产是一年一个台阶向前发展，经济效益比较好。

1988—1997 年，推行"两自理、四到户"，即生产费、生活费由承包户自理，土地面积到户、种植作物到户、机械到户、核算到户。

在土地承包过程中存在的主要矛盾是：生产费、生活费的自理率始终完不成指标，每年在 40%～60%，生产资金缺口仍由总场垫付；个别低洼易涝地，历年农作物产量较低、效益较差的土地承包落实困难，特别是 1996 年以后附近林区大面积开荒，土地出租价格较低，吸引一部分职工承包山荒，也影响了农场土地的进一步出租或承包。

由于农场机制进一步深化改革，场区及附近的工副业单位的机制转变，出现了一部分下岗职工。将这部分职工分配到农业生产队，由于距场部较远，存在着到生产队承包土地不便的自然因素，这促使他们在场区附近搞起自营经济，如大棚蔬菜种植、养鱼、养鸡、养猪、地板块加工和一些小商店及其他行业，效益也比较可观。

1988 年，农业经济体制改革进一步推进，理顺家庭农场和完善各种形式的承包责任制。兴办家庭农场 1403 个，职工人数 3096 人，年创农业收入 1085.2 万元。

1998 年，农场种植大豆 6 万亩，占总种植面积的 24.4%；小麦 6.133 万亩，占总种植面积的 25%；油菜 2.589 万亩，占总种植面积的 10.5%；甜菜 0.912 万亩，占总种植面积的 3.7%；白瓜子 0.3495 万亩，占总种植面积 1.4%；玉米、水稻两大高产作物种植面积分别达 2.5 万亩和 5.5 万亩。1998 年粮豆平均亩产 283 千克，比 1996 年提高 22%。

第三节　"一固定　四到户　两自理"

一、土地承租固定

1986 年，农业改革遇到极大的困难，坚持改革与走回头路的现实摆在建设农场广大干部、职工面前。农场党委一班人认真学习上级关于改革的指示，总结 1985 年以前农场农业改革的经验，认为兴办职工家庭农场第一年职工歉收挂账、生产生活遇到困难，不是农业制度改革造成的，改革没有错，而是严重自然灾害所致。吃透上级有关农业改革的批示，统一广大干部、职工的思想认识，坚持农业改革是发展农业生产提高农业劳动生产率的根本途径。制定了《1986 年深化改革方案》，推行生产统一管理、土地承包到户。兴办职工联产承包责任制的各种类型的家庭农场 1730 个，参包职工人数 3100 人，年创收入283.5 万元。

1989 年，农场加大农业生产改革力度，生产队由管理型向管理和服务型的基层农业管理机构过渡。干部、职工经过几年家庭联产承包责任制经营机制的运行，接受了以家庭农场为主要形式的联产承包责任制。兴办家庭农场 1977 个，职工参包人数 2653 人，年创收入 1544.5 万元，纯收入 374.3 万元。

1990 年农业改革坚持整顿提高，加强管理，加强服务职能。主要从提高生产生活费的自理能力入手，改变农场垫资、职工承包种地的模式，推进"两费"自理进度。这年兴办各种形式的家庭农场 2127 个，比上年增加 150 个，参包劳动人数 3030 人，年创收入1860 万元，纯收入 482.5 万元。

1991 年经过几年深化改革，农场农业生产大农场套小农场的联产承包责任制的双层管理体制已确立。农场深化改革重点仍然是农业。在继续稳定和完善以职工家庭农场为主的各种联产承包责任制形式的前提下。把深化改革和治理整顿、科技兴农和强化管理有机结合起来，完善调整国家、农场、职工三者利益关系，以利于提高家庭农场规模和劳动技术、经济效益的水平。土地实行承包到户，以户固定，分户核算。为保证作物轮作区划，实行地数不变、地号可以串的办法，促进农业生产力的持续发展。

二、"四到户"

1986 年，全面实行"四到户"（土地承包到户、盈亏到户、核算到户、风险到户），农用农机具承包到组，实行单车核算、分人立账。个人农机具拥有量：拖拉机 19 台，主要农机具 26 台（件）。

三、"两费"自理

1986—1989 年，农场在农业深化改革中制定有力措施，力求改变农场拿钱、职工个人种地的现象，提高"两费"自理程度。几年来生活基本达到自理。生产费自理程度年度不一。1995—1998 年的 4 年间，全场每亩平均自筹生产费 106.25 元，自理率为 71％。收益分配上，独户家庭农场坚持"以户核算、自负盈亏"，联户家庭农场坚持"分户核算、共负盈亏"。生产费和生活费达到部分自理和全部自理。

1999—2000 年全场生产费职工自筹 833 万元，每亩平均自筹生产费 34 元，自理率 22％。生产费用职工自筹水平有所降低。

土地固定到户有了很大进展。出现了联产承包、租赁这 2 种形式。农场出台一系列政策，增收节支、开源节流、减亏增效、降低成本等方案，使全场 80％土地承包租赁到户，承包 1 年期的土地 6.86 万亩，承包 2 年期土地 1.48 万亩，租赁 3 年期的土地 6610 亩，租赁 9 年期的土地 438 亩，承包 10 年期的土地 11.58 万亩。承包租赁土地数量都已固定，土地地号不固定。土地承包、租赁的经营机制进一步促进了农业改革的深化。

第四节　土地适度规模经营

土地适度规模经营，指的是家庭农场承包的土地规模，要有利于生产要素（包括土地、机械、劳动力、资金、管理等）的合理搭配、有利于发挥机械效能、有利于科技进步、有利于可持续发展，实现产出效益最大化。

1986 年，农场按照农垦总局推行土地适度规模经营政策，坚定不移地兴办各种联产承包类型家庭农场，不断深化土地管理方式改革。

1987—1991 年，兴办家庭农场达到 2228 个，参包职工人数 2829 人，承包土地 11.14 万亩，年创收入 1601.7 万元。

1992 年，农业深化改革本着科技兴农、管理兴场，以稳定、调整完善提高的原则，兼顾国家、农场、个人三者利益，全面实行"以户为基础，统分结合"的双层经营形式。取消有亏损挂账的机务队承包为主的大型家庭农场。加大"两费"自理程度。兴办家庭农场 2172 个，参包劳动人数 3835 人，年创收入 2956 万元。

1995—1999 年，职工家庭联产承包责任制的家庭农场，在不断调整完善提高。职工自有农机具不断增加。1995 年，农用机具职工个人拥有量：大中型拖拉机 28 台，主要配套农具 13 台，联合收割机 9 台，小型拖拉机及配套农具 110 台。拥有农机具的家庭农场经济效益比较好。农场根据上级有关规定，本着所有权与经营权统一的原则，经过试点，1996 年，农场所有农用拖拉机、农机具全部转售给职工个人经营，由生产队统一管理，提高了耕作技术，降低了成本，增加了经济效益。土地向种田能手集中，实现了适度规模经营。

第五节　"两田一地"制度

为进一步深化农业改革，建立新的土地承租制度，自 2005 年 10 月起，农场全面落实黑垦发〔2005〕18 号、黑垦总局发〔2005〕11 号以及北垦分局发〔2005〕29 号文件精神，本着"科学组织、因地制宜、积极稳妥、全力推进"的原则，在全场范围内推行"两田一地"改革。

2005 年，农场"两田一地"改革工作历时 4 个多月基本结束。全场上下克服了牵涉人数多、涉及范围广、具体情况复杂、操作程序烦琐、工作任务繁重、无成功做法、无成型经验等重重困难，顺利完成了改革及试点工作。全场总计 8960 名劳动力，在册农业职工和从事农业生产的劳动力总计 5988 人（摸底统计数字）。各生产单位根据政策认真甄别、筛选、清理后，确定出应享受基本田人员 5529 人，其中，应享受基本田的原户籍人员（职工、职工配偶、职工子女）4926 人，符合条件的外来落户人员 259 人，其他符合条件人员 344 人，清理出不符合条件人员 159 人。应享受基本田面积 2.33 万公顷，占耕地总面积的 14.28%，规模田面积 12.46 万公顷（含保证田 8673.33 公顷），占耕地总面积的 75.72%，留足了 10% 的机动地面积。填报"建设农场基本田分配申请审核登记表""建设农场规模田分配申请审核登记表""建设农场机动地（市场田）竞价出售申报审批表""建设农场自动放弃基本田人员个人申请""自愿享受扶持政策协议书"等 2 万份。

为切实抓好土地承租工作，保证"两田一地"的顺利施行，农场成立了土地承租工作领导小组，场领导实行包区责任制，推进落实工作由场长王克坚、党委书记王林负总责，副场长刘增元、工会主席张本伟负责日常工作，21 个相关部门和科室为成员。领导小组下设了由体改办、农业科、劳资科、计财科、社保局、信访办、宣传部、司法分局、工会等部门组成的办公室。根据需要，划分了政策制定组、信息收集组、政策法规咨询组、资格审核组、政策落实组、信访接待组、宣传报道组 7 个组。组织中的每个成员本着密切配合，分工协作的原则开展工作，做到顾大局、识整体，避免了各自为政、各行其是现象。

农场先后组织召开了场长办公会、由相关科室及管理区主任副主任参加的专题研讨会和全场干部及管理人员大会。通过以上会议，传达了"两个文件"精神，对文件中涉及的重点内容进行了反复学习、认真研究、全面理解，使场、科、队3级管理人员对文件精神有了深刻理解，并明确了调研及落实的工作重点，为全面、深入、具体落实"两个文件"精神，全面实施"两田一地"改革奠定了基础。

为保证政策制定的可行性，保证土地改革的成功率，由场长和主抓改革的分管领导牵头，农业、农机、畜牧、劳资、社保、计财、体改、工会、林业、水务、土地、工商等相关部门为成员，组成2个调研小组，深入到各生产单位，通过召开职工和家庭农场场长座谈会、讨论会、分析会、走访等方式广泛征求基层干部职工的意见和建议，为制定并完善2006年土地承租方案奠定了基础。为了摸清土地承包经营及全场人员分类等情况，11月20日，场长王克坚亲自起草并下发了《关于开展有关土地承包情况调查摸底工作的通知》，通知要求各单位对人员情况、土地资源情况、土地承包经营情况、承包土地人员分类情况等4类49项内容进行摸底，为此农场成立了由场长王克坚和党委书记王林任组长的领导小组。11月21日，利用周一早会之机，场长王克坚亲自就通知内容、通知要求及摸底的要求进行了详细的讲解、安排和部署。11月24日，各单位克服了时间紧、要求高、人员及土地承包情况复杂、任务繁重等诸多困难，高标准、高质量地完成了摸底工作，在短短的3天时间里收集各类数据近百个，并进一步完善了农场信息管理系统，为推行"两田一地"改革，加强土地承租经营管理提供了准确、详实地统计信息，为此后的科学决策奠定了坚实基础。

根据调研摸底情况，农场认真组织开好班子会、研究会、职工大会、职代会，制定出切实可行的土地承租方案。

2006年1月23日，农场印发了《2006年土地承租工作操作程序及相关说明的通知》，针对人员身份的界定、地块的设计、土地竞价过程、土地的落实、操作过程、问题处理等涉及"两田一地"承租和管理的6个方面内容，提出了"六先六后"原则；在时间上2006年土地承租工作大体上划分为2个阶段，细化了各阶段的工作重点；对人员摸底工作、耕地划分与区划布局等相关问题及耕种"两田一地"需履行的基本程序作了进一步说明。从而，加强了对"两田一地"改革的领导和指导，增强了土地承租政策落实与贯彻执行的可操作性，减少了基层单位的工作难度。

为保证推进落实，农场建立了实施、协调、检查、反馈等保证机制。建立起责任落实、责任考核、责任追究、责任奖罚"四位一体"的运行机制。实行"一把手负总责、分管领导各负其责"的领导机制。进一步明确了责任领导、责任单位、责任部门以及所应承担的责任。农场 5 位副场级领导作为责任领导，分别带领 24 个责任部门（机关科室）包扶 6 个管理区，全面负责分管管理区"两田一地"改革的整体推进情况，具体负责对接政策、指导改革、协调问题、化解矛盾、审定各类人员等项工作。另一方面，切实做好了协调工作。对推进落实过程中出现的新情况、新问题，由牵头单位和责任领导出面协调解决，难度大、难以把握与界定的，提交农场场长办公会研究解决。这期间，各责任领导深入基层单位 30 余次，召集责任单位召开改革推进汇报会 28 次。2006 年 2 月 15 日，各责任领导针对各单位在落实土地承租工作中发现的个性及共性问题，在班子会上作了专题汇报。体改部门根据农场场长办公会研究结果，将涉及身份界定的 16 个方面的问题整理为指导性意见，增强了对基层改革的指导性。

第二章　工商运建服体制改革

第一节　工　　业

自 1956 年以来的 64 年间，农场工业企业及作坊发展到 67 家。其中，国有企业 1 家（建设供电局），未转制企业 2 家（建设供水中心、供热中心），转制企业 2 家（欣发修理部、佳兴免烧砖厂），民营企业 7 家（建设农场亚麻粗加工厂、中服北安农垦麻业有限责任公司、长顺亚麻加工厂、顺和地板块厂、恒发水泥管厂、绍华棉麻厂、宏达木业有限公司），小作坊及修理行业等 55 家。2001—2020 年，累计实现工业销售收入 8.8 亿元，增加值 2.5 亿元，利润 5569 万元。工业总产值占全场国民生产总产值的 16%，到 2020 年，国有企业占工业总产值 29.7%，民营企业占工业总产值 70.3%。

建场初期，为了解决生产和职工的生活需要建起了小型的发电厂、修理所、制砖厂、制酒厂、锯材厂、面粉厂、粮油加工厂，条件很差，设备简陋。制酒、粮油加工、锯材业的产品基本满足需要，红砖的生产不能满足基本建设的需要，部分红砖靠外地购买，价格很高，农机修理是以修为主，从没有制造能力逐步发展到制造一些简单零件。1964 年是农场各业较发达的时期，工业各厂都有不同程度的发展。1966 年，由于"文化大革命"在农场的展开，农场工业的发展受到影响，一个飞跃发展的大好局面变为停滞不前的状态。

20 世纪 70 年代至 90 年代，由于大量的投资，部分陈旧的设备被淘汰。扩建场房，充实技术人员，使农场的工业又向前迈进了一大步。原来笨重落后的手工、半手工操作的劳动方式改为半机械、机械化作业，由人工锯材发展到火锯，人工榨油、制砖被机器所代替，整个工业行业向科学技术创新发展，但经营的方针仍保持在自给自足之上。

1978 年以后，农场的各项工业生产有了突飞猛进的发展，各种企业生产的产品不仅满足农业生产、基本建设和职工生活的需要，经营的方针由自给性生产向着商品生产转变，商品逐步向市场化发展，并开始销到黑龙江省内外。

一、修造业

建设农场的修造业始于 1956 年，修造厂是农场最大的工业单位。当时只有 1 个设备陈旧、条件简陋的小型修理所，所址在老场部三〇五，厂房面积 200 平方米，5 名技术工人，1 名技术鉴定员，1 台手摇车床，1 盘炉，1 台电焊机，主要的任务是对全场的机车、机具的维修和保养，没有制造能力，只能加工些简单的零件。

1959 年，建设、和平两场合并后，修理所搬迁至新场部现修造厂的位置。同年，成立翻砂组，开始铸造些简单农机配件。随着规模的扩大、人员的增加，到 1964 年改为修理厂，并成立修理厂党支部，设书记、厂长各 1 人，全厂共有职工 62 人。

1970 年，六十八团组建后，原修理厂改名修理连。增加北京、天津、上海、哈尔滨等下乡知识青年 30 余人，增建机修厂房 1 栋，共有干部职工 94 人，各种机床 6 台，年产值 25 万元。1974 年，开始引进各种新设备，增建机加、铸造车间 2 幢大厂房。对原有的铸造设备进行了改进，充实了技术人员，具备了一定的铸造能力。1978 年改名为建设农场修造厂。到 1985 年止农场共有修理所 2 个，中型修造厂 1 家，各种机床 44 台，从业人员 200 余人。

1986 年，经济体制进行改革，王瑞东任修造厂厂长。农场为解决场区职工吃水难的问题，决定安装自来水，修造厂承担了自来水入户的安装工程，历时近 4 个月，保证了场区人民在 1987 年元旦吃上了洁净的自来水。

1989—1997 年，修造厂实行聘任制和委托经营。1989 年初，为适应改革开放的形式，修造厂面向社会招标，经过大会评论和承包人的发言，当时汽车队职工刘瑞明被招标为修造厂厂长。1989 年的春节前刘端明离职，农场聘任退休干部白也任厂长，实行个人承包。在白也任职期间完成了粮食处理中心安装结尾工作，完成了农场第一台地秤的安装工作。1989 年底白也因身体状况离厂。农场调林存武为修造厂厂长，舒久亮为副厂长。

1989 年，设计生产了牵引式割晒机散铺路，共制造 20 台，全部投入生产，达到了预期的效果。同时又研制了与大犁配套的轴承式合墒器。根据当时修造厂技术人员缺乏情况，农场决定将赵忠仁由水利科调入修造厂。1990 年 10 月—1991 年李沛雨调入修造厂任厂长。为了满足广大农户的需求生产了小型脱谷机 3 台，同时还制作新型精粮机 4 台。1991 年，完成了大修 20 台拖拉机任务。1992 年为场档案室和部分生产队会计室制作档案柜 23 套。1993 年，铸造车间为小学楼生产 595 型暖气片 2000 片，并且当年安装完毕投入使用。1994年，场工业科进一步简化实行科厂合一，时任工业科长的舒久亮兼任修造厂厂长，郭鸣任党支部书记。当年，技术员姜传东、赵忠仁，试制了E512、E514联合收割机配套的带式拾禾器，并配套加宽的拾禾台，当年生产了4套，效果甚佳，还生产了与小四轮配套的旋转锄10台。

1997年修造厂与物资科合并为一个党支部，由何忠仁任名誉厂长，关少洲、赵忠仁为副厂长。将所有E512、E514联合收割机配装带式拾禾器，当年生产带式拾禾器19台、拾禾台8台，为200型割晒机装了偏心拨禾轮1套，冬季又制作了档案柜11套，实现产值40万元。

1998年，农场工业改革的力度进一步加大，修造厂设备转卖给个人，厂房实行租用，全部实行民有民营，购买人可实行股份合伙购买，自行组织机构，成立有限公司。赵忠仁任厂长，姜传东任副厂长。改制当年在经过充分调查论证后，为生产队麦场生产装卸粮机4台，制作清粮机2台。对1996年生产的镇压器又作了进一步的改进，生产了36台全部销售。2001—2020年，农场修造厂由赵忠仁买断经营。

二、豆油生产

1956—1960年，农场没有油厂，食用油由赵光农场供应。1961年，在老基建队（现中心校）的位置成立一个200平方米的小型豆油加工厂。组长马德山，有工人13人，1台螺旋式4个榨眼、人工操作的自制榨油机，日产豆油125千克，由于冬季室内温度不够，出油率低，只能在春、夏、秋3季加工，年加工豆油15吨左右。1963年，盖1栋200平方米的粮油加工厂厂房，将榨油机改为电动、半机械化生产，人员增至16人，负责人马德山，仍属季节性生产，班产油140千克，年产油20吨左右。1964年，赵光农垦局粮油加工厂投产。1965年，农场油厂停止生产。

1971年，重新建立200平方米油房1栋，购进1套11眼油压电动榨油机，工人增至25人，油厂隶属面粉加工厂领导，由副厂长马德山负责。2班作业，长年生产，班产豆油150千克，年产豆油60吨。1976年后，油厂由于当时机械庞大，人员多，经营连年亏损。北安管理局决定在赵光农场建立一个日产面粉100吨的大型粮油加工厂，隶属北安管理局粮食处，采取统一加工的方法。加工厂建成后，建设农场油厂于1980年再次停止生产，开始由局直赵光加工厂供应豆油。1983年，第三次恢复油厂，承包给马明武等10人。1984年正式投产，2班作业，日产豆油140千克，年加工豆油45吨，1985年4月停止生产。

三、面粉生产

1957年，在老场部三〇五成立了小型面粉加工厂，1台天津产的小铜磨，1台粉碎机，1个综筒，工人4名，组长刘振国。2班作业，日产面粉250千克，长年加工，有料生产，无料停产，年加工面粉30余吨。1958年，建设和平两场分开后，农场成立小型面粉厂，5名工人，组长曾宪文，1台日产柳兀式小磨，1台日产串麦机，日产面粉200千克。1959年从天津购进5台150型面粉机，人员增至13人，2班作业日产面粉4吨。1963年，建1栋200平方米的面粉加工楼，面粉厂搬至新厂房。1964年，赵光农垦局面粉厂成立后，所属各场的面粉厂均停止生产，从赵光加工厂运进面粉。

1970年，六十八团组建后，面粉厂随之成立，厂长张继元，党支部书记柴玉祥，副厂长马德山，工人58名（包括油厂），日产面粉4吨，年加工面粉500吨。1971年，一、三营（后期叫第一分场、第三分场）由于运输不便，加之团直面粉厂的产量不能满足全团职工的口粮供应，一、三营成立面粉厂，解决自给自足问题。1980年北安管理局赵光粮油加工厂成立后，农场的3个面粉厂均停止生产，由局直赵光粮油加工厂供应面粉和豆油。

1984年春天，由于交通不便，满足不了职工生活需要，农场又开始筹建面粉加工厂，从山东省青岛市崂山中韩机械厂购买HGI小型面粉机1组4台磨，日产面粉20吨。面粉厂是修造厂的一个车间，徐志忠任车间主任，工人13人，财务归修造厂管理。

1987年，成立粮油加工厂，厂长刘广瑞，副厂长徐志忠、赵天俊。加工厂隶属工业科，该年从河南省漯河苗庄面粉厂购进1组35型面粉机，4台磨（平筛），日产面粉30吨。1990年杜连发调粮油加工厂任厂长。

1993年，农场经济体制改革，原粮油加工厂解散，变为股份制企业，张忠庆任厂长，更新面粉机，从青岛崂山购进1组双蝙16型小型面粉机，日加工面粉12吨。

1997年，因加工厂加工的面粉质量差，职工不愿买，造成产品大量积压。1998年徐志忠调入加工厂任厂长，年加工面粉1000吨。

2000年，由于市场全面放开，改革不断深入，积压的面粉销售不出去，加工厂连年亏损，最后停产解体。

四、锯材生产

建场初期，有中型制材厂1家，隶属总厂基建公司；小型制材厂2家，分别隶属第一分场、第三分场。1970 年，3 家制材厂随着六十八团与一、三营的组建场同时成立，当时的名称是制材连，主要的任务是为基本建设进行自给自足的加工，能制作门窗和家庭用具，加工板材、方材。1985 年，发展厂房面积 1156 平方米，年锯料 2796 平方米，年产值 40 万元。截至 2000 年，全场已发展到 2 家木材加工厂，9 家地板块加工厂，年创产值 700 万元。解决了 100 余名下岗人员的就业问题。建设农场顺和地板块厂，始建于 1995 年，位于北外环路与东外环路交会处，设计年加工板材 1800 立方米，占地面积 1 万平方米。其中，生产车间 303 平方米、成品库房 150 平方米、板材烘干房 80 平方米、办公室 60 平方米、板材存放场地 9507 平方米。建厂初期总投入 173 万元，其中，基础建设 153 万元、设施设备 20 万元。2001—2020 的 20 年间，企业累计固定资产 200 万元。加工板材半成品板、鞋架、三角衣架等 7 个规格产品，产品销售铁力恒辉木业、山东鹏飞木业出口厂，年均加工销售板材产品 500 立方米，缴纳利费税 1.5 万元，安排就业 13 人，创收 52 万元。2001—2005 年由陈世新担任厂长，2006—2016 年由郑和担任厂长，由于市场和原材料供给原因，企业于 2016 年停产。

建设宏达木业有限公司，前身为宏达木器加工厂，始建于 1994 年。位于建设农场场部学校南侧与中心路交会处，占地面积 12000 平方米。其中，办公、警卫室 26 平方米，加工车间 800 平方米，板材烘干房 100 平方米，库房 800 平方米，储料场 10274 平方米。设计年加工板材 3000 立方米。建厂初期总投入 130 万元，其中，基础建设 80 万元，设施设备 50 万元。2001—2020 年，企业累计固定资产 300 万元。加工板材半成品有橱柜板、菜板、鞋架、三角衣架、早餐桌料等 10 余个规格产品，产品销往山东、天津、大连家具制作出口厂商，年均加工销售板材产品 1500 立方米，缴纳利费税 1.5 万元，安排就业 37 人，带动第三产业创收 60 万元。2001—2020 年由王春才担任经理。

五、红砖生产

建设农场的制砖业始于 1958 年，当时，为解决基本建设用砖，曾在原和平农场场部三〇五盖砖窑一座，计划年烧砖 30 万块，砖窑建成后，场部因失火被烧，被迫搬至九道沟重建，砖窑还未正式投产就被遗弃作废。

1959 年，农场党总支决定在现场直中学的东南角处重建一座砖窑。1960 年，正式投产，年产红砖 40 万块。当时，仅有固定工 13 人，负责人每年在烧砖季节到外地或附近公社雇临时工，最多时达 300 余人，还有少数家属。因没有砖机，制砖完全用手工操作，砖的质量一般，硬度不够，人工制脱坯最多日产 1000 块，烧砖用的沙子靠牛马车从十几里外的南河运往场部。

1963 年，年产红砖高达 90 万块。后因沙子运输困难，供应不上，红砖产量逐年下降，加之"文化大革命"的影响，1966 年红砖停止生产。1968 年，兵团成立后，恢复红砖生产。1969 年，生产红砖 25 万块，引进小型制砖机 1 台，由人工制砖改为机器制砖。1971 年，年产红砖 700 万块。1975 年，年产红砖 200 万块，班产砖坯 2 万块。1980 年，场党委决定建 24 门轮窑 1 座，由修造厂研制大砖机 1 台，代替了原来的小砖机，班效提高 1 倍，年产砖坯 400 万块，产红砖 200 万块。到 1983 年止，全场共有砖厂 2 处，24 门大轮窑 2 座，从业工人 100 人，年产红砖 750 万块，除满足基本建设需要外，部分红砖对外出售，年产值近 40 万元。

建设农场佳兴免烧砖厂，前身是建设砖厂，2009 年转制为合伙企业，注册为建设农场佳兴免烧砖厂。位于建海公路南 6 千米东侧，占地面积 2 万平方米。设计年生产免烧砖 900 万块，转制资产 17 万元。2001 年以来，企业累计固定资产 53.13 万元。生产销售红砖、免烧砖 3140 万块，实现砖产品销售收入 1427 万元、增加值 418.8 万元、利润 99 万元。2005 年因砖厂规模小、质量达不到建楼需要而停产废弃。

六、白酒生产

1956 年，在老场部三〇五成立 1 家小型酒厂，进行自给性生产，有 7 名工人，负责人李德洪，有料加工、无料停产，日产白酒 150 余千克。

1959 年，在十队酒厂的位置为发展养殖业盖猪舍，同时成立一个小型酒厂，有工人 4 名，负责人杨正清，日产白酒 150 千克，季节性生产。同年在四队（现十二队）成立一个酒厂（隶属生产队），5 名工人，组长王云亭，日产白酒 50 千克，1960 年四队酒厂解散。1968 年改为兵团休制，酒厂重新生产，工人 10 名，1979 年购进 1 台新烧锅，安装 1 套锅炉，日产白酒 250 余千克。1973 年，年产白酒高达 150 吨，产值 8 万元。1978 年在第三分场建立养猪基地的同时成立 1 家小型酒厂，引进 1 套较先进的制酒设备，有工人 5 名，负责人魏德富。1985 年落实承包责任制，由于酒的质量不过关，销售困难，无人承包而停止生产。

七、糕点生产

1975 年，农场商店成立糕点厂，厂址在商店后院的砖瓦仓库，1 台土制烤炉，1 名技术人员，5名学员，日产糕点45千克左右，年产2.5吨，每年的中秋、元旦、春节等3个节日的加工产量是全年的50％。1976年8月14日凌晨加工糕点时不堪失火，损失5万余元。1971年，厂房修复后重新生产。1981年人员增至10人，购进1台红外线烤炉，日产糕点90公斤。1984年，糕点厂划归经销公司。1985年糕点厂承包给陈彦平，赢利1800元，同年成立个体加工点2处，年产糕点3吨左右，后期由于经营不善倒闭。2020年底，农场有个体蛋糕商户1户，效益可观。

八、供水中心

该企业是农场场部生活、生产集中供水单位。坐落于北环路南100米与中心路东100米交汇处，占地面积7500平方米。其中，砖瓦结构净水室490平方米、地埋式蓄水池200平方米、净水区6810平方米。2001—2020年，建基础设施有钢筋水泥结构水塔1座、120米深机电井6眼、18吨锰砂过滤罐4个、50吨曝气池1个、300吨蓄水池2个、变频给水泵（过滤泵）各3台及远程监控系统1套。单项外给水点3处，给水主干管网4500延长米、分支管网12500延长米，给水面积36万平方米，给水用户3609户。

供水中心岗位设置5人，其中管理人员1人、给水工2人、维修工2人。2001—2020年，张作平任供水中心主任。

2017年6月农场党委决定，将供水中心在现有人员不变的情况下，采取风险抵押、费用包干方式（包干费用在上年费用总额基础上下浮10％）实行内部集体承包。

九、供热中心

该企业是农场场部生活、生产集中供热集体所有制单位。1997—2008年，集中供热由东西2个锅炉房供给；2009年，新建集中供热中心，设计供热能力40万平方米，位于场区三环路南与中心路500米交汇处，占地面积1万平方米。其中：砖瓦结构锅炉房1500平方米、储煤场地8500平方米。2001—2010年，累计固定资产投资2800万元。有DZL10.5-1.0/95/70-AII型锅炉3台及其附属设备，铺设热力主管网8000延长米、分支管网4000延长米，现已入网面积27万平方米，实际入网面积27万平方米。供热中心分别于2011、2013、2014年更换20吨级锅炉共3台。

2001—2006年由杨洪臣担任供热中心主任。2007—2012年，由刘成军担任供热中心主任。2013—2020年由纪铁峰担任物业公司经理。2017年农场对供热中心进行改革，实行内部集体承包经营方式，自负盈亏。

十、工业园区

建设工业园区有项目9个，面积21.3万平方米。

2001年，建设亚麻粗加工厂园区，占地面积1.5万平方米。

2002年，建设恒发水泥管厂园区。占地面积1万平方米。

2003年，建设建龙亚麻厂园区，占地面积1.5万平方米；长顺亚麻厂园区，占地面积1万平方米。

2004年，建设畜禽发展有限公司和年轮饲料加工厂园区，占地面积2万平方米；绍华麻棉厂园区，占地面积4万平方米。

2005年，建设于海彬屠宰厂项目，占地面积600平方米。

2006年，建设中服北安农垦麻业有限责任公司，占地面积5.2万平方米。

2007年，建设亚麻粗加工厂项目，占地面积4万平方米。

2009年，改扩建玉米烘干园区，占地面积1万平方米。

2012年，农场将场区微型零散经营的修理、塑钢加工、木器加工、食品加工等60多家小型工业加工小作坊、居民组搬迁来的小型农机具、场区散乱停放的大车辆等统一迁入微型工业园区内。

微型工业园区位于农场西北部，园区总占地面积3.5万平方米，分两部分。第一部分是北区2万平方米，集中了修理、制造、木器加工、塑钢加工、食品加工、物流等项目，区内为东、南、西、北四合院结构，北面仓库储存能力4000平方米。第二部分是南区1.5万平方米为预留工业发展区，停放撤队并区在场区居住职工的各类小型农机具和原场区散乱停放的大车辆等。

微型工业园区建设总投资650万元。由黑龙江省冠安建筑安装有限公司承建，2012年上半年投资450万元，建设厂房3000平方米，建水泥地面1.5万平方米，厂房建成后全场微小工业陆续入住。根据个体户需要建设厂房跨度有8米、10.5米，厂房高有3.5米、4.5米、5.5米不等，接着农场又投资200万元建设路、水、电等各项基础设施。

微型工业园区建成入住后消除了场区有噪声、有污染的工业小作坊，规范了农场的环境建设，给人们的生活带来了便利，体现了工业产业集群化，形成了农副产品低污染排放的轻工制造业和新兴产业基地。

第二节 商 业

一、发展概况

1956 年建场，没有商业。1957 年春季，由海星供销社在农场场部设小卖部，担负职工生产日用品供应。

1958 年，经北安县供销总社审批，农场建起了供销社，担负生产资料与职工生活用品供应。供销社设在场部，分销店设在十五连、三〇五（原先的五连），场部营业员 4 人，分销店营业员 2 名。供销社根据农场的特点，主要收购土特产品，年生猪上交 226 头，鸡蛋、皮张、黄烟、苕条等每年销售额 4000 元。

供销社每年开一次物资交流会，以繁荣农场经济为主，把收购积压的土特产品拿出来展销，如同现在的农贸大集，收入额达到万元左右。

1960 年，在三年困难时期，物资缺乏，商品计划供应、凭证购买，这不仅制约了职工生活，也给营业员增加了不少麻烦，如对号查证、上缴领货等。

1963 年，第三分场建立了 1 个商店。1965 年，第一分场又建立了 1 个商店。这时全场总计有 3 个商店。主要进货渠道是从通北进货。购进的商品主要是满足本场职工的生活需要。

1965—1970 年，第一分场商店有职工 8 人，第三分场商店有职工 7 人，场部商店有职工 15 人。1971—1977 年，第一分场商店有职工 15 人，第三分场商店有职工 13 人，场部商店有职工 42 人。1978—1985 年，全场共有商店 3 个，营业员 60 人。

1986 年，建设农场商业实行科店合一的核算形式。商业科统管 3 个商店。商业科科长李铭兼任第一商店经理，副经理为陈玉章，党支部书记由收购站站长高荣兼任。各商店实行自主经营、自负盈亏、落实指标、独立核算。第二商店经理王德军、第三商店经理宋严修。全场商业职工 63 人。除第二商店略有亏损外，全商业每年基本上都能完成商业科下达的各项指标。

1987 年末，场党委决定对部分小型微利或亏损企业实行个人租赁经营。其中有商业、砖厂和通北饲料厂。租赁的原则是由原单位领导承租，上缴租金是按前 3 年平均利润加倍。

1988 年，商店由原商业科科长李铭个人租赁经营，合同期为 3 年，包括 1 个收购站和 3 个商店，每年上交租金 1.2 万元。

实行个人租赁经营后，建设农场商业各项工作都有很大提高。截至 1989 年 9 月，除上交 1.8 万元后，盈利 8.6 万元。职工工资提高 15%，上缴租金提高 18%，利润提高168%。但由于种种原因，1989 年 9 月终止了商业租赁合同。

1990—1992 年，商业科科长赵文臣，党支部书记梁洪星，第一商店经理陈玉章，第二商店经理刑引彪，第三商店经理宋严修。在逐步开放的市场经济的影响下，农场职工开始做起了小生意，有的开始摆地摊，有的利用门市房做起了生意。商品有布匹、服装、食品、粮油等，价格合理、样式新颖，直接冲击了计划经济下的国有商店经济，使全场 3 个商店这一时期出现了严重亏损。库存商品零售额 90 万元，而外债高达 83 万元。

1993 年，商业改革招标上岗，李铭任商业科科长兼第一商店经理，副经理陈玉章，党支部书记梁洪星。由于实行"一人挑头，集体承包"的管理形式，责任权利关系比较明确，当年盈利 4000 元。

1994 年，商业再次深化改革，实行出租柜台。由于市场变化，个体商业的竞争，柜台没有全部租出去，特别是第二、三商店没人承租而先后关闭，加之退休费用全部集中到第一商店，1995—1996 年出现严重亏损。建设农场商业于 1997 年 5 月撤销。

二、商业网点

1970 年前，全场只有 3 个商业网点。1983 年，开始建立个体商业，第一分场 8 个，场直和第二分场 12 个，第三分场 7 个，共 27 个。

1990—2020 年，农场商业网点遍布全场各个生产队，有小卖店、超市、修理、保健、菜店、农机配件、药店、餐饮店、肉店、旅店、美容美发、照相、刻章、按摩、服装、银店、物资经销处、艺术培训班等，由 310 户上升到 350 户，年创产值 1100 万元。到 2020年，从业人员共有 2000 多人，繁荣了农场经济，方便了职工生活。

三、农副产品收购

1960 年，农场场部商店设 1 名收购员，收购废旧物资，数量很少。1977 年，成立收购站、门市部，设在总场商店后院，属供销社领导，后移交商店。

1980 年后，收购站经营范围扩大，增加土特产品收购项目，人员逐步增加 2～3 人。收购站收购品种多样，如白瓜子、羊毛、鹅毛、废旧物资等。

1984—1985 年，收购站在商业科的领导下开始独立核算，利润定额上交，自负盈亏有 8 名职工,分为 3 个收购点,设站长 1 人,第一收购点 2 人,第二收购点 2 人,第三收购点 3 人,平均每年完成 2 万元左右,利润 5000 元,2 年达到收支平衡。1997 年,随着农场商店的撤销而撤销。

第三节 运 输 业

一、发展历程

建场 64 年以来,在农场的公路等级不断提高的同时,农场的交通运输业也出现了突飞猛进的发展。

运输业发展的第一阶段:建场初期,农场仅有一支拥有 5 台机动车、25 挂马车的运输队,主要的运输工具是马车。初期的粮食产量很低,每年只有少量的粮食运往通北粮库,大部分运输是以基建物资、燃料、机械配件和日用品为主。由于道路状况较差,雨季运输不便,大量的运输只能在冬季进行,把一年所需的物资提前运回,夏季只运输些急需的物资、零件和口粮,年运载能力在 2000 吨左右。

运输业发展的第二阶段:1986—2000 年,农场有一支解放牌汽车、东风牌汽车、大胶轮车及农用拖拉机等运输车辆队伍,全场共有各种运输车辆 300 台。1995—1996 年,农场加大了经营体制改革,将农场的粮油加工厂、交通运输业等全部转售给个人所有,大大调动了职工生产积极性。司机广开门路纷纷找货源、找渠道,改变了等靠思想,带动了职工共同发展运输业。农场职工生活改善了、经济富裕了,纷纷购进长箱大货车(车身加长能装 30~50 吨粮食及货物),每当秋收时节,这些车辆为农场及周边地方抢运粮食几千万吨。

运输业发展的第三阶段:截至 2020 年末,农场货运更上新台阶,客运更是方便了职工群众。2011—2017 年农场拥有客车 7 台,拥有客运线路 6 条,分别是:建设农场—北安市,建设农场—通北镇,建设农场—海伦市,建设农场一队—建设农场场部—通北镇,建设农场十九队—建设农场场部—通北镇,建设农场十七队—建设农场场部—通北镇。农场所有营运客车车辆都由个人购买,挂靠农垦亨通北安分公司经营,取得交通主管部门核发道路旅客运输经营许可证后,统一进站停放,按批准时间发车,客运站为了旅客运输安全制定了各项安全管理制度。每年客运站与客运经营者签订营运客车旅客运输安全责任状、冬季运输及重大节日安全运输责任状。

截至 2020 年底,据不完全统计,全场居民拥有别克、奥迪、霸道、传祺、索兰托、奇瑞、宝骏等高、中档小轿车 700 台以上。

2020 年，交通运输业的发展成就表现在 5 个方面：公路运力发展迅速，再也不用畜力车、胶轮车、东风车往粮库送粮了，实现了地头收购、电子转账；公路运输货物突飞猛进，实现了送货上门；个体运输车辆异军突起，已成为农场非常重要的运输力量，个体车辆占全场车辆总台数的 100％；公路运输站点建设，形成文明、规范、整洁的场所，建成了客运站、货运站、停车场；营运车辆技术等级和技术性能有很大提高，车辆条件好，技术保障系统完善，司机法律意识强，遵纪守法。

二、客运与管理

建场初期，农场没有客车，外出人员只能乘坐畜力车或步行去通北，从和平场部三〇五出发至通北需整整一天时间，外出非常不便。1962 年，赵光农垦局的客车开始定期通往本场；通北林业局森林铁路建成通车，客车时间不定，每次只在货车（木材车）的尾部挂两节旅客车厢，但当时在人们心中已经是最满意的交通工具了。1967 年，赵光的客车停止通往农场。1968 年，六十八团组建后，团部购进了 3 台客车，开始了场内至通北的客运。当时全场共有上海、天津、北京、哈尔滨、鹤岗、双鸭山等城市下乡知青近 3000人，往返城市探亲的人陆续不断，客流量很大。每年春节前夕，兵团战士纷纷返回城里过春节，春播前返回团里，这期间是客流量的高峰期。3 台客车日往返通北 2 趟，座无虚席，年客流量高达 2 万人次，日客流量高达 200 人次。恢复农场体制后，知青陆续返城，客流量逐年减少。1982 年，农场购进 1 台龙江牌客车，定员 27 人，减少了节假日客车拥挤现象。1985 年，客流量最高，达 4.5 万人次。客流量最大的时期是五一、中秋、国庆、元旦、春节等节日的前夕，最高峰是在春节前夕，人们纷纷去通北购买水果、蔬菜、服装等节日用品，客车异常拥挤，日客流量在 600 人次。客流量最少的季节是冬季，天气寒冷、外出人员较少，日流量不足 100 人次。

1986—2000 年，随着农场经济不断繁荣，道路等级不断提升，改革不断深化，农场开通了场外北安、通北、海伦三大公路主路线，场内第一分场、第三分场、群力所等线路。全场共有客车 8 台，每天可载运乘客 160 多人次。

2001—2005 年 11 月，农场客运站由农场公路管理站管理，吴江兼任站长。2009 年12 月—2015 年 4 月，农场任命杨忠为客运站站长。2015 年 5 月—2019 年 11 月，吴江任站长，谷宏岩任副站长。2019 年 11 月 15 日—2020 年底，赵禄海接任客运站站长兼公路管理站站长。

为进一步方便农场广大职工群众候车，2008 年由农垦总局投资 23 万元在农场第五管理区建设一座 220 平方米的客运分站。2009 年北安分局交通局投资近 8 万元在第三、四、五管理区路旁分别建立 4 个客车停靠亭。

2011—2017 年，农场拥有客车 7 台，拥有客运线路 6 条，每月对营运客车车辆技术状况、车上的消防设施等进行检查，对司乘人员进行安全教育及培训。

随着公路的提档升级，农场撤队并区，基层职工纷纷到总场买楼居住，管理区人员减少，私家轿车普遍增多，客运能力由 2017 年的 7 台营运客车减少至 2020 年末的 5 台，总座位数 204 座。2020 年农场拥有客运线路 4 条，实现了队队通客运班车，日发客运班车 6 个班次，日发送乘客百余人，年乘客周转量达 5 万～6 万人。运输辐射到周边市、县、镇、农场及村屯，客运站负责日常管理工作，交通科负责行业监督管理工作。

伴随着道路运输业的改革发展和职工群众对现实生活的需求，出租汽车行业也得到迅速发展，2008 年以前，农场仅有 4 台出租车，还全部是老旧面包车辆。2009 年 3 月 9 日，北安分局成立了泰达出租汽车公司，按照北安分局出租车投放车辆年度计划，统一车型、统一标识、统一管理，实行集约化、规范化经营。2012 年 6 月农场出租车保有量达到了 20 台。2014 年初，出租车保有量达 30 台，另外还有私家车跑出租约 30 台。出租车全部是轿车，车型大多是奇瑞、旗云 2 和长安轿车。对出租车的管理工作采取的是车辆由个人购买、挂靠泰达出租汽车有限公司经营模式，所有出租车由行业主管部门发放道路旅客运输经营许可证，驾驶员取得从业资格证后方可参加营运，行业主管部门定期对从业人员进行安全、业务和职业道德培训，每年对参加营运出租车技术状况、消防设施及营运手续进行检查年审。2018 年开始，农场出现预约车跑哈尔滨各大医院、机场，方便了职工出行和去省城各大医院就诊。截至 2020 年底，农场私家轿车及出租车达到 700 余台。

三、货运与管理

建场初期的货运主要是拉运粮食、物资、生产资料、机械配件和日用品等货物。随着农场规模的扩大和发展，粮食的总产量不断增加，基建面积不断扩大，到 1964 年，年运输量增加到 1 万吨，仅粮食一项就在 4000 千吨左右，畜力运输已不适应农场发展的需要。1965 年，由赵光农垦局购进汽车 7 台，司机 8 名，组成了一支汽车运输队，从此，农场以畜力车为主的运输方式逐步被淘汰，开始走上以机械运输为主的运输方式。1967 年，汽车增加到 8 台，年运载能力增加到 2 万吨。

六十八团组建后，成立了团汽车连，有汽车 13 台。到 1974 年，团部汽车发展到

28 台，全团共有各种汽车 45 台，担负全团的货物运输。运出的货物以小麦、黄豆为主，运进的货物以砖、瓦、水泥、石灰、玻璃等基建物资和燃料为主。除本场的运输任务外，每年冬季帮助通北林业局运输木材，年运载能力 10 万吨。兵团时期是基本建设的兴旺时期，仅基建物资的年运输量就达 10 万吨。恢复农场体制后，进一步扩大了运输队伍。

到 1974 年农场共有各种机动车辆近 100 台，由于对安全不够重视，违章行驶，仅 1973 年就发生车祸 11 起，经济损失 1 万多元。恢复农场体制后，场内的各种机动车辆达 80 台。1976—1978 年平均每年有车祸 5 起，经济损失 3000 元，引起农场对安全工作的高度重视。每年在冬季农闲时农场交通管理部门与农场安全委员会对各种车辆驾驶员进行正规的轮训 1~2 次，参加人员在 90％以上。学习的内容以交通规则、操作规程等基本常识为主，事故案例为辅。通过安全培训、安全教育，驾驶员安全行驶观念提高很快，1979—1983 年连续 5 年安全行驶无事故。1980 年，全场的汽车增至 60 台，有各种轮式拖拉机 74 台。这个时期冬季主要以运输木材和备沙修路为主。到 1985 年底，全场共有各种运输车辆 98 台，年载运能力达 15 万吨，基本满足了农场运输的需要。到 1985 年，全场共有汽车修理工人 25 人，承担全场汽车的修理任务。

2020 年，全场货运车辆 68 台（农垦牌照，载重量 0.5 吨以上），基本满足了农场日常生产生活的物资运输需求。秋忙季节大量农产品的运输主要依靠外地社会运力来完成，农场货物运输总量（平均每年 80 万吨左右）与市场运力衔接相对合理平稳。

第四节　建　筑　业

一、建筑队伍

建场初期，没有正规的建筑队伍，农场也没有进行大规模的各项基本建设。1956 年，仅从国营通北农场基建队借用、调来几名木瓦工，由赵洪举任基建组长兼施工工长，固定职工只有 10 多名，多数是雇用的临时工和季节工。当时是农忙种地，农闲搞基建，主要任务是修建临时用的桥涵和通往赵光车站的公路。

1957 年，成立基建队，林钟贵任队长，固定职工 50 多人，主要任务是采伐木材和基建备料。

1958 年，农场分来一批复转军人，部分军人带有家属，无处居住，急需房舍，基建任务日益加重，不得不扩大基建队伍，部分转业军人充实到基建队，李德祥任基建队党支部书记兼采买员（基建材料采购）。

1959 年，原木工宋万林任基建队队长，原木工张成礼任施工员，彭达明任统计兼会计员，职工队伍增加到 100 多人，并配有牛马车十来台。

1960—1963 年，从山东省和华北地区流入一批灾民，农场从中选择了部分身强力壮的青年充实到基建队。基建队伍迅速扩大到 200 多人，并成立了勘测组。辛景武、周占敬、倪林、孙占丰任勘测设计员，由副场长李万发负责全场基建工作。

1964—1967 年，建设农场先后分为 3 个独立农场，各场都成立基建队。涌泉农场由副场长乔真抓基本建设，柴荣任基建队长，张跃昌任技术员，曲玉堂任勘测设计员。建设农场由蒋春林分工负责基建工作，李浩任党支部书记兼队长，宋万林任工长，孙占丰任勘测设计员。双丰农场由副场长沈文学分工兼管基建队工作，宋祥任基建队党支部书记，邓坤任队长，杨乃云、吕土元任见习技术员，刘进任施工员。1965 年建设农场成立水利队，徐志田任党支部书记兼队长。3 个农场备有大马力推土机 7 台，各种机械 10 多台（件），职工人数达 400 名左右。

1968 年生产建设兵团第四团组建后，团部成立了营房和营建大队。1972 年，成立青石岭水库施工指挥部，由副团长程志浩（现役）负责全团基建工作，韩永江任营房副股长，营建队队长为刘宗贤（现役），下设工程一连、工程二连和制砖连。青石岭指挥部由团长王兆义任总指挥、副参谋长吴起任副总指挥、白也任施工组组长、师部派工程技术员周荣光做施工指导，全团备有大马力推土机、采运斗、平地机、大型开沟犁、运输车辆 60 多台（件），基建队伍达 1500 多人。

1978—1986 年，兵团撤销后，恢复建设农场，总场先后由刘廷佐、谢德财、栾德仁副场长分工负责基建工作。总场设基建科，科长樊文瑞，副科长孙占丰（后任科长），1983 年后孟庆生任党支部书记，曹良甫任助理工程师，孙作尧任助理会计师。基建科由测绘组、施工组、水利设计组、财会和土地管理组组成。下属工程、制砖、制材 3 个队，各分场都设有后勤工程组。全场备有建筑、运输、制材、制砖机械约 70 台（件），职工人数 500 多人。

1986 年，基建科（对外称建设农场基建工程公司）下设工程队、桥梁队，工程队分为工程一队、工程二队。1991 年上半年基建公司、桥梁公司、劳动服务公司合并，下设 5 个工程队，对外称北安农场管理局第三建筑工程公司。1992 年，杜彦生任建设科科长兼公司经理，下设 3 个工程处。

1995 年 3 月 18 日，3 个工程队解散。1996 年 2 月 8 日，基建公司宣布解体。

2001—2020 年，农场共建设住宅楼 22 万平方米，包括 4 个小区，人均住宅面积 25.6 平方米；城镇化率 74%；住宅楼集中供热普及率达 97%。

二、机构人员变更

1957年，正式成立基建队，队长林忠贵，党支部书记李德祥（兼采购员）。

1959年，队长宋万林，会计兼统计彭达明。

1960—1963年，由副场长李万发负责基建工作。

1964—1967年，全场分3个施工队。涌泉基建队队长柴荣；建设基建队队长兼党支部书记李浩；双丰基建队队长邓坤，党支部书记宋祥。

1972年，队长刘宗贤（营建队）。

1978年，基建科科长樊文瑞，副科长孙占丰。

1983年，基建科党支部书记孟庆生。

1986年，基建科科长韩永江，副科长张焕丰。工程队队长刘广杰，工程队党支部书记周广森。桥梁队队长李元朋，桥梁队党支部书记黄庆久。

1987年，工程队队长张尚国。

1988年，基建科科长李元朋，党支部书记兼经理韩永江，副科长李晓成。

1988年8月—1990年，基建科科长、经理李晓成，基建科党支部书记卢国旭，房产管理所所长韩永江，桥梁公司经理李元朋，桥梁公司党支部书记黄庆久。

1991年上半年，基建公司、桥梁公司、劳动服务公司合并，下设5个工程队，对外称北安农场管理局第三建筑工程公司。基建科科长、经理李元朋，党支部书记杜彦生，副书记娄凤祥，第一工程队队长刘玉厚，第二工程队队长朱忠民，第三工程队队长徐树海，第四工程队队长黄庆久，第五工程队队长李德伟。

1991年，下半年，撤销基建科，成立建设科，科长杜彦生。

1992年，下设3个工程处，工程一处队长刘玉厚，党支部书记倪万贵；工程二处队长朱忠民，党支部书记李德伟；桥梁工程处队长徐树海，党支部书记黄庆久。

1993—1994年，一队队长汤树义，党支部书记徐树海；二队队长朱忠民，党支部书记李德伟；三队队长冯景春。

1995年，基建公司经理、科长朱忠民，党支部书记孙景华。

1995年3月18日，3个工程队解散。

1996年2月8日，基建公司宣布解体。

1996—1999年，汤树义任建设科副科长兼党支部书记。

2001—2009年，建设科科长刘广久，副科长何鸿雁。

2010—2014 年，建设科科长何鸿雁，副科长韩学彬。

2015—2019 年，建设科科长韩学彬，副科长苏丽丽。

2020 年，建设科科长苏丽丽。

三、早期房舍建设结构

建场初期，农场是在"少花钱、多办事"的第一个五年国民经济建设计划刚刚开始时建场的。当年房舍建设投资有限，只在通北镇购买了 2 栋茅草房作临时办事场所（即现在通北粮库旧址），干部和职工都住在单帐篷和地窖子里，家属分散在赵光和幸福大队，部分住在新兴大队赵木匠村同农民住南北炕。建场第二年才开始建造一部分土木结合的房屋。

1. 草木结构房 1957 年后职工人数增加，住房问题显得特别突出，农场开始建造房屋。当时因建筑材料欠缺，只能按照当地的传统建房模式，建造以草、木、土 3 种材料为主的土房屋。这种房舍投资少，一般农民就可以施工，各单位也可用农闲时间盖房，就地取材，小叶樟、榛柴条、小径圆木在工地附近就能解决，只有房桁和门窗材料由国家调拨一小部分材料，由基建队统一制作门框窗套。房内建筑用材都是以泥土为原料，炕和锅台以及屋内部位的烟囱，都是土坯的，天棚用纸糊，不用白灰粉刷。取暖家属房以炕为主，公用房才有火墙或炉子。房子样式大多是一字房，第一、二分场 1 栋 6 户较多，每户平均21 平方米。第三分场小马架较多，1 栋 45 平方米，住 2 家共 3 间，中间 1 间为 2 家共用伙房，叫"两家好房"；也有 2 大 2 小间房，两头做伙房，叫"各走各家房"。

草木结构在建场初期，是农场房屋的主要结构，因为那时正处于建场开荒阶段，投资少、劳动力不足、技术水平低、建筑材料短缺。草木结构房舍容易因变形裂缝而引起火灾。和平农场场部 1 栋 360 平方米的三用房（伙房、办公室、宿舍），1957 年建成后，第二年春节便失火烧掉，7 栋家属房和 1 栋加工房到 1960 年就先后烧掉 3 栋；老三队 1958年建造的 3 栋家属房和 1 栋大车店，到 1962 年便先后被烧掉 3 栋。因为常失火，那时的第一分场职工常把老农场名字"和平"叫作"火平"。

2. 预制板房 预制板房是 1958 年"大跃进"时期赵光垦局工程队制造的，以大豆秸、苦土、炉灰等压制而成，每块 80 厘米×55 厘米×2 厘米。预制板房建筑速度很快，房架支上后在立柱两边挂打草板、中间夹锯末防寒可作墙壁，也可作天棚用，棚盖是油毡的，一栋 30 米×8 米的房子 10 多天便可完成。那时的食堂、仓库、宿舍大部分是预制板建造的，全场有 5 栋这种房屋。但是预制板房的草板制作比较粗糙，硬度不足，几年以后便霉烂变质，坚持不了几年就得重新维修。

3. 砖瓦结构房 农场建造砖房是从 1957 年开始的，当年只建造 1 栋 200 平方米的办公室。因为当时砖厂刚刚成立，规模很小，都是手工操作，一年只生产几十万块砖。到 1966 年，全场建房 2000 多平方米，这些房屋大部分是公用和生产用房，领导干部和职工同样都住土草房，学校校舍和家属房多数是草房。当时在农场之间相比，建设农场砖瓦房比例小，在职工中常有"建设不盖房"的口头禅。

1968 年兵团组建，城市知识青年和一批现役军人来到农场，住房成为主要问题。为了解决房舍紧缺，国家下拨一批建房投资。从那时起，农场开始规模较大的建房工程。到 1985 年，全场共建造各种砖瓦房舍 15 多万平方米，其中板夹泥房屋不到 1000 平方米，公用房和校舍全部实现砖瓦化了，家属有 80% 左右住上砖瓦房，有的是白铁皮和大铁皮瓦。室内地面都铺上砖石打上了水泥地面，取暖开始用暖气和土暖气，居住条件大有改善。

1956—1984 年房舍建设面积统计见表 4-2-1。

表 4-2-1 1956—1984 年房舍建设面积统计

单位：平方米

年度	合计	农业	畜牧	工副业	商业物资	文教卫生	住宅	办公室及其他
1956	680	120					560	
1957	6420	1577	800				3443	600
1958	10216	2584	1920	710			4002	1000
1959	12006	2870	4970	574			2892	700
1960	18185	2867	5305	312			8448	1253
1961	18471	3720	3957	400			9415	979
1962	21007	4432	4517	400			10711	947
1963	25153	5032	5017	800			12412	1892
1964	21394	2883	3585	1173			11734	2019
1965	27169	3093	6575	1478		620	12884	2519
1966	33905	3733	7575	1978		620	17480	2519
1967	40448	3933	7575	2278		740	21680	4242
1968	48974	4494	8705	2578		960	26180	6057
1969	56854	4736	9005	2828		1184	32807	6294
1970	72594	6487	11485	2828		1584	42163	8047
1971	94620	7037	15253	3936		1584	56522	10288
1972	114727	4971	9650	3187	630	1580	76957	17752
1973	114268	4207	11930	5156	630	4519	71809	16017
1974	121591	5313	10226	4986	1260	4020	78380	17406
1975	137689	5553	13755	5676	5527	5422	84593	17163

（续）

年度	合计	农业	畜牧	工副业	商业物资	文教卫生	住宅	办公室及其他
1976	159468	6985	16014	8586	5602	6932	93886	21463
1977	171615	8267	21119	9406	5602	4172	102767	20282
1978	190996	9527	26074	10006	5602	7172	112721	19894
1979	154503	7724	16890	8406	3404	10021	82250	25808
1980	152733	8020	15152	9088	3439	9493	96976	10565
1981	144131	8167	13337	9237	3784	10487	92124	6995
1982	147893	8307	11020	4114	3283	10804	94297	16068
1983	176606	8907	11020	4114	3283	11604	98097	39581
1984	180978	11967	11220	4114	3283	13224	100211	36959

四、房屋建设提质向好

1986 年随着各项改革的深入，农场在房屋建设方面也改变了"公家建房，职工居住只交房租金"的传统方式，而是从自建公助变成了自建自住。

自建公助就是农场拿出 1500 元钱（以红砖、水泥等物品折合成人民币），其余部分由个人自筹；科级房农场出资 3000 元钱，其余部分由个人自筹。在当时建造的科级房有 4 栋，共计 8 户，每栋建筑面积为 135 平方米，共计 540 平方米。1988 年后，所建造的房屋就没有自建公助这一说法了，建造的房屋完全由个人出资建造。

1. **个人建房** 1986—1999 年，全场平均每年个人建房约有 20 户，共计 243 户，建筑面积为 1.8 万平方米。

1992 年，个人建房 41 户，建筑面积 2499.8 平方米。

1993 年，个人建房 26 户，建筑面积 1236.0 平方米。

1994 年，个人建房 63 户，建筑面积 4421.2 平方米。

1995 年，个人建房 10 户，建筑面积 709.1 平方米。

1996 年，个人建房 24 户，建筑面积 1760.5 平方米。

1997 年，个人建房 44 户，建筑面积 3873.4 平方米。

1998 年，个人建房 19 户，建筑面积 2538.9 平方米。

1999 年，个人建房 6 户，建筑面积 697.5 平方米。

2. **办公建房** 1988 年，农场的经济迅速发展，以往的办公室因年久失修，没有维修的价值，同时也不适应农场的发展需要。农场决定建造 3 栋 2 层楼房：1 栋为公交科办公室，建筑面积为 274.4 平方米；1 栋为粮食科办公室，建筑面积为 286.88 平方米；1 栋为畜牧科办公室，建筑面积为 321.82 平方米。并且完成电业所变电室，建筑面积为 158.7 平方米。

1992 年，农场十二队为改善办公条件，建造整体 2 层局部 3 层的砖混结构办公楼 1 栋，建筑面积为 214.7 平方米。当年完成邮电局营业所 1 栋，建筑面积为 124.1 平方米。

1993 年，为改善办学条件，集中办学，农场委托北安分局设计院设计 1 栋整体 3 层局部 4 层砖混结构小学教学楼，建筑面积为 3063 平方米（含食堂 1 栋），总造价为 228 万元。该工程当年施工，当年竣工。

1994 年，农场小学完成附属工程宿舍 1 栋，建筑面积为 577.6 平方米。仓库 1 栋，建筑面积为 120 平方米。完成 2 层砖混结构银行营业所 1 栋，建筑面积为 524.74 平方米。总造价为 67 万元。

1995 年，七队办公室 1 栋，建筑面积为 150 平方米。农机库 1 栋，建筑面积为 120 平方米。零件库 1 栋，建筑面积为 150 平方米。

1996 年，完成十七队办公室 1 栋，建筑面积为 210 平方米。十四队种子库、零件库，建筑面积为 300.8 平方米。

3. 商业建房 1997 年为加快小城镇建设步伐，合理利用土地，提高土地使用率，改善职工群众的生活环境，农场决定新建商业与住宅相结合的砖混结构 6 层集资住宅楼 1 栋，该工程当年施工当年竣工，建筑面积为 3802 平方米。4 个单元共计 48 户。一层为商业用房，二至六层为住宅。同时，完成实验站办公室 1 栋，建筑面积为 161 平方米；八队农机库，建筑面积为 308 平方米；种子库 1 栋，建筑面积为 160 平方米；六队机井房 1 栋，建筑面积为 84 平方米。

1998 年新建 2 号 6 层商业与住宅结合的砖混结构集资楼 1 栋，该住宅楼为 5 个单元，共计 60 户，建筑面积为 4640 平方米。当年 6 月由北安邮政、电信 2 局在农场合建邮政通信楼 1 栋，该工程为 2 层砖混结构，建筑面积为 504 平方米。完成十八队办公室 1 栋，建筑面积为 232.5 平方米。3 号集资住宅楼基础于当年 9 月 28 日破土动工，10 月 28 日基础工程完工。

1999 年 4 月 18 日，3 号住宅楼复工，该工程为 6 层砖混结构，建筑面积为 3757 平方米，4 个单元，共计 48 户，于当年 9 月 29 日完工。当年 6 月把原浴池改建为集中供热锅炉房，改建面积为 299 平方米。公安局、通信站办公室改建，改建面积为 512 平方米。物资科办公室改建，改建面积为 210 平方米。新建一队办公室 1 栋，建筑面积为 180 平方米；五队办公室 1 栋，建筑面积为 277.5 平方米。

1999 年 9 月 29 日，4 号集资商宅楼开工，10 月 28 日基础工程完工，2000 年 5 月 1

日复工，该工程为 4 个单元 6 层砖混结构，计 48 户，建筑面积为 3144 平方米。

截至 2000 年末，农场共有房屋面积 26.46 万平方米，其中，公有房屋面积 5.67 万平方米，楼房面积 1.5 万平方米，砖房面积 15.14 万平方米，草房面积 4.11 万平方米。人均居住面积由 1986 年的 7.4 平方米提高到 13.99 平方米。全场住房砖瓦率 83%。

1986—2000 年住房面积情况见表 4-2-2。

1986—2000 年公房及商宅楼建筑工程情况见表 4-2-3。

表 4-2-2　1986—2000 年住房面积情况

年度	总人口/人	总面积/平方米	公有面积/平方米	住宅面积/平方米	人均住宅面积/平方米
1986	13786	188772.00	86815.00	101957.00	7.40
1987	13518	182600.00	80360.00	102240.00	7.56
1988	13886	171710.00	68753.00	102957.00	7.41
1989	14055	184002.00	80685.00	103317.00	7.35
1990	14378	187813.00	68055.00	119758.00	8.33
1991	14821	183783.00	63818.00	119965.00	8.09
1992	14702	185593.00	63620.00	121973.00	8.30
1993	14553	188076.00	66103.00	121973.00	8.38
1994	14455	237380.10	54395.28	182984.72	12.66
1995	14557	238509.10	54815.28	183693.82	12.62
1996	15019	240780.40	55326.08	185454.32	12.35
1997	14928	249168.80	56039.08	193129.72	12.94
1998	14555	256580.20	56271.58	200308.62	13.76
1999	14626	261492.22	56729.08	204763.14	14.00
2000				207907.14	

表 4-2-3　1986—2000 年公房及商宅楼建筑工程

工程项目名称	工程量/平方米	施工起止日期	承建单位	总投资/万元	承建单位负责人
粮食处理中心	300 吨、500 吨仓各 2 座及附属工程	1988.5—1989.10	建设农场基建科	180.0	韩永江 李晓成
畜牧科楼	321.82	1988.5—1988.10	谭显义施工队	12.9	李晓成
工交、粮食科楼	561.28	1988.6—1988.11	红光农场施工队	22.5	李元朋
小学教学楼	3063.00	1993.5.28—1993.12.20	北安第三建筑工程公司第一工程队	228.0	汤树义
银行营业楼	524.74	1994.6—1994.11	北安第三建筑工程公司第一工程队	67.0	汤树义
1 号住宅楼	3802.00	1997.5.6—1997.12	北安建筑集团公司珲春分公司	340.0	王焕武
2 号住宅楼	4640.00	1998.5.6—1998.10.18	北安建筑集团公司珲春分公司	400.0	秦学英
3 号住宅楼	3757.00	1998.9.28—1999.9.8	北安建筑总公司直属工程部	320.0	秦学英

（续）

工程项目名称	工程量/平方米	施工起止日期	承建单位	总投资/万元	承建单位负责人
邮电局楼	504.00	1998.1—1999.9	北安建筑集团公司珲春分公司	70.0	孙海军
粮食处理中心（扩建）	350.00	1999.5.17—1999.8.13	农垦总局二建	210.0	顾卫军
4号住宅楼	3144.00	1999.9.29—2000.8.18	北安建筑集团总公司直属工程部	240.0	张海新

五、建筑外包

1987年8月，基建工程公司承揽了北安市亚麻厂房工程。公司经理韩永江，队长张尚国，参加施工人数30余人，建筑面积1280平方米，工程造价40.4万元，1988年8月竣工。竣工后亚麻厂无能力偿还工程款26万元，1991年农场向北安市人民法院起诉，1992年法院裁决以厂房抵债的形式还清工程款。

1989年5月，基建工程公司一队刘玉厚承包了北安管理局二井子高中职工住宅楼，该住宅楼为3层4个单元，建筑面积1523平方米，工程造价65万元。11月底竣工，该工程经验收评定为合格工程。

1990年在基建科科长李晓成的亲自带领下，承包了嫩江地区依拉哈甜菜站工程，于当年的7月29日开工，至9月5日竣工，仅仅用了2个多月的时间就完成了造价11万元的工程。在当年完成了四三部队粮食处理中心、部队大门、部队机务库等工程，造价47万元，该工程经验收合格并受到部队同志的好评。

1990年还承揽了北安管理局科研所家属楼，该工程为6层4个单元砖混结构，建筑面积为4000平方米，在经理李元朋、书记娄凤祥、技术员朱忠民的指挥下，投资240万元的住宅楼工程于1990年5月1日开工至当年的11月竣工，施工人员为80人左右，经甲方验收评定为合格工程。

1993年，基建二队和逊克县建材局联合成立了建逊预制板厂，总负责朱忠民、工长王宝林、技术员韩学彬，施工人员36人，年创产值50万元。

1993年，基建二队承揽了农垦公安局交警楼1栋，当年9月至10月基础工程完工。该工程为跨年度工程，1994年4月复工，10月竣工。建筑面积为980平方米，围墙210延长米，车库1栋140平方米，合计造价120万元。交警楼工程经甲方验收后评为合格工程。

六、小城镇建设

1997—2020 年，农场加快了小城镇建设步伐。从 1997—2000 年每年建筑 1 栋住宅楼到 2001—2020 年农场共建设住宅楼 22 万平方米，包括 4 个小区建设，人均住宅面积 25.6 平方米，城镇化率 74%，住宅楼集中供热普及率达 97%。

截至 2020 年末，场区城镇人口达到 1.1 万人，楼房面积已达到 26.14 万平方米。创建优美环境，达到主次街道、住宅小区等无暴露积存垃圾、无裸土；规范市场经营，取缔主、次干道的违规摊点、占道经营；整治非法营运和违规停放车辆；实施户外牌匾规范化管理；坚决打击和查处私搭乱建和违章建筑；健全社区服务体系，完善依法行政、居民自治、为民服务功能；实现"四化"，即硬化、绿化、净化、亮化；做到规划科学、特色突出、环境整洁、道路平整、环保生态、绿化达标。

1. **撤队并点** 农场的撤队并点工作从 2008 年开始，截至 2012 年，实际完成 10 个，搬迁居民 1958 户，拆迁房屋面积 7.86 万平方米，向农场场部转移人口 4448 人。

2. **基础设施建设** 农场在发展小城镇建设的同时，逐步完善城镇基础设施建设，硬化城镇道路，更新供热、供水、排水管线和设备。到 2020 年，场部小城镇规划内道路总长 25.72 千米，给水管线总长度 20.56 千米，排水管线总长度 17.94 千米。扩建锅炉房 1 座，新建换热站 3 个。

3. **公共设施建设** 2001—2020 年，农场建设各类公共建筑项目 8 个：医院门诊楼、消防中心、政法楼、社区综合楼、学校综合楼、现代化农机装备区、老干部活动中心、休闲广场（3 处）。农场的公共行政、教育卫生、文化娱乐基础条件发生了深刻变化。

4. **保障性住房建设** 危房改造从 2009 年开始，国家将黑龙江垦区纳入国家危房改造计划范畴，给予垦区危房改造每户 7500 元的政策性资金补贴。2009—2012 年农场完成危房改造 2713 户，建筑面积 16 万平方米。

七、建设规划

1. **农场场部规划及居民点空间布局规划** 场部规划主要包括城镇总体规划和控制性详细规划，委托黑龙江农垦方圆城乡规划设计有限公司进行规划设计，经专家评审修改完善，城镇总体规划和控制性详细规划已上报农垦总局备案。

农场的居民点空间布局规划主要是合理整合农场资源，进一步进行资源再分配。2008

年8月，北安分局以北垦局函〔2008〕125号文件形式，对各农场调整管理区居民组设置作了批复。建设农场设2个分场，6个管理区，18个居民组。

2. 农场体系规划　2010年，农场委托黑龙江农垦方圆城乡规划设计有限公司进行体系规划设计，规划设计公司按照专家评审意见对规划进行修改完善，2011年完成上报审批工作。

3. 审批规划　2002年启动体系规划编制工作，规划区内所有新建、改建、扩建的建设项目，包括民用建筑、工业建筑、基础设施、公用设施、构筑物等由农场建设行政主管部门审批。

2003年7月1日，黑龙江省下发了《黑龙江省建设项目城市规划行政审批暂行规程》，2005年6月23日，对该暂行规程进行了修订，下发了《黑龙江省建设项目城市规划行政审批规程》。农场建设项目的审批权限全部收归北安分局，农场建设科不再审批任何建设项目规划。

2009年12月16日，农垦总局下发《黑龙江省农垦总局关于加强垦区规划管理的通知》（黑垦局文〔2009〕272号），要求垦区所有3万平方米以上的住宅小区、高层建筑和单体在1万平方米以上的建筑规划审批手续必须到农垦总局规划部门办理。

八、房产管理

2001年，房产部门工作逐步走上网络化管理，加强房产管理工作，对房屋产权转让、交易、变更、继承、抵押、租赁、赠予等项工作逐步实现规范化管理。

2002年，根据农垦总局建设局的统一布置和安排，建设科对全场公有房屋进行了重新丈量、登记、绘图并装订成册，完善公有房产档案，上报北安分局建设局，并由建设局打印房产证，完成全场公有房屋所有权证打印、存档工作。建设科还对全场的私有房产档案进行重新核对、绘图，对部分没有换发新证的住户进行入户通知。微机缮证率100%，业务覆盖面100%，使档案管理规范化、标准化、程序化。

2008—2012年，为了改善居民的居住条件，全面开展棚户区改造工作，共整体搬迁农业生产队10个，1958户；场区拆迁565户。在房屋动迁方面，农场认真执行国家和黑龙江省的《房屋拆迁管理条例》，严格履行拆迁审批手续，聘请有资质的评估公司对要拆迁的房屋逐户进行丈量、核对、登记，并通过各种渠道宣传《中华人民共和国规划法》和《房屋拆迁管理条例》，使拆迁户从思想上理解房屋拆迁的合法性与必然性，在规定的时限内顺利地完成了房屋拆迁工作。

2013 年，共发放房屋所有权证 48 户，其中补证 2 户、更正 3 户、换证 2 户、房屋交易过户 41 户。

2014 年，办理房产登记总计 100 户，发放各类权证 181 本。所有权证发放情况：办理所有权登记 81 户；其他登记 19 户，其中补证 10 户、更正 7 户、换证 2 户。预告登记情况：共办理预告登记 20 户，发放预购商品房预告登记证 20 本。发放预购商品房抵押权预告登记证 18 本。一般抵押权登记情况：农场房产管理所办理一般抵押权登记 43 户，发放房屋他权证 43 本。

自 2016 年成立不动产登记中心以后，农场房产管理所发证、抵押等工作转移至不动产登记中心，房产管理所只办理合同登记、转移登记相关工作。在业务办理过程中严格按程序办理，整理 2009—2012 年楼房商品房买卖合同 2500 份，平房房产档案整理 400 余户。

2017 年，办理房产转移登记 10 户。2019 年全年共办理房屋交易登记 10 户 715.15 平方米；回执登记 5 户 457.89 平方米；抵押注销登记 5 户 371.06 平方米。2020 年办理房屋登记交易 12 户。

九、建筑施工

2001—2012 年，农场共完成建筑施工面积 223900 平方米，完成投资 27735 万元（表 4-2-4）。

表 4-2-4　2001—2012 年建筑工程情况

工程名称	建设年份	建筑面积/平方米	总投资/万元
总计		223900.47	27735.75
住宅楼小计		205564.90	24769.73
5 号住宅楼	2001	1909.84	133
6 号住宅楼	2005	5334.00	478.23
7 号住宅楼	2006	3293.11	230.28
8 号住宅楼	2007	3257.00	233.23
9 号住宅楼	2008	3257.00	270.18
10 号住宅楼	2009	4929.52	501
幸福小区 11 — 16 号楼	2009	14773.48	1625.08
17 号住宅楼	2009	5997.22	580
19 — 22 号住宅楼	2009	11597.00	1260
18、23、24 号住宅楼	2009	27781.24	2700

（续）

工程名称	建设年份	建筑面积/平方米	总投资/万元
25 号住宅楼	2009	7278.14	770.66
幸福小区 7 — 10 号住宅楼	2010	11882.68	1348.25
福江新居小区 1 — 11 号住宅楼	2010	29741.35	3775
东大直街南 3 — 6 号住宅楼	2011	13602.82	1606.02
花园小区一期住宅楼	2011	25251.00	4559.8
花园小区三期住宅楼	2012	35679.50	4699
公共建筑小计		18335.57	2966.02
学校综合楼	2009	2972.22	501
医院门诊楼	2009	2839.71	461
政法楼	2010	2367.40	420
社区综合楼	2010	3326.24	609.73
现代化农机装备区	2010	5210.00	629.17
消防中心	2012	1620.00	345.12

第五节　服　务　业

1972 年兵团时期，后勤处成立了理发馆、照相馆、刻章部、家电修理部、被服厂等，人员不多，各设 1～2 人，年年能保住基本工资。

1979—1985 年，在商业科直接领导下，成立了综合部，设在总场最繁华地方，面积达 1000 平方米。照相馆增加了设备，理发馆增加了烫发工具，被服厂改变了服装的式样。

建场初期，农场没有招待所，来人时办公室临时成为招待所。1968 年，刚建立招待所时，仅有 42 张床位，15 个房间，床是木床。1981 年开始由木床逐步替换成钢丝床，房间 27 间，每间 2～3 床，共 82 张床位，服务人员 8 人。从建场到 1985 年，年年都达到收支平衡不亏损。1986 年后农场开始经营体制改革，将招待所承包给个人经营，自负盈亏。由于实行了承包，提高了服务质量，年年略有盈利。1990 年以来，由于市场经济的不断繁荣，农场出现了个体旅店、理发馆、照相馆等服务行业。个体业的兴起，标志着农场经济体制改革的一大进步。

1997—1998 年，农场开始搞小城镇建设，首先拆掉商店、招待所（一个大长平房，西侧是商店、东侧是招待所），建起 2 栋商业住宅楼（现在农场 1 号楼、2 号楼）一层是商业用房，二层至六层为住宅楼。从此，农场工商运建服改革全部实现个体化。

2020 年，全场有个体旅店 6 家，照相馆 2 家，美容美发店 8 家，修车、修理家用电器、饭店、被服等 80 家。

第三章　配套改革

第一节　住房制度

截至 1988 年，职工住的是公有房屋，每逢秋季各单位领导派瓦工对各个破损的房屋进行维修。这种做法，既浪费了人力、物力，又给农场造成一定的经济损失。

1988 年 3 月 13 日，建设农场对房屋转售工作作了彻底的改革，出台了转让优惠政策：①转让范围。砖瓦结构住宅，转让对象为农场干部（不含场级现职和退居二、三线领导）职工都转售。②作价标准及偿还时间。按 1985 年建场字〔85〕5 号文件规定执行。1988 年 4 月 6 日经场办公会讨论研究对房屋转售工作又作了详细的补充规定，对房屋进行了分类、作价。农场的房屋分类为一、二、三、四类，收费标准按（建筑面积）每平方米一类为 50 元，二类为 40 元，三类为 30 元，四类为 20 元，对特殊情况的分别进行了调价，如大山墙裂缝可减少作价的 5%，1978 年前建房的（含 1978 年）减少作价的 10%，外墙有一面是一砖半的减少作价的 5%，两面都是一砖半的减少作价的 10%。对于 1985 年以后房屋改变结构的，按现有的结构重新划类作价；一栋楼房结构不一样，按结构按类别分别作价；1985 年后办公用房改家属房的，按类别按标准丈量作价。所有的住房不分职务和级别，全部转让（包括离退休人员）。本次发放的是房屋转让证，个人无权私自买卖房屋，只有居住权及维修权。

房屋转售在收费政策方面也给职工住户一定的优惠，转让作价后，每户交定金 500 元，其余部分分 5 年交齐，每年交 1/5。一次交齐转让价款可优惠 20%（时间转售后 1 个月为准）。没有现金者，可用存款顶账或亲朋好友拉账，也可交国库券。

这次房屋转售收缴转让款 194.97 万元，全部上缴场计财科，资金用于企业再发展，同时也为农场的建筑业发展奠定了强有力的基础。

1991 年，农场成立建设科，依据《黑龙江省国营农场总局关于加强垦区房地产管理的通知》，建设科在科长杜彦生的领导下，组织有关人员编制了《建设农场场区及生产队房产管理规定》（共计 32 条）及《房产分配方案》，规定场区的公有产权房屋归场房产分配仲裁小组管理和调配，办公室设在场建设科。农场干部、职工调出场区工作的，其住房必须按房产管理规定及时向房产管理部门申报，搬迁前应交回原住户的"产权证"，由场房产管理部门重新分配与转让，凡自行处理过房产的不享受房屋分配资格。重新转让或分配房屋的标准是：按得分高低顺序排列，凡需住房的职工，应到建设科填报申请住房登记表，共规定了12条标准。各单位没有自行分配和处理权。由于农场在房产管理上走在了其他农场的前头，北安管理局建委特向各农场转发了《建设农场关于下发〈场区、生产队房产管理规定〉的通知》。通过房产管理的逐步实施完善，职工住房有了保障，广大职工群众在看待住房问题上有了进一步的认识。

1992年为落实农垦总局局长一号、三号令，认真贯彻执行《北安垦区城乡建设管理实施细则》，为加强农场的城乡规划建设和房产管理又作了进一步规定，明确了房屋产权性质，对公有房屋、私有房屋确认了产权关系。

随着住房制度改革的深入，为了强化地产管理、改革不合理的福利住房制度，1993年农场根据北安分局住房制度改革方案实施细则，结合农场的实际，对现住公有住宅的干部、职工作了第二次有限产权的优惠转让。

1993年12月20日，农场又对住房制度改革有关问题作出了补充规定，对房屋出售价格按第一次全额增加1倍出售，即一律取消上次的一次性交齐20％的优惠。凡属场部、分场部、生产队以及场属各单位（含通北镇转运站办事处家属房），1991年1月1日前交付使用的公有住宅，均视为农场的公有旧住宅，按规定价格，将有限产权转让给农场干部及职工。对具有合法手续的现住户，可优先转让，凡是农场内的干部、职工只能允许转让一处住房。对离、退休干部去世，现由其配偶居住优惠转让核定的面积为30平方米，同居的子女，每人另增加5平方米，超出的面积按规定的出售价格增加1倍出售。凡在1985年后自建公助的旧住宅，收回公助金后，按私房处理。对土草房、瓦盖土房、半砖半草土房一律根据现在的使用价值分3个等级评定售价。由于房屋坐落的位置不同，出售价格有所区别，对所有公有旧住宅的售价，按百分比上下浮动。总场场部（含一林场、二十队、试验站）加价2％。通北转运站，办事处等地住宅加价4％。各分场场部及一般生产队不加不减，边远生产队一、二、十七、十八、十九等队住宅减价4％等。

1994年，开始对全场的房屋第一次普查，对房屋面积进行了丈量，登记造册，并建立档案乃至发放房屋所有权证。收回房屋作价款7万余元。

1998年，进行了第二次房产普查，对原房产档案重新进行核对，对产权有异议的重新调查取证，并建立了一户一卡、一卡一档。2次共收缴房屋作价款383.4万元。2000年，实行微机管理，并发放中华人民共和国房屋所有权证。

农场出售公有旧住宅评价标准见表4-3-1。

表 4-3-1　农场出售公有旧住宅评价标准（砖木结构）

类别	类级别		评价依据
	一等（元/平方米）	二等（元/平方米）	
一类	130	100	栋号主体结构完整，没有变形和损坏的，扒板、黑棚、灰棚齐全的为一等，缺项的列为二等
二类	95	80	栋号主体结构基本完好，仅局部发生微变形的，扒板、黑棚、灰棚齐全为一等，缺项列为二等
三类	75	60	栋号主体结构变形面、破损面在1/3以内的，扒板、黑棚、灰棚齐全的为一等，缺项列为二等
四类	55	40	房屋没有倒塌危险，主体变形面、破损面在1/3以上的，扒板、黑棚、灰棚齐全的为一等，缺项的列为二等

第二节　三项制度

建场 64 年来，农场在实践中不断探索、不断深化改革机制，从"大锅饭""大拨哄"到按劳分配、自负盈亏、绩效考核等，走过了漫长的改革之路。

一、劳动制度的改革

建场初期，劳动制度是大集体、半军事化，边开荒、边生产，兵团时期是屯垦戍边。国营农场的劳动制度是生产单位劳动派工制度，严重阻碍农场劳动生产率的提高。"大拨哄"的劳动方式，形成以机组和职工家庭劳动为主要形式的分配的平均主义，由于职工的觉悟不同，在生产劳动中造成"肯干的不如站着看的，站着看不干的不如捣蛋的"，影响了职工的劳动热情。实行以职工家庭为主体的联产承包责任制、农业机械承包到机组，打破了"大拨哄"的劳动形式，提高了职工的劳动热情和创造性，推进了农场经济的发展。全面推行优化劳动组合，在定员定编的基础上平等竞争上岗，打破"铁饭碗"。农场广开生产门路，大力发展职工自营经济，集体经济和私有经济安置优化劳动组合下岗人员，提高了劳动生产率。

2000 年后，优化劳动组合进一步提档升级。根据总劳社发〔2002〕2 号（许可文号），农垦总局劳动和社会保障局批准，建设农场职业介绍所于 2002 年 8 月 21 日正式成立，属于公益性质中介服务机构。职介所以劳动力流通的法治化和规范化为宗旨，以服务、协调、监督并重的工作理念进行就业市场建设，对就业、失业人员进行信息化动态系统管理，运用信息平台及时登记、变更就业、失业人员情况，本着双向自愿原则，积极为劳动者介绍就业岗位，至 2020 年，介绍了 2260 名劳动者就业。

以市场为导向的就业机制，增加了劳动力的流动性。针对新时期经济社会的就业特点，职介所在发布岗位信息、求职信息、就业失业人员登记，掌握劳动力资源，介绍劳动力就业，监督劳动者与用人单位遵守劳动合同和协议，开发公益性岗位，安置就业困难人员就业等方面不断加大力度，也取得了一些成绩。

2009 年以来，农场坚持以市场为导向、以科技为支撑、以耕地合理配置为出发点，突出种植结构科学化、耕地管理契约化和技术服务专业化的管理模式，推进土地的适度规模经营，提高农业产业化水平和耕地资源利用率，建立促进职工增收、企业增效的长效机制，实现农场种植业持续、稳定、协调、健康发展。

农场耕地承租的基本原则是"两田一地"制，即基本田、规模田和机动地。按北安分局要求，其比例分别占耕地总面积的 20％、65％、15％。

1. "两田一地"承租的对象及条件

基本田承租的对象及条件：具有农场户籍，在劳动年龄范围内的农业从业人员，每人按 6 亩分配给基本田。

规模田承租对象及条件：长期从事种植业生产经营活动的种植户。

机动地承租方式及对象：公开竞价出租，场内、场外人员均可。原则上先组内、后组外；先区内、后区外；先场内、后场外。地数不限，以公开竞价后合同签订数为准。

2. 承租费标准及承租期限

（1）承租费标准。①基本田。只收取职工自身收益部分（含养老保险金、失业保险金、医疗保险金、生育保险金、工伤保险金、农业风险金等 6 项），收取标准为 62.97 元/亩。②规模田。按市场化、规模化经营。其收费标准在上年收费标准基础上上调 25.32 元/亩，其中：2008 年应增加 21.67 元/亩，2009 年新增 3.65 元/亩（具体按上级下达的"五金"收缴计划测算）。以后原则上根据市场变化、物价指数情况一年一定（具体按农场下达的财务指标执行）。③机动地。完全按市场规则，实行竞价出租。竞价起价为在 2009 年规模田收费标准基础上增加 30 元。

（2）承租期限。合同未到期的执行原合同，承租期限和地块相对固定；到期的重新发包，在上级政策没有调整时，承租期限为 1 年。

3. 承租费实现形式及收缴时间

（1）实现形式。以上"两田一地"100％实现"两自"，100％上打租金。对于个别困难的种植户，由各单位出面协调，通过贷款等方式解决，确保按上级政策落实。

（2）费用收缴时间。凡承租耕地的种植户，须于 2009 年 4 月 6 日前交齐租金，如不能按时交纳租金的，农场依照相关政策、法律收回耕地，另行发包。

劳动制度的改革，大大地提高了职工生产的积极性，种地职工不用操心，每年都有管理区大机车统种、统管、统收、统售。职工春天交钱种地，秋天坐家点钱。少数人种多数地，多数人另辟蹊径寻求就业渠道，如经商、外出打工等，彻底改变了职工等靠要思想。

二、人事制度的改革

1. **人事制度** 1988年，农场的劳动工资科，改为劳动人事科，全场干部、工人统由劳动人事科管理。1990年，干部管理分离给组织部门管理。

工人实行全员劳动合同制。与垦区同步，凡是农场工作的全民固定工人、经上级劳动部门鉴证的劳动合同工人统称"企业职工"，履行国营企业职工审批手续，统一农场职工管理的用工制度。

干部搬掉"铁交椅"，对管理干部实行干部聘任、聘用制。对行政管理人员和专业技术人员实行聘任制；对选拔到行政管理岗位和专业技术的工作实行聘用制。对每个人的德、能、勤、业绩定期考核，根据考核结果量才录用。打破干部和工人的界限，不适应做干部的可以当工人，工人中的优秀人才可以选拔到农场管理岗位上来，做到干部能上能下、优胜劣汰、优中选优，按工作岗位享受相应的待遇。

2. **干部制度改革** 农场贯彻《党政领导干部选拔任用工作条例》，推进干部制度改革，逐步建立起比较完善的、符合市场经济要求的干部选拔任用、考核、评价、管理、监督制度。2002年4月10日，干部人事职称重新归组织部管理。2003年12月18日，农场党委决定，推进农场（社区）组织机构调整，深化管理体制改革。撤销了生产队建制，成立了6个管理区，按照"本人自荐、民主推荐、组织考核、党委决定"的办法产生管理区管理人员。机关设立"一办、五部"定编28人，机关所有在岗人员全部实行竞争上岗。将兽医服务中心、物资销售服务中心、粮食营销、测绘队从相关科室中分离，实行自主经营、自负盈亏。出台了落聘人员分流政策。

2007年1月19日，农场党委召开会议，决定成立场（县）共建宾县服务队。聘任杨武任场（县）共建宾县服务队队长，陈允联、孙明刚为场（县）共建宾县服务队队员。

农场党委在干部工作中，认真贯彻执行党的干部路线方针政策，落实从严治党、从严管理干部的要求，建立了科学规范的党政干部选拔任用制度，在干部选拔任用工作中，坚持公开、平等、竞争、择优的原则，形成了有效管用、简便易行、有利于优秀人才脱颖而出的选人用人机制，推进了干部队伍革命化、年轻化、知识化、专业化。

2001—2020年干部提职情况见表4-3-2。

表 4-3-2 2001—2020 年干部提职情况

单位：人

年度	正科	副科	年度	正科	副科
2001	1	2	2012	2	4
2002	4	24	2013	1	1
2003	4	4	2014	0	3
2004	19	22	2015	1	10
2005	2	1	2016	3	11
2006	0	0	2017	5	25
2007	5	1	2018	4	4
2008	1	0	2019	0	0
2009	16	18	2020	1	1
2010	8	12			
2011	1	5	总计	79	149

3. 后备干部的培养 农场党委高度重视培养年轻干部，始终把培养选拔年轻干部作为事关全场、事关长远的战略任务常抓不懈。

2004 年 9 月 20 日，经农场党委研究，决定推荐王立军、李宏军、钟声、杨洪臣、唐志学、崔万军 6 名同志为农场副职后备干部。

2007 年 10 月 30 日，经农场党委研究，决定推荐李宏军、崔万军、杨洪臣、代志军 4 人为农场副职后备干部。

2010 年 1 月 22 日，经农场党委研究，决定推荐刘建胜、吴宝忠 2 名同志为农场场级正职后备干部；刘承文、张士军、张忠宣 3 人为农场副场级后备干部。

2016 年 12 月 6 日，经农场党委研究，决定推荐赵校辉、涂宏伟、刘承文、李洪涛、周振明 5 人为农场副职后备干部。

2000—2020 年，据不完全统计：在农场工作过的干部中提职进入正处级的有赵序国（已故）、王立军、刘增元、张本伟、刘建胜、吴宝忠、吴凤霖；提到副处级岗位的有王维春、周广森、李洪军（已故）、崔万军、代志军、刘成文、涂宏伟、王传江（党委委员）等。

4. 内退干部队伍管理 农场党委始终把曾经在农场工作过、为农场发展作出过贡献的内退干部放在重要位置。为了能及时了解他们的思想状况，帮助他们解决生活中遇到的困难，农场党委组织部于 2018 年 10 月建立农场内退干部微信交流群。截至 2020 年底，全场 84 名内退干部全部加入交流群。该微信群的建立方便了内退干部平时交流，也拉近了他们与农场党委的距离，极大地方便了内退干部的管理，也让干部管理借助互联网等多种媒介更加人性化、生活化，更便于大家交流学习、相互沟通。

三、工资制度的改革

（一）劳动报酬形式

建场初期工资形式为月薪日计。1958 年是以完成产量为准。1962 年工资支付实行月薪日计办法，职工每月按实出勤天数乘日工资率实行评工计分（按 25.5 天计算）。

1965 年 6 月中共中央批准农垦部党组扩大会议通过的《关于改革国营农场经营管理制度的规章（草案）》（即"十六条"），取消农工的固定等级工资制，后因"文化大革命"开始而废弃。

1979 年，在工资奖励形式上进行了改革，恢复了"包定奖"制度，实行有奖有罚的产量工资制度。

1980 年逐步完善形成了一套经济责任制，在增加生产的基础上职工的收入也逐年增加。

对科室（含分场）机关人员实行"二定（定人员、定岗位责任制）、二包（包任务指标、费用指标）、一奖惩"责任制。

根据农总劳〔82〕86 号文件的规定，结合农场具体情况，场（含分场）机关及后勤、农业生产队及部分非生产单位实行浮动工资，具体办法为职工月工资以 37 元为线，以上部分实行级差保留，37 元的 20％为成果工资（浮动工资）、80％为作业工资，平时按月薪日记支付。

1983—1985 年，根据农场总局党委（扩大）会议精神和农总劳字〔82〕106 号、北局字〔82〕号文件规定，农场制定了 1983 年定包经济责任制。

（二）工资制度改革

1986 年以后，农场干部职工工资改革随着经营体制改革和社会发展发生了深刻的变化。

1. 农业职工工资改革　农场实行大农场套小农场的双层经营体制后，职工的工资制度随之改革，职工的基本工资变为档案工资。实行家庭联产承包土地"以户核算、自负盈亏"的分配方式，农机具转售给个人经营，工业设备转售拍卖。农场大力发展职工自营经济、股份制企业、职工集体所有制和个人私有经济，使经济结构发生了变化。

2. 管理干部工资制度　1994 年，农场党政领导及副科级以上管理干部实行风险抵押效益工资制度，分管领导收入与分管的各部门经济效益相挂钩，效益高多得、效益低少得、无效益不得。工作人员实行单位领导年工资总百分比工资分配制度，管理人员完全实行效益工资制度。

2007—2020 年，农场管理干部实行绩效工资。2020 年农场机关正科级干部年薪 5.6 万元，管理区正科级干部年薪 5.9 万元，机关副科级干部年薪 4.98 万元，40％作为绩效考核工资。

3. 事业单位工资管理 建场初期，文教、卫生、政法战线人员，不实行浮动工资，执行基本工资加奖励，实行费用包干制。

1992 年以前，文教、卫生、公安、政法等事业单位的工资都是按照工龄、职称的月薪工资，工资不高，每年还要拿出一部分资金按照农场要求交风险抵押。2001 年后，农场的文教卫生和政法等单位实行经费大包干、结余后提留奖金、亏损由单位自负的办法。工资制度改革后，农场事业单位从 1993 年起不交风险金、不承担企业的风险和参与企业超收分成的分配。

农场内部教育和医疗系统按照事业单位进行工资管理，农场内部公检法人员工资由上级相应部门直接管理。事业单位人员工资定级和调整严格执行政策，严格履行申报、审批手续。

根据《黑龙江省人民政府办公厅关于印发黑龙江省公务员工资制度改革实施意见》（黑政办发〔2006〕75 号）的规定，农场事业单位晋升薪级工资严格执行年度考核制度。2006 年 1 月 10 日，教育、卫生等事业单位改革开始。

2010 年 5 月，中小学校教学的行政管理人员，具有教师系列职称，并担任一门课程的人员给予工资提高 10％待遇，农场按政策落实。事业单位薪级工资晋升和其他待遇调整严格依据相关政策落实，经上级业务主管部门审批后执行，管理手段的严肃性和谨慎性保证了事业单位工资管理的客观透明。事业单位其他待遇调整严格执行相关政策，经上级业务主管部门审批后执行。

4. 企业单位工资管理 1992 年《全民所有制企业转换经营机制条例》实施，企业享有工资、奖金分配权，企业可根据实际情况，制定适合本企业的工资制度，选择适合本企业的工资分配形式，有权制定职工工资、奖金标准及考核办法等。根据规定，1999 年农场最后一次调整职工档案工资，2000 年取消档案工资制度。

农场严格执行相关法律法规，实行最低工资保障制度。在岗人员实行同岗同薪、年薪工资制度。农业工人继续执行土地改革后的土地承包收入和机车作业收入制度。农场遵循按劳分配原则，根据生产经营特点和经济效益、本地区经济发展水平和消费水平等综合指标拟定符合本企业经济发展状况的岗位工资标准，确定工资分配方式，经农场职工代表大会审议通过后执行,工资水平在农场经济发展的基础上逐步提高。2020 年农场企业单位按照绩效工资发放。

第三节 保障制度

计划经济时期,全民所有制企业的职工享受劳动保险待遇。按照《劳动保险条例》,农场职工的生、老、病、死享有公费劳动保险待遇。保险金统由国家筹集,农场按全部职工工资总额一定百分比提取的"福利基金"为职工劳动保险金。

按照国务院《关于企业职工养老保险制度改革的规定》和《黑龙江省国营企业职工待业保险制度深化改革方案》,根据北安管理局的指示,农场的养老、待业保险制度进行改革。农场建立社会劳动保险分公司,改变养老保险由农场包下来的办法。1994 年实行由国家、农场和职工个人共同负担的社会统筹的保险制度。职工个人缴纳工资总额的 3%,以后每 2 年增加 1 个百分点,到 8% 为止。到退休年龄办理退休后享受社会养老保险待遇。建设农场到 1999 年末全场离退休职工 1100 人,因疾病退休、退职的职工 259 人。

2002 年 1 月,职工社会保险费计算和收缴业务划归社保局,社会保障行政审批工作纳入人社科业务范畴。

2001—2020 年,年累计收缴养老金 37607 万元。其中,企业 25633 万元,个人 11974 万元,累计支付离退休养老金 71391 万元。到 2020 年 12 月 30 日止,累计参保人数 3951 人,累计离退休人员 4224 人。累计收缴医疗保险基金 15907 万元。

2020 年末,农场落实了"五七工"政策,落实断保、漏保补办政策,落实灵活就业补贴政策,落实工伤保险基金管理,落实残废人员丧葬补助费政策,落实因病或非因工退休政策,落实养老保险其他政策,落实稳定岗位失业保险基金政策等各项社会保障制度。

第四章　管理体制改革

第一节　领导体制

建场初期，实行场长负责制，场长是农场行政的最高领导，有权决定农场的重大问题，副职领导和科室负责人都对场长负责。场长主持场务会议，科室领导和技术干部参加，讨论农场的事业计划、审议预算和决算、总结和报告工作，贯彻上级指示和会议精神。同时，建立和实行职工代表会议制度，工会和职工代表直接参与企业的民主管理，进行民主监督。

1956 年，和平农场隶属黑龙江省农场管理厅领导，场内实行 2 级管理。1958 年和平农场分为和平农场、建设农场 2 个农场，场部设立党总支办公室、经理室、会计室、人事科、劳动工资科、销售室、工会、共青团委员会、保卫股公共事业股等。成立管理委员会，对企业内部实行统一领导，讨论和决定企业管理和生产中的重大问题，管理委员会由场长主持召开。1952 年，按照中央农业部《国营农场组织规程》规定，场长对上级领导机关直接负责，组织全场一切力量，保证完成上级规定的任务，领导全场行政、业务及技术工作，重点掌握资金运用、任免选拔干部，领导制定全场生产财务计划，规定各单位的具体任务，掌握场内工作进度，以及督促检查全场工作，并担任农场管理委员会主席，进一步强化了场长负责的领导体制。1953 年，根据东北国营农场管理局指示改革机关体制，实行在场长领导下的主任负责制，分场设场长，生产队设队长。机构精简，人员精干，办事效率有明显提高。

1968 年，组建生产建设兵团，场长更名为团长，书记为政委。

1976 年，根据中央指示，撤销黑龙江省建设兵团，成立黑龙江省农场总局，一师四团改为黑龙江省建设农场，重新恢复农场体制，建设农场隶属于北安管理局领导。

党的十一届三中全会后，农场领导体制进一步调整，在党委领导下的场长负责制的基础上实行总农艺师、总会计师、总机务师负责制，"三总"参与农场领导工作。在党委领导下，建立场长负责制的统一的生产行政指挥系统，建立健全科室职能责任制和技术人员责任制。

2000 年，农场党群机构设有组织部、宣传部、纪委、监察科、司法科、工会、武装部、团委、机关党委、广播电视、公安分局、法庭、监察室、老干部科；行政机构设有生产科、农机科、办公室、民政局、计财科、劳资科、工业科、畜牧科、科技科、项目办、审计科、水利科、物资科、粮食科、林业科、建设科、环卫科、驻哈办事处；教育机构设有教育科、中学、小学、幼儿园；卫生机构设有卫生科、医院、防疫站、妇幼保健站。另外设有电业局、通信站、转运站、第一林场、第二林场、加工厂、试验站等直属单位。农业生产单位设有：第一管理区（下辖一至三生产队）、第二管理区（下辖四至七生产队）、第三管理区（下辖八至十生产队）、第四管理区（下辖十一至十三生产队）、第五管理区（下辖十四至十七生产队）、第六管理区（下辖十八、十九生产队）、水稻管理区。

2018 年，农场面临实现垦区集团化和农场企业化的改革新形势，农场体制变革，由"建设农场"更名为"建设农场有限公司"。场长变为建设农场有限公司党委书记、董事长、场长、社会事务部主任，设有总经理、副总经理。

第二节　事业单位

农场的事业单位是为农场全体职工、家属服务的非生产单位，如学校、医院、公安政法、通信、电业、网络电视、邮政、银行等单位。农场把这些部门按照事业单位进行管理，保证农场各项事业的发展。

建场以来，农场相继开办了教育事业、医疗卫生事业、治安保卫、电业等工作，所需经费由农场自筹。农场除按国家规定缴纳税金外，还要自筹资金兴办社会福利事业。20世纪 80 年代初期，农场按上级规定办起了交通管理、工商物价和土地管理等事业单位。1987—1991 年，工商物价、交通管理和土地管理单位先后被北安管理局接管，为北安管理局驻建设农场的派出机构，党政由北安管理局和农场双层领导，业务与农场分开，经费自理，邮局、银行是地方政府派出的机构。

随着经济体制和经营机制改革的深入，农场由国营企业改制为现代国有企业。农场内部的事业单位不断深入改革，定编定员、择优上岗、平等竞争，改革的重点是提高工作质量、减少经费开支。1991 年，文教、卫生、公安政法和广播电视等农场内部事业单位一律实行经费大包干、节余按比例提奖金、亏损由各单位自负自补的办法，以合同形式相制约。

1992—2000 年，公安政法实行目标管理和政绩考核的办法。教育事业实行分级办学、分级管理、分级负责经费包干的三级管理体制。医疗卫生实行党支部领导下的院长负责制、医疗福利费大包干的办法。

文教、卫生事业单位在定岗位、定职责、定考核、定奖惩、经费大包干的基础上，对管理体制进行改革。1995年，实行校长、院长负责制，全员聘任制，岗位责任制，工资结构制，经费包干制，考核奖惩制。教育系统实行内部等级工资制，执行目标管理。

在深化改革的实践中，农场提出改革教育系统运行机制、教育管理体制、人事制度、分配制度，实行定编聘任制、岗位职责考核奖惩制。工人打破工资等级，实行一岗一薪、责任和报酬一致，实行企业化管理合同制。教师把职务等级工资定死不动，津贴实行全额浮动，进行活动管理。把入学率、巩固率、及格率、优秀率、升学率与学校领导和教师工资挂钩。

卫生系统实行科院合一的院长负责制，定编定员，经费包干、差额补贴，半企业性经营，全员实行聘任、聘用制。

2001年后，上级部门出台了若干事业单位管理政策，特别是《总局、分局直属事业单位改革实施方案》（黑垦发〔2005〕7号）的实施，使事业单位管理更加政策化、规范化。事业单位各项事务全面实现制度化管理，与上级业务主管部门的要求保持高度一致。事业单位人才招聘工作由上级主管部门统一负责。事业单位人员入编、减编、工资定级及待遇调整等业务均由上级业务主管部门审批，强化了事业单位管理的制度化、公开化，保证政策运用的正确性和准确性，避免违反政策或是遗留问题的发生。

2002年，黑垦局文〔1996〕218号文件规定机关、事业单位后勤人员转为企业管理，教育系统按政策规定完成人员划分。

卫生系统人员招聘工作从2015年开始北安管理局下派农场负责。事业单位编制管理、工资管理实行农场申报、上级业务主管部门审批制度，强化了事业单位管理的制度化、规范化。2019年学校116人、医院卫生科52人续聘事业单位聘用合同，医疗系统30人变更事业单位聘用合同。

2019年初，事业部门开始移交属地，6月7日，垦区公安局移交黑龙江省公安厅，垦区公安局及9个分局116个派出所全部挂牌更名，公安编制平台整体划转黑龙江省公安厅。建设农场司法、民政、教育、工商、文化市场等5项行政职能部门全部移交。

第三节 农场企业化

2018年8月，建设农场有限公司注册完毕。2019年6月30日，黑龙江北大荒农垦集团建设农场有限公司揭牌仪式举行。2019年12月10日，农场响应北大荒农垦集团总公司在垦区开展"决战决胜 100 天"冬季改革攻坚行动号召，开展改革攻坚行动。2019 年末至 2020 年初，按照集团及分公司机构职能配置、内设机构和人员编制设置的指导意见，完成了农场层面的方案制定、机构重组、人员定编定岗。2020 年相继完成社区移交框架协议签订、内控制度制定等工作，通过改革农场新体制正式运行，标志着农场历史将翻开崭新的一页。

按照权责明确、精干高效、职能到位、运转协调的要求，农场建立健全董事会、监事会、经营管理层和监督机构等法人治理机构，完善新型劳动用工薪酬社会保障制度。同时，依照《中国共产党章程》和党内法规制度，农场有限公司与农场共设 1 个党委，党委机构设在农场有限公司。党委成员 7 人，设党委书记兼任农场有限公司董事长、农场场长 1 人，为农场法定代表人，党委副书记兼任总经理 1 人，党委副书记兼任工会主席、武装部长、农场社会事务部主任 1 人，纪委书记兼任农场有限公司监事会主席 1 人，副总经理 3 人。

党群机构设立党委工作部、纪委、工会、人民武装部和社会稳定办，编制 16 人。

农场有限公司按照现代企业制度建立企业法人治理结构，内设综合办公室、人力资源部、财务管理部、农业发展部、产业营销部、合规风控部、审计部、工程建设管理部，下设 6 个管理区、农业科技服务中心。

依据《中华人民共和国公司法》规定及相关国家政策，按照集团批准的农场有限公司章程设立董事会、监事会、经理层，依法按照公司章程履行相关职责。

1. **董事会** 董事会成员 7 人，设董事长 1 人；其他董事 6 人，其中职工董事 1 人，由职工代表大会选举产生。

董事会职责等具体事宜根据《中华人民共和国公司法》等法律法规和公司章程的规定及出资人授予的其他职权确定。

2. **监事会** 监事会成员 5 人，设监事会主席 1 人；监事 4 人，其中职工监事 2 人，由公司职工代表大会选举产生。

监事会职责等具体事宜根据《中华人民共和国公司法》等法律法规及公司章程的规定确定。

3. **经理层** 经理层设总经理 1 人、副总经理 3 人，负责企业生产经营管理。

经理层职责等具体事宜根据《中华人民共和国公司法》等法律法规及公司章程的规定确定。经理层对董事会负责，定期向董事会报告工作，接受董事会的监督管理。

公司内设机构包括 8 个职能部门，人员编制 36 人。

公司下设机构包括 6 个管理区、农业科技服务中心，人员编制 61 人。

改革过渡期内，农场按照内部政企分开、管办分离的原则，继续承担辖区内暂不能移交的社会管理、公共服务、城镇管理等办社会职能和非企业经营性事务。设社会事务部，由办公室、计划财务办公室、人力资源办公室、安全应急管理办公室、城镇管理办公室、公共管理办公室等6个内设机构组成，人员编制20人。

2个社区居民委员会、医院、幼儿园，按照现状管理。

农场有限公司成立领导小组，全面推进农场企业化改革工作，按照改革时间表、路线图和任务书高质量完成改革工作。

组长：万太文（党委书记、董事长、场长）、刘晓东（2020年10月调入农场任总经理）。

常务副组长：闫红彬（副总经理）。

副组长：张文忠（党委副书记、纪委书记、工会主席、监事会主席、农场社会事务部主任、农场武装部部长）、朱坤芝（副总经理）、唐道光（副总经理）。

成员：于春芳（合规风控部副部长）、王正刚（人社科科员）、赵校辉（党委工作部部长）、郭媛（财务管理部部长）。

改革领导小组下设办公室：

主任：闫红彬。

成员：赵校辉、郭媛、于春芳、王正刚、张春雷。

第五章 开放开发和区域共建

第一节 对外经济开放开发

一、对外贸易

对外贸易管理是商务部门一项常态化的工作，通过强化对外贸易管理，全面掌握辖区内的外向型经济发展情况，为农场经济政策调整提供决策依据。

建场以来，大豆 1976—1985 年共出口日本 8646 吨，鹿茸 1965—1983 年直接交给外贸 221.05 千克，山蕨菜从 1985 年开始上交 30 吨，羊毛 1965—1985 年共上交 46 吨，肥猪 1959—1987 年共上交 1.67 万头。

随着经济的发展，农场虽然没有开展自营出口业务，但也积极与国际国内的出口商合作，开展出口供货业务，出口产品由 2001 年前以大豆为主的单一农产品，向大豆、黑芸豆、大麦等多品种农产品发展。进口产品仍是以国际领先的机械设备为主。

2001 年，根据农垦总局粮食局要求，农场按相关规定向日本出口大豆 4 批次计 960 吨。

2002 年，农场与北安分局驻秦皇岛办事处签订协议，向古巴出口 4000 吨黑芸豆。同年通过易货贸易换取进口化肥 3000 吨。

2003 年，农场通过国家扶贫项目进口 10 台 190M 型大马力拖拉机。

2005—2008 年，农场通过与唐山信诚进出口公司合作，向韩国出口大麦 5000 吨。

2009—2010 年，进口大型农机 21 台（套）。

2011—2015 年，农场进口大型农机具 18 台（套）。

2016 年，农场引进安装深松监控设备 20 套，引进东方红 LX1304 型拖拉机 8 台，购入佳木斯市佳农北方机械有限公司生产的 1BYZP-6.2 型液压耙 10 台，购入北京麦格天农科技发展有限公司 TRIMBLEAGAUTOPILOT 北斗导航自动驾驶系统 1 套。

2017 年，农场出资安装深松监控设备 14 套，购入约翰迪尔（天津）有限公司 7M-2204 型拖拉机 1 台，洋马农机（中国）有限公司插秧机 2 台，四平市顺邦农机制造有限公司生产打捆机1台，购入北京麦格天农科技发展有限公司 TRIMBLEAGAUTOPILOT 北斗导航自动驾驶系统1套。

二、对外开放

1993年，农场积极发展"两高一优"农业，在低温、高寒地带的十九生产队试种水稻获得成功，亩产高达565千克。被国家及黑龙江省列为"八五"期间水稻开发重点单位，获评北安垦区水稻开发龙头单位的称号。

1995年6月，对承包水稻户提供了13条优惠政策和服务。新垦土地被绥化、海伦等地外来种植户抢包一空，多者达3000亩，少者600亩。

1988年试种到2001年全面开发水稻，农场水稻种植面积达1.7万亩。农场先后制定和出台了一系列的优惠政策，实行内引外联、招商引资，先后从海伦、绥化其他农牧场等地引来大量人员到农场投资承包开发水稻，为农场的发展注入了活力，使原来的低产田变成了高产田。

三、招商引资

1992年，农场与哈尔滨黎明综合加工厂建立贸易关系后，每年大部分的大豆、小麦销给黎明综合加工厂。1993年，农场规定，职工超产的粮豆由农场粮食部门组织资金，委托生产队随行就市进行收购，因农场资金不足、周转困难，经与黎明综合加工厂协商，签订大豆意向合同3000吨，由黎明综合加工厂预付大豆款200万元，作为收购大豆的周转资金，随收购、随发货、随结算，这种办法解决了收购大豆资金不足的问题，又为农场职工增加了收入，同时对产品的统一管理防止外流起到了较好效果。1994年从黎明加工厂引进资金100万元。

1998年，因市场价格大幅下降，销售困难，造成产品大量积压，农场资金运行困难。该年10月辽宁省葫芦岛市两铁合金铆焊加工厂业务经理于孝岩从辽宁省葫芦岛市领来客户，与农场签订小麦购销合同1万吨，一等小麦价格1.30元/千克，二等小麦价格1.26元/千克，三等小麦1.22元/千克，每批货物发车前货款汇到哈尔滨特户，实际销售1万吨，为农场创收150万元。1998年，北安分局粮贸分为2个部门，贾铁本任外贸业务经理与农场业务往来较多，农场的部分产品由北安分局外贸公司为农场销出，价格高出市场0.01～0.02元，为农场的粮食销售做了大量的工作和一定的贡献。

2001 年，农场通过招商引资，引进兰西商人武芳投资建亚麻粗加工厂。

2003 年，引进北安客商金东昌投资建亚麻加工厂。

2004 年 4 月，引进河北客商于海滨到农场建畜禽发展有限公司和年轮饲料加工厂。同年 9 月肇东客商窦少华来农场投资建棉麻加工厂。

2007 年成立招商引资办公室。

2008—2020 年，农场商务部门所涉及的管理职能是多元化的，主要包括招商引资、旅游、外事和内贸等职能。

2010 年，通过招商引进圣祥服装加工有限公司。同年，通过招商建立绿森川食用菌合作社，2012 年发展为溢菌缘食用菌合作社，2015 年整合为涌泉峰食用菌合作社。

2011 年 7 月，通过招商将位于通北的转运站租赁给哈尔滨客商李海宾，引资 5000 万元，建成嘉禾兴粮食经销公司。同年，农场又相继引资投建了第一管理区玉米烘干塔、十一队玉米烘干塔、第五管理区玉米烘干塔。2011 年，农场开始开发青石岭水稻灌区，当年开发 2000 公顷水田，全部承包给水稻种植大户。

2012—2016 年，农场持续对青石岭下游进行开发，同时相继对轱辘滚河沿岸水田进行开发，使农场水田面积猛增至 3333.33 公顷。

2019 年 8 月，引进逊克客商赵海易在第四管理区晒场投资建大豆清选加工厂。

四、境外开发

农场的境外开发主要是以农业为主，与非洲贝宁建立了合作关系。2010 年 10 月，农场商务科向非洲贝宁输出劳务人员 1 名，为期 3 年，主要从事当地农业、农机管理等工作，月收入在 3500～5500 元人民币。

2007—2020 年商务科主要领导变更情况见表 4-5-1。

表 4-5-1　2007—2020 年商务科主要领导变更情况

年度	主管场长	科长（主任）	副科长	备注
2007	刘增元	李树宽		
2008	刘增元	宋建国	李树宽	
2009	王忠孝	李树宽		
2010	李友民	李树宽		
2011	李友民	李树宽		
2012	李友民	李树宽		
2013	李友民	王庆文	高伟峰	

（续）

年度	主管场长	科长（主任）	副科长	备　注
2014	李友民	王庆文		
2015	李友民	王庆文		
2016	李友民	王庆文		
2017	唐道光	王庆文	赵金秋	
2018	唐道光	王庆文	赵金秋	王庆文于 2018 年 9 月内退
2018	唐道光	董汉杰	赵金秋	董汉杰于 2018 年 9 月任科长
2019	唐道光	董汉杰	赵金秋	
2020	唐道光	董汉杰		工作人员金鹰

第二节　区域共建

一、场县共建

建设农场地处北安分公司最南端，东与群力林场相邻，南与海伦农场相邻，西与兴旺村、幸福村、兰光村、24 部队、65 部队相邻，北与赵光农场相邻。正是这样的地理位置，为跨区作业提供了有利条件。为此 2002 年开始，农场就和周边农村开始了代耕作业，首先和海星镇的兴旺村建立了托管土地关系，真正让农民看到了高水平、高技术、高管理下产生的高效益。

农场按黑龙江省政府提出"推进跨区作业""场县共建"的要求，根据农场大马力农机保有量多、农机装备水平高、农业机械化程度在当地一直处在领先地位的特点，农场场县共建工作围绕"做强跨区作业，发展区域经济"这个主题，在各级业务部门以及跨区作业人员的努力下，在周边市、县、乡的大力支持配合下，跨区作业面积不断增长，从2003 年的 0.34 万亩发展到 2006 年 11.29 万亩，4 年累计完成跨区作业面积 28.5 万亩，其中，整地 16.3 万亩、收获 7.1 万亩、其他作业 5.1 万亩，共出动拖拉机 98 台、收获机63 台，累计作业收入 302 万元，为农民增产部分就增加效益 200 万元以上，全程代耕分离出的农民外出务工增收 20 多万元。特别是 2006 年，农场出动拖拉机 36 台、收获机 12台，完成跨区作业面积 11.29 万亩，为有机户增收 103 万元，为农民增加收入 130 万元。

二、科技推广

2007 年，在宾县由农垦种业与宾县共建种子经销点 6 个。农场与宾县场县共建试点单位经建乡组建农机合作社 1 个，共建 100 亩科技园区 1 个。园区基础设施建设由当地政府出资，园区规划设计和实施由农场来完成。园区内分为核心试验区和辐射示范区 2 部分，核心试验区占地面积在 20 亩左右，其余部分为辐射示范区。核心试验区主要开展当地主栽作物的品种试验、不同栽培模式试验、不同施肥水平试验和植保新技术等课题试验，通过将核心试验区得出的试验结果进行组装，探索出不同作物在当地获得高产高效的模式。在试验的基础上，将一些实用的新技术，包括玉米催芽气吸式精量点播技术，玉米大垄双行覆膜技术，大豆大垄高台密植技术，玉米机械收获技术，玉米、大豆分层定位、定量施肥技术，玉米秸秆综合利用技术，玉米与高效经济作物间作、混作技术，玉米苗期追肥技术等。在示范区进行展示，将农场推广应用的增产新技术延伸到农村。

普及科技知识，提高科学种田水平，加快共建步伐。抓科技推广网络建设，建立健全县、乡、村、户 4 级科技推广服务体系，形成以县农业农机信息技术服务推广站、植保站为龙头，以乡为纽带，以村为基础，以示范户为典型的科技推广服务网络，利用科技咨询、举办科技培训班、有线电视播放科普片、现场指导等多种形式开展科技宣传及科技普及工作。由农场出资负责从大专院校、科研院所聘请一些具有丰富理论知识和实际经验的专家及学者授课，同时农场还组织科技下乡小分队，深入到乡村和田间地头对种地农民进行技术指导，同时发放专业技术手册，不断提高新时期农民对新技术的实际操作能力，并在不同的生产季节组织召开现场观摩培训会。通过科技培训，在增强农民科学种田自觉性的同时，将科学技术转化为生产力，确保当地的作物产量不断提高，使农民真正得到实惠。

2008 年起，农场积极组织农闲时期的闲置机车进行跨区作业，以实现效率最大化，代耕农户效益的最高化，实现互惠双赢。为了做好农机跨区作业工作，农场派多名技术骨干到周边及宾县投入跨区作业工作中，以充实当地的技术力量，给当地百姓以机械及技术上的指导。跨区作业机车逐年增加，作业面积连年攀升，每年出动机车 30 多台次，跨区作业面积累计 24 万公顷，实现作业总收入 3000 万元。作业辐射到内蒙古、宾县、海伦、北安地方等四大县市 26 个地区。

第五编

党建群团工作

中国农垦农场志

第一章 中国共产党组织

第一节 党员代表大会

按照党章规定，党的地方代表大会每 5 年召开 1 次。建设农场历次党代会召开时间：

建设农场第一次党代会：1962 年 3 月 3 日，召开了党员大会。实有党员 60 名，参加会议 43 名，占总人数的 71.7%，大会选举产生了党的委员会，委员有于景忠、郭向阳、李万发、马宝琛、沈文学、陈华兴、杨刚、王江、王永山、邵长贵。

1964 年 9 月 27 日，召开了一届二次党员代表大会，会期 2 天，选举了新的委员会，委员有于景忠、郭向阳、李万发、马宝琛、沈文学、陈华兴、杨刚、王江、王永山、邵长贵、邱永祥。

六十八团第一次党代会：1973 年 3 月 17 日，召开了六十八团首次党代会（兵团时期首次党代会），正式代表 135 人。大会议程有 2 项：①中共沈阳军区黑龙江省生产建设兵团第六十八团临时委员会向代表大会作工作报告；②选举产生中共黑龙江省生产建设兵团第六十八团第一届委员会。大会选举常务委员 7 人，委员 11 人，会上选出书记王庆忠，副书记王兆义，常务委员王庆忠、王兆义、孙青山、程志颖、金凤桐、王德恩、王兴汉，委员王庆忠、王兆义、孙青山、程志颖、金凤桐、王德恩、王兴汉、李景和、吴起、金连成、齐国太。会议历时 4 天结束。

建设农场第二次党代会：1980 年 6 月 8 日，在场部召开，出席会议代表 208 人（其中：正式代表 170 人，列席代表 38 人）。会上选出了党委委员 17 人，常务委员 5 人，李万隆当选为书记，杨玉山、李树恒当选为副书记。常务委员：李万隆、杨玉山、李树恒、邱永祥、栾德仁。委员：李万隆、杨玉山、李树恒、邱永祥、栾德仁、马玉、高俊英、万纯陪、陈清峰、李可然、白也、沈文学、于德海、徐金荣、马志刚、王文富、谢德才。会上李万隆代表前届党委作了《为加速和实现我场农业现代化而努力奋斗》的工作报告，同时选举了第一届场纪律检查委员会。

建设农场第三次党代会：1983 年 7 月 2 日，在场部召开，出席大会代表 209 名，会上选举了 5 名党委委员，同时选举了纪律检查委员会委员 6 人。那延吉当选为书记，杨玉山当选为副书记。委员：那延吉、杨玉山、齐云、谢德才、董洪生。会上那延吉代表前届党委作了《团结奋斗、开拓前进，为全面开创我场两个文明建设新局面而努力奋斗》的工作报告。王文富代表前届纪律检查委员会作了纪律检查工作报告。

建设农场第四次党代会：1987 年 12 月 14 日，中共黑龙江省建设农场第四次代表大会召开，代表 145 名，会上马景发代表上届党委作了题为《坚持党的基本路线，深化改革，为实现三年脱贫，五年致富而努力奋斗》的工作报告。会议历时 2 天圆满结束。会上选出党委委员：马景发、王法亮、王明林、王文富、齐云、周占彪。纪委委员：石杯文、乔忠义、孟令福、赵兰芳（女）。

建设农场第五次党代会：1991 年 1 月 28 日，中共建设农场第五次代表大会召开，共计 149 名代表参加了会议，会上选举产生了中共黑龙江省建设农场第五届委员会和第五届纪律检查委员会。会议历时 2 天，圆满完成了大会的各项任务。大会选出党委委员：马景发、王法亮、齐云、乔忠义、周占彪、王文富、王明林。纪委委员：毛笑荣、乔忠义、邴贻友、施满仓、孟令福。

建设农场第六次党代会：1995 年 5 月 25 日，中共黑龙江省建设农场第六次代表大会召开，与会代表 166 人。其中干部党员代表 118 人，占代表总数的 71.1%；各类专业党员代表 17 人，占总数的 10.2%；妇女党员代表 18 人，占代表总数的 10.8%。会上选举产生新一届党的委员会和纪律检查委员会。党委委员共 9 名：付宗深、刘金烁、乔忠义、于洪臣、杨国珍、李英年、赵序国、郭建议、张真源。纪委委员 7 名：乔忠义、毛笑荣、周广森、李彤忠、徐秀云、赵晶煜、徐宝忠。

建设农场第七次党代会：2007 年 8 月 28 日，中共黑龙江省建设农场第七次代表大会在农场商服中心会议室召开。选举产生由王林、王克坚、王立军、王传江、刘增元、李宏军、吴凤霖、张本伟、唐志学 9 名同志组成的中共建设农场第七届委员会，由张本伟、庄承江、刘承文、李学忠、陈秀志 5 名同志组成的纪律检查委员会。

建设农场第八次党代会：2013 年 6 月 27 日，中共建设农场第八次党员代会大会召开，127 名代表参加会议，会议选举了新一届农场党委会和纪律检查委员会。曾祥成、万太文、苗兴民、李友民、殷培池、吴宝忠、王忠孝、白文军、王传江 9 人当选农场党委委员。苗兴民、李学忠、王云龙、李海燕、吴萍 5 人当选纪律检查委员会委员。

第二节　党组织机构

建场初期，农场就建立了中国共产党的组织。农场设党总支部，工作由北安县委领导。

1956 年 5 月，经中共北安县委批准，中共和平农场总支部委员会成立，党总支书记苑凭（县委书记兼），副书记李福，委员程雪儒、金连城、韩武臣。

1958 年大批转业官兵来场，党员由 1956 年的 28 人增加到近 50 人，党组织迅速扩大，基层党组织 10 个。总场党委设常务委员会，党委书记郭向阳。

1966 年 6 月，党组织受冲击停止活动。

1970 年，成立六十八团。成立了 1 个团党委、3 个营党委，各单位成立了党支部，开始逐步恢复党组织生活。这个时期，农场历任团长、场长、政委有蒋春林、王兆义、王庆忠、王义、李旭华、李万隆。

1976 年，恢复了农场体制后。全场有农场党委 1 个，分场党委 3 个，基层党支部 48 个。1979 年建立机关党委 1 个。1979—1985 年，历任农场场长、党委书记有杨玉山、李万隆、那延吉、马景发。

1985 年，场党委 1 个，教育总支、基层总支各 1 个，分场党委 3 个，党员 617 人。

1986—2000 年，历任农场党委书记、场长有马景发、王法亮、付宗深、刘金烁、王克坚。农场推荐场级干部 5 人，选拔正科级干部 72 人，副科级干部 152 人，队级干部 431 人，农场共发展党员 238 人，培养积极分子 270 人，举办入党积极分子培训 12 期。1998 年，民主评议党员后，清理出党 12 人。党员队伍不断扩大，严格执行发展党员"十六字"方针，使新党员结构合理、质量不断提高，为农场的发展腾飞提供了组织保证。

2016 年，将 2 个党总支划分为机关管理服务党总支、社区管理服务党总支、社会事业服务党总支和农业生产服务党总支，将 2015 年的 17 个党支部中的经管党支部划分成经管党支部、城镇管理党支部，将生产党支部划分为生产党支部、农副业党支部，自此，农场党委共领导 4 个党总支、19 个党支部。

2001—2020 年，历任农场场长（董事长、总经理）、书记有王克坚、王林、吴凤霖、万太文、曾祥成、刘晓东。农场设有党委 1 个、党总支 4 个、党支部 19 个、党员 707 人。在党员中，一线党员逐渐增多，专业结构、知识结构都有较大改善。入党积极分子 78 名，申请入党人员 155 名。

第三节　组织工作

农场党委一班人在领导班子建设中，始终把"革命化"放在首位，坚持党的基本路线，努力提高领导班子的政治素质，坚持定期政治理论学习制度和民主生活会制度。

一、组织建设

64 年来，农场党委按照"四化"要求，加强了各级领导班子的建设，选拔了一批又一批年富力强，能打开局面的干部充实到领导岗位，使一些长期落后的单位很快改变了面貌。

1986 年以后，党的各级领导班子建设进一步加强。调整充实各级领导班子，改善了班子结构，按照"四化"要求，大胆提拔使用年轻干部。1999 年，场处级领导班子平均年龄 45.67 岁，科级干部平均年龄 42.58 岁，最小年龄 31 岁，生产队班子年龄平均 38.2 岁，最小年龄 27 岁。在调整生产队干部中注重干部年轻化和知识化，选派 30 岁左右的干部到生产队任职 7 人。场处级领导班子中研究生 1 人、本科 1 人、专科 5 人、中专 2 人。科级干部中本科 2 人、大专 25 人、中专 29 人。为提高各级领导干部的整体素质，农场每年都举办各种类型培训班、学习班。学历大中专班、财会班，选送后备干部到分局以上各类干校培训学习 161 人。积极参加北安管理局党校、机校举办的支部书记、生产队长、工会主席、畜牧等各种学习班。建立了场级后备干部队伍 10 人，队级后备干部 185 人。录用干部公开化，按照公开、平等、竞争、择优的原则，农场在教师录干、公安人员转警、招聘财会人员等工作中，引用了竞争机制，促进了人才流动。

党的基层组织建设进一步加强，场党委每年都制定下发《基层党支部工作目标管理考核办法》等文件，并对所属党支部，每年进行 2 次检查。检查总分在 95 分以上为优秀党支部，给予表彰和奖励；总分在 85 分以下为不达标支部，给予支部书记、行政领导撤职和罚款，并在全场广泛开展了"双学、双带"和"一队四户"活动。普遍对党员进行了党的基本理论、基本路线、基本知识教育和实用技术的培训，全场涌现出了小康标杆户 20 户、科技示范户 12 个、致富带头人 8 名。

二、思想建设

本着理论联系实际，实事求是的思想路线，对党员进行了马列主义、毛泽东思想、邓小平理论、"三个代表"重要思想、科学发展观、习近平新时代中国特色社会主义思想、形势政策的教育，使干部和职工即提高了政治素质，又充满了积极向上的热情。在 1985 年严重的自然灾害面前，九队党支部书记王恒昌率领全队职工日夜奋战，以最快的速度完成了麦收。四队党支部书记任兴乐在自然灾害面前，加强思想政治工作，掌握天气规律，抓住时机，指挥得力，减少了小麦损失。十六队党支部兴办家庭农场后，做到了两个文明一起抓，收到了好的效果，党员的先锋模范作用突出。一队党员李松泉，在灾害面前放弃了自家小麦，抢收其他家庭农场小麦，这种把困难留给自己、把方便让给别人的精神，体现了一个共产党员应有的品格。

三、廉政建设

先后制定了党委工作15项制度：集体领导和个人分工负责相结合制度；党委议事规则；民主生活会和双重组织生活制度；党内监督与谈心谈话任制；党委发展党员责任制；党委信访接待日制度；党委管党工作制度；党委领导班子自身建设制度；民主议政决策制度；党员教育培训和评议制度；领导干部诫勉谈话制度；党委抓党风廉政建设制度；党政领导干部回避制度；民主评议党政班子和领导干部制度；领导干部个人重大事项向组织汇报制度。

在严格实施各项制度的同时，还对各级领导干部实行干部离任经济审计制度、职工代表大会民主评议领导干部制度。为了推行办事制度公开化，更好地接受职工群众的监督，在全场实行了账目公开、亩成本承诺制，极大地调动了职工承包土地的积极性，使农场的"两自"工作顺利进行，这项工作在北安管理局得到推广。

四、发挥党员先锋模范作用

农场党员干部，无论是在集资、捐款、实行"两自""双学、双带"活动中，还是在危险关键时刻，党员始终是带头走在前面。在1998年的抗洪救灾支援灾区活动中，农场第一个在北安分局完成捐款任务，上至场领导、下至普通党员人人献爱心，9名场领导每人捐款600元，副科级以上党员干部每人300元，普通党员100元，全场人民共向灾区捐款51.7万元，捐衣物832件，体现了建设人民的一片深情厚谊。

第四节　宣传工作

一、机构

建场初期，宣传工作由政治股负责。

1966—1976 年，农场设宣传股，股长王德恩。

1977 年设宣传部。

1977—1979 年，宣传部部长齐云。

1980—1983 年，宣传部部长齐云，副部长王明林，干事张宝玉、刘双玲，播音员王凤兰。

1984—1985 年，宣传部部长张兴隆，副部长张宝玉，干事康庄、刘双玲，播音员王凤兰。

1986—1987 年，宣传部部长张兴龙，副部长张宝玉，干事刘双玲、白成刚。

1988 年，宣传部部长刘双玲，干事白成刚，张宝玉任广播电视差转台副科长，王凤兰任编辑，播音员王凤兰、林存涛，电视技术员康旭平、齐学义、王文革。

1989 年，宣传部部长李春林，干事王忠笑，康旭平任广播电视差转台台长，王凤兰任副台长。

1990 年，成立农场广播电视局，与宣传部合署办公，康旭平任局长兼电视台台长、广播站站长。

1991—1992 年，宣传部部长李春林，副部长王忠笑，干事王凤兰、辛玉臣、谢春地。

1993—1995 年，宣传部部长郑佰忠，副部长王凤兰，干事谢春地。

1996—1997 年，宣传部部长白京娜，副部长王凤兰。

1998—2000 年，宣传部部长王凤兰，副部长杨洪臣。

2001—2009 年，宣传部部长王凤兰。

2009—2012 年 7 月，宣传部部长王凤兰，副部长周良君。

2012 年 8 月—2013 年 6 月，宣传部副部长周良君（主持工作），干事徐颖献、崔文

2013 年 6 月—2018 年 9 月，宣传部部长周良君，干事徐颖献、崔文。

2018—2010 年，宣传部部长刘学（组织部副部长兼）。

2020 年，宣传部部长徐颖献，干事张学民。

二、新闻宣传

建场初期，农场党委就十分重视宣传工作，把宣传工作作为内鼓干劲、外树形象的政治工作，纳入了工作的重点。

1958—1962 年，农场党委艰苦创业，以远景规划教育为主，进行多种形式的宣传工作。

1963 年后，开展学习毛主席著作、学习雷锋、学习焦裕禄、学习解放军和大庆等活动。

1976 年后，恢复农场体制后，围绕党的中心工作进行思想上的拨乱反正，大力宣传党的十一届三中全会以来的路线、方针、政策、决议，配合农场春播、夏锄、麦收、秋收四大阶段渗透政治工作。在推广典型方面，狠抓了九队的思想政治工作，抓职工道德教育，使九队形成了爱队如家的热潮，修桥时，晚上拉回来的石头，第二天队里派人卸时，已有人卸完未留姓名。党的十一届三中全会以来，九队一直被评为农垦总局精神文明单位。

1980 年，开始举办报道员学习班，参加人员 60 余人，聘请黑河报社编辑讲课 7 天。1982 年得到农垦部副部长杨岩、张竹修的表扬，使报道员工作掀起了比学赶帮超的热潮，充分调动了报道员的积极性。如第一分场三队报道员高永滨，仅 1982 年的一个麦收就向场宣传部投稿 48 篇，报道员由 1980 年的二三十人，增到 1983 年的 180 余人，稿件质量不断提高。场党委副书记齐云，在业余时间写稿 80 余篇，仅见报就 60 多篇。

由于场党委对宣传工作的重视，1981 年广播站收到报道员稿件 1200 多篇，其中麦收期间 999 篇；1983 年，广播站收稿 1940 篇，其中麦收稿件 1140 多篇，对外用稿 140 篇，其中国家级 3 篇、省级 20 篇、《中国农垦》2 篇。宣传科 1978—1981 年连续 4 年被评为场先进报道单位，广播站连续 3 年被评为场、北安管理局先进单位。齐云、张宝玉 1983 年被评为农垦总局先进报道员，宣传部张宝玉的摄影作品曾在农垦总局工会、农垦总局团委举办的活动中获优秀作品奖。

在农场的宣传工作中，宣传部结合上级党委提出的"搞好二次创业、实现富民强场"的目标，大力进行了"二次创业"的宣传工作。

1988 年，大力宣传全场在经济体制改革方针政策中，涌现出来的典型事件、典型经验。宣传兴办家庭农场，建立"大农场套小农场"双层经营体制。

1991 年，重点宣传实行承包、租赁等经营责任制。通过新闻传媒加强对热点问题的引导，营造有利于改革、发展、稳定的良好舆论环境。

1994 年，抓好党的十四大精神的学习，用建设有中国特色的社会主义理论武装全体党员、干部，把学习成果落实到集中精力抓经济工作，抓改革开放，促进生产力发展、经济效益增长和职工收入水平的提高方面涌现出来的典型经验、典型群体、典型事例、典型人物的宣传，有效发挥典型的示范带动作用。

1999 年 10 月 15 日，场党委宣传部举办了迎澳门回归知识竞赛。12 月 20 日，全国喜庆的日子，澳门经过半个世纪的漂泊终于回到了祖国的怀抱，举国上下同喜同贺，场党委宣传部印制宣传标语百余幅，张贴于全场各个公共场所，农场举办了庆祝活动、大秧歌汇演等。农场宣传工作做到了围绕中心、服务大局、坚持导向做好宣传舆论工作。

2020年，宣传部总结宣传各类典型80个，向管理局以上推荐典型20余个，上全国各家报刊新闻稿件5000多篇，并充分利用一切宣传阵地，大力搞好典型的宣传报道工作，取得了优异成绩。农场多次被两局党委和多家新闻媒体评为宣传报道先进单位。

2001—2020年，新闻舆论宣传声势强劲。围绕农场党委中心工作，深入开展主题新闻宣传年活动。重点围绕"强工攻坚""安全食品生产基地建设""发展繁荣北大荒文化""创业、创新、创优"等主题，宣传部门深度谋划，精心部署，多形式、多角度、立体化、创造性地开展了宣传报道工作。20年来以上大报、上头题、上数量为目标，突出宣传农场农业、工业、城镇、民生。在中央、国家、省、总局级（地市）上稿1万多篇。其中，宣传部在《北大荒日报》《黑龙江经济报》《黑龙江农村报》《黑河日报》上头条、出专版100条（版）。王凤兰、周良君、许颖献每年都在《农民日报》《人民日报》《经济日报》《光明日报》等中央级报刊上稿，达到了外树形象，扩大知名度、美誉度的目的。农场连续20年被《北大荒日报》《北大荒文化》评为新闻报道先进农场、北安分局（管理局）新闻工作先进单位荣誉称号，其中在2013—2014年度被黑龙江农垦总局党委宣传部评为垦区宣传系统"创先争优"活动先进单位。

截至2019年5月，农场宣传部负责的统战、文化市场监督管理行政职能移交属地政府管理。农场有限公司宣传部重点工作就是围绕公司党委的中心工作，做好新闻宣传、抓好理论学习、做好精神文明建设工作。

三、新媒体

在新闻宣传工作中，建设农场有限公司党委始终坚持党管宣传、党管媒体、党管意识形态工作不动摇，牢牢掌握工作领导权、话语权和主动权，以宣传部为中心，按照中央、黑龙江省、垦区各项决策部署要求，围绕农场中心工作，打好宣传主动仗，开创新时代媒体融合宣传新气象。

2006年3月，建设农场信息港建成运行。2016年11月，农场开通了微信公众号。2017年10月，农场党委把建设农场信息港、微信公众号整合到一起，设置了党之声、场之美、民之友等三大主栏目13个动态栏目，达到宣传共融的目的。当前，农场有限公司拥有网站、微信公众号2个自营新媒体，采取以平台建设为重点，不断推进传统媒体与新媒体在内容、渠道、平台、管理等方面深度融合发展，把农场有限公司新媒体平台打造成整体实力和传播力、公信力、影响力显著增强的新型主流传媒。

2020 年，2 个平台每天及时更新各类新闻稿件，平均每月分别发布稿件 120 篇，大力推动传统媒体与新媒体从相"加"到相"融"，力争实现优势互补，产生聚合共振效应。在《人民日报》《光明日报》《经济日报》《农民日报》《黑龙江日报》等的新媒体客户端发布新闻稿件 316 篇，在集团（"微观北大荒"）和北安分公司（"绿色有机北安垦区"）两级新媒平台发稿 1530 篇，做到了上情下达、下情上传，能很好地把党中央、黑龙江省委以及集团两级党委的声音通过农场有限公司新媒体平台及时传播到职工群众手机上，打通信息传播的"最后一公里"，为农场有限公司的经济社会发展谋势造势，为讲好垦区故事营造了浓厚的舆论氛围。

四、理论学习

建场 64 年来，农场党委坚持用毛泽东思想、邓小平理论、"三个代表"重要思想、科学发展观、习近平新时代中国特色社会主义思想武装全体党员，教育干部和职工。农场按照北安分公司实施理论武装工程的要求，以理论指导实践为基点，以实现干部职工思想理论素质的显著提高为目标，突出重点，拓宽局面，集学习、研究、宣传于一体，在全场形成了讲学习、讲政治、讲正气的良好风气。

1. **抓党委中心组的理论学习，坚持理论性与实践性相结合**　场党委中心理论组联系实际，确立了大力推进农业产业化、搞好企业改革、加快非国有经济和第三产业发展的发展战略，成功地实施了土地的第二轮固定承包和土地十年固定，对场办企业进行改组、改造，增强了改制企业的生机与活力。同时，发挥制度的制约作用，层层建立了党员干部自学制度和学习检查考核等项制度，农场宣传部每年都根据形势制定《党委中心组成员学习计划》和党员干部学习内容。

2. **抓党员干部的理论学习，坚持系统性和科学性相结合**　党员干部的理论学习注重发挥"三个作用"。①发挥培训的灌输作用。几十年来，场处级领导及科、队级干部多次到黑龙江省、农垦总局及北安管理局（分局）参加学习邓小平理论等培训班，通过培训学习，统一了对一些重要理论问题和实践问题的认识，加速了领导干部树立和形成正确的世界观、人生观和价值观的进程。②发挥制度的制约作用。层层建立了党员干部自学制度和学习检查考核制度等制度，农场宣传部每年都根据形势制定《党委中心组成员学习计划》和党员干部学习内容。③发挥研讨的驱动作用。场、科、队级领导干部理论学习一次研讨一次，提高解决实际问题的能力。几十年来场、科、队级干部撰写论文百余篇，组织研讨上百次。

3. 抓职工群众的理论学习，坚持广泛性和实效性相结合 职工群众的政治理论学习为实现广泛性与实效性的统一，采取了"三种方法"：①采取舆论覆盖的方法。几十年来，利用各种宣传工具和宣传载体，先后组织了党的十一届三中全会精神、十五大到十九大精神、邓小平理论、"三个代表"重要思想、科学发展观、习近平新时代中国特色社会主义思想的学习。②采取集中学习与分散学习相结合的方法，利用电视、网络视频、公众号等现代化舆论宣传工具，开拓专题节目等。③采取自我教育的方法，在全场开展了"企业和职工如何进入市场""建设人如何进入小康"等大讨论，从理论与实践的结合上启发人们的觉悟，加速了职工解放思想的进程，逐步消除了理论上的困惑、思想上的疑虑、心理上的不平衡，助力企业的发展。

第五节　纪检工作

建设农场1980年6月成立了党的纪律检查委员会。纪检工作在农场党委的正确领导下，在上级纪检部门指导下开展各项工作。1989年，设立监察室，与纪委合署办公。

一、机构

1. 纪委 1980—1983年，李树恒任农场纪委书记，王文富任副书记，委员韩永江、唐守信、倪琳、佟宝禄、陈化兴。1987—1990年，周占彪任纪委书记。1991—2002年，乔忠义任纪委书记。2003—2005年，周广森任纪委书记。2006—2008年，张本伟任纪委书记。2009年，刘建胜任纪委书记。2010—2016年，苗兴民任纪委书记。2017—2018年，白文军任纪委书记。2018年2月—2018年6月唐道光任纪委书记。2018年7月—2020年，张文忠任纪委书记。

2. 监察科 1989年，科长施满玉。1990年，科长穆宗慈。1991—1998年，科长谢春地。1999—2004年，科长赵志鹏。2005—2006年，科长陈秀志。2007—2012年6月，科长李学忠。2012年7月—2020年，科长王云龙。2017年4月—2019年11月，副科长姚艳杰。

二、案件查处

1980—1985年，纪委共检查处理党员各种违纪案件39起，给予党纪处分的党员

18 人，给予行政处分的 9 人，通报和批评教育的 12 人。受理党员申诉案件 4 起，按政策予以重新处理。1982 年通过贯彻中央 17 号文件和 2 个"决定"，查清结案的经济案件 5 起，其中追究刑事责任 1 起、留党察看 1 起、开除留用 1 起、行政处分 2 起，违法犯罪总金额达 8323 元，收到和处理上访转办群众来信 77 起，接待和处理群众来访 124 人次。

1987—1990 年，纪委监察共查处党员违纪案件 20 起，给予党纪处分 15 起，给予政纪处分 6 起。在这 4 年间共接待群众来信来访 157 件，都进行了妥善处理。

1995—1998 年，检查处理党员干部违纪案件 42 起，其中立案查处的 24 起，共处分科队级党员干部 39 人，一般党员 2 人，给予降职处分 12 人、降级处分 2 人，给予党内严重警告 1 人，全场通报批评教育 15 人，给予亮黄牌 2 人、红牌 1 人，结案率 100％。

1999 年共查处党员干部违纪 25 起，公开处理违纪干部 17 起。为农场挽回经济损失 22 万余元，深受广大群众的称赞，同时受到北安分局党委的表彰。

2001—2020 年，农场党委加大了反腐倡廉制度建设，不断推进制度的建立、完善、巩固、提高。2001 以来，纪委监察以严肃查办领导干部滥用权力、贪污贿赂、利用人事权谋取私利的案件以及违反财经纪律、工作纪律侵害企业和职工群众利益的案件作为工作重点，强化措施，加大责任追究力度。全场共受理信访举报 13 件，给予党纪处分 8 人，追究了有关党员领导干部及相关人员的责任。通过办案，有力地推动了农场各项工作的顺利开展。2002 年农场下发《党员领导干部廉洁自律制度》，预防腐败案件的发生。

三、反腐倡廉监督

根据北安管理局党委"六新一体"、北安管理局纪委"三面、一提、一地"精神，农场结合工作实际，为构建惩治、预防腐败体系，2008 年制定监督兴企方案，确立了"三、五、五"监督机制。每年聘请 5 名党风廉政监督员，通过党风廉政监督员疏通党群关系，密切干群关系，促进农场和谐发展。纪委监督"四个坚持"的实施：坚持执行"三重一大"制度规范权力，在农场层面上进一步落实了"三重一大"制度，在管理区层面上重点落实《重大事项议事规则》；坚持"三公开"监督权力的运行，实行党务、队务、政务"三公开"及点题公开，加大了民主决策；坚持民主决策保证权力运行，管理区凡涉及职工群众切身利益的事项都纳入重大事项研究讨论范围，研究土地承包、低保户、贫困户、化肥价格等重大事项；坚持分权以制约权力，推进了党政主要领导不直接分管干部人事、财务、工程项目和物资采购等方面的具体工作，建立了"副职分管、正职监管、集体领导、民主决策"的权力运行机制。

四、改革创新

2007 年以来，农场不断加大对廉政教育基地的建设，竭尽全力把教育基地建设成为有特色的警示教育基地。定期组织党员领导干部参观学习，增强他们廉洁自律、拒腐防变的能力，做到自重、自省、自警、自励，自觉接受群众的监督。农场党委开展党风廉政建设示范区创建活动。创建活动的开展理顺了党群干群关系，促进了社会的和谐稳定，进一步加快了社会主义新农村建设的步伐。

2010 年，农场党委制定出台了《"群众点题"实施"党务区务财务公开"工作方案》，明确了点题范围、点题公开日、点题收集、点题答复、点题建档和点题监督等具体环节。真正营造了"让职工群众明白，还领导干部清白"的良好环境。

2016 年，纪委推出 2 张清单（责任清单、权力清单），由各单位各部门上报本单位本部门人员的工作职责、范围及年初制定的工作计划，以及本单位本部门人员的追责情形，细化了工作责任，明确了工作目标，做到了任务分工具体、职责划分清晰、责任要求明确，使每一个领导干部都知其任、明其职、出其力、尽其责。

2019 年 12 月末，农垦系统深化改革，农场纪委、监察科改为北大荒农垦集团建设农场有限公司纪委，监察职能上收。

第六节　统战工作

1966 年，宣传科由 1 名宣传干事兼管统战工作。1966 年，"文化大革命"开始后，统战工作停止。1977 年，恢复统战工作，仍由 1 名宣传干事兼管，主要是宣传党的统一战线政策。1985 年末，全场有统战对象 344 人，其中归侨 12 人，港澳同胞 3 人，起义投诚 2 人，非党知识分子 40 人，被俘人员 12 人，少数民族人口 275 人。

建设农场的统战工作由党委宣传部门兼管，统战部设在宣传部，宣传部部长兼统战部部长。农场党委按照上级要求逐步落实各项统战政策，组织统战人士开展活动，接待海外人士及港澳同胞来信来访等。团结农场少数民族、各民主党派、宗教界人士、归侨、侨眷、党外知识分子及其他爱国人士，为农场服务。

到 2000 年，全场有统战对象 69 人，其中归侨 12 人，港澳同胞 3 人，起义投诚 2 人，非党知识分子 40 人，被俘人员 12 人。

农场党委对统战工作十分重视。十七队统战对象王金桐家生活比较贫困。王金桐去世后，遗孀张福云带着 2 个儿子、1 个女儿生活，2 个儿子智商低不能参加劳动，女儿手脚有残疾也不能参加重体力劳动，张福云身体多病，智商也不高，家里破旧的草房已无法居住。1987 年，十七队队长刘建华组织生产队管理人员及部分职工为他们盖起了三间板夹泥房子。八队李相玉之妻刘淑兰，常年得到生产队及农场的照顾，除了按时发放最低生活保障金之外，生产队每年都扶持她种好小菜园。1999 年春天，刘淑兰得了乳腺癌，农场筹措资金 6000 元，使她及时到北安分局医院做了切除手术。每年春节农场扶贫照顾贫困户时，场宣传部都积极与各级领导协调，照顾统战户，让他们得到党的温暖，使统战对象谢国华、张福云、梁立福、李相玉之妻刘淑兰、逄达明之妻沈前章、罗春汉等都程度不同地得到照顾。农场每年都送慰问金、慰问品到贫困统战对象家，让他们感受到党的温暖和农场的关怀。每年深入统战户家中宣传统战政策达 10 次以上，为少数民族高考生和归侨侨眷子女办理了照顾证明手续。春节期间，慰问走访各界代表人士。每年利用逢九大集，开展《中华人民共和国归侨侨眷权益保护法》等宣传活动，散发宣传单，进一步增强了公民及归侨侨眷法律意识和法制观念。

到 2020 年底，农场总人口为 1.39 万人，其中汉族人口占 97.8%；满族、朝鲜族等少数民族人口占 2.2%。农场人民群众信仰的宗教有基督教、天主教和佛教等。2020 年，全场宗教信众为 58 人，其中基督教 46 人、天主教 6 人、佛教 6 人。

第二章 人民团体

第一节 工 会

一、机构

建设农场工会成立于 1956 年 6 月。当时正处在建场初期，生产和生活条件十分艰苦，党总支认为，要充分发挥工会的作用，任命李德洪为工会主席。党总支支持工会在党的领导下，根据大多数职工的意见和要求，结合各方面职工的实际情况，独立负责地开展活动。当年，组建基层工会组织 6 个，会员 160 余人，占职工总人数的 77%。

20 世纪 60 年代，大批转业官兵和支边青年来到农场，职工队伍逐渐扩大起来。到 1965 年，职工已有 1827 人，工会会员达 1500 人，占职工总人数的 82%。

1966 年 6 月，工会组织逐步陷入瘫痪状态。1979 年，工会组织开始恢复和发展，会员重新登记，并建立了一支思想作风好、生产（工作）积极、能联系群众热心为群众服务的积极分子队伍。

1985 年，全场共有分场级工会组织 5 个、生产队级工会组织 46 个，会员人数 3965 人，占职工总人数的 70%。

1986—1991 年，全场基层工会组织 52 个，场工会工作人员 8 人，全场工会专兼职工会干部达 50 人，基层专兼职工会主席 52 人。当时 6 个基层党委，每个基层党委有 1 名专职工会主席，主抓基层工会工作。20 个农业生产队、机关、直属单位也都设有工会主席。

到 2000 年，全场工会干部中党员 45 人，大专以上 6 人、中专 12 人、高中 23 人，中级职称 6 人、初级职称 10 人。随着国家改革的不断深入，农场实行了经济体制改革，对农场直属的工、商、运、建、服企业实行了租赁、股份制改革，做到了能撤则撤、能并则并，进行了大刀阔斧的改革。基层工会组织由原来的 52 个减少到 38 个。基层工会主席 70% 是兼职，场工会人员由原来的 8 人减少到 3 人。工会干部素质比较高，能够做到一兼多职、一职多能。在新时期工会工作中，较好地完成了工会的各项工作任务，发挥了联系群众的桥梁作用。

2001—2005 年，农场工会下设 23 个科、队级工会。2001—2007 年农场工会工作人员 3 人。2006—2018，年农场工会下设 12 个科级工会、1 个民营企业联合工会，28 个工会小组，工会会员 4461 人，其中非职工会员 522 人。2008—2020 年，工会工作人员 4 人。

1956—2020 年农场工会负责人变动情况见表 5-2-1。

表 5-2-1　1956—2020 年农场工会负责人变动情况

任务时间	工会主席	工会副主席	女工主任	负责人
1956—1962	李德洪			金连成、林忠贵
1963—1966	邱永祥			
1979—1982	邱永祥			
1983.03—1984.04		韩德龙、王悯		
1984.05—1985.04	付国臣	韩德龙		
1985.05—1992.03	齐云	乔忠实		
1992.03—2001	李英年	孟凡林	王和平	王和平
2002—2009	张本伟			
2009—2018.01	白文军			
2018.02—2018.06	唐道光			代管
2018.07 — 2020	张文忠			党委副书记兼工会主席
2001—2004		唐志学		自营经济办主任
2001—2007		王和平		
2008—2012		郑佰忠		
2008—2016		董汉杰	刘爱东	
2012—2019		李佐波		
2016—2019		刘爱东		
2019—2020	韩 杨		韩 杨	

二、工会活动

建场初期，工会的中心任务是开荒建点。工会组织职工开展以"优质、高效、低耗、安全"为内容的社会主义劳动竞赛，用竞赛调动职工的积极性，激发职工的劳动热情，提高劳动生产率，个人、小组都制定开荒计划，当年建场就开荒 1.6 万亩，为工会工作奠定了良好的基础。

1957 年，场工会配备了 2 名工会干事，全场 269 名职工，90％是会员。全场有 7 个分会，15 个会员小组。工会执行"生产、教育、生活"三位一体的工运路线，围绕农场中心任务制定出竞赛条件，只要保质保量地完成日工作量就插上流动红旗，及时宣传职工吃大苦耐大劳的先进事迹。同时，为了活跃职工群众的业余生活，工会组织修建了篮球场、简易的阅览室，春节期间组织了业余演出队，演出了形式多样的自编自演的精彩小节目，有些优秀小节目被选到省里演出。

1958年以后，由于农场职工队伍不断扩大，工会的一项重要任务就是关心群众生活，随时注意解决职工家属实际生活中困难。1959年12月26日，接收山东移民49户，有45户安排了土房子住，只有4户住在了"对面炕"，农场给移民解决了布票，让移民都穿上了棉衣。工会做到了雨季未到先修整房屋，冬季未到先安排车辆给职工拉烧柴、拉菜等。

1962年，全场广泛深入地开展以实现"五好"（即思想好、劳动好、团结好、学习好、安全好）为目标的比学赶帮超活动。在竞赛中，仅积粪肥一项，利用当年冬闲时间，就完成了19.5万吨（其中土肥就积了3.96万吨）。施肥面积达1800公顷，是播种任务的70％。青年柳洪兰、赵作兰日刨粪8立方米，展开学赶典型活动，推动竞赛工作不断向前发展。

党的十一届三中全会以后，工会工作重点转移到以"四化"建设为中心的轨道上来，根据恢复和发展的实际需要，先后在全场开展了"增产节约，为四化立功""创先进、学先进、赶先进"的群众活动。如九队受群众欢迎以身作则的好队长王恒昌、林场任劳任怨的场长许胜吉、第四生产队张继光先进车组等，都是当时农场、北安管理局、农垦总局的劳动模范。每年全场评出的先进生产者（工作者）近300人，基层工会及时用板报、光荣榜等形式宣传先进人物的事迹，场工会敲锣打鼓送喜报插红旗，及时向全场广播，在职工大会上表彰他们，全场出现了"先进更先进，后进赶先进"的局面。

1986—1990年，工会重点抓了宣传教育工作。坚持经常向职工进行党的基本路线和形势任务教育，自觉地坚持立国之本、强国之路。在全场开展企业精神教育，1990年在全场举办企业精神演讲会，教育职工"场兴我荣，场衰我耻，为场分忧，共渡难关"。在企业精神教育下，1989—1990年春季，广大职工积极踊跃集资300万元，购买化肥、农药、新机具，使农场渡过了难关，农业生产连续2年获得丰收。

1991—1995年，工会在职工中开展社会主义市场经济系列教育，教育职工解放思想、更新观念、换脑筋，使职工认识到企业必须走自主经营、自负盈亏、自我约束、自我发展的道路。1992年，农场对工、商、运、建、服企业，实行租赁、拍卖、破产、转让等，并对文教、卫生机关人员进行精简，有670多名职工下岗。由于对职工思想教育开展得深入，下岗职工能够适应改革的需要，投身到市场经济大潮中去。自1992年以后，农场个体经济像雨后春笋一样不断发展、不断壮大，发展非国有经济从业人数达4500人。

1996—2000年，开展新时期工人阶级历史使命系列教育，做到"两个学习，两个教育"。学习党的十五大精神，明确"九五"期间发展的奋斗目标；学习历年两局党委（扩大）会议精神，明确两局党委新时期总任务。对职工进行深化改革教育，使职工认识到发展是硬道理；教育职工抓住发展机遇，加快致富奔小康步伐。寻求新的经济增长方式，鼓励职工大力发展非国有经济。职工发展非国有经济创造产值逐年递增，1996 年，农场非国有经济总产值 2500 万元，到 2000 年，发展到 6500 万元。

2001 年以来，农场工会把开展文体活动作为丰富职工生产生活的重点活动。开展了多项健康、文明、有正能量的活动，大大地调动了干部职工生产、生活积极性，促进了农场各项事业蓬勃发展。为加强农场文化建设，用健康向上的文体活动占领社会主义文化阵地，在加强各基层单位"三室两场"建设的同时，结合各种节日，开展迎新春文艺晚会、春节秧歌会演，职工象棋、扑克赛，敬业杯职工乒乓球赛等文体活动。为了最大限度地满足职工群众的业余文化需求，农场投资 539 万元建成了集文化、娱乐、休闲、运动于一体的 2 万平方米文化体育广场，配齐配全了体育健身器材，为开展文化体育活动创造了良好的条件。

农场十分重视文化体育活动，特别是篮球、乒乓球、拔河比赛等活动，调动了职工热爱集体、积极参与的热情。1986—1996 年，农场男子篮球队在北安管理局举办的篮球比赛中荣获五连冠的优异成绩。2009 年，工会成立篮球和乒乓球 2 个协会，在协会的积极组织协调下，每年都举办多次篮球和乒乓球友谊赛。2010 年，篮球场更换了篮球架、篮球板，为住宅楼小区新安装了健身器材。从 2010 年开始，农场每年都举办职工篮球赛、乒乓球比赛、拔河比赛等大型全民体育活动，每年五一、七一、十一等重大节假日工会都组织广场文化演出，丰富多彩的文化体育活动不断提升了企业的文化形象，同时也陶冶了职工群众的情操，增强了企业的凝聚力和向心力。2001—2008 年农场篮球队 4 次获得北安管理局冠军，2 次亚军。2019 年 6 月 10 日，北安管理局举办篮球比赛，农场代表队获得季军。

2016 年 9 月 8 日是农场建场 60 周年纪念日，为了纪念这一特殊而有意义的日子，回顾农场发展历史，进一步调动全场干部职工群众爱场敬业的工作热情，农场在广场举办了建场 60 周年大型文艺演出，增强农场凝聚力。农场成功举办了纪念建场 60 周年秋季运动会，运动会共分为 5 个组别，即成人组、幼儿园、小学组、中学组、中老年组（50 岁以上），参赛人数达 1000 多人。

2018 年是知识青年上山下乡 50 周年，农场共有知青 7000 多人，他们为了北大荒的开发建设贡献了自己的青春，农场为了迎接他们下乡 50 周年、重返第二故乡，精心为回访的近千名知青代表举办了 4 场大型的主题文艺演出，并为他们发放了纪念币和服装。建设农场曾多次被农垦总局、北安管理局工会授予职工文化体育先进单位称号。

三、扶贫帮困

建场初期至今，农场工会在扶贫帮困、春节慰问、救助等项工作中成绩突出，得到上级业务部门及农场党委的大力支持，同时赢得了职工群众的信赖。

在每年新春佳节到来之际，场工会都开展"进百家门，知百家情，解百家难，暖百家心"活动。场长、书记挂帅，带领包括工会在内的有关科室，深入到各基层单位，走访看望贫困户、五保户、军烈属、伤残军人、离退休人员、归国华侨等，每年发放春节救济款（含实物）平均 5 万元以上，把党的关怀和温暖送到职工的心中。截至 2000 年，农场党委、农场工会据不完全统计已拿出 200 万元开展了送温暖进万家活动。

2001—2010 年，农场困难职工帮扶中心先后对全场 3951 人次开展了生活救助、医疗互助、子女上学、职业介绍、职工技能培训、工伤救助等帮扶，帮扶金额达 31 万多元，推动了社会救助体系的发展和完善。

农场工会还结合困难职工的实际，不断创新工作思路，通过"输血式"救助与"造血式"帮扶相结合，在坚持做好"救急救穷、输血式"帮扶救助的同时，积极寻找"造血式"帮扶的有效途径。大力开展职业技能培训，克服"等、靠、要"的思想，提高困难职工的劳动技能，树立脱贫信心和自主创业精神，先后培训贫困职工 300 多人（次），同时还实施了"扶贫帮困""扶低支富"工程，以生活救助、医疗救助、就业帮扶、金秋助学等为内容的全方位帮扶活动。通过党员干部"一帮一、多帮一"帮扶工作格局，多管齐下，实施多层面多形式的帮扶救助。为 36 名生活困难和遭受灾害的困难职工家庭给予及时地帮扶救助，发放帮扶救助资金 6 万多元；在金秋助学活动中，对 21 名考取高等院校的贫困学生进行了帮扶资助，发放助学金 2.95 万元，对 60 多名困难中小学生发放助学金 2 万余元。为 15 名患重大疾病的困难职工实施了医疗救助，发放救助金 2.5 万元。在实施"扶贫帮困"和"扶低支富"过程中，10 年来全场有 116 名副科级以上党员干部和农垦总局、北安管理局 13 位处室领导分别与全场 129 户低收入职工家庭结成"一帮一"帮扶对子，帮助低收入职工选择种植大豆、玉米、棚菜，养殖牛、羊、猪、鹅等项目，创经济效益 97.2 万元，户均增收 4000 元。在每年元旦、春节期间组织开展大规模的"送温暖"活动中，累计走访慰问 3576 户困难职工家庭，发放帮扶慰问金 75 万余元。通过帮扶，使职工刘松江、王丽荣、殷凤芹等一批困难职工摆脱了贫困，到 2010 年末，全场114 个贫困、低收入户，脱贫脱低率分别达到 88％和 90％。2001 年，农场被农垦总局评为"九五"期间职工扶贫先进单位。

2011—2020 年工会深入开展"两节"送温暖活动。场、科、区 3 级干部组成送温暖走访慰问小组，走访慰问了贫困户、统战对象、军烈属、总局劳模、离退休老干部累计 5858 户，累计发放慰问金和物品折合现金 125.36 万元，把党的温暖送到了他们的手里；同时为 85 户患有特大疾病的贫困户发放救助金 4.25 万元，解除了他们的燃眉之急。

2011 年，农场工会开展"职工共同富裕行动"。到 2016 年，按照上级新指标的要求，通过摸底确定 269 户低收入户为共富行动帮扶对象，分别与全场 421 名副科级以上党员干部和农垦总局、北安管理局处室领导结成"一帮一、多帮一"帮扶对子。采取目标考核挂钩责任制、增加帮扶资金、落实帮扶项目等办法进行帮扶，帮助他们确定了特色种植、养殖等致富项目。农场工会为其协调贷款 477 万元，并提供技术培训、信息服务、科技书籍等助农服务，为实现共富目标奠定基础，脱低率达到 100％，在共富行动延续之年 100％完成脱低目标。同时，农场工会在金秋助学活动中为 17 名家庭贫困的大学生，每人发放 2.6 万元的助学款，圆了他们的大学梦。

自 2015 年开展精准扶贫工作以来，农场党委高度重视，研究部署精准识别、精准退出扶贫脱贫具体工作，落实脱贫攻坚责任，认真落实脱贫攻坚各项政策。农场投入大量资金从饮水、卫生医疗、义务教育、住房、生产生活用电、娱乐设施建设等方面改善了贫困户的生活条件。2015 年确立建档立卡贫困户 25 户 51 人，由场领导带头，主要科室长、基层辖区主要领导配合进行帮扶，切实了解贫困户需要，制定切实可行的帮扶责任工作方案，落实帮扶责任。2016 年，脱贫 19 户 36 人。2017 年农场工会接管贫困人口脱贫攻坚工作。2017 年实现脱贫 5 户 12 人，2018 年有 1 户 4 人在帮扶人的努力下为其解决了住房，农场如期完成脱贫攻坚任务。2019 年 10 月 10 日，农垦总局扶贫办委托第三方北京金光公司到建设农场对贫困农场脱贫摘帽工作进行验收。

四、民主管理

按照《中华人民共和国工会法》和《黑龙江省企事业单位职工代表大会条例》的要求，为了更好地发挥参与职能作用，1956—2020 年，场工会负责筹备每年的职工代表大会。由基层工会组织民主选举产生的职工代表参加会议，认真听取和审议农场场长代表农场（企业、公司）所作的工作报告，参与把关企业总体改革等方案及决定、办法、细则等材料的制定。各基层单位每年都召开职工代表大会和职工民主大会，参与决策本年度的重大问题。截至 2020 年末，农场每年都召开职代会，充分发挥民主，让职工献计献策，广泛征求意见，制定农场发展蓝图。

1957 年月，和平农场召开第一届职工代表大会，历时 2 天。

1981 年 3 月 20 日，在总场召开建设农场第一届职工代表大会。参会代表 367 人，列席代表 11 人，会议主要内容是场长杨玉山作工作报告，布置 1981 年的生产任务，大会通过了关于场长工作报告的决议，于 3 月 21 日闭幕。

2015 年，农场通过建立和完善职工（从业劳动者）代表大会、民主管理委员会、民主议事会、民主协商会、场务公开的"四会一公开"民主管理建设载体，切实加强了职工民主管理和民主监督工作，疏通了民主管理渠道，维护了职工权益，成为北安管理局强化民主管理的典型单位。"四会一公开"的具体内容是：凡是涉及职代会职权范围内体制改革、农业生产资料采购、土地承包等重大决策及民主评议领导干部、业务招待费使用情况等重大事项必须在职代会上报告，并经职代会审议、审查通过后方可实施。规定民主管理委员会成员由职工代表组成，积极参与管理区基层单位涉及的重大事项以及涉及职工切身利益的相关事宜的讨论研究和决策，对管理区生产经营活动进行监督。规定民主议事会成员由居民组普通职工、从业劳动者、科技人员、管理人员和退休党员干部组成，积极参与居民组关系职工切身利益的重要事项的讨论研究，监督居民组生产经营活动。规定各团体和各界人士推荐有代表性的人员参加民主协商会，通过民主协商了解各行业职工最关心、最直接、最迫切需要解决的问题，并对农场经济、文化、社会管理提出意见和建议。规定场务公开通过点题反馈公开、点题预约公开等形式开展，确保场务公开工作取得实效。

建设农场历届职代会情况见表 5-2-2。

表 5-2-2　建设农场历届职代会情况

职代会届次	大会主席团/ 人	职工代表/ 人	列席代表/ 人	提交议案/ 条	采纳/ 条	时间
和平农场第一届职代会						1957.04
第一届一次职代会	30	367	11	52	9	1981.03.20
第一届二次职代会	30	375	11	280	25	1982.03.17
第一届三次职代会	30	480	25	150	23	1983.03.18
第一届四次职代会	28	475	28	80	14	1984.02.19
第二届一次职代会	22	450	20	100	20	1986.03.21
第二届二次职代会	22	450	20	45	11	1987.01.19
第三届一次职代会	20	280	20	45	17	1988.03
第三届二次职代会	20	280	10	32	15	1989.03.29
第三届三次职代会	20	287	10	37	15	1990.03.02
第四届一次职代会	25	189	12	38	12	1991.02.28
第四届三次职代会	25	189	12	38	13	1992.03.14
第四届五次职代会	25	180	12	29	9	1993.03.24

（续）

职代会届次	大会主席团/人	职工代表/人	列席代表/人	提交议案/条	采纳/条	时间
第五届一次职代会	30	224	9	25	8	1994.01.26
第五届三次职代会	30	251	9	28	9	1995.01.15
第五届五次职代会	30	251	9	19	11	1996.02.11
第六届一次职代会	20	226	8	30	10	1997.01.16
第六届三次职代会	20	223	8	29	10	1998.01.16
第六届五次职代会	20	228	8	29	11	1999.01.19
第七届一次职代会	19	230	10	28	10	2000.01.15
第七届二次职代会	19	230	10	25	8	2001.01.10
第七届三次职代会	20	230	10	25	10	2002.01.15
第八届一次职代会	19	245	7	27	12	2003.01.08
第八届二次职代会	20	245	7	29	11	2004.04.27
第八届三次职代会	20	245	7	24	10	2005.01.08
第九届一次职代会	19	253	6	25	13	2006.01.15
第九届二次职代会	19	253	6	31	13	2007.01.08
第九届三次职代会	19	253	6	34	14	2008.03.03
第十届一次职代会	20	232	10	25	9	2009.03.26
第十届二次职代会	18	258	10	25	9	2009.12.25
第十届三次职代会	19	258	9	25	7	2011.03.23
第十一届一次职代会	21	203	6	13	10	2012.03.31
第十一届二次职代会	21	203	6	15	10	2013.03.26
第十一届三次职代会	21	230	6	28	9	2014.03.25
第十二届一次职代会	27	219	11	28	19	2015.01.10
第十二届二次职代会	27	219	11	28	19	2016.03.18
第十二届三次职代会	27	219	11	28	19	2017.03.19
第十三届一次职代会	30	204	7	19	12	2018.03.17
第十三届二次职代会	30	204	7	19	12	2019.03.20
第十三届三次职代会	30	205	7	19	13	2020.02.26

第二节　女工委员会

一、组织机构

1986—1989 年，场女工委员由场工会会计兼任。1990 年 3 月 8 日，农场女职工委员会成立，9 人当选为农场女职工委员会委员，主任委员由周玉芬担任。当时 51 个基层单位，相继建立了女工组织，并重新选举了基层女工主任，她们的文化政治素质比以前有所提高，初中学历 21 人、高中学历 27 人、大专学历 4 人，党员占 18％。1991 年 9 月王和平调入场工会负责女工组织工作，任农场工会女工干事。1995 年 3 月 8 日，召开第二届女职工委员会工作会议，对女工委员进行了换届选举，王和平当选为女工委员会主任委员，13 人当选为女工委员会委员。2007 年，刘爱东任女工干事，2009 年任女工委员会主任。2019 年 11 月—2020 年，韩杨为女工委员会主任。

二、发挥妇女半边天作用

全场女工组织成立后，积极认真地开展各项活动，调动广大妇女在农场生产、生活中发挥半边天作用。场女工组织认真动员和组织广大妇女投身农业改革和两个文明建设行列，主要抓了组织、教育、维护、参与等工作，使妇女工作更加活跃。

1. **抓"四·四"工程教育**（即"四项基本原则、四爱四有、四自"教育）　号召各级女工组织从自身特点出发，开展丰富多彩的教育活动，组织女工参加了企业精神演讲会和《中华人民共和国妇女权益保障法》《中华人民共和国工会法》知识竞赛。开展争当"三八红旗手"、"行业女状元、双学双比"竞赛活动（即学文化、学技术、比成绩、比贡献）。提倡并赞扬妇女在家中默默无私奉献的贤内助精神。活动的开展，提高了广大妇女的政治、经济、文化及社会地位，使她们成为振兴农场经济的一支重要力量。涌现出一大批优秀妇女典型。中学教师董亚芬被评为北安管理局级"双学双比"先进个人；水利渔业公司闫秀芝，带领 5 名家属创建了水泥管厂，年创产值 20 万元，连续 2 年被评为北安管理局劳动模范，1995 年被评为农垦总局劳动模范；农场场直小学教导主任刘淑珍，刻苦学习，努力钻研业务，带领教师改进教育教学方法，使小学的教学成绩不断提高，学生及格率、升学率在 98％以上，她多次被评为北安管理局、农垦总局劳动模范。

2. **抓了维护妇女合法权益工作**　场女工委员会贯彻落实《中华人民共和国妇女权益保障法》和《垦区女职工劳动保护实施细则》，使女职工的产假由原来的 45 天增加到 90 天。每年对妇女进行 2 次妇科病检查工作。而且还经常督促基层领导禁止让孕期或哺乳期的妇女去做有毒有害工作。

1995—2000 年，对广大妇女进行深化改革教育，使妇女认识改革的新形势和新任务。在农场的改革和经济建设中，让妇女展示才华、发挥才智。1996 年 3 月 18 日，场女工委员会召开了"巾帼建功"女能人事迹报告会，在会上，中学教师刘艳、场职工医院的外科主任齐洪艳、十四队党支部书记刘翠华、场卫生防疫站医生张忠秀等作了事迹报告。场女工委员会结合开展"三八红旗手、巾帼建功"等竞赛活动，按照不同行业、不同岗位，开展了争创"十杯能手、十佳女状元"竞赛活动。1997年，九队养鸡能手张作兰和八队养猪能手薛月华、种植能手初美香被评为农垦总局"十杯能手"。

1999年3月8日，场女工委员会召开了庆祝"三八"妇女节行业女状元报告会，在会上场宣传部部长王凤兰，实验站党支部书记冷桂芬，七队麦场主任李景芳，职工医院外科护士长张桂琴，气象站站长谭薇，家庭典型文明户王月兰、杜立、亢淑芹，下岗教师李晶萍作了事迹报告，同时表彰了"十佳女状元""五好文明家庭标兵"。通过典型带动全场广大妇女，使她们成为农场经济建设的一支生力军，特别是在发展非国有经济中妇女占70％以上。

3. 开展择业教育 引导女职工破除依赖思想，确立在市场经济条件下通过劳动获得收入就是就业的新观念。1995年场女工委员会成立了下岗女职工发展自营经济互助基金会，全场女职工共集资14000元，扶持下岗女职工发展自营经济35人次，女职工下岗不找场长找市场，她们努力发展自营经济。特别是下岗教师李晶萍，大力发展养殖业，同爱人付文贵一起饲养蛋鸡、肉鸡、七彩山鸡、黑凤鸡、乌鸡、大白鹅等，并建成一个综合性禽类养殖小区，成为北安管理局下岗再就业典型，事迹材料被编入北安管理局女工下岗再就业典型材料汇编中。

4. 争先创优活动 场女工委员会结合评选"五好家庭"活动，与场宣传部共同开展了争创"十星级文明户"活动。"十星"即政治星、致富星、守法星、教子星、新风星、和睦星、卫生星、计生星、文体星、奉献星。场女工组织把"十星级文明户"条件打印下发到各生产队，场区发到每户家中，使"十星级文明户"条件做到家喻户晓，在全场掀起了争创"十星级文明户"热潮。全场共评选出十星户67户、九星户192户，五星级以上文明户占全场总户数的75％。场区给"十星级文明户"挂牌，特别是九队、十二队、十四队、十六队都做了"十星级文明户"图板，把每户得星利用图板公布，使每户自己得星情况心中有数。这项活动的开展促进了农场精神文明建设蓬勃发展。

2001—2020年，场女工委员会积极开展思想道德教育和"巾帼建功、学习铁人精神、低碳家庭、时尚生活"等知识竞赛活动中，围绕如何提高女工的思想道德素质，向全体女工发出了倡议：树立"自尊、自爱、自强、自立"的精神，树立正确的世界观、人生观和价值观，"爱岗敬业、奉献社会"的良好职业风尚，引导广大女工从自身做起，摆正婚姻与家庭的关系，处理好工作与家庭之间的关系。通过开展多种形式的教育活动，使女工们树立了信心，鼓舞了女工建功立业的干劲，提高了女工队伍的整体素质。

在开展《中华人民共和国工会法》《中华人民共和国劳动法》及安全生产等法律法规的学习和宣传活动中，利用法律大集发放《中华人民共和国妇女儿童权益保护法》宣传单

5000 多份。为维护女工的特殊利益，确保女工在生产过程中的安全与健康，为 9000 多名女工投了"女性团体安康保险"，为 46 名患病女工办理了相关手续并获得了理赔。1 年 2 次免费为妇女健康体检。

30 年来，农场表彰了 68 名"三八红旗手"、48 名"和睦好婆媳"、36 个和谐家庭、55 名爱岗敬业女能人、29 名"增收致富"典型和 35 名优秀女工干部。

第三节　共　青　团

一、机构

1956 年建场初期，农场就成立了团总支，但没有具体办事机构，在场政工科内有一名团总支书记负责具体工作。

1958—1959 年，转业官兵、山东支边青年来场，青年增多，团组织也不断扩大，10 个基层单位都设立了团支部。

1963 年，农场成立团委，设一名副书记主持日常工作。

1966 年，"文化大革命"开始后，共青团组织停止了活动。

1979 年，成立团委办公室，设一名团委副书记和一名干事。

1985 年，全场有团委 1 个、团总支 5 个、团支部 46 个，共青团员 849 名，团员占青年总数的 21%，25 以下岁的青年干部 130 人，占全场干部的 20%。

1972 年，四团召开了青年团工作会议，选举委员 15 名，唐学连担任团委书记。

1973 年 2 月 16 日，六十八团召开首次共青团代表大会，参加会议代表 200 人，列席代表 50 人。

1980 年 6 月 12 日，召开建设农场第二次共青团代表大会，参加会议代表 300 人，其中正式代表 247 人、列席代表 53 人。选举产生委员 27 人，其中常务委员 11 名，团委书记李树恒（兼），副书记马喜文。

1987 年 11 月 19 日，共青团建设农场第三次代表大会召开，历时 2 天，参加会议代表 144 人，其中正式代表 132 人、列席代表 12 人，选举产生委员 11 名，王彩霞当选团委书记。

1990 年 7 月，共青团建设农场第四次代表大会召开，选举产生委员 11 名，刘双玲当选团委副书记，干事杨洪臣。

1992 年 1 月—1993 年 12 月，团委工作由赵晶煜负责，干事杨洪臣。

1994年3月20日，共青团建设农场第五次代表大会召开，选举产生委员11名，杨洪臣当选团委副书记，农场团委由一名副书记主持日常工作。

1997年10月28日，共青团建设农场第六次代表大会召开，历时1天，参加会议代表98人，其中农林战线代表63人、工交建筑战线代表15人、文教卫生战线代表20人，梅贵元当选为团委副书记。

2008年4月28日，共青团建设农场第七次代表大会召开，历时2天。参加会议代表85人，其中正式代表75人、特邀列席代表10人，代表全场324名团员选举产生了团委委员7名，刘承文当选团委书记。

2010年，全场共有团委1个，下辖团总支1个、团支部10个，共有团员729名，占全场青年总数的27%。有28岁以下青年干部67人，占全场干部总数的27%。

2020年，全场有团委1个，团总支1个，团支部6个。

1956—2020年团委干部变动情况见表5-2-3。

表 5-2-3　1956—2020 年团委干部变动情况

时间	书记	副书记	负责人	干事	备注
1956—1957	张树成				
1958—1959			金连成		
1960—1962			李恒太		
1963—1965			陈化兴		
1974—1978	涂佳琳				
1979—1980.03		吴洪义			
1980.05—1981	李树恒	马喜文			
1982—1983		宋乃春			
1984—1985.05		胡金桂			
1985.06—1987.11	孙林				
1987.11—1990.07	王彩霞				
1990.07—1991.12	刘双玲				
1992.01—1993.12			赵晶煜	杨洪臣	
1994.03—1997.10		杨洪臣			主持工作
1997.10—2000		梅贵元			主持工作
2001—2004.04	梅贵元				
2004—2012.07	刘承文				
2010—2012.07			隋吉男		
2012.07—2015.04			隋吉男		主持团委工作

（续）

时间	书记	副书记	负责人	干事	备注
2015.04—2016.04			施永刚		主持团委工作
2016.04—2017.09	施永刚				
2017.09—2020.12	施永刚				主持团委工作

二、主题实践活动

1956 年刚刚建场，就组织青年开展社会主义劳动竞赛，当年完成开荒面积 16.425 亩。1958—1959 年，大批转业官兵和山东支边青年来场，青年增多了，团组织也不断扩大。1958 年全场有青年 4024 名，团员 849 名，兼职团干部 185 人，基层团委 5 个，团总支 58 个。1960 年已有 10 个团支部，根据青年特点，加强了思想教育，开展了文体活动，大搞积肥运动。1963 年，结合"五四""七一"纪念会，在广大青年中进行了传统教育，并开展了"五好"（学习思想好、工作生产好、团结协助好、技术革新好、文体卫生好）竞赛活动。在评比中，评出一类团支部 5 个，28 人；二类团支部 3 个，51 人；三类团支部 3 个，14 人。

1964—1965 年，举办了 2 期基层团干部和优秀团员训练班。全场团员发展 183 人，比 1963 年增长了 51%，团支部 21 个，有 3 名共产党员担任了团委领导。

1978 年，知青大批返城。团的组织处于被动状态，农场党委副书记李树恒抓团委工作，在改选团总支、恢复组织、整顿思想上采取了一系列措施，使全场 29 个团支部又焕发了青春活力。

1979 年，全场有团干部 158 人。有 216 名青年光荣入团，7 名团员入了党，12 名青年参加了中国人民解放军，15 名团员被场评为先进个人，50 名团员被评为模范团员，50 名团员被评为新长征突击手（其中有 9 名被评为北安管理局新长征突击手，1 名被评为地区新长征突击手）。先进团支部 5 个，先进集体 5 个（其中有 3 个集体和 15 名团员代表出席了北安管理局首次团代会）。

1981—985 年，共青团紧紧围绕党的中心工作，积极开展了各种有益于青年身心健康的活动。在抓好组织建设、制度健全的同时，抓青年活动阵地的建设，巩固和壮大了青年之家，全场共有青年之家 24 处，总面积 595 平方米，拥有电视机 5 台，录音机 2 台，照相机 2 台，图书 7605 册，各种文体用品 224 件，各种乐器 108 件。青年之家吸引了广大青年，有 110 名青年入了团。在青年和团员中涌现出一批先进集体和先进个人。九队团支部被评为北安管理局标兵团支部和农垦总局先进团支部，全场有 5 个团支部被评为北安管理局先进团支部，10 个团支部评为场先进团支部。团干部中被评为地区优秀团干部 1 名，农垦总局优秀团干部 1 名，北安管理局优秀辅导员 1 名，场优秀辅导员 5 名。全场有 5 名团员入了党，210 名青年入了团。参加电大、函大、夜大学习的团员和青年 146 名，青年义务植树共 1.8 万棵。

1990 年 1 月 14 日，农场团委举办了首届青年集体婚礼，有 8 对新人参加。农场党委书记王法亮到会致贺词，集体婚礼既简朴又热闹，为青年婚事树立了榜样。

1991—2000 年，全场各级团组织重点开展了以下几项工作：①把"五讲四美""三热爱"作为加强青年思想政治工作的重要环节。破旧俗，树新风，普遍开展了种树、种花、爱场（爱校）如爱家活动，使"五讲四美""三热爱"教育进一步规范化、经常化、制度化。这个时期全场共植树 1 万余株，建花坛 200 多个。②开展了勤劳致富扶贫帮困活动，党的富民政策为垦区青年指明了致富的方向，十八队团员姚永和在改革开放、搞活的方针指引下承包了大豆 70 亩、玉米 10 亩、油菜 45 亩，建鱼池 1 个，大搞多种经营，1 年纯收入 6000 元。③紧紧围绕生产建设中心，在春播、夏锄、麦收、豆收等农时活动中，开展了"十最佳""十能手"活动，"一流夺红旗，超定额破纪录争当突击手（队）"活动，九队团支部被评为北安管理局团委标兵团支部；一中团总支、十一队团支部被北安管理局团委评为先进团总支；修造厂团支部是一个过得硬的突击队，在生产大忙季节，面向生产第一线，承担了急、难、新、险、重任务，受到好评。④开展健康向上的文体活动，增强团组织的凝聚力。全场各级团组织举办了演唱会，歌咏会，球类、棋类、拔河比赛，交谊舞等活动，场团委还举办了"金秋杯"歌手大奖赛、篮球赛、夏令营活动，并在"五四"期间举行"五四"征文有奖竞赛、祖国在我心中歌咏赛等。这些丰富多彩活动的开展，陶冶了青年的思想，活跃了团的生活，增强了团的吸引力。⑤围绕农场经济建设这一中心，各级团组织动员和组织广大团员青年开展青年岗位练兵、劳动竞赛，发挥突击队作用，在突击活动中，3 年共卸化肥、选豆种、卸煤 220 多吨，积农家肥 150 多吨，清理垃圾 900 多吨。在社会治安综合治理工作中，全场义务执勤小分队积极工作，在节假日、护秋保收、护林防火期间作用更为突出。十九队团支部书记周振明在工作中，敢于同酒后持刀闹事人搏斗，彰显了坚持正义的宽广胸怀；八队团支部书记纪玉宝、十二队团支书刘承军亲自担当宣传员、检查员、护林员，充分发挥了基层团支部书记的应有作用；九队团支部书记在巡逻时，抓获一名伪装行骗的假和尚，为维护社会治安作出了贡献。⑥在全场团员青少年中广泛开展了九八抗洪精神教育。全场广大团员青年、在校学生积极响应党团组织的号召，主动捐款捐物，共向灾区捐款 5000 多元、衣物 600 余件。

三、创建活动

2001—2020 年，建设农场团委开展了形式多样的活动，让活动带动青年生产、生活积极性。

1. **青年志愿者行动**　成立建设农场青年志愿者协会，始终坚持服务大局、服务社会、服务青年，始终坚持着眼发展、着力建设的基本思路，努力保持青年志愿者工作在农场志愿服务事业中的主体地位和示范带头作用，取得了优异的成绩。每年参加活动 1100 人次，在黑龙江省志愿服务平台注册 70 余人，开展各类志愿活动 230 余次，累计志愿服务 3817 小时，先后被共青团黑龙江省委、黑龙江省农垦总局团委授予"黑龙江省优秀青年志愿服务集体""北大荒青年五四奖章集体"荣誉称号。

2. **青年文明号活动**　按照团中央统一部署，本着"总量控制、动态管理"的原则，严格遵守《北安分局青年文明号命名及管理暂行规定》，积极开展青年文明号创建活动。2017 年，建设农场综合科技园区被授予省级青年文明号。

3. **青年创业行动**　为适应网络新媒体时代，积极组织青年参加龙江大讲堂电子商务培训，累计培训人员 1128 人次，培训场次 12 场，为农场青年电子商务创业提供了有力保障，为低收入职工增收开辟了新渠道。

四、励志教育活动

全场各级团组织根据不同行业、不同层次青年的思想实际，以理论小组为依托，广泛开展了形式多样的青少年励志教育活动，凝聚广大青年投身经济建设的共同意愿。

1. **坚持"三抓"加强组织建设，不断提高共青团的凝聚力和战斗力**

（1）抓团干部队伍建设。加强团干部队伍建设，积极选拔培养优秀团干部，为企业培养、储备、选拔人才。

（2）抓"育苗推优"建设。向党组织输送新鲜血液是团组织义不容辞的责任。把推优工作列为重中之重，坚持标准，严格程序，确保党组织发展党员"六不批"的原则落到实处，坚持做到措施上与党组织配合、教育培养上与党组织配合、推荐上与党组织配合的"三配合"工作，使团组织队伍建设和党的建设工作良好地衔接起来。多年来，经过团组织考察推荐，共有 25 名团员光荣地加入了中国共产党。

（3）抓标杆建设。树好标杆，在团员青年中树立正面的舆论导向作用是扩大团组织影响力和凝聚力的重要途径和手段。自 2018 年以来，不仅做好团内各项表彰，还将评选扩大到青年中去，举办"1＋100 优秀青年"评比，评选出大家心目中满意的优秀青年及青年团干部。

2. **以培养"四个意识"为目标，切实加强青年职工的思想政治工作**　着力培养青年树立正确的理想信念意识，构筑青年精神支柱。多年来，坚持以理想信念教育为核心，在广大团员青年中开展了以"三个代表"重要思想、科学发展观、党的十九大精神、习近平新时代中国特色社会主义思想团的十八大精神为主要内容的学习教育活动，坚持了每月一期的理论政治学习，并注重开展将思想教育与调研结合，及时掌握分析青年的思想动态。

3. **建设两大阵地，开展各项主题实践活动**　共青团不断深化青年安全阵地建设。着力加强"青年安全生产示范岗"的创建，各创建集体不仅定期开展安全活动，并认真开展团内身边无事故活动，向班组每位成员延伸、向周边团员延伸，不断推进"青年安全示范岗"的创建工作。

中国农垦农场志

第六编

政法民政与
国防教育

中国农垦农场志丛

第一章 法 治

第一节 政 法

一、概况

农场政法委是领导、管理、协调政法工作的职能部门，加挂社会治安综合治理委员会办公室牌子，政法委、综治办、维稳办、610 办合署办公。政法工作紧紧围绕建设"平安农场"目标要求，深入开展平安创建活动，以化解社会矛盾为主线，加强司法保障，加强政法机关社会管理能力建设，加强政法队伍思想政治建设，以和谐社会建设者的姿态全面发挥职能作用，最大限度地增加和谐因素、减少不和谐因素，为实现农场经济社会发展历史性跨越创造和谐稳定的社会环境及公正、高效、权威的法治环境。

1956 年建场时，只设公安特派员 1 名，负责全场的治安保卫工作。1966 年，"文化大革命"开始，公检法机关被砸烂，广大干警被集中办学习班，各项档案资料遗失。1968年，农场改为营，科室改为股，公安分局改为保卫股，保卫股设在建设农场场部，公安工作均由保卫股负责，各营设保卫干事 1 名。1970 年，营改为六十八团。"文化大革命"期间，社会治安混乱，人们法律的观念淡薄，发案率增高，1966—1976 年发生各种案件96 起，破案 20 起，破案率为 21%。同时火灾造成的损失更使人惊叹，共发生火灾 24 起，损失价值 4.2 万元，发生率比建场初期增加 60%。

1977 年，恢复了农场体制，成立建设农场公安分局，隶属北安县公安局。万纯培任分局局长，陈化兴任分局教导员。

1988 年 10 月，建设交警中队组建完毕，隶属建设公安分局领导。至此，建设公安分局拥有 13 名正编警、6 名看守警、8 名消防警、2 名交警。肩负着建设农场的治安防范、消防监督检查、扑救火灾、查处治安案件、一般刑事案件、协查重特大刑事案件和交通事故的职责。

1999 年 5 月，垦区公安系统进行招收公务员考试，建设公安分局 22 名民警除唐守杰免试外，其余 21 名民警全部通过垦区公安系统转制考试。同年 8 月 31 日，建设公安分局行政拘留所被撤销，被裁决行政拘留人员押送赵光农场公安分局行政拘留所执行拘留。9月，建设公安分局办公室全面维修完毕，办公条件大为改善，并装备一台联想586型微机用于自动化办公。

自2003年起，严格落实公安部"五条禁令"，抓整治促进司法公正，深入地开展"争创"活动，认真实行司法公开，接受群众监督，治理突出问题。重点解决少数干警存在的以权谋私、徇情枉法、刑讯逼供、滥用强制措施等问题。2004年，处理民警违法违纪4人次。

2012年起，政法委、综治办、维稳办、610办合署办公，迁到农场机关，归农场党委副书记直接领导。

几十年来，建设农场政法工作在上级业务部门和场党委的正确领导下，在打击刑事犯罪维护社会治安工作、保卫四化建设的斗争中，作出了应有的贡献，取得了一定成绩，涌现了一些先进股所和优秀干警。第一分场派出所1985年被评为农垦总局公安系统文明单位，农场被农垦总局评为"平安农场"荣誉称号。2016年经农垦总局综治委测评，群众安全感、满意率在95%以上，同年被黑龙江省委、省政府正式授予省级平安农场称号。

二、平安农场创建

建场64年来，农场政法工作不断改革、不断完善、不断进步，为农场经济建设和社会发展起到了保驾护航作用，保护了职工群众的生命财产安全。

强化"四道防线"建设，落实责任分工，开展以责任区民警群防群治队伍为主体的"四道防线"建设工作，在维稳创安工作中发挥作用，实行"四个联动"即多警联动、警民联动、警企联动、齐抓共管部门联动。在责任落实上，由责任区民警堵住边、巡逻队巡住线、联防队守住点、治安员管住块，实行统一部署、各尽其职、条块结合、互相配合，使"四道防线"在平安建设中真正发挥作用。

加强领导，实行"六包"和实施"一把手工程"，各单位党政一把手是综治及创安工作的第一责任人，主管领导亲自抓。领导包区、责任区民警治安员包片、居民组长包点、栋户联防组包户、重点人采取"人包人"、环卫员包路段兼职治安联防员，落实责任和目标。

开展"平安创建工作"。重点在教育系统开展"平安校园"、在卫生系统开展"平安医院"、在建筑系统开展"平安工地"、在工商系统开展"平安市场"、在交通系统开展"平安交通"等形式多样的平安创建活动。明确规定教育科负责"平安校园"建设、卫生科负责"平安医院"建设、建设科负责"平安工地"建设、交通科负责"平安交通"建设、工商负责"平安市场"建设。农场在过去几十年的平安建设工作中，由于认真贯彻农垦总局、北安管理局党委抓平安创建工作的部署，取得了连续4年通过农垦总局平安农场的检查验收，在平安创建中被农垦总局评为先进单位、社会治安综合治理被北安管理局授予优秀单位的好成绩。

道路交通安全管理工作是关系农场人民生命安全的大事，农场党委十分重视，公安部门积极工作，这些年共查处各种违章车辆1322台次，处罚813人，拘留2人，暂扣驾驶执照13个，取缔无牌无证车辆52辆。办机动车驾驶员学习班8次，参加学习驾驶员311人，签订安全责任状211份，建立车辆安全检查档案56份。重点整治事故多发路段2处，树立道路交通安全标识26个，安装道路交通安全减速带32处。2010年，投资60万元打造了总面积180平方米的综治维稳中心，整体设置为"四室一厅"，即接待室、调解室、候问室、档案室和办公服务大厅。综治维稳中心致力于围绕中心、服务大局、注重实效、分类指导、大胆探索的目标，先后组建了7个社区（管理区）综治维稳工作站，选拔了14名综合素质高、应变能力强的大学毕业生任专职综治干事，健全了首问责任、限时办结等10项工作制度，建立了"三室、三员、三支队伍"等10项岗位职责，明确了常驻单位、值班单位、责任单位等3个层面工作任务，普及了平安创建手册、矛盾纠纷排查台账、风险评估研判登记簿、宣传活动汇编等"两册、三台账、五簿、七汇编"，实行了一个中心服务群众、一个平台整合资源、一个流程调解到底、一个机制考核落实的"四个一"运行方式，建立了现场解决、部门解答、领导解答、听证解答的"四步"调处工作流程，实现了各类治安案件明显下降、社会秩序明显好转、安全隐患明显减少的预期目标。

2011年为交通重点整治工作最后一年，为此，农场加大力度，在年终的社会治安综合治理考核中被农垦总局授予平安农场称号，一直持续至今。

二、社会治安综合治理

农场社会治安综合治理领导小组由场党委副书记兼任主任，成立办公室具体进行协调。

1. 社会治安综合治理的基本职能 在党委的领导下，各部门协调一致，齐抓共管，依靠广大人民群众，运用政治的、经济的、行政的、法律的、文化的、教育的等多种手段，整治社会治安，打击和预防犯罪，保障社会稳定，为社会主义现代化建设和改革开放，创造良好的社会环境。

2. 社会治安综合治理功能 维护社会稳定，重大恶性案件和多发性案件得到控制，发案率逐步下降，社会丑恶现象大大减少，治安混乱地区和单位的面貌彻底改观，治安秩序良好，人民群众安全感增强。

3. 主要工作 1984 年 7 月，按照上级要求，建设分局全体干警精神振奋斗志昂扬，积极投入打击刑事犯罪战斗。在第一战役第一仗的战斗中，建设分局打击各种扰乱社会治安分子 17 名，9 月 4 日，利用一天一夜时间，一举破获第一分场五队牛点女职工许亚茹家被盗现款 22.2 万元的重大盗窃案，缴获全部赃款，罪犯被判有期徒刑 5 年。

1985 年 7 月，在打击刑事犯罪第三战役第三仗集中打击流窜犯的战斗中，分局干警在副局长宗传礼的带领下，深入群众，调查摸底、顺蔓摸瓜，在场内挖出盗窃集团 3 个，破获现案 7 起、隐案 18 起、积案 1 起，缴获赃物折合人民币 32.1 万元。在这次打击中被捕判 2 人、劳教 2 人、缓教 1 人，其余 21 人根据法律有关规定进行了拘留罚款等不同程度的处罚。

1986—1992 年，建设农场的社会治安综合治理工作在农场党委的直接领导下，场综治办积极工作，齐抓共管部门共同努力，综治工作开展得较好，各项指标均按综治方案得以落实和完善，曾多次被北安管理局表彰奖励。

1993 年，建设农场社会治安综合治理工作在管理上出现漏洞，被北安管理局一票否决。

1994—1997 年，农场吸取了 1993 年综治工作被一票否决的教训，加大了对综治工作的管理力度，严格按照场综治方案进行检查落实，摆脱了"一票否决"的阴影，取得了较理想的成绩，被农垦总局评为综合治理先进单位，在农垦总局政法大会上介绍典型经验。综合治理工作在全场开展了"细胞工程"。与全场 3910 户签订家庭责任状，成立了 397 个十户联防组，治保会、调委会、治安员等群防力量得到进一步加强，并于 1997 年筹建完成居民委员会，群防群治体系基本形成，综治工作发展势头良好，被评为北安分局综合治理标兵单位。

1998—2000 年，建设农场综治工作继续稳步向前发展。在全场各单位中，积极推广创建安全文明小区（队）的工作，各单位对创安工程重视程度较高，积极参与创安工程，取得很好的成绩。八队、十二队被评为农垦总局级安全文明小区（队）；二队、四队、九队、十一队、十四队、十七队、职工医院被评为北安分局级安全文明小区（队）。农场综治办继续强化群防组织建设，建成十户联防组 418 个，设立专兼职治安员 30 名，成立治保会、调委会各 52 个，居民委员会 23 个，各群防组织职责清晰，群防能力得到加强，推行"打、防、控一体化"建设，群防体系形成网络。

2001—2003 年，按照中共中央、国务院《关于进一步加强社会治安综合治理的意见》

要求，继续贯彻"打防结合，预防为主"的社会治安综合治理工作指导方针。坚持打击与防范并举，治标和治本兼顾，重在防范，重在治本。由综治办牵头，联合工商、公安、卫生、安全、消防、环保等部门执法整治。2001年，集中整治9次（其中对外来人员集中清查6次），出动人员119人次，取缔收废点1处、无证商贩2家；2002年，联合整治8次，出动人员157人次，取缔收废点1处，开展校园周边环境整治2次，取缔无证小贩4家。

2006年，北安分局推广赵光农场"4334"防控体系经验，农场在此基础上创新出台"48631"管控机制，建立了"四道防线"，发挥了"五个作用"，落实了"六包内容"等，建立了31人的民警保安队、102人的三老义务看护队、78人的民兵巡逻队、70人的环卫兼职治安联防队、430人的栋户联防队5支队伍，真正形成群防群治、齐抓共管格局。

2007—2008年，深入开展"十进、十送"活动，以"保稳定、促发展、迎奥运"为主题推进维稳创安工作，组织各成员单位和执法部门开展校园周边环境整治，取缔黑网吧4所、无证小摊贩5处，收缴玩具枪、管制刀具等20把。

2011—2013年，按照北安管理局要求，推出了"打、防、调、管、教、改、建"等十卷内业评比标准，对工作情况更加一目了然。投资建立了综治信息平台，为实现农垦总局、北安管理局、农场、管理区（居委会）四级联网功能提供各项基础数据。

2014年，社会管理综合治理委员会重新更名为社会治安综合治理委员会，目的是集中精力抓好平安建设。

2015年，农场顺利通过黑龙江省平安农场验收。

2016年3月，农场被黑龙江省委、省政府正式授予省级平安农场称号。

2019—2020年，深入开展"扫黑除恶"专项斗争。全年召开4次专题党委会学习部署扫黑除恶专项工作，与党员干部签订承诺书46份，公布了3个举报电话和邮箱，张贴"扫黑除恶"固定宣传牌16块。截至2020年末，农场"扫黑除恶"专项斗争办公室未接到过群众举报，开展的4次摸排也未得到线索。

第二节　公　安

一、机构

1956年建场时，只设公安特派员刘永财一人，负责全场的治安保卫工作。行政上受赵光农场公安分局领导。

1966 年"文化大革命",公检法机关被砸烂,广大干警被集中办学习班,各项档案资料遗失。

1968 年,公安分局改为保卫股,保卫股设在营部,公安工作均由保卫股负责,各连设保卫干事 1 人。

1977—1981 年,局长万纯培,教导员陈化兴。

1982—1983 年,局长董洪生。

1984—1985 年,局长赵宪民,教导员唐守杰。1985 年底赵宪民调回北安。

1986 年,局长董洪生,副局长宗传礼、唐守杰、邵军明。

1987 年,代局长唐守杰,教导员董洪生,副局长邵军明。

1988 年,建设公安分局已成为一个下辖涌泉、建设、双丰 3 个派出所,设刑侦股、治安股、户政股、政保股、消防股、消防中队、行政拘留所为的中型公安分局。

1988—2006 年,局长唐守杰兼教导员,副局长刘成云、卢洪友。

2006—2008 年,局长曾繁强(2006 年底由红星农场调来),教导员唐守杰,副局长张权政、卢新义、卢洪友。

2009—2017 年,局长张权政,教导员卢新义,副局长潘永江。2009 年唐守杰退养。

2013 年 7 月,公安改革成立"三队一办":案件侦办队、社区警务队、交警中队及综合办。

2018 年 6 月,建设公安分局更名为建设派出所,正式民警有编制 21 人,实有 20 人,辅警 17 人,消防队员 12 人。内设治安、刑侦、交警、消防、户政、国保、法制等部门。

2017—2020 年,局长张权政,教导员郭志强,副局长张宇。

二、队伍

1995 年,唐守杰等 3 人被公安部授予二级警督警衔;刘成云等 5 人被公安部授予三级警督警衔;刘佳民被黑龙江省公安厅授予一级警司警衔;赵志鹏等 4 人被黑龙江省公安厅授予二级警司警衔。

1996 年 10 月 20 日,建设公安分局 4 名民警第二批授予警衔。张权政等 3 人被黑龙江省公安厅授予二级警司警衔;孟庆国被黑龙江省公安厅授予三级警司警衔。

1997 年 8 月,农垦公安系统进行体制改革。建设公安分局所属的涌泉、建设、双丰 3 个派出所改为第一、第二、第三警务区。由卢新义、刘泉海、金玉升分别担任第一、第二、第三警务区警长。同时成立"110"报警服务台,后改称治安消防队,系集接警、处警、消防、看守于一体的具有综合职能的部门，队长由赵志鹏担任。同年，建设公安分局装备首台联想586型微机，全场常住户口实现了微机管理。

1999年5月，垦区公安系统进行招收公务员考试，建设公安分局22名民警除唐守杰免试外，其余21名民警全部通过垦区公安系统转制考试。同年8月31日，建设公安分局行政拘留所被撤销。被裁决行政拘留人员押送赵光农场公安分局行政拘留所执行拘留。9月，建设公安分局办公室全面维修完毕，办公条件大为改善，并装备一台联想586型微机用于自动化办公。

三、警务改革

2007年3月10日，北安农垦公安局建设公安分局采取竞聘上岗的方式进行警务机制改革，打破原来陈旧的警务机制，正式组建社区民警队、治安巡防队、综合办案队、综合组。"三队一组"新型警务机制正式运行。

2013年7月24日，农场党委在建设公安分局召开警务改革工作任务落实会议，成立"三队一办"，农场党委副书记苗兴民、组织部部长张士军、纪委副书记李学忠参加会议。会议进行了候选人竞职演说、民主测评、班子审核等议程，会议最终决定：翁连山任社区警务队副队长，高臣任案件侦办队副队长，刘广胜任综合室副主任，孙志刚任交警中队队长。至此，建设公安分局"三队一办"正式成立，标志着警务改革圆满成功。

2018年6月16日，"黑龙江省垦区公安局北安分局建设派出所"正式揭牌，由"黑龙江省北安农垦公安局建设公安分局"更名为"黑龙江省垦区公安局北安分局建设派出所"，垦区各级公安机关正式实行黑龙江省公安厅垂直管理，这是贯彻黑龙江省委、省政府战略部署的重要举措，标志着农垦改革迈出了关键一步，垦区公安工作开启了新篇章，推动建设公安事业迈向新台阶、走向新辉煌。

四、设备装备办公用房

1985年以前，建设公安分局只有1台北京吉普车。

1986年，配有公安专用警车北京212型吉普车1台。

1989年，建设公安分局建成公安专用对讲机接收塔，装备车载2台，对讲机6部，与北安垦区公安系统实现了对讲联网。

1990年，建设派出所装备一台湘江750型三轮摩托车。

1993 年，建设交警中队配备一台北京 2020 型路检专用车。

1994 年 4 月，在哈尔滨市购进 3 台长江 750 型三轮摩托车，用于装备涌泉、建设、双丰派出所。同年秋，建设公安分局首次在辖区各生产队推行"一队一警"制，进行护秋保收工作，收到极佳的社会效果。

1995 年，建设公安分局装备一台北京 2020S 型公安专用车，原警车北京 212 型吉普车退役。

2010 年 5 月 21 日，建设公安分局搬迁至建设农场学校综合楼办公，原址新建四层政法办公楼同时动工。2010 年 12 月 26 日，建筑面积为 2367.4 平方米、投入 420 万元的政法楼正式投入使用，农场为公安分局更新了所有的办公桌椅及 10 台电脑用于自动化办公。2012 年，建筑面积 1620 平方米、预算投资为 345 万元的建设消防应急救援中心综合楼竣工。

五、刑侦

1980 年 10 月 28 日，第三分场修理厂和分场部连续发生纵火、投毒、写匿名恐吓信多起，广大群众人心惶惶、夜不能寐。公安机关接到报案后立即赶赴现场，通过蹲坑守候，利用纹检技术将此案破获，纵火犯落入法网。

1981 年 5 月 22 日，第三分场十七队 2 匹种公马被盗走，接到报案后，分局人员立即出动摩托车跟踪追击，于 23 日上午 10 点多钟在拜泉县三道镇的公路上，将 2 名罪犯分子擒获归案。

1982 年 4 月 28 日，第二分场八队金柜被撬，盗走现款 5000 多元。接到报案后，主抓司法部门的副场长邱永祥带领全体干警立即奔赴现场。经现场勘查，犯罪分子是撬开会计室的门，入室扳倒金柜用大斧从金柜后边砍开一个洞将钱盗走的。在现场上留下了犯罪分子作案时被划破手部流下的血迹，根据现场情况分析：犯罪分子系本队职工，30 多岁年轻人。根据现场遗留条件，全体干警深入细致的调查研究，摸底排队于 29 日晚一举破获此案。从嫌疑人家烟囱内将全部赃款缴获，嫌疑人后被判处有期徒刑 7 年。

1982 年 6 月 27 日，场武装部武器弹药库被盗。案件发生后，分局全体干警立即投入此案，昼夜巡逻。在北安管理局公安局局长梁风的带领下，于 6 月 29 日将此案侦破。缴获半自动步枪 1 支，子弹 287 发，手榴弹 1 箱 15 枚。犯罪嫌疑人被绳之以法。

1980 年，农场发生刑事案 28 起，破 19 起，破案率 69.8%；1981 年发案 15 起，破 11 起，破案率 79.2%；1982 年发案 11 起，破 8 起，破案率为 72.2%；1983 年发案 8 起，破 6 起，破案率 75%；1984 年发案 11 起，破 9 起，破案率 80%；1985 年发案 7 起，破 7

起，破案率 100%。

1988 年，农场发生一起特大杀人焚尸案。案情发生后，建设公安分局迅速组织全场民警进行侦查，在北安农垦公安局的大力协助下，将此案破获，犯罪嫌疑人后被判死刑。

1991 年 5 月 31 日，农场水利科工人宋某东酗酒后，伙同另外 2 人到建设农场第一分场寻衅滋事。其时正值建设农场二中举行学生运动会，宋某东等 3 人不听民警制止，不但肆意辱骂民警，而且手持菜刀等凶器行凶伤人，对民警鸣枪警告置若罔闻，砍伤民警。危急时刻，民警果断开枪将宋某东击毙。另 2 名歹徒被判劳教。此案民警临危不惧、处置果断，3 名民警被农垦总局公安分局授予个人三等功，1 名民警被通令嘉奖。

1992 年 6 月，全国范围进行"打团伙、破大案、抓逃犯"统一行动。建设公安分局积极行动，经过缜密侦查，在大庆将盗窃犯罪团伙主犯孙某抓获，从而破获建设农场老干部科彩电等系列被盗案件。主犯孙某被北安农垦法院依法判处有期徒刑 8 年。这次全国统一行动，建设公安分局表现出色，2 名民警被农垦总局公安局授予个人三等功，2 名民警被通令嘉奖。

1994 年 1 月 31 日，吉林省洮南县居民赵某河杀害 2 名民警后逃到建设农场场部藏匿，被建设公安分局民警抓获，受到吉林同行的高度赞扬。

1995 年 3 月，建设农场 144.5 万元化肥款在哈尔滨市被诈骗，北安公安局副局长孙锡富亲自带队，建设公安分局局长赵献民及分局刑侦人员一同前往哈尔滨市侦查。历尽艰辛，至同年 6 月，在吉林省九台市粮食招待所将诈骗案主犯袁某辉抓获，此案告破并挽回全部经济损失。

1998 年 7 月 6 日，农场第一分场发生一起特大盗窃案件。农场居民王某收购黄豆的现金 4.68 万元被盗。接到报案后，建设公安分局刑侦人员立即赶到发案现场，经侦查，掌握了大量的证据，仅用 4 个小时就将特大盗窃案件犯罪嫌疑人苏某臣抓获，取回全部赃款。苏某臣后被北安农垦法院依法判处有期徒刑 15 年。

1999 年 8 月 23 日，建设农场十一队发生一起特大杀人抢劫案，犯罪嫌疑人作案后潜逃。经分局民警近 4 个月的侦查，获得线索，11 月 22 日建设公安分局局长唐守杰带领刑侦人员奔赴海滨开放城市大连，在当地刑警的配合下，一举擒获 3 名特大杀人抢劫案犯罪嫌疑人，至此，这起农垦公安局督办的特大杀人抢劫案告破。

2003 年 1 月 10 日，农场第十九生产队居民唐某国被本队居民赵某朋连捅 11 刀，行凶后赵某朋畏罪潜逃。次日在前往海伦的路上赵某朋被建设公安分局民警张权政、刘承新、孟庆国抓获。

2004 年 6 月 27 日，农场个体养殖户付某失踪。经侦查在其养殖场附近野地里发现付某尸体，其夫徐某志有重大作案嫌疑。3天后，在通北客车上徐某志被曾繁强等刑警抓获归案。

2006年10月20日，建设公安分局在调查外来人员时发现，一名叫王某志的外来人员在亲属家中白天很少出门，经深入调查，确认该人系大连市警方正在通缉的网上逃犯，便迅速出击将其抓获。王某志成为建设公安分局在百日攻坚战期间抓获的首名网上逃犯。

2007年1月2日，农场原第一分场家属区一独居的中年妇女张某芹被人发现死在自家房门口。接到报案后，建设公安分局在上级刑侦部门的大力协助下，进行了大量的走访工作，很快无业人员刘某龙进入警方视线被确定有重大作案嫌疑。侦查员围绕刘某龙立即开展工作，在证据面前刘某龙抵赖了不过20分钟，便供认了抢劫杀人的犯罪事实。不到30个小时，这起命案就成功告破。

2009年10月14日，农场十六队养牛大户包某田饲养的7头耕牛被盗。案发后，建设公安分局侦查员连续20余天深入到附近市县展开细致调查，于2009年11月3日，在拜泉县抓获白某新等3名犯罪嫌疑人。经讯问，3名犯罪嫌疑人不仅交代了盗窃包某田7头耕牛的犯罪事实，而且交代出在赵光农场、长水河农场共作案3起，盗窃奶牛21头的犯罪事实。

2012年1月9日，"2011年12月1日系列特大盗窃貉子狐狸案件"返赃大会在建设公安分局召开，北安农垦公安局副局长王克强、农场党委书记曾祥成等参加。此次会议是分局召开的首个返赃大会。该案涉案金额20余万元，作案地段横跨多省，是辖区影响重大的案件之一。

2014年9月7日，建设公安分局成功破获50起特大系列盗窃案，将横跨多省的流窜作案犯罪嫌疑人李某军抓获，该案涉案金额达40余万元。

2017年4月14日，建设公安分局历经50余天的艰难追踪，横跨北京、天津、河北等地，行程数千米，破获一起涉案金额500余万元的贷款诈骗案件，犯罪嫌疑人刘某光落网。

2019年12月20日，建设派出所成功破获一起电信诈骗案件，抓获1名缅甸籍犯罪嫌疑人，为群众挽回经济损失20余万元。

六、消防

建设农场消防中队隶属于农场公安分局（现建设派出所），现有队员12人。肩负着辖区消防安全检查和火警、火灾的扑救工作，实践中逐步摸索出一套行之有效的扑灭柴草垛、民用住宅等火灾经验，为居民防火、救火及周边友邻村屯、乡镇防火、救火起到了积极保护和救助作用。

1. 装备、人员不断加强、完善

1986—1987年，建设消防中队装备1台解放牌消防车，专职消防司机2名，消防员4名。

1988—1990年，第二批消防员4人上岗。

1991—1996年，先后有6人陆续进入消防中队任消防员。

1997—1998年，建设农场先后投资15万元将原物资科2台退役东风油罐车改装成消防车。

1999年4月，农场第三次公开面向全场招收消防员，经考试合格，5名消防员上岗。同年9月30日，农场投资3万元建成消防训练塔。

2001—2005年，张平任建设消防中队队长。

2005—2013年，刘广胜任建设消防中队队长，徐宏伟、张学民任副队长。

2013—2017年，徐宏伟任建设农场消防中队队长，张学民任副中队长。

2003年6月，农场出资2万余元为消防中队配备空气呼吸器、防火隔热服等救援装备。

2009年5月，农场为建设公安分局消防中队新购置2台金杯消防车，消防中队拥有了新旧4台消防车，同年分2批招聘消防员9人。消防中队防火救灾能力得到进一步加强。

2012年11月，建设消防中队配置大吨位消防车1台。

2016年10月，建设消防中队配置举高消防车1台。

2. 火灾扑救迅速及时

1993年，通北林业局火柴厂发生特大火灾，建设消防中队闻警即动，奋勇扑救，为扑灭这起特大火灾作出了贡献。建设消防中队先后多次为友邻单位海星镇、通北林业局、海伦农场、幸福林场扑救过火灾，深受友邻单位的赞扬。

2003年5月21日，农场第四生产队突发大火，致使21户共50多名居民无家可归，造成直接经济损失20余万元。火灾发生后，建设公安分局2台消防车及全体消防员、民警参加扑救工作。在通北林业局2台消防车、赵光公安分局1台消防车以及农场7台简易消防车的共同努力下，历时近12小时将大火扑灭。徐宏伟、刘广玉、郭伟3名消防员分别荣获北安农垦公安局通令嘉奖一次。

2003年7月，垦区义务消防队灭火演练在农场举行，来自垦区各农场的主管安全工作领导、公安分局领导共计100余人在商服中心召开现场会议，至此农场义务消防队伍建设（配置简易消防车）经验在全垦区推广。

七、交警

1988年10月，建设农场组建交警队，隶属建设公安分局领导。当年有交警2名，负责场区及3个分场的车辆安全检查，开展争创文明交通路段、平安驾驶员等项活动。

1991年5月，赵福祥任交警队队长（副科级）。

1998年1月，卢洪友任交警中队队长（副科级）。

2001年4月，张权政任交警中队队长。

2004年1月，张权政任建设公安局局长，兼交警中队队长（正科级）。

后期交警队长由公安局内部委派，不再由农场党委任命。曾有徐学波、孙志刚等人兼任。

交警中队成立后，坚持从严查处各类交通违章，整顿客运交通秩序，严格审查客运驾驶员的准驾资格，深入查扣非法营运的报废车辆，并对辖区所有营运客车实行了规范化管理，实行交警与客车驾驶员每月一次安全检查签字制度，增强了客运驾驶员的交通安全意识，确保辖区交通道路畅通。

2009年9月至2010年3月，建设公安分局局长张权政、交警中队长徐学波带领全体交警，开展了为期半年的违法车辆专项治理行动，共取缔各类"三无"车辆和已达报废年限车辆40余台，"三无"车辆和已达报废车辆上道行驶的历史一去不复返。由于措施得力、效果显著，建设交警中队非法车辆治理经验在北安农垦公安局各交警中队得以推广。

2018年6月，建设交警中队成立交警政务服务大厅。

2019年6月，建设交警中队成立"北安交通警察大队车辆管理所建设代办点"，以往需要往返北安200多千米办理的驾驶证换领、行驶证换证、机动车六年免检标志发放等业务，在家门口就可以办理。

八、治安

农场公安分局按照上级工作安排，采取"打、防、教"结合的策略，即：对严重的刑事犯罪分子、严重的扰乱社会治安分子，"打击为主"，以稳、准、狠、快、依法严惩收到很好的效果。

"打"。1980—1985年，农场公安分局共处理刑事犯罪分子30多名。判处有期徒刑者28名，劳动教养5名，免诉5名，违反治安管理处罚条例的370多名。

"防"。狠抓防范工作，做到防患于未然。农场、北安分局狠抓了"三库、一店、一室、两场"的防范工作（仓库、金库、零件库、商店、会议室、农具场和麦场），全场90多个仓库、20多家商店（公私全在内）、40多个会计室、50多个金柜，在公安分局的督促下，全部达到"三铁"，建立健全了更夫和轮流值班制度，达到了撬不开、搬不走、盗不了。

"教"。一方面公安分局民警在全场广大职工群众中广泛进行法律宣传。1983—1985年，分局民警在生产队、学校等单位宣传刑法、刑事诉讼法、治安管理处罚条例100多人次，受教育者达2000多人。另一方面公安分局对失足青少年广泛建立了帮教组，进行帮教工作。这期间，公安分局组织家庭、单位、学校三结合帮教组53个，参与帮教人数160多人，被帮教失足青年53人改好率95%。

1990—1997年，建设农场的综治工作稳步发展，在全场推广实施"细胞工程"，与全场3910户签订家庭责任状，成立了397个十户联防组，治保会、调委会、治安员等群防力量得到进一步加强，并于1997年组建居民委员会，群防群治体系基本形成，综治工作发展势头良好，被评为北安分局综合治理标兵单位。

1998年，在全场积极推广创建安全文明小区（队）的工作。在活动中，八队、十二队被评为农垦总局级安全文明小区（队）；二队、四队、九队、十一队、十四队、十七队、职工医院被评为北安分局级安全文明小区（队）。农场被北安分局评为1998年综治工作先进单位。1999年，农场综治工作开展了创安工程，继续强化群防组织建设，建成十户联防组418个，设立专兼职治安员30名，成立治保会、调委会各52个，居民委员会23个，各群防组织职责清晰，群防能力得到加强。

2006年7月，建设公安分局投资30余万元在场部中央街、学校、北环、机关设置7个视频监控摄像头，控制室设在建设公安分局值班室。

2008年4月9日，农场22名保安员在保安中队副队长刘泉海的带领下参加北安农垦公安局举办的首届保安员培训。按照上级公安机关的要求，农场正式成立保安中队。

2008年6月，建设公安分局公安基层基础工作应用系统"8.39"正式开通并投入使用。

2009年10月，建设公安分局出色地完成了庆祝"新中国成立60周年"各种活动的保卫工作，保持了辖区社会治安秩序和政治秩序的稳定。

2010年9月，黑龙江省委书记吉炳轩到农场视察工作，建设公安分局出动50余名警力圆满完成安保任务。

2012年9月8日，北安管理局秋季重点工作推进现场会在农场第四管理区、服装加工厂和食用菌生产基地参观，建设公安分局圆满完成警卫任务，警卫时长4小时，出动警力40人，出动警车3台。

2014年5月10日，建设公安分局按照上级要求，以创建"平安农场"为己任，首次启动"屯警街面、动中备勤、武装处突"新型巡逻工作机制。

2016年9月8日上午7时，农场建场60周年大型运动会盛大开幕。为了有效维护现场秩序，确保此次运动会顺利、安全进行，建设分局周密部署，全警参与，历时2天时间对运动会进行了全程安全保卫，圆满完成了任务。

2018年1月，建设公安分局在农场党委的大力支持下，通过近2年的紧张建设，全面建成"天网工程"，监控点位269个，卡口2处，建成了"横向到边、纵向到底、无死角、全覆盖"视频监控网络，在"打、防、管、控、服"方面提供了重要科技支撑。

2018—2020年，按照垦区公安局要求，建设派出所5名社区民警（在编）分别到管理区、居民委挂职副主任。

九、户籍

建场初期，户籍工作一直由公安局委派专人管理。1966年"文化大革命"开始，公检法部门受到破坏，一些档案遗失。后期农场党委重新组织基层各单位普查人口，公安局建档造册，当时全部是纸质、手工填写。

1998年，户籍改革，由手工填写管理全面进入微机化管理，并进行大批量录入户口信息。

2000年，户籍工作进入新的阶段，居民身份证号在这一年进入全面覆盖，即每个公民从出生落户之日起身份证编码自动生成，结束了手工编排身份证号码的历史。

经过3年的系统维护和操作，进行了全面的核查工作，于2003年8月全国联网，为网上办理第二代居民身份证奠定基础。

2006年8月中旬，开始办理第二代居民身份证，建设公安分局共办理第二代居民身份证9000余人次，全场拥有一代、二代身份证的有1万多人。

2010年8月，开展了重户重证号的清查工作，对拥有不同地区二代身份证的人进行了清理。

2017年3月，黑龙江省公安厅推出窗口单位"互联网＋公安政务服务平台"，由户籍部门进行推广宣传，并用该平台受理部分业务，方便了办事群众。

2018年3月，建设公安分局开展了"深化作风整顿、优化营商环境"活动，户籍部门采取临时工作制，实行每周休息一天半和首问负责制，做到"四零服务"承诺（服务受理零推诿、服务方式零距离、服务质量零差错、服务结果零投诉），并采取网络、电话等方式预约服务。

第三节　审　判

一、概况

建设农场人民法庭组建于1977年2月10日，在业务上由北安县人民法院领导，其他事项由农场党委领导，经费由上级按在编人员拨款。1978年给法庭调2名审判员，大专毕业生1名，中专毕业生1名。

1983年8月后，法庭隶属于北安农垦法院，更名为北安农垦法院建设人民法庭。建庭初期，农场党委任命邱永祥为法庭庭长。

1998年7月，法庭在农场党委和北安农垦法院党组的大力支持和关怀下，办公条件有了明显的改善。农场将1栋2层小楼作为法庭的办公室，使法庭办公面积达到200平方米，配置了电脑等办公设施，实现了办公自动化，达到了上级法院的要求标准。法庭积极为农场服务，为农场的经济建设保驾护航。

1981—1982年，农场2次共拿出6000余元为法庭购买了办公用品及开庭设备，改建办公室。

1997—1998年，法庭为农场清回陈欠款163多万元，为农场挽回经济损失70多万元。

1996—1998年，法庭连续3年被黑龙江省农垦中级人民法院评为先进法庭。

1998年，法庭被黑龙江省政法委评为"学东菜，创建人民满意的政法基层单位"活动达标单位。

2001年，北安农垦法院机构改革，建设人民法庭同赵光、红星人民法庭合并，建设人民法庭更名为赵光人民法庭建设办案组。

2011年11月，经黑龙江省高级人民法院批准赵光人民法庭建设办案组恢复为建设法庭。设庭长1人，审判员1人，法警1人。

2019年底，按照上级决定建设法庭撤销。

二、人员更迭

1983 年 8 月—1985 年，农场党委任命邱永祥为法庭庭长。

1986—1987 年，庭长袁治山，助理审判员李惠珍、邱丽丰，法警陶传伟。

1991 年 8 月，法庭代理庭长邴贻友。

1992 年 12 月，法庭负责人陈吉浩，审判员李惠珍。

1993 年 12 月 29 日，庭长、审判员陈吉浩。

1995 年 3 月 26 日，赵晶煜调入法庭主持工作，8 月 11 日被农垦中院代省高院、省人大任命为建设人民法庭庭长、审判员。

1999 年 3 月 17 日，场党委、北安农垦法院党组决定，赵校书、李印调入建设人民法院任书记员；1999 年 4 月 5 日，李建强被省高院批准为法警。

2001 年，北安农垦法院机构改革，建设人民法庭同赵光、红星人民法庭合并，建设人民法庭更名为赵光人民法庭建设办案组，赵晶煜任组长。

2003 年 5 月，建设办案组编制由 4 人减为 3 人，办案组长赵晶煜，执行员李印，书记员赵校书。法警李建强调尾山农场法庭工作。

2010 年 10 月，李印调往北安农垦法院执行局工作。

2011 年，经黑龙江省高级人民法院批准赵光人民法庭建设办案组恢复为建设法庭。

2012 年 5 月—2014 年 11 月，李波任法庭庭长，赵晶煜退长还员，王卓群招录为建设法庭法警。

2014 年 11 月，李波调逊克法庭任庭长，赵校书任建设法庭负责人。

2019 年 1 月 1 日，因法院机构改革，建设法庭上收北安农垦法院，赵校书调到北安农垦法院工作，建设法庭撤销，赵晶煜正式退休。

三、审判工作

1977—1985 年，法庭积极开展法制宣传教育工作，形成制度化，全庭人员利用各种形式广泛深入地向群众开展法制教育，重点是宣传《中华人民共和国婚姻法》《中华人民共和国民事诉讼法》《中华人民共和国刑法》《中华人民共和国刑事诉讼法》《中华人民共和国经济合同法》使受教育者达 1 万人次。受理案件 205 起。其中离婚案件 144 件，赔偿案件 48 件，债务案件 5 件，赡养案件 3 件，抚养和其他案件 4 件。在审理案件过程中，坚持着重调解的方针，证据确凿，事实清楚，及时地保护人民合法权益。受到农场及北安农垦法院党组的好评。1982 年被北安市评为先进法庭；1983 年被北安管理局评为先进法庭及场先进科室；1984 年评为农垦总局先进法庭。

1986—1994 年，法庭积极开展法制宣传教育工作，受教育者达到 2 万人次。1988 年共受理各类案件 43 件。1989 年共受理各类案件 47 件。1990 年共受理各类案件 46 件。1991 年共受理各类案件 40 件。1992 年共受理各类案件 17 件。1993 年共受理各类案件 45 件。1994 年共受理各类案件 71 件。

1995 年，法庭干警到基层进行法制教育，宣传法律知识，如《中华人民共和国民事诉讼法》《中华人民共和国刑事诉讼法》《中华人民共和国妇女儿童权益保护法》。通过发放宣传单、宣传车、电视台的宣传，使受教育者达万人以上。1999 年，公开审理的赵某祥诉张某华、王某洋、赵某义合伙纠纷案，李某龙诉杨某伍合伙纠纷案，张某争诉段某艳离婚案，在社会上影响比较大，法庭针对这种情况决定对这三个案件通过电视转播公开审理。在开庭时旁听人数多达 60 人，这无疑给广大群众上了一堂生动的法制教育，受到了良好的社会效果。

截至 2000 年末，建设法庭共受理各类案件 442 件。包括执行案件 91 件、支付令 18 件、离婚案件 197 件、借贷案件 21 件、买卖纠纷案件 19 件、人身损害赔偿案件 12 件、赡养案件 12 件、债务纠纷案件 9 件、劳动报酬案件 9 件、财产损害赔偿 8 件、侵权案件 8 件、合伙纠纷案件 6 件、房屋租赁纠纷 4 件、变更抚养关系案件 2 件、房屋买卖纠纷案件 1 件、产权纠纷案件 1 件、确认房权案件 1 件、继承纠纷案件 1 件等。

2001—2018 年，建设法庭（办案组）共受理各类案件 644 件，结案 644 件，结案率 100％，无超审限案件。其中民事案件 602 件、执行案件 42 件，执结标的额 193.84 万元。

由于建设法庭在 2001 年变为赵光人民法庭建设办案组，人员变动频繁，因而时时面临人员少、业务量大、经验不足等困难局面。为了尽快适应审判工作的需要，建设法庭始终把业务学习放在首位。采取干中学、传帮带等方式不断增强人员业务素质，努力提高办案质量。在审判过程中，通过对当事人做耐心细致的思想工作，适时宣传法律知识，使当事人清楚地认识到法律的权威，提高了法庭在群众中威信。在完成审判工作的同时，工作人员积极为农场清理内外欠款、为企业活化资金，为辖区的经济建设起到了不可替代的作用。

第四节　司法行政

农场 2004 年前设立司法科，2004 年后改为司法分局，主要承担农场法制宣传、人民调解、法律咨询、案件代理、安置帮教、担当法律顾问等项工作。人员 3 人，其中，农垦总局司法行政系统编制 2 人，农场编制 1 人。

一、概况

1986 年 3 月，成立农场司法办，主任由邴贻友（正科级）担任，王金波任司法助理员。当时司法办主要是开展"一五"普法和婚姻登记两项工作。

1992 年 3 月，周鸣岐任司法办工作人员。12 月，由于科室合并，人员精减，司法办婚姻登记工作由民政局办理，普法由宣传部负责。

1996 年 12 月"二五"普法结束，建设农场被评为"二五"普法先进单位，场宣传部干事谢春地在北安管理局政法工作典型会议上发言。

1997 年，按上级的要求重新组建了司法科，由场纪委副书记李彤忠兼任司法科科长。同年 3 月，成立法律服务所，由谢春地、郑佰忠、梅贵元 3 人组成，黑龙江省司法厅下发了许可证。法律服务所的业务范围主要有：应聘担任法律顾问；代理民事、经济、行政诉讼；参加仲裁活动和办理其他非诉讼法律事务，主持调解纠纷；办理协议、合同鉴证或受公证机构的委托，协助办理公证事项；解答法律咨询；代写法律文书。

1998 年，聘请庄承江为法律工作者，以充实法律服务工作。1999 年农场司法工作量有了大幅度提高。聘请了张丽华为法律服务工作者。全面开展法律服务工作，为企业排忧解难，当好企业的参谋。这一年开展非诉讼代理 42 件，担当企业法律顾问 18 家，为企业清理欠款 5.2 万元，调解疑难纠纷 34 件，协办公证 225 件，业务收费 1.5 万元，参与签订对场外经济合同的审核 11 件，提出建议中止合同签署 2 件。

1999 年，农场共接待刑释解教人员 4 人，为避免这些人重新犯罪，解除他们的后顾之忧，司法人员认真按照〔1995〕21 号文件精神，主动向有关部门介绍释、解人员情况，充分发挥他们在刑期掌握的一技之长，帮助他们介绍工作，并建立了联系程序和制度，定期了解他们的工作情况，解决他们家庭生活中的实际困难，从而及时掌握这部分人的思想动态，发现问题，及时解决。经过司法科工作人员的一系列努力，这些刑释解教人员都有工作可干，思想比较稳定，无一人重新犯罪。

随着"三五"普法工作的展开，广大干部和职工群众学习法律知识的热情不断高涨。农场司法科通过电视向全场普法讲座2次、集中培训1次，受教育人数达1.3万人次，使广大群众认识到法律在生活中的重要性。

按照上级文件精神，农场司法科把"148"法律服务专线建设作为司法行政工作的头等大事来抓，成立组织，明确职责，落实责任制，使"148"法律服务专线在农场全面开通，并装订了"148"受案登记、上门服务、案件分流等各种簿册。司法科工作人员对前来咨询的耐心进行解答，对要求代写各种法律文书的保证在24小时内完成，对于符合条件的司法科工作人员采取上门服务，赢得了居民信任。

2002年，成立了建设农场法律服务所，与司法科合署办公，主任谢春地（兼任），成员庄承江、张立华。

2004年后，司法科改为司法分局，主要承担农场法制宣传、人民调解、法律咨询、案件代理、安置帮教、担当法律顾问等项工作。人员3人，其中，农垦总局司法行政系统编制2人，农场编制1人。

2005年，司法分局逐步与企业脱离，不再兼任农场其他职务。农场司法行政的管理体制为北安分局司法局和农场党委双重管理，并于2008年改革为以北安分局司法局管理为主，基本上做到人、事、工资"三权"上收，办公经费以农场补贴为主。达到了上下协调、运转有序、灵活便利的工作要求，确保了司法分局依法、全面、正确履行职责。

2006年底，谢春地申请退长还员，庄承江接任司法分局局长兼法律服务所主任、人民调解委员会主任。2011年，司法分局增加一项社区矫正工作职能，经农场考试录用，刘有良任社区矫正工作人员，参照农场机关科员待遇。2011年司法分局搬入农场政法综合楼，办公面积132平方米，2012年，顺利通过黑龙江省司法厅规范化司法分局验收。

2017年，农场选派2名志愿者为司法分局普法工作社区矫正工作志愿者。同年6月，申报省级规范化司法分局示范分局，年底顺利通过黑龙江省司法厅验收，成为北安市辖区内第一个获黑龙江省示范司法分局称号的司法行政单位。

二、法律服务

（一）为民服务

1999年以前，司法科在搞好法律服务工作上，为13家基层单位担任常年法律顾问，鉴定服务合同，并定期上门收集材料和提供服务，及时解决疑难问题，为职工群众代写诉讼和法律文书。1999年代书文书11件，民事代理1件，非诉讼代理5件，调解纠纷

57件。司法为社会稳定和综合治理发挥了积极作用。1999年农场有刑释解教人员和"两放"人员6名，定期对"两放"人员进行谈话，宣传有关政策和法律知识，分别进行定期考察和登记，使他们积极投身于社会主义建设中，避免了再次犯罪。这些年司法科被北安管理局（分局）评为政法队伍整顿先进单位、先进司法科。

2001年以来，农场司法科（分局）共接待来访1632件，其中解答法律咨询1560件，代写法律文书1530份，非诉讼代理134件，诉讼代理42件，为农场和各类当事人避免和挽回经济损失1.9万元；为困难群众开展诉讼类、非诉讼类代理和办理法律援助案件22件，为各类当事人避免和挽回经济损失484余万元。

农场于2013年起聘请黑龙江鼎圆晟律师事务所为农场法律顾问单位。以农场法律服务所为依托的法务团队扎实工作，为维护企业利益作出了一定的贡献，很好地处置了一部分涉场诉讼及辖区争议，最大限度地维护了企业利益。

（二）发挥法律服务职能作用

2014年秋，处置与农场比邻的主星乡玉米秋整地致水稻地过火纠纷，以4万元赔偿达成协议，既保护了农场基层干部又把损失确定在合理数值。

自2014年以来利用北安管理局法律平台，累计办理法律援助22件。法律服务涉案争议金额再创历史新高，为各方当事人节约维权成本在15万元左右。如自建亚麻厂和沙场承包争议、大豆种植专项补贴、职工分配信访、开发建楼涉税、工伤诉讼等。

2016年底，农场辖区发生了一起非法吸收公众存款案件。涉案参与人达60余人，农场辖区居民损失资金约723万元。在农场党委的统一部署下，农场法律服务所与黑龙江红旗律师事务所共同合作，为辖区内48名集资参与人提供法律服务，成功引导他们诉讼维权，一审胜诉金额450万，保证了辖区的社会稳定。2019年开展涉场诉讼代理6件，涉案争议金额627万元，办结4件，为农场避免经济损失236万元，挽回经济损失181万元；其余2件办理中，涉案争议金额210万元。

（三）为社会提供法律需求

2019年，代理公民法律服务13件，涉案金额189万元，办结13件，胜诉金额186万元。办理法律援助案件8件，办结8件，为援助对象避免和挽回经济损失61万元。免费解答当事人法律咨询80件次。

三、人民调解

农场各级人民调解委员会健全组织网络，向交通、劳动争议、医疗等领域延伸。农场

13个调解委员会"四调"联动机制运行顺畅，组、区、场三级网络在纠纷排查、预警、调处方面衔接到位，第一道防线作用明显。2001—2018年农场各级人民调解组织共化解各类民间纠纷62起，成功率达98％以上。农场人民调解委员会主任庄承江2012年被黑龙江省司法厅评为"全省人民调解能手"，2017年又被评为黑龙江省"优秀人民调解员"。

化解了一批疑难纠纷，在有效防止纠纷激化的同时，也解决了当事人的救济途径。如2013年7月的王某骑摩托车单方事故案，北垦公交证字〔2013〕第003号《道路交通事故证明》提及当事人赵某在王某摔倒的公路上堆放过沙子和涵管，但无责任认定致王某四处上访，本案经多方努力调解下得以化解：王某得到一次性7万元赔偿。2013年7月，当事人宿某和王某发生交通事故，没有及时报警未取得交通事故责任认定，经农场人民调解委员会主持调解，双方达成了即时支付现金7.8万元一次性赔偿款的协议。2014年6月，于某驾驶轿车单方事故案，事故致乘员杨某受伤，车辆受损，经多次调解，达成了一次性支付各项费用22万元的终止协议。

化解了一些特殊群体的民间争议，确保当事人合法权益的同时积极稳定了社情、舆情。2013年12月，第一管理区某居民家中被盗失财案，公安分局受案后，发现受害人家中没有明显的侵财迹象，但确能证明当事人财产受到了损失。公安部门在多方走访后锁定了犯罪嫌疑人，但该嫌疑人为二级智力残疾，在被调查过程中，笔录朝令夕改，供述始终不一致，在无第三方证据的前提下，公安机关无法定案。本案受害人开始上访称公安机关不作为，要求赔偿人民币8400元。调委会接案后，了解到本案中嫌疑人父母已过世，现由其姐姐照料生活，开明的姐姐平素知道傻弟弟有偷盗恶习，为了缓和邻里关系，愿意拿出3400元补偿给受害人。本案民事纠纷部分得以顺利化解。2015年6月，农场防雹中心（气象站）四区炮位防雹作业炮弹残留物致民居损毁案，经调解双方当事人同意一次性赔偿人民币1000元。

参与化解了一批信访案件和群体性案件，力争让当事人息诉罢访。2014年，当事人崔某、毕某、赵某3人在农场水稻管理区种植鲍某、邹某、刘某承包土地过程中，欠下135人劳务费40余万元，工作人员通过"多调联动"手段，与农场公安、法庭、水稻管理区共同对此案进行了调处。土地承包人鲍某、张某等人筹集了20余万元作为欠发劳务费兑现基金，以兑现44％的比例代偿了劳务费。欠薪民工分别于1月1日和1月20日持欠据和身份证明领取了相应代偿款。无偿援助实现民工债权20余万元，避免引发了恶性群体事件。

开展为三农提供法律服务工作，积极教育引导当事人合理反映诉求。2011年9月成功调处了当事人王某与农垦北安通信公司的人身赔偿损害纠纷。分局中心医院鉴定王某为七级伤残。王某的父亲代其向侵权单位农垦北安通信公司主张侵权赔偿近 13 万元，并向农场人民调解委员会提出书面申请要求调解该案。经实地走访了解事情经过，司法分局主动与农垦北安通信公司取得了联系，把北安通信公司的法律顾问与当事人王某约到一起进行调解，在明确双方的责任后，双方达成一次性 7.5 万元赔偿协议。以法律服务所为主的涉民、涉弱法律援助深入开展。

人民调解工作始终坚持贯彻"多调联动"工作机制，强调"维护稳定"是工作重点。具体工作中，把人民调解作为依托，积极协助农场各部门化解各类纠纷。基本上做到了案结、事了。在实际工作中把人民调解与法律服务、法律援助有机结合，联动办案、角色互换，很好地处理了一些纠纷。

四、矫正工作

截至 2019 年末，农场共接收 44 名矫正对象，解矫 43 名，在矫 1 名，均为男性。矫正对象接收后及时办理了相应手续。给矫正人员下发"社区矫正告知书"，进行教育谈话，与具有监护能力的矫正对象直系亲属签订监护协议书，明确监护人的责任。报到后，司法分局与公安分局社区民警及时取得联系，共同走访，并与周边群众进行了解，综合各方面意见，制定出矫正个案，社区矫正工作开展顺利。共计为 3 人协调办理了最低生活保障。

社区矫正是一项刑罚执行工作，对社区矫正人员实施日常管理是开展社区矫正的重要保证。2015 年经上级批准，特赦了 1 名未成年社区矫正人员。2016 年突出规范抓管理，抓好社区矫正工作。积极规范各类执法文书和工作流程，强化人员信息规范化管理，严格请假制度，手机定位率达到 90％以上。

2017 年，着力做好社区矫正和安置帮教工作，抓预防强监管。对社区矫正人员启用了电子考勤，通过对矫正人员的指纹和面部信息采集，在日常报到、教育学习、社区服务等活动中，提高了监管信息化、规范化水平。

五、普法教育

从 1986 年 3 月农场成立司法办开始，农场司法部门就在全场重点开展了普法教育工作。1992 年 3 月，普法任务由宣传部负责。

1996 年 12 月，"二五"普法结束，建设农场被评为"二五"普法先进单位。1998 年司法科加大法制宣传力度，以"三五"普法为契机，狠抓法制宣传教育和依法治理工作。

农场主要抓了以八队党支部为典型的依法治队工作。依法治理工作纳入党委的重要议事日程，并和基层单位的目标管理进行挂钩，收到了明显效果。当年北安管理局依法治理办公室还总结了农场八队的典型经验，受到北安管理局领导的好评。

在"四五"至"七五"18年的普法工作中，农场党委普法依法治理办公室一直设在司法分局。司法分局以法律"六进"和法律"九进"活动为载体，全方位、多角度地开展普法和依法治理工作，15年中，农场投入普法经费82万元，开展大型普法活动90余场次。

（1）以"制度化"为重点，开展"法律进机关"活动。突出抓好领导干部学法用法。建立领导干部学法培训制度、领导干部学法考评制度，保证领导干部全年学法不少于4次40小时。副科级以上干部全年法律知识考试不少于2次。干部任前法律知识考试已在农场连续实施多年。

（2）以"多样化"为重点，开展"法律进社区"活动。突出抓好职工群众学法用法。开展"法律广场"活动，利用重要节日，举办形式多样的法制文艺节目演出。开展"法律进集市"送法活动，利用农场逢九大集，组织有关部门走进集贸市场进行法律宣传。

农场党委每年都在政治思想会议上表彰上年度的普法工作先进单位和个人。2016年制定并实施了建设农场"七五"普法规划。每年召开依法治场工作会议4次以上。

（3）以"基地化"为重点，开展"法律进学校"活动。突出抓好青少年学生的学法用法。多年来全场各普法单位通过多种手段。积极举办各类青少年普法活动，"以案讲法、1＋2＋N、三位一体"法制书法、漫画评比、知识竞赛演讲等活动，在促进青少年对法律知识吸收理解的同时带动学生家长学法、用法，使学生通过课堂教育系统地学习法律知识。

（4）以"常规化"为重点，开展"法律进管理区"活动。突出抓好基层职工群众学法用法。开展"送法下乡"活动。利用宣传车到各管理区巡回宣传，送法到田间地头，贴近职工群众生活。农场成立了"法律讲师团"，每年必办法制培训班让基层法制学习"活"起来。

农场连续荣获农垦总局级"三五""四五""五五""六五""七五"普法先进集体荣誉。2009—2015年，司法分局两次获农垦总局集体三等功。同年11月获农垦总局关注民生服务发展群众满意司法分局。2005、2009、2010年司法分局2名工作人员3次荣立个人三等功。2015年司法分局局长庄承江荣立黑龙江省司法厅个人二等功。

第二章 民 政

第一节 优抚安置

一、民政机构

1993 年 1 月，农场成立民政局。1993—1997 年，白成刚任民政局局长，袁治香任民政助理。1998—2000 年，黄东光任民政局局长，袁治香任民政助理。2001—2012 年 8 月，杨洪臣任民政局局长。2012 年 8 月—2019 年 11 月，袁治香任民政局局长。2019 年 11 月，徐宁博任民政局副局长主持工作。2019 年底，农场体制改革，民政局与残联、质监等几大科室合并成一个公共管理办公室。

二、优抚安置

1993 年以前，农场民政局未成立前，农场对义务兵的安置和优抚工作就十分重视。农场党委在征兵、退伍工作上都制定了优抚政策，农场在招聘重要岗位工作人员、提拔干部等对退伍军人实行优先的原则，使农场每年都能按时保质保量完成征兵工作。64 年来，共为部队输送优质兵员 500 多人，无一人退兵，多次被上级武装部门授予先进单位称号。

1989 年，农场下发了建垦发〔89〕2 号文件，从 1 月 1 日起为退伍军人发放优待金，每人每月 80 元（入伍前是工人的 100 元），并规定对立功受奖人员颁发一次性奖励优待金。优待金征集工作从 1997 年 1 月 1 日起实施，每年每户 8 元，不足部分由农场补足，场民政局根据农垦总局文件对义务兵优待金的征集、管理、发放作了明确规定。1997 年全场征集义务兵优待金 1.91 万元，1998 年征集 2.2 万元。

2001—2010 年农场入伍 42 人、退伍 54 人，2011—2020 年入伍 23 人、退伍 30 人，优待金发放按规定执行。

农场对退伍军人进行妥善安置，分布在农场的各行各业，有的走上领导岗位。退伍军人王卜芳现为农场武装部副部长（正科级），工作干得很出色，退伍军人张恒宝安置在农场城管队，庄承江经考试、政审现任农场司法分局局长等，他们对农场的发展作出了应有的贡献。

根据《中华人民共和国兵役法》《退役士兵安置条例》《黑龙江省人民政府关于进一步做好新形势下征兵工作的意见》（黑政发〔2011〕86 号）和《黑龙江省农垦总局关于转发〈黑龙江省人民政府关于退役士兵安置改革工作的实施意见（黑政发〔2013〕9 号）〉的通知》（黑垦局文〔2013〕256 号）精神，从 2011 年度入伍义务兵开始实行自主就业一次性经济补助金政策。按照《退役士兵安置条例》规定，在部队选择自主就业的退伍义务兵和服役不满 12 年的复员士官，地方政府不再负责安排工作，由部队发给其一次性退役金，地方政府按城乡一体的原则，发给其自主就业一次性经济补助金。2011 年入伍 2013 年退伍的义务兵自主就业一次性补助金 2 年合计 2.7 万元；2012 年入伍 2014 退伍的义务兵自主就业一次性补助金 2 年合计 3.3 万元。2015 年开始 2 年义务兵自主就业一次性补助金合计 1 万元，2 年以上义务兵以 3.3 万元为标准每多服役 1 年，多加 1000 元。

2013—2016 年，累计发放自主就业一次性经济补助金 23.2 万元。

2012—2016 年，对立功授奖士兵进行奖励，发放金额为 6060 元。

2019 年退役 3 人，其中王英超服役满 12 年，退役后选择安置工作，农场根据要求积极安排就业，目前在农场办公室工作。陈瑞亮、张劲东选择自主就业，每人发放一次性经济补助金 1.3 万元。

几十年来，农场开展拥军和军地共建工作，农场周边有部队农场 3 处，每年农场出动机车、人员对附近驻军进行农业支援，协助他们搞好农业生产。建军节、元旦、春节农场都要到附近驻军进行拥军慰问。部队每年都要派出军人若干人到农场学校对学生进行军训。同时农场和周边部队还经常性开展文化体育交流活动。

第二节　救灾救济

建场初期，农场救济工作都由农场工会主抓、协同有关部门慰问。农场民政局自成立以来，每年春节前都在全场范围内发放救济款、物资等，合计金额近百万元。建设农场党委在救灾救济方面做了大量的工作，对全场困难户进行走访、摸底，掌握第一手资料，做到谁困难、谁需要救济心中有数。

1997 年，民政局为全场残疾人及困难户发放困难补助 2400 元。1998 年春节农场拿出 10 万元走访、慰问贫困户，使他们度过一个祥和、愉快的春节。

1998 年，农垦总局在全垦区实施居民最低生活保障制度。农场民政局集中精力进行走访、审查、申请、填报表，积极为农场最贫困的居民申请最低生活保障金。这年，全场共申请 4.95 万元保障金，享受低保 60 户。通过一年的低保金发放，农场贫困户感到了社会主义制度的优越性，调动了他们脱贫致富的积极性。

低保户工作做到正规化、公开化，2010 年 1 月开始实行最低生活保障金社会化发放（卡式发放）。

2001 年，低保户有 69 户 147 人，全年发放 7.71 万元，人均补差额为 40 元。

2002 年，低保户增加到 342 户 660 人，全年发放 28.38 万元。以后每年都在调整补差标准，增加户数、人数，到 2010 年 12 月低保户为 504 户 503 人，月人均补差额为 165 元。2006 年开始实行对低保户给予取暖补贴，最大限度地解决了农场贫困人员的生活问题。

2001—2010 年，农场困难职工帮扶中心先后对全场 3951 人次开展了生活救助、医疗互助、子女上学、职业介绍、职工技能培训、工伤救助等帮扶，帮扶金额达 31 万多元，推动了社会救助体系的发展和完善。

2011—2018 年 9 月底，民政局共发放低保、高龄补贴（包括低保高龄和非低保高龄）、电价补贴、取暖补贴、一次性补助、医疗救助、临时救助、一次性御寒补贴、孤儿生活补贴、特困供养、残疾人生活补贴、残疾人护理补贴等 17999 万元。

2011—2020 年，农场民政、工会深入开展"两节"送温暖活动。场、科、区三级干部组成送温暖走访慰问小组，走访慰问了贫困户、统战对象、军烈属、农垦总局劳模、离退休老干部累计 5858 户，累计发放慰问金和物品折合资金 125.36 万元，把党的温暖送到了他们的手里；同时为 85 户患有特大疾病的贫困户发放救助金 4.25 万元，解除了他们的燃眉之急。

民政局负责查灾核灾和灾情上报工作，组织协调抗灾、救灾工作和抢救、转移、安置、慰问灾民。负责指导灾后重建和灾区生产自救；管理和分配救灾款物，承担救灾救济捐赠款物的接收、分配工作。1998 年发生特大洪水灾害，全场共向灾区捐款 51 万余元，衣物 1026 件，塑料编织袋 3 万多条。2011—2016 年农场共收到捐款 90.4 万元，向上级捐款 88.2 万元。2013 年 4 月 22 日向四川雅安市地震灾区捐款 4.59 万元。

第三节　社会福利

一、敬老院

建设农场敬老院始建于 1985 年，当时建筑面积 226.8 平方米，砖瓦结构。1985—2000 年，共入院人员 20 名左右，年龄最大的 80 岁，最小的 43 岁，多数是退休人员，一般都有些残疾，无儿无女。敬老院有院长 1 人，服务员 2 人，勤杂兼锅炉工 1 人。农场每年都拿出

2万元对敬老院进行房屋维修，添置设备、生活补贴，敬老院当时有电视1台、洗衣机1台、缝纫机1台，使老人有了日常生活必备用品。工作人员负责入院老人的三顿用餐，负责老人的起居、洗洗补补、做棉衣服、打扫房间工作，夏季种蔬菜，每个星期要改善1~2次伙食，使每一位入院人员都能无忧无虑地安度晚年。敬老院2009年搬到楼房，经过几年的完善，楼内陆续增设了洗澡间、卫生间、活动室、厨房、消防设备等设施，使老人们有了一个温暖、安全、舒适、宽敞、明亮的居住环境，让他们幸福快乐的安度晚年。

随着老龄化的到来，农场特别注重老龄工作。敬老院管理工作进一步加强，全院11名老人，12张床位，每人每月只需交纳一定比例的伙食费（原则上医药费自理，但对于三无人员全部由农场承担），其他由农场承担。实行吃住一条龙服务，衣服3天1换，被褥单10天1换，每个月检查1次身体，活动室配有电视、象棋、扑克、麻将等活动用品。工作人员24小时轮流值班，确保老人们的起居有人管，安全无事故。敬老院入住老人罗文斌84岁，将腿摔断，民政局出车出人将老人送到北安拍片救治，老人因年龄大，恢复慢，服务员一日三餐、端屎接尿，老人很是满意，直夸就是亲生儿女也做不到这样。李荣海老人病重，农场积极筹钱为他治病，没因无钱延误病情，派专车送到北安分局医院就诊；老人在农场为长期临时工，无收入，是农场民政局一直关心他、照顾他；老人病故，农场相关人员就像为自己家老人一样操办后事，让他走得安详无憾。

2020年底，按照上级要求，农场敬老院达不到标准而撤销，入住人员分流到地方敬老院。

二、关心残疾人和弱势群体

建设农场随着改革开放的不断发展深入，对残疾人工作越来重视，并作为农场工作的一件大事米抓，制定了残疾人优惠政策。1993年成立农场残联及农场残疾人协会委员会，并于1998年9月成功地召开了场第一次残联代表大会，农场残疾人的社会地位有所提高，同时号召全场残疾人自立、自强、自信，树立远大目标，尽快脱贫致富，成为对社会有用之人。

农场党委为了使残疾人尽快达到温饱、走向脱贫、迈向富裕之路，1998年根据农垦总局要求为残疾人开展小额信贷工作。农场当年发放3批：第一批2户，每户1000元；第二批12户，每户2000元；第三批24户，每户1500元。农场提供了大力支持，匹配资金及时到位。这些残疾人用贷款做一些力所能及的事，发挥着不同的作用。特别是农场最低生活保障户，几乎都是残疾人。残疾人在多方面的扶持与帮助下，到2000年已全部脱贫。

在全国助残日活动开展的 8 年里，全场干部职工共为残联捐款 1.5 万元，并号召基层单位为残疾人办实事、办好事。

2016 年 12 月，实行特困人员救助供养制度，农场上报 17 人为特困供养对象，12 月供养资金由农场按照低保金标准发放 7456 元。12 月 23 日下拨特困供养资金 6.4 万元，其中，集中供养 7 人 2.8 万元、分散供养 10 人 3.5 万元。这 2 笔资金在当年没有发放，在 2018 年发放。

从 2017 年 9 月开始，残疾人双补全部由农场承担，9—12 月共发放双补资金 7.21 万元。

2018 年，特困供养资金下拨半年的资金 5.9 万元，半年由农场配套，下半年用结余资金发放，不足部分再由农场配套。供养 9 人，其中分散供养 3 人，人均 847 元/月，集中供养 6 人，人均 1210 元/月，发放 8.8 万元。残疾人双补全部由农场配套，发放残疾人生活补贴 5.2 万元，护理补贴 7 万元。

2019 年底，民政局共发放低保、高龄补贴（包括低保高龄和非低保高龄）、电价补贴、取暖补贴、一次性补助、医疗救助、临时救助、一次性御寒补贴、孤儿生活补贴、特困供养、残疾人生活补贴、残疾人护理补贴等 114.9 万元。

到 2020 年末，在《中华人民共和国残疾人保障法》颁布实施 30 周年之际，农场以 5 月 20 日"全国助残日"和 3 月 5 日学雷锋纪念日为契机，组织扶贫慰问活动和青年志愿者做好事活动，为鳏寡孤独老人和残疾人做好事千余件。

三、殡葬管理

2017 年，农场加强殡葬工作的管理，把休息室重新维修，室内安装了电热炕、饮水机、桌椅等设施，新建两间彩钢房作为去世人员的灵棚，免去了自建灵棚的麻烦和费用，解决了冬天冷、夏天晒的问题。灵棚采用电动卷帘门，电动吊车直接将棺木吊到车上，不用人工抬棺木，方便了职工群众。

第四节　社区建设

一、机构

1998 年 1 月成立社区党委，林文山任社区党委书记，下设一个居民委员会。

2011 年，农场成立了第二居民委员会。

2020 年，2 个居民委员会（以下简称居委会）服务场区 3493 户 8554 人。居委会成立 20 多年来，坚持"以人为本，服务居民"的宗旨。建设"居民自治、管理有序、服务完善、治安良好、环境优美、文明祥和"的和谐社区是社区建设的目标。

2001—2020 年社区机构设置及人员变动情况见表 6-2-1。

表 6-2-1   2001—2020 年社区机构设置及人员变动情况

年度	主管领导	居委会（第一居委会）		第二居委会	
		主任	党支部书记	主任	党支部书记
2001	周广森	刘国臣			
2002	周广森	刘国臣			
2003	周广森	刘国臣			
2004	周广森	刘国臣			
2005	周广森	刘国臣			
2006	张本伟	刘国臣			
2007	张本伟	刘国臣			
2008	张本伟	刘国臣			
2009	刘建胜	贾孟东			
2010	苗兴民	贾孟东			
2011	苗兴民	郭才文	韩云秋	贾孟东	王云龙
2012	苗兴民	郭才文	韩云秋	贾孟东	王云龙
2013	苗兴民	付正英	韩云秋	杨洪臣	刘生
2014	苗兴民	付正英	韩云秋	杨洪臣	刘生
2015	苗兴民	付正英	付正英	杨洪臣	刘生
2016	苗兴民	付正英	付正英	杨洪臣	刘生
2017	张文忠	付正英	付正英	周振明	
2018	张文忠	付正英	付正英	纪玉宝	纪玉宝
2019	张文忠	付正英	付正英	纪玉宝	纪玉宝
2020	张文忠	邵天华	邵天华	王安龙	李永秋

注：2015—2018 年成立了社区党总支，社区党总支副书记周振明。社区党总支主管第一居委会党支部、第二居委会党支部、城镇管理党支部、个体老协党支部。

二、基本情况

农场居委会 2005 年辖区居民住户 1470 户，人口 4204 人；外来户 128 户，人口 317 人。居委会党支部有党员 23 人。

2020 年，社区辖区居民住户 3493 户，共 8554 人，社区工作人员 44 人，党员 99 名，其中在职党员 30 名，流动党员共 35 名，在职工人 124 人。

三、社区工作

为进一步深化服务重点，多年来社区工作人员开展认百家人、串百家门、知百家情、解百家难、暖百家心活动。为掌握辖区户数、外来人口、计划生育、人口变动等情况，实行一幢一册的管理服务册，一户一卡记录详细信息，做到"六清"，即常住人口清、党员人数清、弱势群体人数清、流动人口人数清、未成年人数清、60岁以上的老人人数清的工作要求。

（1）负责辖区内低保工作，包括低保户的申请、调查、核查、上报工作。

（2）开展安全创建工作。辖区实现政治稳定、社会稳定、民心稳定和治安良好的和谐社区，成立综合治理工作小组，组织辖区群众学习法律知识，使辖区内的群众人人知法、懂法、守法。督促居民做好安全防火、防盗工作，对外来人员和车辆巡查盘问工作。

（3）由居委会党支部推选出15名在群众中威望高、自身素质好、愿意为群众服务的老干部、老党员任辖区的网格格长。他们的主要职责是对辖区家庭成员、家庭情况掌握于心，及时与各家庭联系沟通，监控外来人口情况；定期不定期走访网格居民，了解居民生活情况，宣传党和国家路线方针及农场政策，向居委会及时反馈民情民意；积极及时依法化解居民各类矛盾纠纷，认真参与居委会的各项调解工作；负责申报网格内贫困户、弱势群体及突发重大疾病家庭工作，参与居委会对困难户、救济对象等评选工作。

（4）负责辖区内人员的计生工作。发放独生子女费、办理计划生育生殖保健服务证，2003年开始组织辖区内的已婚育龄妇女免费体检。

（5）负责辖区内的环境监督工作。辖区共有道路32条，有22名环卫员，他们每天都在岗位上工作10个小时，冬季刨冰扫雪，夏天铲草修路。

（6）负责辖区内居民的宗教工作。宣传抵制邪教，并宣传到每家每户，与辖区居民签订责任状。

（7）深入开展创建平安垦区活动，全面推进安全小区，强化"48631"管控机制，充分发挥"调、打、防、控、管、建、服"七管齐下的作用，实行"六包"，遏制重特大火灾交通事故的发生，杜绝群死群伤恶性事故，降低人民群众财产损失。

（8）加强居民自治工作，与辖区内居民签订居民自治协议书2000余份。

（9）负责辖区内贫困居民调查摸底工作，做到底数清，对辖区内的贫困人员给予帮助。每年在元旦、春节到来之际进行走访慰问，看望辖区贫困户、孤寡老人，把农场党委的关心传递给他们。

（10）负责辖区内的老龄工作。调查60岁以上的无业人员，为60岁以上老年人建立民政台账，及时统计高龄人员，发放高龄补贴。

（11）协助维护社会治安，配合做好"两劳"释放人员及依法被剥夺政治权利、管制、缓刑、假释、保外就医人员的帮教和常住、暂住人员的登记管理工作，维护本社区正常的社会、生产和生活秩序。

（12）自2016年以来社区开展精准扶贫工作，共识别精准扶贫贫困户14户，在农场领导干部与社区干部的帮扶下，到2018年底，全部脱贫，达到了"两不愁三保障"。

面对2020年突发新冠疫情，农场党委高度重视，连夜开会布置严防措施，推出了网格化管理，"五级包保责任制"："一级北安管理局王凤龙，二级农场书记总经理，三级主任书记，四级工作人员，五级楼栋长"。

在新冠防疫工作中，2个居委会工作人员发挥老党员、退休干部、群众积极分子作用，设置了17个网格员、144名楼栋长，充分发动居民能动性，使全场居民在紧张、有序的环境中，认真做好防疫工作。居委会工作人员带领网格员、楼栋长每个楼、每条街走访摸底调查。督促居民戴口罩、勤洗手、不聚集、做好防护隔离的同时，积极参与疫情防控宣传、摸排等工作，引导居民理性、科学应对疫情。在阻击疫情的"战场"上，引导居民不参与聚会集会活动，特别是在人群聚集、通风不良的公共场所举办的活动，形成了"网格员巡逻、楼栋长站岗，全场一张网"的格局，严格控制了疫情，使全场居民安居乐业。

第五节　婚姻登记

1988年6月以前，婚姻登记这项工作不在农场，农场人结婚登记要去通北·海星镇办理手续。1988年6月15日后，经上级批准开始代办婚姻登记、简单的离婚和复婚工作。这项工作在农场司法科办理，当时，司法科主任邴贻友，工作人员王金波。1992年底，根据农场总局文件农场成立民政局，接管婚姻登记工作，民政局人员由办公室人员兼职。随着机构的成立，各项制度、法规相应出台，农场总局对全局民政干部进行上岗培训、行政执法培训，使民政干部都持证上岗，业务素质得到提高。

1993年初，民政局局长白成刚、民政助理兼婚姻登记员袁治香。1997年白成刚调分局，袁治香任民政助理兼婚姻登记员，1993—2004年由民政助理袁治香负责婚姻登记工作。

婚姻登记工作实行"两公开、两不准"，即结婚条件公开、收费标准公开，对当事人不符合法定年龄不准登记、对走后门说情的当事人不准登记。

到 2000 年末，共办理结婚登记 1308 对，离婚 76 对，复婚 34 对，建立婚姻登记档案 43 卷。

2001—2003 年农场民政局办理结婚登记工作 354 对，离婚手续 21 对。

2004 年，根据上级要求，婚姻登记工作统一到北安分局民政局办理。

第六节　助残工作

一、机构

1993 年，农场成立残联及农场残疾人协会委员会。1998 年 9 月成功地召开了农场第一次残联代表大会，农场各界都开始重视残疾人工作，号召全场残疾人自立、自强、自信，树立远大目标，尽快脱贫致富，成为对社会有用之人。1994 年，为全场 170 名残疾人办理残疾证。

1993—2000 年，残联工作由农场民政局监管。

2001—2011 年，残联理事长杨洪臣，工作人员袁治香。

2012 年 8 月—2019 年 11 月，袁治香任残联理事长。

2012 年 8 月—2014 年 8 月，白禹任工作人员。

2014 年 8 月—2019 年 12 月，徐宁博任工作人员。

2009 年，袁治香被评为农垦总局残联系统先进工作者。

二、残疾人数

截至 2018 年底，农场办理残疾证的 369 人，其中，死亡注销 12 人。2019 年 6 月，残联相关工作转交地方，农场残联暂无相关工作。

截至 2019 年 6 月，农场残疾人持证情况见表 6-2-2。

三、残疾人工作

2002 年 8 月，农场听力、语言残疾人李长伟、左冰及肢体残疾人彭园园参加了黑龙江省第四届残疾人运动会，获得了 2 金 2 银 1 铜的好成绩。

2005 年，北安分局残联助残活动到农场走访 4 人，每人 300 元。

表 6-2-2　截至 2019 年 6 月残疾人持证情况

按残疾等级分		残疾类型分	
级别	人数	类型	人数
合计	357	合计	357
一级	38	视力残疾	37
二级	79	听力残疾	26
三级	120	言语残疾	5
四级	120	肢体残疾	227
		智力残疾	29
		精神残疾	23
		多重残疾	10

2005 年，按照中国残疾人事业"十五"计划的安排和上级残联的要求，以《中国残疾人联合会章程》和专门协会章程为指导，农场残联成立五类残疾人专门协会：盲人协会、聋人协会、肢残人协会、智力残疾人亲友会、精神残疾人亲友会。

2009 年，残疾证由一代换二代，二代残疾证开通网上办理业务，一年内办理了 297 份残疾证。肢体、视力、听力、言语、多重残疾的等级评定工作由北安分局医院负责，智力、精神残疾等级由北安市精神病医院进行评定。

2016 年 1 月，开始发放残疾人生活补贴和护理补贴，简称残疾人双补，生活补贴和护理补贴标准分别按照每人每月 100 元执行，低保户中的残疾人生活和护理补贴均从已经下拨的低保金中支出，非低保护理补贴由农场配套。全年发放残疾人生活补贴 14.3 万元；护理补贴 7.3 万元，其中上级拨款 4.1 万元，农场配套 3.2 万元。

2017 年，残疾人双补全年发放，残疾人生活补贴 13.2 万元；护理补贴 8.4 万元，其中，上级拨款 2.2 万元，农场配套 6.2 万元。

每年 5 月的第三个星期日为全国助残日，在助残日期间农场残联采取多种形式开展活动，包括对残疾人进行走访送慰问品，开展文艺演出、义务劳动、文体比赛等。

第三章　民兵兵役与国防教育

第一节　民　　兵

一、机构

1956 年建场初期，农场的武装工作由保卫干事兼管，当时主要的任务是组织中青年维护社会治安，积极参加生产活动，护秋保收等，当时没有征兵任务。

1957 年，设一名临时的武装干事李宝祥主抓武装工作。"大跃进"期间，民兵在生产中起了很大的作用，3 年共积肥施田 40 余万亩，在赵光修堤水工程 1 万立方米。

1963 年，赵光农垦局成立人民武装部，农场设专职武装干事，成立民兵营，营长、教导员由场长、书记兼任。

1968 年兵团组建，农场编为七团五营，民兵组织仍为营级建制，由五营营长、教导员兼民兵营长、教导员。

1970 年六十八团组建后，团部成立作训股，由作训股接管武装工作。设 1 名作训股股长，2 名作训参谋。原有的民兵组织按军队序列编为团、营、连、排、班。民兵团团长王兆义，政委王庆安，参谋长王兴汉。

1978 年，农场成立人民武装部，第一任部长陈永全，下设助理员 3 人。1980 年，陈永全调回原籍，由原第二分场书记潘德志接任武装部长职务。1984 年，潘德志离休，由副部长徐宝玉负责武装部工作。

1981 年，遵照农场总局党委、武装部的指示，认真贯彻、落实中共中央、国务院、中央军委批转总参谋部、总政治部《关于调整民兵组织问题的报告》的指示精神，对民兵组织进行了调整。普通民兵团团长杨玉山，政委李万隆，参谋长潘德志。下属营按分场的排列顺序分为一、二、三营，机关为直属营，基建科下属各单位的民兵组成基建水利营。民兵一营营长陈清峰、教导员齐国，二营营长刘庭佐、教导员齐云，三营营长万纯培、教导员陈化兴，直属营营长范伸、教导员马玉，基建工程营营长韩永江、教导员洪义。

1992 年，为把民兵工作纳入依法办民兵的轨道，保证党对人民武装工作的绝对领导，根据上级文件精神，成立建设农场人民武装委员会。主任王法亮、付宗深，副主任郭建义、乔忠义、李英年、徐宝玉，成员王文富、李春林、刘明文、刘清德、董洪生、王军、施满昌、赵晶煜、周福超。

1994年，根据农场总局军事部民兵整组的指示精神，为扎实细致地搞好民兵整组工作，农场成立民兵整组领导小组。组长刘金烁，副组长乔忠义，成员董洪生、周广森、郑佰忠、刘明文、徐宝忠、赵献民、杨洪臣。

2001—2020年，农场武装部门在兵役登记、拥军优属、民兵整组、训练参建、兵员征集及全民国防教育和配合维护社会治安等多个方面取得了很大的进步。

2001—2005年，农场武装部被农垦总局、北安分局评为先进武装部、武装工作标兵单位等荣誉称号。

2011—2020年，曾祥成、王传江、刘承文、王卜方、王山、庄承泉、宋宜波等人先后被农垦总局军事部、北安管理局人武部评为优秀武委会主任、优秀武装部长、优秀专武干部、新闻报道先进个人及优秀民兵干部等荣誉称号。2019年在北安管理局人武部轻武器射击训练考核中，农场基干民兵谷宏岩获得个人第三名的成绩，受到上级表彰。

二、民兵组织

1956年农场初建时期，各级民兵组织不健全，当时仅有民兵100余人，征集的条件是16～45岁的青、壮年，男女不限，政治表现好，家庭出身好，均可加入民兵组织。年冬民兵发展至200余人。场成立民兵营，下设2个民兵连，一连为积肥连，连长毛炳富，指导员王永山，主要任务是积肥。二连为水利连，利用冬闲时间，集中兴修水利工程。1963年赵光农垦局成立人民武装部，本场的民兵组织走上正轨。根据各单位适龄人员多少相应成立连、排、班等民兵组织，并按年龄大小、身体情况分为基干民兵、武装基干民兵和普通民兵。1963年末，共有民兵800人，其中基干民兵200人、武装基干民兵100人、普通民兵500人。

1970年，六十八团组建后，随着上海、天津、北京、哈尔滨等地城市青年的大量到场，民兵组织得到快速充实和加强。由于受当时国际形势所迫，生产建设兵团的任务是一手抓生产、一手抓战备，民兵工作得到各级党组织的重视，作为一项重要工作来抓。根据实际情况，上级批准成立一个民兵团，下属4个营、38个连，连以下排、班按三三编制，每班12人。全场共有民兵200余人。

民兵团团长、政委、参谋长由上级党委任命，营、连干部由团里任命并在军务股备案。

1976年恢复农场体制后，知青大量返城使民兵组织成员大量减少，武装工作一时被动，民兵组织几乎处于无人过问阶段。

1982年，遵照中发（81）11号文件精神和农场总局党委在赵光农场召开的调整民兵组织会议精神，建设农场的民兵组织再次进行调整，民兵总数由原来的2440人精减到1250人。其中武装部基干民兵由1200人精减到400人。民兵团改编，下属1个基干民兵营，5个普通民兵营。基干民兵营下设4个基干民兵连，20个民兵排，一个六〇炮排，一个重机枪连。原来的35个连级编制减少到25个。

1988年，全场共有民兵连27个，排以上干部164人，共有民兵1250人。1988年，按照上级要求，农场基干民兵由原来的400名调整到308名，基干民兵营1个，重机枪连1个，八二炮连1个，七五炮排1个，六〇炮排1个。人员分配：第一分场基干民兵82人；第二分场基干民兵72人；第三分场基干民兵73人；场直单位基干民兵81人。

1990—1994年，按照北安管理局武装部2个通知精神，进一步强化了对农场民兵工作的领导，一切从国家利益、人民利益出发，真正做到民兵工作"三落实"，即组织落实、政治落实、军事落实。1994年根据农场总局军事部和北安管理局武装部关于整组工作的指示精神，为了做好应付局部战争和武装冲突的准备，农场组建北安管理局基干民兵一营、机炮连，共86人，由三队、八队、十四队、十队、物资科组建，基干民兵要求18～28周岁、政治条件好、身体健康的男性和少数女性。利用农闲组织民兵训练，增强民兵军事素质，保证关键时刻拉得出、上得去、打得赢。

2000年，全场有民兵营1个，民兵连26个，排以上干部104人，全场共有民兵893人。

2001年开始，农场按照上级军事部门要求，健全各级民兵组织，成立人民武装委员会，农场党委书记为主任，场长为第一副主任，各副职场领导为副主任，相关成员单位主要负责人任委员。全场共下设21个民兵连，由基层单位的主要领导任连长、指导员。

2012年，调整武装委员会人员，由农场场长任武委会主任，党委书记任政治教导员。同时，农场根据撤队建区的实际，将民兵连队集中到管理区进行编制，全场共下设第一、二、三、四、五管理区及林场6个民兵连，由管理区主任任连长、党支部书记任指导员，各居民组长任排长。2013年，按照北安管理局人武部关于民兵整组的统一部署，抽调基层管理区的专业技术人员成立了45人的车辆维修保障分队，担负突发应急事件中的运输、维修任务；抽调青年骨干力量45人组建了维稳处突分队，担负急、难、险、重任务，以维护社会稳定和应对突发事件。

2015 年，在保证车辆维修分队和维稳处突分队人员不变的前提下，农场武装部门本着便于管理、出动及时的原则，按照编兵条件，经农场党委同意，在全场范围内抽调思想进步、政治可靠、身体健康的机关科室工作人员共 45 人组建建设农场民兵应急分队，并按照要求，制作了队旗，配齐了装备物资。

2016 年，按照北安管理局人武部的编兵要求，按照民兵出入队规定，压缩原有人员，组建了 30 人的建设农场民兵应急排。

2001—2020 年，基干民兵出、入队 137 人，落实普通民兵 362 人。2019 年，上级军事机关根据普通民兵名册，按照年龄、职务、分工等特点选取 20 人组成特种情报侦察排。调整后的民兵中，专业技术兵比例进一步增强，军政素质明显提高，年龄结构更加合理，民兵组织达到了人员落实、编组合理、干部齐备、制度健全的要求。

三、民兵训练

1957 年冬，场里第一次举办民兵训练班，由复员军人王云亭担任理论教员，讲授军事常识，并进行简单的刺杀、射击、投弹等项目的训练。此后，每年进行春、秋 2 季的民兵训练。每次参加训练 30～40 人，集中食宿。训练时间半个月，训练内容主要是军事常识和实弹射击。每年抽 10 人参加北安县组织的民兵训练。

1968 年，兵团组建后，民兵训练工作更加正规。按军队要求，由团军训股负责。1976—1977 年是兵团变农场的过渡时期，知青纷纷返城，使各级民兵组织都受到影响，现役军人回部队，农场武装工作一时处于瘫痪状态，民兵训练工作中断 2 年之久。

1978 年民兵的训练工作重新走上正轨，按照沈阳军区民兵训练大纲的要求，采取分批轮训的方法，由总场、分场组织集中轮训，时间 15 天，炮兵专业技术轮训不少于 20 天。每年训练 60～100 人次。训练内容由三打、三防、射击、投弹、队列、刺杀等项目的训练增加到二八迫击炮、六〇炮、七五炮、重击炮等项目的训练。

1981—1991 年，按中央军委关于民兵训练不少于 30 天的规定，北安管理局给农场下达了每年 60～100 人的训练任务，农场按照分期分批轮训方法，分 3 批进行轮训。训练的内容有技术、战术、投弹、爆破、反坦克地雷的使用等。考核验收及格率在 95％ 以上，成绩优秀。

1992—2000 年，北安管理局武装部在赵光糖厂成立应急分队，进行统一训练，农场每年有 8～10 名基干民兵骨干参训。

2004 年，黑龙江省政府提出"场县共建、跨区作业"，为农场充分发挥大机械效能和高水平的机务作业提供了机遇。第四管理区基干民兵徐兴奎利用农闲时间到周边部队、村屯代耕作业，当年作业面积达 24.9 万公顷，创效益 24.31 万元。此举不仅增加了个人的收入，同时将高标准的作业技术、农艺流程带给了部队和地方，使亩效益增长了 11.1%，真正实现了双赢。他的车组先后被农场、北安分局评为青年文明号、民兵号、党员先锋号车组，在现代农业生产中展现了民兵队伍的生机和活力。

2007 年，第四管理区民兵谷庆龙，带领职工科学种田，带头种植 70 公顷大麦，由于严格按照标准操作，单产达到 6750 千克/公顷，品质极佳的大麦售价达 1.84 元/千克，当年收入 40 多万元。2008 年，各管理区成立了大麦种植协会，很多职工加入种植大麦行列，纷纷走上了致富道路。

2009 年春播期间，农场组织由 5 台民兵号机车和农场部分机械参加的作业队伍到海伦市乡镇支援，完成大豆播种面积 23.3 万公顷，带动了周边农业和农民增收，促进了区域经济共同发展。

到 2010 年末，在全场民兵中树立了民兵拔尖人才 49 人、种植致富大户 11 人、养殖致富大户 10 人、民兵号联合收割机 10 台和百名科技示范先进个人。广大民兵在种植、养殖、加工、生产车组等项目上大显身手，取得了可喜的成果。第四管理区民兵、种粮大户徐兴鹏创办、领办家庭农场、家庭牧场，年创利润 50 余万元。据不完全统计，全场民兵在"参建"活动中创产值达 1200 余万元，较好地发挥了民兵在经济建设主战场上的生力军作用。

在农场三个文明建设中，民兵是排头兵。20 年来，组织民兵义务参加农场的环境和绿化美化建设，共栽"民兵林"17.33 公顷、修建沙石"民兵路"28 条 3800 延长米、修理田间桥涵 286 座、清挖沟渠 505 条、清除垃圾 480 多吨、栽种绿化草坪花带 2300 多米；组织民兵骨干到各民兵连宣讲和演出 32 次，在开展"一助一、手拉手、心贴心"活动中，全场共结成扶贫帮困对子 186 户，捐款捐物折合人民币 1.1 万元，在社会主义新农村建设中，实践了先进性。

截至 2020 年末，全场共有 20 余名基干民兵拥有最先进的大马力机车，发挥了现代化农业机械的最大效能，尤其在大豆大垄高台等新科技的推广与应用中，起到了示范带头作用。同时，广大民兵为群众做好事 1000 余件，参与健康向上的广场文艺演出 60 余次，为树立农场精神文明健康的新风尚作出了突出贡献。

四、武器管理

兵团时期，武器、弹药发至班、排保管。由于一些农场接连出现动用武器造成伤亡事故，农场于 1971 年修建弹药库，将各种轻武器集中到弹药库保管。每个生产单位只留 1 支枪作警卫用。武装部设 1 名器械助理，专门负责武器的登记、清理、维修工作。

1971 年后，由农场武装部和公安局联合下发通知，将各单位留用的所有枪支均收回集中管理。但由于保管人员思想松懈，1983 年发生一起枪支、弹药被盗案，因及时查破，没有造成后果。此案的发生，引起各级领导对武器管理的重视，对弹药库警卫给予警告处分，同时加强了对武器弹药的管理工作，在弹药库增设警报装置，武装部定期检查武器管理工作。

1996 年按照上级精神，农场撤销弹药库，将武器全部上收北安管理局人武部集中管理。农场将弹药库一栋 150 平方米、警卫室 30 平方米、土地 4 亩、水库 10 亩出租给个体面粉加工户，期限为 1996 年 4 月 5 日—1999 年 4 月 5 日，租期 3 年，租金为每年 4000 元上交计财科。

1996 年，农场成立民兵应急防雹增雨分队以来，增添了 37 门高炮，购买防雹、降雨炮弹，并每年由武装部门统一组织一次专业培训，累计投入资金达 300 余万元。2011 年，为完成农垦总局三年达标建设任务，在农场资金十分紧张的情况下，投入近 30 万元用于武装部正规化达标建设，对武装部办公室和作战室进行彻底翻新和改建，制作了建设农场武装工作综合显示板、民兵情况一览表、各种预案图版等，新建作战沙盘 1 个，修建靶场 1 处，购进了应急小分队人员服装工具及物资用品 60 套，电脑、投影仪、电子白版等，实现了硬件建设的标准化配载。

2013 年 7 月，因参与红色边疆农场抗洪抢险动用战备物资，使用过程中导致部分物资缺失损坏，为保证储备，筹措资金 5 万余元，将缺失部分及时补齐，保证物资储备随时拉得出、用得上。2018 年 6 月，按照上级军事部门对民兵应急分队的携行、运行物资及民兵专业分队的物资器材类目的明确要求，投入资金 2 万余元，在原有物资装备的基础上，将携行、运行物资进行了补充完善，需要市场储备的个人运行物资也同相关商家签订了储备协议。同时，对于武装部战备物资储备库房和作战室相关毁坏部位进行了修缮，保证了后勤储备保障。2019 年根据基干民兵出入队的实际情况申请资金 4850 元，将单兵携行装具储备进行了补充。

截至 2020 年末，农场武装部作战仓库始终储备着警棍、盾牌、背囊及个人训练用品、打靶用瞄准镜、胸环靶、报靶牌、教练手榴弹、扑火 2.3 号工具、防火服（靴）、防毒面具、救生衣等战备物资，以备日常训练或处置突发事件时使用，并由武装部门工作人员定期检查保养。尤其是民兵连（排）的义务消防队，都配有成套的灭火设备，通过定期的专业对口训练，达到了遇有火情能够快速反应并处理的状态。

第二节 兵 役

1978 年，建设农场成立人民武装部，1985 年，开始征集新兵。1992 年，根据黑龙江省委（1991）6 号文件精神和北安国营农场管理局委员会（1991）12 号文件精神。建设农场成立人民武装委员会。

一、领导更迭

1978 年，部长陈永全。

1980—1983 年，部长潘德志。

1984—1986 年，副部长徐宝玉。

1986—1990 年，副部长陈吉浩。

1991—1992 年，部长徐宝玉。

1993 年，刘国臣为武装部负责人。

1994—1998 年，部长董洪生。

1999—2003 年 11 月，副部长梅贵元。

2002 年 9 月—2016 年 9 月，部长王传江，副部长梅贵元、刘承文。

2003 年 11 月—2012 年 7 月，部长王传江，副部长刘承文（正科级）。

2016—2020 年，部长张文忠。

2012 年 8 月—2020 年底，副部长王卜方（正科级）。

二、兵役工作

建设农场自 1985 年开始征集新兵工作以来，每年农场按照上级下达的征兵 3～5 人的指标，积极组织兵员，严格把住新兵质量关，保证高标准、高质量为部队输送优质兵员。

1986—2000 年，农场每年都有征集新兵任务，人数一般 3～12 人。在征集过程中，农场每年都成立征兵领导小组，征兵办公室制定征兵工作实施方案，下发宣传提纲，运用多种宣传手段围绕《中华人民共和国宪法》《中华人民共和国国防法》《中华人民共和国兵役法》这 3 部法律广泛深入、不留死角地向群众特别是适龄青年进行宣传教育，出现了孪生兄弟一起报名、哥俩双双应征、"老八路"为独苗孙子报名的可喜场面。经部队审查和体检复检，没有因政治问题和身体原因退兵，从部队反馈情况看，应征青年普遍思想稳定，刻苦学习、训练，达到了征集部门和部队"三满意"。

1988 年，农场入伍的战士张亚政，在建设南沙群岛中，功绩突出，荣立一等功。

贾梦东 1979 年入伍，1983 年退伍回场任过二十六连工会主席、十四队党支部书记等工作；庄承江 1993 年 12 月入伍，1996 年 12 月退伍后在八队任治安员，1998 年 4 月经过考试进入农场纪委工作，现任农场司法分局局长。1999 年退伍军人王卜方现任农场武装部副部长（正科级）。2002 年退伍军人魏忠刚 12 年军龄，现任农场电视网络公司经理。2008 年退伍士官谷宏岩等被安置到农场的干部岗位。2001 年退伍军人赵金龙，2006 年退伍军人杜春亮，2007 年退伍军人李阳，2008 年退伍军人佟建设、王磊、孙光月，2011—2019 年退伍军人赵东、王政治、王金升、李万通等，也都被安排到医院、消防队、机关办公室、基层生产队、城管大队等适合的岗位。他们在工作中发扬人民解放军的光荣传统，起到了骨干带头作用，而且听从召唤积极参加农场武装部门每年组织的军事训练，时刻准备重返部队，为和平稳定贡献力量。

三、优抚优待政策

1990—2000 年，场党委对优抚安置工作进行了认真的研究，出台了优惠政策：根据黑龙江省义务兵征集、优待、退役安置的规定，应征入伍在职职工优待金每月 100 元，待业青年每月 80 元。场党委决定今后入伍的同志优待金翻一番，分别为每月 200 元和 160 元。应征入伍的同志入伍时一次发给 2000 元，一律现金支付。场决定统一为应征入伍人员上义务兵保险，保险费由农场负担。场录干、招警、招工等工作中，保证退伍军人优先。这些优抚政策落实对顺利完成征兵工作起到了积极作用。

从 2008 年起，农场将义务兵优待金标准从在职职工的每人每月 200 元和待业青年每人每月 160 元，调整到每人每年 4000 元。2012 年，黑龙江省人民政府提出农村义务兵优待金新标准，即每年国家拨款 6200 元、农场补贴 5800 元，合计义务兵（2 年）优待金每人每年调整为 1.2 万元。在新兵欢送会上一次性现金支付应征奖励金每人 1000 元，并保证今后农场招工、招警等适合退伍军人的岗位，优先录用。

2014—2020 年，农场共有 17 名士兵退伍，武装部协同民政、人社、社保等部门，按照政策进行了相关优待金、补偿金的发放以及岗位培训、养老保险接续等安置优抚事项。2017 年起，农场新兵入伍奖金调整为每人 2000 元，在新兵欢送会上现金发放。

2018 年 6 月下旬，农场党委会研究决定，筹资 16 万元，在"八一"建军节期间，对建场 60 多年来扎根农场的 400 余名复转、退伍、伤残军人及军烈属家庭进行慰问，充分体现了农场党委做好拥军优属工作的决心。2019—2020 年建军节期间，农场党委筹资 12 万多元对全场所有退伍、伤残军人及军烈属家庭共 486 人进行了慰问，由武装部同社区居委会和基层管理区进行了人员统计，并配合粮食科、办公室完成 1900 箱自产杂粮的发放工作。

2020 年完成辖区内 65 名 18 周岁男青年兵役登记任务，登记率 100％，并于 7 月完成 42 名应届高中毕业男性青年的兵役登记证发放工作。2013 年，经国务院、中央军委批准，全国征兵时间统一由冬季调整到夏秋季，征集工作从 7 月开始，至 9 月底结束。

1985—2020 年，农场共征集新兵 165 人，复员退伍人员 150 人。复员退伍人员在农场党委的关怀下，一部分走上领导岗位，一部分成为农场各项事业的骨干力量、致富能手。

第三节 国防教育

1956 年，农场的武装工作由保卫干事兼管，当时的主要任务是组织青年屯垦戍边、维护社会治安、积极参加生产劳动、护秋保收、宣传国防法等法律法规，组织干部、职工白天参加生产，晚上集中学习。1970 年，六十八团组建后，农场的民兵组织按照部队序列编为团、营、连、排、班，加强了国防教育工作。

1986—2000 年，农场武装部门始终严格贯彻落实农场总局、北安管理局军事部门关于民兵政治工作的指示精神，着眼于培养"四有"新人和合格的后备力量，认真结合《参训民兵政治教育教材》《民兵工作条例》《中华人民共和国国防法》《中华人民共和国兵役法》等内容抓好全民国防教育。引导广大党员、干部、职工熟读熟知宪法、民法典、刑法以及国家安全法、国防法、网络安全法等法律法规知识，并组织政法部门人员深入到各个单位、部门、学校送法讲法。

建设农场以"七五"普法为契机，深入开展法治宣传教育。①突出抓了民兵"四课"教育。农场统一下发教案和考核试题，各单位组织实施，民兵政治学习做到有学习笔记、有考核试卷、有学习登记，并把学习成绩记入民兵档案。②根据民兵各项活动狠抓了"结合"教育。在民兵组织中开展了"新时期新阶段我军历史使命教育和社会主义荣辱观教育"，强化做好军事斗争准备的责任感和紧迫感。③每年初中新生开学，农场武装部都与周边部队协调，抽调军事教员配合教育部门对入学新生进行短期的军事训练。④每年"八一"建军节前夕，通过农场内部新闻媒体播放专题教育片、抗战等题材的影片。⑤强化新闻报道工作。2001—2020年，武装部门在各类报纸杂志上稿150篇，新闻稿件位居北安分局前列。在2004年参加北安分局纪念毛泽东同志民兵工作"三落实"指示发表42周年知识竞赛活动中，农场民兵夺得北安分局第一名的好成绩。2005年在纪念抗日战争胜利60周年之际，在北安分局人武部主办的"爱垦区、奔小康、强国防"演讲比赛中，取得了第二名的好成绩。2014年春节期间，在农垦总局军事部开展的以"军魂永驻"为主题的书画、摄影及散文作品评比活动中，共收到表现军人风貌、军营生活的书画作品7副、摄影作品4副、散文及诗歌作品3篇，为丰富军营文化作出了贡献。2014年12月，为全力支持丹东市抗美援朝纪念馆的改扩建工作，农场武装部在接到上级通知后立即着手征集工作。农场志愿军老战士刘殿富，自愿捐赠了珍藏多年的参战纪念品和立功证书，为见证历史作出了不可磨灭的贡献。2013年7月，农场机关干部周颖在参加农垦总局军事部"铸就强军魂、托举中国梦"演讲赛北安管理局预选中取得了较好的成绩。

维护社会治安稳定和处理突发事件是民兵组织的一项重要任务，也是武装部门、民兵组织义不容辞的责任和义务。全场每个民兵连队分别组织了一支10人左右的巡逻小分队，在治安守卫、护秋保粮等任务中发挥了积极作用。2001—2020年，协助公安机关抓获犯罪嫌疑人11人、打击偷盗9次、成功调解邻里纠纷13次，组织民兵连队和民兵巡逻小分队先后5次及时扑灭火灾，协助堵截黑车300多台（次），圆满完成社会治安综合治理任务，挽回经济损失数万元。2013年8月，黑龙江流域出现罕见特大洪涝灾害，处于沿江地区的红色边疆农场人民群众的生命财产面临严重威胁。8月22日，北安管理局防汛指挥部一声令下，8月23日凌晨2点30分，由万太文场长为总指挥、武装部部长王传江和农业副场长吴宝忠为副总指挥，全场5个民兵连长率领民兵60人及后勤保障组6人共74人的突击队全副武装，按照规定时间集结完毕、准时出发，并于早7点前到达了相距280余千米的任务目的地——红色边疆农场黑龙江堤坝上。此次任务主要是利用沙袋护堤，以防止洪水侵蚀堤坝。经过英勇奋战，建设农场防汛突击队在规定时间前圆满地完成了上级交给的抗洪抢险紧急任务，受到了北安管理局领导的称赞和表扬。

2016—2020年，按照"七五"普法精神，国防教育宣传充分利用自办媒体平台、多媒体推送播放短片、公益广告，切实增强全员遵法守法意识和国家安全意识，有效履行国家安全责任，有力维护安全稳定形势。

第四章 老干部 关心下一代

第一节 老干部工作

一、机构

1986年3月，建设农场成立了老干部科；9月24日，农场成立了老干部工作委员会。34年来，农场党委非常重视老干部工作，本着"政治待遇不变，生活待遇从优"的原则，使他们在农场三个文明建设中，发挥余热，安度晚年，幸福的生活。

1986—2020年老干部科负责人变动情况见表6-4-1。

表6-4-1 1986—2020年老干部科负责人变动情况

姓名	任职时间	职务
佟宝禄	1986.03—1988.03	副科长
王 悯	1988.03—1992.03	党支部书记、科长
孙景华	1992.03—1993.03	党支部书记、科长
郧贻友	1993.03—1996.03	党支部书记、科长
黄玉山	1996.03—1998.12	副科长、党支部书记
李德伟	1998.12—2000.12	副科长、党支部书记
李德伟	2001—2003.01	科长、党支部书记
庄承江	2004.01—2006.12	科长、党支部书记
王和平	2007.01—2012.07	科长、党支部书记
贾孟东	2012.07—2013.12	科长、党支部书记
韩云秋	2014.01—2016.04	科长、党支部书记
李彦波	2016.04—2020	科长、党支部书记

二、离退休干部情况

1979—1985年，离退休干部共计70名。这些同志虽然离开了原来的工作岗位，但在思想上、政治上和组织上永远不能退休。如毛炳富、巴云起等老同志虽然都是年过60岁的人了，但还牢记自己仍然肩负着为人民服务的职责，不忘共产党人的模范作用，积极参加写场史工作，为农场的事业作出贡献。

2000年，离退休干部190人，其中，离休干部36人、退休干部154人。离退休老干部中：抗日战争时期参加革命工作1人，解放战争时期参加革命工作35人，新中国成立后参加工作154人。从职务待遇上分：副厅级1人，副处级3人，正科级24人，副科级16人，一般干部146人。

2001年，农场有新中国成立前参加革命工作离休干部34人，其中副处级22人、一般干部12人；退休干部358人。

2020年，农场有离退休干部406人，其中，新中国成立前参加革命工作老干部5人，离休干部6人、退休干部305人、内退90人。

三、离退休干部待遇

1. 政治待遇　老干部退休后，农场每年为离退休干部订阅《退休生活》《北大荒日报》和《老年报》，为老干部集中和自我学习提供学习资料，每年都组织离退休老干部到基层参观考察，让离退休干部了解农场经济形势和发展成果。场里举办的职代会等大型会议及重大活动都请离休干部参加，让老干部参政议政，为农场的发展献计献策，发挥余热。每年国家召开的重大会议，农场及老干部科都要及时组织学习、研讨，领会会议精神。

2010年以来，农场每年召开的1～2次场长对话会，都邀请多名老干部代表参加，参政议政。

2000—2020年，农场离退休干部党支部纳入农场党建工作的总体规划，坚持和完善离退休干部的学习、组织生活、情况通报、参加会议、走访慰问、考察参观等制度。组织离退休干部学习贯彻文件精神、领导讲话，农场党委召开职代会、座谈会等会议都邀请离退休老干部参加。特别是农场举办大型广场文化、体育及庆祝等活动，把老干部们都请到主席台上就座，让他们共享欢乐。

2. 生活待遇　1986—2000年，在生活待遇上做到了"五从优""两探望"。

"五从优"：①住房分配从优，全场离休干部都住上了砖瓦房，原场级离休老干部都达到了70平方米以上的住房标准。②园田地、草籽、原煤优先。每年的春季拨给离休老干部部分园田地；秋季离休老干部2袋草籽；冬季原煤1～3吨。③两费落实优先。场党委对离休干部两费工作按照国家规定有关政策坚决贯彻执行。1997—2000年拖欠的工资、医疗费全部还清，离退休老干部已达到月月发工资，医疗费达到 100％报销。④参观游览、疗养优先。在场资金困难的情况下，1988 年 6 月 9 日场领导组织离退休老干部 30 余人派专车到五大连池旅游 2 天。每年按照农垦总局工会疗养名额，首先安排离退休老干部到太湖疗养。⑤文体活动从优。每年的元旦、春节、"七一"、国庆节等重大节日，老干部科党支部积极组织开展象棋、扑克、麻将比赛及文艺活动等。老干部们刻苦认真排练出丰富多彩的文艺节目，得到社会的高度评价，成为农场一道亮丽的风景线。

"两探望"：①节日探望。每年的春节等重大节日，场党委、工会、组织部等有关领导都亲自带着对联和慰问品看望离退休老干部。1999 年 "中华人民共和国成立五十周年" 纪念日，按照场党委的要求对 194 名离退休老干部进行走访，开展送温暖活动，并给已去世老干部的家属送去白面和慰问金。王淑珍老人激动地说："虽然我的男人离开了我们，但农场领导还是这样照顾我们、看望我们，还送来面粉和钱，年年这样，太感谢场党委，感谢农场人民，还是共产党好！" 特别是 2000—2020 年，这 20 年间，农场党委十分关心老干部工作，农场场长、书记每逢年节都要亲自到老干部家中慰问，并送去慰问品。②对患者的探望。农场离退休老干部年岁已高。凡是因病住院或在家庭病床的老干部，农场党委及老干部科党支部都列为重点探望对象。

2001—2020 年，离退休老干部党支部始终坚持"四到位、三心访、两祝贺"的工作制度，把为老干部排忧解难作为神圣职责。在老干部当中积极开展"民心"工程，离退休干部晚年生活养老金每月足额卡式发放，医疗费按规定及时报销，不托不欠。开展送温暖活动，春节、"七一"、老年节等节日给老干部发放慰问金、购买慰问品，充分体现了农场党委对退休、退居二线老领导的关心和爱戴，使老干部们感受到了农场党委对他们的关心和重视。

四、文化活动

老干部的文化活动丰富多彩，是农场文化战线上一只生力军。早在 1996 年就组织了一支 50 多人的秧歌队伍，他们活跃在农场各大节日的活动中。后来随着农场文艺工作的不断开展、农场文化设施的不断完善，老干部成立了合唱团、舞蹈队等。他们自编自演，活跃在春节、元旦、元宵节、重阳节、"七一"、"十一"、端午节等节日，在农场的大街小巷、文化广场都能看到"夕阳红"的表演，深受农场广大群众的欢迎。在每年的比赛中，这支队伍都获最佳表演奖。

每年，老干部代表队都参加北安分局（管理局）举办的离退休老干部门球、乒乓球、台球等比赛活动，荣获台球个人二等奖、三等奖，团体二等奖、一等奖；门球集体二等奖；乒乓球团体二等奖、三等奖等。何忠仁代表北安管理局参加农垦总局台球比赛，荣获个人三等奖。

2019年庆祝中华人民共和国成立七十周年之际，开展传承红色基因活动。老年艺术团举办庆祝中华人民共和国成立七十周年歌舞联谊会，老年学校的中老年学员纷纷登台，载歌载舞。演员们用歌声赞美明天，用舞蹈祈福未来。情景剧《十送红军》、太极剑《精忠报国》、走秀《梁祝》、歌曲《山水情歌》等节目将联谊会推向高潮，海伦农场、通北林业局的艺术团体，带着精彩的节目《我的中国梦》等前来参加联谊会，吸引了上千名观众。

五、参与救助

34年来，无论是九八抗洪，还是汶川地震，抑或五大连池农场火灾等，只要是国家有灾、兄弟单位有难，离退休老干部们都会积极响应，捐款捐物，多则上千元，少则几百元，据不完全统计，离退休老干部共计捐款捐物10万多元，体现了一方有难，八方支援的高尚情操。

六、设施建设

1999年，在场党委的重视下，拿出5万元维修了300平方米老干部活动室，4万元购进了健身器材4套、29英寸彩电1台、台球1套等设备，使老年活动中心具备了阅览室、电视室、健身室、象棋室、麻将室、台球室、吸烟室、办公室。活动中心还配有专职管理员和服务员，随时为离退休老干部服务。

2007年，农场投资140万元，建成文化活动中心，面积835平方米，为老干部提供学习、休闲、娱乐于一体的活动场所。老干部科党支部本着服务老年人的工作宗旨，把活动中心建设成为"老年人之家"。

2020年，农场为了让更多的人有活动场所，投资166万元，在老年活动中心东侧建了一栋338.8平方米的乒乓球馆，又维修了整个活动中心，为更多的老干部和社会爱好者搭建了娱乐、强身平台。

2001—2008年，农垦总局党委组织部和农垦总局党委离退休干部工作处，授予建设农场老干部党支部"老干部工作先进单位""垦区先进活动中心"称号；北安分局授予建设农场老干部活动中心"先进老干部活动中心"称号等。

第二节　关心下一代工作

关心下一代工作组织是（以下简称关工组织）在农场党委领导下，以离退休老同志为主体、党政有关部门和群众团体负责人参加的群众性工作组织，是培养、教育青少年工作的参谋和助手，负有对关心下一代工作进行组织、协调、指导、检查、服务的职能。关工组织围绕全党工作大局开展工作，教育培养青少年成为有理想、有道德、有文化、有纪律的社会主义事业的建设者和接班人。

农场关心下一代工作委员会始建于 2004 年 9 月 20 日，由过去虚设机构变成实体部门。

一、组织建设

2004 年 10 月 4 日，农场成立了以场长、书记为名誉主任的关心下一代工作委员会（以下简称关工委），关工委主任由党委副书记张本伟担任，聘任原党委副书记乔忠义为关工委常务副主任，2007 年原党委副书记周广森接任关工委常务副主任一职。2008 年王丽为关工委干事。2012 年王和平接任关工委常务副主任。关工委办公室主任、秘书长由老干部科科长兼任。农场聘请"十大员"（思想道德报告员、优良传统宣讲员、校外活动辅导员、净化环境监督员、法律心理咨询员、科技文化传授员、脱贫致富帮扶员、家庭教育指导员、捐资助学协调员、失足劣迹帮教员）20 名，并颁发聘任书、工作胸卡及工作手册。农场基层关心下一代领导小组（以下简称关工领导小组）由基层党支部组成，原则上是有青少年的地方就应成立关工领导小组。

二、规范管理

农场自成立关工委以来，农场党委十分重视这项工作。2006 年关工委为基层关工领导小组第一次规范档案管理，2009 年再次对全场关工领导小组文档进行了统一规范，下发了簿册 60 册，统一了各关工领导小组关爱工作团标示牌并发放到各领导小组。同年，关工委制定了《建设农场关心下一代工作委员会章程》，以此指导关心下一代工作。

2019年，基层关工领导小组重新制作了关心下一代工作图板、标识牌，并统一了工作手册。8个基层关工领导小组，全部配备了驻会副组长，配备了兼职新闻通讯员。10多名刚退休和退居二线的"年轻五老"参加到关心青少年成长中来，为他们定制了胸卡、发放了聘任书，并进行干部、家长、"十大员"培训。

三、学习培训

2004年11月10日，北安分局关工委举办了由各农场关工委成员参加的学习班，农场关工委办公室主任李德伟、场居委会主任刘国臣参加了学习班。

每年学校都举办家长培训班，并特邀关工委"十大员"进行革命历史宣讲。2006年10月13日召开的家长培训班，特邀北安分局关工委办公室主任贾进麒授课，210多名家长参加，"十大员"思想道德报告员马玉也在培训班上进行了授课。

每年农场关工委都召开一次"建设农场关工委工作推进会议"，全场"十大员"的代表及成员部门、基层关工领导小组等主要领导参加，会议由常务副主任主持，并对"十大员"进行培训，学习关工委起源历史背景、"十大员"参与青少年工作任务和工作职责、《黑龙江省关心下一代工作细则》《中共中央 国务院关于进一步加强和改进未成年人思想道德建设的若干意见》等。

2005年5月30日，北安分局老干部工作暨关心下一代工作现场会在格球山农场召开，同年8月23—24日北安分局关工委在红色边疆农场和黑河市召开的关工委工作和论文研讨会议，党委副书记周广森和关工委副主任乔忠义、秘书长庄承江参加了会议，庄承江在会上作了经验交流。

2009年6月10日，由北安分局党委副书记徐树清、关工委常务副主任李志秀带队，全分局各单位关工委主任（党委副书记）、常务副主任参加，赴九三分局关工委考查学习，农场关工委常务副主任周广森、组织部部长唐志学参加此次活动。学习中，参观了尖山农场第三管理区"六有"建设、九三分局博物馆、九三分局一中关工委工作开展情况。

2010年7月21日，参加垦区关工委"学、育、奔"活动推进会。会上首先参观了八五〇农场的青少年科普教育基地、八五六农场基层关工组织、八五七农场老年活动中心及小城镇建设、八五一〇农场当壁镇。现场参观完，与会人员进行了经验交流，农场关工委常务副主任周广森在会上作了发言，题目是《资源共享、共育共建、努力做好场县共建关心下一代工作》。

四、开展活动

2008 年全场开展为 9 个"图书活动室"捐书活动，共捐书 1.1 万册。

2012—2020 年，农场关工委推出自己的关工委工作品牌"老少同乐"活动。每年不定期开展活动，活动以文艺演出、报告会等形式，共开展 20 余场次，参加活动达 4000 余人。

2007 年由场关工委、场工会联合下发文件，开展为贫困学生捐资助学献爱心活动。各关工委成员单位及各党支部、关工领导小组积极开展活动，共计捐款 2.8 万元，捐助了 43 名有困难的学生。2010—2020 年，每年"六一"儿童节农场党委、关工委、工会都到农场中小学为困难职工子女赠送学习用品作为节日礼物，祝他们节日快乐。农场社区和基层党支部对辖区贫困学生也采取不同的方式进行资助。

五、开展革命史、北大荒精神教育

2004 年关工委成立以来，每年关工委"十大员"宣讲团里的几大员，如潘德智、隋振勇、王悯、陈化兴、马玉等都深入基层管理区、中小学、入党积极分子培训班进行宣讲革命史、北大荒精神等教育，受教育青少年人数达千余人。2009 年 11 月 3 日，农场"十大员"校外活动辅导员隋振勇撰写的《坚持学校家庭社会相结合，构建"三位一体"思想道德养成教育网络》和《农场青少年思想道德现状及思考》2 篇论文分别被黑龙江垦区第二届关心下一代工作理论研讨会评为二等奖和三等奖。每年农场关工委都结合不同形势任务开展教育活动。2010 年 9 月 26 日，关工委常务副主任周广森邀请雷锋生前战友梁友德到农场为青少年作报告。报告会结束后，梁友德为同学们签字留念。

2019 年 7 月 28 日，农场关工委和老干部党支部举办"不忘初心、牢记历史"主题活动。参加活动的有 60 多名离退休老同志和 100 多名中学生。

2019 年 9 月 12 日，农场有限公司在学校举办庆祝中华人民共和国成立七十周年"升国旗、唱国歌"、千人同唱"我和我的祖国"系列活动，公司领导班子成员、全体干部、"五老""十大员"代表、职工代表、师生代表共计千余人参加活动。9 月 26 日，建设农场关工委、教育科在农场学校举办"中华魂"（爱我中华——新中国成立七十周年）主题读书演讲比赛。全校学生参加观看。38 名参赛选手，评出一等奖 2 名、二等奖 4 名、三等奖 8 名。

第五章　政　　务

第一节　保密督办

一、机构

1973 年 1 月，建设农场设立了保密室兼管档案工作。1956 年建场时，档案工作由文书兼管；1958—1966 年，档案工作由秘书兼管。"文化大革命"期间，由于文档工作受到干扰破坏，大量文件、资料被烧毁。1970 年，农场改为六十八团，文秘工作由司令部和团政治处分管，打字室、保密室归军务处管。1976 年，根据中央指示，撤销黑龙江省生产建设兵团，恢复农场体制后，设农场办公室（党政合一），设行政秘书和党务秘书负责文件接收、登记、阅传、催办、立卷归档和全场保密工作。

1979 年，中央决定利用 3 年时间恢复整顿全国档案工作。农场党委十分重视档案保密工作，责令农场档案室把原来成堆成捆的文件和原有的档案根据上级的统一要求，进行了分类整理，重新组卷。

1981 年，按照省地关于《机关文书档案保管期限表》要求，制定了农场文书档案的收获范围和方法，编写了专题文件目录，制定了严格的审批查阅制度。到 1985 年底，档案室已有档案 483 卷，有档案员 1 人。

二、保密、督办

打字室是保密工作中的主要部门，1986—1995 年，农场一直都是老式打字机，打印农场出台的重要文件和政策。1996 年农场为打字室配备微机，负责文件材料以及上报材料的打印，使保密工作进一步加强。

2000 年后，农场党委把保密、督办工作摆在了工作重要日程，为加强对保密工作的领导，切实落实保密工作责任制，严格保守党和国家秘密，保障机关各项工作顺利进行，制定了相关保密制度。督办，最主要的是为农场领导掌控全局、实施正确导向提供助手作用，督察、督办中发现的重要问题及时向领导汇报，特殊问题要立即汇报，领导交办的问题要坚决办好。

农场党委定期召开保密专题会议，对全场工作人员集中培训学习《中华人民共和国保守国家秘密法》和《中华人民共和国保守国家秘密法实施条例》，订阅大量保密杂志和保密相关材料。通过培训、学习使全场工作人员保密意识增强，业务素质得到提高。

2015年先后购置了密码保险箱、防盗门、防盗窗、报警器、监控器等设备，提高文件和公章管理的现代化程度。农场的档案室、微机室都由办公室负责，由农场常务副场长主抓。由于保密工作组织作用发挥突出、工作到位、措施得力，1995年被黑龙江省委保密委员会授予保密工作先进单位。2001—2020年，农场档案管理、保密工作多次受到农垦总局和北安分局（管理局）业务部门表彰奖励，2017年张晨光被农垦总局保密委员会授予保密工作先进工作者称号。

建场64年来，为进一步加强机要保密管理工作，确保机要保密工作安全、扎实、高效，强化对保密工作的组织领导，完善保密工作内容，认真修订保密工作责任制和涉密文件、网络管理制度。加强涉密文件、载体的管理，按规定及时清退涉密文件、资料，涉密文件和资料实行专人、专柜保存，密级文件单独传阅，严格控制阅文范围，确保保密工作严格按照原则操作流程。

三、档案管理工作

1981年，按照省地关于《机关文书档案保管期限表》要求，制定了农场文书档案的收获范围和方法，编写了专题文件目录，制定了查阅制度。到1985年底，档案室已有档案483卷，其中永久的237卷、长期的208卷、短期的38卷。档案室共80余平方米，其中阅文室30平方米，房内设有铁卷柜5套，设有专职档案员1人。

1986—1992年，农场十分重视档案工作，配备了专职档案员1人，使农场档案管理工作逐步规范化，同时对档案的管理和收集整理、有效地保护和利用得到了进一步完善。

1992年，农场由单一的文书档案发展到由文书、会计、科技集中型的综合档案室，综合档案室由常务副场长郭建义主管，成立档案领导小组，配备了96名兼职档案员。综合档案室的职责是在主管场长和办公室的领导下进行工作，负责建立农场档案管理，负责组织全场各类文件材料的形成、积累、整理、鉴定、归档、移交、保管工作，为全场干部职工提供利用服务，指导、督促检查各科室、部门、基层各单位的档案工作开展情况及总结表彰全场档案工作人员。兼职档案员除本职工作外，要做好一年一度文件材料的收集、整理和立卷工作，并及时按要求移交档案部门存档，协助总场部门收集、整理有保存价值的文件材料、技术材料。除会计档案外，农场各单位、部门、科室兼职档案员要在第二年的第一季度向档案部门移交一次装订和成卷的档案，定期到办公室领取文件，档案要专柜专簿，收发文件要登记。兼职档案员工作变动时要及时做好交接工作。对全场档案工作实行目标管理，做到奖优罚劣。建立健全各种工作制度，编好专题目录、总目录和大事记，这些制度有利于加强档案管理。认真宣传、学习贯彻《中华人民共和国档案法》，使档案工作开展有章可循、有法可依。健全档案网络，从而使全场上下人人关心档案工作、参与档案工作，为档案工作顺利开展提供保证，创造良好的工作环境。完善保护措施，有关防火、防盗等设施一应俱全，使综合档案室达到"七防"。

到 2000 年，档案室总面积 183 平方米。其中，办公室 25 平方米，库房面积 158 平方米，档案柜 50 套。档案总卷数 15512 卷，其中永久的 1089 卷、长期的 13829 卷、短期的 13605 卷；科技档案 52 卷，专业档案 13829 卷，照片档案 500 张，录音录像带 100 盘。综合档案室每年服务查档 100 多人次。

2011 年初，农场对档案室投资 50 多万元重新扩建，档案室总面积达 307 平方米，库房使用面积 282 平方米，购置档案柜 30 套，档案密集架 28 列，配置电脑 1 台用于录入电子档案，专职档案员 1 人。档案总卷数 74901 件，其中永久的 27238 件、长期的 4011 件、短期的 43652 件；基建档案 242 件，科技档案 233 件，项目档案 605 件，照片档案 500 张。综合档案室每年服务查档 200 多人次。

第二节　政务公开

1999 年以前农场的政务公开形式多设立于基层单位，例如生产队的小黑板、会计室的墙壁上。那时没有微机，都是会计手抄按照季节把所发生农业生产的各项费用张贴墙上，便于职工查账、对账。后来，购进了微机实现了电子化管理。账目公开成为农场 1 年 2 次大检查的 1 项重要内容。农场党委严格监督基层政务公开，减少了干群矛盾，促进了社会和谐。

2001—2020 年，农场政务公开采取制作政务公开专栏、板报、设立意见箱等多种形式，根据公开内容的实效性，分为常年、定期和随时公开，做到"常务"长期公开，"要务"定期公开，"急务"即时公开。将各项行政办理事项的办事依据、办事职责、办事程序、办事标准、办事时限、办事结果以及与群众密切相关的政策法规等情况进行长期公开，将办事流程、收费一览表、业务窗口工作内容、服务承诺、管理办法等内容在大厅固定位置长期公开。另外，为方便群众办事和便于接受监督，将每位工作人员的姓名、服务处所、岗位职责和本人照片制成图版悬挂在大厅内，作为长期公开的内容。利用电子屏幕公开各项工作60次，不断加大政务公开宣传力度，在方便服务对象的同时，接受社会各界的监督，实行监督检查和责任追究制，专门抽调政治素质高、业务能力强、纪律作风硬的人员组成政务公开监督小组，对各科室政务公开情况进行经常性监督检查。设立了投诉意见箱，自觉接受群众监督，广泛听取各方面意见，及时发现和解决政务公开工作中存在的问题，使政务公开工作取得了实质性进展。政务公开工作的深入扎实开展，不仅提高了人民群众对单位工作、个人的满意率，树立了农场的良好形象，同时，也使全场干部职工的整体素质得到了很大提高，工作积极性和责任心明显增强，这又反过来有力地推动了政务公开工作的快速有序发展。

第三节　接待工作

1956年5月12日，农场接收了首批哈尔滨市知识青年马国玲、柳红兰、黄丽霞等男女15人来农场安家落户。

1956年，接收通北机械化农场选派干部、工人80人到农场安家落户。

1958年4月，农场成功地接收了中国人民解放军转业官兵139人到农场参加建设。

1959年4月18日，接待了东北三省检查团来农场检查工作。

1963年6月，农场接待了黑龙江省农垦厅厅长房定辰、副厅长边敬来农场检查工作；

1966年8月，农场接待了哈尔滨市红卫兵来农场帮助秋收。

1969年8月，农场接收了北京、上海大批青年来场工作。

1989年2月，农场党委接待了回家探亲海军某部施工队长张亚政，他曾在南沙群岛建设中荣立一等功。农场邀请他做了一场生动的报告会，受到职工群众高度赞扬。

1990年7月，接待了日本友人小金泽一雄首次来农场小学慰问。2001年9月4日，日本友人小金泽一雄第四次来中国，向农场小学赠送33.4万日元，并赠送了礼品。

1991年7月17日，农场接待了北京、天津、上海部分回访青年。

1993年4月10日，接待了农场总局工会主席刘廷佐一行来农场检查双体经济工作，同年11月29日，成功地接待了农场总局医疗队来农场义诊，受到农场职工欢迎。

1994年9月20日，农场接待了赵光农场34人参观团来农场参观双体经济。

1996年12月，农场接待了曾在农场下乡、时任国务院扶贫开发办公室副主任高鸿宾，回到阔别20年的第二故乡第六生产队看望老领导、老战友。

1998年5月11日，农场接待了引龙河农场工会主席王宇光一行10人来农场参观学习，同年5月15日，接待了红星农场党委书记王志荣一行30人来场参观学习自营经济，同年7月27日，农垦总局局长王玉林来场检查自营经工作。

1999年11月29日，农垦总局"百场千队"摄制组来农场拍摄非国有经济专题片。

2000年8月16日，北安市财政局局长于贵、白同峰来农场检查作物受灾情况。

2001—2020年，累计接待3700余人次，其中，2008年接待时任农业部副部长高鸿宾回场考察调研。2009年，接待时任民政部财务司司长宋志强回访农场。2010年，接待时任黑龙江省省委书记吉炳轩来场视察农业标准化工作。2013年，接待北京、上海等地知青回访。2013年，接待农业部原副部长高鸿宾到农场知青纪念馆参观。2016年，在农场举办农业现场会，共接待农业部、农业科学院、记者、体系专家、北安管理局领导等共计160余人次。2016年成功举办建场60周年庆祝大会。2017年，接待北安管理局老干部处处长屈年喜等30余人来场调研离退休老干部工作开展情况。2018年，在纪念知识青年上山下乡50周年之际，分4批共接待北京、上海、天津、哈尔滨等地回场知青600余人。对上级领导及外单位来宾，根据工作需要做好与上级相关单位和兄弟单位的联系与交流，按照相关接待规定坚持热情接待、细致安排，做到客人满意、领导满意。

办公室共有3台公务车辆，规范小车的使用和管理。明确了公务用车管理上的程序，对油耗定标，车辆油耗、维修实行专人负责，定期汇总。同时进一步明确了驾驶员的职责，随时掌握车况，及时维修车辆，消除安全隐患，保证了公务及接待工作安全无误。

第四节　应急管理

建场初期，农场每个连队都有民兵应急小分队，这些人平时参加生产建设，一旦有突发情况，他们就冲在最前面。

1956年6月，逊克县境内发生特大森林火灾蔓延到农场北部三〇三林场，农场组织民兵应急分队参加扑火救援45天。

1983年4月28日，全场下暴雨2个多小时，后转为小到中雨一昼夜，大雨冲毁桥涵6处、路面4处，5千米长，中断了农场通信、交通等设施，农场组织4支应急抢险民兵小分队协同道路、通信等部门同时抢修，保证了农场各项工作的顺利进行。

1986年10月13日，通北山上着火，农场抽调各生产队民兵应急队250人、5台汽车、2台拖拉机、5台小型车到现场扑火，奋战了两天一夜扑灭了山火，清理了火场才撤离回来。

1991 年 5 月 4 日上午 10 时，地方幸福林场起火，农场森林办立即组织快速扑火队 10 人，3 台风力灭火机和扑火工具赶赴现场参加灭火，仅用 38 分钟与幸福林场工人就扑灭了山火。

1997 年后，农场加大小城镇建设步伐，基层单位撤队并区、职工喜迁新居住上了楼房，消灭了柴草垛、茅草房，大大地减少了火灾事故的发生。

2011—2020 年，农场加强应急管理机制建设，建立健全了农场应急管理工作机构，明确人员职责，强化工作措施，充分发挥组织协调、统筹管理、宏观指导职能作用，积极做好突发自然灾害和公共事件的处置工作。

加强教育宣传，着力提高职工和群众应对突发公共事件能力，始终将应急管理教育工作作为重点，把《中华人民共和国突发事件应对法》的宣传教育纳入学习中，并且到人员密集场所开展应急知识和《中华人民共和国突发事件应对法》宣传活动，发放宣传单 12 次，有效地提高了职工和群众居安思危、预警防范各类突发事件的能力和知识水平。

完善了应急预案，规范应急避难场所 2 处，组织大型应急演练 4 次，走进学校开展消防应急讲座 5 次，火灾脱险逃生自救应急方法 1 次，为社区居民开展应急安全培训讲座 8 次，农场联合安全办和应急办开展应急安全知识竞赛 1 次，农场成立综合性应急救援队伍，建立了消防专兼职应急队伍 12 人，配置消防车 4 辆，消防防护服 24 套以及水泵、氧气瓶等救援器材，组织应急救援队伍专业培训演练 3 次，活动深入扎实地开展。对应急物资做了充足的准备，共储备：编织袋 3 万条，土工布 7500 平方米，沙石 500 立方米，铁丝 2 吨，木桩 6 立方米，救生衣 360 套，冲锋舟 2 艘，投光灯 5 只，铁锹 50 把。

2019 年农场体制改革，成立了安全应急管理办公室，有工作人员 12 人，负责农场安全生产、抗洪抢险、消防、森防、应急救援、防灾减灾等工作。

第五节　来信来访

一、机构

1985 年以前，来信来访工作由农场办公室兼管。1986—1990 年，负责信访工作场领导谢德才、王明林，办公室主任孙林、张兴龙。1990—1998 年，场领导郭建义，办公室主任汪国华、施满昌、刘广瑞。1999—2000 年，黄东光。2000 年 11 月 17 日，办公室主任杨洪臣兼任信访办主任。2000—2020 年，农场主管信访工作领导乔忠义、周广森、刘建胜、苗兴民、李有民、白文军、唐道光。2002 年 3 月，袁治香任信访办副主任。2010

年 3 月，信访办从办公室分离出来，成为机关独立部门，配备 2 名专职信访干部，设立信访接待室。主任袁治香，副主任涂宏伟。2011 年 3 月，吴洪祥调入信访办任科员。2012年 8 月，王安龙任信访办科员。2014 年 8 月，办公室主任涂宏伟兼任信访办主任。2015年 4 月，王安龙任信访办副主任。2017 年 5 月 1 日，涂宏伟调离农场。2017 年 7 月，张伟红任信访办科员。2017 年 12 月，办公室主任张士军兼任信访办主任。2019 年农场管理体制改革，成立了社会稳定办，信访办隶属于社会稳定办。

二、信访工作

1985 年以前，信访办设在农场办公室，全面负责群众的来信来访工作，把问题解决在基层。

1986—2000 年，随着改革的不断发展深入，上访的问题由"文化大革命"时期遗留问题转移到拖欠工资继而下岗生活问题，新情况新问题不断涌现，化解社会矛盾、维护社会安定，成为信访工作的重要任务。农场每年都对信访领导小组进行调整，对信访工作人员进行素质教育，使他们掌握一定的政策、法规，以便信访工作在基层顺利进行，更好地把问题解决在基层，真正做到"小事不出队、大事不出场"。信访工作连续 5 年被评为北安分局先进信访办，并出现了"两无两少"，即无上访老户、无集体上访，上访量少了、越级上访的少了，使信访工作进入了新的发展时期。

农场信访工作始终坚持"预防为主、教育疏导、依法处理、防止激化"的原则，提出了"三重""三心"即重预防、重排查、突发信访重源头，热心接待上访群众、耐心听取上访群众反映的问题、诚心为上访群众排忧解难，接待上访与主动下访相结合、思想教育疏导与提高群众法治观念相结合、依法果断处置上访闹事与积极处理上访案件相结合"三结合"的工作思路，建立长效信访工作机制。立足疏导，防患于未然，把矛盾化解在基层，控制在源头，促进了经济发展，确保了农场社会和谐稳定。截至 2000 年末，共接待来信来访 119 件，结案率 100%。

2001 年以后，随着改革开放的不断深化，经济社会加速转型和社会利益格局调整，利益冲突加剧，由各种矛盾和现实问题引发的信访问题比较突出，信访形势呈现出一些新特点、新问题，政策性、群体性问题突出，处理难度大。主要集中在土地承包、土地征用、房屋拆迁、企业改制、劳资纠纷、社会保障等方面。这些问题的出现，对农场的社会稳定和经济发展带来了不利的影响。农场党委和各级领导高度重视信访工作，摆上重要工作日程。经过不懈努力，农场信访工作逐步走上了制度化、法治化、正规化的轨道。信访总量和上访人数呈逐年下降趋势，促进了社会的稳定，推动了农场经济又好又快发展。

2000—2020 年，农场信访接待来信来访 268 件，全部建档立案，结案率、息访率 100%。2019 年全年调处信访问题 21 件 59 人次，结案率 100%，同比各类信访案件大幅下降。

新时期，按照习近平总书记关于信访工作"三到位一处理"，即"诉求合理的解决到位、诉求无理的思想教育到位、生活困难的帮扶救助到位、行为违法的依法处理"要求，农场信访办以人为本，综合运用法律、政策、经济、行政等手段和教育、调解、疏导等办法，把群众合理合法的利益诉求解决好。加强风险研判，加强源头治理，努力将矛盾纠纷化解在基层、化解在萌芽状态，避免小问题拖成大问题，避免一般性问题演变成信访突出问题。

国务院第七十六次常务会议通过的《信访条例》自 2005 年 5 月 1 日起施行。农场信访办按照要求，组织各级领导干部和职工群众学习宣传贯彻落实《信访条例》。并制定下发了《关于矛盾纠纷防范排查化解"两级三责"联动工作机制的有关规定》。

"两级"，即各部门（管理区、居委会、机关科室、场直单位）、农场。

"三责"，即明确部门负责人、信访办和农场领导（农场分管领导）在解决群众矛盾纠纷的防范、排查、化解工作过程中所应负有的责任。

"两级三责"联动工作机制的目标是明确分工职责，上下联动、责任连带，及时高效处理好信访案件，维护群众利益，解决群众问题，维护社会稳定，构建和谐社会。

农场落实主要领导负总责、分管领导具体负责、其他领导一岗双责，管行业管信访，领导包片包案，一级抓一级、层层抓落实的领导责任制。农场还实施了职责联动处理案件机制，制定了信访维稳工作奖惩制度，并建立了场长对话会制度。

为了面对面解决群众反映的焦点和热点问题，切实履行社会责任，真正接地气、办实事、解难题，切实做到变群众上访为领导干部下访。在场长万太文的倡导下，自 2014 年起，每年召开 2 次场长对话会。对话会上，农场领导认真了解、倾听群众的诉求，现场解答关于民生、小城镇建设、环保、物业维修、供水供暖等居民关注的焦点、热点问题，使居民生活中存在的问题得到切实解决，基本做到小事不出区、大事不出场，确保职工生产生活问题基本零积压、零上访。近几年的实践效果非常显著，有效减少了信访案件的发生，为职工群众解决了实际问题，创造了农场和谐稳定的社会环境。

截至 2020 年末，农场场长万太文已主持召开 14 次场长对话会，现场解决 58 项群众提出的问题。

第七编

科教文卫

中国农垦农场志

第一章 科 技

第一节 机构和队伍建设

建设农场从建场之初对科技工作就十分重视，经过 64 年的积累打造形成了由农场科技科、科技园区（实验站）、科技示范带、科技示范田组成的科技工作体系，健全了大豆、小麦、玉米、杂谷、土肥、植保 6 个小组，机务、林业、畜牧兽医、文教卫生均有科技组，形成了各行各业比较完整的科技推广体系。组织机构完备，科研目标明确，科研成果显著。

1956—1985 年，农场科学技术工作按发展进程可分为 3 个阶段：从 1956 年建场到 1961 年良种队成立为第一阶段。该阶段是以技术人员为轴心解决业务问题，成立了作物栽培上的实验小组，机务方面的改装小组，畜牧兽医方面的畜群提纯复壮小组等。1962—1975 年为第二阶段。该阶段以业务副场长为首，组织机构较完备，科研目标明确，分工更细，协作融洽，向多口深度迈进。在农业、机务、畜牧、卫生、文教等方面共取得 13 项成果。1976—1985 年末为第三阶段。该段发展成比较完整的科技体系，设立了科技科，成立了科学技术委员会。健全了实验站，实验站下分大豆、小麦、玉米、杂谷、土肥、植保 6 个小组。机务、林业、畜牧兽医、文教卫生均有科技组。农场有科技职称人员 212 名，在北安管理局以上刊物发表论文 177 篇，取得受奖成果 29 项。

1986—2000 年，农场大搞科技开发。农场对科技工作更加重视，特别是 1990 年之后，在黑龙江省、农垦总局、北安分局分别提出科教兴省、科教兴垦、科技兴农战略的影响下，配齐配强了科技管理部门的人员，重视科技人才的选用，增加了科技经费投入，广泛开展各项科技活动，积极推广应用切实有效的常规措施及各项新技术，开展科技攻关活动，促进了科技工作的迅速发展。

随着知识经济时代的到来，"科学技术是第一生产力""科学技术出经济效益""农业的根本出路在于科技"的理论受到人们的深刻重视。科技兴场已成为全场人民的共识，学用科学的风气更加浓厚，先后改装了多项机具及其他设备，撰写了多篇有价值的获奖论文，并在各类刊物发表，同时也取得了多项分局级研究、推广成果，提高了科技项目率，加快了科技成果的转化率，使科技兴场工作不断向前推进。

2001—2020 年，是农场高科技项目推广实施时期，也是高科技、高效益鼎盛时期。农场在农业方面推广模式化栽培技术，应用推广农业新技术，农机标准化程度大幅度提升，为农业跨越式发展提供了机械化保障。20 年来，全场农业、农机、畜牧等工作推广新技术、新项目共计 180 项，农场各行各业荣获农垦总局以上科研项目、集体荣誉奖 58 项，个人成果奖 333 项。

一、机构

建场初期，农场只有科研班，科技工作由农场农业副场长兼管，做一些简单的种子发芽试验、测土配方工作。

1979 年，农场成立了科技科。1980 年 5 月 9 日，成立了建设农场第一届科学技术委员会，该委员会兼管技术职称评定工作。1983 年 5 月 27 日，调整充实了第一届科学技术委员会。1985 年 3 月，农场召开了第二届科学技术委员会第一次会议。1985—1987 年，王兴文任科技科科长。1988—1994 年，郭炎任科技科科长。1995—2000 年科技科又兼工业科和质量技术监督局工作。1987 年，农场成立了第三届科学技术委员会，主席杨国珍，副主席周占彪，秘书长王兴文，委员有于洪臣、王文富、于秀芳、王兴文、王喜林、王学军、王奎、毛炳富、任宝山、刘明文、马玉、周占彪、袁德才、肖钊教、杨玉山、杨国珍。

1995—1996 年，农场分管科技工作的副场长为张真源，科技科副科长白京娜。1997—2000 年，主管科技副场长王维春，科技科科长郑佰中。1999 年农场科技领导组组长付宗深，副组长王维春、赵序国、刘增元、周广森，成员有郑佰忠、黄东光、李贵、毛笑荣、徐宝忠、王传江、郝良田、周鸣岐、郭彦民、李晓成、于瑞和、王军、汤树义。

2001 年科技科和工业科合署办公，科长由郑佰忠担任。2002 年，许秀云任科技科科长，郑佰忠担任副科长。2008—2012 年科技科和生产科合署办公，蔡晓祥任科技科科长，周志方任副科长，工作人员马建铎、佛明珠。2013—2016 年王朝民任科技科科长，周志方为工作人员。2017—2020 年，周志方任科技科科长。

二、队伍

农场科技队伍的成长与农场事业的发展是同步进行的。1960 年以前全场仅有农业技师 1 名，技术员 27 名。1981 年，有工程师 35 名，助理工程师 56 名，技术员 196 名。由于人才交流（局内调动、省内外商调、自找门路），1985 年末，有工程师 14 名，助理工程师 33 名，技术员 165 名，分别减少 60％、41％、15.8％。

随着农场的发展，科技队伍不断壮大。1986 年以前，全场没有高级职称科技人员，中级职称人员只有 14 名。到 2000 年，科技人员队伍已发展到 880 名，其中高级 16 名，中级 198 名，初级 666 名，在岗的 419 名。

截至 2020 年底，农场有各类科技人员 333 名，分别在农业、林业、农机、畜牧、水利、建筑、教育、卫生等岗位上，从事技术工作，在农场科技发展中发挥着重要作用。

农场重视人才引进工作，通过出台相关优惠政策招聘大学毕业生到农场工作，其中，2013 年引进大学生 25 名，科技人员的学历和技术职称的层次逐年提高，专科和本科学历人员显著增加，有些岗位还有研究生学历人员，中高级职称人员也大幅度增加。

1985 年前部分年份科技人员情况见表 7-1-1。

2000 年科技人员情况见表 7-1-2。

2000 年全场科技人员统计见表 7-1-3。

表 7-1-1　1985 年前部分年份科技人员统计

单位：人

年度	总计	农业	机务	畜牧兽医	基建	水电	林业	会统	卫生	文教	其他	其中	
												大专	中专
1960	28	2	6	4	3	1		4	4	4		3	21
1976	142	7	12	7	3	2	3	25	41	42		31	87
1981	287	13	24	12	4	5	3	108	53	59	6	43	159
1985	212	11	19	9	2	5	2	82	49	32	1	32	135

表 7-1-2　2000 年科技人员统计

单位：人

农业				工程技术				卫生				中小学教师			
高级	中级	初级	小计	高级	中级	初级	小计	高级	中级	初级	小计	高级	中级	初级	小计
4	14	76	94	2	18	121	142	2	42	60	104	2	80	134	216

会计统计				其他				政工				合计			
高级	中级	初级	小计	高级	中级	初级	小计	高级	中级	初级	小计	高级	中级	初级	小计
1	8	142	151	1	9	24	34	4	27	110	141	16	198	666	880

表 7-1-3　2020 年末农场科技人员名单

序号	单位	姓名	性别	职称情况		
				初级	中级	高级
1	农　场	万太文	男			教授级高级政工师 高级农机工程师 农业技术推广研究员
2	农　场	曾祥成	男			教授级高级政工师
3	农　场	乔忠义	男			高级政工师
4	农　场	周广森	男		中级政工师	
5	农　场	李友民	男			教授级高级政工师 高级会计师
6	农　场	白文军	男		政工师	
7	农　场	殷培池	男			高级政工师
8	农　场	张文忠	男			高级政工师
9	农　场	闫红彬	男		经济师	
10	农　场	朱坤芝	男			高级农机工程师
11	农　场	唐道光	男		政工师	
12	生产科	蔡晓祥	男	助理农艺师		
13	生产科	邴绍筑	男			高级农艺师
14	生产科	佛明珠	女			高级农艺师
15	生产科	王庆文	男	助理农艺师		
16	水稻办	马建铎	男	助理农艺师		
17	水稻办	于德庆	男	农机助理工程师		
18	水稻办	徐长勇	男	助理农艺师		
19	水稻办	毕玉婷	女	助理农艺师		
20	农机科	李洪涛	男		农机工程师	
21	农机科	苏景刚	男	助理工程师		
22	农机中心	李　勇	男	助理工程师		
23	第一管理区	张万明	男	助理农艺师		
24	第一管理区	王　刚	男	助理工程师		
25	第二管理区	李永国	男	助理工程师		
26	第三管理区	郭恭贺	男	农机技术员		
27	第五管理区	刘晓明	男	助理工程师		
28	宣传部	刘　学	男		农机工程师	
29	公路管理站	张　伟	男		农机工程师	
30	第一管理区	张海波	男	助理工程师		
31	第三管理区	张新平	男	农机技术员		
32	第五管理区	刘广利	男	农业技术员		
33	科技科	周志方	男			高级农艺师
34	科技科	蔡雪萍	女		农艺师	
35	综合科技园区	苏海英	女			高级农艺师

（续）

序号	单位	姓名	性别	职称情况		
				初级	中级	高级
36	综合科技园区	夏丽芳	女		农艺师	
37	综合科技园区	赵金龙	男	助理农艺师		
38	综合科技园区	赵　欢	女	助理农艺师		
39	综合科技园区	孙凡红	女	助理农艺师		
40	气象站	魏　绰	女	技术员		
41	气象站	谭　微	女			高级气象工程师
42	气象站	刘成智	男			高级气象工程师
43	第一管理区	纪俊伟	男	助理农艺师		
44	第一管理区	王轶聃	男	助理农艺师		
45	第一管理区	张　军	男	初级会计师		
46	第一管理区	吴国丰	男	助理农艺师		
47	第一管理区	王轶聃	男	助理农艺师		
48	第三管理区	宿胜德	男		农机助理工程师	
49	第三管理区	王国君	男	农业技术员		
50	第三管理区	郑岩岩	男		农机助理工程师	
51	第三管理区	宋宜波	男	农机技术员		
52	第三管理区	庄承泉	男		政工师	
53	第三管理区	郭恭贺	男	农机技术员		
54	第四管理区	赵新刚	男		农艺师	
55	第四管理区	徐兴鹏	男		农艺师	
56	第四管理区	何长伟	男	助理农艺师		
57	第四管理区	李昂诚	男	助理农艺师		
58	第四管理区	宋维硕	男	助理工程师		
59	第五管理区	孙宇航	男	助理农艺师		
60	五区一组	闫雪松	男	农业技术员		
61	水稻管理区	宿胜军	男		农艺师	
62	水稻管理区	赵旭全	男	农机助理工程师		
63	水稻管理区	杜艳生	男	农业技术员		
64	水稻管理区	周广新	男	助理农艺师		
65	水稻管理区	王　利	男	农业技术员		
66	计财科	李海燕	女			高级会计师
67	计财科	郭　媛	女			高级会计师
68	计财科	李树宽	男	初级会计师		
69	计财科	王利华	男	初级会计师		
70	计财科	武良军	男	初级会计师		
71	计财科	刘亚民	男	初级会计师		
72	计财科	刘玉玲	女		中级会计师	
73	计财科	张忠罗	女		中级会计师	

（续）

序号	单位	姓名	性别	职称情况		
				初级	中级	高级
74	计财科	孟凡瑞	女		中级会计师	
75	计财科	庄擎宇	女	初级会计师		
76	计财科	潘永战	男	初级会计师		
77	审计科	张万秋	女			高级会计师
78	纪　委	姚艳杰	女	初级会计师		
79	医　院	汪雪莲	女	初级会计师		
80	第一管理区	刘佳男	男	初级会计师		
81	第二管理区	曲展东	男	初级会计师		
82	第三管理区	李庆菊	女	初　级		
83	第三管理区	费庆鸿	男	初　级		
84	第四管理区	尤金萍	女		中级会计师	
85	第四管理区	纪　喆	女	初级会计师		
86	第五管理区	张忠凯	男	初级会计师		
87	水稻管理区	刘秀媛	女	初级会计师		
88	公路管理站	李洪艳	女	初级会计师		
89	物业公司	张忠凤	女	初　级		
90	城管、居民委	张忠发	男	初级会计师		
91	水务局	宿明俊	男		中级会计师	
92	林业科	王洋洋	女	林业助理工程师		
93	林业科	万　嵩	男	林业助理工程师		
94	林业科	赵　华	男	土地工程助理工程师		
95	林业科	刘秀敏	女			林业高级工程师
96	林业科	高显杰	女			林业高级工程师
97	林业科	刘传忠	男			高级农业水土工程师
98	建设科	韩学彬	男		工程师	
99	建设科	苏丽丽	女			高级工程师
100	建设科	金玉鑫	女		工程师	
101	建设科	郭恭喜	男	助理工程师		
102	建设科	唐啓铭	男	助理工程师		
103	畜牧科	张洪玲	女			高级兽医师
104	畜牧科	张天佑	男		兽医师	
105	畜牧科	金　辉	女		兽医师	
106	畜牧科	刘立勇	男		兽医师	
107	畜牧科	刘　颖	女		兽医师	
108	畜牧科	白　刚	男	助理兽医师		
109	畜牧科	王远强	男	助理兽医师		
110	畜牧科	谷士军	男		兽医师	

（续）

序号	单位	姓名	性别	职称情况		
				初级	中级	高级
111	畜牧科	闫化力	男		兽医师	
112	畜牧科	张传军	男		兽医师	
113	畜牧科	王立朋	男		兽医师	
114	畜牧科	杨小平	男	助理兽医师		
115	畜牧科	黄宝森	男		兽医师	
116	畜牧科	李秀红	女	助理兽医师		
117	畜牧科	马殿久	男	助理兽医师		
118	畜牧科	王　健	男	助理兽医师		
119	畜牧科	耿敬智	男	助理兽医师		
120	畜牧科	岳　鹏	男	助理兽医师		
121	畜牧科	巴功旭	男		兽医师	
122	畜牧科	王春阳	女		兽医师	
123	畜牧科	耿敬义	男		兽医师	
124	商务科	董汉杰	男		政工师	
125	水务局	张复生	男			高级工程师
126	水务局	宗利强	男			高级工程师
127	水务局	张余祥	男	助理工程师		
128	水务局	尤雪巍	女	助理工程师		
129	水务局	张天桥	男		工程师	
130	水务局	刘玉红	女	初级会计师		
131	组织部	唐志学	男			高级政工师
132	宣传部	康旭平	男			高级政工师
133	宣传部	王凤兰	女			高级政工师
134	宣传部	崔　雯	女		政工师	
135	宣传部	许颖献	男		政工师	
136	机关党委	杨洪臣	男			高级政工师
137	老干部科	王　丽	女		政工师	
138	居民委	杨洪臣	男			高级政工师
139	审计科	吴　萍	女			高级政工师
140	纪　委	李学忠	男			高级政工师
141	纪　委	周　颖	女		政工师	
142	劳资科	孟常红	女			高级政工师
143	团　委	施永刚	男		政工师	
144	工　会	隋吉男	女		政工师	
145	组织部	张晓雪	女		政工师	
146	武装部	王卜方	男		政工师	
147	计财科	周刘建	男		政工师	
148	第二居民委	李永秋	女		政工师	

（续）

序号	单位	姓名	性别	职称情况		
				初级	中级	高级
149	第二管理区	吴凤刚	男		政工师	
150	第三管理区	庄承泉	男		政工师	
151	学 校	张文生	男		一级教师	
152	学 校	胡兆平	男			高级教师
153	学 校	周 芳	女			高级教师
154	学 校	孙立波	男			高级教师
155	学 校	姬立国	男		一级教师	
156	学 校	郭 全	男			高级教师
157	学 校	隋立祥	男			高级教师
158	学 校	姜继学	男		一级教师	
159	学 校	王 宁	女			高级教师
160	学 校	宋传罡	男			高级教师
161	学 校	石国范	男			高级教师
162	学 校	郑春慧	女		一级教师	
163	学 校	于佳英	女			高级教师
164	学 校	魏春玲	女			高级教师
165	学 校	李福杰	男		一级教师	
166	学 校	宋 楠	男	二级教师		
167	学 校	唐道刚	男		一级教师	
168	学 校	牟东滇	女			高级教师
169	学 校	葛淑艳	女			高级教师
170	学 校	吕海涛	男	二级教师		
171	学 校	邵 岩	女	二级教师		
172	学 校	吴国华	女			高级教师
173	学 校	卢凤江	男		一级教师	
174	学 校	徐金花	女	二级教师		
175	学 校	郝彬彬	女		一级教师	
176	学 校	李俊玲	女			高级教师
177	学 校	王胜男	女			高级教师
178	学 校	郑 杰	女			高级教师
179	学 校	蔡景华	男	二级教师		
180	学 校	马志国	男		一级教师	
181	学 校	杨秀娟	女	二级教师		
182	学 校	张 伟	女		一级教师	
183	学 校	徐丽梅	女			高级教师
184	学 校	王远玲	女		一级教师	
185	学 校	李学文	男		一级教师	
186	学 校	蒋红妹	女		一级教师	

（续）

序号	单位	姓名	性别	职称情况		
				初级	中级	高级
187	学　校	李凤云	女			高级教师
188	学　校	于佳华	女		一级教师	
189	学　校	吕永申	男			高级教师
190	学　校	董亚云	女			高级教师
191	学　校	司朝东	男			高级教师
192	学　校	商海峰	男		一级教师	
193	学　校	李　英	女			高级教师
194	学　校	孟秀清	女			高级教师
195	学　校	姜玉芬	女			高级教师
196	学　校	王国臣	男			高级教师
197	学　校	王　静	女			高级教师
198	学　校	吴秀华	女		一级教师	
199	学　校	崔　珍	女			高级教师
200	学　校	李海芹	女			高级教师
201	学　校	刘翠娥	女			高级教师
202	学　校	于晓平	男		一级教师	
203	学　校	侯广荣	男			高级教师
204	学　校	赵玉梅	女		一级教师	
205	学　校	张荣宝	男		一级教师	
206	学　校	张荣顺	男		一级教师	
207	学　校	徐宪斌	男			高级教师
208	学　校	王月兰	女			高级教师
209	学　校	董欣欣	女		一级教师	
210	学　校	刘国兴	男		一级教师	
211	学　校	刘　忠	男		一级教师	
212	学　校	王淑范	女		一级教师	
213	学　校	于国良	男		一级教师	
214	学　校	王春喜	男		一级教师	
215	学　校	马贵学	男			高级教师
216	学　校	李永祥	男		一级教师	
217	学　校	于瑞河	男			高级教师
218	学　校	王秀芳	女			高级教师
219	学　校	孙金华	女			高级教师
220	学　校	朱晓明	女		一级教师	
221	学　校	郭淑荣	女			高级教师
222	学　校	侯万钧	女			高级教师
223	学　校	于长春	男			高级教师
224	学　校	王亚娟	女			高级教师

（续）

序号	单位	姓名	性别	职称情况		
				初级	中级	高级
225	学 校	王延明	男			高级教师
226	学 校	邓秋颖	女			高级教师
227	学 校	肖玉秀	女			高级教师
228	学 校	孙长云	女			高级教师
229	学 校	常淑杰	女			高级教师
230	学 校	李永琴	女			高级教师
231	学 校	张建平	女			高级教师
232	学 校	张玉梅	女			高级教师
233	学 校	尹丽华	女			高级教师
234	学 校	何薇薇	女			高级教师
235	学 校	徐 杨	女	二级教师		
236	学 校	孙秀香	女			高级教师
237	学 校	王亚军	男		一级教师	
238	学 校	王郁梅	女		一级教师	
239	学 校	张桂玲	女		一级教师	
240	学 校	李景文	女		一级教师	
241	学 校	许 艳	女		一级教师	
242	学 校	李学颖	女		一级教师	
243	学 校	乔桂娟	女		一级教师	
244	学 校	侯春荣	女		一级教师	
245	学 校	耿向丽	女			高级教师
246	学 校	李学玉	女		一级教师	
247	学 校	吴 楠	女	二级教师		
248	学 校	李 军	男		一级教师	
249	学 校	刘广明	男		一级教师	
250	学 校	高志波	女		一级教师	
251	学 校	郑淑梅	女		一级教师	
252	学 校	刘 影	女		一级教师	
253	学 校	陈忠华	女		一级教师	
254	学 校	汤丽英	女		一级教师	
255	学 校	李 慧	女	二级教师		
256	学 校	张丽华	女	二级教师		
257	学 校	周福桥	男			高级教师
258	学 校	刘淑珍	女			高级教师
259	学 校	张继英	女			高级教师
260	学 校	苏丽波	女			高级教师
261	学 校	李秀坤	女			高级教师
262	学 校	王春波	女			高级教师

（续）

序号	单位	姓名	性别	职称情况		
				初级	中级	高级
263	学　校	刘　艳	女			高级教师
264	学　校	刘雅杰	女		一级教师	
265	学　校	陈国芳	女		一级教师	
266	学　校	张丽萍	女		一级教师	
267	学　校	姚丽丽	女		一级教师	
268	学　校	范廷刚	男		一级教师	
269	学　校	王志广	男		一级教师	
270	学　校	王艳华	女		一级教师	
271	学　校	何景娟	女		一级教师	
272	学　校	唐道芹	女		一级教师	
273	学　校	杜廷芬	女		一级教师	
274	学　校	张洪芳	女		一级教师	
275	学　校	沈丽敏	女		一级教师	
276	学　校	徐金花	女		一级教师	
277	学　校	乔　莲	女			高级教师
278	学　校	孙晓慧	女		一级教师	
279	学　校	单秀芬	女			高级教师
280	学　校	刘　艳	女			高级教师
281	学　校	卜文军	男	二级教师		
282	学　校	李立志	男		一级教师	
283	学　校	范丽波	女	二级教师		
284	学　校	罗　梅	女			高级教师
285	医　院	吴凤军	男			副主任医师
286	医　院	韩云波	男			副主任医师
287	医　院	赵洪新	男			副主任医师
288	医　院	王立群	男			
289	医　院	孟龙妹	女	执业医师		
290	医　院	徐　静	女	执业医师		
291	医　院	董圣宇	女	执业医师		
292	医　院	刘慧娇	女	护　士		
293	医　院	马秀文	女			
294	医　院	朱爱华	女	药　师		
295	医　院	高景琴	女	药　师		
296	医　院	杨　红	女	初级会计师		
297	医　院	孟凡玲	女			副主任医师
298	医　院	李春生	男	执业助理医师		
299	医　院	董　强	男			副主任医师
300	医　院	苏春玲	女			副主任医师

（续）

序号	单位	姓名	性别	职称情况		
				初级	中级	高级
301	医 院	高 艳	女		主管护师	
302	医 院	刘爱民	女			副主任护师
303	医 院	夏 杰	女		主管护师	
304	医 院	王 美	女	护 师		
305	医 院	任 雪	女	护 师		
306	医 院	林静文	女	护 师		
307	医 院	杨 萍	女	护 师		
308	医 院	孙铭孺	女	护 士		
309	医 院	邸姗姗	女	护 士		
310	医 院	张 策	男	护 士		
311	医 院	冯艳君	女			副主任医师
312	医 院	刘 丽	女		主治医师	
313	医 院	霍 红	女		主管技师	
314	医 院	徐海燕	女	检验士		
315	医 院	杨春光	男			
316	医 院	周绪霞	女	执业助理医师		
317	医 院	费庆文	男	执业助理医师		
318	医 院	王艳华	女	执业医师		
319	医 院	姜 卫	男	执业医师		
320	医 院	赵云红	女	执业助理医师		
321	医 院	高腊香	女	执业助理医师		
322	医 院	谢文静	女	执业助理医师		
323	医 院	施咏梅	女	护 师		
324	医 院	王凤荣	女	执业医师		
325	医 院	刘鑫全	男	执业助理医师		
326	医 院	李立春	女	执业助理医师		
327	医 院	张桂琴	女			副主任护师
328	医 院	闫丽杰	女	执业医师		
329	医 院	张秀花	女	执业助理医师		
330	医 院	高 军	男			副主任医师
331	医 院	贾振江	男	康复医师		
332	医 院	袁青丽	女	执业助理医师		
333	医 院	王丽男	女	护 师		

第二节　科研活动

农场采取"走出去、请进来、网络培训"三结合的方式，不断提高了科技人员的业务水平。

一、走出去

建场初期，农场条件差，科技人员少，大部分是按照上级要求，参加分局以上举办的科技培训班。每年农场都分批或者单独送技术人员或青年人到黑龙江八一农垦大学以及附近的赵光机校学习，或者到哈尔滨、上海学习，同时组织人员到兄弟管理局、农场参观学习。每年都会有 100 人左右到外面参观学习，提高科技意识，增强科技水平。

二、请进来

1986—2000 年，农场开展了"科普之冬"活动，聘请黑龙江八一农垦大学水稻专家、大豆专家等到农场讲课，聘请农机专业人员来场传授革新经验，受教育面每年都达到 3500 人次。王维春、郝良田等 5 人研制出的西方-200 型割晒机防陷轮，被北安分局第六次科技大会评为科技进步三等奖。农场还研究了玉米地膜覆盖、甜菜育苗移栽、水稻旱育稀植、深松免耕、大豆原垄卡播等科研项目 29 项并获奖。

三、网络培训

到 2020 年末，人们学习、生活都可以通过网络来实现，科技人员通过网络培训不断提高科技水平。

科学技术工作历年均有成就，1985 年以前除获北安管理局以上奖励项目外，场内奖励科技成果项目尚有百余项。

种"三田"活动。从 1997 年开始，按照北安分局科技、农业部门的要求，实施种"三田"活动。年初由生产科、科技科把承担实验田、示范田、攻关田的数量、内容落实到农业生产单位。开展种"三田"活动，为农业创造高产稳产积累了宝贵的经验，为发展高产优质高效农业起到推动作用。

1997—1998 年，承担的全国农牧渔业丰收计划项目有：油菜 2 万亩，寒地水稻旱育稀植"二化"栽培及钵育摆栽增产 4 万亩。

在完成承担的部级丰收计划项目过程中制定了实施方案，确定责任人，成立了项目领导小组；项目单位成立了技术实施小组，组织项目单位技术人员及种植户进行培训；技术员包点包户，每个环节都组织技术人员及种植户进行技术交流并总结经验。由于方案具体、措施得力、较好地完成了部级丰收计划项目的产量指标，项目结题率达 100%。

根据《农业部办公厅、财政部办公厅关于印发 2009 年基层农技推广体系改革与建设示范县项目实施指导意见的通知》（农办财〔2009〕95 号）精神，按照《2009 年黑龙江垦区基层农技推广体系改革与建设示范县项目实施指导意见》的要求，农场开始实施"农技推广体系改革与建设示范县项目"，成立了专家组，制定了技术指导员的选举制度和管理制度，并选出了科技示范户，进一步完善了农场的科技推广体系，开展了多样化科技活动。

2016 年，农业部种植业管理司以农场为示范基地，开展了"大豆绿色增产增效技术集成生产模式研究与示范项目"，承担单位为中国农业科学院。该项目以提升东北北部大豆主产区大豆产量水平和种植效益为目标，集成国内外大豆科技成果，形成综合技术模式并大面积展示示范，带动主产区大豆生产发展，充分发挥大豆在可持续发展农业中不可替代的生态功能，强化国产大豆在食用品质方面的优势，满足我国对食用大豆的需求，保障食用植物蛋白供给安全。该项目集成中国农业科学院、国家大豆产业技术体系、国家农业科技创新联盟、示范区所在省市农业科研院所、各级农业技术推广部门、相关企业的科技力量，开展协同攻关。通过协作攻关，突破限制大豆单产和效益提升的主要技术障碍，研制关键技术和产品；在主产区大面积生产条件下，对苗头品种进行田间测试，筛选适合不同地区、生产方式和加工利用要求的大豆优良品种；通过技术研究、组装、优化，面向主产区建立大豆绿色增产增效技术集成模式。

通过该项目的开展与落实，黑龙江省乃至国家的大豆种植专家进行现场技术观摩交流，推动了农场大豆产业的进一步发展，提升了农场在全国大豆种植方面的知名度。

四、畜牧业

64 年来，农场在养殖方面一直在探索中求发展。1990—2000 年，畜牧业应用了先进的育种技术，提高了猪、牛、羊群的遗传品质和生产性能。采取西门达尔、夏洛来等优良牛种冻精配种改良本地黄牛；推广了规范生猪饲养技术、直线育肥法；推广了驯化养鱼水面，提倡稻田养殖、网箱养殖。林业加强了苗圃灭草和森林病虫害防治中的技术应用。

2004 年以后，重点推广应用肉牛冻精配种技术，全场共冻配 826 头，占成母牛的 70%，实现了肉牛品种良种化。这一年在 5 个单位开展了 100 头肉牛的同期发情技术实验，使每头母牛的分散发情，调整到一定时间内全群母牛集中统一发情，集中配种，提高繁殖率。实验母牛进行药物处理后，同期发情率达到 90%，情期冻精配种成功率达到 80%，为全面推广肉牛冻精配种打下了技术基础。推广酒糟＋青贮玉米育肥肉牛技术，共育肥肉牛 35 头，每头增收 500 元。

2005 年推广生猪直线育肥技术，在饲料价格居高不下的情况下，每头猪可以获得 100～200 元的经济效益。

2005 年推广黏玉米收获后秸秆青贮技术。为降低青贮成本，五队引进黏玉米种植项目，黏玉米收获后秸秆无偿给养殖户，这样种植户可以减少清理秸秆费用，同时养殖户可以节省种植费用，互惠互利。

2007年6月，农场投资2万元，从北京引进生猪人工授精技术，利用第四管理区舒久玲绿猪养殖小区进行生猪人工授精技术培训，共培训生猪人工授精员6名。在全场推广人工授精技术，农场人工授精母猪的妊娠率平均可以达到91.5%以上，在半年多的时间内，农场及其周边乡镇共计127头母猪陆续采用人工授精配种，提高了种公猪的利用率，比自然交配提高效率10倍以上，并且防止了疾病的交叉感染。

2011年重点在奶牛小区推广了性控冻精配种技术，初产母牛全部采用性控冻精进行配种，全年配种86头，应用性控冻精大大提高了母犊牛的产出率，加快了奶牛种群的扩大。

2013在养猪小区引进了发酵饲料生产技术，利用豆腐渣、稻糠经益生菌发酵，可降低饲料成本34%，能提高饲料利用率，增强猪群抗病力，在饲养过程中不需防疫和使用其他添加剂和药物，生产的猪肉质好、无药物残留，符合消费者对健康猪肉的要求。

2014年重点在奶牛小区开展了发酵床技术试验，实验牛床面积260平方米，实验奶牛37头，应用锯末铺垫牛床，泼洒微生物发酵菌剂，让牛在松软的床面上自由活动，排泄的粪尿被微生物菌剂直接分解成菌体蛋白和水蒸气，达到了牛粪无排放、无污染的目的。微生物发酵牛粪的同时消除了牛舍的臭味，改善了牛舍环境，而且无须人工进行清粪、打扫圈舍，降低了养殖户劳动强度，节约了冲圈用水，达到了节能减排的目标，并且减少了奶牛各种疾病的发生。初步实验结果显示，实验奶牛平均单产提高了10.2%，平均每头奶牛增产2.5千克，按奶价3.65元/千克计算，每头奶牛每年增加收入2300元。

2015—2020年，奶牛小区奶牛全部实行全混日粮（TMR）饲喂，奶牛年平均鲜奶产量达到6.5吨，乳蛋白、乳脂含量分别达到3.1%和4.0%，每头泌乳牛年增收4300元。

第三节　科技普及和推广

一、科技项目开发

（一）开发推广水田种植技术

1988年，农场党委研究决定在农场试种水稻，并将此项任务具体落实到十九队。1988年春天，采取对外承包引进技术方式，在青石岭水库养鱼池的下游用17.5亩旱田地改种水稻。当时采用小棚育苗移栽的办法，试种的第一年就得到了亩产550千克的好收成。试验证明高寒地区种水稻完全可以成功，效益非常可观，激发了群众对种植水稻的积极性。经过与旱田对比，用职工的话说，"种一亩水田是两亩旱田的产量、三亩旱田的效益"。当时农场试种水稻的成功在北安垦区是第一家，农场人感到无比的自豪和欣慰，建设农场乃至北安垦区结束了不能种水稻的历史，填补了空白，也为建设农场农业的发展打开了突破口。

水稻普遍采用了旱育稀植和钵育摆栽技术。水稻亩产 500 千克左右，生产的大米不仅满足了场内需求，而且还大量外销。水田资源开发不仅拓宽了种植领域，还培育了新的经济增长点，是第二次开发中利用资源的有效尝试。水稻种植经历过"三种、三改"时期。

（二）"一园、一田、一带"

经过多年的实践探索农场进一步完善和强化了"一园区"（科技园区 2005 年前为农场实验站）、"一带"（科技示范带）、"一田"（科技展示田）的农业科技三级试验、示范、推广体系。不但在科技引进、推广、应用上取得了重大成就，而且全场上下也形成了尊重科学、重视技术的良好氛围和习惯。正是基于此，经过多年扎实稳步地推进，农业新技术的应用使农场的种植业的科技含量不断提升，农业生产标准化和现代化水平走在了垦区乃至全国的前列。

2001 年之后，农场对科技工作增加了新的举措。2001 年 1 月 15 日，农场召开七届二次职工代表大会，会议通过的《加快改革发展总体实施方案》中把科技作为 9 项工作的第四项——科技兴场，进行了重点安排，体现出农场对科技工作的高度重视。

2003 年，第八届职代会富民强场总体方案中把实施科技兴农战略作为提升农场竞争力的第五项措施，并且提出加大科技投入，提取科技三项基金每亩 1 元。

2001 年，全场有十一、十二队和试验站 3 个单位落实科技示范田。2002 年，把各生产单位及有关场领导、科室人员、生产队管理人员都有自己的科技示范田作为目标考核的一项内容。

2003 年，农场打造农业 3 条科技示范带：第一条示范带是以农业新技术应用为主的示范带，从建海大桥开始至第四管理区、第三管理区、第二管理区到部队农场结束；第二条示范带是围绕畜牧业发展为主的示范带，围绕第三管理区奶牛小区、生猪养殖小区延伸到第二管理区的肉牛养殖小区，重点是展示农场"两牛一猪"发展和饲料作物种植；第三条示范带是围绕青石岭水库的示范带，重点发展旅游项目。

（三）"三园""三田"

2005—2009 年，以建好"三园"为载体提升科技示范作用，即以试验站为基地的科技示范园、高效经济作物示范园、以林场为基地创建特色经济作物示范园。同时，重点抓好"三田"，即高效经济作物示范田、2000 亩高产攻关示范田、3 万亩新技术应用示范田。

2010 年后，农场创新科技推广方式。①以科技园区为依托加强农业新技术的研究、开发与应用，使科技园区真正成为农业新技术的转化基地、产业培植基地，充分发挥示范带动作用。2019 年科技园区共落实试验课题 32 项，其中总局级 2 项、省级 4 项、联合体 4 项、垦丰合作 2 项、农场 20 项，试验内容主要研究玉米、大豆新品种展示、肥料、除草及促控技术、高产栽培模式、新技术示范等。②建立科技示范带。2019 年农场通过进一步完善示范带动功能，优化布局，提升农产品品质，推动农业现代化、绿色发展。建设高标准科技示范带 3 条：第一条打造有机示范区，在农场第三、四、五管理区公路主线两侧示范；第二条打造垦区绿色优质高效技术模式提升行动示范区，在农场第一、二管理区公路主线两侧示范；第三条打造粮食生产功能区，在农场水稻管理区公路沿线示范。示范面积 1546.67 公顷，示范辐射 68 千米。③推广模式化栽培技术，2010 年推广大垄高台面积达 90％。实现全面积、全作物、全层深施肥或分层施肥，实现麦麻类缩行增密 100％。在玉米上推广应用缓释肥料、化控和后期脱水示范技术。大豆上推广行间降密技术。④继续开展高产攻关活动，探讨更加适合本地各作物高产栽培模式。

（四）农机具改装技术推广

随着农机具的不断更新，农机具改装技术更需要开发。1986—1999 年，在副场长王维春，农机科科长郝良田，技术员刘洋、张忠宣、姜传东及部分机务队长的共同努力下，进行了多项农机具改装。

具体改装研制技术为点播机播玉米与铺膜一次成功，油菜田喷药技术，履带式拖拉机支重轮防漏密封装置技术，深松铲改装技术，点播机播耕油菜改装技术，油菜播种与深施肥一次完成技术，西方-200 型割晒机防陷轮胎的研制，大豆播种、深施肥、苗带喷药一次完成技术，E-514 型联合机收割机液压泵的替用技术，大豆低割收获挠性割台改装技术，大豆原垄卡播小麦技术等。这些农机具改装技术的开发，提高了生产力，为实现农机作业标准化发挥了不可替代的作用。

（五）开发蔬菜栽培技术

从 1986 年开始，场部地区陆续有 7 户建起了塑料棚育菜苗和韭菜，使各种蔬菜提前采收半个月左右。特别是 1997—1998 年，第一林场组织个别种植户到山东寿光蔬菜基地参观学习，按照学到的技术要求建立了 4000 平方米的蔬菜大棚。塑料大棚技术的应用，解决了光照不足、温度低等难题，推广应用了夏菜春种、南菜北种等新技术，使韭菜、菠菜、油菜、黄瓜、茄子、番茄等各种蔬菜提前或拖后 1 个多月收获，延长了职工群众吃蔬菜的时间，改善了人们的饮食结构，提高了膳食质量。

二、新技术推广

（一）农业模式化栽培技术推广

64 年来，农场不断研究、试验、引进农业新技术应用于生产，并且细化生产技术操作规程和标准化作业水平，模式化栽培技术得到广泛应用。主要推广了以下栽培技术模式：

（1）大豆大垄栽培模式。

（2）小麦窄行密植栽培模式。

（3）玉米大垄双行栽培模式。

（4）甜菜全程机械化栽培模式。

（5）亚麻机械化栽培模式。

（二）农业新技术试验推广

64 年间，农场坚持"科技兴农"方针不动摇，大力引进推广应用了一大批新技术，引领了农业生产的方向，提升了作物种植的水平，促进了现代化农业的发展。主要试验、推广、应用了 39 项技术：

（1）大豆深窄密、暗垄密栽培技术。

（2）小麦花期防病航化追肥技术。

（3）大豆大垄高台覆膜技术。

（4）水稻宽窄行栽培技术。

（5）水稻节水灌溉技术。

（6）大豆茬原垄卡播油菜、玉米、小麦及经杂作物技术。

（7）水稻大棚育苗钵育摆栽和机械插秧高产技术。

（8）大豆、小麦阶段性追施微肥技术。

（9）大豆行间覆膜技术。

（10）大豆茬、芸豆茬卡播甜菜技术。

（11）大垄密、深窄密技术应用。

（12）玉米催芽机械卡播。

（13）麦类作物宽苗带技术。

（14）玉米、芸豆兼作栽培技术。

（15）水稻大棚育秧微喷技术。

（16）水稻育秧机播技术。

（17）大豆垄上覆膜技术。

（18）麦类作物缩行增密技术。

（19）亚麻、麦类宽苗带技术。

（20）大豆分层定位定量施肥技术。

（21）玉米催芽机械点播技术。

（22）甜玉米秸秆青贮技术。

（23）白瓜子覆膜小垄栽培技术。

（24）保护性栽培技术。

（25）抗旱防涝综合技术应用。

（26）测土配方平衡施肥技术。

（27）大豆根瘤菌应用技术。

（28）麦类播后深施肥技术。

（29）深松碎土封墒技术。

（30）麦类、玉米应用化控防倒伏提密增产技术。

（31）大豆大垄高台密植气力式精播技术。

（32）甜菜大垄高台精量点播技术。

（33）秸秆还田技术。

（34）甜菜大垄高台50厘米行距精密点播技术。

（35）甜菜机械起收技术。

（36）玉米110厘米行距大垄催芽双行精量点播技术。

（37）玉米机械收获及全程机械化栽培技术。

（38）水稻机械插秧及叶龄诊断技术。

（39）玉米氮肥后移技术。

（三）农机新技术推广

64年来，为了满足农艺技术推广的要求，农场大力推广了一大批农机应用技术，使农场的机械化程度得到大幅度提升，农业标准化也得到了保证，为种植业的跨越式发展提供了机械保障。共推广农机技术64项：

（1）小麦原垄卡播和深施肥技术。

（2）大豆气吸式暗垄密播技术。

（3）应用秸秆还田技术100％。

（4）亚麻播种机的改装与拔麻机的引进。

（5）大豆收获机配备滚筒减速器100％。

（6）大豆配备低割装置100％。

（7）大豆破茬起垄技术。

（8）直耙麦茬垄沟深松起垄技术。

（9）玉米精量点播与覆膜技术。

（10）玉米收获机引进和试用。

（11）大豆深窄密、宽窄密、大垄密播种技术。

（12）大豆气吸式免耕播种技术。

（13）玉米催芽气吸式精量点播技术。

（14）小麦、大豆立体施肥技术。

（15）秸秆100％还田技术。

（16）大豆大垄密播种技术。

（17）亚麻宽苗带播种技术机械改装。

（18）大麦、小麦宽苗带100％播种及播后深施肥技术。

（19）深松犁整地技术。

（20）青贮饲料收获技术。

（21）玉米气吸式精量点播技术。

（22）大豆大垄密播种技术。

（23）大豆气吸式精密播种技术。

（24）联合整地保护性耕作技术。

（25）大豆分层定量施肥技术。

（26）车载滤油机技术。

（27）小麦宽窄行播种技术。

（28）大豆气吹式精密播种技术。

（29）大麦、小麦10厘米缩行增密技术。

（30）大豆105厘米、140厘米大垄播种技术。

（31）大麦、小麦宽苗带播种及秋深施肥与播后深施肥技术。

（32）大豆大垄密精点覆膜技术。

（33）大豆分层定量施肥技术。

（34）甜菜大垄双行气吸式精量卡播技术。

（35）甜菜机械收获技术。

（36）玉米大垄气吸式催芽精量点播技术。

（37）玉米大垄垄上行间覆膜技术。

（38）大豆分层定量、定位施肥技术。

（39）起垄定位技术应用。

（40）原垄卡播技术。

（41）玉米大垄进口机械精量点播技术。

（42）卫星定位和自动导航系统应用技术。

（43）水稻育秧全程机械化技术。

（44）水稻机械插秧技术。

（45）玉米机械去雄技术。

（46）进口收获机扒棒机收获玉米技术。

（47）玉米烘干技术应用。

（48）玉米茬打茬整地技术。

（49）加大应用免耕技术，重点推广玉米、大豆互卡播种技术。

（50）全面积应用进口播种机播玉米技术。

（51）全面积应用大豆垄上三行播种技术。

（52）玉米茬整地高柱犁配套应用技术。

（53）玉米秸秆还田与收集机械配套应用技术。

（54）水稻机械化配套技术应用。

（55）芽种生产设备的推广应用。

（56）玉米移栽机的引进推广。

（57）玉米追肥技术的配套应用。

（58）玉米追肥机械的配套应用。

（59）水稻机械化配套和分段割晒收获技术应用。

（60）拖拉机自动导航技术全面推广应用。

（61）玉米茬整地翻转犁等配套应用。

（62）玉米收获机车聚拢割台配套应用。

（63）联合整地保护性耕作应用。

（64）农机深松监控应用实现远程监控，数据调取、作业情况实时查询技术。

（四）畜牧新技术应用推广

建场以来，在畜牧业上推广新技术 30 多项，在实践中收到了明显效果的有 9 项。

（1）肉牛冻精配种技术。

（2）酒糟＋青贮玉米育肥肉牛技术。

（3）生猪直线育肥技术。

（4）黏玉米收获后秸秆青贮技术。

（5）生猪人工授精技术。

（6）性控冻精配种技术。

（7）发酵饲料生产技术。

（8）锯末铺垫牛床，泼洒微生物发酵菌剂技术。

（9）全混日粮（TMR）饲喂技术。

三、农业插上科技翅膀

2000—2020 年，农场农业生产始终坚持"上科技、严标准、强管理"的原则，在体制和轮作制度上为大豆产量和品质提升提供了保证，使 2 个体系在农场得到极大的发挥，生产力和生产关系日益融洽，农业生产产量和效益逐年提高，尤其在大豆种植上取得了可喜成绩，平均亩产 200 千克以上，为职工创造了高效益，为经济插上了飞翔的翅膀。

1. **几届班子坚持 20 年秸秆还田**　这一做法使耕地在高产的同时，有机质含量不断提升，平均在 7.2％～9.8％，最高达到 10％，为大豆增加根瘤、发达根系、提产增效奠定了基础。

2. **大胆引选优良品种，发挥种子的"芯片"作用**　习近平总书记强调，只有用自己的手攥紧中国种子，才能端稳中国饭碗，才能实现粮食安全。公司自 2016 年开始引进北方大豆科学研究所培育的高产优质大豆品种金臣 1885，通过在科技园区和高产攻关试验田的种植，产量始终保持亩产 225 千克以上。与此同时，公司为解决高产品种单一问题，积极探索引进适合本地种植的东升 1 号、龙垦 316、龙垦 3092 等品种进行试种。龙垦 3092 在科技园区实收亩产 302.24 千克，创黑龙江省第四积温大豆产量新高，受到省内各地广泛关注。

3. **多项技术的创新及先进技术的应用，为大豆高产高效起到了保驾护航作用**　农场在 2010 年首创 1.1 米大垄基础上，采用垄上三行中间降密的模式使植株得到合理分布，在秋起垄的基础上，将秋施肥改为春施肥，解决了秋施肥时间紧迫、氮肥易流失的问题；

又对垄形进行了梳理，为种子提供良好的苗床。农场大豆全田应用钼酸铵拌种喷施提高蛋白含量技术和其他微肥利用技术，为大豆高产、品质提高提供了保障。这些新技术的创新应用提高了职工经济效益，得到北安分公司（北安分局）的高度评价，并在北安分公司内及兄弟公司推广应用。

4. 为农业服务的农机方面也为大豆高产作出了突出贡献　农场是黑龙江省第一个引入进口马斯奇奥播种机的单位，提高了播种精度和效率；首度提出了大垄玉米收获机割台改进方案，无人割台的应用使玉米大垄全程机械化成为可能，为合理轮作奠定了基础；在北安分公司内第一个配备加肥机、履带式防陷装置上补配套一次到位的农场。2019年，在国内第一个引进了风幕式喷药机（通过使用提出了9项改进措施）。这些高性能机械的引进与应用极大地提高了农场农业标准化水平，为大豆高产稳产提供了有力的支撑，奠定了农场大豆高产在垦区的地位，为北安分公司争得了荣誉，使农场职工也获得了最好的效益。

第四节　科技成果

64年来，全体科技人员在场党委和上级业务部门指导下，以场科学技术委员会、科技科为核心，大力发展科技、全力实施科研成果。2016年，农业部种植业管理司以本场为示范基地，开展了"大豆绿色增产增效技术集成生产模式研究与示范项目"，承担单位为中国农业科学院。2010—2020年，农场共承担农业部、黑龙江省、农垦总局和北安分局（管理局）重点科技项目（课题）89个。2019年农场承担的农技推广项目有2个，即"大豆绿色增产增效技术集成生产模式研究与示范"项目和"长期稳定试验示范基地建设"项目。

农机方面坚持不懈地进行技术革新、新技术推广及开展科学试验等。取得的显著成就有："G-6型联合收割机传动链条改为三角皮带"获黑龙江省科技大会优秀成果奖，1963年经科研部门推荐被国家联合收割机厂采用，生产出改进的GL-49B型收割机的传动机构。"小麦耙茬耕法"的采用，亩均节省费用4.6元，提高产量2%左右。

畜牧方面"冷冻精液改良黄牛"技术提高了黄牛群体质量，实现了家畜防检疫规范化及稀有元素硒预防上的制度化；农业方面进行低产田改造，复壮培育良种；教育方面教学质量的提高使升学率居北安分局前例；医疗方面加强地方病的防治，断指再植成功，输卵管结扎术1007例无事故；林业方面开展"小黑杨繁育"；基本建设方面建成双拉式生钢筋混凝土桥；计财方面《统一审订经济合同》3篇论文获奖等。

林业工程师才延明、林业科科长周鸣岐等 5 人，根据森林防火的需要，结合本地气候等实际情况，研究出了森林防火捞雪安全点烧法，经实践验证，效果较好。根据抗灾抢收的需要，副场长王维春、科长郝良田等 5 人研究出西方-200 型自走割晒机防陷轮，为抗灾抢收、发挥机械效力发挥了重要作用。这 2 项研究成果，获得了北安分局 1999 年第六次科技大会科技进步研究成果三等奖。于洪臣、王维春、郝良田、白京娜、刘洋研究的 2BF-24A 施肥播种机肥料增施器，获北安管理局 1995 年科技进步研究成果三等奖。

1956—1999 年农场科技人员获得总局以上科技论文奖情况见表 7-1-4。

2001—2020 年农场科技人员获得总局以上论文、项目奖情况见表 7-1-5。

截至 2020 年末农场科技人员发表论著情况见表 7-1-6。

表 7-1-4　1956—1999 年农场科技人员获总局以上科技论文奖情况

序号	论文标题	获奖人	奖级	发证部门及时间
1	C-6 联合收割机转动链条改三角皮带	王 文	革新一等奖	省科技成果，技术被国家采用，1957
2	1985 年农业年鉴	毛炳富	表彰	等省年鉴，1985
3	母猪哺乳期配种效果	王喜林	一等奖	《黑龙江畜牧兽医》，1984 年第 4 期
4	羊用大家畜无血去势器去势	赵振江	表彰	《中国兽医科技》，1985 年第 2 期
5	病畜内源性中毒及其防治	巴云启	临床一等奖	农场总局科协，1986
6	建设农场水稻发展展望	王传江	优秀奖	农场总局，1989
7	先教语音，后教单词	李凤云	优秀奖	农场总局，1990
8	初中地理科学几个方面	郑 杰	二等奖	农场教育学院场，1990
9	临床乙肝对结核病的认识及探讨	徐龙山	优秀奖	黑龙江省医学会，1991
10	杀鼠净与敌鼠消盐室内灭鼠效果对比观察	高 军	优秀奖	黑龙江省预防学会，1991
11	基层防疫站应怎样做好防疫工作	高 军	优秀奖	农垦预防分会，1991
12	优质油菜大面积机械化高产减灾栽培技术开发	赵序国	三等奖	农业部，1991
13	浅谈初中英语教学体会	王 静	优秀奖	农场总局，1992
14	四十例流行出血热临床观察与护理体会	王 宏	优秀奖	《东北老年医学》，1992
15	初中地理教学知识	郑 杰	优秀奖	农场总局，1992
16	单项转氨酶升高血清丙肝抗体检测	王岫凌	优秀奖	农场总局，1993
17	试述愉快英语教学尝试	王 静	一等奖	农场总局，1993
18	合适的板画可以使学生更好地理解课文内容	苏丽波	三等奖	农场总局，1993
19	计划免疫相应六种传染病六年未发病情况总结分析	李英媛		黑龙江省预防学会，1993
20	新时期工会工作探讨	王中孝	优秀奖	农场总局，1994
21	怎样突破英语难关	单秀芬	优秀奖	农场总局，1994
22	根据八年级学生的年龄特点利用插图进行思维训练	陈国芳	一等奖	农场总局，1994
23	在小学作文中如何进行听说训练	刘亚杰	优秀奖	农场总局，1994
24	用灰色理论作多雨欠丰年预测	谭 微	三等奖	黑龙江省气象协会，1995
25	提高作文水平"情感"不可忽视	张永云	优秀奖	黑龙江省管理学会，1995
26	英语教学中的听读写训练	沈丽敏	三等奖	黑龙江省教育学会，1995

（续）

序号	论文标题	获奖人	奖级	发证部门及时间
27	初中地理的兴趣教学	郑　杰	优秀奖	农场总局，1995
28	浅谈地理教学与教法	郑　杰	一等奖	农场总局，1996
29	巧妙灵活稳固提高	崔　珍	二等奖	黑龙江省教育学会，1996
30	素质教育与中学政治课的关系	崔　珍	三等奖	农场总局，1996
31	寓教于乐优化训练	沈丽敏	三等奖	农场总局，1996
32	英语愉快教学	郑　勤	一等奖	农场总局，1996
33	化整为零，有机结合，各个去破	王月兰	一等奖	农场总局科协，1996
34	浅谈初一几何入门三种能力的培养	姜玉芬	一等奖	农场总局科协，1996
35	初中学生阅读心理调查分析	孙洪江	一等奖	黑龙江省教学学会，1996
36	从96年初中联考看语文教师技能考证	孙洪江	一等奖	农场总局科协，1996
37	初中物理教学必须注重实验	司朝东	二等奖	黑龙江省教学学会，1996
38	浅谈阅读理解的层次	杨秀云	一等奖	黑龙江省教学学会，1996
39	浅谈教学活动课的形式	常淑杰	二等奖	农场总局，1996
40	浅谈垦区青年心理特点及其导向	杨洪臣	优秀奖	黑龙江省青少年研究，1996
41	浅谈天润抗磨剂的应用	刘远昌	一等奖	农场总局科协，1996
42	建设农场将土地推向市场形成优势搞活企业	王中孝	优秀奖	农场总局，1996
43	怎样搞好劳动教育	何景娟	一等奖	农垦总局，1997
44	垦区工会工作面临的问题及对策	李英年	优秀奖	全国农村工会，1997
45	学校党外知识分子现状及相关政策的研究	李英年	一等奖	农垦总局，1997
46	基层统一战线的理论与实践	乔忠义	优秀奖	农垦总局，1997
47	发挥党外干部在经济建设中的作用	周广森	优秀奖	农垦总局，1997
48	做好纪检监察信访工作变消极为积极因素	乔忠义	优秀奖	黑龙江省纪检监察年会，1997
49	如何依法对宗教事务进行管理	郑佰忠 王凤兰	佳作奖	农垦总局，1997
50	垦区实施产业化面临的主要问题及解决法	王中孝 王凤兰	二等奖	农垦总局，1997
51	浅析统一战线在精神文明建设中的重要作用	王凤兰	优秀奖	农垦总局，1997
52	浅论非公有制经济代表人物对统战工作的影响	王凤兰	优秀奖	农垦总局，1997
53	浅谈初中物理教学对学生非智力因素培养	司朝东	二等奖	黑龙江省教育学会，1997
54	怎样培养学生历史思维能力	吴国华	二等奖	黑龙江省教育学会，1997
55	浅谈创设情境愉快教学	刘　艳	一等奖	农垦总局科协，1997
56	创设情境愉快教学	单秀芬	三等奖	黑龙江省教育学会，1997
57	五步教学能在数学上解决	李凤云	一等奖	黑龙江省教育学会，1997
58	浅谈班主任自身素质的提高	崔　珍	三等奖	黑龙江省教育学会，1997
59	在数学教学中对学生进行素质教育	肖玉秀	三等奖	黑龙江省教育学会，1997
60	激发学生学习兴趣寓教于乐	张淑华	优秀奖	黑龙江省教育学会，1997
61	依据后进生的心理，激发学习兴趣	张洪芳	优秀奖	黑龙江省教育学会，1997
62	自然教学中的点滴体会	张丽珍	优秀奖	黑龙江省教育学会，1997
63	利用农场优势化自然教育	刘广明	优秀奖	黑龙江省教育学会，1997

（续）

序号	论文标题	获奖人	奖级	发证部门及时间
64	浅谈活动课中以趣激发学生开发智能	陈国芳	一等奖	农垦总局，1997
65	在课堂教学中实施素质教育的具体措施和收效	王亚娟	一等奖	农垦总局，1997
66	使用"义务教育教材"方面实施素质教育的点滴体会	邓秋颖	一等奖	农垦总局，1997
67	在数学作业口头书面的设计，实施批改工作和实施素质教育	孙金华	一等奖	农垦总局，1997
68	在小学数学中如何培养智力开发能力	王秀芳	一等奖	农垦总局，1997
69	在小学教学中实施素质教育的思考	刘忠云	一等奖	农垦总局，1997
70	小学美术素质教育初探	王玉梅	一等奖	农垦总局，1997
71	电教教案大鸡和小鸡	王玉梅	一等奖	农垦总局，1997
72	电教教案小学英语第二册第五课	孙秀香	一等奖	农垦总局，1997
73	电教教案欣赏蜜蜂	周 芳	一等奖	农垦总局，1997
74	电教教案9加几	常淑杰	一等奖	农垦总局，1997
75	电教教案蒲公英的种子	姚丽丽	一等奖	农垦总局，1997
76	电教教案我是中国人	罗 梅	一等奖	农垦总局，1997
77	电教教案瀑布	王秀芳	一等奖	农垦总局，1997
78	电教教案美丽的小兴安岭	李永琴	一等奖	农垦总局，1997
79	分步阅读法在语文教学中的应用	肖玉秀	三等奖	农垦总局科协，1998
80	完善加强专业技术人员管理工作浅析	周广森	优秀奖	农垦总局科协，1998
81	垦区工会工作面临的问题及对策	王中孝	二等奖	农垦总局，1998
82	对农垦企业科技成果转化的探讨	王中孝 郑佰忠	一等奖	农垦总局科协，1998
83	谈小学教学三算结合教学如何优化过程	刘 颖	三等奖	农垦总局科协，1998
84	恰当选择各种教学媒体进行思想品德教育	张洪芳	三等奖	农垦总局科协，1998
85	如何保护举报人的合法权益	赵志鹏	优秀奖	农垦总局科协，1998
86	中学政治"知情意行"教学法	崔 珍	优秀奖	黑龙江省教育学会，1998
87	体育兴趣的培养与体育教学	侯广荣	二等奖	黑龙江省教育学会，1998
88	作文教法比较谈	王月兰	二等奖	中国阅读学研究会，1998
89	再谈图示教学	巴功玮	三等奖	全国生物学会，1998
90	浅析中学生心理发展	吴国华	一等奖	黑龙江省教育学会，1998
91	体育教师应具备怎样的素质	吕永申	二等奖	农垦总局，1998
92	活动课教学特点的研究	陈国芳	三等奖	黑龙江省教育学会，1998
93	浅谈小学自然教学中的素质教育	何景娟	优秀奖	黑龙江省教育学会，1998
94	活动课在美术教学中的应用	侯万钧	一等奖	农垦总局科协，1998
95	分步阅读法中品读应用的一点体会	牟东溟	一等奖	农垦总局科协，1998
96	保证主体地位，全面提高素质	郑春慧	一等奖	农垦总局科协，1998
97	教师的具体指导贯穿于学生作文的全过程	朱玉娟	二等奖	农垦总局科协，1998
98	谈如何指导学生观察生活认识事务	罗 梅	三等奖	农垦总局科协，1998
99	电化教育在美术教学中的应用	王玉梅	三等奖	农垦总局科协，1998

（续）

序号	论文标题	获奖人	奖级	发证部门及时间
100	三算结合能优化教法提高课堂教学效率	邓秋颖	三等奖	农垦总局科协，1998
101	尝试教学法在低年级中应用	孙金华	三等奖	农垦总局科协，1998
102	尝试教学中准备题的桥梁作用	李永琴	三等奖	农垦总局科协，1998
103	从三算教材的使用谈学生素质培养	苏丽波	三等奖	农垦总局科协，1998
104	尝试教学的实施及收获	王亚娟	三等奖	农垦总局科协，1998
105	谈实践性教学原则在作文教学中的应用	常淑杰	三等奖	农垦总局科协，1998
106	要重视口语训练	姚丽丽	三等奖	农垦总局科协，1998
107	如何上好低年级看图说话课	陈中华	三等奖	农垦总局科协，1998
108	三算结合可以有效地实施素质教育	杜廷芬	三等奖	农垦总局科协，1998
109	语文教学中学生想象力的培养	郑春慧	三等奖	农垦总局科协，1998
110	小学低年级作文教学训练序列实验的几点体会	杜廷芬	三等奖	农垦总局科协，1998
111	浅谈三算结合教学内容的有机结合互相促进	郑淑梅	三等奖	农垦总局科协，1998
112	恰当运用插图教学提高学生思想素质	张洪芳	三等奖	黑龙江省教育学会，1999
113	在作文教学中培养学生心理情感	杜廷芬	二等奖	黑龙江省教育学会，1999
114	如何加强体育的素质教育	于长春	三等奖	黑龙江省教育学会，1999
115	分步阅读法在课堂教学中的尝试	杜廷芬	三等奖	黑龙江省教育学会，1999
116	充分利用人体器官比拟培养学生创造力	巴功玮	二等奖	黑龙江省科协，1999
117	怎样提高视唱能力	吴秀华	三等奖	黑龙江省科协，1999
118	班主任自身素质提高的几点认识	王胜男	二等奖	黑龙江省教育学会，1999
119	中学英语如何实施素质教育	沈丽敏	二等奖	黑龙江省教育学会，1999
120	教学中不应忽视美育	魏春玲	三等奖	黑龙江省教育学会，1999
121	了解学生心声，疏导学生行为	崔　珍	二等奖	黑龙江省教育学会，1999
122	谈如何调动学生学习积极性	孙洪江	二等奖	黑龙江省教育学会，1999
123	抓住儿童心理重视非智力因素	陈国芳	一等奖	黑龙江省教育学会，1999
124	低年级儿童想象力与阅读教学	刘　颖	三等奖	黑龙江省教育学会，1999
125	分步阅读法在课堂教学中的尝试	杜廷芬	三等奖	黑龙江省教育学会，1999
126	谈青少年心理教育	刘忠云	三等奖	黑龙江省教育学会，1999
127	浅谈分步阅读法研读在语文教学中的应用	王秀芳	三等奖	农垦总局科协，1999

表 7-1-5　2001—2020 年获得总局以上科技论文、项目奖情况

序号	获奖人/单位	时间	项目名称	科技荣誉名称（总局及以上）	类别
1	建设农场	2004.03	黑龙江省农垦总局科技工作	黑龙江省绿色科技研究会颁发的优秀绿色科技单位	集体
2	建设农场	2012.03	黑龙江省农垦总局科技工作	黑龙江省农垦总局颁发的先进集体	集体
3	建设农场	2005.12	大麦高产攻关	黑龙江省农垦总局颁发的先进单位	项目
4	建设农场	2007.12	六大作物高产攻关	黑龙江省农垦总局颁发的先进单位	项目
5	建设农场	2007.12	大麦高产攻关	黑龙江省农垦总局颁发的大麦高产攻关第一名	项目
6	建设农场	2012.11	六大作物高产创建活动	黑龙江省农垦总局颁发的先进单位	项目

（续）

序号	获奖人/单位	时间	项目名称	科技荣誉名称（总局及以上）	类别
7	建设农场	2015.04	黑龙江省大豆安全施肥与优质高效生产技术示范与推广	黑龙江省农垦总局颁发的二等奖	项目
8	建设农场	2012—2016	全国农业标准化示范县（农场）	农业部	集体
9	朱坤芝	2001	围绕农业结构调整搞好技改保证提质提效	黑龙江省农垦总局自然科学技术优秀论文三等奖	个人
10	朱坤芝	2001	发展修配厂职能作用发展好质量效益型农业	黑龙江省农垦总局自然科学技术优秀论文三等奖	个人
11	朱坤芝	2003	浅谈农业机械化发展的几点意见	黑龙江省农垦总局自然科学技术优秀论文二等奖	个人
12	朱坤芝	2003	以科技创新为动力加快农机现代化建设	黑龙江省农垦总局自然科学技术优秀论文一等奖	个人
13	周志方	2012.03	2012年优秀科技工作者	黑龙江省农垦总局优秀科技工作者	个人
14	周志方	2012.03	早熟优质高产水稻新品种龙粳24的选育与推广	黑龙江省农业委员会黑龙江省农业科学技术奖二等奖	个人
15	周志方	2013.10	优质多抗超级稻龙粳21的选育（参加）	2012年黑龙江省科技进步一等奖	个人
16	周志方	2013.10	绿色稻米标准化生产技术体系研究与示范（参加）	2011年黑龙江省科技进步二等奖	个人
17	周志方	2013.12	2013年度黑龙江垦区"全国基层农技推广补助项目"	黑龙江省农垦总局2013年度优秀农技人员	个人
18	佛明珠	2011—2013	黑龙江大豆安全施肥与优质高效生产技术示范与推广（参加）	农业部颁发的全国农牧渔业丰收奖三等奖	个人
19	佛明珠	2016	优质、高产、多抗水稻新品种绥粳14选育与推广（参加）	黑龙江省科技进步二等奖	个人
20	佛明珠	2017	水稻节本降耗增产增效技术集成与示范（参加）	黑龙江省科技进步二等奖	个人
21	佛明珠	2018	大豆孢囊线虫发生规律与绿色防控技术（参加）	黑龙江省科技进步二等奖	个人
22	杜艳生	2013	2013年度黑龙江垦区"全国基层农技推广补助项目"	黑龙江省农垦总局2013年度优秀农技人员	个人
23	苏海英	2012.02	黑龙江垦区农作物品种北豆48选育（参与）	黑龙江垦区农作物品种审定小组合格证书	个人

表 7-1-6　截至 2020 年末农场科技人员发表文章情况

序号	发表人姓名	时间	文章名称	报纸、期刊名
1	朱坤芝	2016.01	《简述农机节油方法》	《新农村》
2	朱坤芝	2016.02	《关于农机农艺结合问题的探讨》	《农技服务》
3	朱坤芝	2016.03	《试论玉米秸秆烧荒危害与焚烧后玉米茬整地的方法》	《农业与技术》
4	佛明珠	2013.07	《大豆食心虫的综合防治措施》	《新农村》
5	佛明珠	2013.08	《关于玉米高光效休耕轮作栽培技术》	《新农村》
6	佛明珠	2018.09	《粘玉米高产栽培综合技术管理要点分析》	《农业与技术》

（续）

序号	发表人姓名	时　间	文章名称	报纸、期刊名
7	佛明珠	2018.10	《大豆垄上三行密植栽培技术解析》	《农业与技术》
8	郝绍筑	2015.04	《扬彩防治玉米大斑病效果》	《现代化农业》
9	郝绍筑	2015.05	《大豆不同播种方式试验总结》	《现代化农业》
10	郝绍筑	2015.06	《不同肥密对玉米产量的影响》	《现代化农业》
11	郝绍筑	2016.04	《适宜窄行密植高产大豆新品种筛选》	《现代农业研究》
12	蔡雪萍	2018	《初探大豆"火龙秧子"发生和防治方法》	《农民致富之友》
13	蔡雪萍	2018	《大豆45cm垄上双条密植栽培技术概述》	《农民致富之友》
14	苏海英	2011	《水稻施肥特点及施肥要领》	《经济技术协作信息》
15	苏海英	2010	《我国稻米产业现代化问题及探讨》	《经济技术协作信息》
16	苏海英	2004	《玉米催芽机械播种提高单产节本增效》	黑龙江农垦总局自然科学技术2004年3月
17	苏海英	2006	《推进缩行增密栽培模式实现大豆高产高效》	黑龙江农垦总局自然科学技术2006年1月
18	苏海英	2006	《大豆亩产突破440斤栽培技术》	黑龙江农垦总局自然科学技术2006年1月
19	苏海英	2015	《大豆地上部分及根系生长与需肥规律特点研究》	《现代化农业》
20	苏海英	2015	《大豆综合植株采集试验总结》	《现代化农业》
21	苏海英	2015	《生物肥料在大豆上应用效果》	《现代化农业》
22	夏丽芳	2018	《初探大豆"火龙秧子"发生和防治方法》	《农民致富之友》
23	夏丽芳	2018	《大豆45cm垄上双条密植栽培技术概述》	《农民致富之友》
24	赵金龙	2019	《初探大豆锈萎病诱发因素及综合防治措施》	《农民致富之友》
25	孙凡红	2019	《再议玉米旋心虫的发生和防治》	《农民致富之友》
26	孙凡红	2019	《对玉米生长期几种异常现象的分析》	《农民致富之友》
27	徐兴鹏	2018	《优质高蛋白大豆栽培技术》	《世界家苑》
28	徐兴鹏	2018	《大豆套种玉米立体栽培技术》	《中国科技博览》
29	赵新刚	2018	《优质高蛋白大豆栽培技术》	《世界家苑》
30	赵新刚	2018	《大豆套种玉米立体栽培技术》	《中国科技博览》
31	庄承泉	2010	《旋耕机的使用调整与维修》	《农民致富之友》
32	庄承泉	2012	《推广应用新技术，实现农业大丰收》	《民营科技》
33	庄承泉	2012	《强化管理高标准，开拓农机标准化管理新局面》	《黑龙江科技信息》
34	李洪涛	2016.07	《履带自走式旋耕机的实用性及操作要点》	《农民致富之友》
35	苏景刚	2016.06	《玉米联合收割机突发性故障的处理和防范》	《农民致富之友》
36	吴凤军	2015.02	《盐酸氟西汀对脑梗死抑郁状态的作用》	《中国继续医学教育》
37	吴凤军	2015.05	《充血性心力衰竭的临床分析》	《中国继续医学教育》
38	苏春玲	2018.11	《浅析慢性盆腔炎患者应用盆腔治疗仪的效果观察》	《母婴世界》
39	苏春玲	2018.11	《探讨雌激素软膏联合保妇康凝胶治疗老年糖尿病阴道炎的临床效果观察》	《健康世界》
40	苏春玲	2018.11	《浅析孕妇围生期营养健康教育对孕妇膳食行为的影响》	《中国误诊学杂志》
41	苏春玲	2018.11	《浅析围生期健康教育对妊娠期糖尿病妊娠结局的干预效果》	《中国误诊学杂志》
42	赵　华	2012.05	《关于土地整理的立法建议》	《黑龙江国土资源》
43	高显杰	2005.06	《东北白桦的育苗技术》	《中国绿化》
44	高显杰	2006.02	《大棚培育银中杨技术》	《现代化农业》
45	高显杰	2013.05	《森林病虫害的成因与防治技术》	《农民致富之友》

（续）

序号	发表人姓名	时　间	文章名称	报纸、期刊名
46	高显杰	2013.06	《提高造林质量的措施与建议》	《农民致富之友》
47	高显杰	2013.05	《论当前林业经济的发展》	《科技致富之友》
48	刘秀敏	2013.02	《浅谈杨树虫害的防治》	《科技与企业》
49	刘秀敏	2013.01	《引种开发俄罗斯大果沙棘大有可为》	《科技致富向导》
50	刘秀敏	2013.11	《城市园林绿化的大树移植及养护》	《中国科技博览》
51	刘传忠	2014.02	《农田水利灌溉中的主要问题分析》	《科技创新与应用》
52	刘传忠	2014.02	《浅析现代农田水利技术发展》	《科技创新与应用》
53	刘传忠	2014.03	《浅谈农田水利工程的施工技术》	《科技创新与应用》
54	张伟、刘学	2016	《浅析减少农机轮胎磨损的有效预防措施》	《农民致富之友》
55	刘学、张伟	2016	《解析玉米根茬粉碎还田技术》	《农民致富之友》
56	苏丽丽	2007.07	《浅谈确保砼路面施工质量必须注意的若干问题》	《黑龙江建筑》
57	苏丽丽	2007.07	《砂垫层和砂石垫层施工须知》	《黑龙江建筑》
58	苏丽丽	2012.10	《浅谈建筑工程安全管理与控制》	《世界家苑》
59	苏丽丽	2012.11	《施工项目质量问题简要分析》	《科技视界》
60	苏丽丽	2012.12	《建筑节能发展缓慢的原因及其对策》	《时代报告（学术版）》
61	金玉鑫	2015.11	《纤维增强塑料筋在土木工程中的应用浅析》	《河南科技》
62	董欣欣	2016.03	《先学后教之我见》	《黑龙江国学教育》
63	卢凤江	2017.12	《化学实验教学中学生综合能力的培养》	《中国科技教育》
64	卢凤江	2015.01	《化学课堂教学设计的技巧》	《黑龙江国学教育》
65	杨秀娟	2015.09	《英语课堂中怎样发挥学生的主体作用》	《黑龙江国学教育》
66	魏春玲	2013.03	《写作教学经验谈》	《文理导航》
67	魏春玲	2013.04	《我想对你说 作文教学案例》	《文理导航》
68	魏春玲	2015.08	《做梦与圆梦》	《文理导航》
69	魏春玲	2016.12	《如何优化语文课堂教学结构》	《文理导航》
70	魏春玲	2015.01	《作文批改之我见》	《国学教育》
71	张　伟	2016.03	《他山之石，可以攻玉》	《黑龙江省国学教育》
72	张　伟	2017.12	《爱，让春风化雨》	《中国科技教育》
73	王远玲	2017.12	《让数学课堂生活化，提高教学有效性》	《中国科技教育》
74	蒋红妹	2015.08	《放飞理想》	《文理导航》
75	吴国华	2002.08	《语文教学如何培养创新思维》	《教师报》
76	乔　莲	2002.06	《创设情景培养创新意识》	《教师报》
77	于佳英	2015.12	《班级管理之我见》	《文理导航》
78	常淑杰	2017.12	《谈实践性原则在作文教学中的运用》	《中国科技教育》
79	陈忠华	2017.12	《浅谈微信群在教学中的点滴尝试》	《中国科技教育》
80	侯春荣	2017.12	《小学音乐教学的策略研究》	《中国科技教育》
81	李福杰	2017.12	《核心素养下的立德树人》	《中国科技教育》
82	李景文	2017.12	《浅谈小学低段班干部培养的实践研究》	《中国科技教育》
83	李永琴	2017.12	《如何激发小学生学习数学的兴趣》	《中国科技教育》

（续）

序号	发表人姓名	时　间	文章名称	报纸、期刊名
84	刘　影	2017.12	《浅谈在小学中如何培养数学核心素养》	《中国科技教育》
85	张建平	2017.12	《浅谈如何培养学生自主学习的能力》	《中国科技教育》
86	张玉梅	2017.12	《如何在语文教学中体现核心素养》	《中国科技教育》
87	高志波	2017.12	《浅析小学英语教学中的情感教育》	《中国科技教育》
88	许　艳	2017.12	《浅谈如何培养小学生学习英语的良好习惯》	《中国科技教育》
89	李学玉	2017.12	《如何培养小学生学习数学的兴趣》	《中国科技教育》
90	李学颖	2017.12	《浅谈信息技术与英语学科课程的有效整合》	《中国科技教育》
91	郑淑梅	2017.12	《怎么样提高学生的写作能力》	《中国科技教育》
92	郑春慧	2017.12	《计算机教学的实施策略》	《中国科技教育》
93	郑春慧	2015.01	《小学信息技术策略几点探究》	《黑龙江国学教育》
94	宋传罡	2017.12	《现代教育中如何更好地应用信息技术》	《中国科技教育》
95	王　宁	2015.08	《阅读教学的诗意化》	《文理导航》
96	王　宁	2015.01	《"先学后教，当堂训练"教学模式之我见》	《黑龙江省国学教育》
97	张文生	2017.12	《浅谈物理教学中学生创新能力的培养》	《中国科技教育》
98	周志方	2008.07	《浅谈如何提高农业综合生产能力》	《黑龙江科技信息》
99	周志方	2012.04	《不同肥密对玉米产量的影响》	《现代化农业》
100	周志方	2012.05	《玉米叶龄诊断与配套栽培技术试验》	《现代化农业》
101	周志方	2012.07	《不同轮作换茬方式对玉米产量的影响》	《现代化农业》
102	周志方	2014.07	《推广秸秆还田工作中的一些体会和建议》	《现代化农业》
103	周志方	2015.10	《浅析北方大豆种植技术》	《农技服务》
104	张洪玲	2009.09	《羊传染性脓疱的症状与防治措施》	《畜牧兽医科技信息》
105	张洪玲	2009.01	《仔猪渗出性皮炎的防治措施》	《畜牧兽医科技信息》
106	张洪玲	2010.02	《仔猪副伤寒的临床诊断及防治》	《畜牧兽医科技信息》
107	张洪玲	2015.01	《鸡肾病的病因及防治》	《中国畜牧兽医文摘》
108	张洪玲	2015.02	《奶牛不同生理阶段的饲料供应》	《中国畜牧兽医文摘》
109	张洪玲	2015.03	《猪发病率增高的原因分析》	《中国畜牧兽医文摘》
110	李昂诚	2019.06	《再议玉米旋心虫的发生和防治》	《农民致富之友》
111	李昂诚	2019.07	《对玉米生长期几种异常现象的分析》	《农民致富之友》

第二章　教　育

第一节　基础教育

建设农场教育事业从 1959 年到 2020 年，经历了 60 年的发展。从 1 名教师、1 块黑板、1 本书、十几个孩子到 3000 多学生，由茅草房到砖房、楼房、现代化的教学设施，经历了漫长的艰苦创办、改革创新，教育教学工作在北安分公司名列前茅。

一、教育发展历程

1956 年建场后，大批建设者陆续来到农场投入开发建设，随着人员的日益增多，职工群众子女的就学问题摆在了农场的面前。1959 年 3 月 1 日成立了场部小学，当时把场部食堂当作教室，桌椅是职工吃饭用的桌子和木板凳。只有 1 名教师，13 名学生，采取一、二、三年级复式教课。为了解决分场及生产队的职工子女入学问题，当年在赵木匠、三〇五、天乙公司也建立了全日制不完全小学。

1962—1965 年，农场教育事业迅速发展，建立了 11 所学校。到 1985 年底，全场学校有 26 所，其中职业高中 1 所、初中 3 所、小学 22 所，中小学在校生 3833 人（小学生 2721 人，中学生 1112 人），职业高中学生 291 人，学生中团员 157 人。教职工 325 人，其中教师 299 人；教职工党员 44 人，其中教师党员 41 人；团员 70 人，其中教师团员 69 人；教师队伍中具有本科文化程度 1 人，大专 37 人，中专 47 人，高中 105 人，初中 109 人。全场各校总建筑面积是 10271 平方米，每名学生平均 2.5 平方米。1985 年，全场教育经费是 58.9 万元，每名学生平均 154 元。

"文化大革命"时期，农场的教育事业受到了严重的摧残，学校不能正常教学，数十名学校领导和教师被迫离开教师队伍，出现了 1968 年复课闹"革命""贫下中农管理学校"等现象。1970—1973 年，第一、三分场和场直办起了高中，有些连队也盲目办起了初中。教师缺乏，就从下乡知识青年中抽调补充，知识青年占教师总数的 70% 多。1968 年实行所谓的"教育革命"，中小学的学制年限由 12 年缩短为 9 年，由原来的秋季始业改为春季始业。1973 年中小学的年限又由 9 年改为 10 年，即小学 5 年、初中 3 年、高中 2 年。学生上课大量时间念语录、搞开门办学、实行开卷考试，造成师生思想严重混乱，文化课程学习很少。"文化大革命"期间，一届又一届的初高中毕业生文化知识水平远远达不到应有的程度，后来成为"双补"对象。

1986 年，全场共有 6 所中、小学校即一中、二中、三中、场直小学、第一分场小学、第三分场小学，在 18 个生产队有教学网点。

1998 年，全场有 1 所初中、2 所小学，即中学、场直小学、三小学。1996 年教育内部实行机制改革研究，出台了《教育系统转变运行机制改革方案》历经 2 年论证，于 1998 年正式实施。教育内部工资固定 70%、活化 30%，同时实行教职工持证上岗、尾数淘汰。1999 年三小学改为场直小学的分校，全场有 1 所初中、1 所小学。

2000—2020 年，教育工作发生了飞跃式变化。由低谷走出，由传统的应试教育向素质教育转化，教学设施不断改善，有各种教学用室 10 个，各班都安装上了闭路电视，并在中小学开设了计算机课程，计算机上机率 100%、语音室应用率 100%。初中毕业生 2320 人，其中为局重点高中输送合格新生 252 人，升入中专 118 名，普通高中 329 人，职业高中 274 人，毕业后参加社会活动的 1347 人。1999 年，小学素质教育硕果累累，中学教学成绩有突破性提高，全局中小学统考，小学列第四位，中学升重点高中人数列第五位。

在此期间，教学设施不断改善，电化教学手段应用于课堂教学，由过去的幻灯、电化、广播到摄像机、计算机、大屏幕投影仪等应用于课堂教学之中，学生上课听有声、看有影、动手有实物，形成三位一体的电化教学模式。增设了语音室、计算机室等教学专用教室，各班级安装了闭路电视，电化教学手段形成体系。

二、人员变动

1. 场部小学

1961 年，场部小学校长蔡平。

1962 年，由吴颖萍负责学校领导工作。

1963—1965 年，校长韩德隆，教导主任吴颖苹。

1966—1667 年，由教务主任吴颖萍负责学校领导工作。

1968 年，校长杨正清，吴颖萍离校。

1969—1970 年，校长杨正清，副校长门日田，教导主任曲友堂。

1971—1973 年，校长杨正清，党支书记邱永祥，副校长门日田、曲友堂。

1974 年，校长杨正清，党支书记宋振帮，副校长曲友堂。

1975—1976 年，校长曲友堂，党支书记宋振帮，副校长罗佩媛。

1977—1979，校长曲友堂，党支书记梅丽，教导主任马生殿、孙作彬。

1980—1983 年，校长、党支部书记曲友堂，副校长、副书记高俊英，副校长隋振勇。

1984—1985 年，场直小学党支部书记、校长孙作彬，副校长于秀玲，副书记周福桥。

2. 职业高中

1980 年，校长曲友堂，副校长隋振勇，代主任赵碬。

1981 年，党支部书记兼校长杨刚，副校长马生殿，教务主任赵碬。

1982 年，党支部书记吴洪义，校长马生殿，教导主任赵碬。

1983—1984 年，党支部书记、校长隋振勇，副书记、副校长郑和，教务主任赵碬。

1985 年，职业高中与一中合并，领导合一。

3. 教育科

1959—1962 年，农场没有专管教育机构，由农场组织干事李恒泰兼管学校。

1963—1970 年，教育工作由场宣传干事兼管学校。

1971—1976 年，在兵团政治处领导下，成立文教办。主任张凯，文教干事宋振帮。

1977 年，成立教育科，科长张凯，教育干事赵秋生。

1978—1979 年，教育科科长张凯，文教干事王启德。

1980—1983 年，教育科副科长王启德（主持工作）。

1984 年，教育科改为教育培训中心，党支部书记马玉，主任曲友堂，副主任李本初、隋振勇，教研室主任马生殿，教研员李文学。

1985 年，教育科科长马玉，副科长隋振勇，教研室主任隋振勇，副主任李永祥。

1986 年，教育科科长王启德，党支部书记马玉，副科长隋振勇。

1987 年，教育科科长兼党支部书记马玉，副科长兼教研室主任隋振勇。

1988—1990 年，教育科科长杜彦生，党支部书记高中林，副科长隋振勇。

1991 年，教委主任乔忠义，副主任隋振勇主持教育工作，党支部书记高中林。

1992 年，教委主任隋振勇，党支部书记郑和。

1993 年，教委主任兼党支部副书记隋振勇，党支部书记兼教委副主任郑和。

1994—1997 年，教委主任郑和，党支部书记林文山。

1998—2016 年，教委主任于瑞和，党支部书记周福桥。

2017—2018 年，教委主任于瑞和，党支部书记胡兆平。

2019—2020 年，教委主任张文生，党支部书记胡兆平。

三、幼儿教育

建设农场幼儿教育起步晚。1973 年，总场成立了托儿所。1985 年，已有 7 个大班、2 个中班、2 个小班、11 个托儿班，共有幼儿 70 人，其中 3 岁以下的幼儿 30 人，女幼儿 15 人；4～6 岁的幼儿 40 人，其中女幼儿 17 人。幼儿教师 5 人，保育员 12 人，文化程度均为初中毕业，所长袁志华。

托儿所占地面积 500 平方米，除有正常托儿室外，设有隔离室、游艺室、卫生室，有围墙。1984 年，九队赠送了 2 个转盘和 2 副秋千；总场机关给托儿所做了小床 40 张，悠车 15 个；办公室给托儿所铺了地板革，又赠送了 1 个书柜和桌椅 15 套；每年"六一"国际儿童节，场机关为幼儿捐献 100 元的玩具和用品。对幼儿注重早期教育，托儿所开 6 门课，分别为语言、计算、美术、体育、音乐、常识课。大班教授儿歌、数学、唱歌、跳舞、讲卫生懂礼貌。1979—1982 年，场部托儿所的大班和中班被评为场部先进班组。

第三分场的托儿所于 1979 年始建。1980—1982 年，由分场妇女干事主管托儿工作。1981 年，有幼儿 56 人，其中大班 15 人、小班 31 人。幼儿教师 4 人。第三分场托儿所占地面积大约 300 平方米，托儿室不足 100 平方米。分大、小 2 个托儿室。大班室内有自动大床 1 张，能容纳 20 多名幼儿。有 1 台儿童小钢琴和各种玩具。第一分场党委每年"六一"赠送给托儿所大约 100 元的玩具。托儿所开的课程有语言、计算、美工、游戏、音乐。保育员统一服装，幼儿统一被褥。文体活动开展得较好：1981—1983 年，大班为分场运动会慰问演出节目，受到社会的好评。

党的十一届三中全会以来，遵照中央《关于加强对儿童少年抚育培养、教育的指示》精神，1980 年 4 月，农场成立了少儿工作委员会，主任李树恒，副主任马玉，下设委员 5 人。全场托幼组织 22 个，入托儿童 522 名，保育员 91 人。全场扩建托儿所房舍面积 2432 平方米，共投资近 3 万元。每年的"六一"儿童节前后，各单位为托儿所孩子们献款献物总计达 3000 余元。

1980—1983 年，多次组织保教人员轮流赴二龙山、赵光、红星、北安、佳木斯等地参观学习，使她们的语言、音乐、美工、体育、常识、计算等 6 课教学有了很大进步。连续 4 年 3～7 岁的小朋友参加了场举办的田径运动会，有 20 米、55 米赛跑，4×25 米接力，20 米小白兔蹦跳，40 米拔萝卜，30 米刺球，拔河等项目。

1981—1982 年，第三分场托儿所所长刘淑清被评为北安管理局的先进个人；1982 年，第三分场托儿所被评为北安管理局先进园所第二名。

1986 年以后，农场幼教工作在原有基础上，有了长足的发展，幼教工作作为农场教育工作的组成部分，纳入了以法治教的轨道。1994 年，集中办学前，第二幼儿园和第三幼儿园分别由第二小学和第三小学管理。18 个幼教网点分别由 18 个小学网点管理。集中办学后在教委的直接领导下，由幼教主任进行行政和业务管理，实行财务包干，自负盈亏。

1986—2000 年，全场共有中心幼儿园、第二幼儿园、第三幼儿园 3 所幼儿园，幼教网点 18 个，全场适龄儿童入园率 100%，幼儿教育随着教育事业的发展，逐步走上素质教育的轨道，注重早期开发，培养儿童动脑、动口、动手的能力。

2000 年后，随着教育体制改革农场幼儿园推向社会，农场 1 所幼儿园实行民办公助。2001 年 1 月—2012 年 8 月学前教育由公办幼儿园和民办幼儿园共同承担。公办中心幼儿园 1 所，实行农场负责制，教师考核和业务归教育科管理，按照 2005 年北安分局下发的《关于积极推进幼儿教育事业进一步发展的意见》把幼儿教育纳入了重点工作，完善了以主办单位投资、幼儿家长缴费、社会捐资助园、企业适当扶持的经费保障机制，保障教职工"正式职工身份不变、政策性调整工资不变、享受医疗保险等待遇不变"的办园政策。农场 2 所民办幼儿园实行个人投资个人经营、自主招生的办园模式。中心幼儿园拥有平房教室 4 间，341 平方米。具有幼教资格教师 8 人，大、中、小班 6 个班级，幼儿 145 人。民办小天使幼儿园，入园幼儿 120 人，有合格教师 5 人。十队幼儿园，入园幼儿 45 人，有合格教师 2 人。2011 年，农场按照农垦总局统一部署，投入 400 万元将原学校学生公寓楼，改建为公办现代化幼儿园教学楼 2700 平方米。2012 年农场幼儿园改建竣工，投入 100 万元购买教育教学设施，幼儿园达到黑龙江省二类幼儿园标准，正式在北安管理局教育局备案为"黑龙江省建设农场幼儿园"。设置有 9 个标准化教学班，每个教学班由卫生间、活动间、更衣间和休息间构成。十队民办幼儿园于 2006 年合并到中心幼儿园，民办小天使幼儿园 2018 年合并到农场幼儿园。到 2020 年末，农场只有 1 所幼儿园，具备教师资格的教师 19 人，在园幼儿 103 人。课程设置按幼教规程实施，分别开设了语言、计算、音乐、美术、体育、舞蹈、常识等，使儿童在健康和谐的氛围中成长。

四、九年义务教育

（一）教育发展初级阶段

建设农场场部小学始建于 1959 年 3 月 1 日，校址在九道沟（现总场机关）场部食堂，桌椅是职工吃饭用的圆桌和木凳，黑板是 1 块长宽不足 1 米刷上黑墨的木板，当时有教师 1 名、学生 13 名。8 月，场部小学搬进了新盖的砖瓦教室，1959 年 9 月 6 日开学，已有

47 名学生。新的校舍，增多的同学，为这所学校增添了活力，朗朗的读书声，欢快的歌声，一、二、三、四的练操声，显得这山沟里生机勃勃。学年末考试成绩以 5 级分标准，班平均各科成绩达 4 分。在授课的 1 年内，赵光农场局主管教育工作的宣传部部长孙长双几次来校关心学生，了解情况，并为学生照相。

1962—1966 年，农场教育事业发展积极、稳定。1962 年，全场有小学 4 所，其中初级小学 3 所，完全小学只有场部 1 所，教师 1 人，在校生 126 人。到 1965 年末，学校发展到 11 所，初级中学 2 所、完全小学 3 所、初级小学 8 所，学生人数比建校初期增加了 5 倍，小学教学网点遍布全场，小学入学率在 90％以上，基本保证了职工子女就近上小学。在教学管理上，积极贯彻"德、智、体"全面发展的教育方针，在德育方面除了进行正常的"三热爱"等教育之外，着重开展了"学雷锋活动"，好人好事层出不穷。在智育方面，贯彻教育部规定的计划，建立了正常的教学秩序。学习并推广了苏联教育学家凯诺夫的课堂"五大环节"教学法，强调基础知识训练，注重了对学生学习成绩的考核，并组织了各学年组、各学科的竞赛活动，调动了学生的积极性，激发了学习兴趣。尽管师资水平不高，但是由于教职员工干劲大、事业心强，学生学习态度端正、刻苦努力、守纪律，还是较好地完成了教学任务。1962 年，小学参加升赵光中学考试的应届毕业生 13 人，考取 11 人，升学率 84.6％；1963 年，应届毕业生 12 人，升学率为 83.4％；1964 年小学毕业 14 人，升入赵光中学 12 人，升学率为 85.7％。

1966—1976 年"文化大革命"时期，农场的教育事业受到了严重的摧残。1966 年秋，"文化大革命"开始时，还能够维持正常的教学秩序。9 月末，大部分学校开始停课"闹革命"，学生成立了"红卫兵"组织，正常教学便不能进行了。

1968 年复课"闹革命"，秋季工宣队相继开进了各学校，实行"贫下中农管理学校"，对师生进行军训和再教育。清理了"阶级队伍"，非劳动人民家庭出身的学校领导和数十名教师被清出了教师队伍，下放到生产队劳动改造。教师缺乏便由下乡知识青年抽调补充。1976 年初，全场教师队伍中有一大半是城市知青，占教师总数的 70％多。

在教学上，贯彻"五七"指示，开展学工、学农、学军活动，学生上课没有课本念语录。大力推行"朝农"经验，搞开门办学，实行开卷考试。赞扬"白卷英雄"，批判师道尊严，鼓吹"头上长角、身上长刺"，提出师生是"同壕战友"。随着这股风，学生在校期间的大部分时间不是学习而是开门办学，造成师生思想严重混乱。一届又一届的中学毕业生的文化知识水平远远达不到应有的程度。结果，后来大部分成了"双补"对象。

1970 年，农场又掀起了建中学热，1973—1976 年场部学校，第一、三分场场直学校办了高中，有的连队小学又盲目地办了初中。结果造成师资力量不均，给教学带来很大损失，形成了后来有高中文凭而没有实际文化水平的一部分高中毕业生。

（二）教育改革振兴时期

1976—1985 年，农场的教育迈进了新的历史时期。粉碎"四人帮"以后，各学校恢复了原来的体制。1977 年成立了文教科，落实了知识分子政策，"文化大革命"中被清除教师队伍的教师重新归了队，针对知识青年大量返城造成的师资严重缺乏，采取了从外地招聘和自己培养的办法调整、充实和加强了师资力量，重新任命了各校领导，并将"文化大革命"中迅速膨胀的校点进行合并，恢复了正常的教学秩序。

1979 年，工宣队从各校撤出。为了尽快从思想上肃清造成的不良后果，各学校首先从学生的思想工作入手，多方面对学生进行法制教育，政治课讲革命传统、革命理想，开展学雷锋、"创三好"和"五讲四美"活动，贯彻中小学生守则，建立健全各种规章制度，充分发挥党支部、共青团和少先队的组织作用，学校的工作开始走上正轨。学生的思想相对稳定，学习目的明确，态度端正，学习成绩有了一定的提高。

1982 年，根据国发〔81〕144 号文件规定，农场为全场中小学教师和教工普遍调了 1 级工资，其中有 65 人调了 2 级，进一步调动了广大教师从事教育工作的积极性。

1984 年，教育科改为教育培训中心，对教育领导干部进行了调整和充实。全场的教育工作进一步得到了发展，教育制度得以完善。

1985 年，教育培训中心改为教育科，调整了科领导人员，并充实了教研人员，增添了 1 名副主任和 2 名小学教研员。教育工作受到了全社会的重视，各学校的学习成绩稳步上升。

在教学管理方面，1983 年，全场教育工作重点由小学转到中学，考入局重点高中 12人，农场升学率名列北安管理局第 1 名；1984 年，由教育培训中心党支部书记马玉，主任曲友堂、副主任隋振勇亲自带领全场各校主要领导赴哈尔滨市南岗区大成小学，哈铁四小，建成中学，哈尔滨市第十五、第四十中学参观学习，把学到的办校好经验结合各校实际情况，加强了各校领导力量，注重了科学管理学校，提高了教师的素质，使农场教育由经验管理型向科学管理型发展。1985 年，全面调整了教职工队伍。对 408 名教师进行全面考核，经过整顿有 38 名教师、39 名教工分离出学校，强化了师资力量。为了进一步提高教学质量，5 月下旬由教育科领导和各校领导对全场中小学进行了全面的检查评比，肯定了成绩，找出了差距，提出了改进措施。为加强学生的思想建设，在全场中小学普遍进行了"五爱"教育和法制教育，为活跃文体活动还举行了全场歌咏赛、书法、画展、越野赛、文娱晚会、篝火晚会。

农场对体育教育很重视。1979—1982 年，各校注重开展体育活动，隋振勇主动去各校帮助选拔运动员并负责训练运动员工作，在北安管理局举行的历次运动会上有多项名列前茅。1983 年由体育学校本科毕业的车延河老师担任校际教研组组长，全场学校统一制定体育教学计划，组织统一备课，抓体育运动队训练，开展体育锻炼达标等活动，对青年体育教师进行传、帮、带，每月集体活动一次，学习基础理论、基本知识，使全场体育教师基本学会备课、写教案，按要求上好体育课。1985 年 30％小学生达标，中学 35％达标。1984—1985 年，在北安管理局运动会上，有数个单项名列前茅。郭全参加了农垦总局中学生运动会取得了 3000 米第二名。

在师资方面，采取由外地招聘、农场自培师资班、脱产进修、在职函授学习、组织业务学习等办法和措施，提高了师资水平。1980—1981 年，2 次组织教师去哈尔滨市安广校听全国特级教师柳玉芳讲课，并结合农场各校教学中存在的共性问题采访了柳玉芳，从而解决了学生分析和解决问题的能力。注重加强双基训练，并进行了"集中识字、分格训练、六因素"单元教学法，以及尝试教学法、注音识字、提前读写等实验，利用现代化教学手段幻灯、录音、录像等加强直观教学。

1982 年，农场中学培养的学生潘丽君考取了辽宁大学，孙淑明、岳淑珍考取了高级中专。1983 年，马志强考取了哈尔滨师范大学本科。1981—1985 年，初中毕业考入局高中学生累计 117 人，考入初级中专 2 人；高中毕业考入大学 14 人，考入高级中专 4 人。

1979—1981 年，中学获评场级以上先进个人 116 人；1982 年，获评场级先进学校 7 所，先进个人 25 人，先进标兵 1 人；1984 年，获评场先进个人 26 人，先进班级 10 个，先进团总支 1 个，优秀教练员 1 人；1985 年，一中获评北安管理局先进学校，场直小学、三队小学、十一队小学、十七队小学为场先进学校，一中数学组、二中数学组、三中语文组、场直小学三年级组、一分场小学六年级组、三分场小学组为先进教研组；一中团支部为先进团支部；场直小学少先队组织为先进少先队；先进班级 10 个，获评农垦部先进教师 1 人；获评农垦总局先进个人 2 人，五好教师 2 人；获评北安管理局先进教师 5 人；场先进教师 29 人；优秀团员 10 人。

1986—1988 年，普教工作平稳、积极地发展，初中三年级在毕业升学统考中连续 3 年居北安管理局之首。

1989 年，职业高中二年级 1 个班，因生源不足合并到赵光职高，结束了场办职业高中的历史。

1990 年全场在教学管理上积极贯彻"德、智、体、美、劳"全面发展的方针，实行"五育并举、德育为首"，积极开展"学雷锋、学赖宁"活动，涌现出许多先进人物。在教学方面，抓常规教学，采取"请进来，走出去"的办法，学习先进的教学经验。1990 年经农场与教育科研究决定，通过 2 年过渡，将二中、三中 2 个年级合并到一中，成立建设中学。至此，结束了"三足鼎立"的状态。建设农场普通教育变为中学、场直小学、二小学、三小学。

1991—1993 年，为加强德育工作，中学开展了"三心一奉献"活动。1994 年进行"三静"（敬、净、竞）活动，对全体师生进行思想品德教育，取得良好效果。1994—1995 年，全场实行集中办学，将各生产队的学校合并到分场小学，生产队小学教育网点撤销。场直小学有教学班 19 个，学生 1100 人，中学教学班发展为 14 个。

（三）教学改革实验阶段

1986—2000 年，在教育科研方面，全场中小学实行尝试法、六因素单元教学法教改实验。1991 年，中学进行了清浦教改实验。1995 年，中学实行语文快速作文、英语情境、愉快教学法实验。1998 年，小学进行语文分步阅读、美术电化教学实验，中学进行地理学科计算机辅助教学实验。这些课题的研究，经上级验收合格，取得了显著的教学效果。

15 年间，中学获评场级先进个人 145 人，局级先进个人 42 人，总局级先进个人 5 人，省级先进个人 2 人，局级教学能手 15 人，总局级教学能手 9 人。1986—1990 年中学获局级争先创优、思想政治工作、党风建设等先进党支部，局级教育教学先进集体、先进团总支、先进职工之家等称号。1990—1999 年，小学分别获局级教育工作先进集体、三八红旗先进集体、教育科研先进集体等称号；中学分别获总局级清浦教改实验先进单位、快速作文先进单位、总局级先进团总支、分局级文体先进单位。1997 年，中小学获局级精神文明单位称号，黑龙江省合格小学、合格初中称号。1999 年，中小学荣获总局级精神文明单位称号，教委和小学荣获分局教育工作先进单位称号。

（四）升学率最高时期

2001—2002 年 7 月，农场共有 3 所学校，包括场直中学、场直小学和小学第三分场分校。小学辍学率为 0，初中每年毕业率达到 100％。2002 年，小学第三分场分校合并到场直小学，农场学校分为小学和中学并成立教育后勤，完全实现了集中办学。学校在校生 1887 人，住宿生 430 人。2003 年，深入落实国家、地方和学校三级课程，中小学开始执行黑龙江省下发的中小学新课程设置及教学计划。随着集中办学的深入推进其优势逐步显现，农场教育教学质量得到了很大提升。2005 年，小学在北安管理局统一素质教育测试中成绩名列第二位，中学教学成绩处于北安管理局先进行列。2006 年，教育管理体制改革，实行科校合一，将中小学校合并为建设农场 1 所学校，从一年级到九年级实行一贯制。当年教育进行了大力度的改革，教师竞争上岗。2007 年，农场学校顺利通过黑龙江省政府"双高普九"验收。当年中考升入重点高中 39 人，在北安管理局的初中校中排名第三。2008年，中考升入重点高中32人，在北安管理局排名第五。2009—2011年，中小学在科校合一的管理体制下平稳开展工作。于佳英、何薇薇2位教师参加农垦总局首届实效杯数学教学大赛。中考中王健、张萌2名学生以总分798.5的成绩并列北安管理局第三名。2012年，北安管理局教育局在中小学实行课堂教学方法改革，学习外地先进的教学模式，学校派出5人参加北安管理局组织的河南永威学校考察，学习河南永威学校的"先学后教当堂训练"的教学模式。在黑河举办的垦区第四届"创新杯"语文教学活动中，农场学校中学教师王宁获特等奖；魏春玲、张伟分别获一等奖。北安管理局授予农场尊师重教先进单位，场长万太文获尊师重教先进个人称号。

2013—2016年，在中小学课堂教学中推广实验"先学后教当堂训练"的教学模式，取得阶段性的实验成果。2014年中考38人升入重点高中，2015年中考42人升入重点高中，2016年中考43人升入重点高中，连续3年在北安管理局重点高中升学率名列前茅。

2017年，全体教职员工全身心地迎接"国家教育均衡发展"验收，精心地准备各项软件材料和硬件设施，最后高标准、高质量地通过了国家验收。

2018年，教师朱晓明获黑龙江省教育厅举办的"一课一名师，一师一优课"一等奖。学校举办了青年教师讲课大赛。学校邀请北京"能量方舟"教育集团来校为家长进行了家庭教育讲座。本届毕业生73人，考入重点高中共计36人，重点高中升学率超50%，创历史新高。国家提高乡村教师待遇，从事乡村教育满30年可以破格晋升副高级教师，学校符合破格条件的20名教师晋升为副高级。

2019年2月14日，黑龙江省农垦北安管理局建设农场与北安市签订了移交属地管理协议，从此，建设农场学校从北大荒农垦集团建设农场有限公司分离出来。过渡期内，学校业务由北安市教育局管理，其他事项由建设农场有限公司社会事务部暂时代管理。建设农场的教育由原来的黑龙江省农垦教育管理模式向地方管理方式过渡，将农垦的原有先进的教育资源与地方共享，建设农场学校与地方教育相融合。8月，中学考入重点高中36人，普通第二高级中学33人。9月10日张文生获得黑河市先进教育工作者称号，孙晓慧、杨秀娟、李景文、陈中华获得北安市优秀教师称号。

第二节　职业教育和成人教育

一、职业高中与职教中心

1980年4月，农场总局党委作出了《关于办好垦区职业高中的决定》，明确规定职业高中的性质是为农场培养有技术的后备工人的学校，培养目标是具有高中文化水平和一定专业知识、技能的农场技术工人。根据这一决定，结合农场的实际情况，1980 年 8 月，农场办起了职业高中。附设在场直中学，校长曲友堂，副校长隋振勇，代教务主任赵碬，专业课教师 3 人，文化课教师由场直中学教师兼任。

据统计，农场每年有 70% 的初中毕业生不能升学而需要就业，但普通中学教育，由于知识单一、缺乏专业知识和实际技能训练，就业学生很难适应生产的需要。因此，提出了改革中学教育结构问题。1981 年，职业高中独立设校，校址迁往场部北山，教室面积 180 平方米，宿舍 400 平方米，食堂 800 平方米，党支部书记兼校长杨刚，副校长马生殿，教务主任赵碬，专业课教师 8 人，文化课教师 8 人，农机专业 2 个班，农学专业 2 个班，学生 240 人。

1982 年，在原有的基础上又新建了 500 平方米的教室。党支部书记吴洪义，校长马生殿，教务主任赵碬，总务主任张德福、曲义举。新招农机专业 2 个班，在校生 300 人，专业课教师 13 人，文化课教师 11 人，教工 29 人，场拨给耕地 43 公顷，拖拉机 1 台，还有部分简单农机具。

1983 年，党支部书记、校长隋振勇，党支部副书记、副校长郑和，教务主任赵碬，总务主任张德福，总务副主任刘喜生。第一届学生 100% 毕业，场又拨给胶轮车 1 台。

1984 年，校管理人员和任课教师不变，后勤工人精减只剩 4 人，学生毕业 116 人，在校生不足 200 人。学校又办起了电机修配厂，由教务主任赵碬兼修配厂技术员，还有 1 名技术工人。耕地 43 公顷主要作为生产实习，种些蔬菜之类，用于改善伙食、降低成本，修配厂纯收入 4300 元。

1985 年，职业高中与一中合并，领导与一中合一，由于推广家庭农场，部分学生中途退学，在校生只有 120 人。1985 年暑假，农场已培养出职业高中毕业生共 265 人，大部分已在农场就业，并成为生产骨干。

1986 年，职教工作归属教育科领导，职教办主任李学文。1986—1989 年，职教工作主要是通过农广校、代培、进修、函授、刊授自学等方式进行，农广校主要有财会、农学、林业、农经 4 个专业，共计 314 人。1990—1995 年，为贯彻"教育要面向现代化、面向世界、面向未来"的方针，实现科技兴场、兴场富民的战略，加大职工培训，每年都有计划地进行"科技之冬"活动，由职教办牵头，组织各行各业进行学习，提高职工素质。1996—1999 年分别进行了水稻栽培技术培训班，肉鸡、奶牛饲养管理培训班，农业生产实用技术（病、虫、害综合防治）培训班，电工培训班，小学教师岗培训班，农机培训班，中学教师岗培训班，医务人员岗位培训班，财会培训班，党政干部培训班（生产队长、党支部书记）等，共计 15 个班，培训时间 7～20 天，培训人员达 773 人。

农场教育科设成人教育职业教育办公室，由 1 名主任分管此项工作。

2001 年 9 月—2006 年 9 月，马贵学任教育科成人职教主任。

2006 年 9 月—2009 年 9 月，韩志和任教育科成人职教主任。

2009 年 9 月—2020 年末，张文生任教育科成人职教主任。

2003 年，农场职教中心成立，地点在农场小学教学楼内，1 个多功能教室可容纳 200 人听课。2009 年设立以各管理区为单位的 6 个职业教育和成人教育培训点。2005—2018 年职教办每年进行 1 次全场 15～50 周岁人口统计调查，建立了个人统计档案。自 2006 年北安分局下达《关于印发分局"十一五"期间初中以下从业人员学历达标工作实施方案的通知》，到 2018 年，职教办按照要求共招收各管理区种植、养殖和农机 3 个专业农广校学员 1756 人。2008—2018 年学校、生产科、农机科、计财科、阳光保险公司和 6 个管理区培训点在职教中心共举办植物病虫害、植物与生长环境、阳光保险、畜牧养殖等多个培训班，参加培训的人数达 1.1 万人次。2003—2020 年职教办对职教中心进行几次完善，增加图板、桌椅，添置现代化多媒体硬件设施，成为北安管理局优秀的农场职教中心之一。

二、垦区农业广播电视学校建设分校

2011 年，成立农场级别的垦区农业广播电视学校工作领导小组，白文军任校长，于瑞河任副校长，教育、农业、农机、畜牧、计财等联合办学单位负责人为小组成员。职教办主任为办公室主任，各管理区党支部书记为学区主任。截至 2018 年 6 月底，建设分校"农业科技入户培训"共下管理区培训点培训职工 7000 人次，完成农业实用技术集中培训 7600 人次、新型农民科技专业培训 3500 人次，招收中专学员总计 1756 人。2006—2018 年，全场表彰的 80 多位先进生产者中，有 52 人是中央农业广播学校建设分校的学员。自发组织养殖培训达 150 余人次。2011 年和 2012 年建设分校获北安管理局中央农业广播学校招生先进单位称号，2013 年度建设分校获农垦总局级先进集体称号。2016 年职教办主任张文生被授予垦区农广校招生先进个人称号。

农场坚持职业教育遵循贴近农场、贴近职工、贴近生产一线的"三贴近"原则，把职业教育办学定位为服务农场经济社会发展、培养技能型实用人才，办学思路围绕经济抓人才培养、围绕现代化大农业抓职业培训、围绕人员输出抓技能教学。成人教育以电大、党校、农广校进行广泛培训，每年农场都送出上百人进行各行各业培训，大大提高了职工技术水平和就业能力。

第三节　教育督导

　　按照黑垦局发〔1989〕11号文件要求，农场配齐配强教育督导人员，职级落实到位，设立专项经费，开展各项督导检查，实现督政与督学相结合、综合督导与专项督导相结合，有效进行执法监督，为教育发展创造良好的社会环境。

　　1989年，农场教育成立了督导室，主任马玉，干事李学文、周福桥。1997年，督导室主任李永祥。

　　2001年，督导室主任由教育科党支部书记周福桥兼任。2002—2014年9月，督导室主任乔莲。2012年10月—2017年11月，督导室副主任郑杰。2017年12月—2018年8月，督导室主任周福桥，2018年9月—2018年12月，中学督导主任于瑞河，小学督导主任周福桥。2019年1月—2020年12月，督导主任乔莲。督导室通过20年的督导工作，形成一套系列化的督导工作方式方法：制定督导规章；制定每年督导工作计划和指导方案，同时中小学制定本校的督导工作计划和自检自查方案；组织中小学校按照具体方案实施；指导中小学具体工作中的实际情况；中小学对每项督导的事宜先自检自查，写出自检报告上交督导室；督导室及时反馈中小学自查报告中的问题，提出整改意见。2003—2020年，督导室主要对中小学在规范办学行为、安全工作、教师违规有偿补课和乱收费、学校执行课程标准等方面的软件材料进行规范整理建档，对硬件设施实地检查发现问题提出整改意见，保证中小学依法依规安全完成好日常工作。在2007年"双高普九"、2008年"标准化学校"和2017年"教育均衡发展"建设过程中，按照国家的验收标准指导中小学迎检发挥了重要作用，促进了学校工作教学教研工作的顺利开展。

第三章 文化体育

第一节 广播电影电视

一、广播

农场的广播事业是从 1958 开始，这年买进 1 台立式 50 瓦扩大机。住户大部分安上了小喇叭，开始自办广播，每天播音 3 次，主要转播中央和黑龙江省电台节目。播音员由话务员郝玉兰兼任。

1968 年，建立播音室。全场 3000 多户职工家庭全部安上了小喇叭，播音员周慧彬，维修员蒋连庆。1969 年，单独建立了广播站，每天播音 3 次，播音员董桂琴。1970 年，兵团新买 1 台上海产 2×275 瓦扩大器拨给了三营，1 台 500 瓦扩大器拨给了一营。团部买进 1 台 G 安 2×275 瓦扩大器，开始自办广播，节目编写工作由宣传股干事兼，机修员蒋连庆。1976 年，兵团撤销，天津青年李艳任播音员。广播站隶属宣传部领导，宣传部干事王可大负责编采工作。1978 年，播音员石慧，编辑刘双玲，自办广播节目定时定点，每次 10 分钟。1981 年，李敏任播音员，节目有创新，形式多样，有领导讲话、有就地采访、有对话、有广播讲座，广播事业越来越引起场领导重视。1981 年 10 月 4 日—1985 年，播音员王凤兰，编采刘双玲、张宝玉，机修员蒋连庆。

1986 年，农场成立广播电视科，张宝玉任广播电视科科长，王文革任电视台台长，康旭平任电视台副台长，不再隶属宣传部，由场党委副书记周占彪直接领导。广播工作每天 3 次播音，除转播中央和黑龙江省新闻节目外，每次播出 15 分钟的场内新闻，播出的主要内容大都是配合农场在各个时期的中心工作采写的稿件和基层单位通讯报道员写来的宣传稿件，也有少量的录音采访。张建英任播音员。1987 年 2 月马丽调广播室任播音员。1988 年 3 月，林存涛考入广播站任播音员。1988 年，王凤兰读完三年电大新闻专业后，分回广播站任编辑。1989 年张宝玉、王文革、齐学义先后调出广播电视科，广播电视科与宣传部再度合并，设广播电视台，康旭平任台长，王凤兰任副台长兼编辑，林存涛任播音员。

1990 年，农场根据上级有关分设广播电视机构的要求，成立了建设农场广播电视局，下设电视台和广播站，康旭平任局长兼电视台台长、广播站站长。

1991 年，广播站制作的广播新闻综合节目，在北安管理局广播新闻节目评选中，获得三等奖。

1992 年，由于总场至分场和生产队的广播线路老化，无法传输，分场和生产队广播停办。广播只能覆盖场部地区。

1993 年，更新了场部的广播线路和高音喇叭，广播仍然按照原来的形式播出。

1995 年，总场安装有线电视时，由于人力紧张，故广播停办了一段时间，王凤兰调宣传部任干事。

1996 年，刘宝玲考入电视台任播音员后，广播经修复后又工作了一段时间。9 月广播机再次损坏，因买不到配件和无经费修理而停播。

二、电影

1958 年，农场开始有了电影放映工作。活跃了农场职工的文化生活，当年放映员董维、徐德平。使用 1 台长江 16 毫米电影放映机放电影，没有固定场所，不定期，大多数在露天放映，当时影片很少，不收费。

1959 年，赵光成立了流动放映组，来了影片临时通知各队。用车拉到队里放映电影，放映员王金会、王学良、徐德平。放映次数不多、内容单调。

1970 年，总场（团部）成立了放映队，队长王德才，放映员刘俊山、赵振国。

1971 年，新买 1 台上海 8.75 毫米放映机。组成了 2 个放映组，刘俊山、张广义携带 16 毫米放映机负责二营、一营，王德才、赵振国携带 8.75 毫米放映机，负责三营。当时因各连队没有发电设备，自带 2 台 75 瓦发电机，露天放映，不收费。

1972 年，购买了 2 台国产 54 型 16 毫米放映机，买了 1 台 150 瓦发电机给了一、三营，各营成立了放映组。一营放映员天津青年张强、北京青年胡贵朝，三营放映员赵振国。放映队队长王德才，放映员刘俊山、蒋连庆。

1973 年，购买 1 台甘光 I 型 35 毫米，甘光 54 型设总场，8.75 毫米放映机拨给了二营，放映员蒋连庆。放映队队长王德才调出，刘俊山任队长。甘光 54 型放映员腾健、陈金华。1974 年，增加戴志峰、张洪全 2 名放映员。1975 年，总场增 1 名放映员高占生。1976 年，总场增加 2 名放映员齐学义、李忠林。第一分场增 1 名放映员马殿海，第三分场增 1 名谢忠利。1977 年，由于大部分知识青年返城，电影队补充 2 名放映员徐文峰、牟继彬。1978 年，放映队增加 2 名放映员唐志学、张永和，第三分场补充彭胜伟、于小平、王小光 3 人，第一分场增 1 名放映员王君。

1973 年开始，电影事业发生了变化，原来农场只能放映面向农村的小片，这时还可以放映几场阿尔巴尼亚、朝鲜、印度、苏联等国家影片，如，《地下游击队》《宁死不屈》《卖花姑娘》《列宁在十月》《列宁在一九一八》《看不见的战线》等。

1977 年后，电影事业出现了空前兴旺时期，总场甘光 I 型 35 毫米放映机每年放映 350～400 场，8.75 毫米放映机每年可放映至 150 场，各分场 16 毫米放映机放映场次高达 450 多场。电影收入也非常可观，一台 16 毫米放映机一年可收入 8500 多元，俱乐部开始出现了售票热，买票都排着长长的队，一场好电影一天可放映 6～7 场。有时电影票提前 1 天就卖完了。谢忠利使用的 8.75 毫米放映机 1 年竞放映过 600 场次，人们为了看一场好电影可一宿不睡觉，有的人连看几场。

1978—1981 年，更新 2 台南京四型 F16 毫米放映机、1 台甘光 II 型提包机（35 毫米）。1982 年，由于农场电视事业的发展，电影开始不景气，观众逐渐减少，1 个月只能播放 5～6 场。好片能卖 80～90 个票座，一般片只能卖出一半或更少，开始出现亏损。各分场电影放映设备作价卖给了放映员，总场电影队放映员进行了精减，由原来的 6 人减至 3 人，总场放映员工资基本由工会支付。

1988—1992 年恢复了电影放映工作，电影放映员由工会出纳员唐志学兼任，做到电影送到基层生产队，深受广大职工家属的欢迎。1993—2000 年，由于职工文化生活水平的提高，电视影音光碟（VCD）机进入家庭，电影放映工作被迫停止。

三、电视

农场第一台电视是 1976 年买回的一台黑白电视机。当时，接收天线设在办公室房后，高达 25 米左右，因离转差台太远，收不来影像，有时有影像没有声音。虽然收效不好，但引起了人们极大兴趣。1980 年，农场个体户开始购买电视，当时市场电视紧缺。农场派人去哈尔滨广播器材公司联系后到北京，于 1981 年，购回一台黑白电视差转机，并派 2 人去嫩江学习，差转台设在办公室西侧，用木板搭简易板房。

（一）建台初级时期

1982 年，请黑龙江省电视台的外线队来场，建立电视差转铁塔，塔高为 83 米，经过调试，效果较好。职工家庭购买电视达 120 余台。值机工作人员在简易木板房里工作了 1 年多，保证了按时转播。

1983 年，在电视差转塔南侧建成 240 平方米，2 层楼房。同年，电视差转机搬进新房，占用面积 100 平方米。差转台值机工作人员增加到 4 人，有康旭平、王文革、齐学义、李英奎。这时，全场电视机达 400 台，电视差转台隶属宣传部。

1984 年，由于差转铁塔的建立，收看效果比较好，农场职工家庭买电视出现了高潮。到年末，全场电视猛增至 900 台。电视差转台的工作人员由原来的 4 人增加到 6 人，增加丁安名、牟继彬，他们轮流值机，代办无线电和电视机修理业务。差转台直接由副场长栾德仁领导。成立了电视无线电修理技术中心。1985 年，尽管农场遭受严重自然灾害，多数生产队和个人挂账，但职工购买电视机积极性不减，职工家庭拥有电视达 1200 余台。

1986 年，农场选贤任能，选拔懂技术、责任心强、热爱广播电视事业的人负责广播电视工作，经考试，王文革、康旭平、牟继滨 3 人被录取，重新恢复被停止将近 1 年的工作。同年，电视台与宣传部分离，成立广播电视科，张宝玉任科长，王文革任电视台台长，康旭平任电视台副台长，负责台内全面技术工作。

1987 年，农场为了改善广大职工的电视收看效果，派科长张宝玉赴河北省石家庄市参加全国广播电视设备展销订货会，并与电子部第三十九研究所签订了 5 米板状卫星地面接收系统购买合同，总投资 5 万余元。6 月中旬到货，厂家派 2 名工程技术人员前来安装调试，7 月 1 日建成投入使用。该站接收定点于赤道上空、东经 66°东方红甲 1 号同步卫星上转发的中央电视台一套节目，图像清晰、伴音洪亮，收看效果明显得到改善。

1988 年 3 月，林存涛经考试调入电视台任播音员。7 月，王凤兰读完 3 年电大新闻专业后，分回电视台任编辑工作。电视台共有 5 人：康旭平、王凤兰、姜德礼、林存涛、王金利。

当年，电视台与宣传部再度合并，刘双玲任宣传部部长，康旭平任电视台台长，王凤兰任副台长、编辑、节目主持人。

1989 年 1 月，农场从哈尔滨购进了第一台 NV-M7 摄像机，与原来的 NV-370 录像机组成最简易的编辑系统，1 月 6 日，播出了第一期《建设新闻》，从而开辟了建设农场电视新闻史上的新纪元。《建设新闻》的播出，在农场引起了强烈反响，职工家属非常喜欢《建设新闻》节目。无论是机关干部还是职工、家属都非常关心《建设新闻》，电视工作者也倍加努力，每天下基层采访，回来后不管多晚也要撰稿、编辑制作，当天新闻当天播出。10 月就拍摄完成了 1 部反映农场风貌和两个文明建设的电视专题片《建设之光》，引起社会强烈的反响。

（二）改革发展时期

1990 年，在工程技术方面，康旭平根据电视发射机的电控部分设计不合理，在突然停电时，处于高温的发射管无法散热，对发射管损害极大，严重影响发射管的使用寿命的实际，对电控部分进行了革新改造，大大延长了发射管的使用寿命。

1990年，农场投资购买第二台NV-M7摄像机，NV-2186彩色监视器2台，NV-J25录像机1台，NV-L15录像机1台，组成1/2编辑系统。新闻设备更新后，新闻质量明显提高。当年拍摄了第二部专题片《闪光的足迹》，新闻工作又向前迈进了一步。

1991年，知青回访，电视台为了配合知青回访活动，编辑制作了1部长达25分钟的专题汇报片《建设农场经济发展战略构想》。同年，陪同时任国务院扶贫办公室主任、原五连下乡知青高鸿滨回访，并把回访活动制成录像带赠送给了高鸿滨。

1993年，与宣传部分设，成立广播电视局，下设电视台、广播站，康旭平任局长兼电视台台长、广播站站长。独立后，广电工作发生了深刻变化，宣传报道、技术事业、台站建设都有了长足的进步，同年购买第一台M9000摄像机，春节前拍摄了第一部音乐电视片。

1994年，经农场党委批准，广播电视局向上级请示，黑龙江省广播电视厅技术事业规划科科长徐凤书来农场实测场强，经测算规划，并报广播电视部批准，同意建设农场电视发射机功率扩大，增容到300瓦。10月，王金利到黑河办理了频率执照。

1995年，农场为电视台维修了房屋。8月，康旭平前往二龙山农场和龙镇农场考察有线电视系统。9月，场长付宗深与北安管理局广播电视局局长方立新签订建设农场场部地区有线电视系统安装施工合同，合同金额48.3万元。9月20日一期工程开工，10月1日有200户开通，10月15日全部开通，场部用户达898户。设备采用的是意大利乐华调制器、混合器，日本东芝c5接收机，国产3米地面站、机柜，可同时传输13套电视节目（其中包括1套自办节目）。1995年11月，哈尔滨兰特公司为第三分场安装有线电视系统，分场部设独立前端，2座地面站，可转播12套节目，覆盖第三分场场部200户用户。12月，北安管理局电视局孙秀德为九队、十一队和十二队安装有线电视小片网，采用干线传输与总场前端系统联网，12月底竣工，覆盖用户240户。

1996年，随着改革的进一步深化，电视台由机关事业型转变为承包经营型，经营方式是自主经营、自负盈亏、定额上缴、超支不补，法人代表康旭平。1月潘福钰调入电视台任核算员，负责有线电视收费工作。4月，刘宝玲考入电视台，任播音员。

1997年，电视台自行设计、施工为十五队安装有线电视系统，与第三分场联网。同年，康旭平针对农场经济状况，在不增加投入的前提下，增加电视节目，对卫星地面站进行了改进，在焦点上安装2套高频头，在接收亚太1A星上节目的同时，收看亚洲2号节目，从而实现一站收多星节目，效果良好，为农场节约了一笔资金。同年，加大了新闻改革力度，调整了新闻播出栏目，开设了12个板块式栏目，新闻工作卓有成效，当年完成对内报道600条新闻、对外报道45条的外宣任务。康旭平被北安管理局广播电视局聘为特约记者，电视台摄制的专题片《人杰地灵》在北安分局获得一等奖。

1998年，上半年，农垦广电局归口地方管理，建设农场与北安市广电局签订了微波联网合同。下半年又归回农垦管理。

1999年1月27日，在哈尔滨购买了2台M9000摄像机。4月，康旭平从哈尔滨购买15台美国PBI广播级调制器，9台调制器，6台数字卫星接收机，2台MMDS微波接收天线，2台48厘米机柜。4月12日，开始安装加密电视频道和部分省份数字卫星电视节目的收发设备，4月15日进行调试，从此有线节目由原来的13套增加到26套节目。5月，广电局进行了环境建设大会战，建铁栅栏60延长米，焊制宽2.8米、高3.5米铁大门和铁拉门一座，出动挖掘机、推土机、翻斗车大干1天，填土方100立方米，垫平了大院。制作了6个可以摆放200盆花的铁花架，并购买了200个花盆，栽上了福禄考、万寿菊、串红等花卉200余株，使广电局的环境大为改观。

7月，电视设备惨遭雷击，前端和线路损失严重。灾情发生后，广电局在场党委的大力支持下，全力以赴进行抢修，不到半个月时间就全线开通。同时，为了加强新闻编辑工作，从哈尔滨购进编辑控制台1台，使编辑工作更加规范化。8月，为了解决电视供电不稳定的难题，农场为广电局专门架设了一条高压线路，大大改善了供电质量，提高了设备运行的安全性。9月，全场多功能综合业务信息光纤网工程全面启动，副场长王维春亲自指挥，广电局在局长康旭平的带领下，姜德礼、王金利全员参战，会同通信部门的人员实施完成。

9月16日，场党委书记王克坚、场长付宗深到施工现场检查工作，指出"这是一项跨世纪的宏伟工程，是利场利民、造福后代的大好事，要百年大计、质量第一"，并看望了正在现场施工的干部职工。9月28日，经过全体施工人员的奋战，全场全长90千米架空、地埋光缆全部铺设完毕，接点全部熔完，十一队、十二队有线电视光信号接收点试收成功，并将电缆传输过渡到光缆传输接入用户，图像、伴音均符合部颁标准。9月29日，农场举行竣工剪彩仪式。

10月，上海覆普通信设备有限公司工程师于华来场为15个没开通的点安装光接收机，并培训了工程技术人员。11月，拆除九队、十一队和十二队有线电视干线光缆，并为十三队、十四队、十八队和十九队安装队区小片网的主干线路。12月，为了熟悉和了解光缆方面的知识，农场派康旭平、王金利赴农垦总局参加光缆学习班学习。12月29日，康旭平赴农垦总局参加广播电视工作会议，并被农垦总局评为先进工作者。

（三）创造佳绩时期

1988 年，康旭平被北安管理局评为先进工作者。1989 年，王凤兰被北安管理局宣传部、北安垦区新闻工作者协会评为优秀通讯员，获二等奖；在广播电视新闻报道中成绩突出，被评为优秀记者，获三等奖。由王凤兰、康旭平创作拍摄的电视专题片《开拓者的脚步》在北安垦区广播电视新闻作品评比中获佳作节目奖；康旭平在广播电视新闻报道中成绩突出，被评为优秀记者，获三等奖；康旭平、王凤兰分别被农场评为优秀通讯员。

1990 年，由康旭平、王凤兰创作的党建专题片《闪光的足迹》在北安管理局首届评比中获优秀奖。1990 年，王凤兰在广播电视工作中成绩显著被北安管理局评为先进工作者。同年，康旭平拍摄的电视新闻《固氮解磷增产菌试验投产》被评为优秀电视新闻三等奖。1990 年，王凤兰被北安管理局评为优秀通讯员，获二等奖。

1991 年，由电视台拍摄的专题片《情系黑土地》在北安管理局党建评比中获优秀奖；康旭平在抗灾抢收中被评为北安管理局宣传战线先进个人，在广播电视工作中被北安管理局评为先进工作者。

1992 年，由电视台摄制的专题片《从低谷中升起的明珠》在北安管理局党建评比中获优秀奖。1993 年，王凤兰撰写的《建设农场安全生产常鸣钟》一文获二等奖；康旭平被北安管理局广播局评为先进个人；电视新闻《农业实行两自》获三等奖。1994 年，王凤兰被北安管理局评为先进个人；康旭平被北安管理局有线电视台评为优秀记者。1995 年，由康旭平、林存涛、王凤兰创作的专题片《梦圆小康庄》在党建片评比中获优秀奖。

1996 年，康旭平在黑龙江省开展的优秀值机员、优秀维护员活动中被评为优秀维护员。1996 年，康旭平被农场评为先进工作者，被农场总局广播电视局评为先进个人。1997 年，康旭平被农场评为十佳报道员。1998 年，康旭平被农垦总局广播电视局评为先进工作者。1999 年，康旭平被农垦总局广播电视局评为先进工作者。

1999 王凤兰被农垦总局统战部评为先进工作者。1999—2000 年，王凤兰被北安分局评为优秀通讯员。

（四）深化改革时期

2001 年 9 月 12 日，黑龙江省人民政府办公厅印发了《关于组建黑龙江省广播电视传输网络股份有限公司实施方案的通知》（黑政办〔2001〕54 号），拉开了黑龙江省广播电视系统股份制改革的序幕。

2001 年，农场深化广播电视局管理体制改革，实行独立经营、自负盈亏、超支不补、结余留用的经营管理办法。广播电视局下设有线部、新闻部。

2002 年 10 月，农垦组建黑龙江北大荒广播影视集团工作进入资产评估阶段，黑龙江中立资产评估有限公司对农场广播电视局的资产进行了评估。

2005年12月18日，黑龙江农垦广播电视局下发了《关于加强垦区广播电视系统体制改革期间机构设置和人事管理工作的通知》（黑垦广发〔2005〕20号），为了贯彻农垦总局党委《关于组建黑龙江北大荒广播影视集团实施方案》（黑垦文〔2005〕17号）精神，农场广播电视部门的机构按农垦总局有关文件精神，统一设定为广播电视局、广播电视站、网络管理站三个机构，定人、定岗、定责，分类管理。

2006年，农垦总局党委决定组建北大荒广播影视集团，将原属于农场的广播电视局的人员和资产划拨到农垦总局广播电视局，农场成立广播电视局、广播电视站、网络管理站，人、财、物由总局统一管理。建设广播电视局由于存在不良资产没有划拨。2016年，有线电视划归龙江网络农垦北安分公司。

（五）数字转化时期

2000年12月，农场有线电视与农垦总局光纤网联网传输32套电视节目，网络由300兆赫升级为750兆赫、传输55个电视频道的光纤同轴混合网，用户数达到了1200户。

2001年，完成了场区750兆赫光网改造工程，新增24个光信号接收点，覆盖场区的每一个角落。节目质量也由标清升级为高清。同年，农场投资15万元安装了有线电视可寻址加密收费管理系统，解决了有线电视收费难的问题，实现了智能化管理。

2004年12月10日，为使北安农垦广播电视局光纤网络安全运行，确保广播电视节目传输质量及其他各项业务的顺利进行，农场广播电视局与黑龙江农垦广播电视局签订了联网协议，与农垦总局联网。2010年元旦，将2800户有线电视用户进行平移，实现了全场有线电视数字化。2017年，全场2000户有线电视用户全部实现数字高清入户。

2001年，为了配合农场党委强力推进新一轮的土地承包工作和产业结构调整工作，提高新闻宣传的实效性和最大化效果，农场广播电视局与北安分局广播电视局合作，对农场七届三次职代会进行了首次全程现场直播，开创了建场以来广播电视宣传历史先河。2001—2010年，实现了职代会历时10年的现场直播。

2006年，农场建场50周年，为了配合农场党委中心工作，搞好场庆宣传，广播电视局开辟《辉煌50年》系列专栏节目，大力宣传农场经过50年的建设所取得的辉煌成就。9月8日，农场广播电视局在北安分局广播电视局的支持下，成功地完成了建场50周年大型庆典活动的现场直播，在社会上引起了强烈反响，收到了良好的社会效果。2011年，圆满完成在农场召开的黑龙江省农业三秋现场会的新闻报道工作。2012年，顺利完成时任黑龙江省委书记吉炳轩到农场调研的新闻报道工作。

2007年农场被国家确定为全国首批"村村通"无线广播电视覆盖工程重点建设单位，

对电视台原有的 240 平方米楼房进行了装修扩建，新增面积 100 平方米，投资 23 万元。2008 年，"村村通"无线广播电视覆盖工程设备全部安装调试完成，并通过上级验收。农场党委举办了开播剪彩仪式。该项工程，包含一台 VHF 频段 1DS 1 千瓦发射机，转播中央台一套电视节目，一台 UHF 频段 39DS 1 千瓦发射机，转播中央台七套电视节目，1 台 FM100.7 兆赫 300 瓦调频发射机，转播《中国之声》广播节目，全天播放。2012 电视台迁居新址，入驻农场机关新办公楼。

2001—2020 年，电视台自办《建设新闻》每年播出新闻 600 多条。设立党建、环境、安全、农业生产等专栏 10 余个。对外宣传每年在北安管理局、农垦总局以上电视台发稿 160 余条。每年拍摄各类专题片 10 余部。2014 年拍摄首部微电影《梦想起飞的地方》，至 2018 年共拍摄微电影 5 部。2018 年，拍摄纪念建场 61 周年《沃野欢歌小江南》专题片，热情讴歌了几代北大荒人承前启后、继往开来，开发建设北大荒的可歌可泣的英雄事迹。2020 年拍摄专题片 8 部。1982 年建台到 2020 年，广播电视局共拍摄专题片 50 多部，自办新闻播出稿件 2.3 万条。

第二节　文化设施和文化阵地建设

1970 年以前，建设农场没有专业书店，只是在商店一角经营图书。1970 年，宣传股创建了新华书店。1980 年以后，在场工会的号召下各单位成立了图书室或图书角专供本单位职工借阅，设 1 名兼职图书管理员，健全了借阅手续和管理制度，书籍主要类型有马列经典著作、文学艺术、科学技术、卫生医疗、社会生活、幼儿图书以及中小学课本等。在当时深受职工喜爱，对提高农场职工的政治素质、科学文化水平起到一定的促进作用。

建设农场 1985 年之前有 1 所 500 平方米的俱乐部，有职工技校 1 所，同时，90％的生产队建立了图书室、活动室、会议室。

2000 年以前，农场搞室外活动，大部分在篮球场，如交谊舞大赛、篝火晚会，外面文艺团体、马戏团等来场演出都在篮球场进行。

2007 年，农场投资 140 万元建设了 835 平方米老年文化活动中心 1 处，文化广场 2 处（农场文化广场、花园小区文化广场）。2008 年，分别在农场文化广场、花园小区文化广场、福江小区小广场、学校广场、医院广场安装了健身器材，并且在学校、公安分局、机关建设了室内健身房。2008 年，实施落实文化信息资源共享工程，第四管理区被列为试点单位，电脑、多媒体等各种设备全部到位。分批为学校、农机科、第一管理区、第二管理区、第三管理区、第五管理区落实了文化信息资源共享工程。实施了"农家书屋"建设工程，在学校建设了农场"职工书屋"，藏书 1 万余册，5 个管理区和 2 个居委会都建设了"农家书屋"。2013 年在第四管理区晒场原知青宿舍的基础上改建一座占地面积 230 平方米的知青博物馆。2018 年，建设农场福江小区休闲公园即"福园"竣工。2018 年在学校原学生食堂的基础上修建了场史馆，内设 7 个展厅。经过几十年的建设和完善，农场文化活动设施和阵地得到了极大的完善，基本满足了职工群众的文化需求，为全场居民创建了学习、娱乐、健身、文明、向上的正能量大平台。

第三节　文化活动及文艺创作

一、文化活动

1956—1958 年，农场文化活动基本没有，只有几个音乐爱好者闲暇时在帐篷里吹口琴、拉二胡，人们凑在一起听听。1958 年，和平、涌泉是赵光农场的 2 个分场，分别成立了业余文艺宣传队，宣传队围绕党的中心工作编演各种节目，破除旧的思想，树立新观念，凝聚人民群众，爱国、爱场、爱社会。

1966 年，农场成立了专业宣传队，涌泉、双丰成立了业余文艺宣传队，隶属场工会，演出节目的内容大体是颂扬毛主席和忆苦思甜节目，如歌舞《在北京的金山上》《我是贫农的好后代》《嫩江的水》、竹板书《吃水不忘打井人》等。

1968 年，知识青年大批下乡，以知识青年为骨干增强了文艺宣传队力量。1978 年，知识青年逐渐返城。宣传队充实了一些当地青年，演出内容开始转化，多数是自编自演的、反映农场生产生活为主要内容的短小节目。如表演唱《四老汉夸农场》、山东吕剧《生产中的一面红旗》《朝阳沟》选段、表演唱《建设农场三状元》、小话剧《于无声处》等节目。多次参加上级调演，受到了上级领导的嘉奖和好评。后期，由于经费等原因专业文艺宣传队解散。

1980 年，总场成立了业余文艺宣传队，以职业高中学生为主体，编演节目歌颂农场新貌、反映农场现实生产生活，如快板书《夸建设》、歌舞《一颗红心献北疆》、小话剧《两代人》等节目。同年 11 月，参加北安管理局在二龙山农场举行的文艺汇演，荣获全局第二名。

1981—1984 年，农场文艺活动基本以各学校为主体，排演一些以曲艺节目为重点的短小节目，如歌曲《乡间小路》《牧羊曲》、舞蹈《采蘑菇的小姑娘》《小白兔》、二胡独奏《子弟兵和老百姓》《洪湖渠水绕太行》《江河水》、乐器合奏《喜洋洋》《马车夫之歌》《庆

"十一"》《彩云追月》、小话剧《慈母情》、影腔对唱《农场新作》等。影腔对唱获北安管理局优秀节目奖。

1981年5月4日，举办首次书画展览。展出书法作品74幅，美术作品175幅。

1982年5月6日—6月30日，举行书画展览，展出美术作品186件，书法作品125件。张传江的《考爷爷》《田间小憩》、李忠国的《狩猎》、王中笑的行书草书都受到群众的好评。1982—1985年，每年的5月上旬都搞书画展览，共展出美术作品450件，书法作品420余件。

1983—1985年，大秧歌会演成为农场新春佳节文化活动的一道靓丽的风景线。秧歌队还下到分场、生产队、场直各单位去拜年、慰问，深受群众欢迎。农场还举办全场象棋、扑克、乒乓球赛。每年春节前夕，都由农场宣传部、工会组织春节晚会。文化生活丰富多彩，职工群众争先恐后参加活动，增强了职工生产生活积极性，促进了经济的快速发展。

农场党委坚持用文明、健康的各类文化活动丰富职工群众的业余生活。1986—2000年，场宣传部每年都组织文艺爱好者开展喜闻乐见的文化活动。每年"七一""十一"、春节举行各种大型庆祝活动达20次以上。农场工会在每年新春佳节，开展扑克赛、歌舞晚会、灯谜游戏晚会、秧歌会演等活动，活跃了春节期间的职工文化生活。

1991—2000年，场教委连续9年在"七一"举办"党在我心中"文艺演唱会，各个学校的党支部书记、校长与师生同台演出，每年参加演出的人员达240人左右。1990年，第十生产队在工会主席罗伟军的组织下，成立了以韩常锋、李金光为主的6人业余"猫头鹰"小乐队，10年来为农场的各项文艺演出伴奏达60余场。1996年，农场为小乐队购买了价值1万多元的电子和声器、架子鼓等器材。

1993—1997年，场团委、场宣传部、场工会连续5年联合举办了青年歌手"卡拉OK"大赛，并评选出"十佳青年歌手"。林春涛、姜桂梅、许思洋、张红玲代表建设农场参加北安管理局举办的青年歌手"卡拉OK"大赛。林春涛荣获1993年北安管理局青年歌手大赛二等奖，张红玲荣获1999年北安管理局青年歌手大赛一等奖，许思洋荣获1999年北安管理局青年歌手大赛优秀奖。

1992年1月，场工会举办了职工文艺调演，调演了第二分场八队、九队、十队自编自演的文艺节目，1996年1月，第三分场举办了职工文艺汇演，十三至十九队7个生产队都排练文艺节目参加会演。

1990—1999年，场工会举办了3届职工交谊舞大赛，各生产队及机关直属单位共有80对舞者参加，丰富了广大职工群众的业余文化生活，陶冶了情操。

1996 年，农场举行了庆祝建场 40 周年大型庆典活动。在场党委的正确领导下，在农场工会、宣传部的精心组织策划下，组织了 150 人参加的大型文艺演出团体，演出以建场 40 年来的变化及取得的成绩为主题，尤其是 100 人大合唱，参加演唱的有建场元勋，离退休工人、干部，有现任场领导、机关各科室干部，有文教、卫生的工作人员，有公安政法人员和青年学生。此次演出深受广大职工群众欢迎，连续演出 4 场，场场爆满。

1999 年 8 月，场中、小学参加北安分局教育局举办的文艺汇演，中学王莎莎、小学宋南获优秀演员奖，舞台剧《致英灵的一封信》获优秀节目奖（编导小学教师周芳），舞蹈《山路十八弯》获优秀节目奖。

2009—2012 年，先后开展了"青年红歌手赛""祖国发展我成长歌唱比赛""红歌声声心向党""场镇共建《您好，祖国》大型广场文艺演出"等活动。

2013 年，农场举办了庆祝建党 90 周年暨"三项教育"专场文艺演出。2016 年农场开展了庆祝建党 95 周年、红军长征胜利 80 周年、建场 60 周年等各类文体活动 10 场次，尤其 9 月 8—10 日在农场文化广场举办的纪念建场 60 周年大型文艺演出和时隔 20 年在农场学校体育广场举办的全场性纪念建场 60 周年大型综合性运动会获得圆满成功，振奋了人心、凝聚了力量。2019 年，农场举办了庆祝新中国成立 70 周年系列活动，在学校操场举办了升国旗唱国歌，千人同唱一首歌《我和我的祖国》，并录制了快闪。

从 2003 年开始，每年农场学校都利用 1 周时间开展"校园文化艺术节"活动，现已成为农场教育展示文化的一道风景线。2012 年以来农场社区号召职工自发组建了 3 支秧歌队、4 支健身舞队以及太极拳队，这些团队每天活跃在广场，不但为职工提供了健身锻炼的机会，还经常参与农场大型活动的表演，丰富了农场的文化生活。农场宣传部、工会每年都在春节等重大节日举办各类文化娱乐活动，有棋类比赛、乒乓球比赛、文艺晚会、秧歌舞等文体活动，活跃了春节期间的职工文化娱乐生活。在"五一""七一""十一"、春节及农闲时举办篮球赛、拔河比赛、趣味运动会、文艺演出等各类大型庆祝活动。

2004 年 8 月 27 日，著名相声表演艺术家孟凡贵回访农场，农场举办了知青回访第二故乡文艺晚会，孟凡贵即兴表演了相声小段。

2008 年，参加北安分局首届"富民强场杯"文艺汇演，获得南片场赛区最佳成果奖；8 月 5 日与海星镇共同举办了《奥运心、场镇情》大型演出，得到地方政府的高度评价。2010 年，在北安分局第二届"仙骊杯"文艺汇演中获得十佳称号。2012 年，农场组织百人合唱团参加北安管理局举办的第三届仙骊菜业杯文艺汇演，并荣获了第一名。2020 年，由于新冠疫情农场各项文体活动暂停。

二、文艺创作

建场 64 年来，农场的文艺创作主要靠农场文艺爱好者们，结合农场的各方面工作和国家的大好形势，自编自演，歌颂了各条战线上英雄人物和农场取得的辉煌成绩。

（一）诗歌、小品

20 世纪 50 年代，农场的文艺创作是以戏曲为主，有小型歌舞剧、小话剧、快板剧等。大多数作品都是供本队宣传队演出使用，少数发表在各类刊物上，有部分通讯作品发表在场办的《宣传小报》上。

20 世纪 60 年代，职工们编排、创作的歌舞《工地送饭》、表演唱《敢教日月换新天》、小话剧《时代尖兵》等深受职工喜欢。有时还配合生产、生活到田间、地头、生产队演出一些短小精悍的群众喜闻乐见的节目，如《兄妹开荒》《夫妻识字》《父女赛车》等，对群众影响很深。除此之外，各生产队还经常开展丰富多彩的群众性娱乐活动。

20 世纪 70 年代，组成了以知识青年为主体的"文艺创作小组"，组长肖博尝。小组印发了《屯垦戍疆》《兵团战士报》。作品体裁有小说、诗歌、戏曲、报告文学、为毛主席诗词谱曲等，多是反映兵团战士生活的作品。刊物被发到各连队，供兵团战士阅读。同时，工会还举办了多次书法绘画展览，展品的作者有职工、兵团战士、小学生等。团部（总场）专业宣传队演出的节目，80％是自己编创的。负责编导工作的有席晓东、宋洪明。

20 世纪 80—90 年代文艺创作形势繁多，作品有诗歌、歌曲、摄影、绘画书法等。有部分作品分别发表在《中国农垦》《垦区工人》《黑河日报》《黑河教育》《农垦报》上。宣传部张宝玉摄影作品《麦收时节》发表在中国对外发行刊物《中国一撇》上，工会主席齐云通讯作品多次在《中国农垦》《垦区工作》等刊物上发表，王中笑创作的歌曲《还是咱家乡美》在《海伦歌声》上发表，在 1983 年参加农场总局文艺汇演比赛中创作的影腔对唱《农场新貌》获北安管理局书画展一等奖。张传江的美术创作《田间小憩》、李中国的油画《狩猎》获北安管理局美术展览一等奖。

2001—2020 年，农场干部职工创作了大量文艺作品，其中在 2012 年，由农场领导班子共同创作的《建设之歌》荣获北安管理局举办的第三届仙骊菜业杯文艺汇演第一名。

纪玉宝、贾秀波、李彦波创作的小品《夸夸咱们的农场》《我们的农场变了样》深受干部、职工喜爱。同时农场每年往各大中专院校输送了大量的音乐、绘画和剪纸艺术特长生，培养了近百名的优秀古筝人才和工艺美术（剪纸）人才。

（二）古筝

古筝培训基地是农场学校培养艺术人才的摇篮。农场编排的古筝节目经常应邀参加农垦北安管理局、北安市、兄弟农场的一些重大演出，也多次代表北安管理局、农场参加省级和国家级的一些正规的音乐大赛，其中的一些节目取得了很好的成绩。

2012年2月曾代表黑龙江省参加"精彩中华全国古筝总决赛"，在上百名的古筝选手中，农场学校的7名同学取得了3金、4银的好成绩，中央电视台教育频道连续播放了比赛节目。

2018年8月，古筝齐奏《战台风》参加黑龙江省第六届中小学生艺术展演，荣获三等奖，是农垦北安管理局唯一一个获奖的节目。同时，农场的古筝在历年中国音乐家协会举办的古筝考级中成绩优异，被黑龙江省音乐家协会授予"古筝培训基地"称号。

（三）剪纸

剪纸艺术是最古老的中国民间艺术之一，在农场得到了很好的传承和发扬，也是增强农场文化软实力的"代言人"。农场学校王郁梅编写的剪纸教材，已在黑龙江省教育学院国培中推广。王郁梅被黑龙江省教育学院、黑龙江省农垦教师进修学院聘为剪纸教师。剪纸这门艺术，已经走出农场，参加了全国各类美术大赛。其中2011年5月，王郁梅创作的《飞入生活的雪花》在黑龙江农垦教师进修学院美术课堂教学评比中荣获一等奖。

2011年9月，农场子弟在参加全国第二届少儿美术杯大赛中5人获金奖、18人获银奖、25名荣获优秀奖。同时，王郁梅被授予"金钥匙"奖。

2012年11月，农场工艺美术教师王郁梅创作的工艺美术作品（剪纸）《现代伟人图》获得廉政文化优秀作品一等奖，并被中共黑龙江省纪律检查委员会、中共黑龙江省委宣传部、黑龙江省文化厅、黑龙江省广播电影电视局、黑龙江省文化艺术界联合会永久收藏，用于全省各级党组织宣传廉政思想，传播廉政理念。

2013年3月，王郁梅老师创作的《京剧脸谱》荣获北安管理局剪纸一等奖。

2017年8月，在第四届国际青少年手写手绘明信片大展中，农场派出28名剪纸特长班学生分别获高年级组、中年级组、幼儿组一、二、三等奖的好成绩。王郁梅荣获最佳指导老师奖。

第四节 体 育

建设农场体育活动自建场以来，就开展得比较活跃，早在1958年和平、涌泉、双丰隶属赵光时，各分场、生产队就组建了业余体育队伍，如业余篮球队、业余排球队，有的队还有业余足球队，职工们利用工作后休息时间自动组队进行比赛，3个分场之间也经常进行球类联欢。

1968年兵团组建，大批城市青年下乡，使农场体育运动更加活跃，各连队经常举行球类联欢，各营每年都进行各种球类比赛。每年团部开一次体育运动大会，在农闲时举行一次篮球和排球比赛。农场篮球队实力较强，经常同二龙山举行争夺赛，在师里比赛，始终排在前三名；经常去海伦、赵光、北安等地进行球类联欢。农场篮球运动员佟宝禄，以精湛的球技，博得了赵光、北安、海伦观众的好评，称其为建设球星。

1976年，兵团撤销，大批知识青年返城，体育活动开始趋向单调、消沉。业余排球、足球队大部解体，只能以分场为单位，参加总场篮球比赛。

1981年，总场举行首次全场乒乓球比赛，参加比赛运动员54名，历时3天。同年5月27日举行全场田径运动大会，设有173个项目，运动员580多人（包括学校师生在内），历时3天。同年3—6月举行了全场篮球赛，21支代表队（其中女代表队6支），篮球运动员200余人。

1982—1985年，每年都召开体育运动大会，同时举行篮球赛、乒乓球赛。农场篮球队参加北安管理局在红星农场举行的篮球赛获得全局冠军；1985年，参加北安管理局南五场篮球邀请赛中又获得冠军，被评为局篮球赛甲级队。

1983年，第三分场教师于云龙，代表农场总局参加黑龙江省第五届运动会获得800米银牌、400米短跑铜牌，4×100米接力赛最后一棒连超2人获得金牌，为垦区争得了荣誉，并得到了垦区嘉奖。场中学生郭全，在农场总局中学生运动会田径赛中，3000米获第二名，1500米获第一名，打破农场总局记录。

农场党委十分重视体育事业，鼓励全民健身，加强了场所建设。1988年，农场修建了水泥篮球场。1992年，另建一个水泥篮球场。1995年，第三分场把破旧俱乐部改建成室内篮球场。1999年，场直小学建了水泥篮球场、排球场，台球室。全场38个科队级单位，有14个单位有乒乓球室，有8个单位有台球室。1999年，双老活动中心购进一批健身器材，并修建了3个文化、体育广场，号召全民健身活动。

1986—1990年，农场每年举办一次全场职工篮球赛，每个分场每年也举行一次职工篮球赛。在北安管理局每年举办的篮球友谊赛中，建设农场男子篮球队连续5年荣获南五场篮球赛冠军。在1989年北安管理局举办的"丰收杯"甲级联赛中，建设男子篮球队荣获甲级联赛冠军。1990年农场总局举行垦区职工篮球赛，建设农场男子篮球队的队员段庆武、隋广庆、李树清、高建军、张新华5人代表北安管理局参加了此次比赛，取得了好成绩。中、小学每年召开一次田径运动会，农场每2年召开一次全场职工田径运动会。

1991—2000 年，农场每 2 年举行一次全场大型职工篮球赛，每 3 年举行一次全场大型职工乒乓球赛；每 5 年举行一次大型田径运动会。

2002 年 8 月 3 日，农场中学三年二班彭园园和左兵 2 名同学，代表农垦总局参加黑龙江省第七届残运会，获得 2 金 2 银的优异成绩，教练侯广荣老师被农垦总局授予优秀教练员称号，并聘为农垦总局终身教练。

2004 年 6 月，农场中学学生罗纯媛在北安分局举办的中学生乒乓球比赛中获得单打亚军。

2009 年 6 月 30 日，农场中小学生男女乒乓球队、中学生男女篮球队、教师男女篮球队一行 51 人参加北安分局举办的乒乓球赛和篮球赛，女教师篮球队荣获冠军，中学生女篮队获得亚军。

2001—2020 年，农场除了每年举办篮球赛外，坚持搞活全民健身活动，让更多的人参加活动，调动职工群众生产生活积极性。

共青团组织青年志愿者在红军长征纪念日，徒步行走 10 千米，锻炼青年吃苦意识，告诫青年不忘历史，勇攀高峰。

第五节　报纸　图书

一、报纸

为了调动干部职工生产热情，1958 年，农场在《赵光报》《红星报》及通北农场《生产报》的基础上，印出了第一份《宣传小报》，发放到各基层单位、生产队。当时的条件很落后，出版小报是用钢板蜡纸手工刻字，然后用手推滚油印出来。小报是 8 开 2 版，不定期发放。

1958—1962 年，以"三面红旗"（总路线、"大跃进"、人民公社）、艰苦创业、远景规划教育为主，进行多种宣传。1963 年后，开展学习毛主席著作、学习雷锋、学习焦裕禄、学习解放军和大庆等活动。

后来小报不再用手刻字，改由打字室用打字机打字，然后由宣传部校对印刷发放。农垦总局创办《农垦日报》后，小报基本停印了，农场组织全场报道员对外投稿。

1976 年后，恢复农场体制，围绕党委的中心工作进行思想上的拨乱反正，大力宣传党的十一届三中全会以来的路线、方针、政策、决议，配合农场春播、夏锄、麦收、秋收四大阶段渗透政治工作、推广典型、树立信念，使职工形成了爱场、爱队如家的热潮。

1980—1985 年，农场培养自己的报道队伍，采取走出去、请进来的办法。每年都送骨干报道员去参加《农垦日报》举办的学习班，同时农场聘请农垦日报社、黑河日报社记者到场里授课，每次参加人员 60 余人，使报道员工作掀起了比学赶帮超的热潮。如第一分场三队报道员高永滨，仅 1982 年的一个麦收就向场宣传部投稿 48 篇。报道员由 1980 年的 23 人，增到 1983 年的 180 余人，稿件质量不断提高。每年在《农垦日报》《黑河日报》上稿近百篇。当时报纸是人们了解国家大事、获取信息最快的媒体，农场订阅《农垦日报》由 100 份到 300 份，全国各种报纸、杂志百余份。宣传部副部长张宝玉在《人民日报海外版》发表了大幅彩色照片。党委副书记齐云业余时间写稿 80 余篇，仅见报就有 60 多篇，1983 年被农垦日报社评为优秀通讯员。

1986—1995 年，农场党委充分利用报纸这一媒体，宣传企业形象、树立企业新理念，农场新闻工作做到了"三个坚持"、围绕一个中心，即坚持党性原则、坚持实事求是、坚持把握正确的舆论导向，新闻宣传紧紧围绕农场党委的中心任务，充分发挥舆论引导作用，积极开展卓有成效的宣传报道工作，为农场的改革和创建加油、鼓劲，创造良好的舆论环境。在上数量、上要闻、上大块、上大报上狠下功夫，开创了新闻宣传工作的新局面。每年在国家级、省级、地级报纸杂志上稿 200 多篇。

1996 年，调整后的党委宣传部把新闻报道纳入工作重点，进行了新闻工作改革，新闻报道与奖金挂钩、与评优挂钩，出台了奖惩文件，规定：国家级每上一篇奖励 100 元，省级每上一篇奖励 50 元，地级每上一篇奖励 30 元，分局级每上一篇奖励 15 元；全场各党支部每年必保 3 篇对外上稿任务，否则扣罚效益工资的 1％，使新闻工作有了新的起色。农场开始建立新闻网络，各队都成立了报道组织，每队都有 2～3 名兼职报道员，小组长有的是由党支部书记或工会主席担任，同时积极外送培训，提高了报道员素质，增加了报道数量和质量，也提高了报纸的阅读量。

1997 年，农场宣传部超额完成北安分局党委宣传部交给的 120 篇报道任务，被北安分局党委授予新闻报道、党报党刊订阅先进单位，宣传部王凤兰被北安分局党委授予新闻报道先进个人和思想政治工作者的荣誉称号，新闻工作开始步入新的台阶。

1998 年宣传部对外报道工作在北安分局榜上有名，王凤兰、杨洪臣在人手少、工作量大的情况下，亲自动手写新闻稿件，以上大报、上大块、上头条为重点，积极调动各方面力量，挖掘新闻素材，选送 8 名新闻骨干人员参加北安垦区新闻报道员提高班，同时选拔写作能力较强、素质较高的报道员到农垦总局参加培训。经过 1 年的努力，国家级用稿 20 多篇，省级报纸杂志用稿 38 篇，地市级报纸用稿 200 多篇。农场被评为北安分局新闻报道、党报党刊发行"双优单位"，农场宣传部被北安分局授予思想政治工作先进集体。党委副书记乔忠义、宣传部长王凤兰、十五队党支部书记郭彩文被北安分局评为思想政治工作先进个人荣誉称号。

1999年，农场的新闻工作难度很大。由于受亚洲经济危机影响，农副产品价格下跌，职工收入减少，而且大部分职工生产经营出现亏损现象，职工思想情绪不稳定，一些兼职报道员写稿积极性不高，使全场的新闻报道工作困难重重。在这种情况下，宣传部主抓了骨干报道员的培训，于7月组织10人，由王凤兰亲自带队到赵光党校参加培训，又在6月又由部长带队组织3名支部书记亲自到黑龙江日报社、黑龙江经济日报社、黑龙江工人报社及黑龙江人口报社等4家省级报社走访、送稿、沟通关系、建立网络，掌握报道方向。回来后，效果比较明显，截止到年底全场稿件上《黑龙江日报》20篇、《黑龙江经济日报》25篇、《黑龙江工人报》15篇，地市级报纸杂志近百篇、国家级20篇，是历年来上稿量最高、质量最好、省级以上上稿最多的一年，王凤兰被北安分局授予新闻报道先进个人、优秀报道员等荣誉称号。

2001—2020年，这20年是报纸发行量最多的20年，农场年年超额完成报纸的订阅任务，也是报纸阅读量最大、发放速度最快时期。2001—2010年，报纸是由邮局发给各个基层单位，由基层单位派专人到邮局领取；2010—2020年，报纸是由邮局亲自分好送到各个管理区，便于职工群众及时阅读。从1998年起，《北大荒日报》作为奖励分送到十星级文明户和劳模家中。

20年来，农场在国家级、省级、总局级（地市级）报刊上稿5926篇。宣传部周良君、许颖献每年都在《人民日报》《经济日报》《光明日报》等中央级媒体上稿，开创了农场上大报、上大块、上头条新闻工作先河。

农场连续20年被《农垦日报》《北大荒日报》《北大荒文化》评为新闻报道先进农场、北安分局（管理局）新闻工作先进单位荣誉称号，其中在2013—2014年度被农垦总局党委宣传部评为垦区宣传系统"创先争优"活动先进单位。

二、图书

1970年以前，农场没有专业书店，只是在商店一角经营图书。同年兵团组建，宣传股创建了新华书店，书店营业员是哈尔滨青年王秀丽。1973年，王秀丽调出，北京青年姚双纪接任。1976年，新华书店撤销，在商店一角经营图书。1980年以后，在场工会的号召下各单位都成立了图书室或图书角专供本单位职工借阅，设一兼职图书管理员，健全了借阅手续和管理制度。原有新华书店经营图书靠师部新华书店供给，主要类型有马列经典著作，文学艺术、科学技术、卫生医疗、社会生活、幼儿图书以及中小学课本等多种书籍。商店图书角经营的类型比较单调，多是各种小说、幼儿图书、科学技术、社会生活等书刊。这些书籍深受广大职工群众欢迎，对提高农场职工的政治素质、科学文化水平发挥了一定的促进作用。

1990年以后，农场各生产队、场直各单位陆续建起了文化书屋，大多以科技书为主，也有一些小说。

2000年，农场教育、医院、老干部科、公安、司法及5个管理区都建成了图书室，藏书都在500册以上。

2008年，垦区实施文化信息资源共享工程，农场第四管理区被列为试点单位，电脑、多媒体投影仪等各种设备全部到位。第二批为学校、公安局、农机科、第一管理区、第二管理区、第三管理区、第五管理区，落实了文化信息资源共享工程，不仅增加了图书收藏量，而且每个管理区和单位都配置了6～8台电脑，开展了网上读书、网上讲座。实施了"农家书屋"建设工程，在学校建设了农场"职工书屋"，藏书1万余册，5个管理区和2个居委会都建设了"农家书屋"。

2010年，垦区开展送文化下乡活动，为农场赠送1万册图书，农场将这些书籍发放到教育、老干部图书室，增加了图书种类，提升了"农家书屋"档次，吸引了干部职工读书兴趣。

第六节　史志与档案

一、史志

建设农场史志共有四部。

1. **第一部**　1984年，开始组建编写团队，收集资料。在组织机构上，场长马景发任《建设农场志》编审委员会主任委员，党委副书记周占彪任副主任委员，同时也是编写办公室主任、副主任，主编由王恫担任（1987年调场史办）。根据农场总局、北安管理局的有关文件精神，开展了资料征集工作。《建设农场志》以记、志、传、图、表、录等体裁，上限起于1956年建场，下限止于1985年，历史跨度29年。在编纂方面，本着农场物产丰富、人文荟萃，记录转业官兵、知识青年及科技人员、干部、职工在这块素有"小江南"之称的肥沃的土地上所作出的贡献。

1987年底，在农场党委及领导的高度重视下，编纂人员齐心努力，在社会各界的大力支持下，一本35万字的《建设农场志》初稿问世了。

1988 年《建设农场志》初稿，顺利通过在北安农场管理局、农场总局编审委员会审读。在农场资金极困难的情况下，1989 年 10 月场长马景发特批 6400 元出版 200 本《建设农场志》。农场被农场总局评为史志工作先进单位，王悯被评为先进工作者，并在大会上作了典型发言。

2. **第二部**　始于 1999 年，按照"上一届志书完成之日，新一届志书续修之时"的要求，续修的《建设农场志》，上限起于 1986 年，下限止于 2000 年，历史跨度 15 年。

农场党委根据农垦总局、北安分局有关文件精神，贯彻落实了"一纳入、五到位"，即把"续志"工作摆到议事日程上来，并落实了领导到位、机构到位、经费到位、队伍到位、条件到位。成立了编审委员会，党委书记王克坚、场长付宗深任主任委员，副场级 7 人任副主任委员，并指派行政副场长郭建义任场史办主任，副主任 4 人，主编还是由王悯（退休干部）来担任。

续志工作大体上经历了 4 个阶段：①搜集资料阶段。在全面铺开落实撰稿人员后，编写人员投入精力查档案资料，协调各部门保存的历史资料、报刊资料、图书资料，采访了各方面的历史见证人等。通过查证、核实、编辑整理，保证续志工作的真实性。②在体裁上本着以志为主，述、记、志、传、表、录并用，坚持实事求是的原则，着重记述了农场 15 年来在改革开放、经济管理、经济与社会发展、精神文明建设等重要内容，共完成 7 编 37 章 141 节，共计 40 万字。③结尾工作阶段，力求资料翔实的复查，章、节、目是否连贯，阿拉伯数字的运用等都做到了复查。④上交续志初稿阶段。志稿上交农场编审委员会初审，北安分局二审，农垦总局终审。

2001—2008 年王悯负责接续征集整理撰写《建设农场志》，并于 2008 年 12 月由当时史志办主任李树宽完成送审工作。该志书于 1999 年开始筹备历经 10 年时间于 2009 年出版。

3. **第三部**　2001 年，建设农场的史志办是农场修志的责任部门，与农场商务科合署办公，由商务科长兼任史志办主任。2008—2012 年，李树宽任史志办主任。

2013 年，初李树宽退休由王庆文担任史志办主任，史志办对 2000 年后的续志进行了前期准备工作，征集了各部门一定阶段的资料，为续志工作作了基础性的铺垫。

2018 年 8 月，为了适应农垦改革、农场体制变革的需要，农场提出修志工作意向，并于当年下发了农场办公室文件《黑龙江省建设农场办公室关于编写场志上报材料的通知》。聘任内退的农场工会原主席白文军、内退的农场计财科原科长李海燕在史志办的领导下，负责撰写《建设农场志》工作。

2018 年 8 月王庆文退养，由董汉杰任商务科长兼史志办主任。在此期间农场党委十分重视修志工作。农场有限公司党委书记、董事长万太文亲自倡导修志工作并多次过问修志工作，同时对一些关键章节亲自审核修改把关。分管修志工作的公司副总经理唐道光多次在相关会议上对修志工作进行部署向相关部门提出要求，对上报材料较慢的部门亲自督促。党委副书记张文忠、副总经理朱坤之、副总经理闫红彬也对修志工作给予支持并对自己分管部门修志工作提出了要求。史志办主任董汉杰对修志工作高度负责，不厌其烦地向各个相关部门催要材料，协调相关部门开展修志工作。负责撰写修志的白文军、李海燕不顾年岁较大、身体有病，外出考察兄弟单位修志工作、查阅大量历史资料、亲自走访相关人员采集信息、亲自到黑龙江省内相关历史场馆考察，克服了修志时间跨度大、资料短缺、人员变动频繁、少数相关人员认识不高消极对待的现象，仔细搜集整理归纳材料、精心撰写，反复推敲校对，保证了修志工作在较短时间内予以完成。2019年末，完成了篇目的撰写整理工作。

2020年初，书稿发至全场各单位部门进行征求意见和校对工作。由于新冠疫情影响，校对工作4月中旬完成，5月初完成送审稿。由于2019年是农垦改革的关键之年，为了能够更精准地把改革的有关工作记录下来，农场党委决定将《建设农场志（2001—2018）》延续至2019年，即编纂《建设农场志（2001—2019）》。2020年12月《建设农场志》印刷发行。

4. 第四部　2020年9月，农场有限公司按照中国农垦农场志编纂委员会办公室要求，农场有限公司被列入第二批中国农垦农场志编纂单位。公司党委十分重视编纂工作，及时成立了编纂委员会，开始筹集资料，寻找撰写人员。2021年4月25日，确定由建设农场原党委宣传部部长、退休干部王凤兰担任编纂工作。2021年4月25日—2022年6月30日，完成64年农场历史的90多万字的撰写任务。

这部《黑龙江建设农场志》，上限起于1956年建场，下限止于2020年12月31日，历史跨度64年。容纳3部农场志的精华，大力弘扬"艰苦奋斗、勇于开拓"农垦精神。既记录了建设农场有限公司发展历史、梳理农场有限公司发展成就和经验，又展示了农场有限公司特色农耕文化，对服务垦区振兴战略具有重大的历史和现实意义。

《黑龙江建设农场志》于2022年4月初完成校对工作，4月中旬通过农场编委会审阅，5月初送到北安分公司史志办二审，6月通过北大荒集团史志专家三审。6月同时报送中国农垦农场志编纂委员会。

二、史馆建设

1. 知青纪念馆　农场知青纪念馆建于2013年，位于农场第四管理区，占地面积230

平方米，于 2013 年 6 月中旬开馆。馆内共有大小展品近 2000 件，室内展板分为两大部分：①知青时代的 45 个展板，分 14 项内容，主要是知青当年在农场工作、生活、学习的场景照片；②后知青时代的 15 个展板，主要是知青回城后的联谊场景及回访照片。展柜6 个，摆放着知青用过的生活用品和学习材料等，还原了他们当时的生产、生活场景。

2. 场史馆　建于 2018 年 5 月，位于农场学校艺体中心内，占地面积 200 平方米，于 2018 年 6 月中旬开馆。场史馆以墙面图版形式，再现了建设农场各个时期的历史，分别为垦荒建场、领导风采、领导关怀、社会和谐、劳模风采、辉煌业绩、兵团岁月、知青文化、现代农业、工业强场。场史馆由 7 个展区构成，共展出图版图片 260 幅。

知青纪念馆、场史馆已成为农场重要的爱国主义教育基地，每年接待场内外各界人士、回访知青等 4000 余人次。

三、档案

1. 1958—1985 年档案初级建立阶段　建场初期，成立了行政办公室，文书负责档案管理。1958 年，为适应农场经济建设发展的需要，增设了党委办公室文秘工作，由一名秘书负责农场日常文书处理并兼档案员工作。

1970 年，农场改为六十八团，文秘工作由团司令部和团政治处分管，打字室、保密室归军务处。1973 年 1 月，设立了保密室兼管档案工作。

1976 年，根据中央指示，撤销黑龙江省生产建设兵团、恢复农场体制后，设农场办公室（党政合一），设行政秘书和党务秘书负责文件接收、登记、阅传、催办、立卷归档和全场保密工作。

1979 年，中央决定利用 3 年时间恢复整顿全国档案工作。北安管理局召开了各农场文档工作会议，对文档工作改革提出了具体要求，农场档案室把原来成堆成捆的文件和原有的档案根据上级的统一要求，进行了分类整理，重新组卷。

1981 年，按照省、地《机关文书档案保管期限表》要求，制定了农场文书档案的收获范围和方法，编写了专题文件目录，制定了查阅制度。

1985 年底，档案室有档案 483 卷。其中，永久的 237 卷，长期的 208 卷，短期的 38 卷。档案室 80 余平方米，其中，阅文室 30 平方米，房内设有铁卷柜 5 套，有专管档案员 1 人，使农场档案工作开始逐步理顺、规范化管理。

2. 1986—2000 年档案完善管理阶段　1986 年以后，农场档案工作在党委的高度重视下，在各个部门的积极配合下，逐步形成完整的管理体系，并逐步改善档案室环境和基础设施。同时，在档案的收集、整理，有效地保护和利用档案，为社会主义现代化建设服务方面加强了管理。

1992年，农场由单一的文书档案发展到由文书、会计、科技集中型的综合档案室，综合档案室由常务副场长郭建义主管，成立档案领导小组，配备了96名兼职档案员。综合档案室的职责是在主管副场长和办公室的领导下进行工作，负责建立农场档案管理体系，强化专业技术，负责组织全场各类文件材料的形成、积累、整理、鉴定、归档、移交、保管工作，为全场干部职工提供档案利用。

到2000年，档案室总面积183平方米。其中，办公室25平方米，库房面积158平方米，档案柜50套。档案总卷数1.6万卷。其中，永久的1089卷，长期的1.43万卷，短期的1.4万卷；科技52卷，专业档案1.4万卷，照片档案500张，录音录像带100盘。综合档案室每年接受查档100多人次。

3. 2001—2020年档案规范化管理阶段　2011年初，农场对档案室投资50多万元重新扩建，档案室总面积达307平方米，库房使用面积282平方米，档案柜30套，档案密集架28列，配置电脑1台用于录入电子档案，专职档案员1人。

20年来，农场十分重视档案工作，多次送档案员到北安分局、农垦总局进行业务培训，到兄弟农场参观学习，使农场文秘、档案工作经过努力逐步达到规范化、标准化。在文书处理环节上，做到了文字处理高效，文件分发准确，业务运转及时无误。用印管理按照相关制度办理。

多年来，档案室负责对档案的管理和收集、整理工作，并进行了有效的保护利用。努力做好一年一度文件材料的收集、整理和立卷工作，并及时按要求存档。农场还利用会议认真宣传、学习贯彻《中华人民共和国档案法》，使档案工作有章可循、有法可依，健全档案网络，从而使全场上下都有人从事档案工作、关心档案工作、参与档案工作，为档案工作顺利开展提供保证，创造良好的工作环境，完善防护措施，相关防火、防盗等设施一应俱全，使综合档案室达到"七防"要求。

到2020年，档案总卷数7.5万件。其中，永久的2.7万件，长期的4011件，短期的4.5万件；基建档案242件，科技档案233件，项目档案605件，照片档案500张。综合档案室每年接受查档200多人次。

第四章　医疗　卫生

第一节　医疗机构

1956 年，建立国营和平农场卫生所。

1958 年，分立和平与建设两场卫生所。

1959 年，组建国营赵光农场和平分场，设和平分场卫生所。

1962 年，独立建场，建立国营建设农场卫生所。

1964 年，建设农场包建国营双丰农场，设国营双丰农场卫生所；包建国营涌泉农场，设国营涌泉农场卫生所。

1968 年，国营农场组建生产建设兵团。涌泉农场编为沈阳军区黑龙江生产建设兵团一师七团四营，建设农场编为五营，双丰农场编为六营，各营分别设卫生所。卫生所所长为连级干部，各所为 5～7 人编制，归各营领导，全部实行军队式的公费医疗。

1971—1976 年，一师七团四营、五营、六营组建成黑龙江省生产建设兵团一师六十八团（后改为一师四团），团建立卫生队，营建立卫生所，连设卫生员。卫生队隶属团后勤处，卫生队设队长、教导员、文书、会计。

1977 年，撤销兵团建制，恢复农场体制。总场设职工医院，分场设卫生院，生产队设卫生所。职工医院为科级单位，设院长、党支部书记、副院长；独立经济核算，设立会计、出纳，掌握全场医药卫生费用的开销。

1979 年，设卫生科，实行科院合一，既是职工医院又是卫生科，一套班子、两块牌子，分场仍称卫生院，行政和党务归分场领导，业务归卫生科领导。

1980 年，成立卫生防疫站。

1981 年，成立计划生育办公室。

1983 年，科院分立，卫生科配医政与计划生育助理，医院配正副院长。

1984 年，科院改制成立黑龙江省建设农场医疗卫生中心。

1987 年，科院分立，卫生科为行政领导，医院为资金包干的企业式单位，全场卫生系统人员达到 136 人。

1988—2000 年，农场卫生科与职工医院是科院一体办公的卫生行政机构，医疗卫生服务于全场 19 个生产队，以及 30 千米内的友邻村屯、乡、镇、部队农场、林业经营所所属部门约 2 万人口，全场有职工医院 1 所、分场卫生院 2 所、19 所生产队卫生所、卫生防疫站、妇幼保健站、计划生育办公室、医疗保险办公室。医院在场部家属区中心设有中心门诊部。上述结构在全场形成了医疗保健网，服务的主要内容为医疗、预防、保健、计划生育和康复等工作。职工医院设有内科、儿科、传染科、外科、妇产科、五官科、口腔科、检验科、放射线科、B 超室、心电图室、药剂科、护理部、供应室、病案室、后勤等。医院住院处共有病床 50 张。

从 1992 年开始，卫生系统人员逐年缩减编制，实行定岗、定编，人员精减。生产队卫生所由原来每所 2 人减为 1 人，分场卫生院由 8～10 人减为 3 人，医院由 95 人减为 53 人。由于人员的定岗、定编加之近年的调出等因素，全场有卫生系统职工 89 人，卫生技术人员 81 人；有学历人员 71 人，无学历人员 10 人；有副主任医师 1 人，主治医师 22 人，医师 16 人，医士 15 人，主管检验师 3 人，检验士 1 人，药剂师 2 人，其他技师 2 人，主管护师 4 人，护师 9 人，护士 6 人，场职工医院卫生技术人员 48 人，防疫站 3 人，妇幼保健站 2 人，计划生育办公室 2 人等。

医院总占地面积 2.45 万平方米，建筑面积 3476 平方米，业务用房 1562 平方米，门诊用房 760 平方米，病房面积 302 平方米，辅助用房 210 平方米。

2001—2003 年，科院合一，全场有卫生系统人员 91 人。2003—2005 年卫生科、医院分设，卫生系统人员 88 人，其中，卫生科 5 人，基层卫生所 24 人，医院 59 人。担负着全场 1.3 万人的医疗、预防、保健、健康教育、康复、计划生育工作任务。

2006 年 1 月，农场根据北安分局《关于印发〈农场卫生系统改革实施意见〉的通知》（北垦局发〔2005〕27 号）文件精神，结合农场卫生系统实际，制定了《建设农场卫生系统改革实施方案》，设定岗位，确定人员编制，然后解聘在岗卫生管理人员和专业技术人员岗位；实行自愿报名竞岗，打破原有的身份界限，按照"公平招聘、平等竞争、择优聘用、契约管理"的原则，按照岗位要求和任职条件，实行公平竞争、择优上岗。继续实行科院分设。卫生科与疾病预防控制中心、卫生监督所、计划生育办合署办公，交叉任职，按要求完成各项管理职能。医院担负着全场职工群众的基本医疗、急诊急救、常见病防治、预防保健、康复等项工作；顺利完成了事业单位人事制度改革，实行竞聘上岗，择优录用；分配激励机制逐步建立和完善；医院临床、医技科室全面推行岗位工资制，并制定和完善绩效工资分配方案，实行多劳多得；农场人才引进及培养机制，制定优惠政策引进专科以上院校毕业生，增加新生力量；整合了卫生系统的队伍。这次改革后卫生系统人数为 69 人，其中卫生科 5 人，职工医院 41 人（其中卫生技术人员 38 人，工勤人员 3 人），基层卫生所 23 人。改革后办理内退 3 人。

2010 年 7 月，由于农场撤队并区整体搬迁，基层卫生所由 18 个减少为 14 个。4 名卫生所人员调入社区居委会任计生员工作。

2019 年卫生体制改革，计划生育职能上收，办理独生子女证及生育信息登记归属于北安市卫生健康委员会，农场计划生育办撤销。截至 2020 年末，基层卫生所 5 个，剩余卫生员都已调回医院工作。

第二节 疾病预防控制

建场初期，由于工作环境、生活环境差，各种疾病预防控制不到位，出现了大骨节病、克山病等疾病。20 世纪 50 年代末和 60 年代初，克山病时有发生，由于医务人员缺乏地方病的诊断经验，相当长一段时间里还控制不了克山病的蔓延和续发。面对这一现实，医务人员不怕困难，利用现有条件深入病区，采取土法（针灸和拔罐）及时抢救病人取得了效果。实践中发现，克山病多发于五户（脏户、寒冷户、冒烟户、外来户、贫困户），为后来地方病研究提供了参考依据，为 20 世纪 60 年代推行"五有""三勤""改水"等防治创造了条件。

1980 年，成立卫生防疫站。

1984 年，对全场居民点进行了大骨节病普查工作，在 3～16 周岁人群中，查出大骨节患者 3236 人，及时地在全场开展了服用亚硒酸钠的 3 年攻关工作，1 年后经上级有关业务单位鉴定效果显著，好转率达 90％。

1985 年设专职站。

1985 年以来，与职工医院检验科配合对全场从事饮食、食品加工、冷饮销售人员和托幼工作人员进行了体检和肝功能化验，对患有肝炎等传染病的人员建议有关部门予以调换。同时，农场还进行 1 年 2 次的法定灭鼠行动，效果突出，每次每户免费供应成品毒饵 0.5 千克，鼠的密度明显降低，对防止疾病、节约粮食起了不小作用。

1987 年 12 月，高军担任防疫站站长，李竹英为防疫站副站长兼妇幼保健站站长，在农场内部称防保站，结束了既受卫生科又受医院双重领导下的"卫生防疫组"建制。农场卫生防疫工作，在场党委的正确领导下，在全站人员的共同努力下，克服了设备不足、交通条件差、资金短缺、广大干部和群众认识不高等多种困难，积极主动工作，不断扩大服务项目，努力提高服务质量。建站后，防疫站开展了卫生防病和预防保健工作，主要是传染病防治、大骨节病及地方性甲状腺肿的普查与投药、食品卫生大检查等，使防疫站的各项工作逐渐向正规化迈进。

一、计划免疫

这是预防传染病最有效的方法之一。1987 年以前实行每季度注射疫苗，或上级发什么疫苗打什么疫苗。1987 年以后实施月免疫，即每月对儿童进行有计划、按规程注射疫苗，防止了漏种、重种现象的发生，如今农场已连续多年无脊髓灰质炎、百日咳、白喉、破伤风、结核性脑膜炎等病例的发生。

二、防治地方病

普查登记大骨节病人，全场 7～14 岁儿童普服亚硒酸钠预防大骨节，口服碘油防治地方性甲状腺肿，农场大骨节病患病率已降到了最低水平。

三、食品卫生

食品卫生管理纳入法治管理，每年进行一次食品从业人员身体健康检查，对查出患有痢疾、伤寒、肺结核、病毒性肝炎、渗出性皮肤病等人员调离食品企业。每年进行食品卫生法的培训工作，定期检查饭店的卫生和餐具消毒工作。

四、传染病方面

宣传传染病防治知识，登记管理传染病人，及时掌握疫情，发生肝炎、麻疹、伤寒、出血热等传染病时，及时对疫区采取行之有效的防疫措施，防止家庭内二代发病和疫情扩散。

五、灭鼠防治出血热

结合爱国卫生运动，每年进行 2 次突击性灭鼠，努力降低室内鼠密度，减少老鼠对人类的危害。在防治出血热工作方面采取综合性预防措施，以灭鼠为重点，加强个人防护，大力推广出血热疫苗的接种工作，使农场出血热患病率逐年下降。经过多年来的努力，卫生防疫站已真正成为全场卫生防疫的业务指导中心，工作始终走在北安分局的前列，为全场人员的身心健康作出了一定的贡献。

1988年6月20日，为推动全局卫生防疫工作，北安管理局卫生防疫现场会在建设农场召开，会上卫生科王军科长、卫生防疫站高军站长分别作了经验介绍。

1988年，建设农场防疫站被评为农场总局级文明防疫站。

1989—1990年底，北安管理局卫生防疫检查评比中，建设农场防疫站以718、493分的成绩连续2年获得第一名。

1991年，建设农场防疫站被评为农场总局级消灭脊髓灰质炎先进集体。

1992—1999年，在北安管理局年终检查评比中，建设农场防疫站年年榜上有名。

2001—2003年，疾控中心与卫生监督所统称为防疫站。疾控工作主要担任全场儿童计划免疫接种、数据统计报告、传染病疫情报告管理、疫区处理工作、生命统计工作、生物制品领取和分发工作、宣教工作，同时还兼职卫生监督工作。2004年防疫站改名为疾病预防控制中心和卫生监督所2个部门。疾控中心与卫生科、卫生监督所、计划生育办合署办公，疾控中心主任由卫生科科长兼任，专职工作人员1名。

2001年12月5日为脊髓灰质炎疫苗强化免疫接种日，强化免疫接种人数是402人。

2003年，全国发生"非典"疫情，农场及时成立防治"非典"指挥部，多次召开会议布置防治"非典"工作，层层签订责任状，建立分工明确、协调一致、指挥有力的工作机制。指挥部办公室设在卫生科，在医院设立发热门诊、在原修理厂库房设立留观点，设立交通检查站，对外出返乡人员进行监测，对疫区回来的人员进行登记、隔离观察监测体温，并进行消毒工作。

2004年，健全应急预案，加强消毒药品、防护用品的储备，对医院、学校、机关等重点办公场所和人群聚集的公共场所进行消毒指导和监督，对易感人群积极开展疫苗接种工作。同年9月发现1997—2003年期间因输血感染艾滋病病人19例，经确诊后都得到了及时的治疗。

2005年，加强艾滋病、肝炎、流行性出血热、肺结核等高发传染病的防治，针对重点人群加强高危人群的健康教育和行为干预，落实以疫苗免疫接种和规范化治疗为主的有效防治措施。春秋2季，在全场开展2次集中灭鼠活动。

2006年，疾控中心配备4个应急物资储备箱和6个背负式喷雾器以及医疗救治个人防护用品，完善了物资储备。6月，农垦总局为疾控中心配备了微机、打印机等设备，使疫情上报真正实现了微机化管理。

2007 年，对全场 15 岁以下儿童进行流脑疫苗查漏补种工作，A 群流脑疫苗接种人数 181 人，A＋C 群流脑疫苗接种人数 790 人。

2010 年加强出血热防治。在开展春、秋季突击性集中灭鼠活动同时，对场内 16～60 岁易感人群开展出血热疫苗免费接种工作。

2012—2019 年，在"3·24"结核病防治日、"4·25"计划免疫宣传日、"5·5"碘缺乏病日、"5·31"无烟日、"9·20"爱牙日等宣传活动日开展宣传咨询活动，共发放各类宣传资料 1.5 万份。春季灭鼠前鼠密度是 12.6％，灭鼠后鼠密度 2.6％。向中小学和托幼机构发放了手足口病、腮腺炎、麻疹、风疹、流感等疾病防治知识宣传单 1500 余份。预防接种建卡 33 人，一类疫苗接种 632 人次，二类疫苗接种 430 人次，儿童预防接种建卡率达到 100％、计划免疫接种率达到 100％，医院及疾控中心每个季度对艾滋病人员进行随访。

2020 年初，全国爆发了新冠疫情，在农场有限公司党委的正确带领下，全场全体防疫工作人员以高度的责任心和对职工群众负责的态度，积极落实对新型冠状病毒疫情的预防工作。结合农场实际，精心组织设岗、设卡、封场，预防新型冠状病毒的疫情传播。通过全体防疫工作人员的共同努力，预防了新型冠状病毒疫情在农场的传播，有力地保证了全场人民群众的身心健康。

第三节　卫生执法监督

农场卫生防疫站于 1980 年成立，1985 年设专职站长，隶属于卫生科为副科级单位。2004 年原卫生防疫站转变成为卫生监督所和疾病控制中心，工作人员整体合一，分工未分家。卫生监督所承担全场食品卫生、饮水卫生、职业卫生、公共场所卫生、医疗卫生、学校卫生、传染病防治等卫生监督执法工作。

2019 年 7 月 19 日，卫生监督所与北安市卫生局完成了卫生行政卫生监督执法权限及监管档案的移交工作，建设卫生监督所不再执行辖区内的卫生监督执法等工作。卫生监督所于 2019 年 10 月 23 日，与北安市通北市场监督管理局完成了餐饮服务食品安全监管权限及监管档案的移交工作，不再对辖区内食品安全（餐饮服务类）行使监管工作。

1980 年以来，农场成立卫生防疫站，监督农场各医疗机构全部建立健全各项规章制度，控制院内感染，对一次性医疗物品分类进行消毒、毁型、焚烧，并记录。医疗机构注射室、口腔科、化验室、分娩室、手术室、接种室、供应室按要求进行紫外线消毒并有记录。2010 年以来，传染病防治监督工作一直是工作中的重中之重，卫生监督所对医院、学校、公共场所、农场疾控中心等单位和场所，严格执法检查其存在的问题，督促其整改，坚决杜绝安全隐患，防患于未然，保证辖区内无急性传染病的暴发流行和扩散，保护职工群众的生命财产安全。

1. **麻醉神经药品卫生监督**　历年来，医院的麻醉药物都是严加管理的。农场卫生防疫站监督医院对毒麻醉药品实行专人管理使用，建立健全各项规章制度，药品使用有明细账；药品使用后，保存按瓶对数；职工医院设专职医生开方，对病人使用毒麻醉药品，必须持有县级以上医院诊断或附属诊断证明方可使用。

2. **生活饮用水卫生监督**　生活饮用水是人命关天的大事，防疫站每年对农场辖区内13家生活饮用水供水单位的水源水质，送北安管理局疾控中心化验检测1次，对场区内的出厂水和末梢水每个季度送检1次，水质检验率100%，对水质检验不合格和卫生监督检查中发现的问题及时提出监督意见，进行限期整改，防止饮用水污染事件发生。对基层管理区居民组的生活饮用水每半年送检一次，检查结果反馈不合格单位，并以书面材料汇报给上级领导和农场主管领导。对于水质不合格单位，农场多次指派卫生监督所执法工作人员和农场水务工作人员一起进行现场勘查不合格原因，如遇特殊情况卫生监督所与北安管理局卫生局沟通请示，多次送样检测，找到不合格原因，针对性地整改，达到水质合格的目的。

农场供水中心于2008年6月4日，办理了卫生许可证，生产供应生活饮用水。2012年6月5日进行延续卫生许可。2016年6月5日注销卫生许可。2018年6月4日，新办卫生许可证，并同时录入国家卫生监督信息平台。管理区居民组水房均达不到申请办理卫生许可的要求，按照国家相关规定实行备案制。

3. **医政机构卫生监督**　从建场初期全场只有场部1家医院、2个卫生所（第一分场、第三分场叫卫生所），发展到2000年20个基层卫生所、2家私人药店，再到2019年全场1家医院、14个基层卫生所、12家私人药店。2020年基层卫生所剩下11个，这些医疗机构在农场医政机构卫生监督下正常运营。

4. **公共场所卫生监督管理**　对全场理发店、旅店、浴池等公共卫生企业每2个月监督1次，对化妆品专卖店每季度进行监督检查，对公共场所监督检查中发现的问题及时提出整改意见。从2011年至今，对辖区内理发店、旅店等单位每季度开展监督检查1次，辖区内有9家理发店和8家旅店，均办理了卫生许可证。从业人员均经过预防性健康检查合格后上岗。

5. **学校卫生监督**　学校卫生室于2016年注销医疗机构许可证，改称建设农场学校保健室。每季度对学校进行监督检查1次，检查内容包括教室小气候检测、消毒、通风、采光、照明，新生入学预防接种证查验，学生晨检，防病知识宣传教育，学生饮用水卫生监督检查等工作。特别是 2020 年，全国新冠病毒疫情暴发后，学校防范工作更为重要，每天进行数次消毒、测体温，还要求每名学生必须戴好口罩。

6. **医疗卫生监督**　2020 年农场医疗机构有 1 家农场医院、11 个基层卫生所和 1 个私人诊所。每年监督检查医院至少 4 次，对每次发现的问题均下达整改意见书，并且追踪问效直至问题整改。基层卫生所和私人诊所每半年检查 1 次。

7. **职业卫生监督**　每年卫生监督所都联合农场安全、质监、工会、人社、广电、宣传等部门围绕宣传周主题，开展系列宣传教育活动，普及职业病防治法律法规和基础知识，进一步落实职业病防治工作企业主体责任，提升全民职业病危害防治意识和防护能力，努力营造全社会关注职业病防治的浓厚舆论氛围。

8. **打击非法行医工作**　非法行医行为关乎着辖区内居民生命安全，近年来卫生监督所打击非法行医取得了一定的成效。2016 年配合北安管理局卫生局，捣毁了农场一处平房内开设的牙科诊所，拆除了牙科治疗器械，罚没医疗设施，对非法行医从业人员给予严重警告等处分。监督所执法工作人员，每个月不定期地对农场的 7 家药店、美容美发店、养生会所、诊所和各个医疗机构进行非法行医行为巡查，留有影像及文字资料备案存档。

9. **食品卫生监督**　食品安全关乎着千家万户的切身利益和居民的身心健康。卫生监督所成立以来，食品卫生工作一直在监督所的责任监管职权范围之内，农场的食品安全委员会办公室设在卫生科，加强了执法监管责任。卫生监督所结合辖区内的实际情况，有目的地、系统地制定工作计划。以集中式大讲堂多次培训、答卷考核，看影像资料，讲解法律法规等形式，耐心地指导从业人员，确保各个餐饮单位不发生食物中毒事件。

卫生监督所每个月巡查餐饮单位 1 次，发现安全隐患立即指出，直至其整改。近年来，辖区内未出现过突发性食物中毒等不良事件。卫生监督所于 2019 年 10 月 23 日，与北安市通北市场监督管理局完成了餐饮服务食品安全监管权限及监管档案的移交工作，不再对辖区内食品安全（餐饮服务类）行使监管工作，由地方管理部门不定期地进行检查。

第四节　妇幼保健

一、妇女保健

建场初期，农场妇幼保健工作没有设立专门机构，此项事业都在医疗卫生工作之中进行。1984 年配备妇保医士，负责推广住院分娩，新法（科学）接生，对全场妇女进行了尿漏、子宫脱垂、宫颈炎症的妇科普查。从 1965 年起，对幼儿陆续实行了卡介苗、麻疹、天花、白喉、小儿麻痹症等免疫接种。1984 年起，对全场学龄前儿童进行一年一次的健康检查，建立了"健康卡片"。卫生科、卫生防疫站、妇幼保健站、计划生育办每年对全场妇女、儿童进行 2 次疾病普查。

1986—1990 年，妇幼保健工作由李竹英 1 人担任，按照上级业务部门要求、结合农场的实际情况开展了部分妇女和儿童的保健工作。1990 年随着卫生保健的发展，"九五"期间妇幼卫生工作的总目标为，努力实现我国政府承诺的《儿童发展纲要》和《妇女发展纲要》中的各项妇幼卫生目标；建立具有中国特色地全心全意为广大妇女儿童服务的社会主义妇幼卫生服务体系，逐步建立起有利于广大妇女儿童健康的社会保障，全面提高人口素质。

1994—1998 年，卫生机构人员分流，妇幼保健由行政型改为业务行政并存型，成立了妇幼保健、计划生育咨询门诊，职工医院第一门诊部，1 套人员 3 块牌子。除了完成妇幼保健行政工作外，还要承担计划生育的人工流产、取环术、上环术、治疗妇科病等，同时还要接待治疗一部分内、外科的常见病和多发病，还要担负起婚前体检工作。15 年来无一例孕产妇死亡，大大降低了孕产妇女和围产儿的死亡率。每年都圆满地完成了妇保工作。

2000 年以来，农场党委对妇幼保健工作更加重视。妇幼保健是从孕产妇系统保健工作开始，即孕期、产时、产后到新生儿 42 天内均为妇幼保健范围，对孕产妇进行系统的检查、监护和保健指导。在过去的基础上新的时代又赋予了新的含义，把育龄妇女的保健工作纳入到了妇幼保健体系，把原来的有病看病变成了无病防病。为了更好地提高妇幼保健工作质量和妇女儿童的健康水平，加强妇幼卫生信息管理，掌握孕产妇死亡、5 岁以下儿童死亡动态和变化以及出生缺陷发生的情况，进行孕产妇全程追踪与管理工作，加强基层妇幼保健人员的培训，掌握辖区内孕产妇人口信息，加强宣传，在基层医疗卫生所及社区公示免费服务内容，使更多的育龄妇女愿意接受服务，提高早孕建册率，纳入孕产妇健康档案。2019 年，妇幼保健站运用先进的网络资源建立线上网络课堂，为孕妇提供不同孕周的特定课程，包括饮食起居、情志调摄、食疗药膳、产后康复、产褥期营养及调养、哺乳期保健、备孕、新生儿等相关知识，做到每天 1 课，避免了以往必须来医院才能参加孕校学习的弊病。

多年来，妇幼保健站建立了妇幼卫生"三网"监测点，对加强妇幼卫生信息管理，提高妇幼卫生工作质量，掌握孕产妇死亡、5 岁以下儿童死亡和出生缺陷情况，制定相应的干预措施，提供科学依据。还开展了为期 10 年的孕产妇保健监测、儿童保健监测和出生缺陷监测工作。在此期间严格掌握孕产妇数，特别是高危孕产妇数、新生儿数及出生缺陷儿数。严格做好各期别的工作，提高农场的妇幼保健工作质量。对 35～65 岁的妇女进行乳腺癌及宫颈癌筛查，在对她们进行阴道镜检查的同时，对可疑病例进行了宫颈涂碘及醋酸实验，及时发现患宫颈癌早期的病人，以便她们得到及时治疗。为保证妇幼保健工作，保健站把培训资料发给全场基层卫生人员人手一份，并对他们进行培训，做到班前问卷及班后问卷。要求基层卫生人员对辖区内的 15～65 岁妇女进行艾滋病预防、青春期保健、孕期保健、生殖道感染预防及妇女病普查普治等方面的知识培训。

2001—2020 年，农场妇幼保健工作贯彻实施《中华人民共和国母婴保健法》，落实妇幼保健工作发展要求，以保障生殖健康、提高人口素质为重点，以保障儿童妇女健康为宗旨，优化服务模式，拓宽服务领域，运用高科技的网络资源努力降低农场孕产妇死亡率、婴儿死亡率、出生缺陷发生率，取得了很大成绩。

二、儿童保健

1. 儿童基本保健常识　儿童保健工作先从新婚妇女抓起。新婚登记时为新婚妇女发放碘油胶丸口服，以预防出生儿智力低下。这项工作广大新婚妇女很愿意接受，例如九队有一儿童出生由于碘缺乏造成低能，在领到二胎指标后，待孕妇女主动到妇幼保健站咨询优生优育知识，孕前服用了碘油胶丸，保证了第二胎出生智力正常。在孕妇妊娠 28 周及时补充维生素 D，以预防缺钙。每年举办 2 期孕妇学习班，看录像，进行孕期教育。新生儿出生后及时进行新生儿访视，以了解生长期发育是否正常，如有异常及时纠正。新生儿出生 42 天后建立儿童保健卡，并根据年龄不同每年进行四、二、一体检。为了确保儿童保健工作的完成，卫生科还抽出一笔经费为妇幼保健站和各基层卫生所配备了新生儿体重秤等，每年对部分儿童进行小儿生长监测工作，绘制监测图表，开展科学育儿。经常检查托幼园所的教案和卫生设施，并进行了入托儿童体检，每日托儿所保健医进行晨检，及时接种各种疫苗。每年为集居和散居儿童进行血红蛋白、发锌测定，1998 年、1999 年为 0～7 岁儿童进行骨碱性磷酸酶的测定，以筛查小儿贫血和小儿佝偻病，使发病儿童及时得到治疗。每年对保教人员进行 1 次全面体格检查，保证了儿童健康成长。

2000 年以前，农场医院争创爱婴医院，本着儿童优先、母亲安全的原则，认为儿童是人类生存的起点，儿童的健康关系到国家的兴衰和人类进步。

2. 爱婴医院　1997 年，全面开展了争创爱婴医院工作。4 月妇幼保健站 1 人和职工医院 2 人参加了黑龙江省、黑河市卫生局和北安分局举办的创建爱婴医院学习班，回农场后立即建立了领导小组，制定了各种争创爱婴医院计划、规章制度等，并举办了全院人员 18 小时的业务培训班，进行了班前、班后问卷，使全院人员熟练地掌握了有关母乳喂养知识。利用各种形式宣传母乳喂养知识，利用电视向全场播放有关创建爱婴医院、母乳喂养知识的录像片，张贴标语，医院制作了有关母乳喂养好的宣传板，使得全场广大群众人人皆知母乳喂养。7 月，卫生科又组织妇幼保健站和医院有关人员、产儿科医护人员到铁路总院参观学习，对来住院分娩的产妇及家属进行宣教，医护人员帮助产妇进行早吸吮、皮肤接触培训，手把手地教会产妇正确的哺乳姿势和挤奶方法，消灭蜡烛包等；出院后卫生员继续指导帮助做好母乳喂养工作。

农场医院对产科病房进行了装修，设立了母婴休养室，并订购了婴儿床，设立了母乳喂养咨询电话、咨询门诊，改善了服务措施，使母亲和婴儿能在温馨的环境中生活，确实提高了婴儿 4~6 个月纯母乳喂养率，80％以上的儿童吃上了妈妈的乳汁。经过多方努力，经黑龙江省、国家验收，1998 年底农场医院被评为国家级爱婴医院，并颁发了牌匾。

1998 年，继续巩固爱婴医院成果，迎接国家和黑龙江省的复审工作，举办 4 期卫生人员学习班。为更好地执行《中华人民共和国母婴保健法》，妇幼保健站派专人参加黑龙江省卫生厅和司法局举办的《中华人民共和国母婴保健法》专业法律培训班，并取得了好成绩，领取了行政执法证书和执法监督员证。经过多方面的努力，4~6 个月幼儿纯母乳喂养率达到 80％以上。

2009 年以来国家规定一级医院取消产科，只负责孕期保健和产后随访，医院需要为孕产妇提供产前 5 次随访、产后 2 次随访服务。

2011—2020 年，农场妇幼保健工作在医院设妇幼保健兼职人员，由妇产科医生苏春玲负责，农场医院妇产科负责实际操作，抽调妇科及儿科专家参与到妇幼保健工作中。随着《国家基本公共卫生服务规范（第三版）》的落实，从 2017 年开始北安管理局规定一级医院只负责第一次也就是孕妇建档相关孕期检查，产前 4 次随访均督促其到待产医院进行孕期检查，大大地避免了一些高危孕妇的漏诊，保障了孕产妇的安全。由于建立了电话沟通渠道，妇产科医生能及时掌握全场孕产妇相关信息，并及时进行干预。做好产后访视工作，加强妇女保健，提高妇女的健康水平。

第五节　爱国卫生运动

1956 年建场初期，农场的爱国卫生运动重点是治理环境。每年春季都要搞环境治理，组织机关、学校、公安政法等部门，集中清理各个街道环境卫生，特别是各家各户门前的垃圾，牛、羊、猪圈舍等都要突击清理。

1960年3月，全国人大通过的《1956—1967年全国农业发展纲要》把"除四害"、讲卫生列入"纲要"的内容。在党中央及各级政府领导下，广大群众积极参加，农场利用农闲季节清除了大量的垃圾、污物，面貌焕然一新。

"文化大革命"之后，农场党委把爱国卫生运动纳入日程，制定了治理环境政策，出台了改造环境卫生条件的各项措施，受到职工群众的欢迎，并概括为"两管、五改"，即管水、管粪，改水井、改厕所、改畜圈、改炉灶、改造环境。"两管、五改"成为组织指导农场爱国卫生运动的具体要求和行动目标。

到了20世纪70年代后期，学校把爱国卫生运动作为学生的课堂教育，从小培养孩子的爱国思想，引导学生增强环境卫生意识。每年的3月5日学雷锋纪念日、5月4日青年节，农场学校、共青团都要开展形式多样的纪念活动，组织中小学生、团员走上街头清理白色垃圾、挖排水沟、植树等。

党的十一届三中全会以来，爱国卫生运动进入了一个新的历史时期。1978年4月，国务院发出《关于坚持开展爱国卫生运动的通知》，要求各地爱国卫生运动委员会及其办事机构把卫生运动切实领导起来。农场从机关到学校纷纷响应，出台了"义务建、制度管"政策，号召全民参加治理脏乱差，收到了前所未有的效果。

1983年，农场进一步完善了爱国卫生运动委员会，把爱国卫生运动纳入工作日程，做到了常抓不懈。1986年，农场爱国卫生运动的重点又抓了"五有""三勤"工作。每年春秋两季利用爱国卫生运动活动月，突击环境清理，美化、绿化环境。

1995年，《黑龙江省爱国卫生条例》颁布实施，农场爱国卫生工作步入法制管理轨道，纳入经济社会发展规划，调整充实了爱国卫生运动组织机构，安排了爱国卫生运动活动月。

2015年1月13日，国务院印发《关于进一步加强新时期爱国卫生工作的意见》。农场积极宣传贯彻落实，成立环境建设委员会，领导亲自抓，各部门协作、群众动手、社会参与、依法治理、科学指导，全面推进改革创新，充分发挥群众运动的优势，着力治理影响群众健康的危害因素，不断改善场区环境，切实维护人民群众健康权益，为经济社会协调发展提供有力保障。

1996—2000年，全场推广了格球山农场环境卫生工作经验，坚持"义务建、制度管"做法，推进了环境治理工作，使农场涌现出一大批环境建设先进单位。

2003年，在抗击"非典"中，充分利用电视、板报和农贸大集发放宣传单1000份，广泛宣传了搞好环境卫生与防治"非典"有关知识，推动爱国卫生运动的深入开展。

2010—2020年，农场加大了经费投入力度，在加强小城镇建设中做到"三化、四无"和"两有"，即净化、美化、香化；无乱搭乱建、无垃圾堆放、无污水积滞、无畜禽散放场；区内街道有树，居民楼下有花、绿地。铺装了水泥路面，修建了文化广场和公园，加大了改厕、改水力度，使农场环境建设成为小城镇建设的又一道靓丽风景。

面对2020年突如其来的新冠病毒疫情，农场党委积极落实国家政策，按照国家、地方疫情防控领导组织要求，布置农场防疫工作。积极组织大量工作人员及老干部和青年志愿者走上街头，发宣传单1万多份，号召居民勤洗手、戴口罩、居家活动不串门。农场成立了防控领导委员会，总指挥万太文、刘晓东，下设疫情防控办公室24小时值班，交通要道设卡口、场区设流动防疫员、每栋楼设楼栋长，形成网格化管理，严防严控疫情，确保一方平安。

第八编

社　会

中国农垦农场志

第一章 人口 民族

第一节 人口规模

1956 年建场时，共有人口 363 人，其中职工 208 人，临时工 42 人，职工子弟、家属 113 人，总户数 39 户。1969 年总人口达到 10414 人。1976 年，总人口达到 15499 人。1977 年大批知青开始返城，到 1980 年，总人口 13216 人。

1986 年，农场常驻户 3099 户，总人口达到 13786 人。1988 年，农场常驻户下降了 3.7%，减少了 510 人。

1988 年后，农场引进一批奶牛户，人口出现回升。1991 年，全场总户数 3269 户，总人口达到 14821 人，比 1986 年人口上升了 7.5%，增加了 1035 人。

2000 年，总户数为 4236 户，总人口为 14716 人。

2010 年，农场总人口 9631 人。2020 年，农场人口达到 10493 人。

第二节 人口构成

人口构成是指按人口的自然、社会经济和生理等特征划分的各组成部分所占的比重。根据人口构成因素的特点和分类方式，人口构成可划分为人口自然构成、人口地域构成、人口社会构成。

人口构成是人口总体内部的各种属性特征的数量和比例关系。它反映人口的质量和经济发展水平。一般包含人口的年龄、性别、职业、文化等内容。

一、民族构成

截至 2020 年末，全场人口中，汉族 10414 人、蒙古族 7 人、满族 63 人、朝鲜族 5 人、鄂伦春族 4 人。

二、性别构成

截至 2020 年末，在全场人口中，男性为 5234 人，占总人口的 49.9％；女性为 5259 人，占总人口的 50.1％。0～15 岁 714 人，其中，男性 366 人，女性 348 人。20～49 岁人口 5604 人，其中，男性 2841 人，女性 2763 人。50～79 岁人口 3981 人，其中，男性 1927 人，女性 2054 人。80～90 岁以上人口 194 人，其中男性 100 人，女性 94 人。

三、居住地构成

截至 2020 年末，全场人口中，居住在场区的人口 7286 人，占总人口的 69.4％，居住在基层单位的人口 3207 人，占总人口的 30.6％。

四、受教育程度

全场人口中，具有大学程度的人口为 183 人，高中程度（含中专）的人口为 1290 人，初中文化程度的人口为 6829 人，小学文化程度人口为 2191 人。

第三节　人口和计划生育

从建设农场 64 年发展史上看，农场人口是曲线式发展。1956 建场时期，农场总人口 363 人。到 1957 年，从北安县农场、通北农场、勃利种马场、哈尔滨王岗机校、卫校、农校、望奎等地，调入干部、技术人员，加之部队转业官兵共计 87 人，其家属随之陆续来场落户。1958 年大批转业官兵来场落户。1959 年，一批山东支边青年来场，部分家属随迁到农场。1960 年人口猛增到 2054 人，总户数 377 户，职工 729 人，职工当中有近 50％的人是未婚青年。1963 年，随着年龄增长，未婚职工纷纷在农场成婚安家。1965 年人口增至 4645 人，总户数 1082 户。1966 年后，城市知识青年 6427 人陆续来场。1969 年人口增长再次出现高峰，总人口达 10414 人，总户数 1281 户。1976 年农场的总人口达 15499 人，总户数 2192 户。1977 年后城市知识青年陆续返城，人口逐年下降。1980 年人口下降到 13216 人。

1980 年全国开始推行计划生育工作，号召"一对夫妻一个孩"。1982 年 7 月 1 日第三次全国人口普查，农场总户数 2807 户，总人口 15231 人，人均土地面积 1.99 万平方米。其中，男性 7903 人，女性 7328 人。1988 年农场常驻户下降了 3.7％，减少 510 人。农场为发展制乳业，从海伦、拜泉等地引进一批奶牛户，人口出现回升，至 1991 年达到峰值，总户数 3269 户，总人口达到 14821 人，较 1986 年人口上升了 7.5％，增加了 1035 人。1991 年以后，建设农场常住人口基本保持稳定，至 2000 年总人口 14716 人，出生率 7％，计划生育率 100％，一孩率 98.86％，人口自然增长率 3％，综合节育率 100％。到 2020 年末，人口总数为 10493 人，育龄妇女 2378 人，已婚育龄妇女 1581 人。

2016 年 1 月 1 日全面放开二孩政策正式实施，我国实行生育登记服务制度，对生育 2 个以内（含 2 个）孩子的，不实行审批，由家庭自主安排生育。5 月 19 日农场计生办在文化广场举办了庆祝计划生育协会成立 36 周年纪念活动，开展"5·29"创建幸福家庭优化计生服务活动。

36 年来，农场党委十分重视计划生育工作，按照北安分局卫生局的要求，开展了出生名单、生育指标、落实避孕节育措施三公开制度，场计生办统一打印下发了公开一览表，要求各单位张贴上墙，接受群众的监督，杜绝了上访事件的发生。计划生育取得了好成绩，生育率 100％。同时，农场党委计生工作坚持三为主，实行孕前管理，开展 1 年 2 次的妇女病普查普治，及环情孕情检查，每年普查 2300 余人次。把计划生育工作纳入重要议事日程，做到了"两种生产一起抓"，因此全场计生工作出现了"事事有人管，处处有人抓"的新局面。从平均年出生 200 人，到人口的自然增长率明显下降到年出生 130 人。1992—2016 年建设农场计划生育工作被列入北安分局计划生育工作达标单位。

截至 2020 年底，农场计生办开展了"关爱育龄妇女生殖健康"活动、创建"小康之家"活动，开展以一封信函、一条短信、一个电话、一次座谈、一次走访、一次咨询和一次公开承诺为主要内容的"七个一"活动，开展纪念《中华人民共和国人口与计划生育法》实施活动，开展"关爱女孩行动、婚育新风进万家活动"和计划生育"三下乡"活动，实施"惠家工程、黑土甘霖"创建新型家庭人口文化活动，开展打击非法鉴定胎儿性别和非法终止妊娠行为，开展捐款献爱心救助活动，开展"妇检"及"两癌筛查"，流入人口与常住人口同管理、同服务等服务。

第四节 民 族

1956 年建场之后，各地的干部、技术人员、转业军人、知识青年，通过援调、招聘、支边、适居、转业等多种形式，为开发和建设北大荒，纷纷来到农场，部分少数民族兄弟也随之而来。农场共有汉族、回族、蒙古族、朝鲜族、满族、彝族 6 个民族。党的民族政策，保证了少数民族与汉族一律平等，在适当的情况下有优惠待遇，少数民族风俗习惯受到尊重。在选拔干部、子女就学等事项中，农场党委十分重视。64 年来，农场共选拔少数民族干部 28 名。各民族之间相互尊重，和睦相处，热爱自己的农场，为农场的建设和发展作出了很大的贡献。

到 2000 年，农场总人口 14716 人，其中汉族占 95%，满族、蒙古族、朝鲜族等少数民族占 5%。

到 2020 年底统计，在全场人口中，汉族为 10414 人，满族为 63 人，蒙古族为 7 人，朝鲜族 5 人，鄂伦春族 4 人。

第二章 居民生活

第一节 居民收入

一、1956—1985 年居民工资形式

1956—1957 年的工资形式是月薪日计。国家机关行政人员二十六级 33 元，二十五级 37.5 元，二十四级 43 元，二十三级 49.5 元；国家机关技术人员十七级 31 元，十六级 37 元，十五级 42.5 元，十四级 48.5 元；农业、畜牧、机务技术人员十七级 31 元，十六级 37 元，十五级 42.5 元，十四级 48.5 元；教师九级 33 元，八级 37 元，七级 41.5 元，六级 47 元；服务行业十级 31 元，九级 35.5 元，八级 41.5 元，七级 47.5 元。

1958 年是以完成产量为准为满分。

1962 年工资支付形式为月薪日计，职工每月按实际出勤天数乘日工资率实行评工计分（每月按 25.5 天计算）。

1965 年 6 月，中共中央批准农垦部党组扩大会议通过的《关于改革国营农场经营管理制度的规章（草案）》（即"十六条"）取消农工的固定等级工资制，后因"文化大革命"开始而废弃。

1979 年，在工资奖励形式上进行了改革，恢复了"包定奖"制度，实行有奖有罚的产量工资制度。

1980 年，又逐步完善，形成了一套经济责任制，在增加生产的基础上职工的收入逐年增加。

1983 年，以生产财务计划为准，实行财务包干到队，经济责任到组、户、个人，采取专业承包、分业核算、定额记分、各计盈亏、联产（利）计酬（奖）形式，年终以分计奖的分配原则。

1984 年，进一步完善浮动工资制，实行定额上交，超限额分成，完不成受罚。

在实践中发现，实行生产、工作综合奖计办法，不利于充分调动广大职工的生产积极性，凡是有额可定、有数可计的工种和个人，实行超额奖就能激发干劲。

至 20 世纪 80 年代初，除了基本建设实行计件工资外，其他都是执行月薪日记的办法。

1985 年，以完成产量为准为满分。根据农总劳〔82〕86 号文件规定，结合农场具体情况，场（含分场）机关及后勤、农业生产队及部分非生产单位实行浮动工资，具体办法为职工工资以 37 元为杠，以上部分实行级差保留，37 元的 20％为成果工资（浮动工资）、80％为作业工资，平时按月薪日记支付。

1963—1982 年工资调整情况见表 8-2-1。

表 8-2-1　1963—1982 年工资调整及转正定级情况

年度	工资调整情况				转正定级情况		
	名称	调资文件	升级人数/人	月增加工资额/元	定级文件	定级人数/人	月增加工资额/元
1963	第一二次调整工资		847	6520			
1974	调整工资						
1977	40％升级	国发〔77〕89 号					
1978	2％升级	国家劳动总局〔78〕79 号					
1980	40％升级	国发〔76〕251 号					
1981	偏低工资	国发〔79〕259 号	90	596.50		90	596.50
1982	文教卫生升级	国发〔81〕144 号	119	735.50		119	735.50

1983 年，根据农场总局党委（扩大）会议精神和农总劳字〔82〕106 号、北局字〔82〕号文件，农场制定了 1983—1985 年承包经济责任制。

二、1986—2000 年劳均收入和人均收入

随着企业经济不断发展，国民生产总值和社会生产总值大幅度上升，家庭农场劳均收入和企业人均收入都有了很大提高，职工生活明显改善。

1. **劳均收入**　"七五"末期，即 1990 年，农场劳均收入达 2056 元，比"七五"初期的 1986 年增加 2450 元。1996 年达到 7162 元。1997 年是历史劳均收入最高一年，达到 8127 元。1998 年因粮豆价格下降，收入减少，劳均收入为 5100 元。

2. **人均收入**　"七五"第二年即 1987 年，农场人均收入仅 408 元，"七五"末年 694 元。"八五"初期即 1991 年人均收入 756 元，"八五"末年即 1995 年人均收入 1411 元，比 1991 年增加 655 元，增长 86.6％。1996 年为 1963 元，比上年增加 552 元，增长 39.1％。1997 年达 3023 元，比上年增加 1060 元，增长 54.0％。1998 年 2795 元，比上年

减少 228 元，减少 7.5%。

1986—2000 年居民经济收入情况见表 8-2-2。

1986—2000 年经济发展速度情况见表 8-2-3。

表 8-2-2　1986—2000 年居民经济收入情况

单位：元/人

年度	居民收入	年度	居民收入
1986	759	1994	1173
1987	1029	1995	2709
1988	1520	1996	2653
1989	2147	1997	3141
1990	1446	1998	3141
1991	857	1999	1520
1992	877	2000	1620
1993	710		

表 8-2-3　1986—2000 年经济发展速度情况

年度	社会总产值/万元	国民生产总值/万元	人均收入/元	劳均收入/元
1986	1827	156		−394
1987	2414	753	408	289
1988	2235	742	974	267
1989	2886	611	776	1511
1990	3102	956	694	2056
1991	3757	1203	756	350
1992	4353	775	877	1578
1993	4622	1690	710	1677
1994	7950	3580	1098	3986
1995	9977	4144	1411	6948
1996	12325	4924	1963	7162
1997	13443	6340	3023	8127
1998	15977	7168	2795	5100
1999	12564	4944	1511	2330
2000	9043	4790	1511	3935

三、2001—2020 年居民收入情况

这 20 年来，农场经济基础比较薄弱，社会负担较重，始终负债经营，平衡预算能力相对较弱。农场各届领导为保障正常的生产生活需要，克服重重困难多方努力开发增收渠道，20 年来农场经济在曲折中不断向好。

2001—2020 年是农场经济社会快速发展的时期，由于土地推行了"一固定、两自理、三不、四到户"的经营机制，充分调动了广大职工群众承租土地的积极性，加之农场大力进行种植结构调整，扩大以玉米、水稻为代表的高产高效作物，使农产品产出大幅度提升。在此期间国家加大惠农政策力度，先后免除了土地税和农业税并实行对农业的补贴政策，而且 2015 年以前农产品价格处于高位运行，这些因素的影响使种植业效益十分可观，职工收入也大幅度提升。2001 年农场人均纯收入为 2837 元，到 2005 年提高到 5406 元，4年翻一番；2009 年又提高到 1.1 万元，超过万元，4 年又翻一番；2014 年达到 2.37 万元，超过 2 万元，5 年又翻一番，为历史最高年份。经过 4 次调整，2020 年末达到 5.28 万元，人均年工资为 4.0 万元。

农场承担行政事业单位工资性补贴 2 项：

1. 乡镇补贴 2015 年 1 月执行，按职务及职称平均每人每月 300 元左右发放，每年增加支出 92 万元，截至 2020 年末共支出 552 万元。

2. 提租补贴 2018 年下半年执行，按工资总额的 13% 发放，每年增加支出 300 万元。

2001—2020 年农场管理人员及工人工资调整情况见表 8-2-4。

表 8-2-4　2001—2020 年管理人员及工人工资调整情况

单位：元

单位	岗位	2001 年	2003 年	2006 年	2007 年	2009 年	2010 年	2012 年	2017 年	2019 年	2020 年
科室	科长	8400	10000	12000	18000	18000	25000	45000	48000	52800	56000
	副科长	7200	8000	9600	14400	16000	22500	38500	40900	44990	47500
	科员	6000	6000	8400	12600	15000	20000	32800	34800	38280	40500
管理区	主任、党支部书记	8400	12000	12720	20400	20400	25000	48000	51000	56100	49000
	副主任			10800	18000	18000	25000	43000	45700	50270	53000
	助理、报账会计	6000	9600	9540	14400	14400	20000	36400	38600	42460	45000
	核算员、技术员				12600	12600	20000	31520	33300	36630	39000
工人	工人	5000	5000	5000	6000	7200	7200	10800	16800	18480	19440
退养	退养人员							24000	33600	34800	36600
	退养人员							22800	32400	33600	35400
	退养人员							21600	31200	32400	34200

四、艾滋病支出情况

农场医院 2003 年发生艾滋病事件，共确诊患者 19 名。截至 2020 年末尚有患者 17

名。案件通过法院审判后，农场败诉并承担所有患者的医药费、生活补贴，截至 2020 年已累计支出 4698 万元，目前每年支出 400 万元左右。2016 年 8 月，农场考虑到物价上涨因素，将艾滋病患者的补贴由 3000 元/月调整到 4000 元/月。

2004—2020 年艾滋病发生费用支出见表 8-2-5。

表 8-2-5　2004—2020 年艾滋病发生费用支出

单位：万元

项目	2004年	2005年	2006年	2007年	2008年	2009年	2010年	2011年	2012年	2013年	2014年	2015年	2016年	2017年	2018年	2019年	2020年
合计	62	103	540	157	204	159	179	208	209	243	286	383	393	404	386	424	358
生活费				78	61	61	61	61	61	61	61	61	70	82	82	84	88
差旅费				3	7	5	6	7	7	10	14	16	18	16	16	26	12
运费				1	1	1	1	1	1								
招待费				1	1	1	1	1	1								
场内医药费				27	32	38	40	60	52	67	72	84	55	45	53	40	27
场外医药费				44	97	52	64	78	48	104	133	238	209	221	222	249	214
住院费									39				55	61	21	38	23
伙食补助费				1	1	1	1			1	1	2	2	2	1	2	1
一次性耗材				1													
给艾滋病患者买奖品											1	1					
传染津贴					1												
办公费					3		5										
火化费				1													
取暖费											4	4	4	4	4	4	4
社保报销返药费												−23	−20	−27	−13	−19	−11

第二节　衣食住行

一、服饰

建设农场建场 64 年来职工群众衣食住行发生了翻天覆地的变化，可分为 3 个阶段来概述。

1. 1956—1985 年　这个时期农场处于开发建设初级阶段，由于受管理、生产、经营、市场等诸多方面的约束和限制，人们的生活处于只能解决温饱状态，在服饰上更是简单，以蓝、白、黑为主，大部分商品都要凭票购买，制约了经济的发展和生活水平的提高。职工服饰处于低水平、老样式时期。

2. 1986—2000 年　这个阶段人们穿衣结束凭票供应的年代，改变了一件新衣服要小心翼翼穿上很多年的历史，以前的所谓"新三年，旧三年，缝缝补补又三年"的时代已经一去不复返。随着农场职工收入的不断增加，人们穿衣逐渐追求时尚化，呢子大衣、羽绒服、西装逐步进入寻常百姓家，几千元的皮衣、几万元的裘皮大衣成为一些家庭女士必备品。人们的审美观发生了深刻变化，品种讲究多样化、款式趋向时髦化、制作强调精细化、面料达到高档化、中老年人服饰年轻化。

3. 2001—2020 年　这个阶段人们的服饰开始与时俱进，向着现代、高科技、时尚化方向发展。随着居民收入和消费水平大幅度提高，人们开始追求完美和时尚，很多女士和小孩衣服颜色丰富多彩、时尚美观。特别是网络化消费，更是现代人追求时尚、展示美好生活的大舞台。2000 年后男士的帽子也逐渐退出了历史舞台，冬季除个别老年人戴单帽。年轻人和中年人极少有戴帽子的。鞋也发生了深刻变化，人们甩掉了棉胶鞋、大头鞋、棉布鞋等，取而代之的是各式皮鞋、运动鞋、休闲鞋、皮靴。棉手套、棉手闷也悄然离去，居民开始步入现代都市生活。

二、饮食

建场初期，职工群众的生活十分艰苦。人们夏天开荒种地，建房屋，除了农场供应粮食、油外，蔬菜、肉类全部靠每家每户种植和养殖，自给自足。

1986 年以后，农场职工群众逐渐从果腹吃饱转向健康吃好。20 世纪 90 年代在吃上比七八十年代要强得多，职工家里来客人也能准备几道菜了，如炒鸡蛋、花生米、午餐肉罐头、红肠等一些小菜，买一瓶白酒、几瓶啤酒，喝着小酒唠着家常感到很幸福。家里有事需要别人帮忙，吃饭也就是这几样菜，最多再买点肉炒几个青菜。过春节岁数大一点的职工，还延续杀年猪的老传统，杀猪时请老邻旧友吃一顿，再给儿女每家分一些，养猪多还可以卖一部分。每年年末，年轻的家庭买一些猪肉，再买些鸡、鸭、鱼等春节的必备品，各种青菜必须在腊月二十七、二十八前备齐，否则，到了年三十青菜几乎脱销。

2000 年后，随着农场职工生活水平的提高，人们的生活方式也在逐渐改变。物质丰富了，吃的东西可谓五花八门，品类繁多。干净整洁的菜市场里，从山珍到海味，凡天上飞的、水里游的、山里采的、岸上走的，一切应有尽有，从寒带到热带各季蔬菜水果琳琅满目。现在人们对于吃，已不像过去满足于吃饱，人们更注重营养和健康，每餐荤素搭配。讲究的人家，甚至每天的菜谱都不重样，过春节不知吃什么好，与平时吃的差不多，只是在菜品数量上有所增加，图吉利六六大顺、八八发发、十全十美、十二分满意等有寓意的菜品都是双数。人们的待客方式也发生了深刻变化，大部分家庭都在饭店招待，儿女结婚饭店招待、老人丧事饭店招待、老人祝寿饭店招待、同学聚会饭店招待、朋友聚餐饭店招待。总之，凡是家庭活动全在饭店招待，既省时又省力还上档次。现在人们坐在家里就可以点外卖，快速送上门，成为当下新时尚。现在要是有人邀请你到他家里吃饭，那是对你最高规格的款待了。人们饮食消费习惯的改变也促进了农场餐饮业的快速发展，农场饭店从建场初期的集体食堂，到 20 世纪八九十年代的招待食堂（可以对外营业），再到 2001 年后的全场 200 余家餐饮、服务、商店等商业一条街，发生了天翻地覆的变化。

三、居住

1956—1985 年，职工居住的大部分为泥土房、"一面青"房和极少数砖房。改革开放前，房子只要能遮风挡雨就行。绝大多数职工都住在农场、生产队统一排号（按资历或青年申请结婚）、评选分配（原住泥草房职工）的家属砖房。住房十分紧缺。经过"公房、公建私住房"的改制，公房作价卖给职工住户。

1986—1997 年，农场住房全部改制卖给个人，不存在公房问题，但职工住房非常紧张，原因是人口多。青年到了结婚年龄需要住房，只好有钱的盖房、在栋房两边接房，钱不多的建内泥外贴砖房，没钱的父母给儿女让房，当时真是八仙过海各显其能。

20 世纪 90 年代末期，住房大多数为砖瓦结构，泥草房逐渐被取代，房屋的面积在30～50 多平方米，差一些的住户只有厨房和卧室，做饭有烧柴或烧煤的灶台，卧室有火炕，冬季取暖有火墙；好一点的住户除厨房外，多出一间老少房；有少数住户自行改制了土锅炉安装暖气取暖。室内家具主要有大衣柜、写字台、高低柜、炕琴、沙发，后来发展成为组合家具。每户房前都有院子，院子里多数人家都建有仓房以及养鸡、鸭、鹅、狗的圈舍。每户房前屋后都有菜园。

1997—2012 年，随着农场小城镇建设不断深入，农场职工住房条件开始发生巨变。1997 年和 1998 年农场在原招待所、商店、粮食所原址破天荒建了第一栋和第二栋住宅楼，引起全场人民的关注，每户住宅楼面积都在 60～90 平方米以上，购楼价格在 6 万～7万多元，并可分期付款，在供水供热上还有一定的优惠政策。当时对农场普通家庭来说六七万元不是个小数目，所以，职工群众购买楼房的积极性不高，对住楼房的好处认识也不高，只有一小部分人住上了楼房。农场无奈又出台政策，给各单位下购楼指标以完成任务的方式，才勉强将2栋楼住满。通过居民走亲访友、住楼户的宣传，居民才意识到住楼的好处和今后住宅的发展方向，纷纷申请购买，促进了农场商品楼的发展。1999—2001年农场每年建家属楼1栋，2002—2004年停建，2005—2007年3年每年建1栋住宅楼，农场盖楼的速度赶不上居民要住楼的愿望，一时间求大于供，农场居民买楼被外地人称为一大"怪"，"抓阄买楼不分楼层好坏"。2008年后农垦总局发出"抓城、强工、带农"的号召，把小城镇建设放在突出位置来抓，撤队建区居民拆迁、场部居民棚户区改造工程启动以后，农场抓住契机，2008年建家属楼2栋。2009—2010年是突飞猛进的2年，农场建住宅楼29栋包括幸福和福江小区住宅区，2011年建设住宅楼4栋并完成花园一期住宅区建设，2012年建设花园小区三期住宅区。花园式小区如雨后春笋般崛起，街面高楼鳞次栉比，花园、幸福、福江各小区内绿意盎然，空气清新宜人。家里南北通透，宽敞明亮，家家装修如城市，电器设备应有尽有，职工群众享受了城里人的生活，农场成为环境优美、舒适宜居的幸福之地。2001—2012年，农场共建设住宅楼21万平方米，人均住宅面积25.6平方米，城镇化率74%，住宅楼集中供热普及率达97%。2012年后，小城镇建设告一段落，农场不再开发建设住宅楼，同时也不再审批平房建设宅基地。

2016年后由于农产品价格低导致农业效益下降职工群众收入下滑，不少农场职工外出打工、加之"60后、70后"职工大多内退或退休，独生子女不在农场，而且都进入结婚生子年龄，很多人投奔子女，导致农场住房出现价格下跌以及空置住房现象。

四、出行

建场初期没有路，是拓荒者们用双脚走出了一条路；也没有交通工具，后期开荒人多了，上级派来拖拉机、胶轮车、四轮车，由双脚丈量变成四轮驱动。改革前流行着一段顺口溜——"通讯基本靠吼，交通基本靠走，治安基本靠狗"，道出了当时的普遍现象。那时候连像样的公路都没有，被职工群众戏称"水泥扬灰路"——雨天泥泞难走，晴天土路全是灰。一个生产队只有为数不多的人家有自行车，职工要是出门办事大多数搭乘胶轮拖拉机，有急事的还要向别人借自行车出行，"晴天人骑车，雨天车骑人"的现象时有发生。农场改革后经济形势好转，土路也变成了沙石路，家家都有了自行车。

20世纪90年代初期，农场人开始逐渐购买了摩托车，最初的是大型两冲程摩托车幸福系列，后来进口铃木、国产嘉陵和AX-100等比较普遍，再后来的趋势是两冲程向四冲程发展，进口向国产转变。摩托车花样繁多，少则几千元多则超万元，野狼、春兰豹、钱江龙、钻豹等品牌摩托车也不在少数。随着农场道路建设的加快，2006—2010 年 5 年间，农场把辖区内的公路建成了白色路面，包括场区外环、玉绥线（赵光交界至海伦农场交界）、八队至青石岭、第三分场至十七队、第一分场四队至五队，四通八达，到处都是宽阔的公路。

2000—2020 年，小汽车逐渐走进职工家庭。先是部分生产队管理人员购置了像北京吉普、桑塔纳、捷达、夏利、面包等车型用于通勤上班。2015 年后伴随职工群众收入大幅度提高，购车热情逐年高涨，各类品牌汽车落户农场，拥有高档小汽车的家庭不在少数，比较常见的有奔腾、速腾、迈腾、传祺、现代、福特、奇瑞、别克、宝骏、长安，个别富裕职工购置了奥迪、奔驰等大品牌汽车。多数有机车户都购置了皮卡车用于机车农田作业服务。老人有电动代步车，年轻人有时尚电动车，出门"打的"已成家常便饭，大街小巷私家车随处可见。职工出行走亲访友、旅游达到了多样化，有自驾车的、乘客运班车的、"打的"的、拼车的，非常方便。农场人乘动车、高铁、飞机也成为非常普通的事情。2020 年底统计，全场 3000 多住户，拥有轿车 1500 多辆，农用车、皮卡车和生活用三轮车达 3000 辆，实现了家家有车、户户有车的新气象。

第三节　居民消费

建设农场 64 年的艰苦创业、发展壮大过程中，居民的生活如芝麻开花节节高。生活水平的逐年提高，拉动了社会经济的突飞猛进，调动了居民消费的积极性。体现在以下几点：

（1）饮食上发生了巨变。建场初期，人们餐桌上只有白菜、土豆、鸡鸭鱼等常见的几道菜，现在的餐桌上，生猛海鲜、飞禽走兽，应有尽有，想吃就有。

（2）服饰及用品今非昔比，丰富多彩、时尚奇特、干净利落。每当闲暇时，男男女女走在街上，女士时尚光鲜、男士整洁利落，城里人有什么，农场人就有什么，不逊色现代化大都市。居民家家拥有现代化用品，床上高档铺盖，床下地板、瓷砖，锅台上电磁炉、微波炉，高档电器应有尽有，"一部手机握在手，生活要啥啥就有"。

（3）天南海北任你走，陆海空、家庭轿车遍地有。农场农忙一结束，居民就开始天南海北的旅游、出行。特别是寒暑假，家长都要带着子女坐飞机、轮船、高铁等到祖国各地旅游，让孩子增长知识、拓宽视野，有的干脆拿起护照出国潇洒一圈。夏季，每当中午、晚上饭口时，东西南北街 1 千米长，没有停车位，成为农场一道亮丽的风景线。农场有钱人买车、没钱人贷款买车，转变了消费理念，幸福快乐地活在当下。

（4）住房发生了翻天覆地的变化，从泥草房、马架子房、"一面青"房、砖房到现代化的大楼房，从排号分房到自己主动买房，而且有的职工在农场就有三五套房，个别居民在城里也买了楼房。

（5）教育投入高。农场的儿童，从出生到学龄前这段时间，大部分家长都要每周带孩子去北安等地进行智力开发教育，让孩子从小开阔视野，培养孩子各项特长，参加幼儿智力活动。

第三章 民 俗

第一节 节日习俗

一、过年吃饺子的讲究

过去有一首老歌谣这么唱："小孩小孩你别哭，过了腊八就杀猪；小孩小孩你别馋，过了腊八就是年。"杀完年猪，家家户户都要开始行动起来，准备过年用的年货，这就是老话说的"忙年"。家家外出赶集或到各个小店购买香蜡、鞭炮、红纸、黏面、糖、烟、茶、肉类、鱼类、海鲜等，等待孩子们回家过年。

民俗学家齐守成说，历史上，大年夜吃饺子是很有说法的，南方人家要吃白菜馅的，寓意新的一年发财；北方人家多吃芹菜馅和韭菜馅的，寓意在新的一年勤勤快快，一家人长长久久。包饺子时要放一枚硬币和一块糖，谁先吃到包钱的饺子，寓意新的一年财源广进，发财；吃到糖的人，寓意会有好事发生、一年会甜甜蜜蜜。在煮饺子的过程中，一家之主会问："小日子起来了吗？"煮饺子的主妇就要回答："起来了！起来了！"这是把饺子从锅底浮起来比作日子好起来了。接着，一家之主还要问："饺子挣没挣？"主妇便会笑着答："挣了，挣得可多了。"这个时候，饺子煮过火煮破了，也不能说是破了，必须说是挣了，期盼着来年挣大钱、发大财。全家人吃完了饺子，一些家长还会让小孩在屋内高处跳上几跳，祝愿自家的小日子蹦个高。此外，东北人在正月初五这天一定要吃饺子，也称"破五"，就是把饺子咬破，寓意将不吉利的事都破坏，有驱灾避邪之意。如今生活好了，人们什么时候想吃饺子就什么时候吃，但是农场人过年时仍少不了要吃饺子。此时的饺子已不仅是一种美食，更多寓意着人们对美好生活的享受。

二、东北过年习俗

1. 年夜饭后吃冻梨　由于东北天气寒冷，一些水果冻过之后，就别有一番味道。人们会把各式各样的梨，特别是花盖梨、"山楂"、"花红"放在室外冻上，留作过年时吃。冻梨在吃之前要放在水里解冻，年夜饭后吃冻梨，酸甜可口、果汁充足，还解油腻。

2. **除夕守夜**　这是一个传统的习惯，在午夜时家家户户都围坐饭桌前吃饺子。吃饺子前家家鞭炮声声，户户灯花凌空。

3. **年三十点长寿灯**　一般是从年三十到初二，3 天通宵开灯。东北人在大年三十直到正月十五元宵节，每家每户都要挂红灯笼、点长寿灯，彻夜通明。到了晚上就要点亮灯笼和屋内所有房间的灯，亮亮堂堂过大年。

4. **初一初二不扫地**　在东北，上了年纪的人都有这样一个说法，大年初一、初二不扫地，寓意是不能将好运气扫走，等到初三才可以扫地。

5. **二月二龙抬头**　这一天理发店会爆满，特别是男同志都要剃个头，寓意龙抬头，因为一个正月男女不能剪头发，老辈人说"正月里剪头发死舅舅"，所以，娘家有兄弟的母亲都不允许孩子们在正月里剪发。二月初二这一天家家户户都要买块猪头肉吃，条件好的要买一个猪头，过完这一天，就意味着出了正月，过完年了。

三、送灯

从建场初期至今，在农场一直流行一种习俗：在元宵节时，不仅要吃元宵，更重要的是家家都做面灯、纸灯，还要"撒灯"。最早时孩子们在正月十五晚上都要拿一个在罐头瓶子里面放上一根小蜡烛做的灯笼，成帮结伙地走在大街小巷玩。条件好的人家会给孩子用红纸做一个红灯笼。有的人家会用面做灯笼，而灯形如碗盏，俗称灯碗。用玉米面做成的叫金灯，用白面做成的叫银灯，用荞麦面做成的叫铁灯。做好后上锅蒸熟，插上用棉絮缠裹的芦苇做成的灯芯，面灯碗里倒满灯油，面灯就算做成了。然后依次把这些面灯送到祖宗板上、天地板上、灶王爷板上，送到仓库、牛马圈、井台、碾磨坊等处，送到大门旁、大路口及坟头。

20 世纪 90 年代后，人们在正月十五晚上都要用柴油和锯末混在一起，一小堆、一小堆地放在门前街道或者各个门口及道路两侧点燃。每家每户都要做或者买大红灯笼，用一根木杆挑起，木杆绑上松枝或者树枝、粘上纸花，高高竖起的木杆挂着大红灯笼把整个院落都照亮，远远望去真是万家灯火、一片通亮。

2000 年后，正月十五晚上在街上基本看不到小孩拿灯笼了，也几乎看不到有人家在院子里挂红灯笼了。在场区看到的是街灯明亮，楼房里彩灯各异、闪烁耀眼，场区亮化工作为居民带来了舒适幸福的感觉。就连祭祖人们都买现成的各式各样的花灯来寄托对已故亲人的思念，如莲花灯、宫廷灯等，放在已故亲人的坟头上。送灯时，以谁先点燃为吉利。往坟地送灯的人，点灯时必须用自己的火柴，如果借别人的火柴点灯，认为祖先看不见光明。点灯时要边点边说："正月十五来送灯，送金灯、送银灯、送铁灯，有儿坟前一片明，无儿坟前黑洞洞。有心来偷灯，偷个大铁灯，背也背不动，天冷地滑闹个一歪蹬，大布衫烧个大窟窿。"元宵节晚上，因为家家送灯，所以野外坟地一片通明。近年来，实行放飞孔明灯，来寄托对已故亲人的怀念。

四、清明节

清明节，自唐代诞生以来，一直是纪念先祖的重要节日，而作为中国最传统的节日之一，清明节的习俗也是多种多样的。清明节这天，外出的游子会赶回家中，为逝去的亲人扫墓，送上鲜花或绢花、摆上供品、送上一万冥币，寄托哀思，希望已故亲人们在天堂过得更好。

这天的早上家家户户都要煮上一锅茶蛋，希望给自己带来好的运气。现在，清明节作为国家法定假日，成为人们出游、踏青、祭拜祖先的最佳日子。

五、端午节

我国传统的端午节，家家包粽子、买粽子、挂葫芦。这一天的早晨，人们会很早起床，到野外草地去踏青、用露水洗洗脸，据说这样可以保持眼睛明亮。然后采集艾蒿、防风等。人们带上香荷包、屋门前挂上纸做的葫芦，挂葫芦还有一个美丽的传说呢。

据说在古时候，有一男人的妻子死了，留下一个孩子。后来这个男人又娶了一个妻子，这个妻子非常贤惠，对待前妻的儿子比亲母亲还好。当她生了孩子的时候还是一如既往地爱着丈夫前妻的孩子。一次她回娘家，怀里抱着前妻的大孩子，而她亲生的小孩子在地下走着。被一个白胡子老头看见了，就问她："为什么抱着大孩子而让小孩走"？她说："大孩子丧失了亲生母亲，我要让他感受到母亲的温暖。"白胡子老头听了很受感动，就告诉她每年端午就在门前挂上一个葫芦，保证她家年年康泰。这样挂葫芦就流传开了直至现在。

端午节吃粽子，一是纪念屈原；二是求子，人们互赠粽子寓意是送子；三是功名得中，因为"粽"和"中"音近，古时寓意考中功名；四是光宗耀祖，"粽"和"宗"音近，因为端午节吃粽子寓意"光宗耀祖"，所以每家每户都吃粽子。

第二节　婚姻习俗

建场初期，来农场开发建设的队伍中，有一些复转官兵，他们来自祖国大江南北；有一批支边青年，来自五湖四海；还有一部分满族、回族、朝鲜族、蒙古族、彝族等少数民族。这些人在农场生活十几年二十几年，他们后期离开农场时，有的已成家立业，有的已为人父、为人母。有的扎根农场，献了青春献子孙。就是他们给婚姻带来了新鲜血液，传递了移风易俗正能量，使南北方文化相互融合，形成了农场独特的文化现象，逐渐改变了农场的婚姻习俗，带来了健康、进步的新婚姻方式方法。

先说定亲，南方叫定亲，北方叫"会亲家"。农垦地区，定亲一定要有媒人。就算李家的小伙看上了张家的姑娘，两人你有情我有意，两家的大人也没啥意见，但也要象征性地请本场的一位德高望重的长辈来给做个媒人。这就叫明媒正娶。这种媒人最好当，只是在两家之间就一些面子上不好说的话，给传传话儿。无非是什么一些彩礼钱的事情。

彩礼分头茬礼和二茬礼，就是分两次把达成协议的彩礼钱拿给女方。这也不是随便就拿过去的，也要有个仪式，叫过礼。过礼时，两个年轻人和双方的父母，还有男方的亲戚和媒人，相会在男方家里。女孩要给在座的各位敬烟，相互引荐，认识一下。

过完礼之后，这准新娘就会用这笔钱给自己置办嫁妆。从这以后呢，要看两个人相处得怎样，婚期定在什么时间。一般不会拖得太长时间，因为，只要不结婚，逢年过节，男方家里都要把姑娘接来过节的，这过节也不白过。男方家里的父母是要给没过门的准儿媳一笔钱。时间长了，这是一笔不小的开支。所以，一般人家都是定下来以后，一两个月、三五个月不等，就张罗迎娶了。在迎娶之前，还要有第二茬礼要过。这次就把还差的余额一次性的付清，这一次就不必非要有个仪式了。一般由媒人把钱给姑娘带过去就可以了。也有的叫"干折干卷"，也就是讲好了多少彩礼钱，一次性的付齐，没有第二次了。

要是有的人家有大龄的男女青年，眼看着一年比一年年龄大了，可是婚事就是解决不了，不是高不成就是低不就，就要在大年三十的晚上零点放鞭炮的时候，要那个年轻人搬一下"荤油坛子"。东北人家都吃"荤油"，就是猪油。这寓意"大婚动了"，表示这青年人来年婚事会有结果。

订婚以后，一般在年底秋收以后，就要准备迎娶了。也有的在"五一""十月"两个国家法定假日里办婚事，这两个假日既不耽误工作，人又有时间，也是两全其美的事。农场的青年结婚，有农历冬腊月娶媳妇的习俗。这主要有以下原因：一是农闲了，冬天没有什么事情了；二是各家各户卖完农产品手里有钱了；三是大家都有时间了，帮忙的人也多了。

自 1956 年建场到 1990 年，农场子女结婚大部分是在家里摆酒席，家里放不下的就借助东邻西舍的房屋摆酒席，一般都是自己杀猪。有的买头猪，找几个"落头忙"的提前几天开始炸肉、洗菜、烹炸各类食材，为正日子做好准备，真是忙得不亦乐乎。正日子这天放一个领班儿的，类似于今天的司仪，也叫"支客人"。这个角色可是很重要的，婚礼办得顺畅不顺畅，那全要看他的指挥能力了。因为东家此时会忙得晕头转向。而"支客人"就是东家的全权代表，此人要极富有经验和指挥能力。

正日子这天，在宴席的旁边放张桌子，委派两个可靠的人记礼账、收红包。婚礼上双方父母都要讲话，把祝福送给两位新人。女方还要当场改口，婆婆要送上一个大红包（一万〇一元），当场婆婆拿出一元，叫万里挑一。儿媳妇要给婆婆戴上红花，这个花戴上是有说法的，司仪会说：戴在左边生小子、戴在右边生女儿、戴在中间生一对。

女方出嫁的这天，在家族中，也要安排一个小男孩"压轿"，到婆家后，要得到一笔"压轿"钱。要选弟弟或者侄儿、外甥来给"压轿"。到了婆家，新娘不能马上下车。要在车门下面垫上个高粱米口袋，新娘要踩上几脚，寓意将来生活水平越来越高。新娘还要蒙上红盖头，下车后，同龄的小伙伴，就用五彩纸屑和五谷粮往新娘身上撒，有的调皮的孩子就使劲地打新娘。这时，伴娘们就保护新娘"且战且退"，往洞房里走。新娘的红盖头，搭在洞房的房门上，新郎要象征性地在床上坐一坐，叫"坐福"。婆婆要端来一大盆水，里面放上用布条绑在一起的两棵大葱和一把硬币，新娘要象征性地洗一下脸，并捞一把硬币，叫财源滚滚。然后，娘家哥哥要给安灯，妹妹等一些亲属要给翻翻被褥、整理一下窗帘，都要发给个小红包。中午吃完酒席，女方家亲友团要在 12 点前离开，并带走 4 个盘子、4 个碗，离娘肉要拿回一半。3 天后新娘新郎要回丈母娘家，带上 4 样礼品。

建场初期结婚，接新娘子用自行车、拖拉机、铁牛 55，条件好的能找一台北京吉普车。在 20 世纪 60 年代和 70 年代，知识青年来农场给结婚带来了新气象，兴起了旅行结婚、外出度蜜月，返回单位后给大家送喜糖、烟、茶等。2000 年后，青年结婚大部分用奥迪、奔驰等一个颜色的高档轿车，场面非常壮观、气势非常庞大。

2000—2020 年，农场经济突飞猛进发展，带动了市场经济的繁荣。农场出现了商业一条街，全场大小商铺 200 多家，饭店是一家接一家，方便了职工消费，满足了居民办红白事。不论是大事、小事，农场居民一律去饭店安排，结束了家里摆酒席时代。

第三节　丧葬习俗

农场丧葬一般沿袭旧习，为死者办丧事的方式各民族大同小异。建场以来，一律棺木盛殓，实行土葬，安葬于山地林旁。几十年来，场部东山林边的小山坡处、第三管理区二组的南山坡、场部北山坡，自然形成了土葬场，也有零星土埋的。"文化大革命"中"破四旧"从简丧事，个别百姓家庭也有举办追悼会的，延续到现在也就是已故死者的亲朋好友在出灵时都要向遗体告别，然后起灵，一部分人去墓地帮助下葬。回来时大家要在就餐的室外洗手、喝口酒，或吃块饼干、吸一支烟、照一照镜子等，最后入席吃饭。

以前人去世了要守灵，主要是儿子、孙子等直系亲属守灵，看住香火。现在有专门守灵人，一晚 200~500 元。入殓、出殡、送葬、圆坟、烧七、百天、周年等沿袭陈规，有些事项依然存在着很浓厚的封建迷信色彩。现在号召丧事新办，为表示悼念长辈死者而臂戴黑纱、孙辈加戴红缨的是多数，披麻戴孝者为极少数。

农场民政局大力宣传国家关于殡葬改革、提倡火葬的法规、管理细则和北安市政府关于进一步加强殡葬管理的通告。职工去世，提倡火葬。

第四节　生活习俗

建场 64 年来，居民生活发生了巨大变化，但有一些生活习俗还是一代传一代，至今还在沿袭，具体体现在以下几个方面：

一、吃饺子

以前只有逢年过节才吃饺子，平时一般人家是很少吃的。原因是，那个年代是计划经济，发票购物，一切靠供应，职工收入低，所以人们说"好吃不如饺子"，只有逢年过节家里才能包一顿饺子吃。现在的农场居民想吃就吃，饺子已不是生活中唯一的美食了。

二、大炖菜

1. **血肠儿烩酸菜**　冬天，酸菜是东北人常吃的菜，哪家都要腌三缸两缸的。一进十月门，北大荒人就张罗腌酸菜了。大车小车的买白菜，去掉老叶，洗涮干净，摆在大缸里，添上几桶水，压上大石头，一个月后即成了酸菜。无论是个人家还是饭店，餐桌上都少不了酸菜血肠、酸菜炖粉条这几道特色菜。

2. **小鸡炖蘑菇**　小鸡，就是家里养的溜达鸡，散养在院子里或山坡上的"笨鸡"。这种鸡味道鲜，鸡的肉凝聚了大自然的甘露、山野的清新。农场人愿意采集山货，每年立秋后山上都会长出各类蘑菇，尤其是榛蘑口感好、味道鲜美。用蘑菇炖小鸡是北大荒独特的美食。

每年立秋后，草塘里、树丛下，各式各样的蘑菇一片一片的、一圈儿一圈的，最大的蘑菇圈儿占了半个山坡。在采蘑菇的旺季，农场人大车小车地往家拉。除了晾晒一部分外，还要腌一些留作冬天吃。用罐盛或者坛子、缸，一层蘑菇一层盐地压满，或立即晾晒，一串儿串儿地挂在屋檐下。猴头最珍贵，不是长在地上，而是长在树上；别的树上都不长，唯有柞树上长；不是成片长，而是成双攒对地长；也不是长在一起，而是隔十步八步远地在两棵树上相对望着长，像牛郎织女似的可望不可即，采猴头发现一个，掉过头保准儿能在相对的树上找到另一个。"宁吃飞禽三两，不吃走兽半斤"。小鸡炖蘑菇，是最鲜最美的了。

3. 鲇鱼炖茄子　鲇鱼炖茄子，味道格外鲜，茄子里掺和着鲇鱼味儿，若是闭上眼睛吃，你真品不出哪个是鲇鱼、哪个是茄子。即便你不喜欢吃鲇鱼，里面的茄子也够你美美地吃上一顿，比吃山珍海味还香。

三、"一锅出"

农场有一道菜叫"一锅出"，这道菜拿得出手，又称得是简捷方便上乘的菜。这道菜里即有主食又有菜，够几个人同时食用。"一锅出"的做法：是用一口九印锅，也就是直径一米左右的铁锅（住楼房的城里人一定没有的），用木柴生火，火候不能太急了，一锅可出四、五样菜；菜的上面可以蒸花卷、小馒头、鸡蛋焖子等。

"一锅出"能炖的菜很多，如鸡、鸭、鹅、五花肉，海菜、白菜、木耳、干黄瓜片、酸菜、水豆腐块、干豆腐卷、土豆、豆角和丸子，等等。能做多少样式菜，以锅底能放下为准，每样菜量不能太多；时间以最不容易烂的为准绳。出锅时，用盘子一样一样地盛起来，吃起来鲜美可口，风味尤佳。

四、杀猪菜

杀猪菜，也称年猪菜。杀猪菜的起源无从考证，但满族先民喜食猪肉却无可辩驳。有学者称满族的先民为"善于养猪的民族"，更有文献记载挹娄人"好养豕，食其肉，衣其皮，冬以豕膏涂其身，以御风寒"。有人说："到了农场不吃杀猪菜，就等于到了北京不吃烤鸭，到天津不吃狗不理包子——白来了。"杀猪菜是用酸菜、血肠、五花肉和苦肠等猪内脏做成，是农场人招待客人的一道佳肴。

五、过礼拜

建场初期，农场职工就施行这种休假制度，一个礼拜休一天，农忙时，两周休一次，大家可以放松一下，或者外出买买生活用品，旅游轻松一下，不出去的就在家做点美食改善一下生活。1995 年后，国家把一周休息一天改为"双休"，更是方便了职工群众，大家每周都可以休息两天，外出旅游、进城购物、带着家人走亲访友十分方便。

六、"下奶"

"下奶"就是女人"坐月子"。建场初期，女人"坐月子"，亲朋好友都要送去鸡蛋、红糖、奶粉、挂面等营养品，或者买小孩用品表示祝贺。现在女人生小孩基本上没有买东西的了，都是根据感情送礼金，200 元、500 元、1000 元不等。

七、过生日

建场初期，只有老人过生日。儿女们为爸爸妈妈、爷爷奶奶过生日，一家人坐在一起做几道菜、喝点烧酒庆贺一下，很少人家能去饭店庆贺的。如今，随着社会的发展变化，人们的经济条件不断改善，生活水平不断提高，过生日成为农场居民生活习俗了。现在重点是小孩子过生日，讲排场、讲形式、讲美食。从一周岁开始就举办生日宴，到了上小学开始约同学来家或者去饭店过生日，父母、爷爷奶奶都站在旁边看着，档次随着年纪越来越高。20 世纪六七十年代的孩子过生日，妈妈就给煮上两个鸡蛋、一碗面条，有的人家也不给孩子过生日。

第九编

人　物

中国农垦农场志

第一章　人物传略

程雪儒

程雪儒，男，汉族，1928 年 2 月出生，黑龙江省呼兰县人，初中毕业，1947 年 11 月参加工作，1949 年 3 月入党。1956—1958 年任建场主任、场长。1965—1968 年任涌泉农场党总支书记。已去世。

周海

周海，男，汉族，1925 年 8 月出生，黑龙江省宾县人，高小文化，1947 年 5 月参加工作，1947 年 10 月入党。1956—1958 年和平农场时期任场长、党总支书记。已去世。

李福

李福，男，汉族，黑龙江省泰来县人，私塾 3 年，1919 年出生，1946 年 11 月参加工作，1947 年 10 月入党。1956—1958 年和平农场时期任党总支书记。已去世。

李德洪

李德洪，男，汉族，黑龙江省绥化县人，私塾 3 年，1918 年出生，1946 年 5 月参加工作，1947 年入党，1956—1958 年和平农场时期任工会主席。已去世。

刘忠山

刘忠山，男，汉族，黑龙江省人，高小毕业，1926 年 5 月出生，1946 年参加工作，1949 年入党。1965—1968 年涌泉农场时期任场长。已去世。

乔真

乔真，男，汉族，山东省人，初中文化，1920 年出生，1946 年参加工作，1946 年入党。1965—1968 年涌泉农场时期任副场长。已去世。

李亚良

李亚良，男，汉族，黑龙江省人，高小文化，1928 年出生，1949 年 8 月参加工作，1954 年入党。1965—1968 年涌泉农场时期任副场长。已去世。

王世恩

王世恩，男，汉族，初中文化，1925 年 5 月出生，1940 年参加工作，1946 年入党，1965—1968 年任双丰农场党总支书记。已去世。

李万发

李万发，男，汉族，内蒙古实泉县人，私塾 2 年，1928 年 10 月出生，1947 年 2 月参加工作，1948 年 9 月入党。1958—1968 年任双丰农场副场长。已去世。

沈文学

沈文学，男，汉族，黑龙江省北安市人，初小文化，1925 年 9 月出生，1948 年 5 月参加工作，1950 年 1 月入党。1965—1968 年任双丰农场副场长。已去世。

郭向阳

郭向阳，男，汉族，黑龙江省兰西县人，私塾 3 年，1928 年 1 月出生，1946 年 3 月参加工作，1947 年 8 月入党。1958—1969 年任农场党总支（党委）书记、场长。已去世。

金连成

金连成，男，汉族，黑龙江省庆安县人，高小文化，1927 年 5 月出生，1946 年 10 月参加工作，1948 年入党。1958 年任农场场长。已去世。

刘文

刘文，男，汉族，黑龙江省呼兰县人，初中，1927 年出生，1947 年 11 月参加工作，1949 年 3 月入党。1960 年任农场场长。已去世。

孟昭盛

孟昭盛，男，汉族，黑龙江省吉贤县人，高小文化，1927 年出生，1946 年参加工作，1948 年入党。1958—1968 年任农场场长。已去世。

杨刚

杨刚，男，汉族，黑龙江省呼兰县人，1927 年 12 月出生，1947 年 11 月参加工作，1951 年 1 月入党，职称技师。1959—1961 年任农场副场长。已去世。

于景忠

于景忠，男，汉族，山东省人，私塾 3 年，1924 年 1 月出生，1946 年 4 月参加工作，1950 年 3 月入党。1962—1966 年任农场党委书记。已去世。

蒋春霖

蒋春霖，男，汉族，辽宁省人，私塾 3 年，1921 年 10 月出生，1946 年 10 月参加工作，1949 年 5 月入党。1966—1971 年任场长、党委书记兼场长。已去世。

王庆忠

王庆忠，男，汉族，辽宁省达中县人，初中文化，1928 年 8 月出生，1945 年 10 月参加工作，1949 年 1 月入党。1972—1976 年任政委。已去世。

王兆义

王兆义，男，汉族，山东省青岛人，高小文化，1924 年出生，1944 年 6 月参加工作，1945 年入党。1970—1976 年任团长。已去世。

程志颖

程志颖，男，汉族，辽宁省人，大学肄业，1927 年出生，1948 年 11 月参加工作，1955 年入党。1973—1974 年任副团长。已去世。

金凤桐

金凤桐，男，满族，辽宁省人，高小文化，1926 年出生，1947 年参加工作，1955 年入党。1972—1973 年、1975—1976 年任团副政委。已去世。

黄昌

黄昌，男，汉族，广东省中山县人，初中文化，1928 年出生，1947 年参加工作，1948 年入党。1968—1976 年任副团长。已去世。

孙青山

孙青山，男，汉族，黑龙江省望奎县人，私塾 2 年，1919 年出生，1945 年 7 月参加工作，1946 年 9 月入党。副团长，副场长。已去世。

王兴汉

王兴汉，男，回族，沈阳市人，高中文化，1926 年出生，1947 年参加工作，1953 年入党。1968—1976 年任参谋长。已去世。

王德恩

王德恩，男，汉族，辽宁省人，高小文化，1925 出生，1947 年参加工作。1968—1976 年任政治处主任。已去世。

张希胜

张希胜，男，汉族，辽宁省人，高小文化。1968—1976 年任副政委。已去世。

李旭华

李旭华，男，汉族，祖籍四川，初中文化，1934 年出生，1952 年参加工作。1977 年 3 月任政委。

吴起

吴起，男，汉，籍贯黑龙江省，私塾 2 年，1921 年出生，1946 年参加工作，1949 年入党。1973—1977 年 3 月任副团长。已去世。

李迎洲

李迎洲，男，汉族，吉林省通化县人，大学文化，1943 年出生，1968 年 10 月参加工作，1981 年入党，助理农艺师。1977—1984 年任副场长。已去世。

李景和

李景和，男，汉族，黑龙江省兰西县人，初中文化，1928 年出生，1949 年参加工作，1952 年入党。1974—1977 年任副政委，1977 年 11 月—1979 年任党委副书记。已去世。

刘廷佐

刘廷佐，男，汉族，黑龙江省海伦县人，中专学历，1935 年出生，1952 年参加工作，1964 入党。1978 年任副场长。2020 年 2 月 8 日因病去世。

邱永祥

邱永祥，男，汉族，吉林省德惠县人，私塾 2 年，1921 年出生，1948 年 8 月参加工作，1949 年 8 月入党。副场长。已去世。

李万隆

李万隆，男，哈尔滨市人，初中毕业，1923 年 9 月出生，1945 年 10 月参加工作，1950 年入党。1976 年 10 月到建设农场任党委书记兼场长，1980 年任党委书记，1983 年顾问，1986 年离休。1995 年 12 月 13 日在建设农场病逝。

于洪臣

于洪臣，男，哈尔滨市人，大学学历，1940 年 10 月生，1965 年 10 月参加工作，1981 年 12 月入党。历任赵光黎明四队机械厂技术员，涌泉农场修理厂技术员，建设农场修造厂厂长，场农机科科长，建设农场副场长、调研员。已去世。

栾德仁

栾德仁，男，吉林省镇赉县人，1934 年 11 月出生，1954 参加工作，1956 年 9 月入党。历任黎明农场第三生产队队长，建设农场十一队队长，第二分场副场长，建设农场副场长、调研员，1994 年退休。已去世。

杨国珍

杨国珍，男，吉林省榆树县人，大专学历，1943 年 3 月出生，1968 年 8 月参加工作，1984 年 7 月入党，农艺师。曾任建设农场第三分场副场长，1985—1996 年任建设农场副场长。1996 年退养，2018 年病故。

李可然

李可然，男，黑龙江省肇东县人，大专学历，1934 年出生，1959 年参加工作，1973 年 3 月入党，高级农艺师。历任二龙山农场生产技术员，一师独立一营生产组组长，建设农场生产科科长、总农艺师，1982—1990 年任建设农场副场长，1991 年调龙镇农场场长。已去世。

马宝琛

马宝琛，男，黑龙江省绥化市人，高小毕业，1926 年 10 月出生，1948 年 5 月参加工作，1954 年 12 月入党。在通北农场历任拖拉机学员、驾驶员、第四生产队队长、党支部书记，第二生产队队长，第三生产队党支部书记，1960 年 7 月任建设农场副场长，1978 年任红星农场副场长，1981 年任五大连池农场副场长，1983 年任建设农场视察员，1987 年 12 月 28 日离休。2018 年 12 月 12 日病故。

周占彪

周占彪，男，安徽省锡山县，毕业于南京林业专科学校，1938 年 1 月出生，1961 年参加工作，1979 年 3 月入党。历任江苏省铜山县林业局技术员；黑龙江省共青团农场保管员；赵光农垦局基建科技术员，建设农场良种队技术员，学校教师；兵团四团生产股参谋，林业科技术员、科长；1985—1991 年任建设农场党委副书记、纪检委书记。1991 年 5 月 28 日病逝。

齐云

齐云，男，黑龙江省海伦市人，大专文化，1934 年 9 月出生，1951 年 8 月参加工作，1954 年 4 月入党。历任齐齐哈尔直属国营农场干事、秘书、团委书记，建设农场第二分场教导员，建设农场党委副书记、工会主席。1996 年 5 月 27 日病逝。

谢德财

谢德财，男，辽宁省开源县人，高小毕业，1935 年 2 月出生，1953 年 8 月参加工作，1956 年 8 月入党。历任建设农场第九生产队党支部书记、队长，建设农场办公室主任，1983—1987 年任建设农场副场长，1987 年 5 月 1 日调任铁法市粮食局党委书记。1996 年 8 月因病逝世。

付国臣

付国臣，男，黑龙江省宁安县人，高中文化，1932 年出生，1947 年 2 月参加工作，1955 年 6 月入党。历任二龙山农场生产队党支部书记、机关党委书记、场纪委书记、建设农场纪委书记（政工师）、工会主席，1990 年任二龙山农场调研员。

刘宪堂

刘宪堂，男，吉林省长春市人，高中毕业，1945 年 3 月出生，1964 年 7 月参加工作，1985 年 5 月入党。历任格球山农场计财科会计，第四分场会计，计财科副科长、科长，建设农场副场长、调研员。

李宏军

李宏军，男，吉林省怀德县人，大专学历，1968 年 11 月出生，1984 年 7 月参加工作，2000 年 9 月入党，助理会计师。历任农场计财科财务会计、主管会计、副科长、科长，2009 年 1 月任副场长。2009 年 11 月 14 日，因公殉职。

赵序国

赵序国，男，汉族，黑龙江省北安市人，1962年出生，1978年6月参加工作，1990年入党，农艺师。历任赵光农场第三分场第二十六生产队、第二十七生产队机务工人，种子队科研班班长、技术员，第三分场机关农业助理副场长，1992年任建设农场生产科科长，1994—2000年任建设农场副场长，2000年9月调红色边疆农场任场长。已去世。

第二章 人物简介

涂嘉琳

涂嘉林，女，汉族，上海人，初中文化，1952年出生，1968年10月参加工作，1971年入党，下乡知青。1968—1976年任副政委。

李树恒

李树恒，男，汉族，黑龙江省哈尔滨市人，大学学历，1948年8月出生，1968年9月在黑龙江生产建设兵团一师六十八团参加工作，1971年7月入党。1968年9月—1975年12月任黑龙江生产建设兵团一师六十八团十八连战士、排长、副连长、指导员；1975年12月—1977年3月任黑龙江生产建设兵团一师六十八团党委常委；1977年3月—1982年8月任黑龙江省建设农场党委副书记、副场长。1984年调回哈尔滨工作。2008年9月退休。

那延吉

那延吉，男，满族，黑龙江省五常县人，1947年1月出生，1968年从哈尔滨市第九中学下乡到兵团一师三团，1969年12月25日入党。历任黑龙江省建设兵团一师三团排长、副连长、指导员、教导员，红色边疆农场第四分场党委书记兼场长，1980年后任红色边疆农场党委副书记、副场长，建设农场党委书记，1987年后任北安管理局建筑工程公司党委书记。

马景发

马景发，男，黑龙江省汤原县人，中专学历（工程师），1954年4月参加工作，1964年9月入党。历任宝泉岭农场通讯员；东北国营农场管理局通讯员；二龙山农场修配厂调度，场直党委干事，场党委办公室秘书；兵团一师六团宣传股股长，二十六连代连长，二营副教导员，造纸厂党支部书记兼厂长；二龙山农场组织部部长，副场长；锦河农场党委书记；建设农场党委书记、场长；1992 年调北安管理局粮贸公司工作。

杨玉山

杨玉山，男，黑龙江省宾县人，初中毕业，1939 年 11 月出生，1956 年到垦区，1970 年 12 月入党。历任长水河垦荒队队员；福安农场拖拉机驾驶员，机耕队长，第二分场场长，农场副场长；建设农场党委副书记、副场长、场长。

王法亮

王法亮，男，山东蒙阴县人，高级农艺师、高级政工师，1943 年出生，1965 年入党。1966 年毕业于东北农学院农学系，被分配到黑河农建一师工作，历任库尔滨农场生产科技术员、副科长、科长，副场长，场长兼党委书记；1982 年后任逊克农场场长；1988 年 1 月 20 日调任建设农场党委书记；1993 年调北安管理局种子公司。

付宗深

付宗深，男，山东省即墨市即墨镇郭家港人，1945 年 2 月出生。1961 年 11 月毕业于北安市松江拖拉机制造厂学校，1961 年 12 月参加工作，1983 年 11 月入党。历任赵光农场黎明分场十六生产队拖拉机学员，赵光农场第二分场第十五生产队车长，第十九生产队副队长、队长，赵光农场第一分场场长，1992 年调任建设农场场长，2000 年离任改为调研员。

刘金烁

刘金烁，男，河北省新城县人，1944 年 5 月出生，1960 年初中毕业后分配在哈尔滨市热电厂参加工作，1981 年入党。历任福安农场技工、统计；赵光农场第十一生产队队长、党支部书记，第四分场党委书记；1993 年任建设农场党委书记、副场长，1998 年离任改为调研员。

张真源

张真源，男，黑龙江省肇东市人，大学学历，1944 年 1 月出生，中共党员。先后在哈尔滨化工总厂、肇东市姜家公社中学、黑龙江省尾山农场中学工作，1995—1996 年任建设农场副场长，1996 年调北安管理局教育局工作。

王明林

王明林，男，吉林省德惠县人，大专学历，经济师，1943 年出生，1963 年 10 月参加工作，1970 年 12 月入党。在福安农场历任统计、保卫干事、指导员、政治干事；建设农场组织部干事、宣传部部长、办公室主任、副场长；1992 年调尾山农场任副场长。

王克坚

王克坚，男，辽宁省绥中县人，研究生，高级工程师，1963 年 7 月出生，1983 年 1 月参加工作，1985 年 7 月入党。历任龙镇农场职业高中教师，龙镇农场宣传部干事、团委书记、党委秘书兼党政办公室主任、党委副书记兼纪委书记，北安分局重点高中党委书记，2000 年任建设农场党委书记，2003—2008 年任建设农场场长，2008 年 7 月调任牡丹江分局副局长。

王林

王林，男，黑龙江省黑河市人，研究生学历，高级政工师，1963 年 3 月出生，1981 年 8 月参加工作，1987 年 7 月入党。历任红色边疆农场第一中学教师、工会干事、团委书记（副科级）、办公室副主任、工会副主席、副场长；2001—2008 年任建设农场党委书记、社区管理委员会主任，2008 年 8 月—2010 年 5 月任建设农场场长，2010 年 5 月 5 日任北安分局交通局局长。

吴凤霖

吴凤霖，1958年6月出生于吉林省农安县，1976年4月参加工作，1979年11月加入中国共产党，大学学历，农艺师。参加工作以后，历任中国人民解放军81164部队战士；建设农场十九队副队长，青石岭电站党支部书记，十九队党支部书记、工会主席、队长，第二分场场长，农场场长助理、副场长，2008年8月任建设农场党委书记、社区主任等职；2011年5月10日调任农垦北安分局党校副校长。

乔忠义

乔忠义，男，1945年3月出生于黑龙江省宾县，1960年5月参加工作，大专学历，高级政工师，1966年7月加入中国共产党。历任肇东县红光畜牧场拖拉机手、中国人民解放军3225部队68分队战士、黑龙江生产建设兵团一师七团四营三连排长、建设农场第一分场四队指导员、建设农场职工医院党支部书记、建设农场粮食科党支部副书记、建设农场纪委副书记、建设农场党委副书记等职。

郭建义

郭建义，男，1948年2月出生于朝鲜元山市，1953年随父从朝鲜元山市回国，1969年6月在赵光耕读中学毕业，分配到建设农场工作，1980年6月加入中国共产党，农机工程师。历任建设农场修造厂电工，第二分场车队调度、修造厂党支部书记兼厂长、工业科党支部书记兼科长、建设农场副场长等职。

李英年

李英年，男，1947年5月出生于黑龙江省北安市石泉乡，1968年5月高中毕业后分配到赵光农垦局黎明农场工作，1973年9月加入中国共产党，高级政工师。历任黎明农场十六队工人，中学教师、校长；红星农场教育科科长、党支部书记，农场纪委书记；建设农场工会主席。

刘增元

刘增元，1962年11月24日出生于黑龙江省北安市赵光农场，1980年7月高中毕业，经一年师资班培训后，分配在建设农场工作，1985年10月考入东北财经学院学习二年，1997年11月加入中国共产党。在建设农场历任一中教师，机关通讯员，生产科统计，计财科副科长、科长，农场副场长等职。

周广森

周广森，1953年9月出生于吉林省榆树县，大专学历，政工师，1970年4月参加工作，1972年加入中国共产党。历任中国人民解放军81215部队战士，建设农场制材连、基建科工人、材料员，工程队党支部书记，农场组织部干事、副部长、部长，农场纪检书记、党委副书记、纪委书记。

王维春

王维春，1955年出生于山东省昌邑县，1985年中专毕业后分配到建设农场工作，1990年5月加入中国共产党。历任农场第二分场农机技术员，农场农机科技术员、助理、副科长，监理所所长，农业公司副经理，工业公司经理，农场副场长等职。

王立军

王立军，1972年8月出生于黑龙江省北安市，1989年12月参加工作，1991年7月加入中国共产党，研究生学历，高级农艺师。历任建设农场实验站技术员，生产队技术员、副队长、队长，农业科副科长，农业技术指导服务部副部长，农场副场长等职。

王传江

王传江，1961年12月出生于黑龙江省绥化市，1981年8月参加工作，1993年12月加入中国共产党，本科学历，农艺师。历任农场实验站技术员、农业科技术员、生产科干事、生产科副科长、生产科科长、党委组织部部长、武装部部长等职。

张本伟

张本伟，1967年4月出生于黑龙江省五大连池市，1983年9月参加工作，1994年11月加入中国共产党，研究生学历，主任记者职称。历任二龙山农场第一农机修造厂车工，电视台转播台技术员、记者、主任，副局长，宣传部部长；建设农场工会主席、党委副书记、纪委书记、政法委书记、社区副主任。

刘建胜

刘建胜，1970年6月出生于黑龙江省北安市，1989年12月参加工作，1998年2月加入中国共产党，研究生学历，农业推广硕士，高级经济师。历任长水河农场二队统计、农业技术员、技工、计财科计划统计、电算中心主任、计财科副科长、计划财务部部长、党委副书记、纪委书记、政法委书记、社区副主任、副场长；建设农场党委副书记、纪委书记、政法委书记、社区副主任。

吴宝忠

吴宝忠，1977年9月出生于黑龙江省安达县，1997年7月参加工作，1999年9月加入中国共产党，研究生学历，政工师。历任襄河农场机关小车驾驶员、二队党支部副书记、十二队队长兼党支部书记、第一管理区党支部书记兼工会主席、第四管理区主任；建设农场副场长。

苗兴民

苗兴民，1970年9月出生于黑龙江省庆安县，1995年7月参加工作，2000年6月加入中国共产党，大学本科学历，农业推广硕士，高级工程师。历任龙镇农场农机科科员、劳资科科员、生产队机务队长、农机科科长、对俄开发办主任、党委组织部副部长，五大连池市市长助理，龙镇农场党委组织部部长；建设农场副场长、党委副书记、纪委书记、政法委书记、社区副主任。

王忠孝

王忠孝，1970年6月出生于黑龙江省逊克县，1989年12月参加工作，1997年6月加入中国共产党，研究生学历，农业推广硕士。历任逊克农场四十二、四十一队农业技工、治安员、电工，四十一队工会主席、党支部书记、队长，作业区副主任兼党支部书记，第四管理区主任；建设农场副场长。

李友民

李友民，1962年10月出生于黑龙江省嫩江县，1978年12月参加工作，1989年12月加入中国共产党，本科学历，高级会计师、教授级高级政工师。历任格球山农场一队通讯员，筑路队出纳员、会计，计财科副科长、科长，副场长；赵光农场副场长；建设农场副场长。

白文军

白文军，1964年1月出生于黑龙江省赵光农场，1983年5月参加工作，1989年12月加入中国共产党，专科学历，助理政工师、助理农艺师。历任赵光农场四队机务工人、农业技工，五队统计、农业技工，第一分场四队党支部书记，第二分场党委秘书、组织纪委宣传干事，第二服务站农业助理，十五队党支部书记、队长，十八队、十七队、二队党支部书记，第五管理区副主任，第八管理区、第六管理区党支部书记兼工会主席；建设农场工会主席、纪委书记。

万太文

万太文，1963年4月出生于黑龙江省林口县，1979年12月参加工作，1990年9月加入中国共产党，研究生学历，高级农机工程师、农业技术推广研究员、教授级高级政工师。历任襄河农场九队学员、驾驶员，修配厂车工、机务队长，农机推广站工作人员，农技推广站副站长，六队队长、党支部书记，三队队长兼党支部书记；红色边疆农场场长、党委副书记；建设农场副场长、党委副书记、场长、党委书记、董事长。

曾祥成

曾祥成，1974年12月出生于黑龙江省萝北县，1998年7月参加工作，1996年10月加入中国共产党，研究生学历，农业推广硕士，教授级高级政工师。历任北安农垦物资总公司农机科技术员、检验员、销售部长、党支部书记；北安分局党委组织部主任科员，北安分局团委副书记、团委书记；建设农场党委副书记、党委书记、总经理。

殷培池

殷培池，1963年9月出生于黑龙江省德都县，1981年10月参加工作，1984年12月加入中国共产党，研究生学历，农机工程师。历任中国人民解放军坦克三师装甲步兵团一营三连战士、副班长、班长、代理排长；二龙山农场第一分场政工干事，七队党支部书记，五队党支部书记，一队队长兼党支部书记，三队队长助理、副队长、队长，副场长；建设农场副场长。

张文忠

张文忠，1968年6月出生于黑龙江省德都县，1986年12月参加工作，1991年6月加入中国共产党，研究生学历，高级政工师。历任二龙山农场三十队农机技术员、统计、副队长，二十九队党支部副书记、书记，二十八队党支部书记、队长，三十一队队长，三十队队长，第二管理区主任，马铃薯产业有限公司副总经理，副场长；建设农场党委副书记、纪委书记、政法委书记、武装部部长、工会主席、监事会主席、社会事务部副主任。

闫红彬

闫红彬，1974年2月出生于黑龙江省北安市，1991年12月参加工作，2003年6月加入中国共产党，大学本科学历，经济师。历任红星农场计财科出纳员、会计、副科长，办公室副主任，民政局副局长，信访办副主任，办公室主任，民政局局长，信访办主任，机关党总支书记；北安农垦建筑安装总公司党委副书记、工会主席；建设农场副场长、社会事务部副主任。

朱坤芝

朱坤芝，1973 年 12 月出生于黑龙江省北安市，1992 年 8 月参加工作，1999 年 10 月加入中国共产党，研究生学历，高级农机工程师。历任赵光农场种子公司技术员，农机科科员，三队副队长，农机科副科长、科长兼农机监理所所长，第六管理区主任；逊克农场副场长；建设农场副场长、副总经理。

唐道光

唐道光，1976 年 10 月出生于黑龙江省北安市，1999 年 4 月参加工作，2005 年 6 月加入中国共产党，研究生学历，农机技术员。历任龙镇农场法庭书记员；赵光农场司法科助理、关工委干事，龙门农场司法科负责人、副科长，赵光农场第三管理区党支部书记、主任、第八管理区主任；建设农场副场长、副总经理。

刘晓东

刘晓东，1964 年 1 月出生于黑龙江省北安市，1983 年 10 月参加工作，1985 年 6 月入党，研究生学历。历任北安管理局赵光机械厂团委书记，北安管理局党校办公室主任；赵光农场党委委员、武装部长（副场级），赵光农场党委副书记、纪委书记、政法委书记；红星农场党委副书记、纪委书记、政法委书记、社区副主任；二龙山农场有限公司党委副书记、总经理；建设农场有限公司党委副书记、总经理。

第三章　人物名表

第一节　农场领导

　　建场 64 年来，农场历任领导人，带领全场人民奋战在这片黑土地上，从贫穷到富有，立下了汗马功劳。

　　1956—2020 年建设农场历任领导班子成员任职情况见表 9-3-1。

　　1956—2020 年建设农场场级领导基本情况见表 9-3-2。

　　1956—2020 年历任建设农场场长、书记人员见表 9-3-3。

表 9-3-1　建设农场历任农场领导班子成员任职情况一览

任职时间	姓名	职务	备注
1956	程雪儒	建场主任、场长	
	周　海	场长	
	李　福	党支部书记	
1958	郭向阳	党总支书记	
	金连城	场长	
1959	郭向阳	党总支书记	
	李万发	副场长	
	马宝琛	副场长	
	杨　刚	副场长	
1960	郭向阳	党总支书记	
	刘　文	场长	
	李万发	副场长	
	马宝琛	副场长	
	杨　刚	副场长	
1961	郭向阳	场长、党总支书记	
	李万发	副场长	
	马宝琛	副场长	
	杨　刚	副场长	
1962	于景忠	党总支（党委）书记	
	郭向阳	场长	
	李万发	副场长	
	马宝琛	副场长	

（续）

任职时间	姓名	职务	备注
1963	于景忠	党委书记	
	郭向阳	场长	
	李万发	副场长	
	马宝琛	副场长	
1964	郭向阳	场长	
	于景忠	党委书记	
	马宝琛	副场长	
1965	郭向阳	场长	
	于景忠	党委书记	
	李万发	副场长	
	马宝琛	副场长	
1966	郭向阳	场长	
	于景忠	党委书记	
	蒋春林	副场长	
	马宝琛	副场长	
1968	郭向阳	场长	
	蒋春林	副场长	
1969	郭向阳	场长、党委书记	
	蒋春林	副场长	
	马宝琛	副场长	
1970	蒋春林	场长	
	王兆义	团长	
	马宝琛	副场长	
1971	蒋春林	场长、党委书记	
	马宝琛	副场长	
1972	王庆忠	政委	
	王 义	团长	
	金凤同	副政委	
	孙青山	副团长	
1973	王庆忠	政委	
	王兆义	团长	
	金凤同	副政委	
	程志颖	副团长	
	吴 起	副团长	
	孙青山	副团长	
1974	王庆忠	政委	
	王兆义	团长	
	李景和	副政委	
	程志颖	副团长	
	吴 起	副团长	
	孙青山	副团长	

（续）

任职时间	姓名	职务	备注
1975	王庆忠	政委	
	王兆义	团长	
	孙青山	副团长	
	金凤同	副政委	
	李景和	副政委	
	吴起	副团长	
1976	王庆忠	政委	
	王兆义	团长	
	金凤同	副政委	
	李景和	副政委	
	孙青山	副团长	
	吴起	副团长	
1977.03	李旭华	政委	
	李景和	副政委	
	孙青山	副团长	
	吴起	副团长	
1977.11	李万隆	政委、团长	
	孙青山	党委副书记	
	李景和	党委副书记	
	李树恒	党委副书记	
1978	李万隆	政委、团长	
	孙青山	党委副书记	
	李景和	党委副书记	
	李树恒	党委副书记	
	刘庭佐	副场长	
1979	杨玉山	场长	
	李万隆	党委书记	
	李景和	党委副书记	
	李树恒	党委副书记	
	孙青山	副场长	
1980	杨玉山	场长	
	李万隆	党委书记	
	李树恒	党委副书记	
	邱永祥	副场长	
	孙青山	副场长	
1981	杨玉山	场长	
	李万隆	党委书记	
	孙青山	副场长	
	邱永祥	副场长	
	马宝琛	副场长	
	栾德仁	副场长	

（续）

任职时间	姓名	职务	备注
1982	杨玉山	场长	
	李万隆	党委书记	
	孙青山	副场长	
	邱永祥	副场长	
	马宝琛	副场长	
	李可然	副场长	
1983	杨玉山	场长	
	那延吉	党委书记	
	齐云	党委副书记	
	李可然	副场长	
	谢德才	副场长	
	栾德仁	副场长	
1984	杨玉山	场长	
	那延吉	党委书记	
	齐 云	党委副书记	
	谢德才	副场长	
	栾德仁	副场长	
	付国臣	工会主席	
1985	杨玉山	场长	
	马景发	党委书记	
	周占彪	党委副书记	
	付国臣	纪委书记	
	谢德才	副场长	
	栾德仁	副场长	
	杨国珍	副场长	
	于洪臣	副场长	
	齐 云	工会主席	
1986	杨玉山	场长	
	马景发	党委书记	
	周占彪	党委副书记	
	付国臣	纪委书记	
	谢德才	副场长	
	栾德仁	副场长	
	杨国珍	副场长	
	于洪臣	副场长	
	齐 云	工会主席	

（续）

任职时间	姓名	职务	备注
1987	杨玉山	场长	
	马景发	党委书记	
	周占彪	党委副书记	
	付国臣	纪委书记	
	谢德才	副场长	
	栾德仁	副场长	
	杨国珍	副场长	
	于洪臣	副场长	
	王明林	副场长	
	齐　云	工会主席	
1988	马景发	场长	
	王法亮	党委书记	
	周占彪	党委副书记	
	付国臣	纪委书记	
	李可然	副场长	
	栾德仁	副场长	
	杨国珍	副场长	
	于洪臣	副场长	
	王明林	副场长	
	齐　云	工会主席	
1989	马景发	场长	
	王法亮	党委书记	
	周占彪	党委副书记	
	李可然	副场长	
	杨国珍	副场长	
	于洪臣	副场长	
	王明林	副场长	
	齐　云	工会主席	
1990	马景发	场长	
	王法亮	党委书记	
	周占彪	党委副书记	
	乔忠义	纪委书记	
	李可然	副场长	
	郭建义	副场长	
	杨国珍	副场长	
	于洪臣	副场长	
	王明林	副场长	
	齐　云	工会主席	

（续）

任职时间	姓名	职务	备注
1991	马景发	场长	
	王法亮	党委书记	
	周占彪	党委副书记	
	乔忠义	纪委书记	
	郭建义	副场长	
	杨国珍	副场长	
	于洪臣	副场长	
	刘宪堂	副场长	
	齐　云	工会主席	
1992	付宗深	场长	
	王法亮	党委书记	
	乔忠义	纪委书记	
	刘金烁	副场长	
	郭建义	副场长	
	杨国珍	副场长	
	于洪臣	副场长	
	刘宪堂	副场长	
	李英年	工会主席	
1993	付宗深	场长	
	王法亮	党委书记	
	乔忠义	纪委书记	
	刘金烁	副场长	
	郭建义	副场长	
	杨国珍	副场长	
	于洪臣	副场长	
	刘宪堂	副场长	
	李英年	工会主席	
1994	付宗深	场长	
	刘金烁	党委书记	
	乔忠义	党委副书记	
	郭建义	副场长	
	杨国珍	副场长	
	于洪臣	副场长	
	赵序国	副场长	
	李英年	工会主席	

（续）

任职时间	姓名	职务	备注
1995	付宗深	场长	
	刘金烁	党委书记	
	乔忠义	党委副书记	
	张真源	副场长	
	郭建义	副场长	
	杨国珍	副场长	
	于洪臣	副场长	
	赵序国	副场长	
	李英年	工会主席	
1996	付宗深	场长	
	刘金烁	党委书记	
	乔忠义	党委副书记	
	张真源	副场长	
	郭建义	副场长	
	杨国珍	副场长	
	于洪臣	副场长	
	赵序国	副场长	
	李英年	工会主席	
1997	付宗深	场长	
	刘金烁	党委书记	
	乔忠义	党委副书记	
	郭建义	副场长	
	刘增元	副场长	
	王维春	副场长	
	赵序国	副场长	
	李英年	工会主席	
1998	付宗深	场长	
	刘金烁	党委书记	
	乔忠义	党委副书记	
	周广森	纪委书记	
	郭建义	副场长	
	刘增元	副场长	
	王维春	副场长	
	赵序国	副场长	
	李英年	工会主席	

（续）

任职时间	姓名	职务	备注
1999	付宗深	场长	
	王克坚	党委书记	
	乔忠义	党委副书记	
	周广森	纪委书记	
	郭建义	副场长	
	刘增元	副场长	
	王维春	副场长	
	赵序国	副场长	
	李英年	工会主席	
2000	付宗深	场长	
	王克坚	党委书记	
	乔忠义	党委副书记	
	周广森	纪委书记	
	郭建义	副场长	
	刘增元	副场长	
	王维春	副场长	
	赵序国	副场长	
	李英年	工会主席	
2001	王克坚	场长	
	王　林	党委书记	
	周广森	党委副书记、纪委书记	
	吴凤霖	副场长	
	刘增元	副场长	
	王维春	副场长	
	张本伟	工会主席	
2002	王克坚	场长	
	王　林	党委书记	
	周广森	党委副书记、纪委书记	
	吴凤霖	副场长	
	刘增元	副场长	
	王维春	副场长	
	张本伟	工会主席	
	王传江	武装部长	

（续）

任职时间	姓名	职务	备注
2003	王克坚	场长	
	王　林	党委书记	
	周广森	党委副书记、纪委书记	
	吴凤霖	副场长	
	刘增元	副场长	
	王维春	副场长	
	张本伟	工会主席	
	王传江	武装部长	
2004	王克坚	场长	
	王　林	党委书记	
	周广森	党委副书记、纪委书记	
	吴凤霖	副场长	
	刘增元	副场长	
	王维春	副场长	
	张本伟	工会主席	
	王传江	武装部长	
2005	王克坚	场长	
	王　林	党委书记	
	周广森	党委副书记、纪委书记	
	吴凤霖	副场长	
	刘增元	副场长	
	王维春	副场长	
	张本伟	工会主席	
	王传江	武装部长	
2006	王克坚	场长	
	王林	党委书记	
	张本伟	党委副书记、纪委书记	
	吴凤霖	副场长	
	刘增元	副场长	
	王立军	副场长	
	王传江	武装部长	
2007	王克坚	场长	
	王　林	党委书记	
	张本伟	党委副书记、纪委书记	
	吴凤霖	副场长	
	刘增元	副场长	
	王立军	副场长	
	王传江	武装部长	

（续）

任职时间	姓名	职务	备注
2008	王　林	场长	
	吴凤霖	党委书记	
	张本伟	党委副书记、纪委书记	
	刘增元	副场长	
	王立军	副场长	
	王传江	武装部长	
2009	王　林	场长	
	吴凤霖	党委书记	
	刘建胜	党委副书记、纪委书记	
	苗兴民	副场长	
	吴宝忠	副场长	
	李宏军	副场长	
	王忠孝	副场长	
	王传江	武装部长	
2010	万太文	场长	
	吴凤霖	党委书记	
	苗兴民	党委副书记、纪委书记	
	李友民	副场长	
	吴宝忠	副场长	
	殷培池	副场长	
	王忠孝	副场长	
	白文军	工会主席	
	王传江	武装部长	
2011	万太文	场长	
	曾祥成	党委书记	
	苗兴民	党委副书记、纪委书记	
	李友民	副场长	
	吴宝忠	副场长	
	殷培池	副场长	
	王忠孝	副场长	
	白文军	工会主席	
	王传江	武装部长	
2012	万太文	场长	
	曾祥成	党委书记	
	苗兴民	党委副书记、纪委书记	
	李友民	副场长	
	吴宝忠	副场长	
	殷培池	副场长	
	王忠孝	副场长	
	白文军	工会主席	
	王传江	武装部长	

（续）

任职时间	姓名	职务	备注
2013	万太文	场长	
	曾祥成	党委书记	
	苗兴民	党委副书记、纪委书记	
	李友民	副场长	
	吴宝忠	副场长	
	殷培池	副场长	
	王忠孝	副场长	
	白文军	工会主席	
	王传江	武装部长	
2014	万太文	场长	
	曾祥成	党委书记	
	苗兴民	党委副书记、纪委书记	
	李友民	副场长	
	吴宝忠	副场长	
	殷培池	副场长	
	王忠孝	副场长	
	白文军	工会主席	
	王传江	武装部长	
2015	万太文	场长	
	曾祥成	党委书记	
	苗兴民	党委副书记、纪委书记	
	李友民	副场长	
	吴宝忠	副场长	11月调任尾山农场场长
	殷培池	副场长	
	王忠孝	副场长	
	白文军	工会主席	
	王传江	武装部长	
2016	万太文	场长	
	曾祥成	党委书记	
	苗兴民	党委副书记、纪委书记	10月调二龙山农场
	张文忠	党委副书记、武装部长、政法委书记	10月28日调入
	李友民	副场长	9月13日内退
	殷培池	副场长	
	王忠孝	副场长	10月调红色边疆农场
	闫红彬	副场长	10月28日调入
	白文军	工会主席	
	王传江	武装部长	9月13日内退

（续）

任职时间	姓名	职务	备注
2017	万太文	场长	
	曾祥成	党委书记	
	张文忠	党委副书记、武装部长、政法委书记	
	殷培池	副场长	2017年1月内退
	闫红彬	副场长	
	朱坤芝	副场长	
	唐道光	副场长	
	白文军	纪委书记、工会主席	
2018	万太文	场长	党委书记、董事长、场长、社会事务部主任
	曾祥成	党委书记	党委副书记、总经理
	白文军	纪委书记、工会主席	1月26日内退
	张文忠	党委副书记、武装部长、政法委书记	党委副书记、社会事务部副主任、武装部长、工会主席、监事会主席、纪委书记
	闫红彬	副场长	社会事务部副主任
	朱坤芝	副场长	副总经理
	唐道光	副场长	副总经理
2019	万太文	党委书记、董事长、场长、社会事务部主任	2018年6月至2019年7月29日任社会事务部主任
	曾祥成	党委副书记、总经理	2019年10月23日调出
	张文忠	党委副书记、社会事务部主任、武装部长、工会主席、监事会主席、纪委书记	2019年7月29日任社会事务部主任
	闫红彬	社会事务部副主任、副总经理	2019年7月29日任副总经理
	朱坤芝	副总经理	2020年12月4日调任长水河农场董事长
	唐道光	副总经理	
2020	万太文	党委书记、董事长、场长、社会事务部主任	2018年6月至2019年7月29日社会事务部主任
	刘晓东	党委副书记、总经理	2020年10月9日调入农场
	张文忠	党委副书记、社会事务部主任、武装部长、工会主席、监事会主席、纪委书记	2019年7月29日任社会事务部主任
	闫红彬	社会事务部副主任、副总经理	2019年7月29日任副总经理
	唐道光	副总经理	

表 9-3-2 1956—2020 年建设农场场级领导基本情况表

序号	姓名	性别	民族	文化程度	籍贯	出生年月	入党年月	参加工作时间	职称	职务	任职时间	备注
1	程雪儒	男	汉	初中	黑龙江省呼兰县	1928.02	1949.30	1947.11		建场主任、场长	1956—1958 和平农场 1965—1968 涌泉农场	
2	周 海	男	汉	高小	黑龙江省宾县	1925.08	1947.10	1947.05		场长、书记	1956.10 和平农场	
3	李 福	男	汉	私塾3年	黑龙江省泰来县	1919	1947.10	1946.11		总支书记	1956—1958 和平农场	
4	李德洪	男	汉	私塾3年	黑龙江省绥化县	1918	1947	1946.05		工会主席	1956—1958 和平农场	
5	刘忠山	男	汉	高小	黑龙江省	1926.05	1949	1946		场长	1965—1968 涌泉农场	
6	乔 真	男	汉	初中	山东省	1920	1946	1946		副场长	1965—1968 涌泉农场	
7	李亚良	男	汉	高小	黑龙江省	1928	1954	1949.08		副场长	1965—1968 涌泉农场	
8	王世恩	男	汉	初中	黑龙江省	1925.05	1946	1940		总支书记	1965—1968 双丰农场	
9	李万发	男	汉	私塾2年	内蒙古实泉县	1928.10	1948.09	1947.02		副场长	1958—1968 双丰农场	
10	沈文学	男	汉	初小	黑龙江省北安市	1925.09	1950.01	1948.05		副场长	1965—1968 双丰农场	
11	郭向阳	男	汉	私塾3年	黑龙江省兰西县	1928.01	1947.08	1946.03		总支书记、场长	1958—1969	
12	金连成	男	满	高小	黑龙江省庆安县	1927.05	1948	1946.10		场长	1958	
13	刘 文	男	汉	初中	黑龙江省呼兰县	1927	1949.03	1947.11		场长	1960	
14	孟昭盛	男	汉	高小	黑龙江省吉贤县	1927	1948	1946		场长	1958—1968	
15	杨 刚	男	汉	初中	黑龙江省呼兰县	1927.12	1951.01	1947.11	技师	副场长	1959—1961	
16	马宝琛	男	汉	初中	黑龙江省绥化县	1926.10	1954.12	1948.05	技师	副场长	1959—1966 1969—1971 1981—1982	
17	于景忠	男	汉	私塾3年	山东省	1924.1	1950.03	1946.04		党委书记	1962—1966	
18	蒋春霖	男	汉	私塾3年	辽宁省	1921.10	1949.05	1946.10		书记兼场长副场长	1966—1971	1970任场长，1971任书记兼场长
19	王庆忠	男	汉	初中	辽宁省达中县	1928.08	1949.01	1945.10	现役军人	政委	1972—1976	
20	王兆义	男	汉	高小	山东省青岛市	1924	1945	1944.06	现役军人	团长	1970, 1973—1976	
21	王 义	男								团长	1972	不详

（续）

序号	姓名	性别	民族	文化程度	籍贯	出生年月	入党年月	参加工作时间	职称	职务	任职时间	备注
22	程志颖	男	汉	大学肄业	辽宁	1927	1955	1948.11	现役军人	副团长	1973—1974	
23	金凤桐	男	满	高小	辽宁	1926	1955	1947	现役军人	团副政委	1972—1973 1975—1976	
24	涂嘉林	女	汉	初中	上海	1952	1971	1968.10	下乡知青	团副政委	1968—1976	
25	黄昌	男	汉	初中	广东省中山县	1928	1948	1947	现役军人	副团长	1968—1976	
26	王兴汉	男	回	国高	沈阳市	1926	1953	1947	现役军人	参谋长	1968—1976	
27	王德恩	男	汉	高小	辽宁	1925		1947	现役军人	政治处主任	1968—1976	
28	张希胜	男	汉	高小	辽宁				现役军人	团副政委	1968—1976	
29	李旭华	男	汉	初中	四川	1934		1952	现役军人	团政委	1977.03	
30	孙青山	男	汉	私塾2年	黑龙江省望奎县	1919	1946.09	1945.07	现役军人	副团长 副书记 副场长	1972—1977.11 任副团长 1977.11—1978 任副书记 1979 任副场长	
31	吴起	男	汉	私塾2年	黑龙江省	1921	1949	1946		副团长	1973—1977.03	
32	李迎洲	男	汉	大学	吉林省通化县	1943	1981	1968.10	助理农艺师	副场长	1977—1984	
33	李万隆	男	汉	初中	哈尔滨市	1923.09	1956.02	1945.07		书记兼场长书记	1977.11—1978 1979—1982	1995年12月13日病故
34	杨玉山	男	汉	初中	黑龙江省宾县	1939.12	1970.12	1956.05		场长	1979—1987	
35	李景和	男	汉	初中	兰西	1928	1952	1949		副政委 副书记	1974—1977.03 任副政委 1977.11—1979 任副书记	
36	李树恒	男	汉	高中	哈尔滨市	1946	1970	1968.10	技师	副书记	1977.11—1980	
37	刘庭佐	男	汉	中专	黑龙江省海伦县	1935	1964	1952		副场长	1978	
38	邱永祥	男	汉	私塾2年	吉林省德惠县	1921	1949.8	1948.08		副场长	1980—1982	
39	那延吉	男	满	大专	黑龙江省五常县	1947.01	1970.01	1998.07		党委书记	1983—1984	
40	齐云	男	汉	大专	黑龙江省海伦县	1934.09	1954.04	1951.08		党委副书记 工会主席	1983—1984 任党委副书记 1985—1991 任工会主席	1996年5月27日病故
41	付国臣	男	满	高中	黑龙江省宁安县	1932.05	1955.06	1947.02		纪委书记 工会主席	1984任 工会主席 1985—1988 任纪委书记	
42	谢德才	男	汉	高小	辽宁省开源县	1935.02	1956.08	1953.08		副场长	1983—1987	1987年5月调出
43	栾德仁	男	汉	高小	吉林省镇赉县	1934.11	1956.09	1954.03		副场长	1981 1982—1988	1988年退养
44	潘广和	男	汉	中专	黑龙江省	1936		1958.10	农机工程师	总农机师	1977—1984	

（续）

序号	姓名	性别	民族	文化程度	籍贯	出生年月	入党年月	参加工作时间	职称	职务	任职时间	备注
45	徐全荣	男	汉	中专	江苏省武进县	1934.08	1963	1952.04	会计师	总会计师	1983.04	1985年1月23日调离农场回江苏徐州
46	马景发	男	汉	中专	黑龙江省佳木斯市	1939.07	1964.09	1954.04	工程师	党委书记 场长	1985—1987 任书记 1988.01—1990 任场长	1992年3月调北安管理局粮贸公司任经理
47	王法亮	男	汉	大学	山东省蒙阴县	1943	1965	1966	高级农艺师	书记	1988.01—1993	1993年调北安分局种子公司
48	李可然	男	汉	大专	黑龙江省肇东县	1938	1976	1959		副场长	1982—1983 1988—1990	1990或1991年调龙镇农场
49	周占彪	男	汉	大学	安徽省锡山县	1938.01	1979.03	1960.08	林业工程师	党委副书记	1985—1991	1991年5月28日病故
50	于洪臣	男	汉	大学	黑龙江省哈尔滨市	1940.10	1981.12	1965.10	农机工程师	副场长	1985—1996	1996年调出
51	杨国珍	男	汉	大专	吉林省榆树县	1943.03	19840.07	1968.08	农艺师	副场长	1985—1996	1996年退养，2018年病故
52	李玉田	男	汉	大专	辽宁省	1936	1972	1958	农机工程师	总农机工程师	1985	
53	王明林	男	汉	大专	吉林省德惠县	1943	1970.12	1963.10	经济师	副场长	1987—1990	1990或1991年调尾山农场
54	付宗深	男	汉		山东省即墨市	1945.02	1983.11	1961.12	助理农艺师	副场长、场长	1991 任副场长 1992.03—2000.11 任场长	2000年11月退养
55	刘金烁	男	汉	初中	河北省新城县	1944.05	1981	1960		副场长 党委书记	1992—1993 任副场长 1994—1998 任书记	1998年12月26日改任调研员
56	郭建义	男	汉			1948.02	1980.06	1969	农机工程师	副场长	1990—2000	2003年1月退养
57	乔忠义	男	汉	大专	黑龙江省宾县	1945.03	1966.07	1960.05	高级政工师	党委副书记 纪委书记	1990—1993 任纪委书记 1994—2000 任党委副书记	2003年1月退养
58	赵旭国	男	汉	中专		1962	1978.06	1990	农艺师	副场长	1994—2000	2000年9月调红色边疆农场任场长
59	王维春	男	汉	中专	山东省昌邑县	1955	1990.05	1985	高级经济师	副场长	1997—2005	2006年1月3日退养

（续）

序号	姓名	性别	民族	文化程度	籍贯	出生年月	入党年月	参加工作时间	职称	职务	任职时间	备注
60	刘增元	男	汉	研究生	山东省沂南县	1962.11	1997.11	1980.07	助理会计师	副场长	1997.09—2008	2008年8月1日调赵光农场任书记
61	李英年	男	汉	大学	黑龙江省北安市	1947.05	1973.09	1968.05	高级政工师	工会主席	1992—2001	2001年任调研员
62	周广森	男	汉	大专	吉林榆树	1953.09	1972	1970.04	中级政工师	党委副书记纪委书记	1998—2000任纪委书记 2001.12任党委副书记纪委书记	2006年1月3日退养
63	刘宪堂	男	汉		吉林省长春市	1945.03	1985.05	1964.07	助理会计师	副场长	1990.02—1993	1992年1月任调研员
64	张真源	男	汉	大学	黑龙江省肇东市	1944.01				副场长	1995—1996	1996或1997年调出
64	王克坚	男	汉	研究生	辽宁省绥中县	1963.07	1985.07	1983.01	高级政工师	书记、场长	1998.12—2000.11任书记 2000.11—2008.08任场长	2008年7月2日调牡丹江分局任副局长
65	王 林	男	汉	研究生	黑龙江省黑河市	1963.03	1987.07	1981.08	高级政工师	书记、场长	2000.11—2008.08任书记 2008.08—2010.05任场长	2010年5月5日调北安分局交通局任局长
66	吴凤霖	男	汉	大学	吉林省农安县	1958.06	1979.11	1976.04	农艺师	副场长、书记	2001—2008.08任副场长 2008.08—2011.05任书记	2011年5月10日调农垦北安分局党校任副校长
67	张本伟	男	汉	研究生	吉林省农安县	1967.04	1994.11	1983.09	主任记者	党委副书记纪委书记工会主席	2001.12任工会主席 2006.01任党委副书记纪委书记	2008年
68	王传江	男	汉	大学	黑龙江省绥化市	1961.12	1993.12	1981.08	农艺师	武装部长	2002.09—2016.09	2016年9月13日退养
69	王立军	男	汉	研究生	吉林省双辽市	1972.08	1991.07	1989.12	高级农艺师	副场长	2006.01—2009.09	2009年9月22日调龙镇农场任场长
70	刘建胜	男	汉	研究生	山东省莱阳县	1970.06	1998.02	1989.12	高级经济师	党委副书记纪委书记	2009.09—2010.05	2010年5月调红色边疆农场任书记
71	苗兴民	男	汉	研究生	黑龙江省庆安县	1970.09	2000.06	1995.07	农机高级工程师	党委副书记纪委书记	2009.01任副场长 2010—2016.10任副书记纪委书记	2016年10月调二龙山农场

（续）

序号	姓名	性别	民族	文化程度	籍贯	出生年月	入党年月	参加工作时间	职称	职务	任职时间	备注
72	吴宝忠	男	汉	研究生	黑龙江省安达县	1977.09	1999.09	1997.07	政工师	副场长	2009.01—2015.10	2015年10月26日调尾山农场任场长
73	李宏军	男	汉	大专	吉林省怀德县	1968.11	2000.09	1984.07	助理会计师	副场长	2009.01—2009.11	2009年11月14日因公殉职
74	王忠孝	男	汉	研究生	山东省成武县	1970.06	1997.06	1989.12	农艺师	副场长	2009.01—2016.10	2016年10月调红色边疆农场
75	万太文	男	汉	研究生	黑龙江省林口县	1963.04	1990.09	1979.12	农业技术推广研究员、高级农机工程师、教授级高级政工师	场长	2010.05—2018.06	在职
76	曾祥成	男	汉	研究生	河南省邓州县	1974.12	1996.10	1998.07	教授级高级政工师	书记	2011.05—2018.06	在职
77	李友民	男	汉	研究生	黑龙江省龙江县	1962.10	1989.12	1978.12	教授级高级政工师、高级会计师	副场长	2010.01—2016.09	2016年9月13日退养
78	殷培池	男	汉	研究生	山东省高密市	1963.09	1984.12	1981.10	农机工程师	副场长	2010.05—2017.01	2017年1月退养
79	白文军	男	汉	大专	黑龙江省拜泉县	1964.01	1989.12	1983.05	政工师	工会主席	2010.01—2018.01	2018年1月26日退养
80	张文忠	男	汉	研究生	辽宁省盘锦市	1968.06	1991.06	1986.12	高级政工师	党委副书记纪委书记	2016.10—2018.06	在职
81	唐道光	男	汉	大学	山东省梁山县	1976.09	2005.06	1999.04	农机技术员	副场长	2017.05—2018.06	在职
82	闫红彬	男	汉	大学	黑龙江省望奎县	1974.02	2003.06	1991.12	经济师	副场长	2016.10—2018.06	在职
83	朱坤芝	男	汉	研究生	山东省沂南县	1973.12	1999.10	1992.08	高级农机工程师	副场长	2017.03—2018.06	2020年12月4日调入长水河农场董事长
84	刘晓东	男	汉	研究生	吉林梨树	1964.01	1985.06	1983.10	高级政工师	副书记	2020.10.09至今	在职

表 9-3-3 1956—2020 年任建设农场场长、书记人员

序号	姓名	性别	民族	文化程度	籍贯	出生年月	入党年月	参加工作时间	职称	职务	任职时间	备注
1	程雪儒	男	汉	初中	黑龙江省呼兰县	1928.02	1949.30	1947.11		建场主任、场长	1956—1958年	

（续）

序号	姓名	性别	民族	文化程度	籍贯	出生年月	入党年月	参加工作时间	职称	职务	任职时间	备注
2	周海	男	汉	高小	黑龙江省滨县	1925.08	1947.10	1947.05		场长、书记	1956年10月任场长	1956—1957
3	李福	男	汉	私塾3年	黑龙江省泰来县	1919	1947.10	1946.11		总支书记	1956—1958年	
4	刘忠山	男	汉	高小	黑龙江省	1926.05	1949	1946		场长	1965—1968年	
5	王世恩	男	汉	初中	黑龙江省	1925.05	1946	1940		总支书记	1965—1968年	
6	郭向阳	男	汉	私塾3年	黑龙江省兰西县	1928.01	1947.08	1946.03		总支书记场长	1958—1968年	1961—1969
7	金连成	男	满	高小	黑龙江省庆安县	1927.05	1948	1946.10		场长工会主席	1958—1968年	1958—1959
8	刘文	男	汉	初中	黑龙江省呼兰县	1927	1949.03	1947.11		场长	1958—1968年	1960
9	孟昭盛	男	汉	高小	黑龙江省吉贤县	1927	1948	1946		场长	1958—1968年	
10	于景忠	男	汉	私塾3年	山东省	1924.1	1950.03	1946.04		党委书记	1958—1968年	
11	王庆忠	男	汉	初中	辽宁省达中县	1928.08	1949.01	1945.10	现役军人	团政治委员	1968—1976年	
12	王兆义	男	汉	高小	山东省青岛市	1924	1945	1944.06	现役军人	团长	1968—1976年	
13	李旭华	男	汉	初中	四川	1934		1952	现役军人	团政委	1968—1976年	
14	李万隆	男	汉	初中	哈尔滨市	1923.09	1956.02	1945.07		党委书记	1976—1980年	1995年12月13日病故
15	杨玉山	男	汉	初中	黑龙江省滨县	1939.12	1970.12	1956.05		场长	1977—1987年	
16	那延吉	男	满	大专	黑龙江省五常县	1947.01	1970.01	1998.07		党委书记	1977—1984年	
17	马景发	男	汉	中专	黑龙江省佳木斯市	1939.07	1964.09	1954.04	工程师	党委书记场长	1985年任书记 1988年1月20日任场长	1992年3月调北安管理局粮贸公司任经理
18	王法亮	男		大学	山东省蒙阴县	1943	1965	1966	高级农艺师	书记	1988年1月20日	1993年调北安分局种子公司
19	付宗深	男			山东省即墨市	1945.02	1983.11	1961.12		副场长、场长	1991年任副场长 1992年3月任场长	2000年11月退养
20	刘金烁	男		初中	河北省新城县	1944.05	1981	1960		副场长党委书记	1992年任副场长 1994年任书记	1998年12月26日改任调研员
21	王克坚	男	汉	研究生	辽宁省绥中县	1963.07	1985.07	1983.01	高级政工师	党委书记	1998年12月26日任书记 2000年11月任场长	2008年7月2日调牡丹江分局任副局长
22	王林	男	汉	研究生	黑龙江省黑河市	1963.03	1987.07	1981.08	高级政工师	书记、场长	2000年11月28日任书记 2008年8月1日任场长	2010年5月5日调北安分局交通局任局长

（续）

序号	姓名	性别	民族	文化程度	籍贯	出生年月	入党年月	参加工作时间	职称	职务	任职时间	备注
23	吴凤霖	男	汉	大学	吉林省农安县	1958.06	1979.11	1976.04	农艺师	书记	2008年8月1日	2011年5月10日调农垦北安分局党校任副校长
24	曾祥成	男	汉	研究生	河南省邓州县	1974.12	1996.10	1998.07	教授级高级政工师	书记	2011年5月10日	在职
25	万太文	男	汉	大学	黑龙江省林口县	1963.04	1990.09	1979.12	高级农机工程师	场长	2010年5月5日	董事长、场长在职
26	刘晓东	男	汉	研究生	吉林梨树	1964.01	1985.06	1983.10	高级政工师	总经理	2020年10月9日	副书记在职

第二节　建场元老

1956年建场当年全场共有职工192名（表9-3-4），其中男职工184名、女职工9名，来自国营通北农场（现在赵光农场）83名，来自通北县农场70名，来自转复军人8名，来自学校和其他单位16名。从哈尔滨市招聘待业青年15名。

表9-3-4　1956年建场人员名册

姓名	性别	年龄	原工作单位	到本场后的概况				备注
				来场年月	单位	职务	职称	
李　福	男	36	国营通北农场	1956.03	场部	党总支书记		
程雪儒	男	28	国营通北农场	1956.01	场部	建场主任、场长		
周　海	男	31	黑龙江省委	1956.10	场部	场长		
李德洪	男	36	国营通北农场	1956.01	场部	工会主席		
李恒泰	男	29	国营通北农场	1956.01	场部	人事科长		
张树成	男	26	国营通北农场	1956.01	场部	团总支书记		
薛贵林	男	32	国营通北农场	1956.01	场部	主管会计	会计员	
杨正清	男	36	国营通北农场	1956.01	场部	供销负责人		
史占山	男	37	国营通北农场	1956.01	场部		农业技术员	
李瑞平	男	29	国营通北农场	1956.01	场部	农机负责人	技术员	
毛炳富	男	30	国营通北农场	1956.01	场部		农业技术员	
于　森	男	26	国营通北农场	1956.01	场部		农机技术员	
徐全荣	男	24	国营通北农场	1956.01	场部		会计员	
孙作尧	男	30	国营通北农场	1956.01	场部		会计员	
门曰田	男	21	哈尔滨王岗机校	1956.05	场部		会计员	
刘洪满	男	20	哈尔滨王岗机校	1956.05	场部		会计员	

（续）

姓名	性别	年龄	原工作单位	到本场后的概况				备注
				来场年月	单位	职务	职称	
翟树盈	男	22	黑龙江省农垦厅	1956.04	场部		统计员	
王昆甫	男	32	国营通北农场	1956.01	场部		计划员	
王德安	男	26	国营通北农场	1956.01	场部		统计员	
沈文学	男	31	国营通北农场	1956.01	场部	人事干事		
李春先	男	32	国营通北农场	1956.01	场部	总务		
杜立	女	26	国营通北农场	1961.01	场部	文书		
郭凤杰	女	25	国营通北农场	1961.01	场部		出纳员	
韩淑芝	女	35	国营通北农场	1961.01	场部	供销员		
祖景明	男	30	国营通北农场	1961.01	场部	采购员		
韩德隆	男	24	国营通北农场	1956.01	场部	工会干事		
余家锦	男	26	国营通北农场	1956.01	场部		会计员	
张宝升	男	41	通北县农场	1956.02	场部	工会干事		
李浩	男	31	国营通北农场	1956.01	场部	油库主任		
潘唯一	男	42	国营通北农场	1956.01	场部	采购员		
张和	男	31	国营通北农场	1956.01	场部	供销员		
关玉琢	男	26	国营通北农场	1956.01	场部	团干事	护士	
周范五	男	42	国营通北农场	1956.01	场部	主治大夫	医士	
邱少停	男	31	国营通北农场	1956.01	场部		护士	
丁魁武	男	27	北安市	1956.05	场部	保卫干事		
朱金凤	男	26	农建工师	1956.06	场部	保管员		
汤延福	男	29	农建工师	1956.06	场部	保管员		
戴志	男	32	国营通北农场	1956.01	生产队	队党支部书记		
胡立东	男	25	国营通北农场	1956.01	生产队	队党支部书记		
李树清	男	31	国营通北农场	1956.01	生产队	队长		
徐国良	男	28	国营通北农场	1956.01	生产队	队长		
张忠	男	31	国营通北农场	1956.01	生产队	队长		
马志刚	男	26	国营通北农场	1956.01	生产队	副队长		
林钟贵	男	31	国营通北农场	1956.01	基建组	组长		借用
赵洪举	男	33	国营通北农场	1956.01	基建组	施工组长		借用
郑世华	男	35	国营通北农场	1956.01	生产队		会统员	
彭达明	男	33	国营通北农场	1956.01	生产队		会统员	
薛洪林	男	25	通北县农场	1956.03	生产队		会统员	
阎品文	男	33	部队	1956.08	场直	运输队长		
郭洪钧	男	35	国营通北农场	1956.01	生产队	管理员		
崔保荣	男	43	国营通北农场	1956.01	生产队	保管员		
王运庭	男	31	场五师	1956.06	生产队	管理员		
郝承让	男	29	场五师	1956.06	生产队	保管员		
房玉增	男	29	场五师	1956.06	生产队	保管员		

（续）

姓名	性别	年龄	原工作单位	到本场后的概况				备注
				来场年月	单位	职务	职称	
秦洪杏	男	31	场五师	1956.06	生产队	保管员		
舒占林	男	26	北安县海星乡	1956.05	场直	保卫		
孟凡荣	男	23	国营通北农场	1956.01	基建组	管理员		
魏德富	男	21	通北县农场	1956.03	场部	通讯员		
王成有	男	43	哈尔滨牧场	1956	畜牧组	保管员		
陈化兴	男	23	国营通北农场	1956.01	生产队	拖拉机车长		
王永山	男	26	国营通北农场	1956.01	生产队	拖拉机车长		
谷明忠	男	26	国营通北农场	1956.01	生产队	拖拉机车长		
方长坤	男	29	国营通北农场	1956.01	生产队	拖拉机车长		
王立文	男	26	国营通北农场	1956.01	生产队	拖拉机车长		
田广恩	男	25	国营通北农场	1956.01	生产队	拖拉机车长		
李文祥	男	25	国营通北农场	1956.01	生产队	拖拉机车长		
崔万清	男	25	国营通北农场	1956.01	生产队	拖拉机车长		
王守志	男	26	国营通北农场	1956.01	生产队	拖拉机车长		
金中	男	28	国营通北农场	1956.01	生产队	拖拉机车长		
邹元璞	男	26	国营通北农场	1956.01	生产队	拖拉机车长		
王恒昌	男	23	国营通北农场	1956.01	生产队	拖拉机车长		
刘树义	男	25	国营通北农场	1956.01	生产队	拖拉机车长		
刘志	男	25	国营通北农场	1956.01	生产队	拖拉机车长		
王堂	男	23	国营通北农场	1956.01	生产队	拖拉机车长		
苏启云	男	24	国营通北农场	1956.01	生产队	拖拉机副驾		
任洪林	男	24	国营通北农场	1956.01	生产队	拖拉机副驾		
谷中学	男	23	国营通北农场	1956.01	生产队	拖拉机副驾		
康贵臣	男	23	国营通北农场	1956.01	生产队	拖拉机副驾		
吴国斌	男	22	国营通北农场	1956.01	生产队	拖拉机副驾		
谢国华	男	31	国营通北农场	1956.01	生产队	拖拉机副驾		
工喜	男	23	国营通北农场	1956.01	生产队	拖拉机副驾		
刘明远	男	24	国营通北农场	1956.01	生产队	拖拉机副驾		
庄连贵	男	23	国营通北农场	1956.01	生产队	拖拉机副驾		
罗振汉	男	28	国营通北农场	1956.01	生产队	拖拉机副驾		
张振春	男	20	国营通北农场	1956.01	生产队	拖拉机副驾		
张凤	男	26	国营通北农场	1956.01	生产队	拖拉机副驾		
娄安昌	男	24	国营通北农场	1956.01	生产队	拖拉机副驾		
王福财	男	23	国营通北农场	1956.01	生产队	拖拉机副驾		
赵吉兴	男	34	国营通北农场	1956.01	生产队	拖拉机副驾		
腾绍文	男	22	国营通北农场	1956.01	生产队	拖拉机学员		
苗洪殿	男	21	国营通北农场	1956.01	生产队	拖拉机学员		
姜永明	男	36	国营通北农场	1956.05	场直	修理工		

（续）

| 姓名 | 性别 | 年龄 | 原工作单位 | 到本场后的概况 | | | | 备注 |
				来场年月	单位	职务	职称	
高宝玉	男	26	国营通北农场	1956.01	场直	汽车驾驶员		
韩吉兴	男	25	国营通北农场	1956.01	场直	汽车驾驶员		
王国财	男	26	国营通北农场	1956.01	场直	汽车驾驶员		
王宝山	男	24	部队	1956.04	场直	汽车驾驶员		
吴振汉	男	24	通北县农场	1956.03	场直	汽车驾驶员		
胡永林	男	40	国营通北农场		生产队	警卫		
李惠喜	男	24	国营通北农场		场直	警卫		
张成礼	男	24	国营通北农场		场直	木工		
都万才	男	27	国营通北农场	1956.01	场直	木工		
杨成功	男	30	国营通北农场	1956.01	场直	木工		
丁跃范	男	24	吉贤农场	1956.04	生产队	拖拉机驾驶员		
李茬云	女	22	吉贤农场	1956.04		拖拉机学员		
任国志	男	28	通北县	1956.03	场直	炊事员		
唐守信	男	24	地方福安农场	1956.05	生产队	农工		
董万有	男	25	地方福安农场	1956.05	生产队	大车老板		
于 跃	男	24	地方福安农场	1956.05	生产队	大车老板		
王 财	男	26	通北县农场	1956.03	生产队	农工组长		
于文喜	男	25	通北县农场	1956.03	生产队	农工组长		
马德山	男	29	通北县农场	1956.03	生产队	农工组长		
张品栋	男	30	通北县农场	1956.03	生产队	大车组长		
张 清	男	31	通北县农场	1956.03	生产队	大车组长		
刘金山	男	33	通北县农场	1956.03	生产队	大车组长		
刘玉峰	男	29	通北县农场	1956.03	生产队	晒场主任	农工	
程玉庭	男	34	通北县农场	1956.03	生产队	炊事员		
赵宏斌	男	43	通北县农场	1956.03	生产队	炊事员		
刘凤阁	男	42	通北县农场	1956.03	生产队	炊事员		
孙忠江	男	24	通北县农场	1956.03	生产队	农工		
孙德君	男	25	通北县农场	1956.03	生产队	大车老板		
张运民	男	26	通北县农场	1956.03	生产队	大车老板		
蒋玉和	男	28	通北县农场	1956.03	生产队	大车老板		
吕清海	男	43	通北县农场	1956.03	生产队	大车老板		
邱显富	男	24	通北县农场	1956.03	生产队	大车老板		
齐振亚	男	26	通北县农场	1956.03	生产队	大车老板		
张凤楼	男	28	通北县农场	1956.03	生产队	大车老板		
刘 荣	男	31	通北县农场	1956.03	生产队	大车老板		
于文富	男	24	通北县农场	1956.03	生产队	大车老板		
邵广禄	男	24	通北县农场	1956.03	生产队	大车老板		
范文财	男	32	通北县农场	1956.03	生产队	大车老板		

（续）

姓名	性别	年龄	原工作单位	到本场后的概况				备注
				来场年月	单位	职务	职称	
邢延朋	男	24	通北县农场	1956.03	生产队	大车老板		
何法洁	男	24	通北县农场	1956.03	生产队	大车老板		
郝洪举	男	26	通北县农场	1956.03	生产队	农工		
刘 和	男	24	通北县农场	1956.03	生产队	农工		
崔德光	男	24	通北县农场	1956.03	生产队	农工		
梁德芳	男	24	通北县农场	1956.03	生产队	农工		
周兴春	男	24	通北县农场	1956.03	生产队	农工		
车占义	男	33	通北县农场	1956.03	生产队	农工		
周长福	男		通北县农场	1956.03	生产队	农工		
周长生	男		通北县农场	1956.03	生产队	农工		
王海林	男	43	通北县农场	1956.03	生产队	农工		
王海臣	男	31	通北县农场	1956.03	生产队	农工		
宋万林	男	34	通北县农场	1956.03	生产队	木工		
杨景志	男	29	通北县农场	1956.03	生产队	木工		
常印安	男	24	通北县农场	1956.03	生产队	木工		
毕纯志	男	35	通北县农场	1956.03	场直	钳工		
王国禄	男	32	通北县农场	1956.03	场直	钳工		
刘生田	男	29	通北县农场	1956.03	场直	钳工		
齐振山	男	24	通北县农场	1956.03	场直	钳工		
曾宪文	男	23	通北县农场	1956.03	生产队	农工		
魏守礼	男	44	通北县农场	1956.03	场直	钳工		
齐志朋	男	43	通北县农场	1956.03	生产队	农工		
侯振祥	男	33	通北县农场	1956.03	生产队	勤杂		
冯志珍	男	23	通北县农场	1956.03	生产队	农工		
李满囤	男	31	通北县农场	1956.03	生产队	农工		
邱元生	男	47	通北县农场	1956.03	生产队	饲养员		
吕洪全	男	54	通北县农场	1956.03	生产队	饲养员		
庞雨林	男	44	通北县农场	1956.03	畜牧组	饲养员		
杨 林	男	24	通北县农场	1956.03	生产队	农工		
单文举	男	32	通北县农场	1956.03	生产队	农工		
赵国生	男	34	通北县农场	1956.03	生产队	勤杂		
刘凤林	男	24	通北县农场	1956.03	生产队	农工		
赵世林	男	21	待业青年	1956.03	生产队	农工		
张 印	男	24	通北县农场	1956.03	生产队	农工		
王同生	男	22	通北县农场	1956.03	生产队	农工		
王俊英	男	33	通北县农场	1956.03	生产队	晒场主任		
崔洪文	男	24	通北县农场	1956.03	生产队	农工		
陈宝修	男	51	通北县农场	1956.03	生产队	农工		

（续）

姓名	性别	年龄	原工作单位	到本场后的概况				备注
				来场年月	单位	职务	职称	
白云桥	男	32	通北县农场	1956.03	生产队	炊事员		
王福	男	22	通北县农场	1956.03	生产队	农工		
宋德成	男	31	通北县农场	1956.03	生产队	勤杂		
林树成	男	24	通北县农场	1956.03	生产队	农工		
张运昌	男	23	通北县农场	1956.03	生产队	农工		
蒋玉山	男	32	通北县农场	1956.03	生产队	饲养员		
刘明文	男	19	黑龙江省绥化县	1956.07	基建组	力工		
于占河	男	20	待业青年	1956.10	基建组	力工		
李秀文	男	24	哈尔滨市青年	1956.06	生产队	农工		
陈科	男	21	哈尔滨市青年	1956.06	生产队	农工		
许常仁	男	19	哈尔滨市青年	1956.06	生产队			
刘迁	男	19	哈尔滨市青年	1956.06	生产队			
梁生	男	18	哈尔滨市青年	1956.06	生产队			
吕文章	男	19	哈尔滨市青年	1956.06	生产队			
娄胜凯	男	17	哈尔滨市青年	1956.06	生产队			
杨兴友	男	20	哈尔滨市青年	1956.06	生产队			
陈学力	男	20	哈尔滨市青年	1956.06	生产队			
肖淑琴	女	19	哈尔滨市青年	1956.06	场直	勤杂		
王桂琴	女	18	哈尔滨市青年	1956.06	场直	勤杂		
马国珍	女	19	哈尔滨市青年	1956.06	场直	勤杂		
黄丽霞	女	21	哈尔滨市青年	1956.06	场直	勤杂		
柳洪兰	女	21	哈尔滨市青年	1956.06	场直	勤杂		
李德山	男	19	哈尔滨市青年	1956.06	生产队	农工		

第三节　人大代表　政协委员

万太文是北安市第十六、十七届人大代表。

刘成文是黑河市第六届人大代表。

2017年8月25日经民政部批准，万太文任中国大豆产业协会会长。2018年9月4日，经黑龙江省大豆协会第三届理事会第二次会议表决，万太文为黑龙江省大豆协会副会长。

第四节 优先人物

建场初期，由于条件、管理和各项制度不完善等原因，对优先人物、事件记载得并不全面。

1956年4月17日，马志刚、徐全荣代表黑龙江农垦出席全国农业水利先进生产者会议，受到毛主席和中央有关领导的接见，并合影留念。

1957年8月，马志刚、许连山、常印安、王堂等人研制的康拜因防陷装置受到农垦部嘉奖，并在全国农业系统采纳使用。

1958年10月，黑龙江省农业厅授予建设农场223车组（王堂车组）为模范车组，颁发了奖状。共青团黑龙江省委授予王堂模范共青团员光荣称号，并颁发了荣誉证书。

黑龙江省国营农场总局劳动模范、标兵和先进生产（工作）者：于德海、王恒昌、许胜吉、周占彪、徐阿利、于勤生。

1983年荣获农牧渔业部中级以上科技人员荣誉证章者：王文、王学军、毛炳富、巴云启、李玉田、苏文博、潘广和。

1981年，荣获农场总局劳动模范1人，北安管理局劳动模范3人。

1982年，荣获农场总局劳动模范1人，北安管理局劳动模范4人。

1983年，荣获农场总局劳动模范3人，北安管理局劳动模范6人。

1985年，荣获农场总局先进生产者18人。

1956—2020年总局级以上劳动模范人员见表9-3-5。

1996—2020年总局级以上先进个人见表9-3-6。

表9-3-5 1956—2020年总局级以上劳动模范

序号	姓名	性别	授予时间	荣誉名称	等级	备注
1	马志刚	男	1956.04.17	全国农业水利生产者	国家级	受到毛主席接见
2	徐全荣	男	1956.04.17	全国农业水利生产者	国家级	受到毛主席接见
3	马志刚	男	1957.08	中央农垦部嘉奖	部级	
4	许连山	男	1957.08	中央农垦部嘉奖	部级	研制的康拜因防陷装置在全国农业系统采纳使用
5	常印安	男	1957.08	中央农垦部嘉奖	部级	
6	王 堂	男	1957.08	中央农垦部嘉奖	部级	
7	王 堂	男	1958.10	模范青年团员	省级	共青团黑龙江省委
8	于德海	男		劳动模范、标兵	总局级	

（续）

序号	姓名	性别	授予时间	荣誉名称	等级	备注
9	王恒昌	男		劳动模范、标兵	总局级	
10	许胜吉	男		劳动模范、标兵	总局级	
11	周占彪	男		劳动模范、标兵	总局级	
12	徐阿利	男		劳动模范、标兵	总局级	
13	于勤生	男		劳动模范、标兵	总局级	
14	王 文	男	1983	全国科技人员荣誉证章	部级	
15	王学军	男	1983	全国科技人员荣誉证章	部级	
16	毛炳富	男	1983	全国科技人员荣誉证章	部级	荣获中华人民共和
17	巴云启	男	1983	全国科技人员荣誉证章	部级	国农牧渔业部中级
18	李玉田	男	1983	全国科技人员荣誉证章	部级	以上科技人员荣
19	苏文博	男	1983	全国科技人员荣誉证章	部级	誉证章
20	潘广和	男	1983	全国科技人员荣誉证章	部级	
21	陈化兴	男	1988	总局级劳动模范	总局级	
22	于勤生	男	1988	总局级劳动模范	总局级	
23	龚忠宝	男	1988	总局级劳动模范	总局级	
24	郭建军	男	1988	总局级劳动模范	总局级	
25	丁跃范	男	1989	总局级劳动模范	总局级	
26	杨德清	男	1992	总局级劳动模范	总局级	
27	郭建军	男	1992	总局级劳动模范	总局级	
28	闫秀芝	女	1995	总局级劳动模范	总局级	
29	刘淑珍	女	1995	总局级劳动模范	总局级	
30	张继光	男	1999	总局级劳动模范	总局级	
31	陈吉任	男	1999	总局级劳动模范	总局级	
32	王克坚	男	2002.05	总局级劳动模范	总局级	
33	徐长云	男	2002.05	总局级劳动模范	总局级	
34	许志国	男	2005.05	总局级劳动模范	总局级	
35	吴凤霖	男	2005.06	总局级劳动模范	总局级	
36	王克坚	男	2008.05	总局级特等劳模	总局级	
37	吴宝忠	男	2011.03	总局级劳动模范	总局级	
38	崔玉泉	男	2014.05	总局级劳动模范	总局级	
39	万太文	男	2020	抗灾抢粮夺丰收标兵	总局级	

表 9-3-6　1996—2020 年总局级以上先进个人

序号	姓名	授予年份	授予称号	授予级别
1	万太文	2000	"青年星火带头人"荣誉称号	省级
2	张文忠	2000	优秀共产党员	农垦总局
3	王凤兰	2001	垦区统战信息工作优秀信息员	农垦总局
4	王凤兰	2001	农垦日报社评为"百强通讯员"	农垦总局

（续）

序号	姓名	授予年份	授予称号	授予级别
5	王和平	2001	先进女职工工作者	农垦总局
6	刘广久	2001	垦区水务先进工作者	农垦总局水务局
7	周晓梅	2001	计划生育工作先进个人	农垦总局
8	高　军	2001	九五期间垦区卫生防疫先进个人	农垦总局防疫站
9	谢春地	2001	优秀调解员	农垦总局司法局
10	侯广荣	2002	授予"优秀教练员"称号并聘为总局终身教练	农垦总局
11	刘淑珍	2002	骨干校长	农垦总局
12	董亚云	2002	优秀教师	农垦总局
13	孙艳玲	2002	妇幼卫生先进工作者	黑龙江省卫生厅
14	高　军	2002	2001年度卫生防疫先进个人	农垦总局人事局、卫生局
15	付庆海	2002	垦区卫生系统整治与规范市场经济秩序 工作先进个人	农垦总局卫生局
16	王克坚	2002	民主管理优秀个人	农垦总局
17	王和平	2002	双文明创建先进个人	农垦总局
18	刘广久	2002	农垦总局水务局评选为先进个人	农垦总局水务局
19	王凤兰	2002	2001—2002年度垦区统战系统优秀通讯员	农垦总局
20	王凤兰	2002	1998—2001年度垦区优秀新闻工作者	农垦总局
21	张忠宣	2002	农机安全监理先进个人	黑龙江省农业机械安全监理站农垦分站
22	王凤兰	2003	农垦日报社评为"百强通讯员"称号	农垦总局
23	贾孟东	2003	授予"模范职工小家"荣誉称号	黑龙江省总工会
24	王和平	2003	先进女职工工作者	农垦总局
25	徐志国	2003	授予全省"创新杯竞赛"创新能手称号	黑龙江省总工会、省经贸委、省科技厅、 省劳动和社会保障厅
26	李海芹	2003	优秀教师	农垦总局
27	李志勇	2003	评为"黑龙江省农垦医院经营管理专业委员会委员"	黑龙江省农垦医药卫生委员会
28	卢洪友	2003	在组建企业义务消防队及改装简易消防车中 做出了突出贡献，被省农垦公安局授予个人三等功	农垦公安局
29	张文牛	2003	优秀团干部	农垦总局团委
30	王凤兰	2004	统战工作先进个人	农垦总局
31	张忠宣	2004	2004年度先进农机安全监理员	黑龙江省农业机械安全监理站农垦分站
32	刘广久	2004	垦区水务工作先进个人	农垦总局水务局
33	王和平	2004	先进工会工作者	农垦总局
34	张文忠	2005	垦区优秀工会积极分子	农垦总局
35	张本伟	2005	黑龙江省优秀工会干部	省级
36	刘淑珍	2005	骨干校长	农垦总局
37	李凤云	2005	优秀教师	农垦总局
38	吕永申	2005	体育先进工作者	农垦总局
39	吴　江	2005	先进个人	黑龙江省公路局
40	吴凤霖	2006	优秀共产党员	黑龙江省委

（续）

序号	姓名	授予年份	授予称号	授予级别
41	吴春波	2006	"学帮带"先进个人	农垦总局党委
42	王传江	2006	优秀专武干部	农垦总局
43	苏景刚	2006	农机安全监理工作先进个人	黑龙江农机管理站农垦分站
44	王立军	2006	"造林绿化奖章"获得者	农垦总局林业局
45	吴凤霖	2006	优秀共产党员	农垦总局党委
46	王凤兰	2006	垦区社会主义新农村建设知识百题竞赛优胜奖	农垦总局
47	王和平	2006	先进女职工工作者	农垦总局
48	王凤兰	2007	2004—2007年度垦区优秀新闻工作者	农垦总局
49	吴宝忠	2007	"全国农牧渔业丰收奖"二等奖	国家级
50	苏景刚	2007	农机安全监理工作先进个人	黑龙江农机管理站农垦分站
51	吴凤霖	2007	十佳公仆	农垦总局
52	吴凤霖	2007	造林绿化先进个人	农垦总局林业局
53	周晓梅	2007	医疗卫生先进个人	农垦总局
54	何薇薇	2007	县域优秀人才	省级
55	孙金华	2007	县域优秀人才	省级
56	王 静	2007	优秀教师	农垦总局
57	罗 玲	2007	医疗卫生先进个人	农垦总局
58	袁清霞	2007	医疗卫生先进个人	农垦总局
59	付庆海	2007	卫生监督先进个人	农垦总局卫生监督所
60	吴凤军	2007	黑龙江省县域卫生优秀人才	省级
61	张秀花	2007	黑龙江省县域卫生优秀人才	省级
62	高军	2007	卫生监督先进个人	农垦总局卫生监督所
63	魏春玲	2007	师德先进个人	省级
64	于佳英	2007	师德先进个人	农垦总局
65	王 静	2007	县域优秀人才	省级
66	张文生	2007	县域优秀人才	省级
67	魏春玲	2007	县域优秀人才	省级
68	张忠宣	2008	农业标准化管理工作先进个人	农垦总局农机局
69	唐道刚	2008	县域优秀人才	省级
70	王 林	2008	思想政治工作先进个人	黑龙江省委
71	李海燕	2008	先进财务工作者	农垦总局
72	卢凤江	2008	县域优秀人才	省级
73	李海琴	2008	县域优秀人才	省级
74	谭 薇	2008	全国妇女双学双比活动女能手	国家级
75	苏景刚	2008	农机安全监理工作先进个人	黑龙江农机管理站农垦分站
76	吴 江	2008	先进交管站站长	黑龙江省公路局
77	宋传罡	2008	师德先进个人	农垦总局
78	魏春玲	2008	农垦总局中小学师德建设五年（2003—2008年）优秀成果评选中，被授予先进个人	农垦总局

（续）

序号	姓名	授予年份	授予称号	授予级别
79	袁清丽	2008	2008年度垦区疾病预防控制工作先进个人	农垦总局疾控中心
80	韩云波	2008	黑龙江省县域卫生优秀人才	省级
81	闫丽杰	2008	黑龙江省县域卫生优秀人才	省级
82	张玉梅	2008	县域优秀人才	省级
83	尹丽华	2008	县域优秀人才	省级
84	万太文	2009	黑龙江省垦区绿化奖章	总局级
85	王凤兰	2009	垦区统战系统先进个人	农垦总局
86	袁治香	2009	残联系统先进工作者	农垦总局
87	赵校辉	2009	2008—2009年度粮油信息工作中 被省粮食局评为先进个人	省级
88	张忠宣	2009	农机学会先进个人	黑龙江农垦农业机械学会
89	谭薇	2009	垦区气象先进工作者	农垦总局
90	于佳英	2009	县域优秀人才	省级
91	王秀芳	2009	县域优秀人才	省级
92	邓秋颖	2009	县域优秀人才	省级
93	徐丽梅	2009	县域优秀人才	省级
94	商海峰	2009	县域优秀人才	省级
95	袁青霞	2009	黑龙江省县域卫生优秀人才	省级
96	于佳英	2009	模范教师	农垦总局
97	张春华	2009	黑龙江省县域卫生优秀人才	省级
98	赵校辉	2010	省粮食局评为先进工作者	省级
99	唐道光	2010	功臣模范	农垦总局
100	谭薇	2010	垦区气象先进工作者	农垦总局
101	刘颖	2010	县域优秀人才	省级
102	罗梅	2010	县域优秀人才	省级
103	王宁	2010	农垦区第三届"创新杯"特等奖	农垦总局
104	魏春玲	2010	农垦区第三届"创新杯"一等奖	农垦总局
105	张伟	2010	农垦区第三届"创新杯"一等奖	农垦总局
106	张桂琴	2010	计划生育先进个人	农垦总局
107	刘秀琴	2010	黑龙江省县域卫生优秀人才	省级
108	姜玉芬	2010	县域优秀人才	省级
109	孙晓慧	2010	县域优秀人才	省级
110	张权政	2010	个人三等功	农垦公安局
111	刘承新	2010	个人三等功	农垦公安局
112	高臣	2010	个人三等功	农垦公安局
113	刘传忠	2010	总局水利系统先进工作者	农垦总局水务局
114	佛明珠	2011	"全国农牧渔业丰收奖"二等奖	国家级
115	邴绍筑	2011	现代化大农业劳动竞赛先进个人	农垦总局
116	王丽	2011	垦区关心下一代工作先进个人	农垦总局

（续）

序号	姓名	授予年份	授予称号	授予级别
117	朱坤芝	2011	垦区优秀共产党员	农垦总局
118	谭 薇	2011	垦区气象先进工作者	农垦总局
119	张忠宣	2011	2011年度农机安全监理工作先进个人	黑龙江省农机安全监理总站农垦分站
120	刘传忠	2011	水务工作先进标兵	农垦总局水务局
121	庄承江	2011	个人三等功	农垦总局司法局
122	庄承江	2011	"五五"普法依法治垦先进个人	农垦总局司法局
123	纪玉宝	2011	总局优秀工会积极分子	农垦总局
124	王春波	2011	县域优秀人才	省级
125	何薇薇	2011	县域优秀人才	省级
126	郑 杰	2011	县域优秀人才	省级
127	孙秀香	2011	县域优秀人才	省级
128	隋立祥	2011	垦区"十一五"期间"优秀教研员"	农垦总局教育局
129	宋传罡	2011	优秀教师	农垦总局教育局
130	周 芳	2011	第九届"垦区优秀少先队辅导员"	农垦总局教育局
131	李学玉	2011	优秀共青团干部	农垦总局团委
132	张荣保	2011	全国青少年冰心文学大赛优秀辅导奖	国家级
133	王 丽	2011	垦区关心下一代工作先进个人	农垦总局
134	周良君	2011	垦区十佳记者	农垦总局
135	蔡晓祥	2011	2011年度垦区种子管理工作先进个人	农垦总局
136	闫丽杰	2012	2010—2012年"全家福进万家"活动先进个人	农垦总局
137	张文生	2012	垦区农业广播电视学校招生先进个人	农垦总局
138	王 宁	2012	垦区第四届"创新杯"特等奖	农垦总局
139	魏春玲	2012	垦区第四届"创新杯"一等奖	农垦总局
140	张 伟	2012	垦区第四届"创新杯"一等奖	农垦总局
141	周广森	2012	关心下一代工作先进个人	黑龙江省关工委
142	隋振勇	2012	百名优秀十大员	农垦总局
143	张权政	2012	个人三等功	农垦公安局
144	谭 薇	2012	总局土壤检测先进个人	农垦总局
145	周志方	2012	优秀科技工作者	农垦总局
146	李 贵	2012	人社系统先进工作者	农垦总局
147	周良君	2012	获得总局突出贡献奖	农垦总局
148	李友民	2012	黑龙江省"第六次全国人口普查先进个人"荣誉称号	省级
149	吴宝忠	2012	2012年秋收生产先进个人	农垦总局
150	万太文	2012	垦区公路建设"三年决战"先进个人	农垦总局
151	许颖献	2012	垦区文化市场综合行政执法先进个人	农垦总局
152	张忠宣	2012	2012年度农机管理标准化工作先进个人	农垦总局农业机械化管理局
153	刘传忠	2012	全省水利工程建设先进个人	省级
154	刘传忠	2012	垦区水务先进工作者	农垦总局水务局

（续）

序号	姓名	授予年份	授予称号	授予级别
155	庄承江	2012	黑龙江省全省人民调解能手	省级
156	张桂琴	2012	2010—2012年"全家福进万家"活动先进个人	农垦总局
157	万太文	2013	2012年度总局安全生产先进个人	农垦总局
158	唐道光	2013	垦区新长征突击手	农垦总局
159	曾　媛	2013	北大荒雏鹰奖章	农垦总局
160	佟建设	2013	优秀团干部	农垦总局团委
161	李学颖	2013	优秀共青团员	农垦总局团委
162	刘成智	2013	全省人工增雨防雹先进个人	省级
163	张忠宣	2013	2013年度黑龙江垦区"全国基层农技 推广补助项目"优秀农技人员称号	农垦总局
164	张复生	2013	垦区水务系统抗洪抢险先进个人	农垦总局水务局
165	苏景刚	2013	农机安全监理工作先进个人	黑龙江省农机安全监理总站农垦分站
166	李友民	2013	先进个人	农垦总局残联
167	魏春玲	2014	中小学师德先进个人	黑龙江省
168	周　芳	2014	优秀援疆干部	新疆生产建设兵团
169	张桂琴	2014	获得省级有奖征文二等奖	省级
170	张　江	2014	十星级文明户	农垦总局
171	王远玲	2014	十星级文明户	农垦总局
172	庄承泉	2014	总局军事部优秀民兵干部	农垦总局
173	郑岩岩	2014	优秀共青团干部	农垦总局
174	夏丽芳	2014	总局住户调查工作先进个人	农垦总局
175	王　宁	2014	垦区第五届"创新杯"获得特等奖	农垦总局
176	孙晓慧	2014	垦区第五届"创新杯"获得一等奖	农垦总局
177	周颖	2015	优秀共青团员	农垦总局
178	齐利民	2015	垦区优秀青年志愿者	农垦总局
179	孙建东	2015	三八红旗手	农垦总局
180	孙立波	2015	骨干校长	农垦总局
181	蒋红妹	2015	优秀教师	农垦总局
182	庄承江	2015	个人二等功	省级
183	刘承新	2015	在侦办"2014.09李从军特大盗窃案件" 期间贡献突出，荣立垦区公安局三等功	农垦公安局
184	刘　学	2015	优秀团干部	农垦总局
185	张权政	2016	在侦办"2015年系列砸车盗窃案" 期间指挥出色，贡献突出，荣立垦区公安局三等功	农垦公安局
186	周良君	2016	《北大荒日报社》《北大荒文化》 评为"优秀百强通讯员"	农垦总局
187	许颖献	2016	《北大荒日报社》《北大荒文化》 评为"优秀百强通讯员"	农垦总局
188	万太文	2017	森林草原防火先进个人	农垦总局
189	张晨光	2017	垦区保密工作先进个人	农垦总局
190	李洪涛	2017	全国农林牧副渔三等奖	农业部

(续)

序号	姓名	授予年份	授予称号	授予级别
191	曾祥成	2017	党管武装好书记	农垦总局
192	罗梅 孙长文	2017	被总局工会评为"五好文明家庭"	农垦总局
193	庄承江	2017	省优秀人民调解员	省级
194	宋宜波	2017	总局军事部优秀民兵干部	农垦总局
195	许颖献	2017	《北大荒日报社》《北大荒文化》 评为"优秀百强通讯员"	农垦总局
196	张权政	2017	荣获农垦总局、总局党委"十九大维稳先进个人"	农垦总局
197	王丽男	2017	在突发急性传染病防控组竞赛中 获得团体三等奖	省级(为农垦总局代表队队员)
198	刘成军	2017	十星级文明户	农垦总局
199	陈立忠	2017	十星级文明户	农垦总局团委
200	罗梅	2017	文明家庭	农垦总局
201	王志鹏	2017	优秀共青团员	农垦总局团委
202	周良君	2017	《北大荒日报社》《北大荒文化》 评为"优秀百强通讯员"	农垦总局
203	施永刚	2018	垦区优秀共青团干部	农垦总局团委
204	金鹰	2018	垦区优秀共青团员	农垦总局团委
205	王卜方	2018	优秀专武干部	农垦总局
206	崔文	2018	2017年度垦区志愿服务优秀志愿者	农垦总局
207	许颖献	2018	《北大荒日报社》《北大荒文化》 评为"优秀百强通讯员"	农垦总局
208	赵华	2018	森林草原防火先进个人	农垦总局
209	朱晓明	2018	"一课一名师,一师一优课"竞赛一等奖	黑龙江省教育厅
210	金鹰	2019	垦区优秀共青团员	农垦总局团委
211	周振明	2018	污染源普查先进个人	农垦总局
212	贾济扬	2018	污染源普查先进个人	农垦总局
213	毕晶龙	2019	文明家庭	农垦总局
214	李秀兰	2019	第三届道德模范提名奖	农垦总局
215	王卜方	2019	优秀专武干部	农垦总局
216	施永刚	2019	垦区优秀共青团干部	农垦总局团委
217	舒立	2019	先进工作者	农垦总局北安气象台
218	赵金秋	2019	黑龙江省优秀青年志愿者	省级
219	张万秋	2020	北大荒集团内部审计先进工作者	农垦总局
220	康旭平	1998	先进工作者	农垦总局广电局
221	康旭平	1996	在全省优秀值机员、优秀活动中被评为"优秀维护员"	省级
222	康旭平	1999	先进工作者	农垦总局广电局

附　录

集体荣誉

建场初期，"抓生产、干革命"是第一要务，各种组织都在建设中完善。1979—1985年从上到下开展各项优先、创新、劳动竞赛等项活动，涌现出一批批先进集体，人们在工作中都为争得集体荣誉感到自豪。

1979年，总局级先进生产队1个。

1983年，总局级先进分场1个，先进单位2个，先进班组1个。

1985年，总局级先进单位3个。

1994—2020年总局级以上先进单位情况见附表1-1。

附表1-1　1994—2020年农场先进单位（总局级以上）

序号	授予年份	授予称号	授予级别
1	1994	农场被农场总局授予综合治理先进单位称号	农场总局
2	1995	农场被农场总局授予民政工作先进单位	农场总局
3	1995	农场被黑龙江省授予保密工作先进单位	省　级
4	1995	农场工会被农场总局授予先进职工之家	农场总局
5	1995	农场工会获农场总局"滚动扶贫"先进单位称号	农场总局
6	1996	农场总局授予农场森林防火先进单位称号	农场总局
7	1996	农场青年志愿者协会被评为省级共青团先锋岗	黑龙江省团委
8	1996	农场被农场总局评为社会保险工作先进单位	农场总局
9	1996	农场被农场总局授予自营经济先进农场称号	农场总局
10	1997	农场工会被农垦总局评为民主管理先进单位	农垦总局
11	1998	农场被农垦总局授予发展非国有经济先进单位称号	农垦总局
12	1998	农场被农垦总局授予再就业工作先进单位称号	农垦总局
13	1998	农场在《农垦日报》发行中成绩突出被农垦总局评为先进单位	农垦总局
14	2001	农场工会被农垦总局授予模范职工之家称号	农垦总局
15	2001	农场工会被农垦总局授予文明家庭创建先进单位	农垦总局
16	2001	"大豆大面积高产综合配套技术研究开发与示范"获农垦总局科技进步奖二等奖	农垦总局

（续）

序号	授予年份	授予称号	授予级别
17	2001	农场被农垦总局评为老干部工作先进单位	农垦总局
18	2001	农场卫生防疫站被授予"疫情管理、疫情监测"先进集体	黑龙江省卫生厅
19	2002	农场工会被农垦总局工会授予"双文明"创建先进单位	农垦总局
20	2002	垦区人事系统文明单位	农垦总局人事局
21	2002	垦区经济调查工作一等奖	农垦总局
22	2002	农场工会被农垦总局授予模范职工之家称号	农垦总局
23	2002	农场小学被授予先进教育单位	农垦总局
24	2003	农场医院被授予"文明单位标兵"称号	农垦总局
25	2003	统战部被农垦总局党委评为统战工作先进单位	农垦总局
26	2003	农场被农垦总局评为文化工作先进单位	农垦总局
27	2003	农场工会被农垦总局授予模范职工之家	农垦总局
28	2003	农场工会被农垦总局授予工会女职工先进集体	农垦总局
29	2003	老干部活动室被授予垦区先进活动中心	农垦总局党委组织部、离退休干部工作处
30	2003	农场小学被农垦总局授予先进教育单位	农垦总局
31	2005	农场被农垦总局授予农业标准化达标年活动优秀单位	农垦总局
32	2005	农垦总局经济调查工作二等奖	农垦总局
33	2005	农场学校被评为文明单位	农垦总局
34	2005	农场小学被评为总局级绿色学校	农垦总局
35	2005	农场工会被授予黑龙江省模范职工之家	省 级
36	2006	建设农场"2004—2006年森林防火先进集体"称号	黑龙江省人民政府
37	2006	农垦总局经济调查工作一等奖	农垦总局
38	2006	"四五"普法工作先进普法办公室	农垦总局
39	2006	农场学校被评为黑龙江省一类学校	省 级
40	2006	《沃土情深》荣获垦区第十二届党建专题片评比二等奖	农垦总局
41	2007	农垦总局经济调查工作一等奖	农垦总局
42	2007	农场学校被评为先进学校	农垦总局
43	2007	农场学校被评为教育工作先进单位	农垦总局
44	2007	农场被农垦总局评为总局级平安农场	农垦总局
45	2007	农场被评为总局级文明单位称号	农垦总局
46	2008	学校在农垦总局中小学师德建设五年（2003—2008年）优秀成果评选中，荣获先进集体称号	农垦总局
47	2008	获垦区2008年度疾病预防控制工作先进集体	农垦总局卫生局
48	2008	第四管理区荣获农垦总局模范职工小家	中华全国总工会
49	2008	第四管理区荣获农垦总局劳动模范集体称号	农垦总局
50	2008	第五管理区荣获农垦总局平安管理区荣誉称号	农垦总局社会治安综合治理委员会
51	2008	农场学校被评为示范校	农垦总局
52	2008	农场武装部被农垦总局评为先进武装部	农垦总局
53	2008	2007年度农业标准化优秀农场	农垦总局

（续）

序号	授予年份	授予称号	授予级别
54	2008	农场荣获黑龙江省思想政治工作先进单位	黑龙江省委
55	2008	建设农场组织（人事）部被授予"垦区人事编制系统先进集体"称号	农垦总局编委、人事局
56	2008	农场被农垦总局授予精神文明单位	农垦总局
57	2009	农场学校被评为先进基层团组织	农垦总局团委
58	2009	垦区水务工作先进集体	农垦总局水务局
59	2009	疾病预防控制中心被授予"垦区2008年度疾病预防控制工作先进集体"	农垦总局卫生局
60	2009	垦区劳动保障诚信示范单位	农垦总局
61	2009	农垦现代化农业示范区	农垦总局
62	2009	2009年度水利工程建设管理先进单位	农垦总局水务局
63	2009	垦区司法行政系统集体三等功	农垦总局司法局
64	2009	关注民生，服务发展，群众满意司法分局	农垦总局司法局
65	2009	农业标准化提档升级活动标兵单位	农垦总局
66	2009	农机管理标准化标兵农场	农垦总局
67	2009	黑龙江省农垦现代化农业示范区	农垦总局
68	2009	农场学校被评为文明单位标兵	农垦总局
69	2010	农机管理标准化标兵农场	农垦总局
70	2010	黑龙江省第二次全国经济普查"省级先进集体"	省　级
71	2010	农垦总局经济普查工作二等奖	农垦总局
72	2010	省级卫生先进单位	黑龙江省爱国卫生运动委员会
73	2010	农业标准化提档升级活动标兵单位	农垦总局
74	2010	农场被评为先进基层单位	黑龙江省农场管理学会
75	2010	《北大荒日报》报道先进集体	农垦总局
76	2010	2009年度农垦总局农机管理标准化标兵农场	农垦总局
77	2011	教育系统先进单位	农垦总局人力资源和社会保障局、教育局
78	2011	先进实验校	农垦总局
79	2011	农垦总局教育系统先进单位	农垦总局教育局
80	2011	垦区统计调查工作先进单位	农垦总局
81	2011	农机管理标准化标兵农场	农垦总局
82	2011	垦区关心下一代宣传工作先进集体	农垦总局
83	2011	垦区关心下一代工作基础建设五好关工委达标单位	农垦总局
84	2011	垦区水务工作先进集体	农垦总局水务局
85	2011	农业标准化提档升级活动标兵单位	农垦总局
86	2011	《北大荒日报》报道先进集体	农垦总局
87	2011	"十一五"国家重点课题"大面积提高学生作文能力研究实验"全国先进实验学校	中国教育学会中学语文教学专业委员会
88	2012	第三管理区被农垦总局评为平安管理区	农垦总局社会管理综合治理办公室
89	2012	《北大荒日报》《北大荒文化》报道先进单位	农垦总局

（续）

序号	授予年份	授予称号	授予级别
90	2012	农业标准化提档升级活动标兵单位	农垦总局
91	2012	六大作物高产创建活动先进单位	农垦总局
92	2012	垦区种子管理工作先进单位	农垦总局种子管理局
93	2012	农垦总局经济普查工作二等奖	农垦总局
94	2012	农机管理标准化标兵农场	农垦总局
95	2012	垦区抗涝抢收工作先进单位	农垦总局党委
96	2012	全省场县关心下一代工作共建活动先进集体	黑龙江省关心下一代工作委员会
97	2012	省级规范化建设司法所	黑龙江省司法厅
98	2012	全国教育行业模范单位	祖国杂志社
99	2012	文明交通先进单位	垦区道路交通安全委员会
100	2012	抗涝抢收工作先进单位	农垦总局
101	2013	农业标准化提档升级活动标兵单位	农垦总局
102	2013	统战部被农垦总局党委评为统战工作先进单位	农垦总局党委
103	2013	垦区宣传系统新闻宣传报道先进单位	农垦总局
104	2013	五四红旗团委	农垦总局团委
105	2013	第一管理区团支部被授予"五四红旗团支部"	农垦总局团委
106	2013	扶残助残先进集体	农垦总局残联
107	2013	农垦总局经济普查工作二等奖	农垦总局
108	2013	"全国农垦农机标准化示范农场"3A级称号	国家级
109	2013	教育工作先进单位	农垦总局
110	2013	农垦总局安全工作先进单位	农垦总局
111	2014	全省教育系统先进单位	省级
112	2014	垦区农业广播电视学校先进集体	农垦总局
113	2014	农垦总局宣传报道先进农场	农垦总局
114	2014	农垦总局宣传思想工作先进单位	农垦总局
115	2014	农业标准化提档升级活动标兵单位	农垦总局
116	2014	"全国农垦农机标准化示范农场"4A级称号	国家级
117	2014	第三管理区被评为先进管理区	省级
118	2014	全国农垦农机标准化示范农场	农垦总局
119	2014	农垦总局经济普查工作一等奖	农垦总局
120	2015	2013—2014年度宣传系统"创新争优"先进单位	农垦总局
121	2015	农垦总局宣传工作及《北大荒日报》宣传报道先进单位	农垦总局
122	2015	第五管理区获省级生态农场管理区荣誉称号	黑龙江省生态建设领导小组办公室
123	2015	农场学校荣获农垦总局民主法治示范校荣誉称号	农垦总局
124	2015	婚育新风进万家活动先进单位	农垦总局
125	2016	青年志愿者协会被评为省级共青团先锋岗	省级
126	2016	青年志愿者协会荣获优秀青年志愿服务集体称号	省级
127	2016	2015—2016年度垦区宣传思想先进农场	农垦总局
128	2012	2012年度全国农业标准化示范县（农场）	农业部
129	2016	青年志愿者协会被评为垦区优秀共青团先锋岗	农垦总局
130	2016	第二居委会获农垦总局文明社区荣誉称号	农垦总局

（续）

序号	授予年份	授予称号	授予级别
131	2016	省级平安场	省级
132	2017	青年志愿者协会被授予"黑龙江省优秀青年志愿服务集体"	黑龙江省团委
133	2017	综合科技园区被授予"青年文明号"称号	黑龙江省团委
134	2017	五四红旗团委	农垦总局
135	2017	全省示范司法所	黑龙江省司法厅
136	2017	第五管理区荣获文明管理区荣誉称号	农垦总局
137	2017	人口计生工作目标责任考核优秀单位	农垦总局
138	2017	2015—2016年度宣传报道先进农场	农垦总局
139	2018	青年志愿者协会被授予"北大荒青年五四奖章集体"	农垦总局
140	2019	第四管理区被授予"精神文明"先进单位	农垦总局
141	2019	被《北大荒日报》评为报道先进农场	农垦总局
142	2019	第四管理区被农垦总局授予"北大荒堡垒工程示范党支部"	农垦总局
143	2019	垦区森林草原防火工作先进单位	农垦总局
144	2019	文明管理区	农垦总局
145	2019	第四管理区被命名为黑龙江省"工人先锋号"	黑龙江省总工会
146	2020	农业工作优秀单位	农垦总局党委
147	2020	应急工作先进单位	农垦总局党委

特　　载

理清思路　坚定信心　抢抓机遇　加快发展
以优异的成绩跨入二十一世纪

——在建设农场六届五次职工代表大会上的工作报告

付宗深

（1999 年 1 月 19 日）

大会主席团、各位代表：

这次职代会是在全国上下全面贯彻落实党的十五届三中全会精神和总局、分局党委（扩大）会议后，垦区上下紧紧抓住大会提出的新的发展目标，理清思路、坚定信心，抢抓机遇、加快发展，开创垦区改革发展的新格局，把一个充满生机活力，更加繁荣、富裕、文明的垦区推向 21 世纪的大好形势下召开的。这次职代会的主要任务是：深入贯彻落实党的十五届三中全会和两局党委扩大会议精神，认真总结分析我场 3 年来的各项工作，研究和确定 1999 年农场改革开放与经济建设的总体思路、奋斗目标和任务措施。目的就是动员全场职工群众，特别是各级领导干部，迅速行动起来，发扬建设人的精神，坚定信心、抢抓机遇、加快发展，以优异的成绩跨入 21 世纪。

下面，我向大会作农场工作报告，请大会主席团和职工代表审议。

一、党的十四大以来改革开放和两个文明建设的基本总结

我场建于 1956 年，经过 40 多年的艰苦创业，不但在亘古荒原上建成了目前拥有 24.5 万亩耕地、现代化程度较高的国有农场，成为国家重要的商品粮生产基地之一。创造的较大的物质财富，形成的"艰苦奋斗、奋发图强、同心同德、开拓进取"的建设企业精神，为农场跨世纪发展奠定了坚实的基础，提供了强大的动力与保障。

党的十四大以来，改革的春风吹拂全国大地，到处呈现一片欣欣向荣的景象，全场上下牢牢把握"抓住机遇、深化改革、扩大开放、促进发展"这个主题，紧紧围绕"两个根本转变，一个中心"，一以贯之地实施两局党委及农场确定的改革发展总体思路，真抓实干，负重奋进，改革开放取得了较大突破。特别是近3年，两个文明建设协调发展，经济建设步入发展的快车道，经济结构进一步优化，各项社会事业全面发展，人民生活水平不断提高，即取得了宝贵成熟的改革发展经验，也增强了继续前进发展的实力，这充分表现在：

——经济建设发展加快，增加了经济总量，为继续加快发展奠定了坚实基础。1998年实现国民生产总值7240万元，在1996年的基础上翻了一番多；企业实现利润234万元；实现职工家庭人均收入2600元，比1996年增长32％，年均增长15％；粮豆总产量实现5.6万吨，比1996年增长40％；资产负债率比1996年下降9.68个百分点。

——改革有了新的突破，取得显著成效，为继续加快发展提供了强大动力。一是以"四到户、两自理"为主要内容的农业改革扎实稳步推进，统分结合的双层经营体制进一步巩固和完善，土地适度规模经营呈现出良好的发展势态，农业经营机制发生了根本性转变，彻底改变了"农场出钱、职工种地、负盈不负亏"的旧机制。形成了土地向种田能手集中和推行土地承包长期固定不变的新机制。二是以"抓大放小"搞活机制，大力推进工商运建服企业改革全部到位（即面粉厂实行股份制经营，一林场和二林场实行承包经营，砖厂整体转售，实行民有民营）。改制后的企业运作正常，取得明显成果，1998年工业产值现价1434万元，供电310万千瓦时，产值155万元，工业增加值313万元；比转制前分别增长58.4％、3.3％、43.5％、15％。三是事业单位改革进一步深化。企事业领导干部实行风险抵押制度，全额拨款单位向差额拨款过渡，差额拨款单位向自收自支过渡，形成了"包干结余留用、自负盈亏"的管理机制。四是社会各项保障制度改革顺利运行，取得了明显成效，全场医疗保险、养老保险、待业保险等参保人数由1996年的3808人增加到1998年的5680人，增长49.15％。五是实施下岗分流和再就业工程成绩突出，坚持从提高职工思想认识，转变就业观念入手，通过向农业分流、发展畜牧业、鼓励从事非公有制经济等多种渠道，使下岗职工全部实现再就业。3年来，下岗再就业工作没有出现上访事件，出台了30条优惠政策，相继妥善安置了1031名下岗职工，我场再就业工作被授予总局先进单位称号。

——经济结构调整合理，特别是种植业向质量效益型发展，为推进继续加快发展营造了结构优势。1998年我场种植大豆6万亩，占总面积的24.4％；小麦6.133万亩，占总面积的25％；油菜2.589万亩，占总面积的10.5％；甜菜0.912万亩，占总面积的

3.7%；白瓜子 0.3495 万亩，占总面积的 1.4%；玉米、水稻 2 大高产作物面积分别达到 2.5 万亩和 5.5 万亩。种植业结构的优化，即使农业生产步入高产、稳产、高效发展轨道，发挥了土地资源的潜在优势，又为农业的持续稳定发展打下了坚实基础。1998 年我场虽然没有直接受到洪水袭击，但也遭到了历史上罕见的风、雹、冻、涝和低温 5 大灾害的严重侵袭，使各种作物生长受到了影响。但是，由于我们认真贯彻落实北安分局和农场出台的各项改革政策，坚持走"两高一优"科学道路，及时采取各种有效的措施，发扬建设人的精神，战胜了 5 大自然灾害，夺取了大灾之年不减产、不亏损，职工有收入的可喜局面，农业生产获得了第十一个丰收年，全年纯盈利 234 万元。在农业连年丰收的基础上，非国有经济发展步伐加快，已初步形成了养鱼业、养猪业、养牛业、养鸡业等 4 条产业链及地板块加工、综合养殖、蔬菜大棚 3 大基地和 10 个专业生产队，1998 年自营经济产值突破 5500 万元，纯利润 2300 万元，户均收入 7100 元，人均收入 3080 元，分别比 1996 年增长 2.2 倍、1.9 倍、1.9 倍、2.3 倍。

——农业基础设施投入加大，综合抗灾能力进一步增长，为继续发展创造了基础条件。1998 年农业基础建设投入 592 万元。3 年累计投资 2011 万元，年均投入比 1996 年增长 12%。完成中低产田改造 3 万亩，渠系土石方 120 万立方米，桥涵 52 座，闸门 28 座，新修农田道路 115 千米，营造农田防护林 3562 亩，绿化林 1675 亩，科技推广 30 项，覆盖面积 24.5 万亩，已达 100%，增加农机动力 2209 千瓦，更新农机具 140 台（套）。3 年的农业基础建设，加强了水利工程建设，加快了农机具更新和新机型的推广应用，改善了生产条件，提高了综合抗灾能力，为粮豆高产、稳产，提高农业效益奠定了基础条件。

——加大实施开放开发战略，为继续加快发展增加了后劲。开放开发战略的实施，彻底改变了依赖国家、企业投资的旧模式，加快了资源优势转变为经济优势的步伐，对推进农场的发展蓄积了强大后劲。一是坚持"以稻治涝、以稻脱贫、以稻致富"的工作思路，3 年共开发水田 5.5 万亩；二是引进种植户 110 户，带入机械设备 270 台（套），生产资金 700 万元；三是实施了联合开发、生产队自筹开发等多路并进的战略，推动了全场经济保持快速发展的良好势头。

——科技进步意识进一步增加，为继续加快发展提供了技术支持。科技兴场战略的实施，深得人心，科研开发和技术推广网络进一步健全，科技成果转化率和贡献率有了很大提高。新技术的推广应用大幅度提高了粮豆单产水平，水稻钵育摆栽、玉米的地膜及移栽、甜菜的纸筒育苗为农业的高产攻关提供了成熟的经验。1998 年粮豆单产 283 千克/亩，比 1996 年提高了 22%。科技兴场战略的实施，既增强了依靠科技进步，提高了产品的质量和产量，又增加了经济效益，也为今后的持续、快速发展提供了可靠的技术储备。

——强化企业内部管理，坚持改管结合，为继续发展探索了新的制约机制。3年来，我们重点加强了4方面管理：一是强化质量管理。把质量是企业的生命化为干部职工的自觉行动，坚持走质量效益型农业。二是强化"三费"管理，实行费用包干，超支记入个人账户，节余留用的政策。招待费，1998年发生263531元，比年1996年发生的295471元减少了31940元，下降了10.8%；小车费，1998年发生234561元，比1998年发生的405110元减少了170549元，下降了42.1%；电话费，1998年额定指标206970元，比1998年发生的270500元减少了63530元，下降了23.5%。三是强化监督管理。建立健全了约束机制，全面实行财务制度公开化。四是坚持改管结合，强化了财务管理、成本管理、产品和物资等项管理。建立集中的内部财务结算中心，全面推行财务电算化，加快生产队财务向"报账制"过渡。农业实行了亩成本承诺制。

——各项社会事业全面发展。①为继续加快经济发展创造了良好条件。主要标志：小城镇建设有新的进展，3年总投资1727万元。建职工住宅楼3座（2座竣工，1座基础完工），建筑面积1.2万平方米，总投资1190万元，建小康房35户，建筑面积2396平方米，翻建水泥晒场2.5万平方米，建铁围栏7523延长米，全场绿化总面积已达16万平方米，实现人均面积11平方米。1998年整形建换公路6千米，上路铺沙石60千米，铺沙石8000平方米，新维修道路2.5千米，新建农机库、零件库900平方米，栽花11.3万株，新建凉亭7座，小城镇建设初具规模，载体工程不断增加，人们生活水平和生活质量明显提高。②教育工作有长足发展。其一，教育环境得到优化。农场拨专款改善办学条件，3年共投入762万元。1998年教育自身压缩非教学开支，投资12.5万元更新教学设施，改善教学条件，校园环境发生了根本性的变化。其二，教育内部管理科学化。形成了以素质教育为核心，以竞争激励为驱动，以提高教育质量为主导的科学管理体系，营造了一种讲奉献、肯钻研、不甘人后的良好氛围。其三，师资队伍建设得到加强。教委在强化职业道德和专业知识训练的同时，从改变师资队伍结构出发，1998年接收7名大中专师范生充实到教师队伍。其四，强化科研意识，教育质量明显提高。教育始终把教育科研放在优先发展战略地位，先后移植开发了多项科研课题。1998年共撰写发表有价值的学术论文43篇，其中有2篇国家级、24篇省级、17篇总局级；学生参加各级竞赛，成绩优异，获国家级奖15人，省级奖8人，总局级奖6人。现代化教学技术已全面铺开，微机室、语音室利用率100%。教师利用多媒体教学，效果明显，中小学生素质教育步入了快速发展的轨道，小学生入学率、巩固率、合格率、毕业率均达100%；中学生毕业合格率100%，升重高人数由1996年的5人增加到11人，增加了120%，幼儿教育和职业技术教育健康发展。③卫生工作有新的发展。开展的以"病人为中心"、以全优服务为宗旨的社会服务承诺制坚持良好，医疗、预防、保健、卫生监督保障体系不断完善，计划生育工作成绩突出。看病诊断符合率达95％以上，危重病人抢救成功率达93％以上，连续多年无麻疹、白喉、破伤风、脊髓灰质炎病例发生。④社会治安综合治理工作成效显著。全场治安稳定，"三五"普法教育全面开展，全场成立季节性民兵巡逻小分队51个，调解委员会24个，居委会7个，110报警服务台昼夜工作，开展专项打击收获很大，犯罪行为得到惩治，"六害"得到进一步根治，公共场所秩序大大好转，治安案件和刑事案件有所下降。⑤广播电视、通信、交通、工商、土地、林业、气象、环保和安全防火等工作分别发挥了各自应有的作用。全场有线电视覆盖率达到了35％，场区入户率80％，比1996年增加10％。计划、财务统计、审计、民政、劳动人事、保险等项工作在全场两个文明建设中发挥了重要作用。

——党的建设和精神文明建设登上新台阶，为继续加快发展提供了重要保证。一是进一步完善党建目标管理，保证干部队伍素质不断提高。各级班子整体功能得到较好的发挥，基层党组织建设得到加强，广大共产党员发挥了先锋模范作用，党的战斗堡垒作用进一步加强。二是实施能人战略，坚持干部"四化"方针，3年共提拔科队级干部48名，发展党员45名，培训积极分子210人。三是党报党刊征订工作年年超额完成任务，《农垦日报》《黑龙江日报》每个支部1份，特别是《农垦日报》小康队入户率已达80％。这项工作由宣传部牵头，按照"统一计划、统一征订、统一分配"的原则，3年来，共投入资金20余万元。同时，群团组织和武装工作不断加强，征兵工作连续3年被评为分局级先进。四是以反腐败为重点的党风廉政建设力度加大，狠刹行业不正之风，党员干部廉洁自律水平不断提高，干部的执法观念大大加强，违法违纪现象大幅度减少，群众反映的热点难点问题得到及时正确解决。1998年查处信访案件16件，立案查处3起，公开处理违纪干部8人，处罚违反规定接受礼品的干部55名。五是精神文明建设加大投入，3年投入120万元，通过实施"六大工程"人们的精神面貌发生了新的变化，思想不断解放，观念不断更新，自我加压，不甘人后，"场兴我荣、场衰我耻"的思想意识和努力争先创优的局面已经形成。3年来，全场申报分局级文明单位标兵8个，文明单位14个，文明队2个，文化先进单位2个，文化先进队4个；申报总局级文明单位标兵1个，文明单位1个，文明队标兵4个。

综上所述，我们3年来取得的成绩是不可否认的。这些成绩的取得，是高举邓小平理论伟大旗帜，坚持党的基本路线、方针和政策的结果，是垦区两局党委宏观战略和直接领导的结果，也是全场各级领导干部和广大职工群众团结一致，努力拼搏、艰苦奋斗、无私奉献的结果。历史已经过去，新的一年已经到来，3年的巨大变化，为今后实现新的发展目标打下坚实的基础，也积累了十分宝贵的经验。主要是：必须坚持深化改革，进一步完善统分结合的双层经营体制，一切从场情出发，以"三个有利于"为根本标准，用符合市场经济要求的新观念、新思路谋划发展，指导全局工作；必须坚持以经济建设为中心，继续推进以"抓大放小"为主要内容的工商运建服企业改革，调整经济结构，夯实农业基础，向质量效益型农业发展；必须坚持用北大荒精神教育干部、职工群众，克服困难、战胜困难、振奋精神、负重前进；必须坚持实施再就业工程，妥善安置下岗职工，解决好他们的困难与疾苦，落实好最低生活保障金；必须坚持"两手抓、两手都要硬"的方针，切实加强党的建设和精神文明建设，培养一支德才兼备、有驾驭市场经济能力、一职多能的干部队伍，带领全场广大群众面向市场，迎难而上，奋发进取，保证各项改革和发展任务的顺利完成。

在充分肯定成绩，认真总结经验的同时，必须看到面临的形势、任务、困难和压力，更重要的是认真回顾我们工作中存在的问题与不足。只有认真分析，找出存在的问题和面临的困难，我们今后工作才能有方向，对各项工作才有紧迫感和压力感。从全场而言，存在以下必须严肃认真对待，而且必须尽快解决的问题，而问题存在的根本原因和重点，主要表现在：

①由于1998年农业受灾较重，粮食价格下调幅度较大，致使职工种地积极性受到严重影响。②管理上尚有薄弱环节，计划意识不强。个别单位不按种植计划执行，重茬地严重，特别表现在经济作物上。③仍然存在队管地现象。④两费自理较低。⑤以包代管的现象普遍存在。⑥发展不平衡，一手硬、一手软的问题仍然存在。个别单位对上级部署落实意识较差，强调困难、强调客观，环境面貌未改，江山依旧。⑦安全意识淡薄和职工医疗保险、劳动保险重视不够。个别单位安全问题不汇报，自行处理，出现很多问题，造成不少后遗症。因此，我们各级干部要保持清醒头脑，不可盲目乐观，要理清思路，着力解决难点和重点问题，在改革上实现新突破，在发展上实现新跨越，在成绩上结出新成果，使我场的经济和各项事业持续健康发展。

二、贯彻落实党的十五届三中全会精神，扎扎实实做好1999年工作，进一步推进我场改革发展

党的十五届三中全会通过了《中共中央关于农业和农村工作若干重大问题的决定》，提出了农业和农村跨世纪的发展目标和必须遵循的基本方针以及一系列政策措施，为我场推进经济和各项事业加快发展指明了方向。

当前，我们正面临加快改革和跨世纪的难得机遇和有利条件，党中央十分重视农业，把农业放在经济工作的首位，把垦区作为重要的国家商品粮基地，这就要求我们抢抓机遇，明确任务，扎扎实实做好 1999 年工作，不能把贫困带入 21 世纪。在经济上，坚持以公有制为主体，多种所有制经济共同发展，建立以家庭承包经营为基础、统分结合的双层经营体制。加大龙头企业的培育、扶持力度，要面向市场图发展，进一步优化产业结构，把农业向"精准"型农业发展，要采取强化管理、减费压缩资金、降低成本等一系列有效措施，使职工每亩地减负增收 20 元以上。在政治上，坚持中国共产党的领导，全场党员干部要统一思想与党中央保持高度的一致，紧紧地围绕在两局党委周围。进一步加强思想宣传，扩大基层民主，开展社会监督，基层党支部要发挥核心作用，密切干群关系，保持良好的社会秩序和治安环境。在文化上，加强北大荒精神教育和思想道德教育，倡导健康文明的社会风尚，培养有理想、有道德、有文化、有纪律的四有职工，要搞好场队文化设施，丰富职工群众的精神文化生活。

今年是贯彻党的十五大精神的重要一年，是澳门回归祖国、改革更加深入、我场经济发展顺利跨入 21 世纪决战的一年。我们的指导思想：以党的十五大精神为指导，认真贯彻十五届三中全会精神和两局党委（扩大）会议精神，以经济建设为中心，大力发展高产优质高效"精准"型农业，继续改革发展场办工业，重点抓好非国有经济和第三产业，开创两个文明建设协调发展的新格局，实现产值、利润、人均收入再超历史。

根据上述的指导思想，1999 年的经济发展目标是"473235"。即：粮豆油总产量 4.53 万吨（力争 5.04 万吨）；国民生产总值 7500 万元；全口径利润 3880 万元；企业利润 210 万元；人均收入 3600 元；自营经济计划实现产值 5800 万元。

为确保完成上述目标，要重点做好以下几项工作：

（一）继续加大改革力度，以改革促发展

按照"突出重点、综合配套、巩固完善、整体推进"的要求，提高我场经济整体素质。必须面对市场，加快战略调整，加快优化结构，增强市场竞争能力。为此，1999 年我场的改革重点要从以下 7 个方面抓起：一是加大农业改革力度，向"精准"型农业发展，实行土地承包长期固定，坚持"四到户、两自理"的经营方式不变，以家庭农场承包经营为基础、统分结合的双层经营体制。要建立健全生产服务体系，增强服务功能。生产队要从农业生产各环节的实际需要出发，在强化服务功能上动脑筋、想办法，为家庭农场高质量地及时提供产前、产中、产后服务。二是加大以农业机械投资为重点的农业机械化工程建设。发展农业，机械力量是主要因素之一，要加快农机具更新步伐和服务体系建设，进一步完善管理制度，机务管理仍然坚持"六个统一"。三是工业仍坚持一企一策、一企多制的原则，坚持自主经营、自负盈亏、自我约束、自我发展的独立实体。四是继续推进事业单位的改革和其他各项配套改革。事业单位继续实行全额拨款向差额拨款过渡，差额拨款向自收自支过渡，实行减员增效转岗分流，增强创造市场竞争意识和能力。进一步加强干部、人事用工制度的改革，对机关和农业生产队干部核定指数，先定职后定人，真正做到干部一职多兼、能上能下，分配能多能少的用人原则。进一步抓好医疗制度和社会保障制度改革。加强对医疗保险金、养老保险金、待业保险金的收缴和管理，真正使社会保障制度成为农场社会稳定和经济发展的稳定器，1999 年单位参保比例必须达到 50％以上，达不到参保比例的单位取消单位参保资格。五是积极开展壮大非国有经济，加快工业小区、养殖小区建设，要鼓励引导、扶持龙头企业，切实把发展非国有经济放在更加突出的位置。六是加强管理，规范财务管理制度。要坚持财务公开制度，全面实行会计集中核算。七是加强精神文明建设，抓好小城镇建设，搞好文明单位的争创与申报工作。1999 年，北安分局级先进单位要重新检查验收，不合格单位摘牌罚款，个别单位要争创总局级文明单位。

当前，改革已进入整体推进、重点突破的攻坚阶段，任务艰巨、责任重大。因此，要求我们必须坚持：改革必须以深化改革、加快发展、稳定大局为前提，改革必须以加快发展经济、构建新格局为目标，改革必须以“三个有利于”为标准。同时，各级领导干部要调动广大职工群众的积极性，抢抓机遇，敢闯敢拼，做改革中的排头兵。

（二）继续加快结构调整步伐、推进各业协调发展

科学、合理地调整经济结构是实现生产要素合理配置的重要内容，也是推进经济增长方式转变的一项重要措施，我们要以调整产业结构为重点，推进各业协调发展。必须遵循以市场为依托，向优化结构要总量、要效益。

1. 把发展农业放在经济工作的首位来抓，进一步调整种植业结构　农业是我场的立命之本、发展之基，可以说，农业兴、百业旺。农业要由单纯追求总量增长，向以质量效益为中心转变。一是继续加大种植业结构调整的力度，坚持“一压、一稳、二增”。1999年要压麦、稳豆，增加经济作物和水稻的种植。二是增加农业收入，夯实基础，推进农业产业化进程，强化农业生产管理，挖掘生产潜力，调动全场广大干部、职工群众的积极性，为连续夺取第十一个丰收年而努力。

任务与指标是：1999 年计划播种面积 24.5 万亩。小麦播种面积 7.2 万亩，占 29.4％，亩产确保 265 千克、力争 275 千克，总产量确保 1.91 万吨、力争 1.98 万吨；大豆播种面积 7.2 万亩，占 29.4％，亩产确保 165 千克、力争 175 千克，总产量确保 1.18 万吨、力争 1.26 万吨；油菜播种面积 5 万亩，占 20.4％，亩产确保 120 千克、力争 130

千克，总产量确保 0.6 万吨、力争 0.65 万吨；玉米播种面积 0.6 万亩，占 2.5%，亩产确保 400 千克、力争 500 千克，总产量确保 0.24 万吨、力争 0.3 万吨；水稻播种面积 3.055 万亩（其中新开发 2.5 万亩），占 12.5%，亩产确保 400 千克、力争 500 千克，总产量确保 1.2 万吨、力争 1.5 万吨；甜菜播种面积 0.5 万亩，占 2.1%，亩产确保 1.8 吨，总产量确保 1 万吨；白瓜子播种面积 3500 亩，占 1.4%，其他经济作物播种面积 5950 亩，占 2.4%。优质目标为达到适销对路的占 50%，其中高蛋白优质麦占 50%。

2. 进一步增加畜牧业在农业中的比重，加快畜牧业的发展 要把畜牧业作为重要支柱产业来抓，在加快结构调整，推进规模化经营、规范化饲养和完善服务、销售体系上下功夫。大力发展养殖专业户，继续扶持建好养殖区，以发展"两牛一猪"，相应带动其他畜禽及特种动物发展。

任务与目标是：肉牛年饲养量确保 2500 头，力争 3000 头；奶牛年饲养量确保 380 头，力争 400 头；生猪年饲养量确保 10000 头，力争 11000 头；羊年饲养量确保 2500 只，力争 3000 只；鱼年产量定在 20 吨以上；禽类年饲养量确保 10 万只，力争 12 万只；实现牧业产值确保 580 万元，力争 600 万元。

3. 进一步加强生态林业体系建设，改善和保护生态环境 要切实加强森林资源的培育、保护和合理利用，坚决制止滥砍盗伐和毁林开荒活动，要大力开展植树造林，保证成活率和森林覆盖率，实现"栽起来、活起来、绿起来"的目标。

林业的生产目标是：造林 2500 亩，义务植树 500 亩，育苗面积 70 亩，产成苗 500 万株，森林做到无火警火灾，实现林业总产值 40 万元。

4. 场办工业企业要以提高企业的整体素质为重点 一要加强管理，狠抓增盈工作，增加企业生存和竞争能力；二要大力开拓市场，提高产品的质量，加强市场的占有率。工业科要加强对场直各单位各类合同、租金、应缴各项利费和产权转售款的管理，对转制后的企业加强宏观调控、监督和指导，推广成功的经验和先进典型，抓住薄弱环节，制定整改措施。1999 年工业生产指标确保 1150 万元，力争 1200 万元；实现利润确保 110 万元，力争 120 万元。

5. 大力发展非国有经济，积极培育新的经济增长点 党的十五大已明确指出："非国有经济是社会主义市场经济的重要组成部分，对个体、私营等非公有制经济，要继续鼓励、引导，使之健康发展。"我们今后一个时期的工作重点是：以市场牵龙头、以龙头带基地，达到上连市场、下连千家万户。力争在产业化布局、专业化生产、规模化经营、一体化服务、基地化建设上有新突破，使非国有经济产值占工农业产值的 50% 以上，使其真正成为"半壁江山"。发展非国有经济，培育壮大新的经济增长点，要求我们做到：一是要加大领导力度，建立健全科学领导体系，要采取政策引导、资金扶持、典型引路、治乱减负等项措施，进一步提高对发展职工自营经济的认识，根据市场要求，从发展一队一品入手，加快发展特色经济和围城、进城经济，使自营经济上档次、上规模、上水平。二是要营造发展非国有经济的良好环境。要坚定不移贯彻执行分局下发的《关于发展非国经济的决定》，对非国经济要多支持、少干预，多帮助、少添乱，多扶持、少限制，坚持取消一切不利于非国有经济发展的条条框框，坚决制止乱摊派、乱收费、乱罚款的现象发生。支持从业者"照章纳税、守法经营、公平竞争"。营造从事非国有经济者在入党、评模等方面与其他职工一视同仁。同时，要鼓励、引导职工发展第三产业。要抓住土地固定的机遇，积极引导生产队职工群众从土地上转移出来，向场区集中，从事务工经商、建筑、运输、饮食服务、文化娱乐等行业。

1999年自营经济发展指标是：确保完成总产值5800万元，力争6000万元；纯收入2500万元，从业户均收入7500元，人均收入3000元，要建成5个规范化示范小区、10个专业队，培养树立年获利30万元大户5户、10万元大户50户、万元以上大户300户。

（三）继续强化企业全面管理，努力提高经济效益

改革是动力，管理是保障，发展是目的。实践已证明，管理是企业永恒的主题。唯有强化管理，才能提高产品的质量和市场占有率，才能增强企业生存和发展的能力。1999年我们重点强化《深化改革总体方案》等8个方案、3个规定、1个办法，同时要抓好以下6项管理：

1. **必须以人为本抓管理** 人是经济管理要素之首，一切管理都应以调动和发挥人的积极性、主动性为根本出发点，以人为本抓管理，就要求管理者必须懂管理、会管理，狠抓管理。因此，管好管理者是管好企业的关键。所以，对各级干部特别是主管干部必须指标到位，层层分解，从上到下，人人肩上有指标、个个心里算细账。此外，要紧紧依靠职工群众，充分发挥职工参与企业民主管理的积极性，依靠职工进行民主监督，从而管好企业、办好企业。

2. **必须强化财务管理** 这是企业管理的中心，要进一步健全各项规章制度，以资金管理为核心，控制资金总量、资金流向，建立相对集中的财务结算中心，把财务管理管到实处、管出水平，从而强化资金的统一监控，提高资金的利用率。今年，全场各单位的财务管理要全面实行报账制。

3. **必须强化成本承诺管理** 成本管理要以节本降耗、节本增效为重点；承诺管理要以向职工群众公开成本承诺的范围、对象、目标和成本计算期，让职工群众明白，便于监督为目的，要成立成本承诺领导小组，明确分工、责任落实到人头，建立严格的指标考核体系，奖优罚差。

4. 必须强化营销管理 要紧紧围绕市场需求，制定科学的营销对策，采取灵活多样的营销手段和方法，坚决杜绝出现因赊销产品，造成资金不能及时回笼，从而影响生产和职工生活问题。要建立一支人员稳定、善于公关、灵活高效的销售队伍，尽快建立市场营销网络，搞好农场的产品销售工作。

5. 必须强化粮食和物资管理 要遵守国家粮食购销法规、政策和物资管理方案，做到经营者抓经营者，一级抓一级，谁出现问题就追究谁的责任。对国家征购粮、上级内调粮和利费税指标粮必须保证质量、数量，按时间要求保证完成任务，绝不允许出现粮食经营和生产资料经营上的混乱局面，要严格控制、严格把关、严格管理、严肃纪律。

6. 必须强化内部管理 要加大管理控制力度，对公款大吃大喝、公款购买移动电话、干部公车私用、私自处理产品、单位私设"小金库"等重大问题，一经发现就要严肃处理，决不姑息迁就。

（四）继续实施科教兴场战略，提高劳动者素质，转变经济增长方式

加快农业发展速度，转变经济增长方式，归根结底要靠科技、靠教育和提高劳动者素质。深入实施科教兴场战略，扎实推进农业技术革新，是我们面对现实、抢抓机遇、迎接挑战的必然选择。我们要全面贯彻落实总局党委《关于加速垦区科学技术进步的决定》，完善科技 3 大体系，以高产攻关和"丰收计划"为重点。1999 年新技术应用的重点：水稻推广三化栽培，钵育摆栽，全面积喷施磷酸二氢钾；玉米推广地膜覆盖；小麦推广种衣剂，留链轨道，花期防病，全面积增施钾肥；大豆应用三垄栽培，全面积种衣剂，施用钾肥和喷施磷酸二氢钾；油菜全面积种衣剂，菌核病防治 100％ 2 遍；甜菜育苗移栽，大垄高台垄上卡播；褐斑病防治 100％ 2 遍。

当前，市场的竞争日趋激烈，虽然表现为产品的质量竞争，但其根本也是人才的竞争，所以，我们必须清醒地认识到，人才是经济发展的决定因素。我们必须培养自己的后备人才、提高劳动者素质。因此，各行各业、各级领导干部要重视教育，多为教育办实事、办好事。要进一步改善教学条件，既要保证教育投资，又要保证教师工资按时发放；既不让我场的子女因贫困而辍学，又要让他们在良好的环境下完成学业。只有这样我场的教育才能够办好，才能培养出高质量的学生，才能为农场的经济发展储备更多人才。才能够跻身北安分局教育事业的前例。1999 年教育工作重点是：一是继续强化内部管理，向管理要质量；二是搞好现代化技术在课堂上应用，提高课堂教学效率；三是继续加强师资队伍建设，提高教育质量。

（五）继续坚持两个文明一起抓，为加快改革发展，创造良好的社会环境

物质文明是基础，精神文明是保证。精神文明搞不好，物质文明也要受到影响，甚至社会会变质。只有坚持两个文明一起抓、两个成果一起要，我们的改革成果才能稳定，才能更加硕果累累。今年我场精神文明建设的目标是争创总局级先进单位。为此，1999年着重抓好以下8项工作：

1. **继续实施"六大工程"，为加快改革和发展提供精神动力和思想保证** 要把弘扬北大荒精神作为全场精神文明建设的主旋律，通过素质教育、舆论引导、典型推广，使广大干部职工具有先进的思想观念和良好的道德风尚。要围绕实现优美环境、优良秩序、优质服务，树立良好的社会公德、职业道德和家庭美德，扎实有效地开展文明单位、文明队、文明小区、星级文明户创建活动，把精神文明建设任务扎扎实实地落实到基层。要提高精神文明建设的档次和水平，做到有所创新、有所提高。有形的要抓实，无形的要抓深，向规范化、制度化方向发展，激励和鼓励全场人民团结一致、勇于开拓、艰苦奋斗、万众一心奔小康。

2. **继续抓好全场文化建设** 以开展企业文化、群众文化和边疆文化长廊建设为主要内容，调动文化工作者的积极性和创造性，用丰富多彩、健康向上的文艺作品，占领文化市场。

3. **加快实现小城镇带动战略** 本着面向城市、放眼未来，坚持高起点、高标准、有特色、不求最大但求最佳的原则，做到合理规划、功能完善，使小城镇和队区建设管理水平上台阶。1999年要以建筑集资住宅楼为重点，建好青石岭水上公园，生产队要建盖一批小康房。

4. **加快医疗卫生事业的发展** 要进一步完善医疗、预防保健和卫生监督保障体系，提高职工群众健康水平。强化计划生育工作，控制人口增长，提高人口素质。计划生育工作是基本国策，要本着"谁主管谁负责"的原则，坚决杜绝计划外生育的发生。

5. **强化社会治安综合治理工作** 要加强人防、完善物防、增强技防等综合性措施，坚决打击各种违法犯罪活动，贯彻"谁主管谁负责"的原则，保质保量地完成"三五"普法学习任务，增强全民法治观念，保持社会稳定，营造良好的社会环境。

6. **加大信访工作力度，坚决把信访问题解决在基层** 信访工作是社会的"稳定器"，各级领导干部要提高对信访工作重要性的认识，增强责任感，切实把信访工作纳入到重要日程上来，坚持不懈地抓紧抓好；要把任何矛盾和问题化解在基层，避免越级上访情况发生；要认真落实信访接待日制度，变上访为下访，使信访工作真正起到化解矛盾，稳定社会的作用。

7. 继续抓好群团组织和民兵工作，特别是义务兵优待金和退伍军人的安置工作

8. 进一步加强新闻、广播电视工作　加大资金投入，着力解决覆盖面与死角问题，要增加新栏目，宣传好党的方针、政策，弘扬企业精神，更好地发挥广播、电视的作用，为农场改革和发展积累无形资产。

（六）继续加强党的建设，进一步密切党群、干群关系，为加快改革发展提供根本保证

加强党的建设和党对各项工作的领导，是实现加快改革、加快发展的根本保证。当前，党中央把加强党的建设作为新时期的"伟大工程"。按照这个要求，今后我们要认真抓好5项工作：

第一，要继续加强理论学习和理论教育。我们正处在跨世纪发展的关键时期，在前进的道路上，我们的任务非常艰巨，还会遇到一些难以预料的困难，这就要求我们运用职工技术学校，党员、干部培训班，党员大会等多种形式和措施，组织干部职工认真学习，深刻领会党的十五届三中全会《中共中央关于农业和农村若干重大问题的决定》精神，准确地把握跨世纪的发展目标和必须遵循的基本方针、一系列重大政策措施，用以指导改革和生产实践。

第二，要继续坚持实行党建工作目标管理。通过党建工作目标的逐项分解和量化，明确考核和奖惩办法，逐级加强日常监督管理，达到实现党建工作经常化、制度化、规范化的要求。从而，增强班子建设，围绕经济抓党建，要针对新时期党建工作出现的新情况、新问题，改善活动方式，强调活动的多样性和灵活性，增强活动效果。加强对外出务工经商党员的教育管理，要建立联系档案，坚持定期交纳党费和汇报思想情况。党员干部要过好双重组织生活，基层党支部要发挥战斗堡垒作用和党员先锋模范作用，更好地为场党委中心工作服务。

第三，要抓好领导班子建设。班子建设最重要的是选好人、用好人，特别是党政一把手的任用。要任人唯贤，严禁任人唯亲。要进一步推行办事公开化制度，实行重要权力分解和重要岗位定期轮换。今年，生产队队长要全部实行民主评议，对亏损严重、政绩平庸、职工评议不称职的干部和超职数的成员，坚决精减和撤换。

第四，抓好跨世纪青年干部的培养和选拔。按照下管一级的原则，抓好后备干部的培养，采取离职学习、短期培训等多种形式，对年轻干部进行系统的培养教育。在干部的选拔任用上，要坚持德才兼备的原则和任人唯贤的干部路线，使优秀的人才脱颖而出，得到重用，使党的事业后继有人。

第五，要加强党的廉政建设，坚持不懈地开展反腐败斗争。反腐败是关系到党和国家生死存亡的严重政治斗争，是保持党和人民群众血肉联系的重要保证。党风不正，民心不顺，要按照从严治党的要求，进一步加强党性党风党纪教育，提高党员、干部的素质，夯实党风廉政建设的基础，筑起拒腐防变的思想道德防线。纪委、监察、检察部门对反腐败斗争负有重大的职责，必须加大工作力度，纠正部门和行业不正之风，及时严肃查处贪污腐败分子，对触犯刑律者必须依法严惩。坚持党委统一领导，党政齐抓共管，部门各负其责，依靠职工支持和参与的反腐败工作领导体制和工作机制，形成反腐败斗争的强大合力，为我场的经济和各项事业持续健康发展起到有力的保障作用。

各位代表、同志们：

站在世纪更替的交汇点上，置身于群雄奋进的大潮中，让我们在两局党委的正确领导下，认真贯彻党的十五大和十五届三中全会精神，高举邓小平理论伟大旗帜，解放思想、认清形势，理清思路、坚定信心，抢抓机遇、加快发展，用重手笔描绘好社会主义现代化绚丽蓝图，以优异的成绩跨入 21 世纪。

抢抓机遇　超前谋划　和谐推进
努力实现我场经济社会又好又快发展

——在建设农场九届三次职工代表大会上的工作报告

王克坚

(2008 年 3 月 3 日)

大会主席团、各位代表、同志们：

这次职工代表大会的主要任务是：深入贯彻党的十七大和总局、分局党委（扩大）会议精神，认真总结 2007 年我场经济社会发展取得的成果与经验，研究制定 2008 年农场发展的总体思路、工作目标和保证措施，进一步动员全场广大干部、职工、群众，认清形势、明确任务、抢抓机遇、与时俱进，为实现我场经济社会又好又快发展而奋发努力。

下面，我受大会主席团的委托，向大会作报告，请予以审议。

一、2007 年各项工作的简要回顾

2007 年，我们认真贯彻落实总局、分局党委（扩大）会议和农场九届二次职代会精神，围绕"全面建成小康社会"这个中心，突出发展这个主题，扎实推进各项工作，使农场呈现出经济发展、社会稳定、政治安定的和谐发展局面。主要标志为"八个明显增强"。

（一）经济总量实现新增长，企业实力明显增强

2007 年，实现农场生产总值 2.1047 亿元，比上年增长 63.8%，其中：第一产业增加值 1.4936 亿元，比上年增长 83.1%，第二产业增加值 919.3 万元，比上年增长 58.5%，第三产业增加值 5192.2 万元，比上年增长 26.2%；实现全口径利润 1.0403 亿元，企业利润 36 万元，人均收入 9571 万元，同比增长 55.8%，职均收入突破 3 万元，同比增长 240%，实现了农场生产总值、人均收入和职工收入的"三超"历史。

（二）经济结构战略性调整取得新突破，拉动作用明显增强

一是种植业突破历史，喜登新高。农场在遭受了春季严重内涝、夏季持续干旱等多种自然灾害侵袭的情况下，农业生产获得特大丰收，粮豆总产量 6.1 万吨，比上年增产 1.85 万吨，各作物平均亩效益达到 424 元，实现家庭农场利润 1.0367 亿元，同比增长了 263%。我场承担的全国 100 个国家级农业标准化示范场（县）建设项目，已经通过农业部的实地验收。在 2007 年分局农业工作目标考核中，我场获得排名第一的好成绩，还获得了总局级 6 大作物高产攻关先进单位的荣誉称号。副场长吴凤霖同志作为垦区唯一的一名农业科技人员代表，受到省委书记的接见，为垦区争得了荣誉。二是"牛经济"继续呈现良好的发展态势。农场总计投资 300 万元，建设了占地 3 万平方米的奶牛小区 1 处，建设牛舍 4000 平方米及奶站等附属设施，使奶牛产业得到长足发展；完善了中心化验室、基层畜牧兽医室等基础设施，健全了服务体系，引进了 3 名本科毕业生。在北安垦区首例成功引进了生猪人工授精、奶牛性控冻精等技术。2007 年新增"两牛"1740 头，使"两牛"存栏达到 6544 头，同比增长 15.26%，畜牧业增加值实现 2551 万元，同比增长 44.1%。三是以"经、特"为代表的种植业结构调整成效显著。"粮、豆、经、饲"比例已调整到 20.4∶36.7∶40.9∶2.0，5 大作物优质品种覆盖率达 100%。2007 年，我们依托海伦南华糖业有限公司、绥化昊天玉米加工企业等龙头企业，种植玉米、甜菜、大麦等经特作物 10.5 万亩，并获得产量、品质和效益三超历史。四是第二、三产业和非公有制经济蓬勃发展。全年实现工业总产值 2752 万元，同比增长 46.1%；增加值 817 万元，同比增长 61.8%；实现利润 235 万元，同比增长 8%。非公有制经济实现总产值 1.5279 亿元，同比增长 43.2%，实现增加值 6403.9 万元，同比增长 38.6%。

（三）改革开放取得新成效，推动作用明显增强

第一，农业改革取得突破性进展。一是进一步完善"两田一地制"改革，全面落实了税费改革政策，筹措资金 177 万元，补齐了 2006 年农工应享受的基本田待遇，确定出 2007 年应享受基本田人员 6269 人。二是土地全部承租到户，合同签订率、两费自理率均达 100%，上打租金落实面积首次达到 85%。三是理顺、完善家庭农场 89 户，经营耕地

13.3 万亩,占全场计划内总耕地的 57.1%。

第二,管理机制改革取得新进展。全场实行了绩效考核,实现了合同化、法制化、规范化管理,步入了精细化管理轨道。

第三,各项相关及配套改革进一步完善。一是积极推进教育和卫生改革,实现了资源共享;二是进一步完善了畜牧科、转运站、粮食科、水务局等单位的各项配套改革,减少管理费支出 18 万元;三是建立了以聘用制为基础的基本用人制度;四是建立了以绩效工资为基础的分配制度,调动了全员积极性;五是按照市场化运作的原则组建了物业公司,作用发挥明显;六是巩固完善了职工养老、医疗、失业保险和最低生活保障制度,参保率逐年上升。

第四,开放开发力度进一步加大。招商引资 2028 万元,比上年增长 13.5%。签订内贸成果总额 6895 万元,利用北大荒"年轮"品牌签订农产品销售合同 8 份,合同销量 5.5 万吨。外贸出口额达 187 万美元,劳务输出 820 人,年收入达 1500 万元。

第五,跨区作业创收明显。全年累计出车 36 台次,辐射内蒙古、宾县、海伦市、通北镇等"一区、两省、三市、十二个村镇",完成作业量 18.6 万亩,为职工增收 97.8 万元,同比增长了 84%。

(四) 加快科技创新、强化配套管理,经济运行质量明显增强

第一,科技增效作用显著。农业农机、畜牧推广应用新技术 30 余项,投入 240 余万元,实现科技增收、提质增收、降本节本增收 1000 余万元,科技贡献率达到了 80%。同时,我们还投入近 10 万元完善了气象、人防等基础设施,提高了预报、预警、抗灾的综合实力,大旱之年成功增雨 165.3 毫米,保证了各作物单产实现历史最好水平。

第二,经济运行质量进一步提高,实现了"八个保证"。一是进一步完善了财务刚性预算体系,资金高度集中、合理使用,资债结构进一步良化,保证了全场经济活动货币化运行;二是按月及时发放各类人员工资及低保金、遗属生活费,保证了生活;三是生产资料全部实现现金买现货,降低成本 30 余万元,保证了生产;四是千方百计筹措资金,确保了畜牧业发展、改水工程、水泥路建设等全场 10 项重点工作的开展;五是刚性预算管理到位,保证了经济指标的实现;六是继续完善国家惠农政策,发放"两补"等各种惠农补贴共计 826 万元(其中农场自筹补贴 9 万元),保证了各项补贴资金全额发放;七是兑现离退休人员工资 1352 万元,医疗费、工伤生育保险费、独生子女费等各项费用支出 242.3 万元,发放低保金 55.08 万元,保证了各项事业的健康发展;八是千方百计筹措资金 180 万元,保证了艾滋病患者的生活和治疗。

第三,劳资工作已步入程序化、规范化、法制化轨道。按《中华人民共和国劳动法规定，签订劳动合同 3700 余人次，为企业退休人员增加基本养老金 1300 余人次，为灵活就业人员申领养老、医疗补贴 147 人次，近 10 万元，接待劳动信访 278 人次，进一步完善了"金保工程"信息库。

第四，审计监督力度进一步加大。全年完成审计项目 15 项，审计总金额 4823 万元，查出违规金额 26.8 万元，保证了经济的健康运行。

（五）强化了农、林、水等基础设施建设，抗灾作用明显增强

投资 800 多万元，启动了第四和第一管理区土地综合治理工程和基本农田建设工程，治理土地 2 万亩，新建晒场 2 万平方米，库房 1000 平方米，夯实了农业基础建设。投资 1000 余万元，新进维美德、迪尔大马力拖拉机，甜菜播种机、起收机，玉米收获机，联合整地机等农业机械 31 台（套），新建了 1 个农机装备区，夯实了农机基础建设。绿化、营林共计投资 18 万元，造林绿化 2600 余亩，绿化长度 3 千米，栽植苗木 70 余万株，育苗 350 多万株，夯实了生态基础建设。

（六）小城镇基础建设稳步推进，承载力和吸纳力明显增强

一是引资 300 多万元，开发建设了 3300 平方米住宅楼（8 号楼）；二是投资 2560 万元完成了 27.17 千米骨架公路白色路面建设；三是投资 266 万元修建了场区二道街和 23 条 3.3 千米的水泥巷道，修整排水沟 9 千米，安装路灯 40 盏；四是投资 140 万元建设了 833 平方米文化活动中心，完善了基础设施；五是投资 60 余万元，完成 280 延长米供热及排水管道连接工程，更新锅炉 4 台；六是筹资近 60 万元对 2 个管理区（居民组）原有给水设备进行了改造，新打机电井 1 眼；七是投资 10 余万元加强了广播电视局的基础设施建设；八是投资 58 万元，突出了场区及生产单位的绿化、净化等"四化"工作，全面启动了省级生态垦区建设，相关 60 项指标正在加紧落实。

（七）党建、"三个文明"建设成效卓著，保证作用明显增强

农场党委认真践行"三个代表"重要思想，着力加强"五型"班子建设，按党章规定和分局党委要求，如期完成了党委换届任务。在分局党委组织的民主测评活动中，农场班子整体优秀率再次达到 98% 以上。以"三心"活动为载体，实施了"北大荒先锋工程"，为职工群众做好事、办实事 248 件。全场对外播发、刊发稿件 478 篇（条），在《农垦日报》《黑河日报》各版面刊发头条 20 余条，对外宣传报道再创历史新高。以实施"廉洁兴企"工程为手段，全面落实了党风廉政建设责任制，推进了"双评"和"两风"建设。围绕中心工作，进一步健全了职工代表大会制度，民主管理、民主监督、民主决策等基层民主政治建设进一步加强。深入开展"五五"普法活动，干部、职工、群众自觉学法、守法、用法的氛围更加浓厚。工会、老干部、关工委、共青团、武装、妇女、统战等群团组织创造性地开展工作，发挥了党与群众联系的桥梁和纽带作用，在促进我场"三个文明建设"中作出了新贡献。

（八）文教卫生、社会稳定等工作全面发展，助推作用明显增强

第一，教育事业蓬勃发展。2007年，农场投资165万元加强了中小学的校园文化和基础设施建设，基本实现了教育现代化，并顺利通过了"双高普九"的验收；筹资56万元为高中生报销学费，为中小学生支付了客运费和伙食费。教学质量全面提高，小学教育成绩突出，初中升学率创历史新高，各科成绩和升学率列分局第一，重高录取正式生39人（省内名校哈尔滨三中录取2人，广东名校录取1人），是历史上最好的水平。农场和学校分别被授予分局级尊师重教先进单位、先进学校，总局级先进学校和省级师德建设先进单位荣誉称号。

第二，卫生事业健康发展。全年共收治住院病人159例，收治门诊病人5495人次，实施各种手术396例，门诊与住院诊断符合率100%。卫生监督、疾病控制、基层卫生工作等整体业绩水平已步入北安分局卫生系统先进行列。

第三，社会稳定工作继续好转。政法战线成功预防各类矛盾纠纷、受理治安案件18起，发生刑事案件2起，同比下降了33.3%，破案率达到100%，全场综治基础业务建设全分局评比获得第二名，连续3年获分局社会治安综合治理先进单位荣誉称号。信访办接待群众来访5件46人次，处理终结场内信访案件5起，无一反弹，信访办已连续5年被评为分局级标兵单位。安全工作无重大事故，出色完成了上级下达的各项目标和任务。此外，土地、工商、交通、通信、石油、银行、邮局等部门履行职能，依法行政，创新工作，为我场改革与经济发展创造了良好环境。

各位代表、同志们，年初以来，我们共同经历了一段不平凡的岁月。我们抵御了严重的自然灾害，农业突破历史获得特大丰收，其他各业也取得了可喜的成绩，可以说，我们已经站在了一个新的发展起点上。作为垦区25个贫困场之一，我们已连续7年实现扭亏为盈，社会、经济良性发展，综合实力不断增强，职工群众生活水平进一步提高。我们之所以能取得如此好的成绩，主要得益于国家的好政策，得益于总局党委和分局党委的正确领导，得益于离退休老同志的关心支持，得益于全场各级党组织和广大党员干部的共同努力，同时也是全场上下团结一心、顽强拼搏、锐意进取、真抓实干的结果。

在此，我谨代表农场党政领导向与会的全体代表，并通过你们向全场人民以及所有关心支持农场改革和发展事业的同志们、朋友们，表示最诚挚的感谢！

二、改革与发展中存在的问题

各位代表、同志们，几年来，我场认真贯彻落实科学发展观，坚持以经济建设为中心，努力加快发展，各项事业取得了可喜成就。但是，形势越好越要保持清醒的头脑。我们必须深刻地认识到，用科学发展观的要求审视我场的场情，仍有不少矛盾和问题必须引起高度重视。

从目前来看，我场经济发展的瓶颈制约、体制障碍、结构束缚、增长粗放等问题还没有从根本上得到解决；经济社会发展、区组发展、个体发展不平衡的问题越来越突出，特别是区组间的发展差距和职工群众收入差距越拉越大；健全机制和深化改革任务繁重；企业公共积累和工业化进程缓慢，资本运作能力有限，企业实力不强；职工群众经济基础脆弱，抵御自然和市场双重风险的能力较差，再发展的后劲不足，一些职工群众的生产生活十分困难；各种矛盾日益增多，维护稳定与促进和谐的难度进一步加大。

此外，解放思想、更新观念仍然是制约经济快发展、大发展和社会全面进步的主要障碍。主要表现在：一是干部、职工、群众等、靠、要思想依然严重；二是个别领导干部缺乏强烈的加快发展意识，创新不足、工作缺乏主动性；三是个别干部事业心和责任心不强，工作不讲求方式、方法，化解矛盾工作不到位，科学执政的能力有待进一步提高；四是在各业的发展过程中，科技意识不强，普及推广力度不够；五是专业人才匮乏，人才短缺问题突出。

所有这些都决定了我场在今后的发展中，必须深入贯彻党的十七大精神，全面落实科学发展观。尤其要进一步增强加快发展的紧迫感、危机感、责任感和使命感，牢牢把握当前这一黄金发展期，倍加珍惜时间，倍加珍惜机遇，坚持发展高于一切、发展先于一切、发展在于一切、发展重于一切，千方百计实现我场又好又快发展，确保全场各项事业实现较大突破。

三、2008 年及今后一段时期的主要工作部署

社会要和谐，首先要发展。不发展建不成新农村，不发展是最大的不和谐。在发展问题上，我们的态度要更加坚决，措施要更加有力，真正把发展放在更加突出的位置，用全新的理念指导实践，用创新的方法开展工作，全面谋划 2008 年乃至今后一段时期的发展思路及主要工作。

指导思想：以邓小平理论和"三个代表"重要思想为指导，全面贯彻落实科学发展观，继续以"富民强场建小康"为主题，以加快推进农场社会主义新农村建设为目标，以体制、机制、科技创新为动力，大力推进农场（社区）组织结构调整，深化管理体制改革，全力发展物质文明、精神文明、政治文明和生态文明，全面推进产业化、工业化、城镇化等"三化"进程，着力优化经济结构调整和提高经济增长质量，牢牢把握机遇，解放思想、与时俱进、以人为本、科学执政、创新务实、和谐发展，为推动农场经济与社会又好又快发展而努力奋斗。

总体思路：长远看要实现主辅换位和畜牧业占据"半壁江山"，最终达到小康社会的目标。近期要继续坚持"三个加快建设"（加快建设现代化的农业、加快建设现代化的牧业、加快建设现代化的小城镇），"两个加快发展"（加快发展非公有制经济、加快发展外向型经济），"一个千方百计"（千方百计开辟新的就业渠道，寻求新的经济增长点），我们要努力建设一个经济更加繁荣、人民更加富裕、发展更具活力、社会更加和谐的新农场。

工作目标：实现"三个不减"，即实现职工收入不减、企业效益不减、"为民"工程投入不减。具体指标为"2121"，即实现生产总值 2 亿元，家庭农场利润 1 亿元，企业经营利润 200 万元，人均纯收入 1 万元。

主要措施：我们将通过抓住"三个关键"、实施"三大工程"、抓好"五项工作"等具体措施，确保总体思路、工作目标如期实现。

（一）抓住"三个关键"，推动农场经济社会稳定发展

1. **第一个关键是：稳住农业、巩固基础、打牢根基** 到目前为止，农业依然是我场的立场产业，只有稳住农业，才能巩固发展的基础。为此，我们将进一步加大工作力度，加快建设步伐，逐步实现农业产业化经营，着力提高农产品的综合生产力和市场竞争力，不断提高农业综合效益，增加职工收入，全面提高现代农业建设水平，增强示范带动能力。2008 年，实现农业总产值 1.4 亿元，实现家庭农场平均亩利润 360 元。重点要强化"四大支撑"：

第一，以种植业内部调整为重点，强化现代农业的结构支撑。我们要坚持"区域布局特色化、优势作物规模化、经营模式产业化"的总体思路，对区域农业结构进行战略性调整。一要不断挖掘种植业内部增收潜力，明确调整重点。我们要着力培植主导产业、优势产业和特色产业，坚持"稳麦豆、扩甜玉、强经特、上品质、增效益"原则，逐步实现由种粮向非粮、由卖粮向消化粮食产品的"两个转变"。要围绕高效经济和特色作物抓调整，重点发展亩纯收入 500～1000 元的高效特色经济作物。围绕优质专用农产品抓调整，建设优质专用小麦、啤酒大麦、高油高蛋白大豆、优质甜菜、水稻、高效经特作物、饲料饲草作物基地。2008 年，粮、豆、经、饲四元结构比例将调整为 29.3：28.6：39.9：2.2。二要靠龙头带动，产业运作，提升调整层次。我们要将围绕产业化经营调整结构作为实现农业结构由横向调整到纵向调整的关键，要继续在"合纵"和"连横"上下功夫。在纵向上，通过产业扩张来实现产业升级。2008 年，依托现有麻棉企业将"两麻"面积扩大到 1.5 万亩。在横向上，借助分局及兄弟农场引建的资源型产业龙头，引导生产要素向优势产业集聚。2008 年，将依托海伦南华糖业有限公司、绥化昊天玉米加工等企业种植甜菜、玉米等经特作物，力争实现调整增收 1000 万元。

第二，以建设"三田一带"为重点，强化现代农业的科技支撑。我们要不断加快科研成果的转化和应用步伐，在整体布局上采取区域化种植、"园、带"式示范、"实验、攻关、展示"型引导等措施提升农业科技含量。在耕种细节上采取农机、农艺、良种、良法相结合的科学措施，大幅度提高农作物单产水平和品质等级。一是要着力于利用地域优势和现代科技手段，以推广、展示、发展为目标，建设好"三田一带"。继续采取百亩高效经济作物实验田试验、千亩高产攻关田攻关、万亩新技术应用展示田辐射推广等手段，协调推进科技示范推广。要进一步规划建设好现有 3 条科技示范带，积极推进农业科技入户，加快优质高产新品种的选育，扩大先进技术和科学管理模式的推广应用，不断提高农业新技术、新品种的入户率和到位率。加快农业标准化进程，逐步在产前、产中、产后各环节建立较为完善的标准化制度，不断提升农产品质量安全水平。二是要以高标准、高产出、高效益为特点，建设好科技示范园、高效经济作物展示园、特色经济作物试验园。要以新品种试繁为基础，以甜菜、甜葫芦等高效经济作物栽培为亮点，实现园区布局规范化、种苗培育工厂化、科研展示一体化。

第三，以培育特色产业为重点，强化现代农业的产业化支撑。我们要依托丰富的农副产品资源，立足高起点、高水平、大规模，把资源的综合开发与深加工紧密结合起来，把持续稳定的增收增效建立在产业发展的基础上。首先，要以做强"三大基地"为重点，夯实农业产业化发展基础。一是做强"三高一特"大豆基地。2008 年"三高一特"大豆累计种植 7 万亩，争取实现大豆平均亩产 210 千克，总产量 1.47 万吨。二是做强高效、有机、特色作物种植基地。2008 年，各类特色、有机作物达到 2 万亩，转换 1 万亩，获总效益 2500 万元。三是做强种子繁育基地。2008 年，在全作物、全品种实现 100% "五统一"的前提下，生产销售种子 1600 吨。其次，要大力发展"三个产业"，进一步拉长产业链条，构筑农业产业化发展优势，进一步提高农产品的再增值能力。一要大力发展"绿色、有机"产业。2008 年生产绿色、有机农产品 3 万吨。二要大力发展"特色"产业，依托现有"三粗一绵"加工厂及周边龙头企业，发展甜菜、玉米、芸豆、大麦、大麻等产业，年内累计种植"经、特"作物 12.5 万亩，加工 1 万吨。三要大力发展"深加工"产业。要扶壮"以工带农型"龙头企业，实现产值 500 万元。

第四，以加强"四个基础建设"为重点，强化现代农业建设的物质装备和人才支撑。为满足农业产业化经营的需要，我们将继续把基础设施建设放在突出位置，按照适度超前的原则，加大投入力度，加快建设进度，不断提高基础设施承载产业和保障生产、生活的能力和水平。一是进一步加强农业基础建设。投资 180 万元启动第六管理区中低产田改造项目，建设水泥晒场 10000 平方米，建设农田路 8.3 千米，修建排水沟 10.2 千米，改造基本农田 10000 亩；投资 240 万元扩建水田 0.4 万亩；筹资 300 万元，建设农用飞机场。二是进一步加强农机基础建设。投资 1000 万元，更新 T171 型大马力拖拉机 2 台，1076型收获机 8 台，更新甜菜起收机、甜菜播种机、自走割晒机及部分农具共计 18 台（套）。三是进一步加强生态基础建设。投资 225 万元加固建设水库，植树造林 1000 亩，治理水蚀沟等 4 条。四是进一步加强人才基础建设。要进一步完善广覆盖、多层次的教育和培训网络建设，通过实施科技培训、"网络课堂"、舆论引导等"三个工程"，不断提高职工队伍整体素质和就业、创业能力，积极开展科技下乡活动，全面提高为职工群众服务的水平，使广大职工群众在运用科技成果中发家致富。

2. **第二个关键是：抢抓机遇、为我所用、加快发展** 当前，我们正站在一个新的历史起点上，"三个不减"的新目标，标志着我场已经进入了新的发展时期，目标宏伟、任务艰巨。从新的历史起点出发，我们必须正确判断形势，牢牢把握新机遇。一是党中央、国务院再次强调，粮食安全的警钟要始终长鸣，巩固农业基础的弦要始终绷紧，解决好"三农"问题作为全党工作重中之重的要求要始终坚持；二是今年中央 1 号文件又出台了一系列强农惠农政策，2008 年财政支农投入的增量、国家固定资产投资用于农村的增量、政府土地出让收入用于农村建设的增量都将明显高于上年；三是省委十届四次全会对深入开展场县合作共建，进一步发挥垦区示范作用，加快垦区"三化"建设提出了明确要求；四是粮食越来越成为稀缺的战略资源，食用油和畜产品供应呈偏紧态势，这为垦区农产品销售提供了充足的市场空间。这些都为我们调整产业结构，加快产业升级，实现又好又快发展提供了新的有利条件，我们必须把握好这些难得的新机遇，认真谋划发展，全面推动工作。

3. **第三个关键是：加大力度、狠抓落实、逼上梁山** "天下大事必作于细"，落实是一切工作的归宿。实践证明，一个单位的发展速度取决于落实的力度，工作的差距在很大程度上体现的是落实的差距。在某种意义上说，实干就是能力，落实就是水平。我们首先要认识到，落实是一种务实的观念。作为领导干部，不仅要善于作决策，更重要的是善于把决策和政策变成干部群众的自觉行动，只有这样，所有美好的前景才不会成为纸上谈兵、空中楼阁。其次要认识到，落实是一种不可推卸的责任。特别是对于各级领导干部来说，"执政为民"不是一句空话，是一份责任、一份义务，落实己责，责无旁贷。另外要认识到，落实也是一种意志。年复一年，我们难免做一些重复的、机械性的工作。这些工作或许比较简单，但"天下难事必作于易"，把简单的事非常认真地、持之以恒地做就是不简单，把每件容易的事情都做好了就是不容易，关键是一种意志力，关键在于一以贯之地坚持，要有咬住目标就不放松的精神。总而言之，就是要人人养成一个重落实的习惯，我们要大力倡导落实观念，明确落实责任，锻炼落实意志，形成一种务实的氛围，在这种氛围中工作，不抓落实的人和事将没有市场。今后，各级领导干部，要在借鉴以往经验和做法的基础上，积极探索各项工作的新机制、新思路、新方向和有效途径，坚持把着力点放在突出重点、谋划大事、准确定位、讲求实效上，逐步加大落实各项工作的力度，扎实有效地促进各项决策的顺利实施，保证各项目标的如期实现，努力开创我场又好又快发展的新局面。

（二）实施"三大工程"，推动农场经济社会和谐发展

农场党委坚持以"富民强场、改善民生"为出发点和落脚点，以"增收、民生、扶贫"等三大工程为主线，着力加快发展，全面推动和谐社会建设。

第一，实施"增收工程"。努力提高职工群众收入，是社会和谐稳定的物质基础，是增强农场经济整体素质、综合实力和竞争能力的前提。我们要下大气力，坚持优先改善广大职工群众的生活，更加体现以人为本，更加体现关注民生，努力使全场人民都过上富足、殷实的生活。2008年，我们要加大力度，从农业增收，牧业增收，科技增收，调整增收，减负增收，市场增收，招商增收，管理增收，第二、三产业增收，劳动力转移增收等10个方面实现增收3000万元。各相关部门及单位，要结合本单位及本行业的实际情况制定增收方案，要进一步明确目标任务，拿出切实可行的措施及办法，措施办法要细化、量化到位，指标责任要落实到人，要做到家家有计划、户户有项目，全面保收入。2008年，我们要在全力稳定农业收入的前提下，突出以下重点：

一是大力发展畜牧业，依靠科学壮大增加群体收入。我们要把握政策机遇，发挥自身优势，坚持不懈地推进"主辅换位"战略，充分利用两种资源、围绕两个市场突出发展"两牛一猪"。努力提高畜牧业发展的速度、质量和效益，最终要实现主辅换位和畜牧业占据"半壁江山"的目标。农场在积极争取上级政策的同时，将继续采取"六个三"措施，通过抓基地、抓基础、抓园区、抓科技、抓标准、抓服务、抓示范等"七抓"，使产业素质快速提高，养殖环节的规模经营比重快速上升。2008年，要着力加快"两牛"养殖基地、绿色生猪养殖基地和畜禽养殖基地建设，新增"两牛"2000头，实现畜牧业增加值3400万元。今后，我场畜牧业增加值要以年均10％的速度递增。各管理区（居民组），要在明确方向、转变观念、理清思路的基础上，突出工作重点，加大工作力度，确保畜牧生产任务的完成。

二是强力推动非公有制经济和第三产业的发展，依靠多业并举增加群体收入。大力发展非公有制经济和第三产业是启动富民工程的重要载体。要进一步转变观念，树立自主创业、勇创大业的观念，树立通过发展非公有制经济致富光荣的观念，引导更多的职工群众进入非公有制经济领域，使其遍地开花。首先，要集中力量全力实施"一期富民工程"，进一步加快富民强场步伐，要利用3～5年时间，培育300户年收入在5万元以上，家庭净资产达20万元左右，有稳固的发展项目，能够住进楼房的富裕群体。培育的重点是家庭牧场主、家庭林场主、私营企业主、个体工商业户和新的农机专业户。其次，农场将重点扶持市场前景好、对初级农产品转化能力强、能够大量安置就业的私营企业，力争用3年左右的时间培育10个年创利过50万元的加工、建筑、流通等行业的私营企业；积极实施非公有制经济大户战略，实施"双百工程"，培育100个规模经营大户、100个非公有制经济大户。

三是扩大对外开放，依靠加大总量增加群体收入。外向型经济依然是农场经济的薄弱环节，同时也是最具潜力的环节。我们要坚定不移地走大开放促大发展的路子，要下大力气，围绕"农业稳场、招商活场、工业强场"的思路，借助外力、激发内力、形成合力，全面提高对外开放的层次和水平。相关部门要认真分析资源等优势，审慎确定对外合作合资经营项目，走出场门寻找战略合作伙伴，全面展开招商引资活动。年内，要完成招商引资1400万元，外贸出口额70万美元，农场至少要完成1项对外合作合资项目，构建1个立场产业，而后利用3年时间完成2～3个招商引资项目。各管理区要在保护现有项目的前提下，保证完成1个对外合作合资项目。在立场项目未建成前，要积极向周边城镇靠拢，主动承接经济辐射，以观念融入为先导、产业接轨为核心、企业合作为主体，采取挂靠、联姻、合作等方式，促进企业与产业互补发展。要瞄准"十一五"期间产业发展的热点，找准项目开发的着力点，重点是：围绕产业结构调整，谋划粮食、经济作物和畜牧业产品深加工项目；围绕工业园区建设，谋划资源、能源综合利用和循环利用项目；围绕现有企业，谋划产品更新、工艺技术更新和扩产改造项目；围绕统筹发展，谋划农业基础设施和城镇基础设施建设项目。我们要努力扩大固定资产的投资规模，积极争取项目资金，充分发挥投资对经济的拉动作用。千方百计扩大消费，吸引人流，聚集人气，提升消费规模，用消费打造经济发展的引擎。与此同时，要把环境建设作为招商引资上项目的基础性工作来抓，加强服务体系建设，进一步改善政策环境、治安环境、市场环境、信用环境、服务环境，努力营造成本最低、回报最快、信誉最好、效率最高的投资环境。

四是高度重视劳动力转移工作，依靠扩大就业增加群体收入。今后，农场将把劳动力转移作为一项产业来抓，不断加强市场信息网络建设，完善培训功能及相关配套政策，采取鼓励职工闯出去、利用能人领出去、多方联系送出去的办法，使职工走出场门、省门、国门，确保年均增收1500万元。农场要出台《关于进一步做好劳动力转移就业工作的意见》，要建立健全场、科、区3级劳务输出网络，明确专门机构和人员责任，把劳务输出纳入绩效考核，与领导干部的业绩和政绩挂钩。要加大宣传力度，选树先进典型，引导、鼓励职工群众外出务工、灵活就业、自主创业。要完善工作制度，研究制定劳动力就业规划，借助总局启动"金保工程"、全面采集劳动力信息之机，建立劳动力资源储备库。要加大服务力度，搞好先进的、全面的信息服务，搞好提高劳动技能、增强职业道德的培训服务，搞好维护外出务工人员的合法权益的法律服务和掌握务工情况的全程跟踪服务等"四个服务"，为劳务输出奠定坚实基础。

第二，实施"民生工程"。2008年，农场将加大投入力度，集中力量抓好"路、住、水、能、树、医、教、文、信、保"等项民生工程。年内将投资2396万元，建设通区公路32千米（含场区至第四管理区4.7千米）；引资800万元，完成9号和10号综合楼建设；拆除泥草房2000平方米；启动原十四连房屋拆迁及土地整理项目；进一步完善扩大奶牛小区建设，引进优质奶牛100头。将积极争取资金和政策，建设教育综合楼3000平方米；建设职工医院综合楼2100平方米；建设政法楼1100平方米；启动场区集中供热改造及场区3级供水管网建设项目；为管理区打人畜饮用水机电井1眼，建设水处理厂120平方米，完善配套设备及给水管线，完成3个作业区供水设备的改造更新；推广沼气应用200户；扩大植树种草面积，使场区及管理区的绿化覆盖率提高5个百分点；继续为高中生报销学费，为中小学生补贴客运费、伙食费和住宿费等"三费"；提高低保人员享受低保的标准；进一步改善各作业区卫生所的条件；投资60万元，更新接送学生客车2辆。

第三，实施"扶贫工程"。我们要进一步总结扶贫帮困工作的经验，切实加强扶贫帮困体系建设，切实关心困难职工的生产生活，特别对因病返贫、鳏寡孤独、子女上学等因素造成生产生活困难的，在抓好送温暖、献爱心、争低保工作的同时，充分发挥民政、工会等部门的职能作用，完善干部帮扶、党员帮扶、大户带动帮扶机制，深入开展"三心"活动，领导干部与特困户"一助一"结对帮扶和"三帮三带"等项活动，建立起社会福利、社会救济、优抚安置和社会互助等多渠道的扶贫帮困体系，不断加大对弱势群体的救助力度，改善其生产生活条件，在充分体现党的温暖的同时，促进社会各阶层均衡、协调、有序、和谐发展。具体要围绕以下 6 个方面开展工作：

一是要消除零就业家庭。凡纳入贫困家庭的，至少要保证 1 人有业可就。二是年老体弱者享受农场补贴。贫困家庭成员，年龄达到 60 周岁（女 50 周岁），且又没有享受低保政策的，由农场给予适当的生活补贴。三是实行大病救助制度，逐步解决低收入群体、困难家庭的医疗保障问题。四是因灾、因病返贫的种植户，凡种地资金困难的，可由农场协调金融部门予以解决。五是实行住房扶助制度。凡贫困家庭泥草房拆迁，其扶助资金要高于一般家庭。六是要全面开展帮扶活动。要进一步完善党员干部帮扶制度，每个党员干部都要帮扶 1 个贫困户；要建立群众帮扶制度，采取有机户帮助无机户、大户带小户、富户帮贫户的方式济贫帮困；要建立自我帮助制度，发挥自身优势，寻求致富渠道，发展生产，加快脱贫步伐。

（三）以抓好"五项工作"为重点，全力保证我场新农村建设健康发展

第一，进一步深化改革，创新体制机制，全面提质增效。2008 年各项改革要在"五个坚持"的前提下全力推进，一要坚持发展思路的连续性；二要坚持深化改革的坚定性；三要坚持政策措施的针对性；四要坚持管理方式的实效性；五要坚持经济发展的统筹性。我们要通过改革，进一步激发企业活力，增强核心竞争力，发展生产力，最大限度地调动劳动者的主观能动性和创新能力，提升发展质量和速度，实现农场经济的又好又快发展。

第二，树立精细化管理理念，进一步提高经济运行质量。今后一段时间，我们要在树立过紧日子思想的同时，树立精细化管理理念，依照这一管理模式落实管理责任。要将管理责任具体化、明确化，做到制度要细、管理要精、步骤要实、结果要好，确保小康社会目标的如期实现。

第三，继续开展好"三心"活动，凝聚民心、促进发展。一直以来，我们组织开展的有真心、献爱心、为同心的"三心"活动，有力地推动了农场经济与社会的和谐发展，得到了全场上下及分局党委的一致认可。今后，我们将继续深入开展此项活动，并不断探索新方法、研究新举措，切实为职工群众办实事，进一步赢得职工群众的信赖和拥护，并在全场人民的支持努力下，实现经济与社会和谐发展，为我场社会主义新农村建设作出更大贡献。

第四，切实加强党建和精神文明建设，保证经济社会和谐发展。重点围绕贯彻落实党的十七大精神开展物质文明、精神文明、政治文明和社会文明建设，逐步提高各级党组织科学执政、民主执政和依法执政的能力。一是突出思想建设，抓学习；二是突出组织建设，抓班子；三是突出队伍建设，抓用人；四是突出民主集中制，抓决策；五是突出党风建设，抓廉政；六是突出作风建设，说实话、做实事；七是突出思想政治工作，抓典型；

八是突出"小康之家"建设，抓载体；九是突出综合治理，抓稳定；十是突出老干部工作，抓监督。

第五，切实加强"平安农场"建设，努力营造平安稳定、有序和谐的农场环境。社会安定有序是社会和谐、职工群众安居乐业的必然要求。因此，我们要抓好安全生产工作，强化安全管理和监督，突出生产、交通、防火、食品、卫生等重点行业和领域的安全专项整治和隐患排查，坚决杜绝重特大事故，保持全场安全生产形势的总体稳定。要围绕完善社会管理，全面落实社会治安综合治理各项措施，努力营造安全稳定和谐的社会环境，打造平安建设。加强信访工作，理顺百姓情绪，畅通民意诉求渠道，积极解决群众合理诉求，最大限度减少不和谐因素。加强应急制度建设，进一步提高行政应急管理能力。力争做到全年无重大治安刑事案件，无群体性上访，无重大安全生产事故发生。

与此同时，要高度重视老干部工作，落实好老干部的政治待遇和生活待遇，使老同志"老有所为、老有所养、老有所乐"。要加强党对工会、共青团、妇女、武装、关工委等工作的领导。使各群团组织切实发挥作用，卓有成效地开创各项工作新局面，为促进农场经济发展、建设社会主义新农村作出应有的贡献。

各位代表、同志们：

农场已进入了快速发展时期，我们面临的发展机遇千载难逢，我们肩负的使命神圣而艰巨，让我们紧密地团结起来，振奋精神，迎难而上，开拓创新，奋发图强，与时俱进，只争朝夕，一门心思抓发展，一往无前抓推进，一以贯之抓落实，以更加奋发有为的精神状态，更加勤奋务实的工作作风，努力把农场的各项工作做好，为实现农场经济社会又好又快发展而努力奋斗！

在中国共产党黑龙江省建设农场
第八次代表大会上的报告

曾祥成
(2013 年 6 月 27 日)

各位代表、同志们：

中国共产党黑龙江省建设农场第八次代表大会是在全场上下实施跨越发展取得阶段性胜利，奋力超越发展得到强势开局，率先全面建成小康农场的号角已经吹响的关键时期召开的一次具有深远意义的大会。会议的主要任务是：回顾总结农场第七次党代会以来的主要工作，研究部署今后 5 年的重点任务，选举产生中国共产党黑龙江省建设农场第八届委员会和纪律检查委员会，动员全场各级党组织、广大党员干部和职工群众，励精图治谋发展，继往开来谱新篇，为全面建成小康农场而努力奋斗！

现在，我代表中国共产党黑龙江省建设农场第七届委员会向大会作报告，请予审议。

一、过去 5 年的发展成就

农场第七次党代会以来的 5 年，是我场应对重大挑战、取得辉煌成就的 5 年，是各项事业全面进步、职工群众生活显著改善的 5 年，是在后发快进、跨越赶超的征程上迈出坚实步伐的 5 年。5 年来，我们在总局、管局党委的坚强领导下，坚持以科学发展观为指导，紧紧围绕跨越发展这个主题，解放思想、知难而进、负重拼搏、苦干实干，圆满地完成了农场第七次党代会确定的各项目标任务，书写了建设农场经济社会史上的新篇章。

（一）始终把解放思想、凝聚全场力量作为农场发展的首要责任

农场党委一班人面对垦区内外经济社会发展的大潮，始终保持清醒头脑，勇于承担角色，认真履行职责，牢固树立改革意识、发展意识和忧患意识，在推进跨越发展进程上做到了目标不动摇、方向不偏离、精神不懈怠。紧紧依靠广大党员干部，凝聚全场各方面力量，适应经济社会发展大趋势，顺应全场人民对更好生活的新期待，按照管局党委"抓城、强工、带农"统筹发展方针，攻难点、解热点、促双增、惠民生、构和谐，实现了农业现代化、场区城镇化、农区工业化的良性互动，确保经济社会各项事业走上科学跨越发展快车道。在贯彻落实"抓城、强工、带农"战略部署和实施"富民强场"跨越发展的新任务中，农场党委充分发挥思想政治工作优势，组织开展跨越发展大讨论，准确把握建设场情，坚持用发展统一思想，用事业凝聚人心，用精神激发正能量，在第七次党代会确立的发展定位基础上，逐步完善发展思路和奋斗目标，形成了通过玉米、水稻调整种植业结构，坚持普惠和精品相结合加强城镇建设，围绕加工升值和促进就业推动工业发展的理念，并逐步成为全场广大干部职工群众的共同意志。5 年来，农场共接待垦、地参观团 3000 余人次，农业部、省、总局领导曾多次来场视察指导工作，省农业工作现场交流会、垦区半年经济工作会议、管局"北大荒先锋工程"经验交流会、管局党建工作现场会先后在我场召开。农场建设发展赢得了媒体关注，在垦区以上报刊发稿 1656 篇，采播电视新闻 1215 条，对内聚人心、对外树形象，全面提升了建设农场的知名度和影响力。

（二）始终把科学发展、推动经济社会全面进步作为农场发展的第一要务

2012 年农场生产总值实现 5.04 亿元，比 2007 年增加了 140%。一是现代化大农业成

效显著，引领示范作用突显。农业实现"九连增"，连续 4 年被评为总局农业标准化标兵单位，农业综合生产能力大幅提升。以扩种玉米、开发水稻为重点的种植业结构调整战略的实施，使粮食产量大幅度提高，2012 年实现粮食总产量 20.35 万吨，比 2007 年的 6.1 万吨增产 233%；种植业亩均效益由 2007 年的 424 元增加到 561 元，增长了 32%。"场县共建"实现了互利双赢，5 年间共完成跨区作业 264.4 万亩，创经济效益 1078 万元。在强基础、增实力、上标准、用科技等方面总投资 1.84 亿元，其中投资 7490 万元用于农机具更新和水稻育秧大棚建设；投资 7381 万元用于农田水利基础建设；投资 3518 万元，改造中低产田 8.5 万亩。全场土地单位面积产出率、粮食优质化率、均质化率、科技贡献率、劳动生产率均创新高。林业和畜牧业取得新成绩。投资 1650 万元，完成造林绿化面积 4660 万亩。实现畜牧业增加值 2.13 亿元，平均年增长 23.6%。二是千方百计招商引资，工业攻坚取得新突破。先后规划建设了新型工业园区和微型工业园区，引资 2400 万元建设了 4 座玉米烘干厂，圣祥服装加工、绿森川食用菌生产加工项目相继落户，为工业发展注入了新活力，拉动职工群众就业 2000 余人次。2012 年实现工业增加值 2155 万元，是 2007 年的 2.6 倍。工业和第三产业比重逐年增加，三次产业结构由 2007 年的 7∶0.5∶2.5 调整为 6∶0.7∶3.3，实现了"三业"齐发展的历史性转变。三是各项改革不断深化，企业经营管理全面规范。农业改革得到进一步巩固和提高，我场"两田一地制"改革基本经验在全管局推广，5 年累计为享受身份田人员发放补贴 2492 万元；农民合作社经营模式有序推进；各项配套改革进一步完善。坚持"六字"精细管理原则，围绕"三重一大"、耕地承包、财务刚性预算、各类项目建设、耕地承包费收缴、惠农资金一卡通等强化管理，实现了企业管理的合同化、法治化、规范化。

（三）始终把改善民生、提升职工群众幸福指数作为农场发展的重要目标

大力实施"民生工程"，让全场职工群众共享改革发展成果。5 年累计投入 2.74 亿元，扎实推进"住、路、水、能、树、文、教、卫、保、富"10 大工程，实施扩建场区供暖中心、供水中心，修缮、装修、改建了教学楼、省级标准幼儿园和文化休闲广场，新建了学校综合楼、医院综合楼、政法楼和消防中心，更新了医疗设备。累计整体搬迁居民点 9 个，拆迁面积 8.2 万平方米，转移人口 4490 人；场区拆迁房屋 417 户、1.94 万平方米，新建楼房 18.34 万平方米，建筑总面积比 2007 年末增长 6.26 倍，人均居住面积已达到 28 平方米，比 2007 年增加 11.2 平方米，1 座生态宜居型小城镇迅速崛起；城镇基础设施不断完善，公共服务体系更加健全，自来水入户率和城镇主干道路硬化率达到 100%，场区集中供热率达到 88.85%。民生普惠基础更加稳固，2007 年和 2012 年对比，人均纯收入由 9600 元增加到 1.8 万元，高出全省城镇居民人均可支配收入水平 900 元，是 2007

年的 1.9 倍；城镇绿化率达 36.8%，比 2007 年提高 4.8 个百分点；教育办学质量不断提高，基层卫生所覆盖率 100%，养老、医疗保险实现全覆盖，工伤、生育保险实现总局级统筹，将 1183 名"五七工、家属工"纳入基本养老保险统筹范围，为 963 名城镇灵活就业人员办理和接续了养老保险，安置再就业人员 814 人；社会救助力度加大，对 428 户无劳动能力人员进行了救助；低保人群月人均补差标准提高到 260 元，比全国平均标准高出 20 元。"职工共同富裕行动"使 243 户困难和低收入家庭实现脱困脱低致富；社会维稳和安全生产工作成效显著，改革中发生的新矛盾得到及时化解，遗留的历史积案得以妥善处理，2011 年和 2012 年我场先后被总局授予"平安农场"和"安全生产工作先进单位"称号。如今，农场人居住在现代化城镇里，享受的是城市文明品位，用现代装备耕作在广袤的田野上，初步实现了第二代北大荒人的梦想。

（四） 始终把加强党的建设、提升执政为民能力作为农场发展的重要保证

一是基层党组织战斗堡垒作用得到不断加强。全场各级党组织坚持"围绕经济抓党建、抓好党建促发展"理念不动摇，先后开展了"学习型党组织、创先争优、三心、中心联代户"等活动，有效激发出党建工作活力，充分显现出基层党组织的创造力、凝聚力、战斗力。我场的第四管理区跨入总局级党建示范点行列，学校、医院、第五管理区跨入管局级党建示范点行列。创建了数字化党建信息管理平台、党员手机报，实现了党建工作的规范化、科学化。二是各级领导班子和党员、干部队伍整体素质提升、领带能力增强。通过开展"学习实践科学发展观"活动，实施"党群携手同心工程、结对帮扶工程"，培养班子、锻炼干部、提升党员，进一步密切党群干群关系。5 年来，先后有 12 个党组织、48 名党员干部受到管局以上党组织表彰和奖励，267 名党员受到农场党委表彰，农场党委被管局党委授予领导班子建设先进集体，被省委授予思想政治工作先进集体。同时，先后有 63 名积极分子加入了党组织，有 6 名副场级以上领导干部和 3 名农场后备干部得到提拔重用，一大批年富力强的优秀人才走上农场中、基层领导岗位。三是实施反腐倡廉"清风净土"工程，党风廉政建设责任制全面落实。完善"三面一题一地"工作格局，推动了"监督兴企"5 个平台建设，党风、政风、行风进一步好转。工会、武装、统战、共青团、老干部、关工委等群团组织和部门围绕中心、服务大局，形成了凝心聚力抓发展、促和谐的良好局面。大力弘扬"五加二、白加黑"工作精神，各基层班子团结干事，广大党员干部精神饱满、意气风发，形成了人心齐聚、真抓实干、互比互学、竞相发展的可喜局面。

各位代表、同志们，5 年的巨变，令人鼓舞；5 年的发展，充满艰辛！成绩的取得，得益于上级党委的正确领导，得益于农场党委历任班子打下的良好基础，得益于全场广大党员干部和职工群众的团结拼搏，得益于驻场单位的鼎力相助，得益于离退休老同志的关心支持。在此，我谨代表中共建设农场第七届委员会，向在座的各位代表，向所有关心、支持、参与农场改革、建设与发展的同志们、朋友们，表示衷心的感谢，并致以崇高的敬意！

各位代表、同志们，5年的奋斗历程，是一部自强不息、负重前进的拼搏史，是一部勇于创新、与时俱进的改革史，是一部攻坚克难、团结奋进的创业史。在肯定工作成绩的同时，我们更应该清醒地认识到，目前农场的发展水平与职工群众的愿望和上级的要求相比还有差距，资源禀赋和综合竞争优势没有充分释放；产业结构不合理，第二产业过低、第三产业不高的结构性矛盾仍很突出；城镇发展缺乏产业支撑，后续发展能力亟待加强；保障和改善民生工作力度仍需加大，公共服务体系不够健全等问题还需下大力气解决；干部队伍中还不同程度存在思想不够解放，创新精神和抓落实力度有待进一步增强等问题。问题令人警醒，困难激发动力。我们要正视困难，直面问题，采取有效措施，认真加以解决。

二、下步重点工作目标和任务

未来3~5年，是我场开启全面建小康和实施奋力超越新征程承上启下的关键阶段。站在新的历史起点上，总局、管局党委对我场发展寄予厚望，全场职工群众对未来充满期待，时代赋予我们的使命光荣、责任重大。我们必须正确把握新形势、抢抓新机遇、勇担新任务，科学谋划新思路、新举措，全面开创率先全面建成小康农场的新局面。

下步全场工作的总体要求是：以党的十八大精神为统领，以实现百年垦区"三步走"战略"奋力超越"梦想为主题，以率先全面建成小康农场为核心任务，重点实施"强工、兴城、优农、惠民、筑基"发展战略，坚持转变发展方式"激活力"、推进改革创新"增动力"、依托科技进步"促发展"、加强管理服务"作保障"，统筹农业现代化、新型工业化、城镇化和信息化同步发展，为率先全面建成经济更发达、民主更健全、文化更繁荣、社会更和谐、生态更文明、群众更幸福的小康农场而努力奋斗。

我们的总体奋斗目标是：到"十二五"末，生产总值和人均纯收入要在2010年的基础上翻一番，实现农场生产总值8.15亿元，人均纯收入3.3万元。实现粮食总产量24.4万吨；城镇化率80%，城镇绿化率40.9%；森林覆盖率24.65%；资产负债率下降到105%。到2020年，国内生产总值要比2012年翻一番。

这是推动我场新一轮发展的总纲领，也是农场党委向全场职工群众作出的庄严承诺。全场上下要同心同德，务实苦干，着力在实施"五大战略"上下功夫，奋力谱写超越发展、绿色发展、和谐发展的新篇章。

（一）坚持"优农"战略，在推动高产高效农业上下功夫

农业是我场的安身立命之本，经营好、管理好和发展好农业是优农战略的着力点，我们必须在强基础、增实力、上标准、用科技、优服务上加大工作力度，实现提产、提质、提效，为"双增"奠定坚实基础，到2017年全场实现粮食总产量在2012年的基础上翻一番，种植业实现人均收入2.7万元。一是以实现农业高产高效为目标，在持续调优农业结构上求发展。将玉米面积稳定在15万亩、大豆面积稳定在8万～10万亩的基础上，加大水田开发力度，对条件适宜的低洼易涝地块及沿河两岸低产田进行旱改水开发，力争将水稻面积扩大到10万亩；积极发展特色农业和设施农业，努力提高单位土地产出效益；持续推进林业增收，大力发展以林下种植、林下养殖、林下采集为主要内容的围林经济，实现林业增加值30％增长目标；加快畜牧结构调整和畜牧养殖方式转变，大力推广畜牧养殖合作社、股份制等经营管理模式，形成小规模大群体和"一区一品、一组一特"格局。同时加快畜牧养殖小区建设步伐，围绕"产业发展、行业安全、提质增效"，大力发展有机和循环型"沸腾效应"畜牧业。二是以提高农业抗灾能力为支撑，在夯实基础上求发展。持续加快农机更新，优化农机设备装备，加快中低产田改造和农田水利建设，推进水稻灌区建设，确保水稻种植健康快速发展。三是以高产创建模式化为重点，在提高综合产能上求发展。推进农业部高产创建和总局、管局高产高效攻关活动开展，集成先进技术、推广先进成果、培育高产典型，着力打造科技示范带、现代农业科技园区。四是以农业技术集成化为先导，在科技转化推广上求发展。加快推进水旱田各个环节技术集成，实现效应叠加。五是以全程管理指标化为手段，在规范化生产上求发展。坚持开展"三查、四看、五落实"，和"三评、四比、五到位"标准化提升活动，实现全作物、全过程、全面积、全方位农艺措施标准化。同时要做大、做强、做响、做亮有机和绿色食品产业，不断扩大有机绿色食品认证面积，加强生产全程监管，实现认证农产品全程可追溯，提高农产品质量水平和竞争力。六是以农业生产员工知识化为载体，在素质标准上求发展。实现从业人员综合素质显著提升，用软实力提升种植业经济效益。七是以管理服务优质化为保障，在体制机制上求发展。加快各类实用型农业专业合作组织建设的推进力度。八是以增加收入为方向，在持续延伸共建领域上求发展。坚持以"三代"促"三动"，力争在2013年完成跨区作业面积80万亩的基础上，今后每年要以20％的速度递增。积极推进产业共建，实现共育基地、共建龙头、共创品牌，构造区域经济发展新优势；实施"走出去"发展战略，积极探索尝试域外农业开发，争取再造1个高产高效的域外农场，使质量和效益再上新的台阶。

（二）实施"兴城"战略，在推动城镇品位提升上下功夫

城镇的发展是文化和文明的需要，没有"梧桐树"引不来"金凤凰"，城镇有了层次和品位才能吸纳第二、三产业进驻。我场3年城镇攻坚战已经建成了万人城镇居住区，新建的楼房基本满足进城群众需求，下步我们将以打造生态、秀美、宜居、和谐的现代小城镇为目标，以庭院小景建设为"主"，以栽植大树为"点"，以绿化带升级为"线"，以兴建文化馆、森林公园和完善文化休闲广场、东湖公园、建兴公园设施为"眼"，加快场区平房搬迁和旧城改造步伐，不断提升城镇建设品位。一是通过招商引资完成花园小区4期2.5万平方米楼房建设任务，力争消灭场部地区平房，使场区城镇规模得到扩展。二是加大力度完善城镇基础设施，增强服务功能和载体功能，坚持上品位、上精品，使小城镇建设整体提档升级，打造名副其实的塞北江南。三是继续落实中央惠民政策，积极推进危房改造，改善职工群众居住条件。四是提高城镇管理水平，加强城镇环境综合治理，做到重点建、常年管、全民建、专业管、义务建、制度管，逐步形成建设、使用、管理一体化，使城镇环境卫生、场容场貌、物业管理达到标准化和规范化，全面提升文明程度。五是运用综合方式经营城镇，大力发展商贸、物流、房地产、社区服务等现代服务业，加快生产要素向城镇集聚。六是抓住总局"再创建50个三星级以上省级管理区"的政策机遇，力争3～5年将第五管理区打造成省级管理区，实现"一镇一区"目标。

（三）实施"强工"战略，在推动产业化发展上下功夫

"工业兴则农场兴，工业大发展则农场大发展"，这是我们在多年改革发展的实践中悟出的道理，必须持之以恒地坚持下去。一要做好产业化工业发展文章。通过招商引资兴建龙头和建立基地挂靠龙头，坚定不移地走"市场牵动、龙头带动、基地拉动"的产业化工业发展之路，全力打造绿色果蔬、食用菌、水稻、玉米、服装5个产业链条，提高现有企业的达产率，力争5年内建成垦区最大的食用菌生产基地。二要做好招商引资文章。坚持全场动员、全民招商理念，围绕绿色有机农畜产品精深加工和现代化农业生态旅游产业，采取"依托资源招商、优惠政策引商、感情纽带联商"的办法，突出在"人脉"上下功夫，努力形成亲商、爱商、富商、扶商的良好氛围。继续扩大粮食烘干处理中心建设，力争日处理能力达到5000吨以上；继续推进3万吨稻米加工项目和1万吨非转基因大豆深加工招商项目建设。三要加强工业园区建设。以整合优化存量为基础，以引进扩张增量、提高附加值为重点，加快完善工业园区、微型工业园区基础设施和配套服务功能，充分发挥园区带动作用，确保实现工业总产值、工业增加值、工业利润全口径年递增30％以上。

（四）实施"惠民"战略，在创建幸福和谐农场上下功夫

社会事业的发展直接关系到职工群众的安居幸福，必须在经济发展的基础上，着力保障和改善民生，努力使全场人民学有所教、劳有所得、病有所医、老有所养、住有所居，确保百姓安居乐业、农场更加和谐。

第一，坚持优先优质发展教育。夯实义务教育基础，强化素质教育，发展特色教育，加强学前教育，筑牢小学教育，提高初中升学率，确保中考成绩在管局保持第一梯队；建立帮扶留守儿童健康成长的长效机制，完善贫困生救助办法；积极推进课程改革，强化师资队伍建设，通过建立和完善激励约束机制，提升教职工的综合素质，不断提高教育教学水平，实现义务教育均衡发展。

第二，大力提高居民健康水平。继续推进公共卫生体系和医疗服务体系建设，抓好人口与计划生育工作，为百姓提供安全有效、方便、价廉的医疗卫生服务，确保居民身体健康和生命安全。

第三，努力增加职工群众收入。把非公经济作为拓宽经济指标翻番的空间，以建好园区、发展基地、完善市场为载体，以优化环境、强化服务、狠抓落实为保证，投入更多的精力、组织更多的能人发展好非公"三个经济"：首先抓好"围城经济"，重点发展果蔬大棚、食用菌和特色种养业。其次抓好"商贸经济"，从解决城镇人口就业难题入手，通过完善集贸市场建设，鼓励、吸收更多分离人员创业、就业。从加快城镇化进程入手，通过创办各类加工业、发展餐饮服务业，增加各类农副产品附加值。最后抓好"采摘经济"，从培植经纪人队伍入手，拓展经济收入领域，向深山要财富，向经营要回报，向深加工要附加值。同时还要继续实施"职工共同富裕行动"，建立长效帮扶机制，确保全场的可扶持的困难和低收入家庭全部脱低致富。

第四，统筹社会保障体系建设。认真宣传贯彻《中华人民共和国劳动合同法》和《中华人民共和国就业促进法》，强化劳动合同管理，促进劳动关系和谐稳定。要采取多种途径为劳动者提供就业机会，特别是要解决好"零就业"家庭的就业问题。做好社会保险扩面工作，实现基本养老保险、失业保险、医疗保险及城镇居民养老保险全覆盖。健全社会救助体系，通过发放低保金、开展多样式的帮扶活动，使弱势群体逐步摆脱贫困，共享农场改革发展成果。

第五，加强和创新社会管理。不断创新"六新一本"社会管理方式，以最大限度激发社会活力、最大限度增加和谐因素、最大限度减少不和谐因素为总要求，进一步完善党委领导、行政负责、社会协同、公众参与、法治保障的社会管理格局；完善社会管理服务体系，优化"一站式管理、一条龙服务"机制，完善社区综合管理服务平台，切实解决面向基层群众的日常服务问题，推动农场社会管理重心下移，全面提高社区管理服务水平。加快推进社区活动中心建设，让百姓休闲有场所、活动有阵地、健身有设施、文化有载体。

积极探索社会管理数字化模式，打破部门行业信息封闭，实现政法、综治、住建、人社、民政、计生、城管、信访等信息资源的共享。实施网络化社会服务管理模式，建立以人、地、物、情、事、组织为核心的基础信息数据库，优化社会管理服务的单元和节点。深化平安建设，完善立体化社会治安防控体系，扎实开展"平安农场""平安单位""平安家庭"创建活动。加强对学校、建筑工地、交通运输及场内外车辆的安全管理，坚决防止恶性事故的发生。进一步加强基层民主制度建设，保障职工群众的民主权利。强化民主管理，完善党务、政务、财务公开内容，推进公共决策公开。加强居民自治组织建设和信访工作，充分发挥党员中心户在协调居民利益关系、化解矛盾、排忧解难和协助公共管理等方面的作用，融法、理、情于一体，力争把各种矛盾纠纷解决在基层、化解在萌芽状态。要重视民族和宗教工作，认真执行党和国家民族事务和宗教政策，力所能及地解决统战对象的实际困难。加强政法队伍建设，提高执法水平，依法防范和惩治违法犯罪活动，保障全场职工群众生命财产安全。

（五）实施"筑基"战略，在实现党建创新创优上下功夫

加强新时期党的建设，是为了更好地发挥党组织政治核心作用，确保党的路线、方针、政策得以坚决贯彻和正确执行，是推进各项改革、完成发展任务、确保社会稳定的需要，是为率先全面建成小康农场提供的坚强保障。重点要做好5个方面工作：

第一，在领导班子建设上创先争优，以坚强的核心领导小康农场建设。重点是建设"五型班子"。一要建设学以致用好的"学习型"领导班子。本着"学习要精、要管用"的原则，以解决实际问题、加快发展为目的，围绕农场经济和社会发展中的热点、难点、焦点问题，确定学习主题，落实学习内容。二要建设能力素质好的"发展型"领导班子。班子成员要讲政治、顾大局，加强党性修养，做到知责任、长本领、守纪律，增强领导科学发展的能力、破解发展难题的能力、改革创新创业的能力、处理复杂局面的能力、构建和谐社会的能力。三要建设服务群众好的"为民型"领导班子。要深入实施民生工程，高扬富民主旋律、营造富民之强势、谱写富民之歌、开拓富民之路、结出富民之果。四要建设团结协作好的"和谐型"领导班子。党政"一把手"要带头维护班子团结，大事讲原则、小事讲风格，多补台不拆台。五要建设廉洁自律好的"廉政型"领导班子。要常思贪欲之害，常弃非分之想，常怀律己之心，常修从业之德，做到思想不松防线、行动不碰红线、做人不越底线，不断增强拒腐防变的"免疫力"。

第二，在基层组织建设上创先争优，以坚实的堡垒支撑小康农场建设。基层党组织要做"奋力超越"的组织者、推动者和实践者。一要加强基层组织建设，增强向心力。积极推进基层领导班子民主选举和基层党组织公推直选，在一定范围内有序推进"先定标、后定人"试点工作。二要创新活动载体，增强吸引力。深入开展党群"携手同心"工程，分类开展主题实践活动，把群众性实践教育活动落到实处。大力开展"三带、四建、基层组织建设年、亮身份、树形象、做表率"等创建活动，创新实施党建工作"细胞工程"，搭建好党员发挥作用的平台。三要深化党员队伍建设，增强战斗力。健全完善党员教育培训、党性定期分析、联系和服务群众制度等长效机制，教育广大党员发挥先锋模范作用；要注重在一线青年、拔尖人才、高知识群体中发展党员，不断优化党员队伍年龄、学历、知识结构；要加强对流动党员的管理和服务。四要深化党建示范点建设，增强创新力。要通过强化领导班子建设、党员队伍建设、硬软件建设、制度建设、载体建设等保证措施，将第四管理区打造成综合教育示范基地，将第三管理区、第五管理区、学校、医院、公安分局、第二居委会打造成总局级党建示范点；将第一管理区、第二管理区、第一居委会打造成管局级党建示范点。到 2017 年，管局级以上党建示范点要占全场支部总数的 90% 以上，实现全场党建工作的整体推进。五要继续开展党建带工建、带团建活动，推进群团组织工作再登新台阶。工会要充分发挥桥梁纽带作用，切实履行好维护职责，认真抓好以基层职工代表大会为核心的基层民主管理工作，使职工群众的知情权、参与权、监督权得到全面落实；要充分发挥工会扶贫帮困的工作优势，以"携手共富、跨越同行"为主题，引导和扶持贫困职工勤劳致富，进一步提升工会工作整体水平。共青团要发挥优势、实现新的发展，组织青年团员开展好"创业建功，致富成才"活动、科技示范活动和新颖进步的主题实践活动，不断激发广大青年献身小康农场建设的热情。民兵工作要突出特色、再创佳绩，加强民兵国防观念教育，认真组织应急行动演练和军事训练，不断提高"两应"能力，在农场建设的"急、难、险、重"任务中充分发挥生力军作用。要高度重视老干部和关心下一代工作，认真贯彻执行党的老干部政策，要搭建好离退休同志老有所养、老有所学、老有所为、老有所乐的服务平台，确保他们身心快乐、健康长寿，促进农场和谐发展。

第三，在干部队伍建设上创先争优，以务实的行动推进小康农场建设。按照"讲党性、重品行、做表率"的要求，锻造一支高素质的干部队伍。一要坚持党管干部的原则，创新干部选拔任用机制。坚持德才兼备、以德为先的原则，把品德好、行为端的正直型干部，把在一线默默奉献、任劳任怨的实干型干部，把能创大业、招大商的业绩型干部推出来、用起来，真正体现任人唯贤的干部路线，切实形成风清气正的选人用人环境。二要建立年轻和后备干部培养选拔制度，完善培养选拔链。注重青年干部和女干部的培养选拔，有计划地安排年轻干部和大学生到基层锻炼，要储备一批年龄在 30~35 岁的大学生作为后备力量。三要坚持党管人才原则。紧紧抓住培养、吸引、用好人才 3 个环节，大力加强党政人才、经管人才、专业人才、技能人才和各类实用人才队伍建设，真正盘活存量人才、开发实用人才、造就拔尖人才、引进急需人才、激活各类人才，为推进我场发展新跨越、全面建成小康农场提供坚强的人才保证和广泛的智力支持。

第四，在宣传思想工作上创先争优，以先进的理念引导小康农场建设。要把思想作为行动的先导。一要发挥宣传思想工作"凝"与"聚"的作用，注重思想解放。解放思想永无止境。我们要戒骄戒躁，始终保持清醒头脑，继续深化"解放思想大讨论"成果，让解放思想这部"发动机"为率先全面建成小康农场提供无穷动力。二要发挥宣传思想工作"传"与"播"的作用，注重营造氛围。以党委（支部）理论学习中心组为重点，突出抓好领导班子的理论学习，充分利用"三会一课"、党员电化教育、"科技之冬"活动等形式，抓好党员群众的理论学习和科技教育，帮助干部群众解疑释惑；要认真总结"三项教育"活动成功经验，创新开展"主题宣传年"活动，以"上头条、上大报、上要位"为目标，打造新闻舆论强势，为建设现代化大农业，打胜"强工"攻坚战，营造浓厚的舆论环境和文化氛围。三要发挥宣传思想工作"灌"与"输"的作用，注重精神文明。按照"贴近实际、贴近生活、贴近群众"和"创新内容、创新形式、创新手法"的要求，坚持先进文化的前进方向，以群众满意不满意、高兴不高兴、赞成不赞成为标准，多用群众身边的事例、多反映群众切身感受、多用群众熟悉喜欢的语言、多用群众乐于接受的方式，为职工群众提供健康向上的精神食粮。要以开展活动为载体，把思想政治教育、精神文明建设通过寓教于乐、寓教于文的形式渗透到各项活动中，切实增强精神文明建设的群众性和实效性。四要发挥宣传思想工作"助"与"推"的作用，注重文化活动。要以打造垦区文化示范区创建活动为契机，大力开展企业文化、广场文化、群众文化、社区文化、校园文化、家庭文化活动，把先进文化理念融入企业改革发展的实践中去，满足群众日益增长的精神文化需求。加强对文化市场的管理，让先进文化占领农场的思想文化阵地。

第五，在党的作风建设上创先争优，以优良的作风促进小康农场建设。作风事关民心向背、事业成败。因此，我们要按着中央"照镜子、正衣冠、洗洗澡、治治病"的总要求，认真开展群众路线教育实践活动，坚决对不思进取的"动力缺乏症"、对发展事不关己的"麻木不仁症"、得过且过的"马虎了事症"、没有思路的"知识缺乏症"和与民争利的"唯利是图症"进行根治，要在全场各级干部中兴起调查研究之风、求真务实之风、亲民为民之风、终身学习之风和清正廉洁之风，使每名党员干部都成为带头遵守各项纪律的表率、弘扬优良作风的表率、正确行使权力的表率、自觉接受监督的表率和履行"一岗双责"的表率，强力推进党员干部队伍作风大转变、形象大提升。要认真贯彻标本兼治、综合治理、惩防并举、注重预防的方针，全面提高"清风净土工程"建设水平，积极创建

"三面一题一地"工作格局，坚持"谁主管谁负责、管行业必须管行风"的原则，进一步完善预防、发现和解决损害群众利益问题的工作机制，建立健全纠风工作的长效机制。要坚持"超常规、不违规"的原则，千方百计优化发展环境。要组织开展廉政、示范、警示、法规教育，充分发挥农场综合教育基地作用。要加大查办案件力度，着力解决群众身边的腐败问题。总之，全场上下要牢固树立"一盘棋"思想，切实做到上下同心、目标同向、干群同力，齐心协力抓落实、凝心聚力谋发展。

各位代表、同志们，历史的辉煌已经载入史册，未来的憧憬需要我们奋力实现。让我们解放思想、开拓创新、真抓实干，以更加奋发有为的精神状态、更加求真务实的工作作风、更加扎实有效的推进举措，凝聚各方面干事创业的力量，发挥各方面创先争优的才智，激发各方面创新创造的活力，为推动建设农场奋力超越发展，为在垦区率先全面建成小康农场而作出新的更大的贡献！

锐意进取　敢于担当　不忘初心　砥砺前行
为实现经济社会高质量发展而努力奋斗

——在建设农场十三届三次职工（从业劳动者）代表大会上的工作报告

万太文
（2020 年 2 月 26 日）

大会主席团、各位代表、同志们：

我受大会主席团的委托，向大会作工作报告，请予以审议。

一、2019 年工作回顾

2019 年，我们坚持以习近平新时代中国特色社会主义思想为指导，全面贯彻党的十九大及十九届二中、三中、四中全会精神，深入学习贯彻落实集团（总局）、分公司（管理局）决策部署，推改革、强管理，抓党建、促发展，惠民生、保稳定，带领全场干部职工群众，推动经济社会发展，较好地完成了各项目标任务。国内生产总值 2.08 亿元，企业利润 621 万元，比预算增加 304 万元，居民人均可支配收入 2.34 万元，增长了 3.3％。

——深化改革蹄疾步稳。按照集团（总局）总体规划、分公司（管理局）统一部署，以"1＋7＋5"文件体系为支撑，农场企业化改革整体推进。一是已经完成了农场有限公司工商注册登记工作，2019 年 6 月 30 日正式挂牌，"五分开"工作推进到位。二是按照"决战决胜 100 天"冬季改革攻坚行动要求，完成农场"三定"方案、人员选拔任用方案的申报审批工作，并按照方案完成了有限公司和农场机构调整，进行了人员选拔考试、竞编工作。三是公安、学校、民政等部门行政职能移交完毕，农场改革工作正按照上级部署稳定、有序推进中。

——经济运行稳中有进。严格执行分公司（管理局）下发的控债化债、降低成本、清欠等方案及管理制度。一是收缴土地承包费 9956 万元，上缴利润 513 万元，支付社会保险费 4048 万元，偿还北大荒集团借款 1050 万元，去库存房屋 16 套，均完成指标的100％。二是全年清收欠款 561 万元，完成指标的 184％。三是五项费用比上年节约了 38万元，同比下降了 8％。四是及时足额发放惠农资金 8877 万元。

——现代农业高效发展。一是紧紧围绕集团（总局）"双控一服务、一体两翼""三库一中心"战略目标，全场种植面积 30.17 万亩，选择德美亚-2、东升 1 号、金臣 1885 等优质品种，大豆全田拌种、喷施钼酸铵，使大豆蛋白含量提高了 1.5％～3％，最终取得了全场平均亩产 203 千克的好成绩。二是喷施微肥 4 遍，玉米、大豆均提早成熟且品质优良，4000 余吨大豆以每千克高于市场价 0.2 元出售，抢占了市场，提高了效益。三是继续开展农业"三减"工作，购买虫情测报仪器 5 台，提高虫害防控时效性，逐渐减少农药用量，全田采取播后苗前封闭灭草，取得了非常好的效果。四是续证绿色食品大豆 10 万亩、水稻 2.68 万亩、小麦 3 万亩、玉米 8 万亩，巩固有机认证基地面积 2580 亩。五是继续引进新型大垄仿形式打茬机 20 余台，解决玉米秸秆处理难题，有效助力秋整地工作，10 月 19 日全场旱田秋起垄全部结束，100％黑色越冬，提前完成三秋作业，为 2020 年农业生产再丰收奠定了良好基础。六是继续加大绿化力度，完善绿色通道和景观路建设及见缝插绿工程。全年造林绿化 250.4 亩，栽植乔木、灌木等 2.4 万株，绿篱 1635 米，机关干部义务植树 2900 个工日，节约人工费 34.8 万元。苗圃共抚育 30 多个品种、100 余万株，为农场提供苗木 10 余万株，节约资金 52 万元。大力发展林下经济，利用退耕还林政策退耕还林 1946.6 亩（其中：经济林 1929.37 亩；用材林 17.23 亩），其中在第五管理区新建 120 亩大榛子示范园 1 个，全场大榛子面积已达 2230 亩。为了保护森林生态红线，北安市林草局下发"绿卫"和"督查"图斑 121 块、面积 78.11 公顷；环保"督查"下发毁湿点位 33 个、面积 18.05 公顷；国家林业督查组督查地块 1 块，面积 0.12 公顷，历时70 余天完成现地核查任务，共签订整改协议 38 份，限期整改告知书 38 份，收取还林保证金 4.08 万元，立案查处 1 起。七是加强畜禽养殖点及草原管理，强化动物疫病防控，严守畜牧产业质量安全红线。

——农业基础不断夯实。大力实施"藏粮于地、藏粮于技"战略，利用国家扶贫、农发项目及自筹资金，投资98万元配备收割机橡胶履带12台（套）；投资95.42万元，更新打茬机、整地机、导航系统等39台（套）；投资397万元新建、改建水泥晒场2.6万平方米；投资123万元完成节水增粮项目；完成670万元的高标准农田建设项目（水稻浸种催芽及三区一组晒场库房）前期准备工作；投资65万元，修复农田路、渠道20千米，桥涵33座，排水沟清淤20千米，维修拦河坝1座，治理水蚀沟2千米。进一步提升了农业综合生产能力。

——城镇建设成果显著。一是投资187万元维修锅炉、安装除硫设备；二是投资66.5万元维修重建场区至赵光白色路面760延长米；三是投资48.55万元扩建福园广场，设置"飞燕"景观1处，新增座椅20张；四是投资4万元新增路灯18盏；五是投资42万元将第四、第五管理区锅炉进行煤改电；六是投资12.2万元在福园、花园小区广场各建公厕1座；七是投资19.7万元改造社区公共卫生间1处及维修社区服务场所维修工程；八是投资20万元对广场人行道、住宅区破损步道板进行了维修；九是投资60余万元，对住宅楼挑檐、水管、阳台、烟道口、屋面、缓台、门窗、渗水点等进行维修；十是投资14万元进行了分户供水水表改造安装工程。以上基本解决了全年2次场长对话会职工群众提出的问题。

——民生保障持续改善。一是脱贫攻坚战取得阶段性胜利，所有建档立卡贫困户全部脱贫，贫困场摘帽已通过验收。二是两节期间慰问特困户、贫困户、统战对象、军烈属、总局劳模、离退休老干部、失独家庭等667户，发放慰问金和物品折合资金19.2万元；慰问全场癌症患者122人、6.1万元。三是积极协调贫困户住院报销比例。四是全年发放公安、政法、教育、卫生工资及提租补贴1815万元，其中补发教育、公安等行政事业单位2018年提租补贴145万元、发放2019年提租补贴291万元。离退休人员养老金1.12亿元。低保金、特困金、高龄津贴、残疾人双补、医疗救助金、孤儿生活补贴等共计329万元。五是为全场33名计生特扶人员办理了住院护理补贴保险。134人独生子女父母退休一次性奖励兑现到位。六是各类不动产登记业务共计完成84件，办理查询、开具证明188份，楼房住户达到办理不动产权证条件。七是依法治场扎实推进。深入开展扫黑除恶专项斗争。全力打造"天网工程"，实现了169处监控点位、2处治安卡口共174路前端与北安分局公安网络连接，全年治安案件同比大幅下降。八是司法分局代理公民法律服务13件全部办结，胜诉金额达186万元；办理法律援助案件8件全部办结，避免和挽回经济损失61万元。九是积极做好信访维稳工作，实行信访维稳联动机制，有效化解各类信访案件。十是深入开展安全生产集中整治活动，全年安全生产形势稳定。

——社会事业全面进步。一是农场中小学教育教学工作正式移交北安地方政府，各项费用支出仍由农场承担，为保障农场孩子有优良的教育环境，全年除教职工工资外，农场在学校设施维修、教职工培训、取暖、水电等日常支出方面累计投入约200万元。中考重点高中升学率48%，全局综合排名第五名。二是卫生行政、卫生监督执法等权限移交完毕。职工医院加大医疗护理质量管理，加强业务知识培训，把以治病为中心转变为以人民健康为中心，全面提升医疗卫生服务质量，提高服务水平，方便广大患者就诊。三是职工群众文化生活得到提升，积极组织参加管局举办的各类比赛并取得较好成绩。以"庆祝新中国成立70周年"为契机开展千人同唱《我和我的祖国》等系列活动28场次。第二管理区肖红家庭被评为总局级"文明家庭"；第三管理区成功晋升总局"文明管理区"称号；第四管理区获得省工人先锋号荣誉称号；第五管理区职工李秀兰荣获第三届垦区道德模范提名奖、省农村思想道德建设好儿媳荣誉称号。

——党委工作扎实有效。一是精心组织开展"不忘初心、牢记使命"主题教育活动，通过参观场史馆和知青纪念馆等红色教育基地、组织观看《丰碑》《榜样》及系列警示教育片43次，400余名党员干部观看学习了《党章党规电视辅导教材》、邀请黑龙江省农垦总局党校政治理论教研室主任宋雪莲教授为农场300余名党员干部作了题为《光辉的历程》中国共产党党史专题讲座、发放"党员政治生日贺卡"650余张、党员干部撰写心得20余篇、副职领导深入基层宣讲20余次等系列活动，使主题教育取得实效。进一步推进党建"三抓三联"工作机制，深入实施"北大荒堡垒工程"，打造总局级、管局级示范党支部。充分发挥干部党员、普通党员、社会骨干的连带作用，落实"互联网＋"党建工作平台，推送文章1086篇。二是全年党委中心理论组学习12次。传统媒体发稿256篇，新媒体发稿1260条。广播电视内宣530多条，管局146条，制作专题片6部。全年表彰了党建、思想政治等12个方面典型73人、22个先进单位。三是党员领导干部签订党风廉政责任书50份。开展了党支部书记述职述廉活动，9名党支部书记的党风廉政工作接受了党员干部的监督。严格执行"三重一大"制度，结合"两学一做"举办廉政培训1次，受教育人数152人。全年接到举报案件3件，其中2件查否；查实1件，处理1人。

同志们，过去的1年，我们在分公司（管理局）党委的正确领导下，克服了众多困难，精诚团结、奋力进取，在多项工作中取得了前所未有的成绩。这得益于习近平新时代中国特色社会主义思想和习近平总书记对垦区重要指示精神的正确指引，得益于集团（总局）、分公司（管理局）对农场改革发展的有力支持，得益于各位老领导、老干部、广大职工群众的建言献策，得益于全场广大干部群众的共同努力。在此，我谨代表农场党政领导班子，向辛勤工作在各行各业的全场广大干部职工群众致以崇高的敬意！向大力关心支持农场事业发展的社会各界人士，向积极参与农场建设的各位朋友致以诚挚的谢意！

在充分肯定成绩的同时，我们更应该清醒地认识到农场在发展中存在的问题和不足。主要表现在：农业基础设施和农业农机标准化水平有待进一步提高；产业结构不尽合理，特色产业的竞争优势有待进一步增强；城镇配套功能还不够完善，社会管理水平需要进一步提升；低收入群体增收渠道少，改善民生的任务繁重；一些领导干部学识水平、综合能力需要再提升，个别干部缺乏担当意识、大局意识，工作积极性不高。对于这些问题和不足，我们要直面问题，采取有力措施，认真加以解决。

二、2020 年重点工作安排

2020 年是全面建成小康社会决战决胜之年，建设农场的总体工作思路是：以习近平新时代中国特色社会主义思想为指导，全面贯彻党的十九大及十九届二中、三中、四会全会精神，深入学习贯彻落实集团（总局）、分公司（管理局）党委决策部署，坚持稳中求进工作总基调，贯彻新发展理念，推动高质量发展，坚持以解放思想为引领、改革创新为驱动、民生福祉为核心，找差距补短板，推进经济提质增效、民生保障改善、社会和谐稳定，为实现经济社会高质量发展而努力奋斗！

主要预期目标是：实现增加值 2.15 亿元，其中第一产业增加值 1.56 亿元，第二产业增加值 210 万元，第三产业增加值 5641 万元。实现企业利润 160 万元，人均可支配收入 2.4 万元，粮食总产量稳定在 16 万吨以上。

围绕上述目标，重点做好以下 7 个方面的工作：

（一）进一步做好农场企业化改革基础工作，加快推进农场公司化改革进程

今年是农垦改革的攻坚之年，要认真贯彻落实省委和集团（总局）、分公司（管理局）党委关于农垦改革的 系列重要指示精神，稳步推进各项改革进程。一是加快建立企业运营制度。围绕企业化市场化，进一步完善现代企业经营制度，力争在产品市场营销、市场人才队伍建设、现代企业管理上实现突破。二是推进"两化一改革"进程，按照集团（总局）和分公司（管理局）党委要求，继续推进办社会职能内部分开、管办分离工作，做好行政职能移交地方政府对接后续工作。三是逐步完善党委会、董事会、监事会、经理层议事规则，依照《中华人民共和国公司法》和公司章程行使职权，把党组织内嵌到公司治理体系中，发挥党委政治核心作用。四是继续开展好解放思想推动高质量发展大讨论活动。以大讨论凝聚大共识，推动大发展。加快农场企业化和办社会职能改革进程，争当改革先锋，保证不拉改革后腿。

（二） 进一步加大内部管理力度，为企业健康发展打下良好基础

1. **继续加强财务管理** 进一步推进集团总公司对下属分公司、农场实行"全面预算管理"制度，严把预算关，牢固树立预算就是决算的管理理念，充分挖掘潜能增加收入。细化费用指标，进一步压缩机关和场直单位交通费、招待费、办公费等支出，进一步完善计划管理制度，真正做到用制度管权、按制度办事、靠制度管人。

2. **继续加强民主管理** 一是在进一步完善"三会一公开"、每年2次"场长对话会"基础上，进一步强化民主政治载体建设，疏通民主管理渠道，尤其是在农业生产方面，继续加强民主议事会、民主监事会全程参与监督保障工作，最大限度减少委托经营后产生的矛盾。同时，明确国有农场土地的国有性质，在原有种植户耕地面积不减、利益不受影响的前提下，拿出部分耕地，承包给民主议事会成员、科技示范带等机车作业车主和修边整形人员，作为临时性非本职工作劳动报酬。二是建立健全场务公开长效机制，规范场务公开内容，创新场务公开形式，确保职工的知情权。加强场务公开软件建设，实现依法公开、有案可查。

（三） 进一步发挥我场原有农业体制优势，积极推动现代种植业高质量发展

围绕"双控一服务、一体两翼、三库一中心"战略目标，依据科学轮作制度及顺应国家补贴政策，计划全场种植面积30.17万亩，按照分公司指导意见5：4：1比例优化种植结构。通过"七个"加大力度，提升现代化大农业竞争力。

一是加大农机先进设备的引进力度，计划引进进口高地隙自走式喷药机4台，400马力拖拉机2台（套），进一步提高作业标准。二是加大种子的更新力度，大豆以黑河-43为主，东升系列为辅，引进黑河-43原种2500千克，种植面积500亩；玉米以德美亚-2为主，进一步优化品种结构。三是加大科技园区成果的转换力度，在种子改良及新品种繁育方面下大力气，通过几年的试验成果，逐步试验推广龙垦316、东升22品系。同时，增强技术人员参与对外技术服务的主动性，加强科技园区与管理区的深度结合，让农业真正插上科技的翅膀。四是加大绿色产品基地建设力度，巩固有机认证基地面积2580亩，全力打造国家级有机示范区，为建设绿色智慧大厨房提供有力支撑，力争早日实现"从良田到餐桌"的产业生态，让"中国饭碗"装上北大荒质量最优、绿色安全、价格合理的"中国粮食"。五是加大高标准农田改造力度，年内完成670万元高标准农田建设（水稻浸种催芽及三区一组晒场库房）建设任务。六是加大与绥化市北方大豆科研所合作力度，在原有意向性合作基础上，力争成为其繁育基地，为今后实现大豆稳产225千克/亩、力争250千克/亩奠定基础。七是加大新体制运行下农业生产激励制度的执行力度。通过创新管理、加强考核等多重途径，将各项要求落地落细，确保各项工作件件有落实、事事有回音。工作任务分工明确，检查督查奖惩分明，最大限度调动基层人员干事创业的积极性，创造性地开展工作。

（四）进一步坚持质效并重原则，促进牧、林、工等行业协调发展

1. 加大畜牧业市场导向转变力度 通过加大草原监管、盘活圈舍等资源，提高畜牧业质量效益，力争标准化、规模化同步推进。同时，毫不松懈地做好重大动物疫病防控工作。

2. 积极推进生态修复和林下经济发展 一是继续利用好退耕还林政策做好"大榛子"项目，将余下的1300亩小开荒耕地陆续转换成经济林，同时，扩大立体栽培模式面积，逐步发展壮大平贝母等中草药种植产业。二是发挥苗圃资源优势提高苗木生产，利用现有树苗，加大对防护林的更新工作。三是立足高档次、高标准加大绿化造林工作力度，实施见缝插绿工程，同时加强对现有花、草、木的管护。四是鼓励职工群众发展林下养殖、山产品采集等，促进林下经济蓬勃发展。

3. 大力推动工商业高质量发展 结合农场实际，发挥自身优势，着力培育具有特色、前景广阔的利润增长点，努力摆脱"土地依赖"。一是鼓励支持民营企业创业发展。加大招商引资力度，充分发挥民营企业在农场经济发展中的重要作用，围绕绿色有机农产品基地建设，大力扶持第四管理区招商引资的大豆精选加工产业。二是拓宽产品销售渠道。整合现有渠道资源，形成合力，共拓市场，提升产品竞争力。同时，开展青年电商培训与引进网商落户相结合，积极发展"互联网＋"销售模式，提高产品销售速度和总量。

（五）进一步保障和改善民生，让改革发展成果惠及更多职工群众

一是积极争取上级资金100万元对现有老干部活动中心进行改建。二是完善社会管理与服务职能。在2年来供热、供水内部集体承包改革取得较好效果的基础上，进一步完善此运营机制，供热继续实行"暗补"变"明补"政策。通过适当延长供热、供水内部集体承包期限，逐步减少农场补贴，减轻农场负担，早日轻装上阵。同时，加强物业管理，提高服务质量，提升居民满意度。三是完善社会保障机制。严格按照上级文件精神，不折不扣地贯彻落实上级政策，完善服务体系，继续抓好社会保障参保扩面、断保人员接续等工作。保证基本医疗和基本公共卫生服务政策全面落实；推进义务教育学校移交平稳过渡，维护教职工的合法权益，继续办好幼儿园，让我们的孩子享受优质教育服务。四是继续做好精准扶贫脱贫后续工作。巩固脱贫成果，对扶贫检查验收出现的问题立行立改，纠正错误。动员各部门各行业的资源，夯实贫困人口稳定脱贫基础，切实做到脱真贫、真脱贫、不返贫。五是落实好上级政策精神，切实做好低保在保人员的资金发放和管理工作，保证资金及时足额发放，积极开展扶老、救孤、助残、济困、助学、救灾等社会救助工作。六是要高度重视老干部工作，落实好老干部的政治待遇和生活待遇，使老同志"老有所养、老有所为、老有所乐"。七是按照上级要求进一步加强民兵和预备役正规化建设，全面提高民兵及预备役人员的整体素质，增强抗灾抢险和应对突发事件的能力。八是积极开展文化惠民工程。以各个节日节点和广场文化为重点，广泛开展丰富多彩的文体活动，利用老干部和职工活动中心、休闲广场、艺体馆等活动场地，鼓励和支持职工群众参加文体活动，丰富职工群众业余生活，全面提高健康水平。

（六）进一步深化平安农场建设，为实现社会和谐稳定提供坚强政治保障

以构建社会法治治理体系为重点，打造共建共治共享的社会治理新格局。一是深入开展"七五"法治宣传教育工作，全力推进依法治场进程，巩固完善人民调解、行政调解、司法调解三调联动的工作体系。二是做好社会治理和信访稳定工作，以社会稳定为核心，提高预测预警预防能力，做好信息公开工作，注重源头治理，防范化解稳控风险，提高社会治理能力和水平。三是切实履行企业主体责任，牢固树立安全至上理念，严格落实"党政同责、一岗双责、失职追责"的安全生产管理网络，有效防范生产安全事故发生。四是完善社会治安防控体系，抓好"扫黑除恶"专项行动，全力打造平安农场，保障职工群众安居乐业。

（七）进一步加强党的全面领导，为改革发展营造风清气正的政治生态

实现高质量发展，坚持党的全面领导是关键，要以提升党的执政能力为重点，全面加强党的建设。一是加强领导班子和党员干部队伍建设。认真贯彻民主集中制和"三重一大"决策制度，提高班子集体决策水平和执政能力，坚持正确选人用人导向，扎实开展好"解放思想推动高质量发展大讨论"活动，推进"两学一做"学习教育常态化制度化，提高党员干部队伍整体素质。二是强化基层党组织战斗堡垒作用。高标准实施"北大荒堡垒工程"。围绕"实现组织覆盖、明确职责任务、建强支部班子、从严队伍管理、强化制度执行、严格组织生活、创新开展活动、树立先进典型"等方面加强基层党支部建设。重点以"三抓三联、三会一课、主题党日、报告工作、制度执行"等措施为抓手，推进基层党建工作重点任务落实，力争在 2020 年再打造 1~2 个分公司（管理局）级示范单位。三是要加强党对工会、共青团、妇女、关工委等工作的领导，使各群团组织切实发挥作用，卓有成效地开创各项工作新局面。四是做好宣传思想文化工作。以学习宣传贯彻党的十九大精神为重点，深化学习，强化理论武装。以弘扬北大荒精神、践行社会主义核心价值观为导向，育典型、立标杆、树正气。五是推进党风廉政建设和反腐败工作。认真开展"两个责任"落实、围绕 2 项法规加强廉政教育。以查处发生在领导干部中滥用职权、贪污受贿、腐化堕落、失职渎职案件为重点，进一步推进案件查办工作的深入开展。长期不懈狠抓"四风"问题，杜绝一切损害群众利益的事情发生，加大惩治力度，发现一起，严惩一起。不断完善工作思路，努力推进各项工作再上新水平。

同志们，新使命催人奋进，新征程任重道远。要实现本届职工（从业劳动者）代表大会提出的目标和任务，根本在担当、关键在落实、重点在实干。我们一定要靠创新激活新动能，靠改革培育新活力，亲力亲为、善始善终，抓实质内容，抓具体措施，在党的十九大精神指引下，在集团（总局）、分公司（管理局）党委的坚强领导下，牢记总书记的嘱托和殷切希望，振奋精神、不辱使命，以日夜兼程、只争朝夕的干劲和勇立潮头、破浪前行的决心，团结带领全场人民，不忘初心、牢记使命，为实现经济社会高质量发展而努力奋斗！

以开展"三心" 活动为载体
积极探索思想政治工作的新方法

中共黑龙江省建设农场委员会
（2008 年 6 月 28 日）

建设农场是一个拥有 25.5 万亩耕地、1.5 万人口的农垦企业，也是黑龙江垦区 23 个贫困农场之一。近年来，通过开展以"情系群众用真心，排忧解难献爱心，团结一致结同心"为载体的思想政治工作，为企业发展提供了强大的精神动力和智力支持，有力地促进了经济社会又好又快发展，2007 年，全场生产总值达到 2.1 亿元，比上年增长了 63.8%；种植业亩效益 427 元，同比增长了 265.6%；人均收入 1.08 万元，同比增长 57.3%。企业实现生产总值和人均收入双超历史，连续多年没有发生群访事件，呈现出经济发展、政治安定、社会和谐、职工安居乐业的可喜局面。我们的主要做法是：

一、带着问题下基层，深入群众找答案，因地制宜探索思想政治工作的新思路

一是搞好调研，对症下药。2004 年，我场进行管理体制改革，全场 19 个生产队，合并为 6 个管理区，基层管理人员由原来的 152 人减少到 89 人。针对撤队建区管理体制改革后，基层管理人员减少，管理半径加大出现的新情况、新问题，和职工群众活跃的思想意识，场领导和有关部门，带着问题下基层，和职工群众坐在一起敞开心扉、交流思想、促膝谈心。在调查研究的基础上，印发了《建设农场"用真心，献爱心，结同心"三心活动方案》，运用思想政治工作，解疑释惑、凝聚人心，破解改革发展中的难题。

二是领导重视，摆上日程。农场党委书记、场长自我加压，亲自担任"三心"活动组长。要求参加"三心"活动的党员干部做到"四有"，即场领导有联系点、机关干部有扶贫对象、基层党组织有民情档案、主要领导干部有为民服务联系卡。为把思想政治工作融入生产经营全过程，我们采取"三个同步"的做法，即干部同步配备、制度同步制定、工作同步考核，使思想政治工作这个"软"任务，成为"硬"指标。

三是典型引路，逐步推开。农场党委注意发现和培养典型，实行分类指导，逐步推开。先后树立了爱岗、敬业、亲民的全省优秀共产党员副场长吴凤霖、坚持多年如一日为群众做好事的老党员吴春波等各行各业典型 20 多个。及时总结开展"三心"活动中的经验，3 次组织先进典型群体在全场作事迹报告。通过新闻媒介和各种会议，大力宣传模范人物的先进事迹，编发播报新闻稿件 200 余条，印制发放程序图、联系卡、宣传单 5000 余份，在全场形成良好的舆论氛围，使党员干部皆知、百姓家喻户晓，推动了"三心"活动健康、有序发展。

四是建立机制，常抓不懈。农场党委建立了"党委统一领导，党政工齐抓共管，部门负责，基层实施"的领导体制。通过推行"主要领导负总责，副职领导管战线，机关科室包基层，党员干部包户"的工作机制，形成了"分级管理，上下联动，齐抓共管"的局面。同时，强化考核跟踪问效，党员干部每季度向党组织汇报一次参加活动情况，基层党支部每半年向党委作一次汇报，党委每半年召开一次推进落实会，研究部署"三心"活动工作。把此项活动纳入目标管理体系考核，作为评优、选模和晋级的重要依据，同干部任免、工资效益挂钩，强有力的措施激发了党员干部参与"三心"活动的热情。

二、以"三心"活动为载体，积极寻求干部受教育、群众得实惠的思想政治工作新方法

一是用真心，动之以情。农场党委从最容易打动人心的事入手，真心实意为职工办实事，让职工群众深切地感受到组织的关怀和党的温暖。党委书记王林和刘松江结成帮扶对子后，从扶志开始扶贫，三番五次地到刘松江家中，帮助刘松江解除心理疙瘩、化解心理障碍，鼓励他用昂扬的斗志和阳光般的心情投入到生产劳动中去，坚定克服困难的信念，立志早日脱贫致富。在做好思想工作的同时，王林拿出 4000 元钱扶持刘松江发展养羊。2006 年 9 月，刘松江的女儿上大学遇到了困难，王林凭联系卡得到信息又送去了学费，圆了一个女孩的大学梦。

强有力的思想政治工作，使职工的积极性、主动性、创造性和工作激情得到发挥。职工刘松江采取滚雪球的办法使羊群发展到140多只，年收入过万元。看到一天天发展壮大的羊群，一年比一年好的生活光景，刘松江逢人便讲："多亏了王林书记的帮助，才使我从贫困中走了出来。"

建设农场是远近闻名的绿猪养殖基地。场长王克坚把职工孙明海列入自己的扶贫对象，帮助孙明海联系贷款2万元，还从自己的工资中拿出6000元扶持孙明海发展绿猪产业，使孙明海看到了脱贫致富的曙光。

场领导的模范行动就是最好的思想发动。党委副书记、工会主席张本伟，无偿为马丽萍维修房子、交1000元养老金。副场长刘增元拿出工资3800元，为帮扶对子姜维柱购买肉牛、扶持高永滨种地100亩。全场党员干部与125名贫困职工攀亲结对，3年累计出资50多万元，扶持贫困户上项目48个，做好事300多件，有95户摆脱了贫困阴影。

这些帮扶行动强烈地影响着人们的思想，增强着企业的凝聚力，提升了各级领导干部的社会公信力。

二是献爱心，晓之以理。前些年，当种地赔钱的时候，一些党员干部便主动站出来承包土地为农场排忧解难；而现在当种地挣钱的时候，党员干部又义无反顾地把土地让出来交给职工种植，不与民争地。2008年春季，全场共有22名干部让出土地4613.5亩。其中，党员、居民组长郭彩文，几年来让地1200亩。如果按2008年农场平均亩效益427元计算，等于为职工让利197万元。

第一管理区是建设农场最偏远、条件最艰苦、职工思想最复杂、上访告状最多的老大难单位。有"四大家族""八根钉"的"刺头"，过去是3年一换队长、2年一换书记。支部书记纪玉宝和主任代志军组成新班子后，挨门逐户地进行走访，做过细的思想政治工作，主动征求职工的意见，倾听群众的呼声，因地制宜制定实施了"三步走"战略，通过抓管理、抓调整、抓环境，彻底改变了面貌，农业生产连续3年实现盈利，职工腰包鼓了，主人翁意识增强了。每当种、管、收季节来临的时候，职工群众主动参与民主管理，为领导出主意、想办法，解决工作难题。再也没有人放"横"上访告状了。职工们说："党员干部这样关心我们的疾苦，我们没有理由再给领导添麻烦、找乱子了。"

三是结同心，凝聚力量。领导干部的真心和爱心换来了职工群众的同心。农场本着取之于民、用之于民的原则建设农用飞机场和通区公路，但缺少资金，通过职代会倡议，农场在每亩地里提取9元和10元钱建设基金。对此，职工积极响应坚决拥护，没有出现1例上访告状的。

四川汶川"5·12"特大地震发生后，职工群众积极响应农场党委的号召，踊跃为灾区捐款。新中国成立前参加革命工作、现年 87 岁高龄的老党员马生殿，特意从赵光驱车赶到农场捐上 500 元钱的爱心。个体经商户陈吉任一次性捐款 1000 元。几天时间，全场捐款 13.48 万元，体现了"一方有难，八方支援"的中华民族传统美德。

"三心"活动不但得到了职工群众的拥护，而且加强了基层支部建设，为做好思想政治工作提供了组织保证。农场党委组织部门在 2007 年年终考核中，全场 22 个党支部"好"票占 90％以上的一类班子达 17 个。

三、把"三心"合为凝聚力，思想政治工作在促进经济社会发展上取得新成果

一是大灾之年农业生产创造出前所未有业绩。思想政治工作的创新，使农场党政班子树立了科学发展理念，进而转化为生产力，促进了经济发展，2007 年农业生产在遭受春季内涝、夏季干旱等多种自然灾害袭击的情况下，实现了各作物产量和效益双超历史。农场承担的全国 100 个国家级农业标准化示范场（县）建设项目，通过农业部的实地验收，大豆高产攻关项目通过总局专家组验收，其中大麦高产攻关田实收亩产 430.7 千克，大豆高产攻关田实收亩产 276.5 千克，被农垦总局授予"六大作物高产攻关先进单位"。涌现出利润 10 万元以上的种植户 220 个，成为黑龙江垦区旱作农业的典范。

二是加快了以民生为重点的社会事业建设。农场党委把思想政治工作的出发点放在促进各项工作上，先后投资 5000 多万元，完成了 38.68 千米白色路面硬化工程，解决了"行路难"；投资 600 多万元，打深水井、改造给水设备、建净水厂，使居民吃上了符合国家二级饮用水标准的自来水，解决了"饮水难"；投资 3150 万元，加强教育基础设施建设，建立了"扶贫助学"捐赠基金，推行了中小学义务教育"一费制"，解决了"读书难"。投资 300 余万元建成 2 万平方米休闲广场和 833 平方米活动中心，极大地丰富了职工群众的业余文体生活和全民健身活动。

三是在干部和职工之间筑起了一座连心桥。通过开展以"三心"活动为载体的思想政治工作，树立了建设农场各级领导班子亲民、为民、爱民的良好形象，在思想上，党员干部和职工群众之间架起了一座连心桥，达到了党员干部受教育、职工群众得实惠、企业增效、职工增收的目标，推动了社会主义新农村建设。

繁荣和谐的局面来自于经济的发展，也与行之有效的思想政治工作密不可分。实践使我们认识到，思想政治工作可以释放出巨大的生产力，是有形的工作、无形的力量。

（在全省思想整治工作会议上的经验材料）

文　征

通肯河畔兴农曲

——黑龙江农垦建设农场农业提质纪实

王凤兰

2009 年，是建设农场被列为全国 100 个国家级农业标准化示范场（县）的第四年，位于通肯河畔的建设农场再传佳音：大麦亩产 357 千克、小麦亩产 406 千克、大豆亩产 228 千克、甜菜亩产 3.0 吨、玉米亩产 750 千克、水稻亩产 500 千克。全场 25.44 万亩的作物实现农业生产总值 2.230 亿元，全口径利润 1.271 亿元，平均亩效益达到 395.96 元，全场人均收入 1.1 万元。同时，农场所承担的总局高产创建任务，也通过总局专家组的验收，大豆 300 亩核心攻关区实收亩产 281.32 千克、万亩展示区实收亩产 244.1 千克，在总局名列前茅。

奥秘何在？知情人说，这是这个农场坚持农业提质带来的结果。

标准化提升　连年创高产

事例一：刘洪波承租了 557 亩耕地，拥有 804 型拖拉机等农机具 12 台（套）。他严格执行作业标准、严格执行操作规程，如：为了达到喷约效果，化高价购进了进口喷头，在作业前反复调试，喷头与喷头误差不超过 0.1%，整机百米流量不超 1%，在作业时严格控制速度和压力，确保了喷药效果，达到了灭草目的。

由于坚持科学种田和标准化作业，2007 年，刘洪波种植的 170 亩大麦亩产 395 千克，被农场授予劳动模范和大麦高产状元荣誉称号，2008 年种植的 332 亩大豆亩产 209 千克，2009 年虽遭遇特大春旱，他种植的 210 亩大豆仍亩产 197 千克。刘洪波只是建设农场实施标准化作业的一个缩影。

从 2001 年起，农场就专门成立了"农业生产标准体系建设工作领导小组"，基层生产单位也相应成立了农业标准化生产领导小组，形成了完善的组织管理体系和自上而下层层管理、自下而上层层负责的有效运行机制。领导小组从备耕、春播、夏管、收获到四秋整地，每个生产环节都制定了严格的作业标准，每年都以方案形式下发到基层，并与基层主管领导签订目标管理责任状。农场农业主管领导协同生产、农机部门常年坚持一线监督管理，分阶段进行验收评比，促使农机田间作业标准化水平逐年得到提高，使"六统一"管理得到了提档升级。为着力推进全作物、全面积、全过程、全方位的标准化提档升级，加快建立与国际标准接轨的农业标准化体系，促进农业品牌化、市场化、国际化发展，农场积极引进各类先进机械，目前为止共引进进口机车29台，国产收获机12台，配套农具260台，总投资13500万元，总动力2.2万千瓦。仅2009年，就新引进迪尔7830型拖拉机4台，引进迪尔4730型喷药机1台，引进麦克唐100型喷药机1台。为加大玉米收获实力，从石家庄天人公司引进7台玉米割台，配备于5台3518型收获机和2台1075型改装机车上，进一步提高了播种、管理和收获的现代化水平。与此同时，农场不断引进和自行研发先进的栽培模式，与此相结合引进了相应的机械和配套农机具。如，通过引进意大利盖斯帕多试播种机械，使玉米播种匀度和密度得到了保障；应用"催芽播种"和苗期喷施生控剂，解决玉米成熟后脱水难。再如，通过对大豆大垄垄上4行进行降密装置改装，降低了中间2行的密度，不仅增强了通风透光能力，提高了光能利用率，而且节约了用种量，增加了中间2行的单株产量。

记者感言：建设农场坚持农业基本制度不动摇，向提高农业标准要效益，明显提高了农艺措施到位率，全面提高了田间作业质量达标率，突破性提高了农产品优质率。

调结构提效　农户笑开颜

事例二：张宝财种植玉米6公顷，采取玉米套种大豆的方法在春天大旱、夏季涝灾严重的情况下，玉米喜获丰收，亩产750千克，亩利润可达500元，他高兴地向"哥儿们"炫耀，种1亩玉米顶2亩多大豆。

像张宝财这样的种植玉米户在建设农场有500多户。舒久玲种植的140亩玉米，亩产达到了700千克以上，她计划明年将豆茬地全部改成玉米，调整结构，增加效益。

2009年，建设农场种植玉米6.5万亩，在多种自然灾害交替出现的不利条件下，玉米亩产达到750千克，总产量4.5万吨。按市场销售价格每千克1.1元计算，亩产值825元，亩纯效益达到355元。"小玉米"调出了大效益，让种植户尝到了甜头，如今，职工争先踊跃报名，要求明年扩大玉米种植面积。

长期以来，麦、豆一直是建设农场的主要作物。从2007年开始，农场尝试玉米种植，党员干部带头种植了3万亩，平均亩产650千克；2008年玉米种植扩大到4万亩，平均亩产达700千克，亩效益超过了大豆、小麦。

由于玉米品质优良，相继有河南、河北、山东等地的客商来场商谈收购事宜，截至目前，玉米已被抢购一空，全部为现金交易，为职工创收2112.5万元。据了解，农场2010计划种植玉米11.65万亩，占全场耕地总面积近1/2。

碧波掩映下，湖光山色中，建设水库和青石岭水库恰似2颗璀璨的明珠。然而，多年来，农场水田开发一直未能如愿。2009年，依托青石岭水库资源优势，建设农场对其下游进行水田二次开发治理，投资660万元，完成建筑物5座，晒水池1座，灌排渠道15千米，农田路4条（长度5千米）工程量，充沛的水资源润泽着1.5万亩水田。

据悉，明年农场水稻将扩大到3万亩，3年后，水田面积可达到7万亩，每年多增加利税825万元，多增加粮食总产量3万吨，为职工增加收入2750万元。

记者感言：建设农场以巩固农业可持续发展、稳定增加职工收入为目标，紧紧围绕结构调整这条主线，压大豆、稳麦稻、扩玉米、强经作、上品质、突特色、增效益。

重生态提质　保质量安全

事例三：董树全几年来搞规模经营的同时注重了结构调整和合理的轮作，坚持秸秆还田，相对降低了来自市场和自然条件的风险，使经营效益常年趋于稳定。7年里，他种过小麦、大麦、大豆、玉米等作物，每年的作物都在2种以上，年年都是正茬口，产量和效益在第三管理区始终名列前茅。

建设农场除坚持以"麦—经（杂）—豆"的轮作制度为基础外，常年坚持用地养地结合，提高土壤有机质含量。每年都坚持一定的秸秆还田数量，这项工作作为基层领导考核的重要目标来严抓狠抓。通过坚持土地的可持续利用，使耕地自身增产潜力得到了提高。7年累计秸秆还田52.8万吨，使土壤有机质含量始终稳定在7.6%～8.2%。

为了加强对农业化学投入品的监管和保障农产品质量安全，早在2005年，农场就出台了《农药安全使用管理办法》，规定，凡承租计划内的耕地，用药统一由农场科学配方，严禁超剂量用药，杜绝药害的发生。同时为严防高残留农药进入市场甚至施入田间，农场始终坚持统一采购、统一施用的原则，由植保站会同工商管理部门及质量技术监督局，对农药市场进行监管，基层管理区、作业区由主任、副主任、农业助理把好田间准入关，坚决杜绝个人私自用药现象，有效地遏止了高毒、高残留农药投入品使用。严格按照绿色食品生产对肥料种类的要求标准，限制使用化肥的种类和用量，确保质量安全；保留每个生产环节的质量记录，并由负责人签字，完善农产品质量安全的可追溯性。

2005年，农场通过了黑龙江省质量安全中心的产品和产地一体化认证，同年通过了中国绿色食品发展中心的2万亩大麦、10万亩大豆的绿色食品认证和大豆的基地认证。2007年作为黑龙江垦区7个标准化示范场之一，率先通过了省农产品质量认证中心的良好农业规范认证。2008年完成了3年转换期，通过了欧盟的有机食品认证。

记者感言：建设农场保证了耕地免受农药的污染，实现了土地的用养结合，促进了农业可持续发展的良性循环，在保障农产品质量、转变农业增长方式、应对市场挑战等方面，起到了强大的引领和推进作用。

充满希冀的建设农场

——献给五十周年国庆

康旭平

伴着共和国的脚步，踏着一路风尘，建设农场从1956年建场至今，已经走过了43年的战斗历程。43年过去，弹指一挥间，经过几代人的艰苦奋斗，沧海变桑田，特别是近几年来，农场党政班子和全体干部职工的锐意改革和开拓进取，她从无到有、从小到大、从弱到强，已经成为拥有耕地250062.3亩，林地86723.6亩，草原69287亩，人口14555人，职工4221人，总户数3963户，以种植小麦、大豆、玉米、水稻、油菜为主的农、林、牧、渔并举的中型机械化国有农场。

建设农场为位于小兴安岭南麓，通肯河畔，地理坐标为北纬47°48′—48°03′，东经127°06′—127°30′，属于小兴安岭走向平原的过渡地带，平均海拔高度260米，南依通肯河与海伦农场隔河相望，北抵小轱辘滚河与三〇三林场接壤，东与前进、群力林场相连，西与西北同海星乡和赵光农场相邻，东西长达37.5千米，南北宽25.5千米，总控制面积70余万亩。她的前身是和平农场，1962年改名为建设农场，1968年变为黑龙江生产建设兵团一师六十八团，1973年更名为一师四团，1976年恢复为建设农场。

建设农场属于寒带季风气候，春季多风，夏季多雨，短暂炎热，冬季漫长严寒，年平均气温1℃左右，无霜期平均为120天左右；年降水量一般在500～600毫米，蒸发量在1350毫米左右；年稳定≥10℃积温在2300℃左右，年日照时数在2300小时左右；土壤全部属于熔黑钙土，pH在5.5～6.4，黑土层在25～50厘米，团粒结构较好，适合种植麦、豆、油菜和经杂作物。

建设农场依山傍水，土质肥沃，自然资源十分丰富，有山有水、有草原、有耕地。辖区内有林地86723.6亩，山上林木茂盛，林中有各种山珍名药和野生动物。境内有6条蜿蜒曲折的河流自东向西穿流而过，而总库容350万立方米和1650万立方米的水库各1座，养鱼水面5000亩，水面9726.1亩。农场拥有优质草原69287亩，可养黄牛、奶牛5000

头，养山羊、绵羊 5000 只，养鸭、鹅 15 万只，是调整产业结构，发展畜牧业的极好条件。农场现有肥沃耕地 250062.3 亩，适合种植麦、豆、油菜和多种经特作物，是发展质量效益型农业、生态农业和旅游农业的绝好之处。

建设农场从南到北，青山环抱，绿水环绕，冬季银装素裹，冰清玉洁；春季春风杨柳，大地披绿，万物复苏，鸟语花香；夏季，麦浪金黄，大豆碧绿，极目远望，碧波荡漾；秋季，天高云淡，秋高气爽，果实累累，稻谷飘香：是一座极具魅力、充满希冀的农场。

垦区人民不会忘记，曾几何时，在开垦这块神奇处女地的峥嵘岁月里，是粗犷豪迈的垦荒者，头顶蓝天，脚踏荒原，用篝火驱走荒蛮，用血汗换来繁荣。在这里是广大复转官兵、支边青年、城市青年和北大荒第二代，开发、创建、巩固、发展和延续了机械化、现代化的国营农场。在市场经济的今天，又是我们新一代领导者运筹帷幄，用超凡的勇气和魄力带领全场职工进行着第二次创业，创造着新的辉煌，逐渐让昔日的黑土地变成了今日林茂粮丰、百业兴旺的鱼米之乡。

1995—1998 年是建设农场开放开发和经济发展最快的 4 年，也是勤劳智慧的建设人发扬"北大荒精神"，取得物质文明和精神文明巨大成就的 4 年。

1998 年，建设农场实现社会总产值 15978 万元，比 1995 年的 9977 万元增长 60.1%，年均递增速度 12%；国内生产总值 7167 万元，比 1995 年的 4144 万元增长 72.9%，年均递增速度 14.7%；工农业生产总值 12787 万元，比 1995 年的 6282 万元增长 103.5%，年均递增速度 19.4%；经营利润 234 万元，比 1995 年的 51 万元增长 358.8%，年均递增速度 46.4%；生产粮豆 56965 吨，比 1995 年的 27849 吨增长 104.5%，年均递增速度 19.6%。

随着经济的发展，农场的经济状况逐步好转，职工生活水平逐年提高。1998 年人均收入由 1995 年 1411 元提高到 2785 元；据不完全统计，职工银行存款由 1995 年 1059 万元增长到 2120 万元。4 年累计新建和翻建职工住房 15987 平方米，铺设沙石路面 260 千米。全社会共同创办文化娱乐事业，使职工物质生活和精神生活质量有了显著提高，如今职工家庭彻底告别了"老三件"，彩电、冰箱、洗衣机、摩托车、轿车、电脑、手机、电话已经走进了寻常百姓家，一些家庭已经在实现小康的基础上，努力向更加富裕的生活目标迈进。

当建设人回首发展路程时，心潮起伏，感慨万千。这每一次前进、每一次发展、每一次跳跃，都是在农场党委的坚强领导下，沿着党的十一届三中全会以来基本路线所指引的道路和两局党委所确定的质量效益型农业的发展方向，披荆斩棘、励精图治所取得的。

一、改革给农场注入新的生机与活力

建设农场的崛起,是在改革开放的大潮中,善于抓住机遇的必然,用场长付宗深的话说就是:"建设农场经济之所以能够得到快速发展。其中,一个很重要的原因,就是得益于改革开放,是改革开放给建设农场经济的发展注入了强大的生机与活力。建设农场之所以在这几年能够出现勃勃生机与活力,关键是我们党委能够很好地把握和抓住垦区改革与发展的这一个千载难逢的大好时机,团结带领全场人民,深化改革、迎接挑战、乘势而上、加快发展。我们要结合农场的实际,努力做好改革这篇大文章,创造性地开展工作,为农场经济的腾飞,再创辉煌。"

1985 年建设农场坚持农业上"四到户、两自理"全面兴办家庭农场,充分调动了种植户的投资热情和生产干劲,从而使农业发展摆脱了旧体制的束缚,步入增产增效的良性发展轨道。

新的经济体制和运行机制的建立、深化和完善,使改革的成果随处可见。以"四到户、两自理"为标志全面兴办家庭农场为主的农业改革,最大限度地调动了广大职工群众的生产积极性,他们自我约束、自我发展,促进了农业的大发展和社会的稳定,目前,全场已有大小家庭农场 1953 个,引进场外户 138 户,经营耕地面积 250062.3 亩,实现了有效耕地面积全部种满、种严。随着农业改革的深化,1996 年农场出台优惠政策,对全场 695 台件农机具进行了出售。广大土地承租者和购机者看到了农场政策的稳定性和延续性,从而进一步增强了对农场的信任感和对土地长期固定经营的信心。

农业改革顺利进行,工、商、运、建、服各业改革稳步推进。几年来,农场先后对修理厂、汽车队、面粉厂、基建公司、水利渔业公司、商店等国有企业进行产权制度改革,实行转、破、租、卖、股等多种经营形式,一企一策。转制后,不仅增强了企业的活力,而且保证了国有资产的保值,更主要的是通过资产重组、人员优化、利益机制改革,使企业获得了新生。

为了保证改革的顺利进行,农场先后实施了一系列配套改革措施。一是对机关和基层单位实行减员增效、目标管理,既减轻了职工的负担,也增强了干部和工作人员的事业心和责任感;二是采取积极的财政方针,化解债务、活化资金、优化资本结构、盘活存量资产,同时,对农业生产队和场直单位实行了财务报账制,集中核算,加强财务支出的调控;三是改革、建立、完善了社会保险制度,使职工解除了后顾之忧;四是针对工、商、运、建、服企业产权制度改革之后分流下岗职工增多,农场采取多项优惠政策,及时稳定了大局；五是紧跟国家医疗制度改革部署，及时出台了农场职工医疗制度改革实施方案，使广大职工，尤其是老职工有病得治，有了新的保障；六是实行电话费、办公费、招待费3项费用改革，制定标准、核定指标、落实到人，几年来，共计节约3项费用223957.71元；七是农场从1996年起率先在垦区乃至全国实行车改，解散机关小车队，将车评估作价卖给个人，农场根据各个科室的工作性质、任务核定交通费指标，做到科室长工资中，超扣节奖，有效地制止了公车私乘的不正之风，不但没影响工作，反而节约了油料、零件、修理费、管理费和人员工资。

改革给农场这个陈旧的机器注入了润滑剂，使建设农场这台机器在改革的推动下焕发了新生。

二、调整给建设农场带来了高效益

农业是国民经济的基础，也是建设农场的支柱产业，农业的基础是种植业，种植业是农场经济发展的主力，是立场之本，只有农业的基础地位更加稳固，才能有力地支撑农场经济和其他各业的发展。建设农场的决策者们，始终把这块有限的资源视为致富的最佳途径、造福建设的唯一基础，把管理和服务的着眼点和立足点都放在这块广袤的沃土上。

建设农场以市场为指导，大力实施结构调整，以压麦、稳豆、上玉米、大力开发水稻、增加经济作物为新的经济增长点，以抓质量、效益和特色农业为主攻方向，以增加农业投入，提高科技含量为手段，狠抓农时和农业生产的标准化作业与标准化管理，坚持以稻治涝、以稻脱贫、以稻致富的工作思路，从1995年至今累计投资2372万元，建成了建峰和十道河子2个农业综合开发区，开发水田7万亩，购买更新了50台（件）农机具，兴建了1座日处理500吨的粮食处理中心，新建水泥晒场20232平方米、铁围栏1万延长米，使农业综合抗灾能力和科学种田水平有了显著提高。农业社会化服务体系的不断健全、服务范围的不断扩大、服务意识的不断增强和服务质量的不断改善，为农业的发展提供了良好的保障环境。

种植业经济的快速增长，为农业的发展提供了良好的保障环境，为自营经济的开展创造了有利条件。建设农场以加快职工奔小康步伐和增加农场经济总量为目标，加大领导力度，完善优惠政策，增加资金投入，提高科技含量，抓好基地建设，搞好社会化服务，培植龙头，建立"市场牵龙头，龙头带基地，基地连农户，种、养、加、贸、工、农一体化"生产经营体系，构建了以北兴地板块为龙头，以场内分散的10余户地板块厂为基地的地板块产业链；以付文贵综合养鸡场为龙头、以场内500多个养鸡户为基地的养鸡产业链；以周一晶种渔场为龙头，以场内 100 多个养鱼户为基地的养鱼产业链；以韩玉林养猪场为龙头，以场内 500 个养猪户为基地的养猪产业链；以王文亮蔬菜大棚为龙头，以职工家庭院为基地的蔬菜生产产业链。1998 年生产地板块 20 万平方米，饲养肉蛋鸡 16 万只，生产鲜鱼 5 万千克、种鱼 3 万千克，出栏肥猪 8000 头，销售新鲜蔬菜 100 万千克，实现自营经济产值 5504 万元，纯收入 2300 万元，从业户均收入 7191 元，人均收入 3083 元。在农场的经济发展中实现了"三分天下有其一"，正向"半壁江山"迈进。

三、文明给建设农场增添了精神动力

今日的建设人，在经济迅速发展的时候，并没有忽视思想、文化建设，他们在农林牧渔各业全面发展的同时，精神文明建设也有了长足的进步。

建设人深知，一个企业的文明与精神，是这个企业的支柱与灵魂。他们在长期的发展进程中，铸造了"艰苦奋斗、奋发图强、团结拼搏、不甘人后"的建设人精神。这种精神鼓舞、激励着建设人在艰难困苦中，顽强拼搏、战胜困难、脚踏实地、锐意进取，从困惑中走出来，走向明天，走向胜利，走向 21 世纪。

加强精神文明建设，注重对干部职工进行"内强素质、外树形象的"塑造。建设人深刻领会到党中央提出"两手抓，两手都要硬"的重要性。党委书记王克坚说："精神文明建设是建设农场战胜困难，加快经济发展和社会事业全面进步的法宝，是农场摆脱贫困，奔向富裕的助推器。"几年来，全场上上下下都秉承着这样一种精神，人人以身作则、爱岗敬业，使精神文明建设登上一个又一个新台阶。1998 年建设农场被北安分局评为精神文明建设先进单位。

乘车驶进建设农场的地界，那雄伟壮观的红色场门便首先映入眼帘，物华天宝、人杰地灵，一种庄严而神圣的感觉油然而生。场内环境优雅，空气清新，街道整洁，绿树成荫。路旁那多彩艳丽的鲜花，仿佛婀娜多姿的少女，亭亭玉立，微笑着迎候您的到来，她们在微风的吹拂下，散发出沁人肺腑的芳香，令人心旷神怡，流连忘返。

不识庐山真面目，只缘身在此山中。当您由南向北望去，那砖瓦结构的住房，在绿树的掩映下，错落有致，办公楼、教学楼、住宅楼鳞次栉比，电视塔、微波塔巍峨耸立。场内学校、医院、交通、电力、邮政、通信、广播电视、商业、银行、农贸市场、体育场等生活服务设备完善，是全场人民政治、经济、文化、商业、交通的中心。

场内公路四通八达，客运条件明显改善，通信事业迅猛发展，投资 60 万元的 1500 门程控电话交换机已开通；电力事业发展迅速，居全局电力行业领先水平的直流控制开关设

备已经投入运行；广播电视事业方兴未艾，有线、无线电视网络覆盖全场，26 套电视节目异彩纷呈，建设新闻滚动播出心系百姓，全场宽带综合业务信息光纤网工程已全面启动，年内即可建成；全场教育事业在教育面向现代化、面向世界、面向未来的指引下取得可喜成绩，中小学素质教育硕果累累，初等教育"四率"均达到 100%，初中毕业生统考成绩在分局保持领先地位，培养了一批批合格加特长的学生；医疗防疫卫生工作成绩显著，将传染病发病率控制在 0.2% 以下，治疗有效率达 98%，计划生育率继续保持 100%，人口自然增长率控制在 0.4% 以下；科技工作面向经济建设，服务于经济建设，推广应用科技成果和新技术 26 项；安全工作常抓不懈，防患于未然，有效地遏制了重大事故的发生；社会治安综合治理工作成效显著，为农场的经济建设起到了保驾护航作用；党建工作成绩卓著，培养造就了一支优秀的党员干部队伍，建立了有战斗力、凝聚力的党支部，为农场经济发展和改革开放的顺利进行，提供了有力的组织保证；宣传思想战线紧紧围绕农场中心任务开展工作，坚持以正确的舆论引导人、以科学的理论武装人、以优秀的作品鼓舞人、以高尚的精神塑造人，为农场深化改革加快发展提供了强大的思想保证，新闻工作出现良好发展势头，1998 年被评为北安分局新闻报道先进单位；林业、水利工作稳步推进；工青妇群团工作有序健康发展；纪检、监察工作成绩斐然。办公室、民政、信访、统战、老干部、工商、土地、银行、邮电等各项事业有了长足发展。

站在世纪之交，展望美好未来，建设农场的领导班子带领全体干部职工以扎实的工作、勤奋的精神、务实的态度，正在实现着自己事业的追求。他们在北大荒这片神奇的沃土上，肩负着艰巨的历史使命，用勤劳的双手，开拓美好的前程。

建设农场建场 61 周年发展巡礼

——农场发展历史专题片脚本

王伟光　白文军

在巍峨的小兴安岭南麓，在迷人的通肯河畔，镶嵌着一颗璀璨的明珠。每天迎朝霞、衔夕阳，在春华秋实中诉说光阴荏苒，在寒来暑往里印证年轮辉煌！这里的人民勤劳、朴实、善良、热情、时尚；这里的山水含情，懂得回报，给予主人殷实的馈赠。时光如水，岁月悠悠，而今她已走过 61 个春秋，依然浩气如歌，生机勃勃！在这片神奇的土地上，几代农垦人怀揣梦想、勇于开拓、艰苦创业、无私奉献，开创出农场的光辉历程，唱响北大荒人的歌！它有一个朴实无华的名字——建设农场，与共和国同呼吸、共命运，神采飞扬!

(推出片名)"沃野欢歌小江南——建设农场建场 61 周年发展巡礼"

61 年的荣光与梦想,61 年的奋斗与追求,在这片神奇的土地生根发芽!她有昨日创业的艰辛,她更有今日成功的辉煌,她还会有明天绚丽的乐章!让我们怀着崇敬,带着好奇,在光阴的史册中,寻觅她 61 年的发展轨迹!

第一集 永恒的记忆,不朽的丰碑

建设农场坐落于小兴安岭南麓,距离北安市 100 千米,地理坐标为北纬 47°48′—48°03′,东经 127°06′—127°30′,南依通肯河与海伦农场接壤,北抵鸡爪河与三〇三林场相望,东与前进、群力林场接壤,西与西北与海星乡和赵光农场相邻。东西长 37.5 千米,南北宽 25.5 千米。总人口 14750 人,职工 3939 人。农场下辖 5 个旱田管理区,1 个水稻管理区,2 个居委会,总面积 58.6 万亩。农场位于通北县境内,由原通北机械农场(现赵光农场)包建,建制前的历史沿革与通北和通北机械农场相同。

在此,让我们打开光阴的扉页,探寻久远的历史,祭奠先祖的厚德,重温一段尘封土埋的记忆,从而更多地了解建设农场过往今昔!据史料记载,远在公元前 1046 年的周朝,这片莽莽荒原上就留下了我们祖先的足迹!春秋、战国、两汉、三国、两晋、后魏、北齐、隋、唐、五代、辽、金、元、明、清等各个朝代这里都有完整的归属建制。曾几何时,这里古树参天,草原莽莽,沃野千里,宛如待嫁的处子静静地守候,只有狩猎为生的满族先祖肃慎部落散居于此,在空旷的原野上点缀几分生机。直到清朝这里依然处于地广人稀的原始状态,被划进了皇家游猎围场——"龙兴圣地",除旗人(满族人)外,禁伐木、禁渔猎、禁采矿、禁农牧。民人(未编入旗籍的人)不得入境。光绪二十一年(1895年),清王朝封禁令彻底废除,推行"移民实边"政策,加快了对黑龙江地区的开发。光绪三十一年(1905 年),黑龙江将军丈放官荒,通北地区才有少量移民垦荒踪迹,村落相继出现,形成满汉杂居之势。据《黑龙江志稿》记载,民国十七年(1928 年)《黑龙江省沿边各属荒地抢垦试办章程》规定,通北县荒多户少属抢垦之列,于是掀起招垦抢荒高潮。这一时期,黑龙江农村中富农经济和带有某种程度资本主义性质的旧中国农牧垦殖公司开始出现和兴起。新官僚、军阀、地主采取霸荒办法,购置外国火犁(拖拉机)开垦荒地,使良田沃土集中在他们的手里,实行垄断经营,榨取劳动人民血汗。"九一八"事变后,日本帝国主义配合军事侵略,采取多种方式向黑龙江移民,进行经济掠夺。一时日本开拓团遍及通北大地,拓垦荒原、抢占良田,民不聊生。据 1944 年伪北安省开拓厅资料记载,通北县境内有开拓团 20 多个,还有 2 个朝鲜人组成的开拓团。从 1937 年起到 1941

年10月前，日本开拓团先后开进赵木场（今建设农场八队道南阳光村）、天乙公司（今建设农场第二管理区区部）、十道沟（今建设农场境内）进行殖民开荒。"八一五"光复后，通北县人民政府领导群众，建立民主政权，进行土地改革，支援人民解放战争。1947年根据党中央关于建立巩固的东北根据地和创办"粮食工厂"的指示，东北行政委员会派周光亚同志在通北县境内创办了第一个直属机械农场——通北农场，唱响《老兵新传》的序曲，揭开农垦事业新篇章。建设农场顺应潮流，在此时代大背景下应运而生！

1955年9月，受黑龙江省国营农场管理厅及中共北安县委委托，国营通北机械农场委派赵希彬、生产办公室副主任程雪儒等一行7人组成黑龙江省和平农场筹建勘察组，对北安县境内通北镇东南，通肯河与轱辘滚河分水岭两侧，小兴安岭走向平原过渡地带及丘陵荒原进行实地踏查，亲身考证了土壤的肥沃、水质的优良，目睹了山林的富庶，见证了"棒打狍子，瓢舀鱼"的奇迹，认为具备人类生存的条件，可以开荒建场。

1956年1月，在全国掀起农业合作化、推动社会主义改造的高潮中，建设农场的前身和平机械农场正式成立，上级委派赵希彬、程雪儒负责筹建工作。2月，通北机械农场80人携带部分农业机械首先进入，随之通北县农场69人、转业军人10人、哈尔滨知青15人、其他单位12人纷纷而至，共计186人，打响了向荒原进军的第一枪！经过初步规划和半年的努力，农场已具雏形，拥有耕地37500亩，总户数30户，总人数363人，劳动力251人，马42匹，牛3头，猪91头，履带拖拉机12台，胶轮拖拉机3台，联合收割机3台，汽车2台，各种农机具61台套。下设4个生产队，由农场统一核算。

（同期声：老领导或老工人）"我们刚来时，什么都没有，建场负责人程雪儒、党支部书记李福带领大家搭起简易草棚，就算安了家，吃的是高粱米，喝的是沟子水，蚊虫叮咬、野兽嚎叫，要说困难三天三夜也说不完！即使这样，当时没有一个叫苦的，一门心思干，就想早点把农场建起来！"

他们的理想看似单纯，却是那么的高尚！为了理想他们甘愿付出，不思索取，最终画上了一个圆满的句号，完成了历史赋予的使命！他们有的已经含笑九泉，无怨无悔；有的依然健在，时刻关心农场的进步和发展！让我们永远记住他们吧，点燃荒原第一把火，开垦荒原第一犁，建设农场的功勋们！

辛勤的付出，收获丰厚的回报；创业的佳绩，荣获骄人的殊荣！1956年4月17日，农场职工马志刚、徐全荣光荣出席全国农林水利先进生产者表彰大会，受到毛主席和中央有关领导的接见；1969年10月一师七团五营哈尔滨下乡知识青年曲雅娟，作为兵团战士代表，到北京参加新中国成立20周年观礼。崇高的荣誉，莫大的鼓舞，更加激发了农场人战天斗地的干劲！

（同期声：劳模）"我们赶上一个好时代，心中有一团火，浑身有使不完的劲儿。战天斗地，不怕困难，春夏秋种地，冬天修水利，一年四季不闲着。缺少机械，全靠人力，每年都扒几层皮，也没觉得苦。一看到丰收的粮食一车车交给国家，心里别提多高兴了！"

正是他们的付出，才换来今天的辉煌；正是他们不懈的拼搏，才赢得建设农场的大发展、快发展！据统计：建场 61 年来，全场共开荒 31 万亩，生产粮食 25.21 亿千克，上交国家 22.5 亿千克。修建道路 117 千米，建筑房屋面积 43.23 万平方米，为国家作出了巨大贡献！先后涌现出马宝森、王恒昌、王堂、王克坚、吴风霖、吴宝忠、崔玉泉、徐志福等 21 名总局级以上劳动模范和一大批管局级、农场级劳动模范、先进工作者。历史的赋予，时代的骄子，时空不会忘记，人民不会忘记，你们的名字早已镌刻在这片神奇的土地上！

61 年风雨历程，抹不去的是永恒记忆！今天回放起来还是那么的清晰，仿佛就在昨天，唾手可得，永远粘贴在光阴的扉页！

1956 年 1 月，和平农场（建设农场前身）成立。

1958 年 3 月，黑龙江省国营农场管理厅赵光地区办事处成立，和平机械农场分为和平、建设 2 场。

1958 年 10 月，赵光人民公社成立，和平、建设 2 场合并为人民公社第四管理区。

1959 年 1 月场社分家，成立了赵光农场、人民公社，第四管理区改称和平分场。

1962 年 3 月 23 日，撤销赵光农场，成立赵光地区国营农场管理局，隶属省农业厅领导，赵光农场和平分场改为和平农场。

1963 年 4 月，省农垦厅通知和平农场正式改名建设农场，隶属于赵光农垦局领导。7 月撤销党总支，成立党委。

1964 年 5 月 16 日原兴安农场全员搬到青石岭，并接收国防科委 0682 部队农场，在建设农场东部划出 4 个生产队，成立了双丰农场，隶属赵光农垦局领导。

1965 年 4 月赵光农垦局接收省商业厅所属的克山畜牧场部分干部工人，建设农场划出 2 个生产队组建了涌泉农场，隶属赵光农垦局。

1968 年 7 月，赵光农垦局改为兵团建制，为黑龙江生产建设兵团一师七团，所属农场改为营建制，涌泉农场改为四营、建设农场改为五营、双丰农场改为六营。

1970 年 9 月，将原一师七团所属 9 个营组建为 3 个团，由四、五、六 3 个营组建为一师六十八团。

1973 年 6 月，一师六十八团改为一师四团。

1976 年 11 月 29 日，撤销黑龙江省生产建设兵团，成立黑龙江省农场总局，一师四团改为黑龙江省建设农场，隶属于北安农场管理局领导。

1985 年 1 月，农场撤销 3 个分场成立 3 个管理区，全场兴办各种类型家庭农场 1700 个。

1990 年 2 月 11 日，农场农业公司解体，撤销 3 个管理区，重新恢复 3 个分场。

2004 年，农场撤队并区改革，撤销 3 个分场，原 19 个生产队合并为 6 个管理区，下设 11 个居民组、18 个作业区。

2011 年，将第六管理区并入第五管理区，并成立水稻管理区。

岁月的沧桑，隶属关系的更迭，记录了建设农场不平凡的发展历程，无论风云如何变幻，都割不断北大荒人的血脉相承。在艰苦创业的征途中，一代代北大荒人前仆后继、鞠躬尽瘁、无私奉献，为农场开发建设添加浓墨重彩！

党的十一届三中全会后，建设农场审时度势，消除"文化大革命"余毒、拨乱反正，生产建设得到了迅速恢复和发展。1978—1986 年，党委书记李万隆、场长杨玉山及领导班子狠抓科学种田，选用良种、增施化肥、精耕细作，农业生产连续获得大丰收，粮豆总产量达 1.79 亿千克，平均亩产 126.5 千克，比十年动乱时期增产 63%。农场从小到大，已经有近 4000 名职工、25 万亩耕地，发展成为具有较高机械化水平的中型国营农场。

1984—1985 年，实行经济体制改革，全场兴办家庭农场 1700 个，其中以机械为主的联户家庭农场 143 个、单户农场 1415 个，共经营土地 103525 亩，单户家庭农场人均种地 33.5 亩。适合经济发展、充满生机和活力的生产经营模式，使职工群众的生产积极性被充分调动起来，释放出前所未有的生产热情！1989 年，农场创造出社会生产总值、国民生产总值、国民收入、农业总产值、工业总产值、工业利润、上缴税收、粮豆单产、人均收入、交售粮食等指标"十超历史"的光辉业绩！

进入 20 世纪 90 年代，自然灾害频发，传统的种植业遭遇极大的挑战，建设农场人民面临前所未有的严峻考验。时任场长马景发、党委书记王法亮及农场广大干部职工，没有被困难吓倒，积极应对，抗洪抢险、抗涝抢粮、抗旱保收，连续征战，把自然灾害造成的损失降到最低，确保了农场正常生产生活，抗灾壮举可歌可泣！

自然灾害锻炼了干部职工，也教育了干部职工，使之领悟到：单一的种植业，抗御风险能力太弱，一旦遭遇自然灾害，连正常的生产生活都难以保证，必须调整产业结构，方能长泰久安！1994—1998 年，全场上下在场长付宗深、党委书记刘金烁的带领下，痛定思痛，另辟蹊径，大力调整产业结构，全民、集体、个体经济一起上，发展外向型经济，减少对农业依赖。大力发展养殖业，发展以小加工业为主的庭院经济；改善种植结构，压麦稳豆，重点发展水稻、玉米以及甜菜、油菜多种经济作物。在农田水利基本建设上，进行低产田改造，增强抗御涝灾的能力。在此期间农场小城镇建设和民生事业实现历史性跨越。农场1997年新建了场区第一幢住宅楼并新建第一栋教学楼、实现闭路电视入户，在经济振兴、社会进步的道路上迈出坚实的一步！

一张蓝图绘到底，富民强场志不移！2001—2007年，时任场长王克坚、党委书记王林带领干部职工，进一步加大产业结构调整力度，大力发展绿色农业和特色农业，农业生产连续6年赢利，粮豆总产量连续5年创新高，并举全场之力大力发展畜牧业，走农牧结合之路，把肉牛养殖作为发展畜牧业的重点，建立肉牛育肥和繁育小区，强化肉牛生产五化管理规程，逐步走向科学化、规范化。场长王克坚亲自率队到吉林伊通考察肉牛养殖，并出台了外购1头肉牛农场给予50%贷款，并由农场承担运费的优惠政策，全场上下掀起外购肉牛的热潮，西门达尔、夏洛来、安格斯成了农场肉牛养殖的新品种，仅2001年1年，全场就外购肉牛1650头，肉牛存栏由2000年的不足千头猛增至2643头。与此同时，在保障农业生产单位职能不被削弱和坚持农业"五统一"、农机"六统一"管理的前提下，进行大胆的经济体制改革，全力推进土地耕种"两自理"，彻底走出"垫、挂、贷、亏"的怪圈。土地到户、农机承包到人、实施了生产和生活费用"两自理"，极大地调动了职工自主经营的积极性。在农业结构上打破了多年来的麦豆生产陈规，转向粮、豆、经、饲种植模式，寻找新的经济增长点，重点推广大豆大垄高台密植、深窄密平播，测土施肥，分层定位定量施肥，大、小麦宽苗带、缩行增密等多项农业增产新技术，使农作物产量逐年递增，连超历史。2007年，农场迎来建场以来最大的丰收年，实现了全面积、全作物产量和效益的历史性突破，其中大麦亩产353.4千克、小麦亩产356.7千克、芸豆亩产225.8千克、大豆亩产226.8千克、玉米亩产600.2千克、甜菜亩产4吨。尤其是农场承担的农垦总局600亩大麦高产攻关田，经农垦总局和北安分局组成的联合专家组调查，实割实测亩产442.3千克，超额完成计划亩产400千克的攻关指标，获得了垦区大麦高产攻关第一名的好成绩。

俱往矣，峥嵘岁月！多少如烟往事被时光淹没，多少大浪淘沙于江河，唯有拓荒者的足迹还是那么清晰，唯有他们的群体还是那么的鲜活，像天上的星斗熠熠生辉，在茫茫荒原上树立起不朽的丰碑！让我们更不能忘怀的是，在建设农场开发建设的每一个历史时期，他们的带头人——农场场长、书记！是他们呕心沥血、规划蓝图，带领职工群众艰苦奋斗、坚韧不拔、持之以恒，一步一个脚印，开创出农场的新天地！

他们是：

周海、李福（1956—1957年）

金连城、郭向阳（1958年）

刘文、郭向阳（1960 年）

郭向阳（1961 年）

郭向阳、于景忠（1962—1968 年）

郭向阳（1969 年）

蒋春林、王兆义（团长）（1970 年）

蒋春林（1971 年）

王兆义（团长）、王庆忠（政委）（1972—1976 年）

李旭华（政委）（1977 年）

李万隆（1977—1978 年）

杨玉山、李万隆（1979—1982 年）

杨玉山、那延吉（1983—1984 年）

杨玉山、马景发（1985—1987）

马景发、王法亮（1988—1990 年）

付宗深、王法亮（1991—1993 年）

付宗深、刘金烁（1994—1998 年）

付宗深、王克坚（1999—2000 年）

王克坚、王林（2001—2007 年）

王林、吴凤霖（2008—2009 年）

万太文、吴凤霖（2010—2011 年）

万太文、曾祥成（2010 年至今）

第二集　难以忘怀的知青岁月

垦荒文化、军旅文化、知青文化凝练成浓浓的北大荒文化，它们是历史长河中的一朵朵浪花，汇聚成波澜壮阔的海洋！

50 年前，一群风华正茂、激情如歌的城市青年响应伟大领袖毛主席的号召，告别父母亲人、告别城市优越生活，"上山下乡"来到亘古荒原，开发建设北国边陲。

（同期声：知青代表）"我们刚来时，不到二十岁，什么都不懂，什么都不会，是老师傅们手把手地教，使我们学会农活，学会驾驶机车作业，学会怎样与困难做斗争！现在回想起来感到弥足珍贵，那是我们人生的财富！"

据统计，1967—1977 年，共有 6500 余名知识青年来农场参加建设，他们分别来自上海、北京、天津、哈尔滨、佳木斯、鸡西等大中城市。他们和农场职工一样战天斗地、垦荒戍边，成为农场开发建设的骨干。开荒、建设、学习、军训写满他们青春的履历，水中捞麦、龙口夺粮、踏雪割豆、林海采伐丰富了他们人生的色彩！他们带来了先进的文化、先进的科学知识和先进的思想观念，缩小了工农差别、城乡差别，丰富了农场地域文化，给农场的肌体注入新鲜的血液！他们当中有许多人从事教育事业，教书育人，把知识无私地传授给农场的下一代，为农场培育出了一批又一批高素质人才。

田间播种乐融融，地中收获喜洋洋。

脚踏黑土卫祖国，手握钢枪守边防。

赤胆忠诚练意志，一颗红心永向党。

这是他们生活的写照，这是积极乐观精神的彰显！赤子不忘故乡情，故乡梦唤亲人归！家乡人民无时无刻不在想着他们，盼他们回来。每当看到千里沃野泛金浪时，想到他们；每当看到一排排迎风杨柳时，想到他们；每当沐浴小城镇的春风时，想到他们；每当聆听朗朗的读书声时，想到他们！当年一群生龙活虎的年轻人，而今年逾花甲的精英，他们无论是身居高位，还是成为社会名流，都深深眷恋着这片土地，魂牵梦萦！他们的血液早已融入建设的江河，他们的灵魂深深镌刻在建设的大地上！从20世纪90年代后期开始，每年都有大批的知青回到他们的第二故乡，寻找当年的足迹，感受农场的变化，祝福农场壮丽的明天！据不完全统计，从2000年至今，农场已经接待回访知青代表1000余人次。

第三集　咬定青山不放松，鞠躬尽瘁铸辉煌

岁月如歌声声急，事业如棋局局新。几代建设人始终不忘初心，不辱使命，一心一意谋发展，与时俱进，坚韧不拔，哪怕百分付出一分收获依然坚持不放弃！61年风雨兼程，61年艰苦创业，61年久久为功，使建设农场发生天翻地覆变化，被誉为垦区塞上小江南，迎来万紫千红的春天！

（同期声：场长）"经过几代人的不懈努力，建设农场已经打破经济社会发展的瓶颈，步入健康持续快速发展的轨道。我们以改革为动力，以提高经济发展质量为方向，紧扣'调结构、稳增长、促改革、惠民生'这一主题，不断深化改革，不断开创新局面。经济持续增长，社会管理进一步强化，人民群众幸福指数空前高涨，社会福利事业蓬勃发展，欣欣向荣。城乡道路'三供两治'等公共设施完善。养老、医疗、工伤、失业、生育5项社会保险体系健全。多层次、多领域开展平安创建。被省委、省政府授予'平安农场'荣誉称号！"

"江山代有才人出，各领风骚数百年"！过去的岁月老一代垦荒人留下了宝贵的精神财

富和物质基础，为新一代垦荒人建功立业创造了得天独厚的条件，功不可没；新一代垦荒人，与时俱进，激情如火，继承的事业仍将轰轰烈烈！如今的建设农场正迈着矫健的步伐，在北大荒集团的旗帜下，谱写又一曲创业之歌！她与垦区其他兄弟农场一样，经历过创业的艰辛、计划经济的娇宠、改革的阵痛，逐步探索出一条适合自我发展、自我完善的道路。那就是：坚定一个信念，恪守一个原则，确保一个底线，实现一个目标。

——坚定一个信念：打绿色牌，走特色路，坚定大农业主体地位。（推出字幕）

（同期声：农业副场长）"多年来，我们农场坚持'打绿色牌，走特色路'。以绿色食品和有机食品开发为突破口，加大开发力度，扩大生产规模，绿色食品大豆、玉米、小麦、水稻先后通过了中国绿色食品中心认证。绿色食品种植面积占种植总面积的98%以上，开创了发展现代化绿色农业新纪元。"

2018年，建设农场通过中国检验认证集团黑龙江有限公司有机食品认证面积2580.5亩，全国绿色食品（大豆）原料标准化生产基地10万亩。实施全程监督管理，结合"互联网＋"农业的模式，打造建设"年轮"品牌，进行线上销售，实现"生产有记录、流向可追踪、质量可追溯"，确保农产品质量安全。同时，农场承担农业农村部的大豆、玉米、水稻高产创建项目，高起点谋划、高标准创建、促进绿色兴农、质量兴农、品牌强农，助力农业转型升级和高质量发展。

（同期声：农业科科长）"我们场在大豆、玉米、水稻种植上依靠科技、集成应用优质专用品种、测土配方施肥、飞机航化、高效植保技术和'农业三减'等措施，结合良种良法配套，农机农艺融合，挖掘大豆、玉米、水稻增产潜力。经农垦总局专家测产组测产验收，核心区大豆单产256.7千克/亩，核心区玉米单产869千克/亩，核心区水稻单产722.3千克/亩。通过高产创建的典型示范，辐射带动农场大豆、玉米、水稻大面积均衡增产提效。"

多年来，农场以标准化建设提升农业，实施农业生产规范化，农艺措施精准化，做到农业生产全过程标准化。备耕、春播、夏管、秋收、整地等生产环节，农艺措施具体到位，标准化管理方法得当，做到生产管理与环境建设同步发展、同步提高，实现地头与田间、示范田与常规田、水田与旱田、管区之间、作业区之间的"五个一样"；地、林、路、沟、电线杆的"五边"整齐。尤其在玉米栽培上，推广玉米大垄高台、垄上双行种植，应用叶龄管理技术，标准化管理，采取1遍深松放寒、3遍中耕作业、4遍喷施微肥，并于抽雄期进行飞机航化作业，健身防病、提质增产、促进早熟。现全场玉米平均产量达800千克/亩。同时，推广大豆"大垄高台匀植和行间降密"高产栽培技术。该模式是将65厘米2条垄上的4行变成110厘米垄上的3行，使耕地利用率提高了27.1%。中间行的吸种孔降为原来的 1/2，从而降低中间行的密度，让群体分布更加合理。2014 年大豆最高亩产突破 270 千克，再创历史新高。

（同期声：农业技术员）"在玉米种植上，我场在北安垦区率先大面积推广应用玉米生育期'化控'技术。采用进口精密播种机播种，每亩节省用种 0.25 千克，节约种子费用 15 元，节省间苗费 20 元/亩，靠匀度亩增产 50 千克，亩增效 115 元；玉米在大喇叭口期喷施'生控剂'技术，经实际调查，株高降低 77 厘米，穗位降低 14 厘米，茎秆增粗 0.2 厘米，同时多出 2 节次生根，与常规栽培种植相比可增产 10%，提早成熟 5~7 天，亩增产 8%，亩增效益 90 元。"

科技兴农的累累硕果，促进了职工增收、企业增效，也得到国家、省、总局、管局等科研部门的认可和高度重视，2018 年承担试验课题 30 余项，重点研究大豆、玉米绿色高质高效栽培技术模式和新品种、新技术的试验、示范。不断推进科技成果转化应用，大豆喷施钼酸铵技术现已成功在大田推广应用。2010 年农场投资 18 万元在气象站建立了雷达预警防御系统，在各管理区建立了 7 个观测站，配备了对讲机，对突发灾害性天气进行预警。每年消耗炮弹 2000 余发，发射火箭 20 余枚，防灾减灾大面积覆盖，不留死角，有效降低自然风险，为农业保驾护航。

2005 年开始，作为垦区 7 个标准化示范场之一，建设农场被农业部评为国家级农业标准化示范场（县）一百强。2006—2008 年，在垦区举办的农业标准化提升活动中，连续 3 年被评为先进单位，2009—2015 年连续 7 年被农垦总局评为标兵单位。2014—2017 年，在"全国农垦农机标准化示范农场创建活动"中，获得"四星级"荣誉称号。在黑龙江垦区高产创建活动中（第三积温带以下农场中）位列第一，荣登榜首。2017 年，全场各作物取得大丰收，粮食产量实现"十三连增"。2008 年，农业部副部长高鸿宾来我场视察农业工作时，给予高度评价；2010 年 9 月，法国驻华大使馆农业相关人员在总局领导的陪同下来我场进行农业调研，充分肯定了我场现代化农业生产水平；2010 年 9 月，时任省委书记吉炳轩来我场视察农业工作，高度评价了我场大豆的单产水平，对玉米大垄双行及配套应用化控技术栽培模式给予肯定；2011 年 9 月 20 日，时任黑龙江省副省长吕维峰率各市、县农业主管领导在我场召开了秋收和秋整地现场会，推广我场农业管理模式。2016 年，中国东北春大豆绿色高产、高效技术模式现场会在我场召开。来自农业部、中国农业科学院、省政府、省农委、省农业科学院、黑龙江垦区、黑河市、中国科学院长春分院等部门的领导、专家，种子企业农技推广人员，新闻媒体共计 200 余人参加现场会。与会的领导、专家对建设农场所种植的大豆给予高度的评价。

青山常在，永续利用，实现可持续发展，是建设农场历届领导班子的共识。作物秸秆还田，不掠夺性耕种，保证了农业生产的可持续发展。开荒 60 余载，土壤有机质不降反升，全场耕地 90％以上土壤有机质含量在 7.2％～9.8％，远远高于周边农村的土地有机质含量，打破了很多专家的断言。

低产田改造，以稻治涝，实现历史性的突破，是建设农场又一壮举！农场近邻通北林业局大面积开荒，土地出租价格低，对农场土地承包造成很大冲击。农场个别地块排水不畅，低洼易涝，作物产量低、效益差，土地承包困难；又逢粮食市场价格偏低，生产资料价格连年上涨，自然灾害叠加，收不抵支，农业生产遭遇前所未有的发展瓶颈。如何破解、如何走出困境，是对新一届领导班子的考验。新任场长万太文在过去农场试验种植水稻的基础上，带领相关部门的同志，下基层，走全场，召开座谈会，踏查自然资源，掌握大量第一手资料，经过反反复复、上上下下多次论证，最后把解决问题的切入点放在"低产田改造，以稻治涝"上。建设农场辖区内有通肯河、八道沟河、九道沟河、十道河、十一道河、轱辘滚河、小轱辘滚河等 7 条河流经，总长 117 千米，拥有规模 196.68 万平方米、库容量 720 万立方米的青石岭水库，水源充沛，种植水稻具有得天独厚的优势，关键是领导者的胆识和魄力！以前农场试种过水稻，但因光照不足、水温过低、无霜期太短而失败，浪费了大量人力、物力、财力，以致谈稻色变，无人问津。

（同期声：水稻管理区主任）"万太文场长顶住压力，带领相关技术人员调查研究，起早贪黑，披星戴月，终于找到水温过低的原因，并根据物理学虹吸原理，在青石岭水库试验成功了水库表面浮子取水法，使流入稻田的水温提高，满足了秧苗用水温度，开启了北安垦区第四积温带大面积开发种植水稻的先河。"

以稻治涝使低产田变成高产稳产农田，在建设农场农业发展史上留下了浓重的一笔，实现了几代人种植水田的梦想。职工承包土地的热情空前高涨。截至 2018 年末，全场共开发种植水田 3.04 万亩，平均亩产 500 千克以上，实现亩效益近 500 元，农场每年增收 1000 万元，每年带动周边务工人员 300 人，增收 60 万元，打破了农业发展瓶颈，促进了农业经济的快速发展。

"农业的根本出路在于机械化"。机械化是农业丰产丰收的重要保障！近年来，建设农场坚持农机"六统一"管理不动摇，农场"三库一场"建设齐全，机械更新换代步伐加快，农机装备逐步向高、精、新方向发展。相继引进精量播种机 28 台，大型进口收获机 21 台，引进卫星导航系统 33 套，引进约翰迪尔 7830 型、凯斯 485 型等各类农机具 220 台（套），共投入资金 1.2 亿元。农场现拥有农机具 840 多台（件），其中动力机械 220 台，配套农具 620 台（件），农机总动力 2.1 万千瓦，综合农机机械化率 98％以上，实现整地、播种、中耕、收获等全程机械化，确保丰收的粮食颗粒归仓。

本着"资源共享、平台共建、互惠互利、共同发展"的原则，农场利用现代农业的优势积极走出去，开展场县（镇）共建活动和开发域外农业基地。早在 20 世纪 90 年代，农场第三管理区就开始与周边的海星镇开展代耕作业，并于 2007 年与宾县开展场县共建，在当地示范种植上千亩土地，全程机械化管理，在当地引起轰动，展现了农业现代化的风采，起到示范引领作用。2014 年在内蒙古和省内海伦、通北、海兴镇进行跨区作业累计 80 万亩，为有机户创收 200 余万元。2017 年以退养管理区主任于景富、王山、崔玉泉为代表的农场非在职干部和职工 80 余人组成开发团队，到辽宁省铁岭市承包耕地 5 万亩，生产粮食 2.5 万吨，创效益 750 万元；2018 年又扩大承包规模达到 7.5 万亩。2018 年初农场在讷河跨区作业 1.75 万亩，出动 7 台大马力机车，为农场创收 93 万元。在 2014 年全国农垦农机标准化示范农场创建中，建设农场获得 AAA 级示范农场称号，并于 2017 年晋升为最高级 AAAA 级示范农场。据不完全统计，每年农场职工在场外租种土地和代耕面积都在 15 万亩以上，创效益 2200 余万元。

——恪守一个原则：坚持民主管理，职工当家做主。（推出字幕）

农场是全体职工群众的农场，民主管理关系到职工民主权利是否能够真正落实。对此建设农场历届领导班子有着十分清醒的认识，积极探索，寻求适合企业发展的好办法，调动职工群众参与民主管理的积极性，使之有知情权、参与权、决策权。

早在 1956 年 6 月，刚刚建场时农场就组建了工会委员会并开展工作。1957 年 4 月召开和平农场（建设农场前身）第一次职工代表大会。1965 年后由于十年动乱职代会没有召开，直到 1981 年 3 月再次召开建设农场职工代表大会。截至 2018 年末，已经召开 13 次职工代表大会。经过 30 余年的积极努力，农场民主管理水平日益提高，积累了丰富的经验。尤其是 2010 年以来，在农场党委的领导下，在北安管理局工会的指导下，大胆实践和探索，总结出了"四会一公开"民主管理办法，收到良好效果。"四会一公开"是指职工代表（从业劳动者）大会、民主管理委员会、民主议事会、民主协商会，场务公开。规定凡是涉及职代会职权范围内的体制改革、农业生产资料采购、土地承包等重大决策及民主评议领导干部、业务招待费使用情况等重大事项必须在职代会上报告，并经职代会审议、审查通过后方可实施。规定民主管理委员会成员由职工代表组成，积极参与管理区基层单位民主管理，凡涉及的重大事项以及与职工切身利益的相关事宜，全程参与讨论研究和决策，同时对管理区生产经营活动进行监督。规定民主议事会成员由居民组普通职工、从业劳动者、科技人员、管理人员和退休党员干部组成，积极参与居民组关系职工切身利益的重大事项的讨论研究，监督居民组生产经营活动。通过民主协商了解各行业职工最关心、最直接、最迫切需要解决的问题，并对农场经济、文化、社会管理提出意见和建议。

（同期声：民主议事员）"当上民主议事员责任大了，要管的事多了，也忙了。群众选了咱，咱就要对得起老百姓。现在群众有啥事不找领导，直接找我们议事员。"

如今，农场已成立 10 个基层民主管理委员会，覆盖全场所有管理区级生产经营单位；成立基层民主议事会 23 个，覆盖全场所有居民组、居委会。一张横向到边、纵向到底的民主管理"大网"井然有序张开。

农场在职工文化广场设立了 12 块公开栏，统一规划了管理区、机关、行政等党务、政务、财务公开栏，形成公开长廊，方便了群众，扩大了群众监督面，增强了干部为民服务的意识。农场党委还在全场党员中推行"点题公开服务"，进一步提升党员服务承诺的实效。

（同期声：职工）"我们外出打工常年不在家，农场有些政策不能及时了解，点题公开方便了我们，一个电话、一张字条就解决问题了。"

"四会一公开"使管理更加透明，群众监督更细致到位，了解民情民意更具体。民主管理委员会和民主议事会成员生活在职工群众中间，能够随时了解各家各户的实际情况，职工群众家中有大事小情都请他们帮忙，尤其是单位的贫困户和弱势群体有困难他们第一时间帮助解决。他们已经成为基层民情民意第一手资料的收集员、传递员、档案员和信息反馈员，也成为基层领导干部联系群众、服务群众的桥梁和纽带。全场 230 多名党员参与"点题服务"，为企业发展、社会和谐稳定作出了贡献。信访案件明显减少，由 2014 年 96 起下降到 2017 年 12 起。

——确保一条底线：关注民生，让百姓安居乐业。（推出字幕）

第一，加大小城镇建设力度，改善职工群众居住条件。

（同期声：住建科长）"截止到现在，全场小城镇建设已累计投入 2.7 亿元，全场共有 8500 多人居住在宽敞明亮的楼房内。人均住房面积从建场初期的不足 6 平方米，增加到现在的 25 平方米以上，居住条件得到极大改善。"

（同期声：居民）"以前我们住的是砖瓦房或土坯房，冬天烧炉子烟熏火燎，灰尘到处飞；家家都有柴火垛，东一堆、西一块，既不卫生，又影响环境。现在好了，楼上楼下，电灯电话，还有互联网，坐在家里就知道天下大事，和城里人一样。"

随着农场经济的快速发展、职工收入的大幅度增加，以及国家住房补偿、奖励等诸多优惠政策的落实，通过撤队并区，农场先后建成了幸福、福江、花园等 3 个住宅小区，小区楼房总面积 17.85 万平方米。在筹建过程中，成立了以场长为总指挥的保障性住房领导小组，直接督导工程的运作。从选址、图样、结构进行科学运作，面向社会公开招标，将有资质、口碑好、造价低、质量好的建筑企业和工程监理引入到此项民生工程上。聘请责任心强、工作认真的退休老干部为监督员，对工程质量全程监管。2009—2011年历时3年时间，全场共完成拆迁居民点12个，拆迁1800户，拆迁总面积7.8万平方米，居住在各管理区的1800户职工告别生活了几十年的泥草房，乔迁到现代化的新居。如今的建设农场城镇体系规划不拘一格上档次，50年不落后，绿色景观大气灵性，花木、草坪、相映生辉，空气清新，鸟语花香，小区交通人车分流，健身场所处处可见，白皮松、黄金龟、糖槭等10余种绿化树及丁香灌木层峦叠翠，相映成趣。华灯初放，休闲广场上彩扇翻飞、舞姿翩跹、人头攒动，幸福和甜蜜溢满宁静的夜空！

第二，牢固树立群众利益无小事思想，解决职工群众所想所需。

（同期声：物业公司经理）"农场成立了专职维修队伍，利用'一事一议'资金及自筹资金，对场区部分路段、住宅楼进行道路、步道板及时维修，解决了居民出行的问题；对供热设施全方位维修，并安装发电机组以备停电时供热不受影响。同时，为二区一组新打深水井1眼，在场区重新铺设自来水、排污管道，清洗了管网，使居民全部吃上了干净卫生的放心水，并对供水厂从源头上进行了全面升级改造，实现24小时全天候供水。"

农场还对通往各作业区的道路进行硬化全覆盖，硬化公路达到117千米；新装路灯72盏，解决了居民夜间出行的问题；设置监控点118个，安装摄像头287个，使公安监控网无死角、全覆盖，社会治安得到大力加强，按照公安部"五小工程"规定改建了公安内部食堂，解决了30余名夜巡干警、消防队员和单身职工就餐问题。维修了殡仪场所，方便了群众。

第三，加强教育卫生事业投入和人才队伍建设，造福百姓。

多年来，建设农场党政班子始终把农场教育放在优先发展的战略位置，"本着农场教育农场办，办好教育为人民"的发展理念，积极营造教育发展环境，推动农场教育不断发展不断进步。

（同期声：教育科科长）"农场党政领导高度重视教育事业，持续加大教育投入，每年用于校容、校貌、校舍建设资金均达到120万元以上，10年累计投入1450万元，使农场学校成为楼房靓丽、窗明几净的花园学校。"

农场还不断加大教育设施设备的投入。2011年农场投入110万元安装了电子白板，实现了由静态教学到动态教学的转变。2016年、2017年2年投入530万元安装了"三通二平台"，使教育网络全覆盖。添加计算机100台，更新了23个实验室设施，使教学设施设备达到了《黑龙江省义务教育标准化建设指标》一类、国家二类以上，顺利通过了国家义务教育均衡发展验收。近10年教学设施投入830万元，使学校教学设施实现了现代化。并出台了优惠政策，面向全国各大师范院校，先后引进大专以上学历师范生36人，使教师的年龄结构、知识结构科学合理。先后投入 160 万元对教师进行业务培训，除国培、省培外，农场每年都选送教师到省内外名校进行业务培训，掌握前沿的教育理念。农场的高度重视，激发了教师爱岗敬业的积极性，教学成绩逐年提高，每年考入北安农垦重点高中人数都位居北安垦区前列，升学率达 52.31%，10 年间升入重点高中 436 人。

在发展教育的同时，不断改善农场医疗卫生条件，新建农场医院楼 2800 平方米，购置了先进的医疗器械及救护车，增设医疗服务中心，健全基层卫生所、计划生育服务站和妇幼保健部，每年为农场职工免费体检一次，使之享受应有的医疗保健。农场每年还投入大量资金，对当年不幸感染艾滋病的患者进行有效医治，让他们生活有保障、人格得到尊重。农场每年定期选派医护人员外出培训，使农场医疗水平有较大提高，医疗救治体系逐步健全。

第四，举全场之力，关爱老年事业发展，使之老有所养、老有所为、老有所乐。

农场认真贯彻落实"党政主导、社会参与、全民关怀"的方针，将养老工作纳入重要议事日程。要求干部做敬老的表率、党员当敬老的楷模、青年做敬老的标兵。近几年来，农场不断加大投入，在原有老干部活动中心的基础上，又增设了 2 处老工人活动室并且配备了活动设施，使全场区大多数老年人有了室内活动场所。每年场党委集体为养老院的老人捐款 1000～2000 元，给他们添置生活用品改善伙食，还在院内设置了活动室、值班室、淋浴室、卫生间、厨房；卧室内有电视、沙发、洗衣机、淋浴器，并配备专职保育员，定期为老人们免费体检，定期有志愿者帮助老人洗涮、理发、表演文艺节目。每逢年节场领导都专程看望他们，给孤寡老人送钱、送物、送温暖，使老人们真正感受到党的温暖、农场的关怀，使老人们住得舒适、吃得营养、玩得开心，在幸福、快乐中安度晚年。

第五，拓宽增收渠道，为民谋福利。

首先，农场大力发展林下经济。按照早期得利、长期得林、远近结合的发展思路突出 3 项重点，全力推进"七个林下经济产业"。木材加工产值实现 300 余万元，解决了 32 名职工就业；樟子松嫁接 500 亩；平欧大榛子种植 330 亩；林业生态养殖野猪、牛、鸡、鹅等畜禽 1.2 万头（只）；木耳、中草药种植 160 亩；山产品采集 350 余吨；实现林业增加值 2476 万元。

其次，大力发展畜牧业。本着有利于防疫监管、有利于环境污染防治的原则，出台政策鼓励引导职工群众发展标准化、规模化养殖。2017 年肉牛存栏 851 头、羊存栏 31525只、生猪存栏 2645 头、禽存栏 3.5 万只。养殖户自发组建肉牛养殖专业合作社 3 个、禽类养殖专业合作社 2 个。其中，北安农垦聚力畜牧养殖专业合作社"标准化养殖基地建设项目"，于 2017 年底通过验收，年育肉牛 300 头，利润 216 万元。农场拥有水库、池塘面积 5100 亩，年出产各种鱼类 102 万千克，实现利润 150 万元。2017 年全场实现畜牧业、渔业增加值 589.2 万元。畜产品除满足内需外，剩余全部外销，非公有制经济实现总产值 2.9 亿元，为今后发展特色产业和拓宽职工增收渠道奠定了基础。

——实现一个目标：政治引领、经济发展、文化繁荣、社会和谐！（推出字幕）

农场党委创新开展"三抓三联"项目工程，与"精准扶贫"等工作相结合，实行"定岗""领岗"帮带模式，党员干部带头建立致富、脱贫、维稳等项目 11 个，帮助 130 户困难户脱贫，得到职工群众充分认可。为了使思想政治工作形神兼备，农场每年"五一""七一""十一"等重要节日都开展形式多样的大型文体活动，寓教于乐，弘扬正能量。近年来，先后举办了庆祝建党 95 周年、红军长征胜利 80 周年、建场开发 60 周年等大型文艺演出，并编辑出版了《刻在北大荒的土地上》纪念建场 60 周年彩色画册。2012 年农场在参加北安管理局举办的第三届"仙骊菜业杯"文艺汇演中荣获第一名。时隔 20 年，农场举办了纪念建场 60 周年综合性运动会获得圆满成功，振奋了精神、凝聚了力量、鼓舞了士气，受到社会各界普遍好评！

政治引领，党建保障，促进了经济快速发展。2017 年实现国内生产总值 5.9 亿元，人均可支配收入 2.12 万元，分别同比增长 9％、23％，上缴利润、清欠、还款指标 100％完成。利润 305 万元，超出指标 216％。养老金、工资全额支付，工程款全部还清，农场还承担预算外残疾人双补、高龄补贴，低保金 63 万元，为贫困户承担医疗保险 10.7 万元，承担有暴力倾向精神病人医疗费 8.3 万元，免费为职工承担体检费用 17 万元，为农场管理人员及退养人员涨工资支出 64 万元，全年如期上缴社保资金 4200 万元，占农业收入的 1/2，职工工资按月足额发放，不欠干部职工一分钱，全场离退休人员全年工资补贴 8978 万元，发放及时，享受待遇，安度晚年。

如今的建设农场职工群众沐浴党的十九大的春风，分享改革带来的累累硕果，心情舒畅、人心向上！大秧歌、健身舞、歌咏比赛、春节晚会、元宵赏月及体育运动会、拔河比赛、篮球赛、排球赛、乒乓球赛等各类比赛目不暇接，乐此不疲，彰显社会和谐，团结奋进！

追溯峥嵘岁月，给我们留下太多的感慨和启迪；展望未来，前程似锦，需要建设人一代代薪火相传！蓝天的深邃，给雄鹰翱翔提供广阔的背景；大海的壮阔，给小溪的执着提供了归宿；原野的芬芳，给收获提供了保障；建设的沃土，给筑梦提供了希望！这里，与时俱进，改革创新；这里，阡陌纵横，稻香蛙鸣；这里，绿荫环抱，街宽楼高；这里，经济繁荣，社会和谐；这里，物华天宝，人杰地灵！这里是放飞希望的舞台，这里是实现理想的地方！建设农场将按照习近平总书记视察垦区发表重要讲话为指导，乘着改革的东风，解放思想、轻装上阵、大展宏图，完成农垦集团化、农场企业化的历史重任，为国家作出更大的贡献！使农场的经济结构更加合理，职工群众生活更加殷实，城镇更加美丽，社会更加和谐，让北国江南春常在，建设农场明天更美好！

丹心如火报桑梓

——记黑龙江省建设农场场长万太文

周良君

如今，走进地处小兴安岭南麓的黑龙江省建设农场，映入眼帘的是一幅幅喜人的跨越发展画卷：建筑古朴典雅，工业发展方兴未艾，现代化大农业建设有序推进，畜牧业发展如火如荼……置身于这里，你会由衷地感受到：这是一块充满勃勃生机的沃土，这是一座迸发激情活力的新城。

这些业绩的取得与场长万太文脚踏实地、开拓创新、勤政敬业、诚实守信的高尚人格是分不开的。万太文今年47岁，1990年7月入党，大学本科文化，高级工程师。在实现垦区跨越式发展的历史使命中，他用智慧和激情，谱写了一曲如火如荼、气壮山河、造福后人的世纪华章，实现了建设农场建场史上发展最快、变化最大、群众得实惠最多的历史性跨越。也让职工群众真正晓得了什么是一名优秀的共产党员、什么是"三个代表"重要思想的忠诚实践者、什么是人民群众的公仆……

短短几年的时间，建设农场为什么会发生如此巨大的变化？场长万太文说："建设农场是资源小场，不能等也不能靠，必须要以小博大，三步并作两步走。"通过全场干部职工的共同努力，2012年预计实现农场生产总值5.28亿元，全口径利润1.738亿元，人均收入1.8万元，彰显农场在垦区跨越发展大潮中迅速崛起的良好态势。

惠及群众　小城镇建设稳步推进

建设农场，是一个物华天宝、人杰地灵的好地方，这里塔吊林立、楼群凸起，作为黑河市、北安垦区南大门，建设小城镇三期工程正在如火如荼地改造建设中。"接地气，干实事"，是职工群众对万太文的评价。

好政策，圆梦想。垦区3年小城镇建设攻坚战的战略决策，像春风给建设职工带来了温暖和希望。在原场只有6栋楼房的基础上，1年10栋、20栋、30栋，3年场区一座座楼房平地而起、一群群新居别具风格，3年小城镇建设攻坚战，使建设农场换了新装。

建设农场从 2009 年至 2011 年，3 年共拆迁 2513 户，撤队 12 个，建楼 70 栋 178539 平方米，建成了商业一条街、花园小区、幸福小区、福江新区等，使这个中型的国有农场变成了初具规模小城镇。

建场元勋潘德志老人感慨万千，他说："我们开垦北大荒 50 多年，做梦也没想到会住上温暖的大楼房，农场党委这一举措真是关注民生，改善民生，惠及民生啊。""我这一辈子都要感谢党，感谢国家。"老人刘华兴一说起住房项目就十分激动。

今年，作为北安垦区南大门的建设农场，又抓住北安垦区建设南大门的大好机遇，下大决心，在北安管理局的大力支持下，将"大门"打造出北安垦区具有独特风格的景观。

2012 年，4.6 万平方米、23 栋楼房竣工。农场 370 户搬迁协议已全部签完，为了缓解房屋搬迁紧张等问题，有 270 户已拆迁完，剩余部分房屋产权已归农场，待部分楼房竣工后再进行拆迁。

如今，走进建设农场，一条条笔直宽阔的水泥马路，一栋栋风格各异的楼房，一片片芳草茵茵的草坪，公园、文化休闲广场错落有致……

调优结构　现代化大农业发展势头强劲

"只要我们进一步严格标准，调优结构，农业一定能再登新台阶。"这是万太文场长和农场领导班子的共识。

围绕确定的绿色有机生态核心示范农业发展方向，全力打造亮点。通过加大"四个力度"，努力实现"高产、高效、优质、生态、安全"的现代农业目标，进一步增加种植户整体收入水平。

农场以科学种田为依托，以机械化水平为根本，以自然优势为基础，全面实现了优质、高效、基准的现代化农业。面对日益激烈的市场竞争，建设农场积极调整种植产业结构，以玉米为主栽作物，2012 年玉米作物种植面积 15 万亩、水稻 5 万亩、经特作物 10 万亩；新增大马力轮式拖拉机、气吸式精密播种机、卫星自动导航设备等 100 台（套）；新建大型集中浸种催芽基地，推广落实大豆大垄密植、玉米浸种催芽、水稻钵育摆栽等实用技术；切实强化"统"的功能，实行"十统一"措施。

2012 年，虽然遭受冰雹、大风等多种自然灾害侵袭，但在粮食总产量、单产和亩效益上再创新"三高"。实现粮豆总产量 20.35 万吨，比 2011 年增加 9.85 万吨，增加 93.8%。大豆核心区平均亩产 275.01 千克，全总局排名第三；玉米核心区平均亩产 938.5 千克，万亩种植区平均亩产 870.59 千克，全总局排名第七、西部局排名第一；水稻平均单产达到 601 千克，亩效益千元以上。被农垦总局授予 2012 年度各作物高产创建先进单位、垦区抗涝抢收先进单位，连续 3 年获得农垦总局标准化提升活动标兵单位荣誉称号。

筑巢引凤　谱写"强工"新篇章

近年来，万太文场长紧密结合农场城镇发展规划，按照"高定位思考、高起点规划、高质量运行、高强度投入、高速度拉动、高收益回报"的发展思路，加强工业园区建设，充分利用水田开发、玉米扩种等优势，重点围绕"两米一菌"集中打造产业链条，突出招引可持续发展能力强的优势特色新型产业，全面实施"三步走"战略。第一步是规划并完善园区，优化招商环境。目前2处工业园区基础设施已基本建设到位，招引企业可随时入住。第二步是引导现有企业入园，扩大园区规模。新型工业化发展步入快车道。全年引进项目4个，完成招商引资额1.08亿元，实现外贸出口额213万美元，完成北安管理局指标的178%。一是引资352万元，组建了北安农垦绿森川食用菌种植专业合作社，实现产值220万元。二是引资510万元，组建了圣祥服装贸易有限公司，实现产值150万元。三是采取个人集资方式筹集资金606万元，建设日处理500吨玉米烘干厂1座。四是多渠道筹资1100万元，新建微型工业园区房屋3400平方米，拉动就业总计680人。

推进"三化"，加速小康社会建设步伐

2013年是垦区"奋力超越"的起步年，也是强工攻坚战的关键年。万太文场长表示，按照"强工、兴城、优农"统筹发展方针，为率先全面建成经济更发达、民主更健全、文化更繁荣、社会更和谐、生态更文明、人民更幸福的小康社会而努力奋斗。

加速工业化。以拉动就业为目标，完善、扩大现有工业企业。一是食用菌厂扩大产能、品种和深加工能力，使这项产业产值达到1267.8万元，利润778.3万元，拉动农场职工就业300人以上。二是服装厂进一步扩大产能，使这个项目在现有拉动就业200人的基础上再增加100人以上。三是继续投资400万元，完成微型工业园区二期工程，完善水、电、路等各项配套设施，充分发挥园区在工业发展中的带动作用。同时，大力开展招商引资活动，计划引资2000万元，建设年加工稻米3万吨项目。计划引资1000万元，建设年加工豆油1500吨项目。

推进城镇化。2013年计划拆迁151户、8650平方米。鼓励有资质的开发企业开发建设大直街西侧楼房5000平方米，使农场楼房化率达到90.5%。

做优现代化大农业。种植业在扩大玉米、水稻种植面积上做文章，玉米种植面积19万亩，占耕地面积的2/3。农机重点加大农机具更新和烘储等设施建设力度。计划建3座日处理500吨的烘干塔和3座万吨仓储设施及配套水泥台面等，为农业再夺丰收提供保障。

让建设的天更蓝、水更绿、居更佳、人更欢——这绝不是他喊在嘴上的动人口号，一个集新型城镇、丽山秀水于一体的宜居、宜商、宜游的现代化精品旅游小城已展现在世人面前。

如今，万太文场长在建设农场广袤的热土上气势如虹，以豪迈气魄、用灵动之笔抒写着经济大发展、文化大繁荣、全民共和谐的崭新华章，不断大步向一个又一个崭新的跨越冲刺！

（原载《北大荒日报》）

绿色优质高效技术为推动农业转型升级插上"绿色科技翅膀"

——黑龙江省建设农场承担农业农村部农垦农业绿色优质高效技术模式提升行动示范场纪实

许颖献　邴绍筑　佛明珠

黑龙江省建设农场是黑龙江省农垦北安管理局唯一一个承担农业农村部在农垦组织开展农垦农业绿色优质高效技术模式提升行动的示范场。自 2018 年开展此行动以来，建设农场重点围绕大豆、玉米主导产业，探索绿色优质高效技术模式，集成组装配套先进实用技术，示范引领农业转型升级，促进垦区农业绿色发展。

一、不断创新栽培技术模式，助力农业快速发展

建设农场不断创新栽培模式，在探索研究"大豆大垄高台"栽培模式过程中，尝试 140 厘米大垄垄上种植 6 行大豆、110 厘米大垄垄上种植 4 行大豆、110 厘米大垄垄上种植 3 行大豆、110 厘米大垄垄上种植 2 行大豆。经过实践对比，110 厘米大垄垄上种植 3 行大豆能够更有效地提高耕地利用率，群体分布更加合理，增强光能利用率。在经过几年的生产实践后，又推出了中间行降密技术，具体做法是通过改装播种机的排种盘，使中间行的吸种孔降为原来的 1/2，从而降低中间行的密度，既保留了边行优势，又增强了中间行的通风透光能力，从而形成了建设农场特有的"大豆大垄高台匀植行间降密"高产栽培技术模式。该模式不仅在北安管理局推行，还推广到了周边市县。

玉米推广"四精两管"高产栽培技术模式（精细耕作＋精密栽培＋精准施肥＋精确防控＋叶龄管理＋标准化管理）。以生育期化控技术为手段，以测土配方施肥为核心，基肥、追肥、微肥相结合，根据不同生育期的需要控施氮肥，结合飞机航化作业、健身防病、机械收获等综合配套技术，农场将单项优质高效技术集成组装配套，形成具有特色的绿色优

质高效技术模式。

二、应用绿色优质高效技术，推动农业绿色发展

（一）耕地质量保护与提升技术

1. 保护性耕作技术　建设农场不断推广保护性耕作技术，提升耕地质量。为了蓄水保墒、提高作物产量、实现农业高效，农场坚持全面积实行秋整地作业，应用 485 型大马力机车安装卫星导航系统牵引 9300 型联合整地机进行保护性耕作或采用机械化深松深翻整地技术，秋起 110 厘米大垄，实现 100％黑色越冬。

2. 合理轮作倒茬技术　建设农场以开展耕地轮作休耕试点工作为契机，合理轮作倒茬，减少病虫草害发生。农场将大豆绿色优质高效技术模式提升行动地块安排在玉米茬口后，将玉米绿色优质高效技术模式提升行动地块安排在大豆茬口后，在提升耕地地力和保护生态环境的同时，为黑龙江垦区农业绿色优质高效技术模式提升行动奠定基础。

3. 秸秆还田技术　建设农场坚持推广秸秆还田技术，培肥地力，改善土壤理化性状，增加土壤有机质含量，提高秸秆利用率，避免秸秆焚烧造成环境污染。当大豆收获时，收获机将作物秸秆直接粉碎抛撒还田，再采用大马力机车进行深松、耙地作业，使秸秆与耕层土壤充分混合，加快秸秆腐熟。玉米收获后，秸秆处理采取 2 种方式：第一种是采用仿形双轴灭茬机打茬—联合整地—耙地 2 遍—起垄；第二种是采用单轴打茬机作业—翻地—耙地 2 遍—起垄。既保证农时，又降低成本，实现玉米秸秆禁烧。

4. 有机肥使用技术　建设农场以绿色理念为引领，示范带动全场种植业转型升级和可持续发展。通过使用施用有机肥，大豆亩施用有机肥 10 千克，玉米亩施用有机肥 15 千克，保障产品品质、确保质量安全，促进农业绿色发展，更好地发挥质量兴农、绿色兴农的示范引领作用。

（二）品种优化与质量提升技术

1. 种子包衣技术　为提高良种覆盖率，建设农场在全场推广应用专用品种。大豆选用优质、高产、抗逆性强的北豆 47 号、黑河 43 号品种。精选种子，用种子精选机精选后进行分级粒选，最后进行人工粒选，剔除病斑粒、破碎粒和杂质。精选后采用噻虫咯菌腈和钼酸铵拌种，即抗病虫又提高大豆蛋白含量，增加大豆产量和提高大豆品质。玉米选用早熟高产、耐密植、抗倒伏能力强、品质优良、适应机械化栽培的德美亚 2 号品种。精选种子，进行种子分级，根据玉米种子的大中小粒，进行机械筛选分级，确保种子籽粒的大小均匀，实现品种优化与质量、品质的提升。

2. 精量点播技术 建设农场大豆播种选择当土壤 5 厘米地温连续 5 日稳定通过 6℃ 时进行。在大豆种植中采用进口精量点播机进行 110 厘米垄距垄上 3 行播种，通过机械改装，中间行较边行降密 50%，节约用种，降低成本。播种深度为镇压后 3～4 厘米，播种要匀速作业，以免种子移位。

建设农场玉米播种选择当连续 5 日滑动气温稳定通过 5℃ 时进行。在玉米种植应用上选用进口的意大利马斯奇奥公司生产的盖斯帕多 12 行气吸式精量点播机匀速精量播种，以免种子移位，节省用种量，高标准、高质量播种，实现一次播种保全苗。播种深度为 3～4 厘米，播后视土壤墒情，及时镇压保墒。

（三）肥料高效利用技术

建设农场根据土壤养分含量和作物需肥规律，采取测土配方施肥，提高肥料利用率，减少化肥用量。紧紧围绕"农业三减"工作，合理降低肥料使用量，节本增效，同时采用分层定位定量深施肥和叶面追肥相结合的方式，精准施肥，促进肥料高效利用。

（四）病虫草害综合防控技术

1. 绿色防控技术 建设农场在开展病虫草害统防统治基础上，实施绿色防控技术，结合"农业三减"工作，实行除草剂一次性施药。在大豆、玉米播后苗前，采取复方药剂封闭灭草，降低每种药剂使用量，提高药效。应用除草剂配方为：96% 金都尔 1200～2000 毫升/公顷＋75% 噻吩磺隆 30～50 克/公顷。同时推广应用植物精油助剂，使用植物精油助剂 0.75 千克/公顷，合理降低除草剂的使用量，减少杂草抗药性的产生，降低大豆药害发生的风险，减少对生态环境和地下水体的污染，并且使用进口喷药机及进口喷头进行作业，雾化效果好，恒速作业，不重不漏，无后滴现象，各喷头间流量差不超 ±3%，喷施效果好。

2. 机械除草技术 建设农场在中耕作业中，对大豆、玉米进行 3 遍中耕作业。第一遍中耕（深松）在出苗显行时，主要以深松、放寒、增温、保墒为主。大豆第三遍（最后一遍）中耕在封垄前进行，带深松尺、覆土铧，高培土，促进大豆次生根生长、抗倒伏。玉米第三遍中耕于拔节前结束，玉米中耕在不压苗的前提下，尽可能多培土，促进次生根发育，防止后期遇风倒伏。

3. 航化植保技术 抓好病虫预测预报，通过虫情测报仪科学监控，"早发现、早预警、早防控"，做到及时防治。建设农场推广高效低风险农药优化结构减量，应用生物农药、高效低毒低残留农药，充分利用飞机航化作业，喷施杀虫剂、杀菌剂和进口磷酸二氢钾，有效防治病虫害发生，同时起到补给养分作用，促进提早成熟，提高产品品质和产量。

（五）农机标准化技术

建设农场健全完善农机管理服务中心，在大豆、玉米种植全环节推行技术、管理和工作标准体系，实现整地、播种、中耕、收获等全程机械化。推广农机作业质量信息化监控技术，利用麦格天农系统发射信号，使农田作业机车可以准确卫星定位，确保机车直线精确运行，提高往复准确度，高标准、高质量、高效率地进行作业。实行农机标准化，有力地推动了大豆、玉米种植规模化、生产基地化、管理规范化。

三、充分发挥示范带动作用，引领农业转型升级

建设农场通过开展垦区农业绿色优质高效技术模式提升行动，推广应用先进技术，科学配方施肥、高效植保、绿色防控、增施有机肥等措施，使农业由常规种植向绿色种植转变，由数量型向质量型转变。同时使良种覆盖率达到100％，化肥农药减量施用技术普及率达到90％以上，主要农作物病虫害绿色防控技术覆盖率达到70％以上，大田作物耕种收和植保综合机械化率达到100％，农作物秸秆资源化利用率达到98％以上，进一步提升绿色质量发展技术模式的集成创新与推广，提高职工科学种田水平，辐射带动全场农业绿色发展、高质量发展。

（原载《北大荒日报》）

疫情防控不松懈　黑土地上备耕忙

——建设农场有限公司疫情防控与备耕生产有序推进纪实

许颖献

冰雪融化，万物复苏，迎来了备耕时节。建设农场有限公司在筑牢防控新冠病毒疫情的同时，全面推进防疫情、保春耕，农场有限公司30万亩良田备耕生产有序推进。

精心部署，防疫备耕

当前，正值备耕生产和新冠病毒疫情防控的关键时刻，公司多次召开疫情防控和备耕生产工作会议。成立"防疫情、保春耕"领导小组，研判疫情，制定预案，提出针对性的解决措施。要求农业生产复工单位，做好雇工人员的健康检查和病毒检测，每天派出工作人员进行登记、测体温、消毒工作。劳动期间人与人间隔要在5米以上，休息期间坚决不

允许聚集，力保疫情防控和农业生产两不误，打好抗击疫情和备耕生产的组合拳。

3月12日至3月18日，公司党委书记、董事长、农场场长万太文带领公司副总经理朱坤芝、唐道光到各旱田管理区和水稻管理区检查指导疫情防控和备春耕生产工作。万太文走进晒场清雪现场、水稻育秧大棚，详细了解当前疫情管控、肥料到位率、种子订购、水稻摆盘等情况后，要求各管理区要结合当前阻击疫情的实际，科学指导种植户有序、错峰作业，在种植户投身农业生产期间严格控制人员数量，做到农业生产不聚集、不扎堆。同时，要求各管理区党员干部要统筹规划好农用物资的储备和使用，及时帮助种植户解决生产中的实际困难。

抢前抓早　不误农时

早在2月26日，公司第四管理区党员干部就组织机车对晒场积雪进行及时清理，确保存放在晒场上的农资安全。为避免人员密集接触，采取机械和人工互补的方式进行清理积雪，最大限度地保障备耕物资安全。2月27日，公司要求各管理区清雪完毕后，组织农机技术人员指导机务工人对春播农机具进行检修和各种调试。在疫情防控和春耕生产中，抢前抓早，将疫情防控和春耕生产有机结合，督促种植户及时清雪扣棚，抓好备耕生产，为下步摆盘、播种、育秧赢得时间上的主动权，确保疫情防控与清雪扣棚有序推进。同时，在疫情防控非常时期，公司对进入辖区的农资运输车辆进行消杀，对人员进行核实，对外来车辆贴上封条，禁止车上人员在离开辖区前开启车门或离开驾驶室，在确保满足春耕生产需求的同时绝不因筹备农业生产放松疫情防控。

截止到3月19日，农场有限公司管辖的26个晒场（16个晒场、10个农具场）已全部清理完毕，春耕所需的施肥机、播种农机已检修到位，处于待耕待播状态。水稻管理区的415栋大棚全部完成扣棚工作，正在组织种植户陆续进行浅翻散墒和摆盘作业，所需的135吨寒地水稻种子正在准备装箱浸种催芽。所需的230吨玉米和725吨大豆种子和统购的6000吨化肥全部到位，下摆工作正在紧张进行中，预计3月下旬下摆全部完成，备耕生产实现了良好开局。

科技备耕　网上培训

"这个《科技助农大讲堂》节目真的很实用，听了魏淑芬老师讲的杂粮产业现状及备耕生产技术，使我充满信心。在这上面不仅能学习到新技术，还能与专家交流互动，真的很不错。我今年打算种植35亩红小豆。"这是3月19日，建设农场有限公司第四管理区种植户梁忠辉在使用手机App观看魏淑芬科普视频讲座时的感言。为进一步贯彻落实集团总公司"坚持一手抓防疫不放松，一手抓生产不动摇"的工作部署，农场有限公司在巩固疫情防控期的同时，组织农业技术人员和种植户利用手机在快手App和电视上收看

《科技在线一帮一》系列节目。以此为契机，种植户在线上学技术、学知识、备春耕，并充分利用专栏和咨询热线有利条件，与专家"对话"、互动交流，切实提高了农业技术人员和种植户的科学种植水平，助力春播生产。3月15日至3月17日，公司农业部门组织农业科技人员、种植大户利用微信群开展科技备耕视频网络课堂学习。课堂上，大家共同探讨了往年大田农业中遇到的难题，以及如何科学种植。比如：在大豆初花期，在不伤害植株的情况下，是否可以将叶面喷施氮肥改为根际追肥，中耕机械如何进行追肥改装，以及大豆氮肥后移技术、大豆降密栽培技术、玉米降氮及氮钾肥后移技术、玉米去雄等技术，提高作物单产和品质等问题。网络课堂学习互动人数达到2000余人次，为公司农业科技标准化插上科技的翅膀。

（原载《北大荒日报》）

回　忆　录

在建设农场的回忆

郭向阳

我本来是国营通北机械农场第三作业区政治主任，1956 年 6 月抽调到北安市委审干办公室协助工作。1956 年 12 月 30 日到和平农场审干，与我同时来的有金连城（后任建设农场场长）、高冬科（北京下放青年）、王江（后任建设农场队党支部书记）。记得当我们来到通北镇时，正赶上 1957 年元旦和农场建场一周年纪念日，因那时和平农场还没有建房子，为了纪念新的一年开端和总结一年来的建场工作，全场人员都集中在通北镇办事处一栋旧土房里开大会。会议由建场主任程雪儒主持，大会开得很热烈，工人们决心很大，一致表示一定要把荒原变良田。

我们这次来场主要是了解一下干部队伍情况和确定和平农场审干小组的组成，不久又回到北安市委，后来在 5 月才正式到场开展审干工作。这次审干历时 4 个多月就结束了。那时和平农场干部队伍大部分来自部队和通北农场以及各类学校，干部出身历史都比较清楚，其中只有 3 名有一定政治历史问题，少数人有一般历史和家庭成分问题。我们根据毛主席历来的教导，本着"坦白从宽，抗拒从严"和"有反必肃"的政策，对 3 名过去参加工作时未曾向组织交代过本人政治历史问题的人，反复地向他们讲解了党的政策并认真细致地做了政治思想工作，使他们很快向组织交代了问题，后来有 2 名作了人民内部矛盾处理，另 1 名因问题复杂由原籍（山东省莒县）公安局派人接回当地审查。审干后我就留在了和平农场。

1958 年春播前和平农场分开为 2 个农场（即和平农场和建设农场），和平农场党总支书记周海、场长程雪儒，建设农场党总支书记是我、场长金连城。同年秋，撤销了和平农场，原场人马（党总支书记、场长调出）全部归属到建设农场。不久赵光垦局成立。为了加强农场的领导，相继调来了刘文（场长）、李万发（副场长）、马宝琛（副场长）、孟昭盛（场长）、蒋春霖（副场长）。1962 年，于景钟调来任党委书记，我任建设农场场长。场长职务对我来说是比较合适的，因为场长主要抓生产工作，我一向比较偏重生产，这次调整正符合我的口味。

1965 年，建设农场正在大发展时期，又同时分开 3 个农场，原和平农场部分单位成立涌泉农场，原八二农场（原部队借用、期满归还农场的部分）成立双丰农场。建场后不到 10 年时间先后合分就变动了 3 次，至今建设农场的场名还有人常叫和平、涌泉等老场名。在建设农场从 1957 年算起到 1970 年调出，共计工作了 14 年，是我参加革命工作以来工作时间最长的一个单位。这里的风土人情，给我的印象最深刻。

建设农场建场初期生活和工作是特别艰苦的，我们到场时还没有建成一栋房子，三〇五（当时和平农场场部）还只是支着一顶顶帐篷，各开荒点只是用茅草搭起一些简单的窝棚，睡在地面上，伙房就在露天做饭，蔬菜又缺少，常以大蒜当菜吃。但是工人们工作热情很高，一个个身着油亮油亮的油衣服，忙着开垦荒地。年青的工人在工作之后见到茫茫大地和被开垦出的黑油油的土地时，兴高采烈地用脸盆当乐器，扭起东北大秧歌、唱起东北二人转。周兴春、刘和、冯之贞等几位青年工人的二人转确实有一定水平，每逢年节他们还演出一些小节目，有的还真够逗人的。

建场那几年困难真够多的，千古荒原沼泽地面积很大，地形地貌复杂，河沟甚多。那时还没有修建高路基的公路和坚固的桥涵，每逢暴雨各条河沟洪水上涨，临时的桥涵被冲走了，一个个生产队就像海中小岛屿。在汛期因洪水上涨，交通被隔绝，生产和生活物资供应常常发生困难。天乙公司一带（现在第二、三队）有时口粮运不过去，大家就煮麦粒和黄豆当饭吃，后来造了一艘 2 米宽、3 米多长的小渡船，在轱辘滚河中来回摆渡。

建场初期至 20 世纪 60 年代，农业机械数量不多，而且都是一些老式的农机，有的七拼八凑合成一台。王堂驾驶的那台拖拉机就是德特的引擎和纳齐的底盘合装成的，大家叫它"纳特"，这台拖拉机还是发挥了很大作用，被评为赵光地区的红旗车组。收获机械更缺，收获工作一半要靠人工，涝年几乎全部是人力收获的，所以繁重的脱谷任务一直要到年底才能完。为了完成脱谷任务，过大年才放一二天假。那时劳保待遇少，2 年机务工人才发 1 套单作业服。寒冬腊月，气温降至零下三四十摄氏度，工人们在田间昼夜作业，身穿被油泡透了的短棉衣，脚穿乌拉鞋和乌拉草保暖的胶鞋。

20 世纪 60 年代以前，场部各科室总共只有 20 来名工作人员，每年每人还要包产包收 2 垧地大豆，我和农业技术员毛炳富、农机技术员于森一大早便下到生产队，天大黑才回场。每天要步行二三个生产队，吃饭也在田间，夏季每人 1 把锄，秋季人手 1 把镰，到田间总要劳动一天半天的，如到远处生产队三〇五（六队）、二部落（三队）、小气候（十七队）、东二站（十八队），当天回不来就在职工大宿舍或在队办公室、小学躺一宿。在关键的作业季节，我们在夜间还下到田间检查质量。有时发现个别钻进麦秸堆睡觉的司机和停车打瞌睡的驾驶员，我们就低声轻轻地召唤他们醒来，司机很受感动，当即下决心以后绝不发生类似情况，并劝我们回家休息。有时由于森开车，让司机能休息片刻。

建设农场从 1958 年后农业产量逐步提高，畜牧业也加快发展。到十年动乱开始时，在机械力量和施肥不足的条件下，粮豆平均亩产达 130 千克左右，粮食亩产接近 150 千克，大豆亩产接近 100 千克，在赵光地区粮豆平均单产、总产量以及上交粮都名列前茅，大豆在省属农场中居第一位。1965 年大豆获得空前大丰收，好几个生产队亩产超过 150 千克，被省农业厅邀请，出席过农业部在吉林召开的全国大豆丰产经验交流会议。在会议上，场农业技术员毛炳富重点介绍了大豆丰产栽培经验，得到大会的好评。后来省农垦厅确定建设农场为大豆生产重点农场。

建设农场有相当数量的低洼易涝地，我们把它们开发后种上了稗子。种植面积在涝年和偏涝年达到 5000 多亩，连年获得丰收，籽实亩产平均 150 多千克，除了留足饲料和做烧酒外，每年还向国库上交大批稗子。稗子是一种特作，是酿酒的好原料，海伦和绥化市酒厂每年都来场争先抢购。建设农场由于连续多年高产和稳产，被称为赵光地区的“小江南”。其实，建设农场的自然条件和气候条件并不比赵光地区其他农场条件优越。原因是当时的领导班子有艰苦奋斗的优良传统，工作比较深入，基层生产队的干部工作踏实，生产管理好，特别有一支经验丰富、工作实在的科技队伍，在科学种田上认真积极负责。

（作于 1986 年）

勇于开拓和北大荒人的形象

毛炳富

建场前，这里是一片茫茫草原，人烟稀少野兽成群出没，是全国闻名的北大荒之一。在上级党委和各级人民政府的正确领导下，全场干部和工人发扬了艰苦奋斗、锐意开拓的北大荒精神，历经多年披荆斩棘，将小兴安岭脚下的这块荒原变成万顷良田和初步具有农林牧渔工商的基地。在多年开发过程中，我们这批开荒队员经受过严峻考验，献出了青春年华，贡献了毕生精力，有的同志在艰难的征途上献出了宝贵的生命。现在肯定地说，建设农场的一切成就是党的正确领导和广大垦荒队员发扬艰苦创业精神的共同结晶。

一、筹建场概况和农场更迭

建设农场是在 1955 年秋由国营通北机械农场（现在赵光农场）筹建的。当时我国正处于第一个五年计划刚刚开始时期，人力、物力都较缺乏。为了迎接各项大规模的经济建设，在首先发展农业经济的前提下，在东北人民政府公营农场管理局（后改为黑龙江省农垦厅）的部署下，由通北农场负责具体筹建工作。当时的由通北农场场长兼通北县委书记苑凭，通北县县长李万义，通北农场副场长赵希彬、生产办公室主任程雪儒等组成筹建小组。各部门负责人也初步定下来了，如工会主席李德洪、人事科科长李恒泰、计财主任薛贵林，生产由史占山（农业技佐）、农机由李瑞平、供销由杨正清负责，普通干部和工人是在 1956 年放春节假时由通北农场人事科长胡友在大会上公布的。当时计划由通北农场抽调全部人员和机械包建，后来考虑到该场只有 10 个生产队、千余名职工、机械也不多，要包建 1 个农场是有困难的，所以决定撤去通北县农场，把全部人马并入建设农场。

在通北农场公布名单时，农业技术员不是我，是该场第一分场农业技术员王德祥（四川人）。因史占山从作业科调出后，决定把我从第二分场调到作业科来代替史技佐的工作，后来因王德祥有病和身体瘦弱，组织上叫我来代替王技术员一年半载的，谁知一代替就是几十年。

当时的国民经济建设的形势需要一个和平的国际环境，从朝鲜战争结束后，我国便积极提倡和平共处五项原则，因而农场被命名为和平农场。后来，因为省内已有了用"和平"字样的和平种畜场，邮包、信函往往误投，1958 年后和平农场便改名为建设农场。1965 年时，建设农场又分为 3 个独立农场（即涌泉农场、建设农场、双丰农场）。1968 年，3 个农场合并组成黑龙江生产建设兵团第一师第四团。1976 年黑龙江生产建设兵团撤销后，经研究"建设"是社会主义奋斗的目标，因此恢复"建设农场"场名。

二、荒原踏查和初步设想

因交通闭塞、时间仓促，建场前没有进行过科学勘测和周密的规划，只是从通北农场第三分场边界处瞭望和在省地图上观察这片荒原，按比例尺一量，要比通北农场规模还大，当时确定开垦 30 万亩，建立第四分场。1955 年秋正是满山红叶的金秋季节，赵希彬、程雪儒、史占山等几位筹建小组的同志，由通北县出发，乘坐一台链轨拖拉机来到九道沟、通肯河、三〇五、天乙公司一带踏查，见到九道沟、通肯河流水潺潺，河水清澈见底，水中沙子粒粒可数，河岸两旁森林茂密，金秋时节正是秋水伊人、山果成熟的时候，山丁子、山梨果实累累，红一片、黄一片，香气扑鼻，又见到几处泉水，这在通北农场是很少见到的。他们在九道沟旁一个山坡下躺下歇息时，都不愿起身，说这里风水好，百年后就埋在这儿吧。回场后便组织人放荒，计划第二年大力开荒。

三、初次踏进荒原

我是 1956 年 3 月 12 日来场的，根据程雪儒主任的意见，叫我与王甫（原作业科测定员）2 人先去几天，先到通北县农场（现在幸福村）住下，那里有住处和食堂，白天再到赵木丈（现在八队、九队）测量一下 1955 年秋天在那里开发出的荒地面积（因 1955 年秋根据省政府指示由通北农场出动机械，为山东省移民开荒 2000 公顷，其中在场区内有一部分新垦荒地归农场），以后安排种植计划和准备各种作物种子，生产今后用的种子、口粮和饲料。我们 2 人天一放亮吃了一点早餐，便到汽车队去找车了。汽车驾驶员叫马福全，驾驶吉斯 150 型苏式汽车，满载豆饼、炉筒等物资，连行李也放不上去。汽车大约 8 点钟出发，沿着王治国村南山一条伪满时期修的公路行驶。公路已废弃多年，枯草树枝满道，道路凸凹不平，车辙很深，汽车只能小油门低速行驶。本来司机是有名的"马大快"，这会成了"马大慢"，还因断桥危险路段多，司机经常下车查看路情，多半天才走了 30 千米。这时发现对面有一个大屯，正是我们要经过的地方。但是，一进村才知道并不是大村屯，原来是一大堆柴草垛，远看像房子，其实只有稀稀拉拉的二十几户人家。一打听村子叫李家围子，全部是农业户，从村往东南方向走 10 千米就到通北县农场了，但没有公路。村下坡便是八道沟，是个大甸子，草甸很大很宽、岔道很多，我们多次迷路。后来经过一座用小径圆木铺架的木桥，车一上去，木桥就塌了，车身一歪，卡在桥孔中，差点翻到桥底，再也开不出来了。司机叫我们把装载的货物卸下来，卸完后还是开不出来，只好又回到村里恳求农民帮忙。村民牵来 5 匹马，加上十来个农民连拉带推的好顿折腾才把汽车开出来。3 月的天很短，等我们把货装完，就夕阳西下了。一大早吃完的早饭，到这时已有 10 小时没有吃饭了，肚子咕咕地响，还好车上有豆饼，我们 3 人吃了起来，觉得特别香，瞬间体会到生产粮食的重大意义。

后来我们怕再走错路，请农民骑着马在头前引路，不久到了通北县农场。这时已是点灯时刻，找到 50 岁出头的原通北县农场党支部书记，姓吴。和他谈了我们的来意后，书记告诉我们，县农场的工人和马匹已到场里去报到了，现在正在赵木丈村头修火房、搭马棚，这里伙食已散了。听完吴书记的话后，我们决定到赵木丈（当时农场一队）去。通北县农场到一队只有十几千米路，过了 2 条大荒岗就到了。这时已是晚上 8、9 点钟，人们已经入睡，一片黑乎乎的，一个人也不见，只有几条狗围着我们狂叫。一队队长张忠是3月初来的，在这里带领通北县农场合并过来的一大帮工人做建点的准备工作。他听到汽车声和狗叫声便知道农场来人了，出来热情地迎接我们。他当时住在郭子华（原赵木丈农民，现在八队职工）家一个北炕上，我们进屋后便和张队长谈起一路来的经过，吵醒了老郭家的全家人。郭子华的爱人是日本侨民，听到我们的口音不像当地人，问我是哪里的人。队长和她开玩笑道："他也是日本人。"她信以为真，起来为我们做了一顿可口的晚饭，后来还邀来2个日本中年妇女、1个日本老头来和我攀老乡。

四、第一个春天

1956 年春天，是倒春寒的天气，4 月上旬地面化冻深度还是达不到作业要求，加上上年新开垦的荒地未经过秋耙，立筏又多，当时只有苏式双列耙，接连耙了好几个对角也达不到播种要求。

那时我国农机制造业落后，质量很差，从西安农机制造厂购进的播种机，是仿苏的48 行播种机，开沟体是铸铁的，一开始播种就断了很多；输送管是用普通铁皮卷成的，一作业就开口或拉成皮条，一点弹性也没有，播种质量无法保证，漏种很多，引来成千上万大雁昼夜不离地在田间捡种子吃。后来只好在播种后的田间用双列耙再耙一遍。本来这种办法是一项被动措施，结果还被推广到外场做先进经验宣传，在农场系统中为了争取农时也学习我场在播种后再耙地的春播措施。

建场初期，田间没有道路，一队 4 条岗就有 3 道大沟，沟水足有 60 厘米深。胶轮车下不了地，田间运输无法进行，后来组织马匹驮着麻袋往地里送种子。一个车老板赶着一串马，很像大马帮，有的青年车老板一边赶马一边唱起《山间铃响马帮来》的电影插曲。

1956 年因春天来得晚，春播任务很重。春播开始不久，小兴安岭的南北河一带森林中发生了大火，农场接到北安市防火指挥部命令，要全场全力出动，到腰店一带守住防火线，春播不得不停了下来。山火扑灭时已经到了 5 月下旬，又开始播种，整个春播在 6 月中旬才告结束。

五、踏遍青山

1956 年 6 月中旬，省土地勘测局派杨献奕（云南人）技术员，带领一个青年助手小吴（山东人）到场勘测，史占山技佐派我配合他们一道勘测。经过研究后先从东北部（第一分场一带）开始。勘测工作是一项艰巨的工作，一大早出发，天黑才回来，每天在荒野中要步行二三十千米。轱辘滚河南北两岸的2条大岗，碟形地段很多，塔头墩、蚂蚁蝼星罗棋布，草根层和枯草总有20多厘米厚，步行就像踩在弹簧垫上一样，还常遇到暗水漂筏等，地表潮湿得很。放完荒火的地，草根茬子像一根根铁钉钉在地上一样，一天不知穿透鞋底多少次，全国名牌的力回球鞋几天就穿碎了。荒地上一到夏季，蚊子、小咬、瞎虻多得很，蚊子落在身上连布纱都看不清。瞎虻像蜜蜂分群围绕蜂王飞舞一样，人走到哪里它们就飞到哪里，嗡嗡地叫，不带蚊帽就会被它们叮坏。最烦人的是草爬子，叮在身上就不松口，拔掉后肌肉还是痛痒得很。

建场初期雨水多，整天下个不停，在外勘测衣服总是没有干的时候。有时还遇到大暴雨，河水很快上涨，轱辘滚河就仿佛像长江那样宽。有一次我们在河北岸（现在牛点一带）勘测，大暴雨后河水上涨，过不来了。后来发现一根4米多长的圆木漂横在一片树林边上，我们把它拣来架在对岸的一棵歪脖树杈上。小吴年轻胆子大，抢先过河，走了没两步，木头一滚人掉进河里。他不会水，在河里上下浮动。杨献奕水性好，当即跳进河里把小吴拉了上来，拖到对岸的一块小草地上，好一阵抢救才把喝到肚子里的水吐出来。

建场初期的那2年没有建房子，大家都住单层帐篷，对面铺，每人只有1尺多宽。草地含水分大，帐篷里人多，来回走动不久地面就冒水泥泞得很。穿布鞋、皮鞋根本无法进去，非要穿长筒水靴才行。水靴透气差，经常穿它脚慢慢就水肿了，脚指头间很快烂起来，痛痒得要命。单层帐篷既不隔热又不隔凉，随着外界气温而变化，一到夏天，白天闷热、进不得人，夜间又冷得发抖，一天之中就有四季的变化。建场初期，夏天我大部分做土地勘测和开荒规划，冬天做种子管理和发芽试验。在帐篷里和后来盖的土草房中，因墙壁潮湿温度保不住，种子发不出芽来，发芽室只好搬到通北镇办事处去。场里安排10多岁的小姑娘黄丽霞帮忙考种。通北镇到各生产队采种子样品，近的30多千米，远的50多千米，还要穿过几片树林，叫小姑娘一个人去采种是不放心的，只有2人一道去。那时全场只有二三台旧汽车，冬季基建备料紧张得很，汽车基本不去通北，即使去通北也是夜间去的。车是坐不上的，只有靠两条腿走。10天就要采一批种子，寒冬腊月，滴水成冰，背着沉甸甸的10多斤种子刷刷地走着。有时遇到暴风雪，就冻伤了脸蛋和耳朵。

六、在荒原安家

20世纪50年代干部作风真好，建场第二年才陆续地盖了一点房屋，住房分配总是先工人、后干部，最后才分配给党员干部。我的家属是在1955年才从浙江省迁到通北农场来的。住东一间 6 平方米的小草房里，锅台炉子都在室内，还是 1 间小北屋，她领着一个七八岁的小女孩和一个婴儿生活不习惯，我也照顾不了她，困难重重，闹着要回故乡。来这里也分配不到房子，后来（1957 年秋）由张忠队长出面，和赵木丈村韩村长相商。老村长很支持我，叫我把家马上搬来，后来在村头的一栋马车店里安了家。马车店是 1 栋土草房，长 13 米、宽约 5 米，有南北 2 铺大通炕。这时已住上从望奎县调来的十来户职工家属，用炕席间隔起 1 格 1 格的，1 格就是 1 户。我也分到 1 格 1.5 米宽的炕。十来户人家住在一起好像一家人，和气得很，有好吃的大家分点品尝，房子也很暖和。就是窗户没有玻璃，是用纸糊的，室内暗得很，妇女做针线活白天也要点起小油灯。在这里我住了 1 年多。

七、能干的农场干部

一个企业办得好坏决定于这个企业领导干部的工作作风和工作能力，特别是工作作风和生活作风。建场初期，领导干部和职工住在一个帐篷里，吃的都是一样的饭菜，外出和下基层没有专车，也没有专用办公室，更没有高档的办公用具。当时建场主任程雪儒既是建场主任又是技工，因那时旧农机多数状态差、开荒难度大、机械故障多，他整天忙在田间，帮助驾驶员排除故障和查看开荒地情，满身油泥，一点也看不出是个领导干部。后来他又当任涌泉农场的党支部书记兼场长，对该场的生产和开发也作出了明显的贡献。

建场初期的党总支书记周海是省委农村工作部派来的干部，乍来时是个文质彬彬的文人模样，后来他见到农村出身的干部和工人的干劲，很快适应了农场环境，也把家属从省城搬到赵木丈一栋 20 平方米的小马架里，和当地农民同住南北炕。周书记是个 800 度近视眼的人，作为体力劳动者来说是个"残疾"者，但他办事公正，对人和气，能深切体验职工疾苦。

1957 年，郭向阳从通北农场调到本场，后来担任场党总支（党委）书记和场长十几年，他以前是个农村干部，虽然文化程度比较低，但他具有吃苦和锐意开拓的精神，设法提高农业单位面积产量，主动团结科技人员，做了许多工作，还以实干的精神带动了全场职工的劳动积极性，在农业生产各个环节中科学地总结出"三个第一"必须抓好，同时要求干部要亲临现场、亲自动手。三个第一是，春播时的第一抒，夏锄时的第一锄，秋收时的第一刀。确实如此，这三个第一很关键，抓好了就是样板，就是标准，有了标准就能实现高产稳产。由于他工作深入和吃苦耐劳的工作作风，在他任职的十几年中，建设农场的农业产量始终在赵光地区名列前茅，大豆产量在省属农场中名列第一位。

1966年十年动乱开始，不久生产建设兵团组建成立，现役军人接替了原来农场的领导，因当时政治混乱，加上近万名城市知识青年下放到兵团，给兵团管理增加了许多负担。由于原农场的领导和科技人员被揪斗下放，现役军人又不懂农业机械化生产，部分军人因脱离群众，靠命令办事，结果生产效率下降，经营连年亏损。兵团时期正处在"四人帮"猖狂阶段和政治混乱时期，但是许多来兵团工作的现役军人仍能保持中国人民解放军的优良传统，如团政委王庆忠，副政委李旭华，副团长程志浩，通讯股长张树槐等工作积极，作风正派，得到广大兵团战士和职工的好评。

1976年"四人帮"倒台后不久，生产建设兵团撤销，恢复了建设农场。李万隆书记从红星农场调本场任党委书记兼场长，他是个上过多年私塾的人，东北解放后便入了党。担任农场党委书记多年，可说是个老政工干部，来场后虽年岁已高、身体欠佳，但积极主持平反冤假错案，解放了一大批干部。在他任职时期配合的副职有李景和、孙青山、吴起、邱永祥、杨玉山、刘庭佐等。还提拔了下乡知识青年李树恒、科技干部李可然。后来又提拔了齐云、谢德才、栾德仁为副场级干部。其中刘庭佐副场长是在1976年从二龙山农场调来的中青年干部，他虽然有残疾，但目光远大，有雄心壮志，工作积极有魄力，酷爱人才，常有伯乐之称，在任职期间对生产建设做了大量工作，1980年调出后还关心本场的发展，多次回场看望。

八、一支过硬的工人队伍

精兵强将是历代战争夺取胜利的重要因素。几十年来在建设农场工人队伍中涌现出不少先进人物，以前我们把他们称为突击手和标兵。如陈化兴、刘明远、董贵、宋喜恩、王立文、许连生、王堂、王声明、张运昌、谢国华、吴国彬等，后来又出现李昌、李森、李玉奇、刘明臣、杨奎、何有满、陈喜禄、李炳瑞、杨福杰、林春武、卢宝珍、秦兴忠等，这些农机工人，不仅思想好、工效高，而且对作业质量认真负责，绝不马虎大意。有些康拜因驾驶员，为了不丢失粮食，保证收割质量，总是把驾驶任务交给副手或学员，自己在田间围绕机械边检查边拣粮，一个收割阶段，在田间跟着收割机走，要步行千里以上。

在农业工人中也出现了一批发挥高效、精益求精、贯彻农业措施的人物，如刘和、只洪喜、贾金模、车占义、邸中全、王财、于文喜、张品栋、纪以民、单文举、张守仁、朱胜岭、唐守信等，这些普通的农民工人对于田间管理、粮食处理是有很大贡献的。

九、铁姑娘和半边天

建场初期，农场的人力和物资是很短缺的，特别是人力不足，一个万亩以上的生产队，只有男女劳力七八十人，田间作业一半以上、非田间作业 90％左右要靠劳力操作。为了完成生产任务，调动人的劳动积极因素和发挥妇女半边天的作用是不可忽视的。1958年赵作兰（女康拜因手）从赵光农场调到本场四队（现在十二队）落户，这时她已是 30岁出头的中年妇女了，有 3 个孩子。她思想进步、身材坚实、积极能干，什么活都抢在前，农场经常宣传和表扬她。后来柳洪兰、楼鲁亚、蒋碧清、张孝莲等一批小姑娘积极学习赵作兰的模范事迹。这批姑娘都来自城市，但很快学会了劳动本领，铲地割地操起锄头镰刀就向书法家和画家手中的笔一样，铲地一天六七亩，收割大豆一天四五亩。装车卸车扛麻袋上跳板比小伙子干得还欢，后来被称为铁姑娘。还有养猪工作女工也较多，陈翠娥、宋维兰就是优秀的养猪能手。

家属妇女对农场的生产建设也有很大的贡献。令人印象最深的是在 20 世纪 50 和 60年代。那时各农业生产队都养了一批役牛和役马，谷草是牛马的主要饲草。农场规定每头（匹）牛马必须种植 15 亩谷子，所以每个生产队每年都要种 500～700 亩谷子。谷子机械化生产水平很低，田间管理全靠人工作业，特别是苗期的拔草间苗，全靠人工用手一根根拔掉谷子苗间各种杂草，这些农活几乎都由家属妇女担任。她们眼快手灵，眼一瞥、手一摸草苗就分开了。拔草的工作是很辛苦的，整天蹲在地里，夏天的太阳像喷火一样，蚊子小咬叮满身，家属们头披纱巾或围巾上衣，在田间匍匐着、蠕动着前进，一天平均每人1.5 亩，干一天才收入 12.5 元。这些家属大部分子女多、孩子小，家里都养有猪鸡等家畜，还要操持做饭喂猪等家务活。现在回忆那时的家庭主妇是怎样安排家庭生活的，已经记不清楚了。

十、建设的菜

以前农场只是生产粮食，蔬菜大部分是从外地购买的，本场只能生产秋菜类，如大白菜、大头菜等，茄子、辣椒、柿子椒、瓜果等全靠外地购买。农场交通不便，职工吃菜非常困难，建场初期几乎天天吃白菜汤、吃咸菜疙瘩。为了解决农场吃菜难的问题，农场到海伦市海北镇菜园聘请来一位孤寡老菜农马维贵，老人当时已 60 多岁了，有 30 多年的种菜经验。1958 年在九道沟日伪时期的一个废墟上（现在场部俱乐部道南家属区一带）。开出了 200 亩菜地，种上了茄子、大辣椒、韭菜、大蒜以及瓜果等，连年获得丰收。蔬菜供应到全场各伙食单位，还供应到赵光垦局一带。在"大跃进"和 20 世纪 60 年初期，能源极端短缺的情况下老人还修建了 150 平方米的温室，以柴草为燃料每年冬天都生产韭菜、蒜苗、水黄瓜等鲜嫩蔬菜，成为赵光地区有名的蔬菜基地。当时根据赵光地区各农场的优质产品，有人写了一首诗，其中有这样几句："红星的面、建设的菜、黎明的豆腐白又嫩"。老人多次被评为农场和垦区的劳动模范，到了 20 世纪 70 年代中期时，在 80 高龄的时候还在劳动，被称为"老菜官"。老菜官在农场十几年的蔬菜栽培工作中，先后培养了 50 多名种菜能手。现在，当我们在市场中看到琳琅满目的各种各样优质蔬菜时，就会自然地缅怀起已故老人的事迹。

十一、人民解放军和各部门支援农场生产

农场的发展，除了本场自身的努力外，外援也是很重要的。20 世纪 60 年代后农场耕种面积有了较大发展，而机械增加不多，靠农场本身去完成整个生产任务是有困难的，特别是压力最大的收获工作，需要外来支援。中国人民解放军在每年麦收时节都派来部队支援，1961—1965 年连年都有 3 个连到 1 个营的兵力来支援麦收。

中国人民解放军以高度的组织性和纪律性来支援收获工作，开始收获时小战士多数是南方人不会割麦子，一天只收几分地，但不几天就学会割地了，后来每人平均 1.1 亩，比当地老农还多几分。记得 1961 年麦收，是个多雨的天气，雨下个不停，部队为了抢收国家粮食顶雨抢收。因天气不好，收割时间长，劳动强度大，战士疲劳得很。有一天下午在地里收割休息时，2 个小战士走到另一号地坐在麦码上打起了瞌睡。收工下班时发现丢了 2 个战士，放枪打锣都没把他们惊醒。等一觉醒来时已经第二天凌晨 2 点钟了，一个战士说："呀！天已黑了。"另一个战士说是天快亮了，等他们弄清的确是天快亮时，就又拿起小镰刀刷刷地干到天亮，把昨天耽误的任务完成后才回队。后来有一位姓李的小战士（四川人）复员了，背着行李到农场要求把他收下当工人，场领导问他为什么要来农场工作时，他说农场土地大，有种不完的地，干不完的活，他要为农场做点贡献。后来农场把他收下来，安排在三队（现在十一队）当工人。

农业机械是农业生产的主要工具，建场初期的农机大部分是新中国成立初期从苏联进口的，经过使用已经老化和不适应我国的耕作条件。另一部分是我国仿造的农机，在耕作中也存在许多问题。1964 年中央第八工业部派王阴波处长（收获机械处）带领 4 名青年工程技术人员到农场考察。王处长是在新中国成立前大学毕业的老工程技术人员，在通北

农场任过副场长，对农场事业特别关心，工作认真负责，来场当天晚上便召集农机和农业科技人员开座谈会。我们提出农机普遍马力小工效低，收获机械脱谷不净、分离不清，漏粮多、容易陷车，播种机械装种、肥量小，他按条逐项一字不漏地记录下来。在场考察4天中，每天都和我们座谈到深夜，白天还要步行到田间观察农机的应用和收集驾驶人员的反映。后来拖拉机普遍马力的加大，双滚筒收割机的出现和箭杠式蒿筛的延长，增加第三清洁室等的改正，悬吊式和无过桥割晒机以及双箱播种机的出现，就是在王处长考察后诞生的。悬吊割晒机到我场最早，为田间收获节约了大量劳动力，这些支援我们永远不能忘怀。

十二、上级领导抓农场工作

一个农场办得好坏与上级领导部门有密切关系，建设农场在开垦和生产过程中不是一帆风顺的，也是走过曲折道路的。记得1957年正在开荒时期，当时开荒重点主要集中在轱辘滚河南北两岸的2条大岗上，因那里荒原面积大，而且连片集中，又邻近当时的总场部，物资供应较方便，同时开荒和发展计划又经过省农垦厅批准的，农场是不能轻易变动的。但是这一带地势平缓、碟形地段多，加之千古荒原沙草科植被较厚、根层密结、含水分很大，形成一片沼泽地带，当拖拉机马力小（大部是 KS-07 和纳齐拖拉机）时，荒地阻力大，无法发挥开荒效率，十几台拖拉机历经一年多的开垦，总开荒面积不到3万亩。在困难重重的关头，已经决定调往中央农业部工作的省农垦厅副厅长郑重，在交通不便、道路泥泞断桥很多的情况下来到农场，听取场领导、农业、农机科技人员和省勘测局杨献奕技术员汇报后，又深入到荒原和开荒现场实际踏查，当即决定把开荒目标转移到西南部丘陵漫岗地区，并决定开荒队由李树青、马志刚两人负责。因西南部的地势较高，排水也较好，五花草植被较多，土质疏松，不到3个月的时间，便开垦4万亩左右荒地。

"大跃进"开始以后省委农村工作部派田树副部长3次来农场蹲点，给农场解决了3个大问题。1960年正当浮夸风高潮时期，出现"劳动连轴干、深翻3尺、3亩产万斤粮"的时候，田副部长来到农场和工人同吃同劳动，深入了解农场的农业生产情况，总结了农场的生产实际，要求有效劳动，产量根据前3年平均再提高1～2倍，使浮夸风缓和了下来。不久又出现平调风，农场的机械有好几台拖拉机和康拜因被调到公社。有的不知去向，有的找到时农业社也不准放回。1961年正当春播刚要开始时，田副部长来到农场蹲点，后来由田副部长亲自出面和县交涉要回了平调的机械。1962年春场社分家（在1960年"大跃进"时期、赵木丈农业社曾经合并到农场，后来部分社员要求退出农场），出现一些纠葛，农场附近社队又哄抢农场土地（如八队原1号地1200亩、九队原1号地和三道岗铁道西约1500亩被强种）和粮食，后来田副部长又来到农场公正地处理了场社分家和哄抢农场粮食问题。

20世纪60年代后，农场中耕作物的播种面积有大幅度的增加，因机械增加不多，收获工作很大一部分靠人工收割。那时厅（农垦厅）局（赵光局）两级机关组织办公室和直属单位工作人员到场帮助秋收。1963年秋省农垦厅以生产处赵处长（老知识分子）为首，带领一班工作人员到农场收大豆。因秋收天气凉，连续劳动时间长，赵处长身体瘦弱、年岁较大，在三队（现在十一队）9号地收割大豆时，晕倒在田间。我们劝他休息和回省去，老处长坚持不走，在地里吃几片药和休息片刻后又接着干起来，大家很受感动。

1963年上级又派来赵振卯任赵光垦局局长。他是个抗日战争开始不久便参加革命的老党员，具有高中文化程度，作风正派，工作积极深入，身穿对襟便服、紧口裤、布袜子、解放鞋，一见面就好像见到延安时代的工作队，对人和气，平易近人，每到一处总是同那里的群众生活在一起，在局工作也不陪客吃饭和吃小灶，是一位很受职工群众信任和尊重的老干部。但是这样的好局长在动乱年代被迫害致死，噩耗传来全场职工群众对"四人帮"和"林彪集团"无不切齿痛恨。

十三、一支有贡献的科技队伍

在赵光垦局广大干部和科技队伍中，也出现了一批优秀人物，如在20世纪60年代的生产科长兼实验站站长周绍钧（知识分子）。他是省农垦系统最早搞土壤工作的技师，有丰富的土壤科学知识，能团结同志、工作积极、办事公正，多次步行到场指导土壤分类工作，对我场的土壤分类、土壤耕作和实验站的建设做了大量工作。给我印象最深的是在1960年的"大跃进"时期。在强干和蛮干风中，不知何处又刮来一阵遍地火烧肥运动（即用柴草堆放田间，上盖土后点火燃烧，每亩150～200堆）。他来场后不怕抓辫子和插白旗的危险，用科学的观点"火烧肥不能增加土壤肥力相反会烧掉土壤中的有机质和破坏土壤理化结构，这种做法是违背科学的"说服领导后，才停止了火烧肥运动。后来证实火烧肥的地块（如九队四道岗，十一队5、7号地，十二队7号地），有机质下降2%～3%，土壤流失严重、产量下降。

建设农场原第一分场是一片沼泽地带，几次开垦都告失败，农业产量一直不高不稳。1960年后赵光垦局基建科技术员牟国臣等科技人员认真勘测、科学设计和亲自指导，历经几年排涝，出现许多高产稳产田，耕地面积由排水以前不到3万亩扩大到10万亩以上

（包括二四、四三两个部队农场在内）。牟国臣技术员的辛勤劳动，给建设农场的发展提供了很大助力。

建设农场从建场到现在有 30 年的历史了，在这漫长的岁月中，农场规模和体制以及归属曾发生过多次变化，特别经过几次政治运动，农场发展的步伐是曲折的，原来参加建设的人们都感到不堪回首。为写这篇回忆文章，曾多次找和我一起参加农场建设的老人杨正清、孙作尧、周范五、刘明文、王财等同志共同回忆。由于我们这些老人年岁已高，记忆力减退，加上岁月变迁造成的材料的遗失和短缺等原因，历史背景、人物时间等各个情节很不够全面，我们希望以后撰写史志者们再作努力，使它更加真实，更加完善。

（作于 1986 年）

岁月无痕　荒情有声

李树恒

李树恒，哈尔滨知青，1968 年 9 月赴黑龙江生产建设兵团一师六十八团二营十八连，从康拜因手、机务排长到副连长、副指导员、指导员，后任六十八团党委常委，建设农场党委副书记、副场长。1982 年 8 月入读哈尔滨师范大学教育系，现居住哈尔滨。

时光荏苒，岁月如梭，一晃上山下乡已经过去 46 年了。离开我们当年的连队和农场日子越久，越觉得那些记忆、那些感悟弥足珍贵，因为我们把人生中最美好的时光留在了那里，它铭记着我们的苦乐和忧伤，见证着我们的追求和成长。有了这段难忘的经历，十八连这个名字永远刻印在我们的记忆中，建设农场永远是我们依恋的地方。

我在"建设"这块土地上整整度过了 14 个年头。每当我回忆起那些年的知青生活，总忘不了那一件件陪着我们走过那段艰苦岁月的往事，也许正是那些难忘的往事，构成了那个岁月独有的特征。尽管我们已不再年轻，但心中仍然珍藏着当年的那份激情。

无悔的追求

1968 年 9 月 27 日，我离开哈尔滨，下乡到了黑龙江生产建设兵团一师六十八团十八连（原一师七团五营二连），成为一名兵团战士。在青年排经过 5 个多月的学习和劳动，于 1969 年 3 月初，我被选调到机务排，当了一名康拜因手。当时的心情别提有多兴奋了，因为机务排可以说是连队的主力军、突击队，在实行科学种田"上纲要""跨黄河"中都肩负着重任，起着决定作用。更何况在选调到机务排的 8 人中，到康拜因上的 4 人全都是老高中，而我的师傅董贵又是在二营机务战线上名声很高的车长。我决心认真向老师傅学习，刻苦钻研技术，做一名合格的康拜因手。

回想在机务排的那些日子里，师傅们手把手地教会我们播种、中耕、收割、翻地、改装等全套农机作业技术。在我记忆中，最苦、最累、最能考验人意志的当数"春播"。它是连队一年里的第一件大事，老人们都说："东北的小麦是种在冰上、收在火上的。"当地里的冰雪还没有融化尽，播种就开始了。跟机作业是最苦的差事，一般都是康拜因手和拖拉机助手顶着。一台拖拉机拉着三台播种机，播的种子是用"赛力散"拌好的，呈粉红色，其气味弥漫在空气中，非常呛人，掺和着汗水粘在皮肤上，会产生红肿，并有奇痒和刺痛，使人苦不堪言。还有就是随种子播下的颗粒肥，四五十斤的麻袋往背上一抢，踏着松软的土地，吃力地来到播种机前，要用力一蹬，才能迈上踏板，把种子和颗粒肥分别倒进 2 个箱子。播种过程一般不停车，因为一旦停下来，流出了播口还在输种管里的种子，就会在停车地点堆积起来，再起步，1 米多远的地段又无种下地，造成种子断条的现象，所以只能肩上扛着袋子，追赶着跑上播种机加上种子和颗粒肥。即便是到了地头，为了抢时间，机车调头很快，还没等加完种子，就起动了，也只好追上播种机，快速加上种子和颗粒肥，就像打仗一样，刻不容缓。播种手都是站在踏板上，一天下来那是非常辛苦的。我作为一名机务人员，就这样经过麦收、秋收、秋整地等，才算圆满完成了一年的任务。不仅如此，我们还要同全连战友一起参加"早晨三点半，晚上看不见，地里三顿饭"的夏锄大会战、基建大会战和冬季兴修水利大会战。

由于工作的努力和进取，1969 年 12 月 5 日我作为机务排的代表，出席了在佳木斯召开的"兵团首次活学活用毛泽东思想积极分子代表大会"。当时有 3 名知青的事迹特别使我感动。一位是"手断身残志更坚，继续革命炼红心"的当时我们五营的副营长曲雅娟；另一位是在珍宝岛战斗中带领全排用毛泽东思想武装头脑，舍命抢救伤员的三师二十一团担架排副排长朱波；再就是"活着就要拼命干，一生献给毛主席"的革命青年的榜样金训华。在这些英雄事迹的感召下，我郑重地向党组织递交了入党申请书，表示："胸怀共产主义远大目标，为党和人民勤勤恳恳工作，朝气蓬勃英勇奋斗！"

在要求入党的那些日子里，我像一台上了发条的机器，没日没夜地转，不知道苦，不知道累。那时我常想，只要加入了党组织，再苦再累心也甘。转年的麦收即将开始的时候，组织上找我谈话："你知道这次纳新为何没有你吗？"我诚恳地说："那是我条件不够，还要继续接受贫下中农再教育。""不是这么回事，是你父亲的历史问题。"谈话后，我一夜未睡，思绪万千。第二天就拍了一份电报到家，内容是："速告知父亲的问题。"不到一周父亲来信了，他说："年轻时经人介绍曾加入过国民党，但没做过违背良心的事。"父亲的信我一直没回，每天只是拼命地干，因为心里只有一个崇高而紧迫的愿望，那就是经受组织的考验，早日成为一名光荣的共产党员。

1970年的麦收、豆收和秋整地的各项任务，我们都提前完成了。到了年底，我天天低烧不止，呼吸时胸部隐隐地疼痛，战友们劝我去看看，但我听不进去，又和机务排的同志们参加到去通北拉砖、去河套拉沙子及修水利的劳动中。记得一次去海星公社，为连里及家属用面粉换大糙子和小米的时候，由于我个子高，农民家的门框矮，百余斤的粮袋上肩后，过门时一侧身扭伤了腰。疼痛日益加重，机务排的战友们以为是风湿，大家腾出炕头让我睡，可又怕过热，便又给我在炕头上支起了木板。为了照顾我，将炕烧得太热，有一天竟把挨着我睡的刘群的褥子烤煳了。腰疼不仅不好转，反而越来越严重，甚至每天早晨洗脸都弯不下腰，刷牙也是直着身子，弄得衣服前面都是牙膏渍子……

就这样在我的坚持下，转眼又到了1971年的春播，我每天扛起一袋种子或颗粒肥都要冒一身冷汗，最难的就是扛着袋子追播种机。我忍受着超乎寻常的压力和疼痛，疯狂地投入春播中，接受着党组织的考验。也恰恰在这个时候，父亲的问题有了结论，定为一般历史问题。终于，在麦收前的7月1日，我郑重地填写了入党志愿书，此刻的我更坚定了为共产主义奋斗终身的决心和意志！然而就在这个时候连队的卫生员覃大夫（大家都称她为老覃太太）发现了我身体上的问题——胸疼。她确诊是胸膜炎，于是每天给我打消炎针，并坚持不许我再上班，要卧床休息。连队领导也多次让我到医院检查。可是面对一年一次麦收这个硬仗，作为一名康拜因手怎么能离开呢？当时董师傅和战友们都十分照顾我，康拜因的每一次往返中都会让我在地头多休息一会。可是当康拜因滚筒被堵住时，我还是要跳下去，弯腰钻入喂入室掏净麦秸；当草车门帘被卡住的时候，我也要跳进草车推出草捆。这些都是要我咬牙坚持做下来的。当麦收结束的时候，我的胸奇迹般地不怎么疼了，而腰病却越来越厉害。秋收结束后经营党委批准我终于成为一名光荣的中国共产党党员了。消息传来，我激动得难以自持，别提有多高兴了。我用我的努力和实干，践行了我"为共产主义奋斗终身"的入党誓言。

1971年的冬天接连下了多日的大雪，春播时出现了大涝。特别是到了麦收，雨一下就是十几天。由于连队的麦地多数地势低洼，水分早已饱和，一脚下去，泥水能没及小腿，别说开机械下地收割，连人走都困难。小麦出现了大面积倒伏。在董师傅的带领下，我们对庞大的康拜因进行了防陷改装。在以后那些抢收麦子和大豆的日子里，我们一边开车收割，一边手持镰刀收割倒伏在低洼泥水中的麦子和豆子。这种与天奋斗的抢收，别说对我这个病号，就是对一个正常人都是一种煎熬。每到这时，我就会想到自己是一名刚入党的新党员，面对这种灾害是不能离开岗位的。

就在豆收即将结束的时候，我实在挺不住了，连里安排专人陪我去北安师部医院检查，一拍片大夫大为惊讶，确诊为"二、三腰椎结核，双侧腰大肌脓肿"，必须马上做手术。但由于师部医院设备和条件的局限，我又被连夜转送到哈尔滨王岗兵团总医院。总医院接诊的外科主任李铭大夫（现役军人）检查后，对我说的第一句话就是："小伙子，你真能挺啊！"接下来的手术进行了3个半小时，在腰的两侧切了两个刀口，融合了二、三腰椎，引出了两侧腰大肌长时间以来积聚的大量脓肿。术后当我睁开眼睛的时候，看到父母眼里含着泪花站在床前，2个弟弟和连里派来的战友都在担心地看着我。在住院的3个月里，我再一次感受到了知青战友的友谊。他们纷纷来看我，有的是趁探亲假，有的是借外出办事，还有的是偷着跑出来的，而郑礼同志始终在床前无微不至地照顾我。最使我感动的是春节前，有十几名女战友冒着零下三十几摄氏度的严寒，在哈尔滨火车站爬上了一辆货车到王岗来看我，进到病房的时候，我清晰地看到她们一个个脸上还挂着点点煤灰……

我们留恋青春，眷顾青春，但更珍惜我们在黑土地上同甘共苦所结下的兄弟般的情谊，特别是我生病的经历让我更加体会和感受到了"知青"这份情谊的厚重和珍贵。

回首往事，我无怨无悔。因为时至今日，我依然爱着我的机务排、我的连队、我的知青战友。作为一名有着43年党龄的老知青，我始终没有改变入党时确定的人生坐标，更没有后悔过为此而付出的所有艰辛和代价。苦难磨炼了我的意志，也更坚定了我一生执着跟党走的决心和信念。

深深的思念

1975年的12月，我离开了心爱的连队，走上了新的工作岗位。从去团部报到至1982年8月离开建设农场，在这7年中，我经历了兵团的变革和建设农场的恢复重建，共经历了3届班子（兵团时期、过渡时期和农场重建后）。在这期间我的所遇所感及它产生的内动力又是一笔教我做人做事的宝贵财富。

孙青山副团长（副书记、副场长）是我在3届班子中最不能忘记的一位恩人。他1918年生于黑龙江省的望奎县，1945年参加土改，先后任望奎县和赵光局的区委书记。在兵团组建前，为红色边疆农场的党委书记。1972年调到六十八团任副团长，是团里唯一一位穿"黑棉袄"的团领导。恢复建设农场后，他任场党委副书记、副场长。他把一生的精力都倾注在农场的建设上，曾荣获全国劳动模范称号。

他体态清癯，不苟言笑，做事严谨，为人认真。我刚到团里时分管工交和基建工作。因初来乍到，一切都摸不着头脑，记得我第一次到他的办公室汇报工作，紧张得几乎话都说不利索。可是，自从跟着他下连队，看到他和连队里的领导和老同志们聊天、开玩笑，我感到他也是个性情中人，对自己的部下有着父亲般的情怀。他很少坐办公室，常往连里跑，情况摸得清，全团谁想蒙他，门都没有。他的工作作风、为人处事，给我留下了深刻的印象。他的品德对我影响很大，他对我的使用、关心和支持，也让我终生难忘。

1976年9月9日毛主席去世后，全国要统一在9月18日下午3点开追悼大会，党委交给我一项任务，就是用5天时间推出一个12万平方米的广场并搭建主席台，用来开追悼会。当时2台推土机连轴转，每天他都挤出时间到现场帮我协调解决指挥推土机作业和搭建主席台过程中出现的各类问题。在他的精心帮助下，9月18日，全团5000多人如期在新建的广场上举行了追悼大会。这是我到团里工作后完成的第一个重大政治任务。

在分管畜牧工作时，为提高全场猪的窝成活率，他经常蹲在畜牧科和我们一起研究对策，1978年全场猪的平均窝活达到8.2头，个别连队高达9.7头。在全场的汽车管理要实行统管时，他认真地找我详谈了分管和统管的利弊，并指出了统管后可能出现的问题，从而使我对如何做好这项工作提前有了思想和心理准备。

最使我难忘的是在全场汽车统管没多久的1978年9月15日上午，原第一分场车队的一名驾驶员开着一辆罗马尼亚生产的"布切奇"货车，从总场汽车队出发去通北送货，当行驶到场部北面加油站附近时，由于车速较快，转过弯道后见到路边一个行人与车行方向同向行走，为躲闪此人，车子画龙后翻在路上。这次事故造成3人死亡10多人受伤。因当时我分管工交工作，出了这样大的事故心理压力可想而知，别的不说，受到处分是必然跑不了的。然而孙青山副场长面对事故的所作所为却让我肃然起敬。在事故的调查过程中，有一天，他来到我的办公室，很认真地说："树恒，你虽然分管工交，但我分管安全，责任在我，你还年轻，要振作起来，抓好当前的工作。"他的一番话使我流下了眼泪。从他的话语中我感受到了他从心底里对我的爱护和关心，从他的眼神中我看到了他是多么希望不要因这件事而影响我的成长和进步啊！此后的党委会上，他通过一番阐述让我心痛到极致。我怀念事故中离去的、重伤的战友和职工，自责工作中的不够尽职，更感念农场老领导的关心和爱护。是他教会了我如何做事、如何做人；是他教育引导了我如何在责任和困境面前敢于挺身而出；是他激励了我锐意进取、奋发向上，从而使得我在返城以后的26年工作中，恪守着工作不仅要规范、认真地去抓，更要用心地去做。除要尊重领导外，更要关爱自己的同志，出现问题时要勇于担当。（"担当"是领导者和男人的标志性品格，缺少这一点，人会走样！）

我在团（场）里工作的7年中，有许多像孙青山副团长（副书记、副场长）一样的老同志在关爱、支持着我的工作。每当工作中出现难点时，都是他们伸出援手帮我攻克；每每有了解不开的心结和疙瘩，都是这些老领导一一帮我化解排除。尽管我离开那里已经32年了，可我仍然能脱口说出那些和我日夜工作在一起的农场老同志的名字。这些人的形象至今都深深萦绕盘桓在我的脑海中，每每想起他们心中总是暖暖的，那份感激就像水面涟漪久久不能平静。他们是我一生中最尊敬的人、最思念的人。

7年中，全团（场）知青由1976年的6500多人，减少到1980年的近300人，其落差之大令人感慨。每每夕阳中我形只影单从团部漫步到当年的十八连时，都会深切怀念当年红红火火充满青春朝气和活力的连队，总会不自觉地回忆起当年知青们那一张张鲜活的面孔。每当我下基层，见到知青都感到特别的亲切，他们到团（场）里办事，也都到我这坐坐。能办到或办不到的事，都尽力去做，我深知"代言人"的责任。我珍惜并感激这段经历，而且将永远记住它！

知青生涯对一些知青来说或许是一场噩梦，或许是一种思念，它对我却是一段难得的经历，一场吃苦耐劳的锻炼，一种意志的磨砺和考验；知青生活虽然坎坷，却让我增长了社会知识，使我能够坦然地面对工作和生活中遇到的一切困难和挫折。"建设"大地是我人生的起点，也锁定着我今生最真诚的爱，此生也难割舍。

（作于2021年11月）

家庭农场初创的年月

杨玉山

回顾1985—1987年的农场经济体制的改革历程，是对创建国营农场以来的计划经济旧体制、旧观念的一次革命，也是对垦区的广大干部、职工的一次严峻的考验。兴办家庭农场是农垦事业的新生事物，是建设有特色的社会主义市场经济在农垦事业的具体表现。农垦事业遇到这样翻天覆地的大改革冲击，干部、职工思想上没准备，认识不明确，办法不多，经验无处可寻。在《中共中央关于经济体制改革的决定》下发后，在上级党组织的具体帮助指导下，通过学习从不认识到逐步地认可，从而一场兴办家庭农场的改革步入实践之中。1985年建立了大农场套小农场的承包，农机具转售给个人，土地承包到户、到人，全场共兴办各种联产承包类型的家庭农场1700个，但由于1985年受到严重的自然灾害，造成了极大的经济损失，家庭农场纯收入为－3633元，这使刚刚兴办的家庭农场受到严重的影响。

由于1985年严重自然灾害，经济上造成严重的损失，给1986年的经济体制改革和深化带来了极大的困难，坚持改革还是走回头路这一严峻的课题，摆在建设农场党委一班人和广大党员干部群众的面前。党委首先坐下来，认真反复地学习上级关于进一步深化改革的指示精神，认真总结全面分析 1985 年的经验教训，充分地认识到造成兴办家庭农场第一年职工减收挂账，生产、生活遇到困难，不是改革造成的，改革并没有错，而是严重的自然灾害所致，从而统一了干部、职工的思想，提高了认识，广泛利用各种宣传形式，全面地做好职工的思想工作，坚定了农业经济体制改革是发展生产、提高劳动生产率的根本途径的信念。至此，重新制定了《八六年进一步深化改革方案》，实行土地承包到户，统种分管分收，单独核算，责任到人，共兴办各种类型家庭农场 1700 个，承包职工 3400 人，年创收入 283.5 万元。1987 年兴办机械到户、土地固定、独立经营、生产生活费自理的单独核算自负盈亏的家庭农场 149 个，职工 198 人，年创收入 150.5 万元；承包专业户 1946 个，职工人数 2970 人。

通过 3 年的改革实践，我们充分地认识到，农垦事业在历史上早已形成的计划经济体制一下子转变为多种新型的经营体制，广大干部、职工对这样的经济体制改革，心里没有底，认识不统一，执行起来困难重重，阻力很大，有的职工叫我们的工作是土改工作队等。历经 3 年的艰苦耐心而又细致努力的工作，逐步地摆脱了困境，冲出低谷，形成了初步兴办家庭农场的格局。这段历程虽然是短暂的，但经历的风风雨雨却给我们留下不可磨灭的印象，当时我们既是经济体制改革的开拓者又是先锋队。实践证明，兴办家庭农场是对旧的经济体制的一次革命，使原有的僵化体制有了生机和活力，使生产力进一步得到了解放，使人民的生活得到了充分的改善，使农场取得历史性的飞跃。

为成功地开辟农场中国特色社会主义发展的道路，我们每一名干部、党员要牢牢铭记为人民服务的宗旨，以身作则地带领人民群众不断地创造更加幸福、美好的新生活，不负人民的重托。

赴南方学习考察体会

王克坚

金秋的九月正是北方大豆摇铃、硕果满枝头的季节。北安分局党委于 2006 年 9 月 12 日至 27 日组成赴南方学习考察团对长三角、珠三角、环渤海湾经济区进行了为期半个月的考察学习。一路上高楼林立，小楼成群，高速纵横，青山秀水，环境优美，景色宜人，给我留下了深刻的印象。尤其是南方经济惊人的发展速度以及实际所看到的汉帛集团的新气和洋气，远东集团的和气和大气，南山集团的神气和财气，奥康集团的勇气和志气，华西村的人气和福气，使我的内心受到了强烈地震撼，感受到了从没有过的压力和责任。15天的南方之行，时间虽短，但受益匪浅，真的是不虚此行。下面我就从2个方面谈自己这次考察学习体会：

一、主要的认识和感受

这次我们学习考察的长三角、珠三角和环渤海湾经济带是我国经济发展的3个主导区域，在这里既有像汉帛集团这样国际性的大集团，又有从小村庄发展起来的年销售收入实现300多亿元的华西村，即有两国政府合作的模式——苏州工业园区，又有从无到有、从小到大，占有大量市场份额的民营企业。所到之处人气十足，经济繁荣，切身感受到了我们与发达地区的巨大差距，真可谓"从北往南走，越走越富有；从南往北看，越看越落伍"。那么差距究竟在哪里呢？通过学习和思考，我认识和体会到，从主观上讲有以下几点需要我们研究和学习：

一是无所不能，敢字当头。就是他们敢于冒风险，敢为天下先，做了就做好，干了就争第一，国内是老大，国外抢市场。我们参观学习的远东集团，他们鲜明地提出：只有想不到的，没有做不到的。电缆行业发展到在国内排行第二还不满足，而是把发展的目标锁定为国内之首，国外要有一席之地。温州的奥康集团产值达到22亿元，销售收入实现了18.2亿元，其主导产品连续4届蝉联十大真皮鞋王，同时还在意大利、美国、日本等地设立了分公司，使产品真正走向了世界，在这样的情况下，他们还提出：要在全世界大中城市都能看到奥康生产的鞋，其胆识和气魄令人钦佩。

二是穷则思变，闯劲冲天。以往的温州应该说是基础薄弱、资源匮乏、交通不便，没有沿海城市得天独厚的发展优势，但智慧的温州人敢想敢闯。"人人想当老板，人人争当老板"，没有商机创造商机，义无反顾地打拼天下，从而使企业家队伍不断发展壮大，无论是国内还是国外，哪里有市场哪里就有温州人。再看奥康集团，当初是3万元起家，而经过18年的发展，目前总资产12.5亿元，年产值达到22亿元。其产品始终走在潮流的前列，他们之所以有今天的成就，就是拼出来的，就是闯出来的。

三是追求卓越，创新领先。这也是我们参观学习这些企业一个共同的特点，"创新永无止境"。像汉帛集团1996年就投资几千万元，设立研发中心，仅汉麻就获得了10多项专利。奥康集团也在温州、广州等地建立了设计中心，每年开发出3000多个新品种，科技创新使企业增添了活力，产品引领世界潮流。

四是围绕大局，借势发力。对于这一点，我在学习中感受最深。我们考察学习的这些企业之所以有较快的发展，其中最重要的一条经验就是思维敏捷，善于把握大局，能够巧妙地利用政策和优势来发展壮大自己。远东集团是由一个高考落榜的青年创办的民营企业，先后由个体户变成乡镇集体企业，再变成股份合作制企业，又变成由国有大企业参股的企业，最后变成了个人股份制企业，4次变革，4次实现了质的飞跃，使企业得到了长足发展。我们看到的华西村，他们始终坚持走共同富裕之路，坚定不移地提出"个人富了不算富，集体富了才算富；一村富了不算富，全国富了才算富"。一个华西村先后合并了16个村子，使这些村的经济得到了快速的发展。这样一种胸怀，这样一种姿态，你说政府能不支持吗?!

奥康也好，远东也罢，就是国际性的汉帛集团，都重视党组织和工会组织的建设，并出巨资支持社会公益事业。远东集团还把让顾客、员工、股东、政府、社会五满意作为追求的目标。这样一个紧紧跟党走，善于听政府话的企业，你说政府能不欢迎吗?!

五是肯于吃苦，实干兴业。这些企业之所以成功，应该说都是脚踏实地干出来的，在他们身上，无处不体现着真抓实干的作风和咬定青山不放松的精神。华西村不搞争论不唯书，几十年苦干实干、一心一意谋发展，他们不怕公有私有，就怕公私都没有，从而成为名副其实的天下第一村。再看看腾头村，311户人家，791口人，741亩土地，就是这么一个小村，2005年实现社会总产值18.2亿元，利税1.85亿元，确实了不起。而这些正是在老书记傅嘉良的带领下，全村百姓40年如一日，奋斗不息，一步一个脚步印干出来的。他们办企业提出要发扬"千方百计、千言万语、千山万水、千辛万苦"的"四个千"精神，就是真实的写照。

六是以人为本，和谐发展。这些企业在追求效益最大化的同时始终不忘企业文化建设，坚持以人为本，打造文化底蕴，形成自己独特的企业文化和经营理念。远东集团就提出了"以德立信，以信致远"的理念，做到"一人进远东，全家远东人"。有业绩的中层以上管理人员可以出国培训，所有员工定期安排外出旅游，集体吃年夜饭。集团还自己办刊物，宣传自己、宣传远东，提高企业的知名度，增强企业的吸引力和凝聚力。这种科学的"洗脑"不仅使员工有了远东就是家的感觉，更重要的是使企业的经营理念入心入脑，从而推动企业和谐快速发展。

二、几点启示和想法

这次赴南方考察，虽然时间较短但学习内容丰富，在整个学习考察过程中，是边学、边看、边听、边认、边思、边研，在受到震撼的同时得到了深刻的启发，并对下步工作有了初步的想法：

1. **思想要极解放** 这几年我们的思想不断解放，换来了经济的不断发展，但实事求是地讲，目前仍然有许多因素在影响着我们，有些还是至关重要的。

一是怕失败。遇到拿不准的事情，左顾右盼，前思后想，想的结果是丧失了本应抓住的机遇。一首歌词写得好"大不了从头再来"，我们就应该不怕失败，有了这种精神才能真正放手放脚，才能获得成功。

二是怕担责任。由于国有企业的体制、机制的原因，国有企业的领导往往在追求企业效益最大化的同时，把职位放在重要的位置上衡量，也就是说领导的位置是绝对不能忽视的。我们从事任何工作都不可能一帆风顺，成功了组织满意、领导高兴，失败了，由于这种体制、机制，你就要承担责任。小损失小责任，大损失大责任，有了大责任就可能面临职位的动摇。所以说，如果机制不改革到位，我们的领导怕担责任，一些事情就很难办好。

三是怕埋怨。我们进行一项改革，引进一些项目，不可能百分之百的成功。由于我们缺乏冒险精神和良好的发展环境，一旦受到挫折，职工群众就会不理解。这个时候如果怕埋怨，感觉干还不如不干，那么我们的经济是很难发展的。

2. **思维要真突被** 思维决定思路，思路影响行动，行动决定效果，因此，如果我们在思维上不能有新的突破，就很难达到预期的目的。

在思维形成上：

一是要突破局限性。要把我们的目标和战略置于经济发展的大格局、市场经济的大环境去考虑，放开眼界，寻求发展。

二是要突破少数性。也就是说思想的解放，新思维的突破，不仅仅是几个领导的事情，而是要有广大职工群众参与，要依靠集体的智慧，统一思想，创新发展。

三是要突破求全性。干什么都追求十全十美，小的不愿干，大的还没有，这种想法必须转变，要真正树立起"不求多大，但求我有，以小见大，逐步发展"的思想。只有这样我们才能像温州一样，既有铺天盖地，又有顶天立地。

四是要突破规范性。现在我们从上到下，干什么都有要一步到位，规范性的东西太多，限制的条件也多。一些部门和领导没有把基层企业的发展放在首位，而是过多地考虑部门的责任和利益，不同程度地影响了经济的发展，因此我们一定要把发展经济是第一要务落到实处，把干部职工的头脑都"洗"到像远东集团一样，别的不想，就是琢磨经济发展，一切事情先干起来再说，边发展边规范，要营造良好的发展环境，让投资者来了就不想走，来了就挣钱，我们就发展。

三、主要措施

一是科学定位：确定好我们发展的主导产业、主攻方向和发展目标，决不能朝令夕改，一届班子一个令。

二是超前谋划：要有远见卓识，放眼未来。像汉帛集团在建厂时就考虑到了劳动密集型产业随着经济的发展、社会的进步将逐步萎缩，所以设计时就有了今后转型的准备。

三是借势勃发：远东集团的发展给了我们很好的启示，我们一定要学会借势发力，抢抓机遇，加快发展。

（1）立足自身优势。整个长三角地区工业比较发达，经济发展也快，但几乎看不到良田，而且随着城市化、现代化进程的加快，粮食的缺口也大，这也正是我们发展的无限商机，同时我们也要看到除粮食产品以外，在资源、环境、人才等方面我们都有自己的优势，我们要首先利用好，变优势为财富。

（2）顺应时代趋势。今后随着经济的发展，人民生活质量的提高，环保型的产品、绿色有机食品将统领市场，因此我们要认清形势，适应社会发展的需要，打好基础，开拓市场，认认真真地做好这篇文章。

（3）紧跟发展形势。当前国家对经济发展的布局正在逐步调整，我们要很好研究，紧紧抓住"新农村建设、老工业基地改造、商品粮基地建设"这些千载难逢的机遇，用足用好政策。借助党的政策富场富民，发展壮大自己。同时要优化招商引资的环境，上下形成遵商、亲商、安商的氛围，借助外力加快我们的发展。

（4）力度要真加大。没有工作的力度，就没有发展的速度。在这方面我想就要在两个字上下功夫，一个是"改"，另一个是"逼"。改是前提，逼是关键。

"改"就是坚定不移地深化改革，把一切不适应生产力发展要求的弊端彻底根除掉，改革到位，海阔天空。

"逼"就是强约束，动真格。分局逼农场，农场逼基层，一级逼一级，一级对一级负责。"狭路相逢勇者胜"，只有逼到位了我们才能最大地挖掘出潜在的资源，才能柳暗花明天地宽。

（作于 2006 年 9 月，党委宣传部王凤兰整理）

老　井

作者　安树成

——北京一九六九年下乡去北大荒知青安树成和同连十名战友
重回建设农场，心中最惦记涌泉西边那口老井

他面色铁青无表情，
双目直愣愣盯草丛，
寻觅当年烧砖的窑，
寻觅亲手挖掘的井。
没见到井中一滴水，
一块大石将井口封，
难道是苍天不眨眼，
难道是人间太薄情？
轱辘滚河畔的老井啊，
你演绎出多少故事，
寄托着怎样的人情？

当年的涌泉营，
穷得很难形容。
茅屋拉哈加支棍，
用上下铺接新兵。
为改旧貌建砖场，
打井取水是先行。
任务艰巨有风险，
两个知青来请缨，
一个名叫宋国庆，

一个名叫安树成。

两把铁锹一把镐，

一个辘辘两只桶，

三名职工为师傅，

团结协作有照应。

志坚焉惧冻土硬，

三天穿越土中冰，

一鼓作气见湿土，

十日洞中闻水声。

求援友连拉电线，

挑灯夜战掘深坑，

清泥淘水砌敷板，

一位师傅晕井中。

有惊无险人无恙，

坑深偶遇西南风，

添加鼓风新设备，

停工几天做调整。

两位知青不退缩，

你上我下穿梭行，

师傅在场观者众，

无人再疑谁"不行"。

未等他俩缓口气，

井下咕咕喷泉涌。

千锤百炼第一次，

二十米井下建新功。

营连领导伸拇指，

众人齐赞小英雄！

井水清清砖瓦红，

学校商店托儿所，

机修厂房一栋栋，

砖红预示旧貌改，

知青彰显新繁荣。

好事多磨前程好，

神仙难料不测风。

一天制砖任务急，

水桶不慎落井中，

国庆见状没迟疑，

手抓缆绳去捞桶，

井中缺氧头昏厥，

英雄无力再苏醒。

砖窑晴天霹雳闪，

众人头顶五雷轰，

痛彻心脾众知青，

泣不成声唤"国庆"。

天上突降倾盆雨，

荒原雨声加哭声，

悲悯一位亲兄弟，

瞬息阴阳隔两重。

生离死别永难忘，

此情此景记终生。

今夏二次回故地，

千方百计寻老井，

芳草萋萋遮旧痕，

眼泪蒙蒙寻故影。

面对战友长眠地，

默念英名三鞠躬，
再顾老井沉睡处，
思绪万千如泉涌。

老井莫睡快苏醒，
心里有话要你听，
制砖建房是好事，
抽你琼浆不吭声，
为啥好事不到底，
吞噬战友一条命？
他似浦江"小鸿雁"，
奔赴边疆干"革命"，
打井烧窑非小事，
改善环境是初衷，
梦想荒原盖楼房，
亲手建设一座城，
蚂蚁搬山在持久，
有志方能事竟成！
壮志未酬身先死，
"一枕黄粱"好心痛，
掩埋战友揩干泪，
荒原复宁心难平。

老井啊老井，
当第一股清泉喷涌，
我的心就无比激动，
你的不竭供水，
让我遐想、冲动，

多想养一群骏马，

用好这只深"桶"。

当战友一批批返城，

我曾想如果走不了，

就把荒坡变良田，

搞四季蔬菜大棚，

让久居的人像我一样

深爱着这口井……

"长风破浪会有时"，

"江南小城"沐春风，

足下荒原非昔比，

建设大地喜盈盈。

此番权当还夙愿，

挥泪酹酒慰英灵，

愿将顾影留荒原，

形影相随心稍宁。

（诗词）

青石岭水库

璞　玉

青石岭上风光秀，

山水相连情悠悠。

远眺河水呈玉带，

仿佛野马脱缰走。

不知岭前有拦截，

突觉不妙猛回头。
尥蹶发怒难奏效，
涡旋逆转成回流。
存栏年年在增多，
人筑水库好胃口。
坝若猛士拦群马，
坝下稻香解粮愁。
碧波荡漾沙鸥集，
白桦林立滩渚露。
波光涛声交相应，
水中鱼儿竞自由。

灌渠如溪哗哗淌，
圈马归牧鸣啾啾。
一路欢歌一路笑，
飞流直下润绿洲。
绿洲并非芳草地，
高寒稻禾绿油油。
"问渠哪得清如许"，
活水来自河上游。
青石岭上炮声隆，
通肯河里搞截流。
万亩稻田一渠灌，
建设农场保丰收。
天赐一座人工湖，
秋月朗朗倩影留。
如此风景思当初，
美丽画卷出谁手。

当年破土动工前，
修与不修好运筹。

决心未下事彷徨，

施工蓝图难绘就。

踏查调研细分析，

科学论证驳误谬。

集体智慧定大计，

功在当代利千秋。

军令一声震河山，

老将出马显风流。

兵团战士冲在前，

不做奉献不罢休。

建设大地创业迹，

金字丰碑铸心头。

（四人快板）

贺 新 年

纪玉宝

（甲）金鸡报晓新年到，

（乙）全场人民齐欢笑，

（丙）辞旧迎新大联欢，

（丁）我们四人不简单。

（齐）我们给在座大家拜个年！

（甲）我祝大家身康健，

（乙）我祝大家福寿全，

（丙）我祝大家家团圆，

（丁）我祝大家赚大钱。

（齐）我们给农场领导拜个年！

（甲）小康生活来得早，

（乙）全靠党的政策好，

（丙）团结务实好领导，

（丁）为民服务不歇脚。

（齐）我们给所有老人拜个年！

（甲）老年夕阳无限好，

（乙）有工资来有医保，

（丙）儿女人人都敬老，

（丁）农场把他视为宝。

（齐）我们给农业战线拜个年！

（甲）今年农业大丰收，

（乙）职工钞票揣进兜，

（丙）疯狂购物往家搂，

（丁）新购小车兜一兜。

（齐）我们给城管人员拜个年！

（甲）市容市貌已领先，

（乙）城管部门责任担，

（丙）行政执法走在前，

（丁）环境建设新纪元。

（齐）我们给公安干警拜个年！

（甲）一年四季保平安，

（乙）打黑除恶不简单，

（丙）出警及时人喜欢，

（丁）稳定生活比蜜甜。

（齐）我们给医务人员拜个年！

（甲）救死扶伤走在前，

（乙）面对患者多善言，

（丙）入户服务不收钱，

（丁）职工群众都称赞。

（齐）我们给教育教师拜个年！

（甲）教学质量真是高，

（乙）北安管局往前超，

（丙）教师职业真是好，

（丁）教书育人很辛劳。

（齐）我们给社区人员拜个年！

（甲）要表扬的居民委，

（乙）群众路线迈开腿，

（丙）入户走访说破嘴，

（丁）为民解困不后悔。

（齐）我们给环卫工人拜个年！

（甲）雨雪无阻守岗位，

（乙）早出晚归很少睡，

（丙）没有节假出勤最，

（丁）美好环境你受累。

（齐）我们给机关干部拜个年！

（甲）齐心协力绘蓝图，
（乙）农场发展有前途，
（丙）继往开来佳绩连，
（丁）和谐社会永向前。

（齐）我们给全场人民拜个年！

（甲）幸福生活甜如蜜，
（乙）健康快乐别生气，
（丙）生活这里多如意，
（丁）人杰地灵是宝地。

（齐）祝全场人民心想事成，阖家欢乐，万事如意！

纪玉宝，多才多艺，爱好文艺，自编自演，创作过多部相声、小品，参加过多次北安分局文艺汇演，获得过最佳表演奖、优秀奖，是农场重要的文艺骨干。他曾任过生产队工会主席；一区、三区、四区、五区党支部书记，第二居民委党支部书记兼主任；2020年10月退养。

（2017年春节前夕创作）

（歌词）

我的家乡这样美

于春兰

你可曾到过如今的塞北，
听我对你说说她的美。

春绿秋黄冬天雪花飞，
一年四季都让你陶醉。

祖国的大粮仓地肥水美，
春风吹过绿色满边陲。
兴安的山峦沃野滴翠，
松涛铿锵白桦秀妩媚。

夏日万顷良田沐浴朝辉，
百鸟儿争鸣万花吐新蕊。
机车像游轮踏着绿浪飞，
勤劳的人们挥洒智慧和汗水。

当秋风送走大雁向南飞，
漫山遍野斑斓秋的韵味。
瓜香果甜收获硕果累累，
大豆摇铃稻弯腰玉米堆成堆。
建设农场我的家乡、美丽的塞北！

于春兰，女，网名"静谷幽兰"，第二代北大荒人。1969 年出生于黑龙江省建设农场。现为中国音乐家著作权协会会员，腾讯音乐人，MVBOX 词曲专栏音乐人。热爱家乡热爱生活，自幼喜欢文学，尤其是酷爱音乐，自 2015 年开始音乐方面的创作。在全民 K 歌、酷狗音乐、QQ 音乐、网易云等各大平台发行了 40 多首词曲，作品有《我的心愿》《有多少真情》《爱到深处覆水难收》《多想让爱在重头来》《青春眷恋》《搭错车》《岁月催人老》等。

（歌曲）

轱辘滚河之歌

1=F 4/4

陶尊璞 词
吴佳箴 曲

‖: (5 12 3. 1 | 2 675 - | 1. 765 | 65 132 - | 3. 45 3 |

1. 21 6 - | 5 71 2. 4 | 3 231 1 -) | 5. 3 6. 6 5 | 33 21 5 - |

你　从　兴安岭　来　到　荒　原，
当　年在这里　屯垦戍　边，

1. 77 6. 5 | 65 6 132 - | 3 23 5. 3 | 23 12 6 - | 5 65 5 63 |

与林海　相　连黑土　相　伴，虽然你不是　名河大　川，却是我心中的
我们是　城　市知识　青　年，小河边安营　习武挥　镰，燃烧着青春的

23 25 6 1 - | 3 33 2 2. 3 | 1. 1 21 6 - | 1 5. 5 1 3. 3 | 2. 3 21 2 - |

思　　念。无声的润物是你的品　格，默默地奉献是你的情　愿，
火　　焰。波光和涛声在赞美爱　情，冰封和雪冻让信念更　坚，

3. 23 5. 35 | 6 56 3 - | 2 5. 6 777 | 675 - - | 1. 76 5. 3 |

你把　清纯的圣　水，洒向那广袤的　河畔，　你用那甘甜
你把　淡定的风　彩，融入到我们的　心间，　用你那激越

1 7 66 5 - | 6. 56 5. 3 | 17 63 2 - | 3. 45. 3 | i i 21 6 - |

的乳汁，滋润了我们的心田。啊　　　轱辘滚河
的情怀，拥抱起灿烂的明天。啊　　　轱辘滚河

7. 65. 3 | 2 67 i - | 3. 21. 2 | 35 17 6 - | 2 i. i 7. 6 |

你似一支最美的歌，啊　　　轱辘滚河　你是我永远
你似一支难忘的歌，啊　　　轱辘滚河　你是我永远

5 67 i - | 1 - 0 0 :‖ [结束句] 2 i. i 7. 6 | 56 2 3 3 i - - | i - 0 0 ‖

的爱　恋。　　　　你是我永远的爱　　　恋。
的爱　恋。

707

地 名 录

和平农场　1956 年国营通北机械农场派一部分干部和工人到通肯河北岸九道沟一带包建的机械农场。当时和平农场的命名是朝鲜战争后，我国积极提倡和平共处五项原则，国家建设需要一个和平的国际环境，因此上级把新建的农场定名为和平农场。

建设农场　1958 年 3 月成立黑龙江省国营农场管理厅赵光办事处，和平农场分为和平、建设两个农场，这是首次出现建设农场名字。1963 年 4 月 29 日农垦厅通知和平农场改称建设农场。

双丰农场　1964 年 5 月 16 日兴安农场（1963 年在柳毛河附近建立的农场，1964 年撤点，部分耕地划归长水河农场）全员搬到青石岭筹建双丰农场，并接收国防科委 0682 部队农场，在建设农场东部划出 4 个生产队，成立了双丰农场，隶属赵光农垦局领导。1968 年兵团成立时，变为一师七团六营。

涌泉农场　1965 年 4 月赵光农垦局接收黑龙江省商业厅所属的克山畜牧场部分干部工人，建设农场划出 2 个生产队在轱辘滚河流域组建了涌泉农场，隶属赵光农垦局。1968 年兵团成立时，变为一师七团四营。

兵团一师六十八团　1970 年 9 月原一师七团四营、五营、六营组建成黑龙江生产建设兵团一师六十八团。

兵团一师四团　1973 年 7 月 14 日根据兵团指示，一师六十八团改编为一师四团。

天乙公司　现农场第二管理区域内。“九·一八”事变后，日本帝国主义配合军事侵略，采取多种方式从日本国内向黑龙江移民，进行经济掠夺。1937 年 3 月—1944 年 2 月日本开拓团陆续进驻通北地区，1940 年 3 月团长名字为天乙千叶的开拓团进驻轱辘滚河流域进行垦殖开荒，把开拓团驻地命名为“天乙公司”。

三〇五　现农场六队（已拆迁）。1956 年建场时场部驻地。因此地海拔高程为 305 米而得名。

九道沟　流经农场场部北部属通肯河支流。距河流近 3 千米处居民点，清朝末期开始被称为“九道沟”。1958 年 2 月农场场部从三〇五搬迁到此地。现建设农场场部所在地。

二部落　现农场三队所在地，为伪满开拓团旧称。

小气候　现农场十七队，建场初期因为该生产队气候特殊而得名。

东二站　建场初期老地名，现农场十八队。

赵木杖（匠、厂）　现建设农场八队，居民点和海星镇阳光村比邻。因民国时期在此有一赵姓木匠能够做水瓢和木桶很出名，为此，人们称此地为赵木匠（厂、杖）。

金山寿　新中国成立前老地名，农场八队 20 号地一带。

二道岗　建场初期老地名，现农场九队（2009 年拆迁）。

青石岭水库　位于农场第五管理区原十九队东南 1 千米处，1972 年 11 月开始修建，1977 年合龙使用。

建设水库　位于农场场部东南 2 千米处，1966 年开始修建 1970 年合龙运行。

黑龙江建设农场志
HEILONGJIANG JIANSHE NONGCHANGZHI

后记

《黑龙江建设农场志》把我们创造的历史如实地记载在志书中，让今人和后人通过一部场志了解农场 64 年来的发展变化和取得的巨大成果。一部场志，其内容多，涉及面广、专业性强。编者满腔热血，全力以赴、极致发挥，今天顺利面世。它承载着农场奋斗历史的记忆，将在建设农场有限公司历史长河中留下浓重一笔，给后人留下巨大的财富。

编纂场志工作可谓一项巨大的工程，一部志书的诞生，非个人之功，一人之力，而是众多单位共同努力的结果！

在本志即将出版之际，我们真诚地向《中国农垦》编辑部及为志书提供资料和热忱帮助与支持的农场各级领导、单位、个人表示深深的谢意！

抚今追昔，饮水思源，为使后人了解农场历史，顺应时代要求，2021 年 4 月，农场党委决定编纂、出版《黑龙江建设农场志》。志书送审稿于 2022 年 6 月初定稿。

编纂场志工作是我们这代人在盛世之中的重任，更是惠及后辈、利场利民的大事。所谓以铜为鉴，可正衣冠；以古为鉴，可知兴替；以史为鉴，可明得失。随着岁月的侵蚀，有很多弥足珍贵的历史资料悄然消失。我们有责任挖掘历史，拯救文物，归纳整理资料，留住那些珍贵记录。近年来，农场史志办的同志不遗余力，力争为农场的父老乡

亲交上一份满意的答卷。

在编纂场志过程中，农场党委书记、董事长、场长万太文，总经理、副书记刘晓东及全体班子成员对编纂工作寄予厚望，多次过问纂志工作进展情况。公司主管纂志工作的党委副书记张文忠、副场长闫红彬也多次要求分管部门积极配合。在撰写场志时，农场老领导、老干部、建场元勋给予了纂志工作极大的帮助和支持。同时得到了分公司史志办付维秋鼎力相助。志稿经分公司史志办二审和集团史志专家三审，确保了志稿文字、图片的质量。农场机关、各个部门有求必应，纷纷给我们提供线索、查找资料。党委工作部、合规风控部、人力资源部、产业营销部、财务管理部、农业发展部、综合办公室、工程建设管理部、审计部、公共管理办公室、农业科技服务中心、社会管理部、公安、教育等部门积极配合。农场宣传部提供了珍贵的图片资料和很多文字材料。这次纂志工作牵涉部门、单位较多，绝大多数领导和人员都对编纂工作高度重视和配合，安排搜集、撰写、整理材料，为场志编纂工作的顺利进行给予了大力的支持。在此，对他们的付出和努力深表感谢。

农场志内容跨越 64 年，涉及范围广，情况变化较大，因一些单位、部门人员变动和其他因素，许多珍贵的历史资料遗失或无从查证，再加上时间仓促以及编纂人员经验不足、水平有限，在编撰过程中，难免捉襟见肘，如有纰漏，诚请读者给予批评指正。希望各级领导、专家及广大读者提出宝贵意见。

黑龙江建设农场志编纂委员会

2022 年 6 月